北京大学经济学教材系列

History of Ancient Chinese Economic Thought

中国古代经济思想史教程

石世奇　郑学益／主编

北京大学出版社
PEKING UNIVERSITY PRESS

图书在版编目(CIP)数据

中国古代经济思想史教程/石世奇,郑学益主编.—北京:北京大学出版社,2008.7
(北京大学经济学教材系列)
ISBN 978-7-301-12290-7

Ⅰ.中… Ⅱ.①石… ②郑… Ⅲ.经济思想史-中国-高等学校-教材 Ⅳ.F092

中国版本图书馆 CIP 数据核字(2007)第 080652 号

书　　　名：中国古代经济思想史教程
著作责任者：石世奇　郑学益　主编
责 任 编 辑：何耀琴　马也坤
标 准 书 号：ISBN 978-7-301-12290-7/F·1634
出 版 发 行：北京大学出版社
地　　　址：北京市海淀区成府路 205 号　100871
网　　　址：http://www.pup.cn　电子邮箱：em@pup.pku.edu.cn
电　　　话：邮购部 62752015　发行部 62750672　编辑部 62752926
　　　　　　出版部 62754962
印 刷 者：三河市新世纪印务有限公司
经 销 者：新华书店
　　　　　　730 毫米×980 毫米　16 开本　34 印张　629 千字
　　　　　　2008 年 7 月第 1 版　2008 年 7 月第 1 次印刷
印　　　数：0001—5000 册
定　　　价：52.00 元

未经许可,不得以任何方式复制或抄袭本书之部分或全部内容。
版权所有,侵权必究
举报电话：010-62752024　电子邮箱：fd@pup.pku.edu.cn

编委会名单

丛书主编：孙祁祥
副 主 编：黄桂田
编   委：(按汉语拼音排序)
　　　　　黄桂田　黄　玲　刘　洁　刘文忻
　　　　　刘　怡　吕随启　孙祁祥　叶静怡
　　　　　于小东　郑学益

总　序

在经济全球化趋势不断强化和技术进步对经济活动的影响不断深化的时代，各种经济活动、相关关系和经济现象不是趋于简单化，而是变得越来越复杂，越来越具有嬗变性和多样性。如何对更纷繁、更复杂、更多彩的经济现象在理论上进行更透彻的理解和把握，科学地解释、有效地解决经济活动过程中已经存在的、即将面对的系列问题，是现在和未来的各类经济工作者面对的重要课题。

作为培养各类高素质经济建设人才的经济类院系，我们的首要任务是让学生能够得到系统的、科学的、严格的专业训练，系统而深入地掌握经济学学习和研究的基本方法、基本原理和最新动态，为他们能够科学地解释和有效地解决他们即将面对的现实经济问题奠定基础。

基于这种认识，北京大学经济学院从2002年5月到2003年12月，在历时一年半的时间里，深入总结了人才培养各个方面的经验教训，在全面考察和深入研究国内外著名经济院系本科、硕士研究生、博士研究生的培养方案、学科建设和课程设置经验的基础上，对本院学生的培养方案和课程设置等进行了全方位改革。新方案的一个组成部分就是编撰经济学院系列教材。

编撰该系列教材的基本宗旨是：

第一，学科发展的国际经验与中国实际的有机结合。现有的各个学科已经出版了大量的国内外教材，其中不乏欧美知名学者撰著的优秀教材。我院部分学科在教学中曾经直接使用欧美学者撰著的教科书，但在教学的实践中我们也认识到，任何一门国际顶尖的教材，都存在一个与中国经济实践有机结合的问题。某些基本原理和方法可能具有国际普适性，但对原理和方法的把握则必须与本土的经济活动相联系，必须把抽象的原理与本土鲜活的、丰富多彩的经济现象相联系。我们力争在该系列教材中，充分吸收国际范围内同门教材所承载的理论体系和方法论体系，在此基础上，切实运用中国案例进行解读和理解，使其成为能够解释和解决学生遇到的经济现象和经济问题的知识。

第二，"成熟的"理论、方法与最新研究成果的有机结合。教科书的内容必须是"成熟"或"相对成熟"的理论和方法，即具有一定"公认度"的理论和方法，不应是"一人言"，否则就不是教材，而是"专著"。从一定意义上说，教材是"成熟"或"相对成熟"的理论和方法的"汇编"，所以，相对"滞后"于经济发展实际和理论研究的现状是教材的一个特点。然而,经济活动过程及其相关现象是在不断变化着的,经济理论的研究也在时刻发生着变化,今天属于"欠成熟"或属于"一人言"的理论和方法,明天就有可能成为最新的、具有广泛影响力的前沿理论和方法。我们要告诉学生的不仅仅是那些已经成熟的东西,而且要培养学生把握学术发展最新动态的能力。因此,在系统介绍已有的理论体系和方法论基础的同时,该系列教材还向学生介绍了相关理论及其方法的创新点。

第三,"国际规范"与"中国特点"在写作范式上的有机结合。经济学在中国发展的"规范化"、"国际化"、"现代化"与"本土化"关系的处理,是多年来学术界讨论学科发展的一个热点问题。该系列教材不可能对这一问题作出明确的回答,但是在写作范式上,却争取做好这种结合。基本理论和方法的阐述必须坚持"规范化"、"国际化"、"现代化",而语言的表述则坚守"本土化"。且不说这一点考虑到了汉语语言具有的表达的生动性、丰富性,就本土学生的阅读习惯和文本解读方式来说,也必须"本土化"。充分运用鲜活、生动且深入浅出、通俗易懂的语言,是本系列教材的宗旨之一。

虽然本系列教材的作者均是我院主讲同门课程的教师,并且教材是他们在多年教案的基础上修订而成的,但是,有些教材离上述宗旨可能仍然存在一定的距离。然而,教材建设是一个长期的动态过程,即使是暂时不成熟、存在这样那样的缺陷,也可以拿出来真诚地倾听专家和读者的意见,以期使其不断地得到充实和完善。

十分感谢北京大学出版社的真诚合作和相关人员付出的艰辛劳动。感谢经济学院历届的学生们,你们为经济学院的教学工作作出了特有的贡献。

将此系列教材真诚地献给使用它们的学生们!

北京大学经济学院教材编委会

2004年5月

目 录

导论 ·· 1
    本章总结 ·· 13
    思考与练习 ·· 14

第一编　先秦时期的经济思想

第一章　先秦时期的经济、政治和经济思想 ································ 17
    第一节　春秋战国时期的社会经济和政治 ······························· 18
    第二节　春秋战国时期的经济思想 ·· 22
    本章总结 ·· 26
    思考与练习 ·· 27

第二章　孔子 ·· 28
    第一节　孔子是中国古代著名思想家和教育家 ······················ 28
    第二节　孔子经济主张的出发点：人具有追求物质财富的欲望 ········ 30
    第三节　调节人们物质利益关系的道德原则
             ——"见利思义" ·· 32
    第四节　调节人们物质利益关系的政策主张
             ——惠民、富民 ·· 36
    第五节　孔子的其他经济思想 ·· 40
    本章总结 ·· 42
    思考与练习 ·· 42

第三章　墨子 ·· 43
    第一节　墨子、墨者和《墨子》 ·· 43
    第二节　墨子的义利观 ·· 46
    第三节　墨子的"生财"思想 ··· 48
    第四节　墨子的"节用"思想 ··· 53

目录

  第五节 后期墨家的经济思想 …………………………………… 55
  本章总结 ………………………………………………………… 57
  思考与练习 ……………………………………………………… 58

第四章 商鞅和齐法家 …………………………………………… 59
  第一节 战国前中期法家的两个派别 …………………………… 59
  第二节 商鞅和商君学派的历史观、名利论 ………………………… 64
  第三节 商鞅和商君学派的农战论 ……………………………… 65
  第四节 商鞅和商君学派的事本禁末论 ………………………… 68
  第五节 齐法家的富国富民论 ………………………………… 70
  第六节 齐法家的强本论和正地论 ……………………………… 71
  第七节 齐法家的工商论 ……………………………………… 74
  本章总结 ………………………………………………………… 76
  思考与练习 ……………………………………………………… 76

第五章 孟子 ……………………………………………………… 77
  第一节 战国时期儒家的重要代表人物孟子 …………………… 77
  第二节 人性论和义利观 ……………………………………… 78
  第三节 仁政思想和恒产论、井地论 …………………………… 81
  第四节 分工和劳心、劳力 …………………………………… 84
  第五节 价格与价值 …………………………………………… 86
  本章总结 ………………………………………………………… 87
  思考与练习 ……………………………………………………… 88

第六章 老子 ……………………………………………………… 89
  第一节 老子和道家的代表作《老子》 …………………………… 89
  第二节 无为与无欲 …………………………………………… 90
  第三节 理想社会 ……………………………………………… 94
  本章总结 ………………………………………………………… 97
  思考与练习 ……………………………………………………… 98

目 录

第七章 商家 ································· 99
  第一节 研究治生之学的商家 ··············· 99
  第二节 商家的治生之学——商业经营之学 ······· 102
  第三节 治生之学——商业经营之学取得如此成就和西汉中叶
       以后衰落的原因 ··············· 106
  本章总结 ··························· 111
  思考与练习 ························· 111

第八章 荀子和韩非 ························· 112
  第一节 战国后期的形势和经济思想的代表人物 ······· 112
  第二节 荀子的明分论 ··············· 115
  第三节 荀子的富国论 ··············· 117
  第四节 韩非的历史观和社会观 ··········· 122
  第五节 韩非的经济政策主张 ············ 124
  本章总结 ··························· 129
  思考与练习 ························· 130

第二编 秦至西汉中叶的经济思想

第一章 秦至西汉中叶的社会经济和经济思想 ········· 133
  第一节 秦统一后的政治、经济和经济政策 ········ 133
  第二节 西汉初至西汉中叶的社会经济和经济思想与政策 ··· 136
  本章总结 ··························· 140
  思考与练习 ························· 140

第二章 陆贾、曹参和贾谊 ····················· 141
  第一节 为西汉王朝初期经济政策奠定理论基础的陆贾、曹参 ··· 141
  第二节 从无为到有为转变中的经济思想代表人物贾谊 ····· 144
  本章总结 ··························· 148
  思考与练习 ························· 148

目 录

第三章 《管子·轻重》和轻重论 ………………………… 149
  第一节 轻重论的产生和《管子·轻重》的写成年代 ………… 149
  第二节 轻重论的经济目标 ………………………………… 151
  第三节 轻重论的经济理论
         ——轻重之学 ………………………………… 153
  第四节 轻重论的实施手段和方法
         ——轻重之术 ………………………………… 156
  第五节 轻重论的性质、成就和局限性 …………………… 159
  本章总结 …………………………………………………… 160
  思考与练习 ………………………………………………… 161

第四章 司马迁 ……………………………………………… 162
  第一节 在经济思想领域中"成一家之言"的司马迁 ……… 162
  第二节 司马迁的社会经济观和"善因论" ………………… 163
  第三节 司马迁在"治生之学"方面的成就 ………………… 166
  本章总结 …………………………………………………… 169
  思考与练习 ………………………………………………… 169

第五章 桑弘羊 ……………………………………………… 170
  第一节 桑弘羊与汉武帝时期的财政经济政策 …………… 170
  第二节 桑弘羊的经济思想 ………………………………… 175
  第三节 桑弘羊的反对派：盐铁会议中的贤良、文学的经济思想 … 179
  本章总结 …………………………………………………… 183
  思考与练习 ………………………………………………… 183

第三编 西汉晚期至隋统一前的经济思想

第一章 西汉晚期至隋统一前的社会经济和经济思想 …… 187
  第一节 西汉晚期的社会经济和经济思想 ………………… 187
  第二节 东汉时期的社会经济和经济思想 ………………… 188

第三节	魏晋之际至隋统一前的社会经济和经济思想	190
本章总结		192
思考与练习		193

第二章 王莽 194
  第一节　王莽新朝的浮沉 194
  第二节　王田制和禁奴 196
  第三节　对工商业及一些其他谋生活动的"六筦" 199
  第四节　对货币的频繁变更 200
  第五节　王莽经济思想的特点 202
  本章总结 202
  思考与练习 203

第三章 王符、荀悦、仲长统 204
  第一节　东汉经济思想的主要内容及代表人物 204
  第二节　王符及其"务本"论 205
  第三节　王符的"遏利"论和"浮侈"论 206
  第四节　王符的"爱日"论 208
  第五节　荀悦、仲长统对土地兼并的批判 210
  本章总结 214
  思考与练习 214

第四章 傅玄、鲁褒 215
  第一节　魏晋时期经济思想的两个主要人物 215
  第二节　傅玄整顿屯田制的主张 216
  第三节　傅玄的其他经济观点和主张 217
  第四节　鲁褒笔下的"钱神" 220
  第五节　《钱神论》产生的历史条件 223
  本章总结 224
  思考与练习 225

第五章 北魏均田制及其体现的经济思想 226
  第一节　北魏均田制和均田思想产生的背景和条件 226

目 录

第二节　北魏均田制的主要内容……………………………………228
第三节　均田制所体现的主要经济思想………………………………229
第四节　均田制和均田思想对后代的影响……………………………232
本章总结……………………………………………………………………233
思考与练习…………………………………………………………………233

第六章　贾思勰及其《齐民要术》……………………………………234
第一节　地主家庭经济管理思想的形成………………………………234
第二节　治生之道
　　　　——经营对象及其理论说明…………………………………235
第三节　治生之理
　　　　——对经营管理规律的探讨…………………………………237
第四节　治生之策
　　　　——经营管理方法的总结……………………………………239
本章总结……………………………………………………………………242
思考与练习…………………………………………………………………242

第四编　隋唐五代时期的经济思想

第一章　隋唐五代时期的社会经济和经济思想………………………245
第一节　隋及盛唐时期的社会经济和经济思想………………………245
第二节　唐中叶至五代的社会经济和经济思想………………………246
本章总结……………………………………………………………………248
思考与练习…………………………………………………………………248

第二章　刘晏………………………………………………………………249
第一节　中国经济思想史上的一个奇特的代表人物…………………249
第二节　古代的第一流理财能手………………………………………251
第三节　刘晏理财活动所体现的主要经济思想………………………255
本章总结……………………………………………………………………258
思考与练习…………………………………………………………………258

第三章　陆贽 ······ 259
第一节　唐代中叶有重要影响的政治家和思想家 ······ 259
第二节　以"养民"为核心的田制、轻重、货币等思想 ······ 260
第三节　陆贽的赋税思想 ······ 263
本章总结 ······ 267
思考与练习 ······ 268

第四章　韩愈、李翱 ······ 269
第一节　以继承儒家道统为己任的韩愈 ······ 269
第二节　相生相养论
　　　　——韩愈经济思想的主要内容 ······ 270
第三节　六民论
　　　　——韩愈独特的人口思想 ······ 272
第四节　李翱及其《平赋书》······ 274
本章总结 ······ 276
思考与练习 ······ 276

第五章　白居易 ······ 277
第一节　关心社会经济问题的伟大现实主义诗人白居易 ······ 277
第二节　白居易考察经济问题的基本观点 ······ 278
第三节　白居易的农本思想 ······ 279
第四节　白居易的节用思想 ······ 281
第五节　白居易的轻重思想 ······ 282
本章总结 ······ 284
思考与练习 ······ 284

第五编　宋元时期的经济思想

第一章　宋元时期的社会经济和经济思想 ······ 287
第一节　宋代的社会经济和经济思想 ······ 287
第二节　元代的社会经济和经济思想 ······ 289

目 录

  本章总结…………………………………………………………………… 291
  思考与练习………………………………………………………………… 291
 第二章 李觏………………………………………………………………… 292
  第一节 北宋时期经济思想的杰出代表人物李觏………………………… 292
  第二节 利欲论…………………………………………………………… 293
  第三节 平土论…………………………………………………………… 295
  第四节 去冗论…………………………………………………………… 297
  第五节 轻重论…………………………………………………………… 300
  第六节 富国之学的又一个比较完整的体系………………………………… 302
  本章总结…………………………………………………………………… 303
  思考与练习………………………………………………………………… 303
 第三章 王安石和司马光………………………………………………… 304
  第一节 变法主帅王安石和变法反对派首领司马光…………………… 304
  第二节 王安石在财政经济方面推行的新法……………………………… 305
  第三节 关于理财问题的两种对立观点……………………………………… 308
  第四节 关于摧抑兼并问题的论战…………………………………………… 312
  第五节 在赋役制度改革方面的主要分歧…………………………………… 314
  本章总结…………………………………………………………………… 315
  思考与练习………………………………………………………………… 315
 第四章 苏洵、苏轼……………………………………………………… 316
  第一节 苏洵及其田制论…………………………………………………… 316
  第二节 苏洵的"仕则不商"论…………………………………………… 319
  第三节 苏轼的历史观和经济观…………………………………………… 320
  第四节 苏轼的主要经济思想………………………………………………… 321
  本章总结…………………………………………………………………… 325
  思考与练习………………………………………………………………… 325
 第五章 沈括、周行己……………………………………………………… 326
  第一节 沈括
    ——北宋士大夫中的奇才异能之士……………………………… 326

目录

    第二节 沈括的货币思想 ·················· 327
    第三节 周行己的货币思想 ················ 331
    本章总结 ······························ 338
    思考与练习 ···························· 338

第六章 朱熹 ································ 339
    第一节 宋代理学的集大成者朱熹 ············ 339
    第二节 以"天理"为核心的义利观和欲望论 ······ 340
    第三节 以"恤民"为核心的"省赋"思想 ········ 341
    第四节 "荒政"和"社仓"思想 ·············· 342
    本章总结 ······························ 343
    思考与练习 ···························· 343

第七章 叶适 ································ 344
    第一节 南宋功利之学的主要代表 ············ 344
    第二节 叶适经济思想的理论基础 ············ 345
    第三节 叶适的保富理论 ·················· 346
    第四节 叶适对重本抑末教条的批判 ·········· 348
    第五节 叶适的理财论 ···················· 349
    本章总结 ······························ 351
    思考与练习 ···························· 351

第八章 许衡、卢世荣、马端临 ·················· 352
    第一节 许衡 ·························· 352
    第二节 卢世荣 ························ 355
    第三节 马端临 ························ 358
    本章总结 ······························ 362
    思考与练习 ···························· 363

第九章 宋元时期的纸币思想 ···················· 364
    第一节 传统纸币思想的繁花盛开时期 ········ 364
    第二节 宋人对纸币问题的理论认识 ·········· 366
    第三节 宋人论纸币的称提 ················ 371

目 录

第四节 元人关于纸币发行和管理制度的设计·················· 375
本章总结 ·· 378
思考与练习 ·· 378

第六编 明至清代鸦片战争前的经济思想

第一章 明至清代鸦片战争前的社会经济和经济思想·············· 381
第一节 明代的社会经济和经济思想························ 381
第二节 清代鸦片战争前的社会经济和经济思想·············· 384
本章总结 ·· 387
思考与练习 ·· 388

第二章 丘浚 ·· 389
第一节 丘浚及其自为论·································· 389
第二节 "听民自便"的土地思想及其方案···················· 391
第三节 "民自为市"的商业和市场思想 ······················ 394
第四节 与自为论相适应的财政和货币思想·················· 397
本章总结 ·· 399
思考与练习 ·· 400

第三章 王守仁 ·· 401
第一节 王守仁和他的"心学"······························ 401
第二节 王守仁的基本经济观点···························· 403
第三节 王守仁的经济政策主张···························· 406
本章总结 ·· 409
思考与练习 ·· 409

第四章 李贽 ·· 410
第一节 明代异端思想的突出代表人物······················ 410
第二节 李贽的崇"私"论·································· 411
第三节 李贽论义利关系·································· 412

目 录

本章总结	414
思考与练习	415

第五章　黄宗羲 … 416
第一节　明清之际杰出的启蒙思想家 … 416
第二节　奇特的复井田方案 … 418
第三节　减赋论 … 420
第四节　工商皆本论 … 422
第五节　废金银用钱钞论 … 424
本章总结 … 425
思考与练习 … 426

第六章　王夫之 … 427
第一节　17世纪中国卓越的唯物主义哲学家 … 427
第二节　坚决维护土地私有制的"恒畴"论 … 428
第三节　"减赋节役"的赋役论 … 431
第四节　抑商与安商的两种互相矛盾态度 … 435
本章总结 … 436
思考与练习 … 437

第七章　唐甄 … 438
第一节　明清之际又一位有明显启蒙主义色彩的思想家 … 438
第二节　唐甄的"富民论"及其主要特点 … 439
第三节　富民的两大主要障碍 … 442
本章总结 … 445
思考与练习 … 445

第八章　颜元、李塨 … 446
第一节　颜元、李塨和颜李学派 … 446
第二节　颜元、李塨的土地制度思想 … 448
第三节　颜元、李塨对商品、货币经济的态度 … 452
本章总结 … 454
思考与练习 … 455

目录

中国古代经济思想史教程

第九章 王源 ·· 456
    第一节 颜李学派中经济思想卓异的人物 ············ 456
    第二节 "有田者必自耕"
            ——王源的田制思想 ···························· 457
    第三节 公私皆利
            ——王源的货币思想 ···························· 460
    第四节 "本宜重,末亦不可轻"
            ——王源的重商思想 ···························· 462
    本章总结 ·· 465
    思考与练习 ·· 466

第十章 蓝鼎元 ·· 467
    第一节 终沉下僚的"经世良材"蓝鼎元 ············ 467
    第二节 庶民、百工通功易事论 ···················· 468
    第三节 开放对外贸易的思想 ······················ 470
    第四节 开发台湾的经济主张 ······················ 473
    本章总结 ·· 475
    思考与练习 ·· 476

第十一章 洪亮吉 ·· 477
    第一节 中国封建时代人口思想的最活跃时期 ········ 477
    第二节 洪亮吉在人口问题上的悲观思想 ············ 479
    本章总结 ·· 485
    思考与练习 ·· 485

第十二章 龚自珍、包世臣 ···································· 486
    第一节 鸦片战争前夕的一批有忧患意识的思想家 ···· 486
    第二节 龚自珍 ······································ 487
    第三节 包世臣 ······································ 492
    本章总结 ·· 495
    思考与练习 ·· 495

目 录

中国古代经济思想史教程

第十三章　王鎏、许楣等 ·· 496
　　第一节　王鎏 ·· 496
　　第二节　许楣、许楎等对王鎏的驳斥 ································ 501
　　本章总结 ·· 506
　　思考与练习 ·· 506
第十四章　明清时期的地主治生之学 ·························· 507
　　第一节　明代家训中的地主治生之学 ································ 507
　　第二节　张履祥"稼穑为先"的治生之道 ························ 512
　　第三节　张履祥的治生之理和治生之策 ··························· 514
　　第四节　张英以"保田产"为核心内容的治生之学 ········ 517
　　第五节　地主治生之学的没落 ·· 521
　　本章总结 ·· 522
　　思考与练习 ·· 523

后记 ··· 524

导 论

本章概要

本章介绍中国经济思想史的研究对象和历史分期,阐述中国经济思想史的特点、发展规律、研究方法,以及学习中国经济思想史的重要意义。

学习目标

1. 了解中国经济思想史的研究对象和研究内容
2. 了解中国经济思想史的历史分期
3. 了解中国经济思想史的特点及研究方法

中国经济思想史是一门交叉学科,依其性质而言,它既是一门经济学科,又是一门历史学科,属于独立的理论经济学的范畴。它以中国历史各个时期的经济思想为对象,研究其形成、发展及内在联系,从而揭示中国经济思想随社会历史条件变化而演变的规律。与中国经济史、中国政治思想史、中国哲学思想史等其他相关学科相比,中国经济思想史的研究是相对滞后的。近几年来,随着学术研究的深入及适应实践的需要,越来越多的学者开始对这门学科高度关注,中国经济思想史的研究取得了很大进步。

为什么要学习中国经济思想史这门课?这门课有哪些主要内容?中国经济思想的发展在总体上呈现出哪些特点?应采用何种方法学习这门课?这是学习这门课之前必须首先明确的,下面我们将围绕这几个问题展开讨论。

一

社会进步是在以往历史条件的基础上发生的,人们的思想也必然具有历史的继承关系。人们在反映经济现实的时候,他们的头脑并非一张白纸,而是必然受到传统思想文化的影响,存在历史上继承下来的知识与经验。传统融化在民族的语言和思维之中,弥漫在社会的习惯与制度之中,没有人可以摆脱。今日之中国是昨日之中国的延续,当我们以错误的态度与方式对待传统时,传统将是现实沉重的包袱,现实经济思想与传统经济思想将会格格不入;当我们采用科学的态度与方式对待传统时,传统将是现实的阶梯和动力,现实的中国经济思想是中国传统经济思想的必然发展。

事物的联系,既有横向的联系,又有纵向的联系。学术研究工作,既要知晓中外之异,向外国学习,又要"通古今之变",向历史学习。改革开放以来,社会主义市场经济进程不断加快,西方经济理论得到广泛宣传和应用,取得了令人瞩目的成就。但是,人们不得不看到,西方经济理论是在特定的社会历史条件、政治文化背景下产生的,其中有相当多的内容不符合或不完全符合中国的实际情况,这就需要对西方经济理论进行改造与加工,使之适应中国的国情与文化,才能被消化吸收。如果只是生吞活剥、囫囵吞枣,那么只能落得邯郸学步的下场。外来的经济思想只有同中国经济思想相结合,才能发挥应有的作用。一个时代的经济思想,总是在批判继承过去时代的经济思想遗产的基础上前进,同时,当代经济思想也是历史之一瞬,也会成为未来时代的经济思想批判和继承的基础。对过去时代经济思想发展历史的回顾与反思,通过贯穿古往今来的追索与搜寻,体会支配中国传统经济思想发展变化的规律,把握其内在联系,破译历史的密钥,将有助于我们更好地理解当代的社会经济现象,有助于对当代经济思想的发展做出更合理的判断。

中国文化是个大宝库,中国经济思想是中国文化的重要组成部分。中国不仅进入文明史较早,而且在16世纪以前,经济、文化的发展长期走在世界前列,"四大发明"推进了世界文明的进程,儒家思想深深影响着周边国家,中国的经济思想也远播欧美。在被称为"欧洲的孔子"的18世纪法国重农学派代表魁奈的经济理论中,就可以看到中国古代经济思想影响的痕迹。魁奈认为中国人用"天道"、"天理"取代了人格化的神,人们通过理智和德行来感动上天从而取得保佑,对此他"惊奇与羡慕"不已,对中国的天道观念加以西方式的诠释,便成为魁奈的"自然秩序"的概念。日本学者桑田幸三也认为,中国先秦时代的经济思想对包括日本在内的东方各国产生了广泛的影响。

尽管中国历史上产生了大量有价值的经济思想,但有的西方学者对中国经济思想遗产抱有一定的傲慢与偏见,认为中国在内的东方国家的古老文化中没有"足以同中世纪西方的经院学者们在经济分析方面所作出的良好开端相媲美的东西"[①]。这与中国自近代以来,社会经济的发展落后于西方列强,由"世界中心"国家成为"世界边缘"国家,文化学术也落后于西方,于是"欧洲中心论"、

---

① 欧·泰勒:《东方经济思想及其应用与方法》,《美国经济评论》,1956年5月。

"西方文化优越论"开始盛行,不无关系。中国的一些学者也受此影响产生或多或少的自卑与误解,认为中国经济思想遗产"与当今欧美经济科学相比较,本无一顾之价值"①。诚然,近现代的中国人所知道的经济学,是鸦片战争后从西方输入的,中国古代没有产生经济学这门独立学科,但决不等于中国没有自己的经济思想,不等于在经济思想方面没有做出过卓有价值的贡献。经济学是资本主义工场手工业时代的产物,在这一时代之前,世界上任何国家、任何民族不会有经济学,而只会有一定发展程度的经济思想。资本主义时代以前的经济思想,与现代经济学相比,自然是"初级阶段",但它却是现代经济学的出发点和历史基石。我们不能因为前时代的经济思想在水平和发展阶段方面低于现代经济学,就采取鄙弃或割断历史的态度。

当前,一些学者认为中国的经济思想只有"融入主流",即把西方经济学作为唯一的坐标系,才会有发展前途,这是有失偏颇的。西方经济学取得了举世公认的成就,在全世界广泛传播、产生深刻影响是事实,但据此认为它同自然科学一样在全世界都绝对适用,则是错误的。各个国家的经济现实、生产方式的各个要素,可能会存在重大差异,即使迈向市场化、现代化的方向相同,但其具体的发展道路、文化传承等却各不相同,其市场化、现代化的景象也会形态各异。在世界范围内应该存在多个不同的经济学理论体系,这些理论体系可以各具特色,不存在主流与支流、中心与边缘之分。中国经济学界的时代任务之一,就是要逐步创立和形成适合中国国情的经济科学,这需要我们更自觉地挖掘和利用我国优秀的经济思想遗产,以科学的态度承继历史的财富。

"我们这个民族有数千年的历史,有它的特点,有它的许多珍贵品。对于这些,我们还是小学生。"②

二

经济思想是人们对所面临的经济条件和经济关系在观念形态上的表现。只要人类有社会经济生活,就会有相应的经济条件和经济关系,而这些经济条件和经济关系,在人类社会发展进入文明时代以后,就会逐渐在观念形态上表现出来,形成各种各样的经济思想。经济思想不是某些国家、某些民族的专有物。当然,人们的思想和行为是不可分割的,分门别类是人为的,之所以要划分为经济思想、政治思想、哲学思想、伦理思想等,是因为这对理论研究来说是有益的。中

---

① 赵兰坪:《近代欧洲经济学说·自序》,商务印书馆,1933年。
② 《毛泽东选集》卷二,人民出版社,1991年。

国经济思想是关于中国社会经济条件和经济关系的理论与观点,中国社会有着特殊的历史与现实,由此形成了具有自己鲜明特点的经济思想。

人们在反映经济条件和经济关系时,所运用的原理和范畴,是构成各时期经济思想的基本要素,这些要素本身的状况以及它们之间的相互联系,反映着不同历史时期和不同国家、不同民族的经济思想发展水平。一定时期一个国家的经济原理和范畴,越具有普遍性,越具有抽象性,相互之间的联系越密切,经济思想发展的水平就越高;相反,如果这些反映经济条件和经济关系的原理与范畴,越是直观、具体,相互之间的联系越是零散、孤立,当时的经济思想发展水平就越低。从发展水平来看,经济思想可大致分为以下三个层次:第一,简单的或初级的经济思想。人们对社会经济条件和经济关系的认识主要表现为若干零散的、片段的原理和范畴,它们之间没有联系,或只有粗浅的联系。第二,经济学说。在表达对某一或某些问题的认识和见解时,人们已能把若干有关的原理和范畴相互联系起来,并且对它们以及它们之间的联系进行一定的说明、分析和论证,这些说明、分析和论证已经大体形成了某种体系。第三,经济学或政治经济学。对经济问题的研究不仅在一些个别问题上形成系统的学说,而且对整个社会经济生活的理论抽象认识已形成为一门独立的科学。在资本主义以前的社会形态中,生产力低下,经济生活以及人们之间的经济关系都比较简单,自然经济占据主要地位,各地区及各经济单位之间的联系不密切,因而经济思想的发展也处于比较低级的第一个或第二个层次,不可能形成一门独立的学科。科学的政治经济学,是在人类历史已进入资本主义时代时才出现的。中国在鸦片战争前,长期停滞于封建主义历史阶段,未能进入资本主义社会,因而经济思想的发展也处于经济学形成以前的阶段:经济思想主要以水平参差不齐、涵盖面广狭不同的经济学说的形式存在,同时,简单、初级的经济思想大量存在。

经济思想史是以人类历史各个时期的经济思想为研究对象,探究经济思想的发展、变化规律的一门学科。当前的西方经济思想史主要是对资本主义时代经济学说的研究,虽然它也追溯到了古代,但主要是追溯到古希腊的经济思想,是从古希腊学者的理论与观点出发分析古代社会与资本主义社会共存的经济范畴和经济现象,这种研究显然是不充分的,是缺乏牢固基础的。西方中世纪的经济思想,从属于教会,缺乏对封建社会现实经济问题的广泛探讨。中国封建社会不仅长达两千年,而且有着发达的封建经济,强大的中央集权国家,面临着复杂的财政经济问题。因而,中国封建时代产生了丰富的经济思想,对封建社会的经济现象与经济关系进行了广泛的探讨。中国封建社会时期产生的经济思想,弥补了西方经济思想发展的不足,极大地丰富了世界经济思想的内容。

中国经济思想源远流长,对其研究在古代就已经开始了。如《史记·货殖列传》记述了先秦著名商人的经商经验和经济观点;《文献通考》广泛汇集了历代思想家对经济问题的见解;《大学衍义补》分门别类地搜罗了前人的各种经济言论;还有宋、明、清各朝编撰的经济及经济思想方面的类书等等。然而,古代的中国经济思想研究是和史学、哲学、农学等其他学科连在一起的,中国经济思想史还没有作为一门独立的学科问世。随着西方近代科学和经济学的传入,人们逐步产生了建立中国自己的、独立的经济学科的愿望。梁启超的《〈史记·货殖列传〉今义》首次运用近代西方经济学的观点分析了我国古代的经济思想,他明确提出,"余拟著一《中国生计学》,采集前哲所论,以与泰西学说比较"。他还指出,"我国先秦以前,原有此学"①。1911年,陈焕章发表《孔子及其学派的经济学说》。1924年,甘乃光推出《先秦经济思想史》,稍后唐庆增出版《中国经济思想史》(上册),其后,关于中国经济思想史研究的论文、专著纷纷涌现。中国经济思想史开始形成一门独立的经济类学科,受到学界的重视。但是,这一时期的研究范围大都集中于先秦和近代,对中间两千年的经济思想很少涉及。新中国成立以来,中国经济思想史的研究工作取得了长足的发展。表现在:(1)出现了纵贯三千年的中国经济思想通史,如胡寄窗的《中国经济思想史》、赵靖等的《中国经济思想通史》;(2)中国经济思想的资料研究取得成果,如巫宝三的《中国经济思想史资料选辑》等;(3)对中国经济思想进行的各种专题研究层出不穷,如财政思想、货币思想、消费思想、经济管理思想等,均有众多专著问世。1961年中国经济思想史开始列为经济专业必修课,1980年"中国经济思想史学会"成立。目前,中国经济思想史的研究稳步向前,正在成长为一门欣欣向荣的学科。

三

中国经济思想遗产不仅内容丰富,而且极富特色。从现存的一些古文献看,早在公元前8世纪以前,中国就已经出现了不少值得重视的经济观点。在公元前6世纪至3世纪之间,中国经济思想的发展已达到一个群星竞辉的阶段。关于经济问题的广泛探讨和议论,成为当时百家争鸣的重要内容。儒家、墨家、道家、法家、农家等都较为完整地提出了各自学派对经济问题的看法与主张,在财富、分工、交换、货币、赋税等经济问题上,提出了许多与当时历史条件相适应的卓越观点,较色诺芬、亚里士多德等希腊学者毫不逊色。如儒家学派的代表人物孔子、孟子、荀子,前后相承,分别以"义主利从"的价值观、"恒产"论的财产制度纲领、"富国"论为具体内容,构成了一个相当全面、深入的经济理论体系。孟子

---

① 《饮冰室合集·文集》之七、之二。

的"有恒产者有恒心,无恒产者无恒心"①,更成为千古传诵之佳句。对某些经济问题的论述,初步形成了学说体系,如在国民经济管理方面形成了截然相反的两种理论:"轻重论"与"善因论"。秦汉以后,中国经济思想继续发展,王符、李觏、王安石、叶适、邱浚、黄宗羲、王源、洪亮吉等在经济思想方面的成就,都颇为可观。封建社会的基本经济问题如土地制度、地租、徭役、高利贷、人口等问题,历代都不断有人探讨和论述,对土地、漕运等问题的探讨,更是中国经济思想史的特有内容。在土地制度方面就形成了"井田"、"限田"、"均田"三种基本模式。清初颜李学派的代表人物颜元、李塨、王源,重点探讨了中国的土地制度,王源还提出了"有田者必自耕"等观点。货币思想方面,魏晋时期产生了成公绥、鲁褒的两篇《钱神论》,比较完整地反映了当时人们对钱财的疯狂崇拜,"死生无命,富贵在钱",反映了在以私有制为基础的商品经济中,钱财成为人们命运的主宰,这就是货币拜物教!人口思想方面,清代乾嘉时期,是中国封建时代人口思想最为活跃的时期,洪亮吉在《意言》一书中提出了他的人口思想,比马尔萨斯的人口论还要早,二者都是绝对人口过剩论,在人口的增长速度快于生产资料、生活资料增长速度等许多论点上都很相似。进入近代以来,中国成为帝国主义国家共同榨取和疯狂掠夺的半殖民地,中国人民为反对帝国主义、封建主义的压迫而进行的民族、民主革命斗争,极其艰苦,这种斗争需要经济思想,也必然产生独特的经济思想。伴随着西方经济思潮的涌入,中国先进的知识分子开始以夷为师,努力探索国家、民族的出路。如郑观应提出抵制西方列强侵略的"商战"论,主张"习兵战不如习商战"、"欲制西人以自强,莫如振兴商务"②。此外,还有张謇的"棉铁主义"、康梁的维新变法思想、孙中山的"振兴实业"论等,无不承载着时代的精神、闪烁着智慧的光芒。五四运动后,西方经济学和马克思主义经济学传入中国,中国先进分子通过比较和借鉴,努力探索适合中国国情的经济学说,与民族救亡图存结合在一起,就中国工业化战略、统制经济、国货运动等展开了广泛的探讨,形成了卓有价值的思想成果。一些马克思主义学者大量翻译和介绍了国外马克思经济学著作,包括翻译了《资本论》,对于用马克思主义理论指导中国社会经济的研究,起了极大的作用。近代中国的经济思想在世界殖民地、半殖民地人民的反帝、反封建的经济思想中,具有典型的意义和较高的水平。毫无疑问,中国经济思想遗产是中国文化宝库中一颗耀眼的明珠。

经济思想的发展有不同的阶段,每一时期都有各自独特的内容,分期研究有助于我们更好地把握其规律性。中国社会历史发展过程有自己的特点:封建社

---

① 《孟子·滕文公上》。
② 郑观应:《盛世危言》。

会延续较长;基本上没有经过一个独立的资本主义发展阶段;由于外来侵略而沦为半殖民地半封建社会形态;在同一社会形态下经历了旧民主主义革命和新民主主义革命两个阶段;由半殖民地半封建社会的形态进入社会主义的形态。中国社会历史发展与西方存在很大的差异,因此,中国经济思想史也应当从中国社会历史的具体条件出发,按照社会形态或者社会生产方式来划分各个发展阶段。中国经济思想史大致可以分为三大部分:第一部分,中国古代经济思想史,从中国开始进入文明时代到1840年鸦片战争;第二部分,中国近代经济思想史,从鸦片战争到1949年中华人民共和国成立;第三部分,中国现代经济思想史,从1949年新中国成立至目前。这三个部分的经济思想,在产生的历史条件、所反映的经济关系及思想源流、表现形式等各个方面都有重大的差别,但它们之间有着深刻的历史连续性,体现着同样的民族历史风格。

中国古代经济思想史包括奴隶社会经济思想史和封建社会经济思想史。奴隶制社会形态在中国历史上未得到充分的发展,生产力和文化进步十分缓慢,经济思想的发展长期处于极其低下的水平。现存的可信为商代和西周的文献如《诗经》、《尚书》中的某些篇章,《国语》中记载西周史实的部分,以及殷甲骨文、周金文等,从中都可以找到一些对经济问题的观点或见解,但这些观点或见解都是零散、片断和直观的,少有申述和解说,更谈不上理论分析和论证。到目前为止,还未发现一篇论述中国奴隶制时代经济问题的专文。中国古代经济思想史主要是封建时代的经济思想史。中国封建时代的经济思想,在文献数量、内容的丰富程度及思想深度方面,不仅远非中国奴隶制时代所能比拟,也是世界封建社会史上罕见的。这一时代的经济思想,在一定程度上已经形成初步的经济学说,许多杰出人物都大体上形成了自己的经济思想体系。

中国古代经济思想的发展,可分为三个时期:(1)春秋末期以前是中国古代经济思想的萌发时期。这一时期的经济思想基本属于简单或初级的经济思想,虽有少数在经济思想方面有一定代表性的人物,但还未形成任何经济学说。(2)春秋末期至西汉末期是中国古代经济思想的形成时期。这一时期的经济思想是为中国封建主义生产方式的建立、为地主阶级夺取和巩固政权服务的。从春秋末期开始,中国经济思想的发展进入了一个异常活跃的时期,到战国时期"百家争鸣"的局面正式形成。许多学派提出了较为系统的主张和解决方案,他们的经济思想,已经达到初级经济学说的程度。在秦统一至西汉中叶,"百家争鸣"的局面在经济思想领域继续进行,经济思想的发展仍然十分活跃,仍然具有较强的批判精神和开创性。(3)西汉末期,具有保守倾向的封建"正统"经济思想开始居支配地位,直到中国近代半殖民地半封建社会时期,才因封建主义经济基础的逐渐解体而趋于没落。在将近两千年时间内,由于封建"正统"经济思想的禁锢，中国经济思想领域总的说来缺乏上一时期的活跃与生气，但也未出现欧洲中世纪那样的"黑暗时代"，许多异端或非正统的经济思想仍不时在思想界引起波澜。

中国近代经济思想的发展，可分为两个时期：(1) 旧民主主义革命时期的经济思想。从鸦片战争到1919年五四运动时期，主要是各种反对帝国主义和封建主义、要求实现中国独立富强的经济思想。这一时期的经济思想在思想源流与表现形式等方面和古代经济思想都有着根本的区别，它不止利用中国原有的经济思想资料，同时也吸收了西方资本主义国家的思想材料来发展自己，并且，西方的影响占据主要地位。在表现形式上，中国近代经济思想主要是以经济改革方案或主张的形式表现出来，还未能形成自己的经济学。(2) 新民主主义革命时期的经济思想。从五四运动到1949年中华人民共和国成立时期，马克思主义理论开始指导中国经济思想的发展。这一时期，中国的社会性质未变，但是经济思想领域发生了根本性的变化，人们从马克思主义的视角重新认识中国半殖民地半封建社会的基本经济问题，如关于帝国主义经济侵略问题、土地制度问题、农村性质问题、买办资本与官僚资本问题等，都做出了全面的讨论与考察。由于长期的革命斗争的环境，这一时期的经济思想主要表现为对现实经济问题的症结所作的揭示与议论，表现为对解决问题所提出的主张、建议与方案。

中国现代经济思想的发展，也可分为两个时期：(1) 新中国成立到改革开放前，根据马克思主义经济学提出的关于社会主义经济改造与社会主义经济建设的各种主张、理论；(2) 改革开放后到现在，全面认识马克思主义经济学，大量引进西方经济学，提出的关于社会主义经济改革和社会主义市场经济体系建立、完善的各种理论、学说。中国现代经济思想的发展以社会主义基本经济制度为基础，在实现由计划经济体制向社会主义市场经济体制转变的过程中，深刻借鉴了历史正反两方面的经验教训、充分吸收了西方最新的理论成果，努力探索适合中国国情的经济发展学说。这些理论、学说虽然吸收了大量外来经济理论的营养，但由于是在特定的历史环境和深厚的文化传统中建立起来的，它们从根本上仍然是区别于外来经济理论的"中国现代经济思想"。

限于篇幅与研究现状，本书所包含的范围为中国古代的经济思想史。

四

对中国经济思想整体发展特点的把握，将有利于我们对中国经济思想史这门学科研究的展开。中国经济思想所探讨的范围相当广泛，内容非常丰富，论述方式也多种多样，各个阶段所论述的主题也不一致，很难从整体上对中国经济思想发展的特点进行高度概括。不过,与西方经济思想发展相比较,中国古代经济思想的发展呈现一些鲜明的特点,下面尝试概括一二。

一是综合性。西方经济思想具有明显的分门别类研究的特征,特别是自16世纪重商主义兴起后,西方经济学逐渐成为一门独立学科,在理论结构上,其价值论、分工论、分配论、消费论等,务求层次分明、清晰集中。与此相对照,中国古代经济思想同哲学、政治学、伦理学、史学等学科一直混合在一起,即使像《孟子》、《管子》、《荀子》、《大学衍义补》等经济思想极为丰富的论著,也无不是囊括天文地理、道德法律等在内的"百科全书"。中国的思想家在论述具体问题时,常常不仅着眼于经济规律的探讨,而往往注意与此相关的政治、伦理、心理、哲学等问题。如"重农"的思想,不仅论述其能增加农业产出,而且论述其能富国强兵、称霸天下;不仅要求农民勤劳耕作,而且希望农民丰衣足食,借此可以稳定政权。如反对奢侈品生产和流通的"抑末"思想,不仅包含费时费工、浪费资源的经济学实证分析,而且强调其刺激过度消费,从而引诱人们不择手段违法犯纪、导致道德沦丧等社会后果。即使如专门探讨私人致富的"治生之学",也强调了治生者的仁义智勇等综合素质,注重对"僮仆"的关心与管教。可以说,在西方经济理论传入中国之前,中国历史上没有一部严格意义上的"经济学"专著,没有一位专业"经济学家"。中国古代经济思想,注重对事物各个因素进行整体反映、全盘把握,应当说,这是符合事物本来面貌的,是符合现实经济活动发展状况的。然而,由于缺乏分门别类的精细研究,中国古代经济思想在思维形式上不可避免地带有相当程度的模糊性、混合性,从而影响了整个经济思想图像的清晰度。

二是辩证性。李约瑟曾说,"当希腊人和印度人很早就仔细地考虑形式逻辑时,中国人则一直倾向于发展辩证逻辑"①。按照形式逻辑的要求,人们在同一理论体系内应尽力避免矛盾,力求做到各个概念、原理不相抵触。如斯密根据其社会分工学说,要求商品自由交易,反对任何政府干预,并由此推广到国际的自由贸易;而李斯特则根据其"生产力"理论,主张落后国家应对经济实行强有力的干预,以促进本国经济的赶超。这两个学派在很多根本问题上针锋相对,但各自内部的理论体系、逻辑论证始终是一致的。与此相反,中国传统哲学讲究"反者道之动",即事物本身是由相反相成的两个方面组成,如只看到其中一面,就会陷入片面,正确的态度应是"执其两端而用其中",即在相反的两个方面之间努力取得某种均衡。在这种辩证逻辑思维习惯的影响下,中国古代经济思想十分注重经济活动的内在矛盾性,往往会同时承认两个相反相成的观点或理论,

---

① 李约瑟:《中国科学技术史》第3卷,科学出版社,1978年,第337页。

如孔子既主张"富之",又反对"不义而富";司马迁既主张"善者因之",又主张"其次整齐之";荀子既认为"农农、士士、工工、商商,一也",又认为"工商众则国贫"。尽管站在辩证逻辑的立场上可以忠实反映事物本身的矛盾,但是由于缺少形式逻辑的元素,使得许多观点、理论显得比较模糊,缺乏充足的说服力。

三是规范性。经济学有实证经济学和规范经济学之分,前者力图超越一切价值判断,致力于经济规律的探索;后者则以一定的伦理规范和价值判断为基础,来评判经济理论或经济政策的适宜与否。西方经济学在其早期发展中,并不十分注重实证研究,如英国古典经济学派即以演绎法为主,往往根据若干假设进行理论的推导。随着西方自然科学和实证哲学的实证方法得到广泛运用,西方经济学逐步流行起实证方法及其相应的定量分析技术。经济学家越来越习惯于采用自然科学的实证研究模式,即先提出若干理论假设、模型,再以实证技术方法对其进行检验,然后根据检验结果来决定接受或否定原有的假设。可以说,现代西方经济学的发展,是与实证数据的可获性程度,以及统计学、相关数学工具的发展密不可分的。随着实证技术工具的越来越丰富、数据的不断积累,西方经济学日益拥有了自然科学的外貌,有力地推动了经济学的发展。但是,这种实证方法也不可避免地带有一些局限性:一方面,对某一结论的验证,会受到时间、地点和各种条件的制约,因为各种模型必须依赖于若干假设条件;但经济活动日益复杂多变,要满足这些条件几乎是不可能的;另一方面,验证活动还要受到验证者本人经济观念的制约,萨缪尔森曾说,"掌握经济学的最大障碍或许产生于我们在对周围世界的研究中所带入的主观性"、"当你研究和学习了一套经济原理后,你就会以一种新的和不同的方法去理解现实"。在中国古代经济思想中,人们则更加关注"应该"还是"不应该"的规范分析问题。具体表现为遵循两个原则,一是政治化原则,即经济思想和经济政策的产生与发展,内容与形式等,都自觉地以政治目标为指针,其目标可以概括为"治国平天下",这是中国思想家所奉守的信条,他们无论提出什么样的经济思想或经济政策,至少在表面上都要站在国家根本利益的立场去论证。作为政治化原则的体现,如"壹农则国富"、"百姓足,君孰与不足?"、"仁政必自经界始"等观点,都是围绕着君主、国家的利益而展开论述。二是伦理化原则,即所有的经济思想、经济政策都自觉地遵守伦理规范,人们的经济活动同时也成为一种道德行为。而且,儒家还主张伦理原则高于经济利益原则,如孔子提出"富与贵,人之所欲也,不以其道得之,不处也;贫与贱,人之所恶也,不以其道去之,不去也"[①]。这种规范性分析虽然有利于突出对经济活动主体和经济活动目的的重视,但是忽视了经济事物本身的规律性,也

---

① 《论语·里仁》。

不可避免地带有一定的片面性。

在西方古典经济学中,经济活动中的伦理问题是由"看不见的手"来自发处理的。随着垄断的产生,"外部效应"、"交易成本"等现象的发现,"新制度经济学"、"福利经济学"、"公共选择经济学"等关注伦理问题的经济学流派开始流行,但是这些对经济伦理问题的处理,也是按照经济利益原则来阐述和理解的;对经济主体活动的规范,主要是通过外部约束,如市场机制、合同体系等加以保障的。与此相对比,中国古代经济思想,则注重经济主体内心的自觉,通过弘扬人的"良知",采用"反省"等方法,使人们在经济活动中自觉自愿地维护社会与他人的利益,形成和谐的经济关系,降低交易的成本。随着经济社会的高度发展,人们对经济主体加强内部约束以促进经济体系的良性运转的要求越来越高。

五

"工欲善其事,必先利其器",对于中国经济思想史这门涉及漫长历史时期、文献资料异常浩繁的学科来说,研究方法问题至关重要。

研究中国经济思想史,首先要学会运用历史唯物主义的方法。建国后中国经济思想史研究之所以取得了很大的成就,其中一个重要原因就是运用了历史唯物主义的方法。运用历史唯物主义研究中国经济思想史,首先就要把中国历史各个时期的经济思想看做是当时特定社会经济条件的产物。一定历史时期的经济思想是当时的社会经济关系在人们头脑中的反映,在不同的历史阶段,经济关系有其本质的区别;同一历史时期的不同国家、不同民族,经济关系的性质和内容也存在着很大的不同。研究中国经济思想史,切忌把只适用于特定社会形态或特定历史条件的研究模式,当做一个不变的框架到处套用。恩格斯曾说,"谁要想把火地岛的政治经济学和现代英国的政治经济学置于同一规律下,那么,除了最陈腐的老生常谈外,他显然不能揭示出任何东西"[①]。

目前的西方经济思想史著作一般是以资本主义时代的经济思想作为主要研究对象。在资本主义时代,商品生产是最普遍的现象,资本关系是最本质的关系,因此,人们总是通过商品、价值、货币等表现商品生产的各种范畴,以及资本、利润、利息等各种表现资本关系的范畴,来进行经济问题的探讨。与此相适应,西方一般都采用"商品—资本"的模式来研究经济思想史。中国历史发展从没有经历过资本主义阶段,而是经历了漫长的封建社会。1840年鸦片战争前,中国长期停滞于封建社会;鸦片战争后一百多年,中国又陷入半殖民地半封建社会

[①] 《马克思恩格斯全集》第20卷,人民出版社,1972年。

的深渊;新民主主义革命的胜利,使得中国越过资本主义阶段直接走向社会主义的发展道路。在中国漫长的封建社会中,始终都是自然经济占统治地位,商品经济没有发展起来,或畸形发展没有产生实质性的影响。因此,对商品生产、资本关系的探讨不可能成为人们普遍重视和关心的问题,不可能构成各时期中国经济思想的主要内容。研究中国经济思想史,应当选择当时社会最基本、最普遍的经济关系。中国古代经济思想史所研究的是资本主义以前的社会形态的经济思想,其中占主要地位的是封建时代的经济思想。在这个时代,自然经济占主要地位,一切经济问题都与土地财产和农业紧密联系;"封建地产以及地租、赋役是封建社会一切经济问题的中心"①。因此,只有采用"地产——地租、赋役"的模式,才能找到中国古代经济思想发展变化的规律。

把经济事实作为经济思想产生的基础和根源,以揭示经济思想的性质与社会内容;注意政治制度和其他各种意识形态同经济思想的相互联系;考察经济思想自身在发展中的纵向联系和横向联系等等,都是运用历史唯物主义方法研究中国经济思想史的基本要求。

研究中国经济思想史,就具体方法而言,有历史法和逻辑法两种。历史法是根据时间顺序,按学派或思想家逐个分析其经济思想;逻辑法是根据经济思想内容的逻辑顺序和结构,将经济思想分为若干领域、若干专题,分门别类地考察其发生、发展的规律。这两种方法各有利弊:历史法可以详细探讨各个思想家经济思想的全部内容、所有特点,以及这些思想所赖以产生的历史背景、个人主观条件。但历史发展总是曲折、复杂的,以历史法研究经济思想,或多或少会随着不同的历史进程而显得重复、零散甚至倒退。逻辑法则舍弃了经济思想实际历史过程中的曲折倒退、细枝末节,着重探讨不同时期、不同思想家各种经济观点的形成、发展及相互影响,从整体上揭示经济思想自身发展的客观规律。但是,逻辑法舍弃了思想家所处的具体历史背景和思想家所有各种思想之间的关系,有可能不能真正了解或甚至误解思想家真正想表达的观点。

研究中国经济思想史,还要注意运用一些其他常用的方法。在一般科学研究中常用的方法,如归纳法、演绎法、系统分析法等,以及整理中国文化遗产常用的方法,如考据、校勘等,也都是研究中国经济思想史所需要应用的方法。研究中国经济思想史,也要努力尝试其他新方法,向其他学科借鉴、向西方经济学取经,探索出新的路子来。中国经济思想史研究不是故步自封的,而是开放扩散的,研究方法的不断改进与创新,将会注入新的活力,对于学科的发展来说,意义非常重大。

---

① 赵靖主编:《中国经济思想通史·导论》修订本,第一卷,北京大学出版社,2002年。

以上内容是我们关于中国经济思想史研究的意义、学科历史,以及研究的内容、分期和特点、方法的一些粗浅看法,随着理论研究的深入,相信在这些问题上会有更多、更广、更深的认识。

思想史是一个民族思考、记忆的历史,迎着21世纪冉冉升起的火红太阳,我们将继往开来,推陈出新,中国经济思想将发出熠熠光辉,中国将以崭新的姿态和平崛起!中国将以不可阻挡之势实现伟大复兴!

本章总结

中国经济思想史以中国历史各个时期的经济思想为对象,研究其形成、发展及内在联系,从而揭示中国经济思想随社会历史条件变化而演进的规律。中国经济思想史大致可以分为三大部分:第一部分,中国古代经济思想史,从中国开始进入文明时代到1840年鸦片战争;第二部分,中国近代经济思想史,从鸦片战争到1949年中华人民共和国成立;第三部分,中国现代经济思想史,从1949年新中国成立至目前。这三个部分的经济思想,在产生的历史条件、所反映的经济关系及思想源流、表现形式等各方面都有重大的差别,但它们之间有着深刻的历史连续性,体现着同样的民族历史风格。限于篇幅与研究现状,本书所包含的范围为中国古代的经济思想史。中国古代经济思想的发展,可以分为三个时期:春秋末期以前是中国古代经济思想的萌发时期;春秋末期至西汉末期是中国古代经济思想的形成时期;西汉末期,具有保守倾向的封建"正统"经济思想开始居于支配地位,直到中国近代半殖民地半封建社会时期,才因封建主义经济基础的逐渐解体而趋于没落。

与西方经济思想相比,中国古代经济思想具有综合性、辩证性、规范性三个特点。研究中国经济思想史,首先要学会运用历史唯物主义的方法。中国古代经济思想史研究的是资本主义以前社会形态的经济思想,其中占主要地位的是封建时代的经济思想,在这个时代,自然经济占主要地位,一切经济问题都与土地财产和农业紧密联系,所以只有采用"地产——地租、赋役"的模式,才能找到中国古代经济思想发展变化的规律。把经济事实作为经济思想产生的基础和根源,以揭示经济思想的性质与社会内容;注意政治制度和其他各种意识形态同经济思想的相互关系;考察经济思想自身在发展中的纵向联系和横向联系等等,都是运用历史唯物主义方法研究中国经济思想史的基本要求。还有历史法、逻辑法及归纳法、演绎法、系统分析法等也都是研究中国经济思想史所需要应用的方法。

思考与练习

1. 中国经济思想史的研究对象、研究内容和历史分期分别是什么？
2. 比较中国经济思想史与西方经济思想史的发展特点、研究方法。
3. 阐述学习中国经济思想史的意义。

第一编

先秦时期的经济思想

第一章
先秦时期的经济、政治和经济思想

本章概要

本章首先介绍了春秋战国时期生产力的发展和生产关系的变革情况,以及政治上由群雄割据走向统一的过程,接着重点介绍了当时的主要学派,如儒、墨、道、法、商家等代表人物的经济思想。

学习目标

1. 了解春秋战国时期的社会经济政治状况
2. 了解春秋时期经济思想的主要代表人物及其主张
3. 了解战国时期经济思想的主要代表人物及其主张

经济思想是人们对社会经济生活的认识。经济生活是人类社会存在的基础,有人类社会就必然有经济生活。从这个意义来说,经济思想是随人类社会的出现而出现的。但是,人类社会早期,经济生活极其简单、原始,而又进展缓慢,在长达千年、万年的时间中变化极其微小。在这种情况下,人们的经济思想极简单、片段而且不明确。[1] 中国古代在夏代进入文明时代,历经商周,虽然产生了一些重要经济观点,但也只是萌芽。到了春秋末期,经济思想领域出现了一系列明显的变化,不仅人们在议论经济问题时,已能提出若干观念和原理,并且能够对它们之间的联系以至因果关系作某些简单的解释和说明。[2] 到了战国时期,中国经济思想获得了迅速发展,不仅对社会经济生活的认识更加明确系统,有一定的深度,而且出现了多个学派,提出了不同的经济主张,涌现出不少代表人物,成为中国古代经济思想发展的一个高峰。

---

[1] 赵靖主编:《中国经济思想通史》修订本,第一卷,北京大学出版社,2002年,第15页。
[2] 赵靖:《中国经济思想述要》,北京大学出版社,1998年,第21—22页。

第一节　春秋战国时期的社会经济和政治

对中国古代社会的性质,学术界有不同的见解,有的学者认为从夏至春秋时期,都是奴隶社会,春秋战国时期中国从奴隶社会过渡到封建社会。有的学者认为夏商为奴隶社会,西周是封建领主制,春秋战国时期从封建领主制过渡到封建地主制。也有的学者认为春秋战国时期是古代村社的"井田制的瓦解,封建土地制的确立"时期。① 学术界普遍认为春秋战国时期是一个剧烈变动的时期,持上述观点的学者都认为经过这一时期的剧烈变动,中国进入封建地主制社会。② 我们认为春秋战国时期是一个剧烈变动的时期,剧烈变动的结果是中国封建地主制社会的产生。至于中国是从奴隶社会过渡到封建地主制社会,还是从封建领主制社会过渡到封建地主制社会,或者是从古代村社的井田制转变为封建地主制社会,即使姑且不论,也能大体讲清春秋末期至战国时期的经济思想。

春秋战国时期生产力获得了迅速的发展。春秋时期人们已经在农业中使用铁器。在《国语·齐语》中就记载了:"美金以铸剑戟,试诸狗马;恶金以铸鉏、夷、斤、斸,试诸壤土。""美金"指青铜,"恶金"指的就是铁。在考古发掘中也发现了春秋以来的铁器,包括了铁制兵器和铁制农具。战国时期铁农具已广泛使用。孟子曾问农家许行的弟子陈相:"许子以釜甑爨,以铁耕乎?"③这说明"以铁耕"在当时已是常识。铁耕应是非常普遍了。从考古资料来看,战国中晚期,"铁器的出土已遍及七国地区",铁器的种类已包括农具、手工具、兵器和杂用器,"铁器已推广到社会生产和生活的各个方面。在农业、手工业部门中,已经基本上代替了木器、石器、骨器、蚌器和青铜器,初步取得支配地位","在社会生产中发挥了巨大作用"④。

随着铁制农具的出现,牛耕也逐渐发展起来。春秋末期有人就把名、字和牛耕联在一起。孔子的弟子中,如"冉耕字伯牛","司马耕字子牛"⑤。《国语》一书也讲到了牛耕:"夫范、中行氏不恤庶难,欲擅晋国,今其子孙将耕于齐。宗庙

---

① 顾德融、朱顺龙:《春秋史》,上海人民出版社,2001年6月,第229—236页。杨宽《西周史》:"中国从古以来历史发展有其独特的规律,根本不同于欧洲的历史,既没有经历像古代希腊、罗马那样的典型奴隶制,更没有经历过像欧洲中世纪那样的领主封建制,而是从井田制的生产方式发展为小农经济以及地主经济的生产方式。"上海人民出版社,1999年11月。《前言》第4页。
② 也有一些学者认为春秋战国还是奴隶社会,到了秦代、东汉,甚至魏晋时期,中国才进入封建社会。
③ 《孟子·滕文公上》。
④ 《中国大百科全书·考古卷》,中国大百科全书出版社,1986年,第107页。
⑤ 《史记·仲尼弟子列传》。

之牺为畎亩之勤。"①这是说贵族范氏、中行氏在晋国贵族的斗争中失败了，他们的子孙逃到齐国种地去了，贵族子弟成了农民。如果用牛来比喻的话，本来是用于宗庙祭祀的"牺"，现在只好做在田地上出力耕作的犁牛了。这都说明春秋末战国初牛耕已经相当普遍。

铁器和牛耕的普遍使用，使得大量荒地被开垦出来。春秋初年各诸侯国之间存在大量未经开垦的荒野地。经过春秋时各诸侯国的开垦，各国的疆土逐渐相连，一些大国已有广土众民，国与国之间国土已犬牙交错，紧密相连了。

春秋时期在农业中人工灌溉有了发展，同时随着铁制工具的逐渐推广，土石方工程的劳动生产率有了极大提高，推动了各种水利工程，包括河道堤防，运河等等的兴建。著名的有吴王夫差兴建的"沟通江淮"的邗沟。到了战国时期，水利工程兴建的数量和规模均有极大的发展。著名的水利工程有魏国西门豹兴建的"引漳水灌邺"的水利工程，李冰父子兴建的"都江堰"，秦国兴建的"郑国渠"。这些水利工程的兴建，对水道运输和农田灌溉均有重要作用。

在铁制农具的应用，牛耕的推行，水利工程的兴建的同时，耕作技术有了进步，农业劳动生产率有了极大的提高。"耕者之所获，一夫百亩，百亩之粪，上农夫食九人，上次食八人，中食七人，中次食六人，下食五人。"②这是说一个农业劳动力可以提供五至九人的口粮。李悝说，"一夫挟五口，治田百亩，岁收亩一石半，为粟百五十石"，"食，人月一石半，五人终岁为粟九十石"。这也是说一个农业劳动力可以提供五人以上的口粮。③

农业劳动生产率的提高，使得更多的人可以离开农业，从事其他生产和非生产活动。"工商食官"的制度全面瓦解。私人手工业、商业获得相当大的发展，出现了不少大手工业主、矿主、畜牧主和富商。著名的有陶朱公、子贡、白圭、猗顿、吕不韦等。同时，城市也日渐繁荣。战国时期出现了人口众多的大城市。如齐国都城临淄就有居民七万户，每户有成年男子三人，"可出兵二十一万"④。这就是说成年男子就有二十一万，加上妇女老幼，总有几十万人之多。城市原为政治统治中心，这一时期不少城市也日益发展为经济中心。

铁工具的使用有利于土地的开垦，私人开垦土地成为可能。私人开垦的土地成为私田。这就使得在西周末期已经出现的私田，在春秋时代获得迅速发展，

---

① 《国语九》。
② 《孟子·万章下》。
③ 《汉书·食货志上》。按照李悝的说法，虽然一个农业劳动力可以提供五人的口粮而有余，但要维持一家五口的衣食住行，以及赋税负担等等，就不够了。如果加上"不幸疾病之费，及上赋敛"，就更加困难了。
④ 《战国策·齐策一》。

出现了越来越多的私田。不仅贵族可以占有私田,劳动者也可以通过自己垦荒占有一定的私田。随着私田的发展,旧有的井田制日渐瓦解,出现了占有大量私田的剥削者。随着私田的出现和发展,土地的买卖争夺也出现了。以铁工具为基础的劳动生产力的提高使得一家一户的个体劳动成为可能。春秋时代这种一家一户的个体农民迅速发展,至春秋末期已大量存在。一种新的生产关系——封建生产关系产生了。

形成这种新的生产关系基础的私田的合法性,逐渐为统治者所承认。私田开垦的初期是不缴纳赋税的。在井田制日渐瓦解、私田日益增多的情况下,各诸侯国公室的赋税收入日渐减少,而占有大量私田的贵族的财富日益增加。各诸侯国为了增加公室的赋税收入,先后进行了赋税的改革,在对公田征收赋税的同时,也对私田征收赋税。鲁国的赋税改革最为典型,鲁宣公十五年(公元前594年)实行了"初税亩"。所谓"初税亩"就是废除过去在井田制下实行的"藉法",开始不分公田私田一律按田亩数征税。对私田征税就等于承认私田的合法性和所有权。秦国的经济发展和山东诸国相比是比较落后的,但是,到了战国时期,秦国也于秦简公七年(公元前408年)实行了初租禾。这表明封建生产关系已扩展到经济发展比较落后的地区。封建生产关系在当时社会经济生活中已占重要地位。

春秋时期周天子的王权衰微,诸侯国的势力增长,权力下移。从西周的"礼乐征伐自天子出"变成"礼乐征伐自诸侯出",之后又"自大夫出",到了春秋末期则出现"陪臣执国命"①。西周所建立的政治礼乐制度已崩溃,后人概括春秋以来的形势为"礼坏乐崩"②。

随着周天子的王权衰落,各个诸侯国已不受王室的约束,相互之间的战争也日渐频繁。各国之间的兼并战争使一些小国被消灭了,大国更加强大。

春秋时期在各诸侯国争斗的过程中,几个大国先后成为霸主,在历史上称为"春秋五霸"③。最早称霸的是齐桓公。他在管仲的辅佐下,进行了改革,重视发展经济,提出"仓廪实而知礼节,衣食足而知荣辱"④的名言。在赋税方面实行"相地而衰征"⑤,提高了农民的生产积极性;也采取措施发展了手工业和商业;在政治、军事等方面也进行了改革,从而使齐国强大起来,"九合诸侯","一匡天

---

① 《论语·季氏》。
② 《汉书·楚元王传·刘歆传》。
③ 对于"春秋五霸"有不同的说法,一说是齐桓公、宋襄公、晋文公、秦穆公、楚庄王;另一说是齐桓公、晋文公、楚庄王、吴王阖庐、越王勾践。
④ 《史记·管仲列传》。
⑤ 《国语·齐语》。

下"①。之后的晋、楚两国曾长期相争。春秋后期的吴、越也曾争霸一时。

　　春秋后期晋国的大权为智氏、赵氏、韩氏、魏氏、范氏、中行氏六卿所掌握。他们之间又进行了争斗，范氏、中行氏和智氏先后被消灭。最后，赵氏、魏氏、韩氏三家瓜分了晋国。在战国时期形成魏、齐、秦、楚、燕、赵、韩七国称雄的局面。战国时期社会发生了更为剧烈、深刻的变化。各诸侯国先后进行了政治经济改革，不仅经济获得了发展，而且政治上逐渐形成中央集权制度。各诸侯国的经济军事实力远远大于春秋时期的大国。各诸侯国之间的战争，规模之大，时间之长，都极大地超过春秋时期。在各诸侯国争雄的同时，诸侯国内部也存在各种斗争，有统治者内部的诸侯与卿大夫的斗争，有卿大夫之间的斗争，有统治者与被统治者、剥削者与被剥削者的斗争。

　　早在春秋时代，"学在官府"的旧制就已打破，出现了私人讲学，出现了中国最早的学派——孔子创立的儒家学派。在春秋战国时期的社会大变革中，不同的阶级、阶层、集团、群体有不同的利益，不同的要求，从而产生了代表不同利益、要求的学派。除了儒家外又有墨家、道家、法家、名家、阴阳家等学派。在各诸侯国之间的争斗中，一些诸侯国为了在斗争中取得胜利，广聚人才，吸取不同学派的思想，指导自己的斗争。有的诸侯国，如齐国还建立了"稷下学宫"，聚集了众多的各派学者，"各著书言治乱之事，以干世主"②。魏国的魏文侯以儒家子夏为"师"，尊敬儒家子贡的弟子田子方、子夏的弟子段干木等人，任命早期法家李悝为相。各学派为了推行自己的主张，游说各国。战国时期形成了中国历史上少有的"百家争鸣"的局面。

　　西周封国号称八百，春秋初还剩下一百四十余国，经过春秋时各大国的兼并，至春秋中叶只剩几十个国家了。司马迁说："春秋之中，弑君三十六，亡国五十二，诸侯奔走不得保其社稷者不可胜数。"③战国时期所剩诸侯国就更少了，春秋时期的大国，如宋国、越国，较大诸侯国，如鲁国，先是成为无足轻重的小国，之后为齐、楚所灭。经过二百多年的兼并战争，众多的小国先后为各大国所灭，而"战国七雄"中的秦国，经过商鞅变法，在政治、军事和经济方面逐渐显示出优势，韩、魏、楚、燕、赵、齐六国与秦相比，相形见绌。至此，统一的趋势已形成，并且由秦来统一的趋势也已明显。统一的中央集权的秦帝国产生了。

---

① 《论语·宪问》。
② 《史记·孟子荀卿列传》。
③ 《史记·太史公自序》。

第二节 春秋战国时期的经济思想

春秋时期的经济思想在过去非常简单、片段经济观点的基础上,有了较大的发展,虽然大部分仍然表现为一些零散的经济观念、原理和范畴,但是对某些经济问题的议论已日益显著地超过前人。到了春秋末期,已出现一些具有中国古代特色的经济观点和经济政策主张。

春秋时期人们已把富与欲联系起来了,认为求富是人与生俱来的本性。齐国子尾曰:"富,人之所欲也。"① 孔子也讲:"富与贵,是人之所欲也。"② 虽然求"富"是人的欲望,人的本性决定的,但是,当时的思想家政治家都认为求富必须受到一定的限制。晏子说:"且夫富,如布帛之有幅焉。为之制度,使无迁也。"③ 孔子说:"不义而富且贵,于我如浮云。"④ 晏子认为富如布帛一样,是有幅的限制的。孔子明确地认为人们求富求贵的行为需要受"义"的制约。其实,在晏子、孔子之前,就出现了"利"需要受"义"制约的观点,认为只有符合"义",才能得"利"。这种观点似乎得到了公认。周襄王时大夫富辰就说:"夫义,所以生利,……不义则利不阜。"⑤ 晋献公时大夫丕郑说:"民之有君,以义治也,义以生利,利以丰民。"⑥ 晋大夫里克在谈论问题时也说:"夫义,利之足也……废义则利不立。"⑦ 晋赵衰说:"德义,利之本也。"⑧ 当然,这时人们讲的"利",是指广义的利,即利害之利,而不是专指物质利益。到了春秋后期,孔子在义利关系方面,有时是强调"利"必须服从于"义",有时则直接讲取得富贵要以"义"为前提。所以在孔子的义利关系中,"利"包括了更多的物质财富内容,这就使"义利"关系,具有经济观点的属性。⑨

春秋时期出现了富民思想。管仲就提出"无夺民食,则百姓富"⑩。与富民思想相联系,要求采取宽惠政策,以促进农业和工商业的发展,强调薄赋敛,要求统治者去奢崇俭。文献记载卫文公"务材训农,通商惠工"⑪。晋文公"弃责薄

---

① 《春秋左传·襄公二十八年》。
② 《论语·里仁》。
③ 《春秋左传·襄公二十八年》。
④ 《论语·述而》。
⑤ 《国语·周语中》。
⑥ 《国语·晋语一》。
⑦ 《国语·晋语二》。
⑧ 《春秋左传·僖公二十七年》。
⑨ 参看赵靖:《经济学志》,上海人民出版社,1998年,第20页。
⑩ 《国语·齐语》。
⑪ 《春秋左传·闵公二年》。

敛,施舍分寡,救乏振滞,匡困资无,轻关易道,通商宽农,茂穑劝分,省用足财"①。齐景公听了晏婴的劝告,"使有司宽政,毁关,去禁,薄敛,已责"②。

春秋时期出现了中国最早的货币思想——单旗的子母相权论。③ 历史文献记载,春秋后期,周景王将铸大钱,单旗反对。单旗在反对铸大钱中,提出了他的货币理论,并首次阐明了中国古代关于货币问题的两对基本范畴——轻重和子母的含义。这里所谓"铸大钱",就是铸造面值大的不足值金属币。单旗认为:"古者,天灾降戾,于是乎量资币,权轻重,以振救民。民患轻,则为作重币以行之,于是乎有母权子而行,民皆得焉;若不堪重,则多作轻而行之,亦不废重,于是乎有子权母而行,小大利之。今王废轻而作重,民失其资,能无匮乎?"④他的意思是在国家经济状况发生变化时,就要估量流通中的商品和货币的情况,权衡货币的轻重,所谓轻重,是指金属货币的重量。重币、大币称为母,轻币、小币称为子。如果原来流通中的铸币分量太轻,就要发行分量重的铸币。如果流通中的铸币过重,就发行分量轻的铸币。原有的和新发行的两种铸币,根据他们的轻重状况,以原有的铸币为衡量的标准,按照一定的比例同时流通,这就叫"母权子而行",或"子权母而行"。他还指出,周景王铸大钱的目的是"实王府","且绝民用以实王府,犹塞川原而为潢污也,其竭也无日矣"⑤。这是说从增加国家财政出发,发行不足值的铸币,后果是严重的。

春秋时期还出现了中国最早的商业经营思想。春秋末越国的范蠡,在越灭吴后,至陶经商,成为著名的富商,称为陶朱公。⑥ 他不仅总结了治理国家的经验,而且总结了经商经验。他的经商经验称作"积著之理"。"务完物,无息币",并提出预测市场物价的理论:"论其有余不足,则知贵贱,贵上极则反贱,贱下极则反贵。"以及经营对策:"贵出如粪土,贱取如珠玉。"还提出对资本流通的要求:"财币欲其行如流水。"他还提出"故善治生者,能择人而任时"。他"十九年之中三致千金,再分散与贫交疏昆弟。此所谓富好行其德者也"。司马迁说:"故言富者皆称陶朱公。"⑦他成为中国古代商人的学习榜样,他的理论成为中国古代治生之学的经典,他成为商家的第一位代表人物。我们将在本编第七章

---

① 《国语·晋语四》。
② 《春秋左传·昭公二十年》。
③ 张家骧:《中国货币思想史》上册,湖北人民出版社,2001年,第64—65页;叶世昌:《中国货币理论史》上册,中国金融出版社,1986年,第2页;萧清:《中国古代货币思想史》,人民出版社,1987年,第15页。
④ 《国语·周语下》。
⑤ 同上。
⑥ 参看本书第一编第七章《商家》。
⑦ 《史记·货殖列传》。

《商家》中作较全面的评介。

春秋时期经济思想的主要代表人物,前期是管仲,后期是孔子。

管仲,名夷吾,春秋前期著名的政治家,辅佐齐桓公"九合诸侯","一匡天下"①,成为诸侯争霸中的第一个霸主。他治理齐国,注意"通货积财,富国强兵"②。他提出四民分业论,使士农工商四民分业定居,按照职业划定居处。"处士……就闲燕,处工就官府,处商就市井,处农就田野。"他主张四民各在自己的居住区居住,不能杂居,终身从事一业,子孙世代相承。他认为这样就会使四民都努力于自己的工作,可以互相切磋、观摩,互通信息,互相帮助,有利于劳动技能的传习和劳动经验的传播。"少而习焉,其心安焉,不见异物而迁焉。是故其父兄之教不肃而成,其子弟之学不劳而能。"他还提出:"相地而衰征,则民不移。"按照土地的质量分等缴纳农业税,使赋税负担比较公平合理,可以鼓励农民安心务农。在徭役方面,他提出"无夺民时,则百姓富"③。他的"百姓富"的思想,成为春秋时代富民思想的先声。④

孔子是中国古代伟大的思想家,中国第一个学派——儒家学派的创始人。他的思想在中国两千多年来的历史中,产生了重大的影响。他的经济思想虽然并不丰富,但是他提出的某些观点、原则,成为人们判断是非的标准和行为规范。孔子的经济思想是思想家的思想,是从更为广阔的视野——整个人类社会着眼的。他从人的欲望出发,提出在满足人们欲望中,调节人们物质利益关系的道德原则和政策主张。他的理想是达到人类社会的富庶和谐。本书有专章讲述孔子的经济思想。

战国时期是我国学术思想百家争鸣、群星灿烂的时期,经济思想也获得了迅速发展。儒、墨、道、法、农等各家各派均提出了自己对经济问题的主张,形成了具有各自特点的经济思想,不仅各派之间互相批评争辩,同一派中不同学者之间也各抒己见,在经济思想领域这种异彩纷呈的局面,成为当时百家争鸣的重要组成部分和重要表现方面。战国时期是中国古代经济思想发展的一个高峰,对后世经济思想的发展具有重要影响。

战国时期的经济思想虽然还包容在各派的整个学术思想之中,但是,不仅属于经济思想的内容在整个学术思想中已经有了相当的分量,而且经济思想在各派整个学术思想中也已占有重要位置,有的甚至成为哲学思想、政治思想、改革方案的理论基础。

---

① 《论语·宪问》。
② 《史记·管晏列传》。
③ 《国语·齐语》。
④ 朱家桢:《中国经济思想史》,人民出版社,1994年,第6页。

从经济思想发展阶段来看,战国时期的经济思想已进入经济学说阶段。这时各派的许多思想家、学者在谈论经济问题时,"已经能够把若干方面的经济观念、原理和范畴相互联系起来,力求探讨它们之间的因果关系,尤其是儒、道、墨、法这些主要学派的著名学者,多半已能就当时社会上的一些主要经济问题,提出自己较为系统的解决方案,并且在理论上进行一定的分析、说明和论证。他们的经济思想,大体上均已达到经济学说的发展阶段了"①。

战国时期各学派在各抒己见、批评争辩的同时,也互相影响、互相吸收,呈现融合的趋势。齐法家就在法家思想的基础上,吸收了儒家思想;韩非不仅集法家之大成,而且吸收了道家思想;荀子在儒家思想基础上,吸收了法家思想、道家思想,甚至被认为"集了百家之大成"②。

战国时期经济思想的主要代表人物是墨家学派的墨子,儒家学派的孟子、荀子,道家学派的老子,法家学派的商鞅、韩非,商家学派的范蠡、白圭。

墨子是紧接孔子之后又一位大思想家,墨家学派的创始人。他的经济思想是当时小生产者利益和要求的表现。他对经济问题的论述,在数量上及涵盖面上都大大超过孔子,而且对这些问题的发挥和论证,也比孔子更深入、更展开,更具论辩性和说理性。

商鞅是战国时期的改革家,秦晋法家的重要代表人物。他在秦国实行的改革,使秦国成为战国七雄中最为富强的国家,为此后百余年秦国逐步蚕食诸侯,实现全国统一的事业,奠定了初步基础。他的后学,总结和发挥他的思想,著成《商君书》,其中经济思想方面的作品尤占重要位置。

孟子是孔子之后的又一位重要的儒家思想家。他的经济思想总结和继承了孔子和战国初期儒家学派的成就,依据战国时期社会剧变的形势,加以推演发挥。他对经济问题的论述,涉及面广又有深度。在中国古代的经济思想代表人物中,孟子的理论探讨精神和批评、争辩风格特别引人注目。

孟子和商鞅是同时代的人,但两人并无交往。孟子在改革问题上比较温和,且具有理想主义色彩。商鞅是改革的激进派,更重视现实利益。

道家老子对经济问题的态度,总的来说是消极的,颂扬和美化简陋、落后的经济生活,否定社会经济的进步、文化生活的改善。但老子的思想中也包含了某些积极成分,如对统治者的剥削掠夺的揭露批判以及对人类社会的运行主张顺应自然、反对干预等。

齐法家的经济思想在许多方面,与商鞅、韩非等秦晋法家是一致的,或相近

---

① 赵靖主编:《中国经济思想通史》(修订本),北京大学出版社,2002年,《序言》第12页。
② 郭沫若:《荀子的批判》,《十批判书》,科学出版社,1960年,第209页。

的,但是,由于齐国是战国时期工商业和学术最为发达的国家,所以齐法家的经济思想也有许多明显不同于秦晋法家的特点。齐法家在重视农业的同时,对工商业的态度也比较积极,不仅重视富国,也重视富民。齐法家也吸收了儒家的某些思想,比较重视道德的作用。

商家是以商业经营为研究对象的学派。对商业经营的论述是从春秋末期的范蠡开始的,战国时期有了很大的发展。这时不仅出现了不少善于经营的商人,而且还有善于总结经营经验的商人理论家——白圭。商业经营成为有专门的研究对象,有独特的思想理论,有代表人物的一个群体,成为和兵家、农家属于同一类型的独具特色的学派。

战国后期经济思想的主要代表人物是荀子和韩非。荀子是儒家的又一位重要的代表人物。荀子自称为儒,当时的人也认为他是儒。但是他批判综合了墨家、道家、法家以及儒家中的许多支派,形成了一个儒家的新派别——孙氏之儒,即荀派儒学。荀子经济思想的基础是他对人和物的两个基本看法。他认为,人是有欲望的,而"物不能澹"。这也就是说"欲多而物寡"[1]。他认为"物不能澹则必争"[2]。如何解决满足人的欲望问题,他提出了"明分论"和"富国论"。他的"明分论"是为满足人的欲望设计的制度安排,这也就是为当时的封建等级制的合理性所作的解释与辩护。他的"富国论"是为满足欲望提供更多的物质财富的方案。这也就是为统一后"四海之内若一家"的社会经济发展提出的政策主张。荀子的经济思想达到了先秦经济思想的最高水平,最具经济理论色彩。

韩非是荀子的学生,但是,他属于秦晋法家,战国时期法家学派——法、术、势各派的集大成者。韩非以前的法家代表人物多为政治家或从事政法工作的官吏,他们的经济思想主要是以实际政策及其解释的形式存在,因而多具粗浅、生硬的态度。而韩非是学者、思想家,他的经济思想在分析、说理、论证等方面,都远非秦晋法家的其他代表人物和其他代表作品所能及。韩非的学说是秦统一前夕出现的,他的经济思想反映了统一天下和加强中央集权的专制主义政权的需要。[3]

本章总结

随着铁器和牛耕的出现,春秋战国时期的生产力迅速发展起来,农业劳动生

---

[1] 《荀子·富国》。
[2] 《荀子·王制》。
[3] 关于战国时期经济思想代表人物的评介,较多地参考了赵靖主编的《中国经济思想通史》修订本,第一卷《卷首语》。

产率的提高使得封建制的生产关系逐步产生、发展。

在诸侯国实力增长的同时,天下出现了"礼崩乐坏"的局面,"春秋五霸"、"战国七雄"依次产生,在乱世之中形成了"百家争鸣"的局面。

春秋时期出现了求富思想、富民思想、子母相权论、"积著之理"等早期的经济思想。这个时期经济思想的主要代表人物是管仲和孔子,管仲提出了"仓廪实则知礼节,衣食足则知荣辱"的思想,孔子则提出了一系列调节人们物质利益关系的道德原则和政策主张。

战国时期的儒、墨、道、法、商各家都有各自的经济学说。墨子、孟子、荀子、老子、商鞅、韩非、范蠡、白圭是当时的主要代表人物。

思考与练习

1. 简述春秋战国时期生产力的发展情况。
2. 简述春秋战国时期封建生产关系的发展情况。
3. 简述单旗的子母相权论。

第二章 孔子

本章概要

本章介绍孔子的经济思想,阐述其"见利思义"、"惠民、富民"及其他的经济思想。

学习目标

1. 了解孔子在我国历史上的地位及其贡献
2. 了解孔子的"见利思义"思想
3. 了解孔子的"惠民、富民"思想

第一节 孔子是中国古代著名思想家和教育家

孔子(公元前551年—公元前479年)名丘,字仲尼,春秋末鲁国陬邑(今山东曲阜东南)人。孔子的先人是宋国贵族。周初封纣兄微子启于宋,启卒,弟微仲即位。根据传说,孔子就是微仲的后代。孔子的第六代祖先孔父嘉,在宋国的贵族斗争中失败被杀。其后人逃亡到鲁国。前几代均默默无闻,至孔子的父亲叔梁纥才做了一名小官。其母颜徵在生下孔子后不久,叔梁纥就去世了。所以,孔子家境不好,生活贫困。为了谋生,孔子做过不少"卑贱"的工作,也学会不少本领。他做过"委吏"和"乘田"。"委吏"是管理仓库的,"乘田"是看管牛羊的。孔子对这些事干得都不错,"会计当","牛羊茁壮长"①,账目清楚,牛羊肥壮。孔子年轻时并非四体不勤,五谷不分的人。他自己曾说:"吾少也贱,故多能鄙事。"②"吾不试,故艺。"③他自幼就勤奋学习。他自己说"吾十有五而志于学"④。之后,他创立私学,收徒讲学,从事教育工作。50岁以后孔子做过几年官,先后

---

① 《孟子·万章下》。
② 《论语·子罕》。
③ 同上。
④ 《论语·为政》。

任中都宰、小司空、大司寇,后又"由大司寇行摄相事","与闻国政三月"①。在这三个月中取得了"粥羔豚者弗饰贾;男女行者别于涂;涂不拾遗;四方之客至乎邑者不求有司,皆予之以归"的政绩②。但因不能实现自己的政治主张,孔子遂率弟子周游列国,寻求推行自己政治主张的机会。他先后去了卫、曹、宋、郑、陈、蔡等国(主要在卫国,在陈也有四年),在外奔波了14个年头(公元前497年—公元前484年),遇到不少困难,曾困厄蒲、匡,绝粮陈、蔡,到处碰壁,也未找到实现自己政治理想的舞台。当他68岁时,鲁国的季康子把他请回鲁国,结束了流浪生活。回到鲁国后,季氏对孔子很尊重,被尊为"国老",遇有政事,也征求孔子的意见,但是,未再担任官职。司马迁说:"然鲁终不能用孔子,孔子亦不求仕。"③此后几年主要从事教育工作和文献整理工作。孔子于公元前479年,73岁时去世。

孔子是中国第一个创立学派的大学者、大思想家。他创立的儒家学派对中国古代有重大影响,对中国近代,直至当前仍然有某些不可忽视的影响。儒学成为中国传统文化的重要组成部分。孔子思想对后世影响较大的主要是以仁、礼为主要内容的伦理思想,以德治和举贤才为主要内容的政治思想,内容丰富的教育思想。他同时也是一位教育家,据说孔子有3 000弟子,其中身通六艺的72人。他还是文献整理专家,史料记载,他曾删《诗》、《书》,定《礼》、《乐》,传《易》,因鲁史作《春秋》。

孔子的思想核心是仁。他认为仁是君子的美德。"君子而不仁者有矣夫,未有小人而仁者也。"④他对仁有多种解释,最为概括的是"爱人"⑤。仁者应该"己所不欲,勿施于人"⑥,"己欲立而立人,己欲达而达人"⑦。可见,仁是处理人与人的关系的。孔子还说:"克己复礼为仁。"⑧也就是以礼来约束自己,使自己的言行符合礼的要求,从而也就符合仁的要求了。仁要立人、达人。所以,被孔子称作仁的人,都有立人、达人的良好表现。比如孔子之所以称管仲为仁,是因为管仲的行为使得"民到于今受其赐"⑨。这样,仁就不只是一种伦理思想,也成为政治思想,实际上,成为孔子政治思想的基础与核心。孔子主张"为政以德",

---

① 《史记·孔子世家》。
② 同上。
③ 同上。
④ 《论语·宪问》。
⑤ 《论语·颜渊》:"樊迟问仁,子曰爱人"。
⑥ 《论语·颜渊》。
⑦ 《论语·雍也》。
⑧ 《论语·颜渊》。
⑨ 《论语·宪问》。参见张岱年:《中国哲学大纲》,中国社会科学出版社,1985年,第256—260页。

"道之以德,齐之以礼"①。孔子的经济思想是他的伦理思想和政治思想的一部分。

第二节 孔子经济主张的出发点:人具有追求物质财富的欲望

孔子继承了西周以来形成的观点,认为人们都有追求物质财富的欲望。②他说:"富与贵,是人之所欲也,""贫与贱,是人之所恶也。"③"人"之所欲,"人"之所恶,就是讲一切"人",不分君子、小人,都有追求物质财富的欲望。小人是追求利的。孔子明确地讲:"小人喻于利。"④孔子又讲:"君子喻于义。"这并不是说君子不能追求富贵,追求物质财富。孔子当然是君子,他就说,"富而可求,虽执鞭之士,吾亦为之"⑤。在可以追求财富的情况下,他也是要追求的。他还认为在一定条件下,君子不去追求富贵,而过着贫贱的日子,是可耻的。他说:"邦有道,贫且贱焉,耻也。"当然,在他看来,在某些条件下,是不能追求财富的,不能追求富贵。他说,"邦无道,富且贵焉,耻也"⑥。

在孔子看来,人不仅要吃要穿,以维持生活,而且要求富贵,具有求富求贵的欲望。不管什么人都有求富的欲望,因此,可以看到人性是差不多的。孔子说:"性相近也,习相远也。"⑦认为人有求富的欲望是西周以来的流行观念,孔子继承了这种观念。但是,认为人性相近,则是过去没有的。应是孔子探求所得出的结论。人性相近,是通过大量现象概括出来的。侯外庐说:"'性相近'正是在小人'疾贫'与君子求富的相似前提之下才可能产生的。"他认为这与"春秋末年财富的权力手段的变迁","财富所有的多元化或下降"有关。"这个时代,已经不是像西周的'国有富'的严密制度了。自由民已经参与了财产私有的活动。"⑧春秋时代,社会动荡,更多的人获得追求财富的机会,参加到追求财富的行列中去。富贵已不完全是世袭的、祖辈传下来的了,而相当多是靠个人去追求。孔子的思想反映了这一变化。

人们都在追求财富,但是追求的结果是不同的。有人追求到了,既富且贵,

---

① 《论语·为政》。
② 参见朱家桢:《孔子经济思想的研究》,见《中国经济思想史论》,人民出版社,1985年,第205页。
③ 《论语·里仁》。
④ 同上。
⑤ 《论语·述而》。
⑥ 《论语·泰伯》。
⑦ 《论语·阳货》。
⑧ 侯外庐等:《中国思想通史》第一卷,人民出版社,1957年,第145—146页。

但是，更多的人追求不到富贵，而是贫且贱。因此，就出现了贫富问题。富者中也有富的程度不同的差别。孔子如何对待这些问题呢？他的经济思想就由此展开，认为人具有追求物质财富的欲望这一判断，就成为孔子经济主张的出发点。

第一个问题是，为什么会有贫富的不同，以及富的程度的不同？

孔子并没有直接回答这个问题。他的弟子子夏说："死生有命，富贵在天。"①死生、富贵都是命中注定和上天安排的这个观点，并非子夏的发明，而是"商闻之矣"。子夏姓卜名商。他是听说的，听谁说的，他没有说。可能是当时比较流行的观点，当然也可能听孔子讲的。这些都无从查考。我们只能说孔子的弟子子夏讲过，孔子是否讲过，不知道。但是，我们知道，孔子在一定程度上是信天命的。孔子说："君子有三畏：畏天命，畏大人，畏圣人之言。"②首先就是畏天命。他又说他"五十而知天命"③。但是，他又"知其不可而为之"④。这又是不安于天命的表现。所以，孔子对"死生有命，富贵在天"的看法，是难以判断的。

第二个问题是，这种贫富差别是否合理？

孔子并不认为贫富差别是不合理的。他认为从事不同的职业，就会有不同的收入，就会有贫富差别。孔子说："学也，禄在其中矣。""耕也，馁在其中矣。"⑤他在谈论这些问题时，并没有认为这是不合理的。如果不合理，就要打破这种不合理。如果不是不合理，就要在此基础上考虑并解决这个问题。孔子正是在此基础上解决由此产生的问题。

第三个问题是，这种贫富差别的存在，会有什么后果？

孔子虽然没有认为这种贫富差别是不合理的，但是认为这种贫富差别会造成严重后果，会成为动乱的根源。

孔子说："贫而无怨难。"⑥贫者也有追求财富的要求，追求不到就要怨恨了。贫而又怨，那就危险了。孔子说："好勇疾贫，乱也。人而不仁，疾之已甚，乱也。"⑦勇者又痛恨贫，就会犯上作乱。而对不仁的人痛恨太甚，也是一种祸害。这就是贫富矛盾。他还讲："君子固穷，小人穷斯滥矣。"⑧君子穷还坚持着，小人穷就无所不为了。

---

① 《论语·颜渊》。
② 《论语·季氏》。
③ 《论语·为政》。
④ 《论语·宪问》。
⑤ 《论语·卫灵公》。
⑥ 《论语·宪问》。
⑦ 《论语·泰伯》。
⑧ 《论语·卫灵公》。

第四个问题是,如何解决这个问题?也就是说在存在贫富矛盾的情况下,如何使社会安定和谐?

这就要调节贫富关系,也即调节人们的物质利益关系。如何调节?孔子主要提出两个解决办法:一是"见利思义"的道德原则;一是"富民"、"惠民"的政策主张。

当然,孔子也有其他主张。比如用天命来约束人们的求利行为。孔子也讲天命。但是,孔子又讲"小人不知天命而不畏",只有君子才畏天命。所以,天命对小人是不起作用的。孔子也主张用刑罚,用"猛"的办法使百姓的行为符合统治者的要求。《左传·昭公二十年》记载,当时郑国多盗,继子产之后执政的大叔"不忍猛而宽",大叔后悔没有听子产的话,失之过宽,于是兴兵镇压,"尽杀之,盗少止"。孔子知道后说:"善哉!政宽则民慢,慢则纠之以猛。猛则民残,残则施之以宽。宽以济猛,猛以济宽,政事以和。"但是,孔子又认为,"道之以政,齐之以刑,民免而无耻"①。因此,刑和猛也并不是好办法。这也就是说,孔子虽然讲了这些办法,但前两个办法还是主要的。而且,前两个办法也属于经济思想。

第三节 调节人们物质利益关系的道德原则
——"见利思义"

孔子认为人们的求利行为要受到道德的约束,这种约束人们求利行为的道德就是"义"。孔子在这方面的基本主张是"见利思义"②。这就是说,在孔子看来,不是不能求利,而是要考虑求利的行为,是否符合义,求利的行为要受义的约束,如果求利的行为不受任何约束,就会给个人、社会和统治者带来祸害灾难。

对个人:孔子说:"放于利而行,多怨。"③依据个人的利益来行动,会招致怨恨。这个利,不仅仅是物质利益,但肯定包括物质利益。

对社会、对统治者:孔子说:"好勇疾贫,乱也。"④"小人有勇而无义,为盗","君子有勇而无义,为乱。"⑤小人不讲义,就会为盗,为盗就是抢劫财物;君子如

---

① 《论语·为政》。
② 《论语·宪问》。
③ 《论语·里仁》。
④ 《论语·泰伯》。
⑤ 《论语·阳货》。

果不讲义,危害就会更大,会为乱,即作乱犯上,所以,君子应该"义以为上"①,最尊崇义,把义作为最尊贵的品质。

所以,不讲义,不把义放在首位,那是有很大危害的。社会不安定,统治者的地位也不稳定;君子、小人都讲义了,社会就安定了,统治者的地位也就稳定了。所以,讲义是有莫大的利益的。孔子说:"义以生利。"②这种利是统治者的大利。可见,孔子的义利论是统治者的义利论,是为了维护统治者的长远利益。

那么,孔子所讲义、利的内容是什么呢?

"利"就是利益、好处,利与义相对而言,《论语》中有时讲"得",如《季氏》中有"见得思义"。有时讲"取",如《宪问》中有"义然后取,人不厌其取"。可见孔子所讲的"利"、"得"、"取"等等都是指个人的私利,包括物质利益。所谓"义",孔子没有给"义"下一个定义。《礼记·中庸》:"义者,宜也,"也就是合理、适宜。《孟子》:"仁,人心也;义,人路也。"③仁,人之所以为人的内在本质;义,人作为人所应走的路,也即人的行为准则。孔子说:"君子义以为质,礼以行之。"④君子以义为原则,依礼而行。又说:"礼以行义,义以生利。"⑤以礼推行义,义产生利。从上可见,义是人内在的仁的体现,也即符合仁的要求的行为,把这种行为规范化,而制定的礼仪制度,就是礼。人的行为符合了礼,也就符合仁义,从而产生利。

从经济的角度来看,哪些求利活动违背义呢?孔子没有具体讲,根据文献,主要有以下几个方面:

1. 政权聚敛、兼并小国以增加财富是不义的

《论语·先进》记载:"季氏富于周公,而求也为之聚敛而附益之。子曰:'非吾徒也,小子鸣鼓攻之可也。'"孔子反对冉求为季氏搜刮民财。学术界一般认为"求也为之聚敛"是指季氏的"用田赋",即由过去按丘征收军赋,改为按亩征收。这样改变之后军赋加重了。孔子主张"敛从其薄",按照"周公之典"来征收,认为如"贪冒无厌",改为按田亩征收军赋,也还不够。⑥

孔子还认为置关收取商税是"不仁"。鲁大夫臧文仲置六关收税,孔子反

---

① 《论语·阳货》。
② 《左传·成公二年》。
③ 《孟子·告子》。
④ 《论语·卫灵公》。
⑤ 《左传·成公二年》。
⑥ 对此问题有不同的看法,主要有两种:一种认为孔子反对季氏"用田赋"是"因为这项改革破坏了奴隶主国家的旧制度"。孔子主张按照"周公之典"、"周公之籍",而不应"苟而赋";另一种看法是孔子主张薄税敛,孔子谈到"周公之典"、"周公之籍",是"要求季氏实行像周公那样取于民有制的轻赋敛政策",而不是要恢复周公的籍法,当然也不是什么反对改革。

对,认为这是臧文仲的三不仁之一。①

季氏将征颛臾,孔子反对。他反对通过征服、兼并来占有别的国家的财富和人民。

2. 偷盗抢劫是不义的

孔子说:"小人有勇而无义为盗。"②无义者为盗,也就是为盗是不义的。可见,孔子是维护财产所有权不受侵犯的,侵犯了财产所有权是不义的。

3. 有权势的人与民争利是不义的

孔子说臧文仲三不仁,其中之一是"妾织蒲"。为什么"妾织蒲"是不仁的呢?因为这是与民争利。《史记·循吏列传》中有一段记载战国时鲁相公仪休,"食茹而美,拔其园葵而弃之。见其家织布好,而疾出其家妇,燔其机,云:'欲令农士工女安所雠其货乎?'"这一段可以作为孔子说的臧文仲"妾织蒲"为不仁的注解。可见,孔子的意思是,像"织蒲"这样的事,应留给老百姓去做,不要夺了一般老百姓的财路。当官的只拿俸禄就行了,不要与民争利。在孔子看来"妾织蒲"已是不仁,如果有权势的人经营其他获利的事业,当然更是不仁不义,与民争利的了。

从以上可见,孔子主张用"义"来约束人们的求利,主要是维护财产所有权不受侵犯,限制统治者过多地征敛、与民争利。

根据"见利思义"的道德原则,孔子认为贫者在追求不到财富时应该"贫而无怨",进一步还应该"贫而乐"。总之,就是安贫。他说:"饭疏食饮水,曲肱而枕之,乐亦在其中矣。不义而富且贵,于我如浮云。"③他还说:"富与贵,是人之所欲也,不以其道得之,不处也;贫与贱,是人之所恶也,不以其道得(去)之,不去也。"④不义的富贵是不能要的。追求富贵,摆脱贫贱,要看是否正当,不正当的,就不能追求,也不能摆脱。因此,要提倡安贫。颜回就是"贫而乐"的样板:"一箪食,一瓢饮,在陋巷,人不堪其忧,回也不改其乐,贤哉回也。"⑤

《论语》中记载"子罕言利"⑥。因此,就给人一种印象,孔子轻视"利"。其实,这是误解。罕言利,不等于不言利,更不等于轻视利。孔子主张"见利思义",公明贾告诉孔子公叔文子,"义然后取,人不厌其取",孔子说:"其然,岂其

---

① 《孔子家语》:说臧文仲"置六关"。《左传·文公二年》:仲尼曰:臧文仲,其不仁者三,……下展禽,废六关,妾织蒲,三不仁也。"废"作"置"解,废六关,即置六关。
② 《论语·阳货》。
③ 《论语·述而》。
④ 《论语·里仁》。
⑤ 《论语·雍也》。
⑥ 《论语·子罕》。

然乎?"①反映了他对"义然后取,人不厌其取"的肯定,从字面上我们可以看到"利"的地位。既然是"见利思义",没见到"利",当然也就不需要"思义","义然后取"是为了"人不厌其取",目的在于"取",也即得"利"。

孔子认为不论是国家、政权,还是个人,都应该在"义"的前提下取"利"。不但要取"利",而且要取大利。子夏为莒父宰时向孔子问"政",孔子说:"无欲速,无见小利。欲速,则不达;见小利,则大事不成。"②就个人来说,不仅可以求利,求富贵,而且在一定的条件下,贫贱是可耻的。"邦有道,贫且贱焉,耻也"③。邦有道时应该追求富贵。邦有道,也就是政治清明,德才兼备的人具有发挥才能的客观环境。如果,这时不能取得富贵,就说明你没有本领,德才不行。相反,"邦无道,富且贵焉,耻也"。这是因为,"邦无道"时政治腐败,这时如果富贵了,一定是与腐败的当政者同流合污了。

对取得富贵,或者取得财富的方式,孔子没有系统讲过。但是,有两种方式,他是认可的。一个是"学而优则仕"④。"学而优则仕"是孔子的弟子子夏讲的。但是,符合孔子的思想,他曾经推荐过不少学生去做官。孔子还说过:"学也,禄在其中矣。"⑤通过学习去做官,取得俸禄。他还告诉学生求官职得俸禄的方法。"子张学干禄。子曰:'多闻阙疑,慎言其余,则寡尤;多见阙殆,慎行其余,则寡悔。言寡尤,行寡悔,禄在其中矣。'"⑥可见,孔子是赞成通过学习做官,得俸禄的。"学而优则仕"在当时是一种进步思想,因为这是对当时还在实行的"世卿世禄"制度的否定。

另一个是经商致富。子贡是当时善于经营的富商。孔子说:"赐不受命而货殖焉,亿则屡中,"⑦猜测行情,一猜就中。有的学者认为这是对子贡的讥讽,有的学者认为是对子贡经营才能的嘉许。其实,从现存的有关孔子的资料来看,没有孔子责难经商的言论。经商致富的子贡是孔子的得意门生。"言语:宰我,子贡。"⑧子贡是"言语"科的佼佼者,"孔门中培养出来的外交家"。有的学者认为"孔子器重他仅次于颜回"⑨。子贡对扩大孔子的影响,起过不小的作用。《史记》评论说:"夫使孔子名布扬于天下者,子贡先后之也。"孔子去世后,子贡守墓

---

① 《论语·宪问》。
② 《论语·子路》。
③ 《论语·泰伯》。
④ 《论语·子张》。
⑤ 《论语·卫灵公》。
⑥ 《论语·为政》。
⑦ 《论语·先进》。
⑧ 同上。
⑨ 匡亚明:《孔子评传》,齐鲁书社,1985年,第310页。

六年,可见子贡与孔子的师生情谊。从孔子和子贡的师生关系可以看出,孔子对这个弟子所从事的职业是认可的。从下边一段话也可看出孔子对经商的态度。子贡曰:"有美玉于斯,韫椟而藏诸?求善贾而沽诸?"子曰:"沽之哉!沽之哉!我待贾者也。"①孔子要卖掉,待价而沽。孔子还反对置关收商税。可见,孔子对商业并不轻视,对经商求利是认可的。

既然孔子并不轻视"利",为什么"罕言利"呢?这可能是由于"富与贵是人之所欲也","小人喻于利",追求"利",追求物质财富,是人人都有的欲望,不需要多讲,而规范人们求利活动的"义"是需要后天学习的,因此是需要多讲的。

第四节 调节人们物质利益关系的政策主张
——惠民、富民

孔子虽然强调利要服从义,但是,孔子也感到真正懂得义的人并不多。

"君子喻于义,小人喻于利。"②小人这一大块是不懂义的。君子是否都懂得义呢?也不是。"君子喻于义",实际上,并不是所有的君子都懂得义。在孔子看来,懂得义是后天的。孔子说:"性相近也,习相远也。"③人性本来是相近的,只是由于后天的"习",也就是后天的熏陶、习染,使人的区别扩大了。君子懂得义是后天熏陶、习染的结果。但是,君子也不是都能"习"得"义"。不是所有的君子都懂得义,也有不少君子不懂得义。孔子曾说:"君子有勇而无义,为乱。"④可见,君子中是有不懂得义的。其实,孔子虽然说,"君子喻于义",但是,在他看来,君子中真正懂得义的,真正能做到"见利思义"的人是不多的。孔子说:"见利思义,见危受命,久要不忘平生之言,亦可以为成人矣。"⑤他把"见利思义"作为"成人"的条件之一,可见真正做到是很不容易的。因此,用"义"来规范人们的行为的作用就很有限了。所以,孔子在提倡调节人们物质利益关系的道德原则——"见利思义"的同时,又提出调节人们物质利益关系的政策主张——惠民、富民。这种主张主要是使民能够通过正常的活动求得一定的"利",与此同时,限制统治者对民的过度征敛,以使民能保留一定的财富,以适当满足其欲望。

---

① 《论语·子罕》。
② 《论语·里仁》。
③ 《论语·阳货》。
④ 同上。
⑤ 《论语·宪问》。

《论语》中记载了尧曰:"四海困穷,天禄永终。"①《论语》记载的是孔子的语录,也有他的学生的一些言论,为什么出现了尧的言论呢?"这大概是孔丘在教育学生时经常称引的话,所以被编《论语》的人编了进去。把民众的普遍困穷作为一个王朝灭亡的原因,可见对富国、富民的重视"②。

孔子关于富民主张的最著名的一段话是:

"子适卫,冉有仆。子曰:'庶矣哉!'冉有曰:'既庶矣,又何加焉?'曰:'富之'。曰:'既富矣。又何加焉?'曰:'教之'。"③

人口已经不少了,下一步就是使他们富起来,富了之后,再给以教化。可见,孔子是把富民作为礼乐教化的基础。在孔子看来,人是欲富贵的,"小人喻于利",如果不能使小人获得一定的利,使其欲望得到一定的满足,礼乐教化无从施行,社会秩序也无法安定。

孔子的弟子冉有是一位具有行政管理才能和擅长理财的人,他在讲自己的志愿时说:"方六七十,如五六十,求也为之,比及三年,可使足民。如其礼乐,以俟君子。"④这应是受到了孔子的影响,把足民、富民作为治理的首要目标。

孔子主张惠民、富民,但是,在他看来,真正能够广泛地给人民以好处,帮助人民生活得好,是很高的境界。《论语·雍也》中有一段子贡和孔子的对话,表明了孔子的看法。子贡曰:"如有博施于民而能济众,何如?可谓仁乎?"子曰:"何事于仁!必也圣乎!尧舜其犹病诸!"

自从王充以来就有一种看法,认为孔子很迂腐,宁可百姓没饭吃,也要讲信,所谓"去食存信"。这一看法的根据是孔子与子贡的一段对话:子贡问政。子曰:"足食,足兵,民信之矣。"子贡曰:"必不得已而去,于斯三者何先?"曰:"去兵。"子贡曰:"必不得已而去,于斯二者何先?"曰:"去食,自古皆有死,民无信不立。"⑤这不是要百姓"去食存信"吗?王充说:"使治国无食,民饿,弃礼义;礼义弃,信安所立?"因此,他认为孔子在这里所说的"去食",与回答冉求时所讲的"富之"是矛盾的。"语冉子先富而后教之,教子贡去食存信,食与富何别?信与教何异?二子殊教,所尚不同,孔子为国,意何定哉?"⑥但是,"去食"是要"治国无食,民饿"吗?清代刘宝楠认为"去兵,谓去力役之征","去食者,谓去兵之后,势犹难已,凡赋税皆蠲除"⑦,指的是免除兵役差徭和赋税。对"自古皆有死,民

---

① 《论语·尧曰》。
② 赵靖:《中国经济思想史述要》上册,北京大学出版社,1998年,第45页。
③ 《论语·子路》。
④ 《论语·先进》。
⑤ 《论语·颜渊》。
⑥ 《论衡·问孔》。
⑦ 《论语正义》,中华书局《诸子集成》本,1959年,第267页。

无信不立",刘宝楠解释说:指充其量人君国灭身死,但民信其君德,最终仍可挽救大难。蔡尚思认为:"我们可以批评孔子关于'必不得已而去'的答案是幻想,也可以批评孔子希望人民信仰奴隶主政权是做梦,但不能曲解他的思想,说他是要求老百姓'去食存信'。"① 可见,孔子的这一段话,与惠民、富民思想是不矛盾的。

孔子关于惠民、富民的政策,可以归纳为两条:一是使民增加收入,二是使民减少开支。具体主张如下:

1. 对百姓求利放宽政策——这是使民增加收入的政策

孔子主张对百姓要"惠",就是要给百姓以好处。但是,他又认为,应该"惠而不费",这就是给百姓以好处,而政府又无所耗费。为什么"不费"呢?孔子没说,大概是"费",又要增加赋税。

如何才能"惠而不费"呢?孔子说:"因民之所利而利之,斯不亦惠而不费乎?"② 什么叫做"因民之所利而利之"? "因"就是顺应的意思,"因民之所利而利之"的意思就是老百姓在哪方面能得到利益,就叫他们在哪方面去谋取利益,也即对人民谋取利益,采取顺应听任的态度。这里有不多加干预的意思。用现在的话说,就是放开,也可以说是放任政策。这样,统治者不需要什么耗费,百姓就可以得利。这就是放宽政策,使百姓有比较广阔的求利途径。这和以后的法家的"利出一孔"是迥然不同的。

2. 有利于富民的财政政策——这是使民减少开支的政策

(1) 节用

孔子认为政府、君主都要节用。他说:"道千乘之国,敬事而信,节用而爱人,使民以时。"③ 节用是治理千乘大国的几条原则之一。《史记·孔子世家》还记载了:齐景公问政于孔子,孔子曰:"政在节财。"可见,孔子把政府、君主的节用、节财,看得非常重要。这是因为只有政府、君主节用,才有可能减轻民的负担。

孔子不仅要求政府、君主节用,而且要求人们普遍节用。他认为:"奢则不孙,俭则固。与其不孙也,宁固。"④ 他认为俭比奢好。俭的标准是"礼"。人们的消费标准,都是由"礼"规定的。各级统治者,根据各自的级别有不同的消费标准。比如孔子做过大夫,出门就必须坐车。他说:"以吾从大夫之后,不可徒行

---

① 蔡尚思:《孔子思想体系》,上海人民出版社,1982年,第90页。
② 《论语·尧曰》。
③ 《论语·学而》。
④ 《论语·述而》。

也。"①普通百姓的消费标准当然是低的。各级统治者的消费,只要符合"礼"的规定就是俭,超过了"礼"的规定才是奢。孔子讲节用、奢俭,虽然是对人们的普遍要求,但是,主要是对士大夫以上的统治者讲的。这是因为,普通百姓能够维持生活已经不错了,没有奢的条件。这样,孔子在这里讲的节用、奢俭,就有两方面的意义:

第一,按照"礼"的规定来消费,具有严格的等级意义,超过本等级的消费标准,就叫"僭越"。因此,这种节用、俭,具有维护以等级制为基础的统治秩序的意义。

第二,对统治者——君主士大夫们——的消费有所限制,也具有减轻民的负担的意义。

(2) 实行有利于富民的赋税政策——"敛从其薄"和"使民以时"

当时,有赋税,有徭役。孔子在赋税上主张"敛从其薄"②,减轻民的赋税负担;在徭役上主张"使民以时"③,使农民不误农时,有利于农业生产。孔子的这种思想,后来被概括为"轻徭薄赋"。"轻徭薄赋"在封建社会成为一种理想的政治,成为衡量一个王朝政治是否清明的一个重要标志。

实际上,节用和"轻徭薄赋"是一个问题的两个层次。只有节用才有可能控制赋税的征收和徭役的征发。节用是"轻徭薄赋"的基础。

在孔子看来,"薄赋敛"不仅有利于富民,也有利于富国、富君。

汉代的刘向编的《说苑》记载了孔子关于富民和富国、富君关系的一段论述:

鲁哀公问政于孔子,对曰:"政有使民富⋯⋯"哀公曰:"何谓也?"孔子曰:"薄赋敛则民富⋯⋯"公曰:"若是,则寡人贫矣。"孔子曰:"诗云:'恺悌君子,民之父母',未见其子富,而父母贫者也。"④恺悌君子就是和易近人的统治者。意思是老百姓富了,作为统治者的君子也不会贫。《孔子家语》中也有类似记载:孔子曰:"省力役,薄赋敛,则民富矣⋯⋯"(哀)公曰:"寡人欲行夫子之言,恐吾国贫矣。"孔子曰:"诗云:'恺悌君子,民之父母',未见子富而父母贫者也。"⑤这些记载应有所本。同时,这些记载中所体现的思想,与《论语》中的思想也是一致的。《论语》中记载了孔子弟子有若的一段类似的话:哀公问于有若曰:"年饥,用不足,如之何?"有若对曰:"盍彻乎?"曰:"二,吾犹不足,如之何其彻也?"

---

① 《论语·先进》。
② 《左传·哀公十一年》。
③ 《论语·学而》。
④ 《说苑·政理》。
⑤ 《孔子家语·贤君第十三》。

对曰:"百姓足,君孰与不足,百姓不足,君孰与足?"①这段话的意思是,有若要鲁哀公减轻赋税,从十分之二的税率,减为十分之一(即彻法)。他认为减轻了赋税,老百姓会富起来,从而,君主也会富起来。这实际上讲了两个问题:一个是减轻赋税和财富增加、民富的关系;另一个是民富与君富的关系。

可见,孔子实际上是富民、富国统一论者。孔子的这种薄赋敛,使民富起来,民富了,国家君主也就富了的思想,对以后的经济思想、财政思想、政治思想均有重大影响,成为开明、进步人士向封建政权的横征暴敛进行斗争的有力的思想武器。

第五节　孔子的其他经济思想

一、关于"不患贫而患不均"

有的研究者认为孔子有"均富"思想②,根据就是孔子说过"不患贫而患不均",其实,这是误解。《论语》中记载孔子针对季氏将伐颛臾说:"丘也闻有国有家者,不患贫而患不均,不患寡而患不安。盖均无贫,和无寡,安无倾。"③这里所讲的"不患贫而患不均,不患寡而患不安",是指"有国有家者",即作为诸侯、大夫,不患自己的"国"和"家"贫,不患自己的"国"和"家"人民少。因此,这里所讲的"贫",是相对的。诸侯、大夫之间的贫富问题,只是财富占有的多些少些的问题,并非绝对的贫。这里所讲的"均",并非指平均分配。孔子没有平均分配的思想。他是承认贫富差别的。《论语》古注都认为这里的"均"是指"政理""均平","政教均平"④。朱熹说:"均谓各得其分。"⑤

孔子在这里讲的"不患贫而患不均,不患寡而患不安"是为了调节统治者之间的物质利益关系的。他主张"富"和"庶",即主张国家富,人口众。但是他反对通过征伐,以增加财富和人口。这是因为,他认为通过征伐增加财富和人口,会破坏原有的和谐与均衡。他认为只要"政教均平"、"上下和同"、"大小安宁"⑥,就不会有倾危之患,也不需着急"财富少,人民寡"。在他看来,只要政治搞好了,人民是不会寡的,财富也不会少的。这是因为政治搞好了,"近者悦远

---

① 《论语·颜渊》。
② 唐庆增:《中国经济思想史》,商务印书馆,1936年,第78页。
③ 《论语·季氏》。原文中"寡"、"贫"当易位。
④ 《论语注疏》,《十三经注疏》(整理本),北京大学出版社,2000年12月,第251页。
⑤ 朱熹:《论语集注》。
⑥ 《论语注疏》,《十三经注疏》(整理本),北京大学出版社,2000年12月,第251页。

者来"①,"四方之民襁负其子而至"②。政治搞好了,百姓富了,国家、君主也就富了。"百姓足君孰与不足"反映了孔子的政治理想和维护现有秩序和利益格局的立场。有的学者把孔子所讲的"不患寡而患不均",理解为"均富"是不妥的。

二、关于农业生产劳动和经济工作问题

孔子关于农业生产劳动的看法,是值得认真研究的。他说过:"君子谋道不谋食。耕也,馁在其中矣;学也,禄在其中矣。君子忧道不忧贫。"③还有樊迟请学稼一段,也是涉及农业生产劳动的。"樊迟请学稼。子曰:'吾不如老农。'请学为圃。曰:'吾不如老圃。'樊迟出。子曰:'小人哉,樊须也!上好礼,则民莫敢不敬;上好义,则民莫敢不服;上好信,则民莫敢不用情。夫如是,则四方之民襁负其子而至矣,焉用稼?'"④在他看来从事生产劳动是小人之事,君子是不屑于干的。但是,也有另外的解释。清代学者包世臣认为樊迟向孔子请教的目的是"欲深究稼圃之法,以安集流亡"。而孔子认为"民之所以流亡者,由上不依于礼、义、信,多虐使以致之,非仅农事不明之咎也。"⑤这就是说,当时的问题不是农业技术问题,而是政治问题。这样解释是有道理的,但是,孔子认为具体的农业耕作,君子是不屑于为的,要学农、学圃的樊迟,被斥为"小人哉",则是他明确讲的。当然,由于农业的特殊地位,孔子还是关心农业生产的。他重视民食,主张"使民以时",就是关心农业生产的表现。不过,这两段话还说明了另外的一个问题,这就是孔子只重视生产中的政治作用,而忽视生产中的技术作用。在他看来,作为统治者只要懂政治就行了,不需要懂技术。作为统治者、领导者,好礼,好义,好信,就会政治清明,自会有人来种地。种地种菜等生产技术是小道。子夏曰:"虽小道必有可观者焉,致远恐泥,是以君子不为也。"⑥小技艺也有可取之处,但恐怕它妨碍大事业,所以君子不去搞。这说明孔子重视调整生产中的统治者与被统治者的关系,重视人与人的关系,而不重视生产中的技术问题,即不重视人与自然的关系,不重视认识自然。这正是中国传统文化不同于西方的一个特点。这个特点影响了中国科学技术,特别是自然科学的发展。

有的学者认为孔子对经济工作、财政工作是鄙夷的。这也是误解。子张问

---

① 《论语·子路》。
② 同上。
③ 《论语·卫灵公》。
④ 《论语·子路》。
⑤ 包世臣:《〈齐民四术〉目录叙》,转引自赵靖、易梦虹:《中国近代经济思想资料选辑》上册,中华书局,1982年,第24页。
⑥ 《论语·子张》。

政，孔子讲的第一条就讲"惠而不费"，而"惠而不费"的内容就是"因民之所利而利之"。子贡问政，孔子回答："足食，足兵，民信之矣"，"足食"是内容之一。鲁哀公问政，孔子说："政有使民富。"冉求在讲自己的志愿时说，治理一个地方，用三年时间，"可使足民"，也受到孔子的认可。这些工作不都是经济工作吗？至于财政工作，孔子就更加重视，"政在节财"，"敛从其薄"，"使民以时"等等，不都是财政工作吗？这就足以说明孔子不但不鄙夷经济工作、财政工作，还可以说孔子把经济工作和财政工作放在为政、治国的首位。司马迁在记载孔子"与闻国政三月"的政绩中，第一条政绩就是"粥羔豚者弗饰贾"，整顿了市场，贩卖羊猪的商人不能再以欺诈的手段抬高价格了。《淮南子》也讲："孔子为鲁司寇，道不拾遗，市买不豫贾"①，也是称赞孔子整顿市场的政绩。

本章总结

孔子是我国历史上第一个创立学派的大学者、大思想家和大教育家。他创立了儒家学派，提出了以仁为核心的伦理思想、政治思想和教育思想。他的经济思想是其伦理思想和政治思想的一部分。

孔子认为人人都有求富之心，这是其经济主张的出发点，而这样一来又会出现贫富不均的问题。孔子一方面认为出现贫富分化是人们追求财富的正常结果，另一方面又认为贫富差别太大了不好，不利于社会的稳定，为此他要求必须对人们追求物质利益的行为加以限制。具体方式有二：一是要求约束人们对财富过分的贪婪欲望，主张"见利思义"。"利"就是利益、好处，国家和个人都应该在"义"的前提下取"利"。二是顺应人们对财富的追求，让百姓富裕起来，这就是他的"惠民、富民"思想，其政策措施为"因民之所利而利之"，向老百姓开放更多的获"利"领域、节用、"敛从其薄"和"使民以时"等。

思考与练习

1. 孔子经济主张的出发点是什么？
2. 阐述孔子的"见利思义"思想。
3. 阐述孔子的"惠民、富民"思想。

---

① 《淮南子·泰族训》。

第三章 墨 子

本章概要

本章介绍战国时期小生产者利益的代表者墨子的经济思想,阐述其义利观、"生财"思想、"节用"思想等。并且,对后期墨家的经济思想也作了评述。

学习目标

1. 了解墨家所代表的利益群体及其特点
2. 了解墨子的义利观
3. 了解墨子的"生财"思想
4. 了解墨子的"节用"思想
5. 了解后期墨家学派的经济思想

第一节 墨子、墨者和《墨子》

墨子名翟,生卒年不详。后人有不同的说法。《史记·孟子荀卿列传》记载:"盖墨翟,宋之大夫,善守御,为节用。或曰并孔子时,或曰在其后。"清代学者孙诒让经过考证,认为墨子"当生于周定王之初年,而卒于安王之季。盖八九十岁,亦寿考矣"[①]。约当公元前468年—公元前376年之间。墨子的籍贯也有鲁国人、宋国人和楚国人等不同说法。根据《墨子》书中的记载,他是贱人出身。[②] 有的学者认为所谓"贱人",就是"刑徒役夫"。[③] 从资料来看,墨子可能曾

---

① 孙诒让:《墨子年表》,见《墨子间诂》后附《墨子后语上》。中华书局《诸子集成》第四册,1959年。

② 《墨子·贵义》,以下引《墨子》,只注篇名。《墨子·贵义》记载了墨子"南游于楚"的故事,其中有一段墨子和穆贺的对话,表明了他的出身。穆贺听了墨子的议论很高兴,但担心楚王因"贱人之所为"而不用。墨子解释说,比如一株草药可以给天子治病,能因是一株草而不吃吗?农夫生产的谷物,作为税给了大人,用以祭祀上帝鬼神,能因是贱人生产的,而不享用吗?"故虽贱人也,上比之农,下比之药,曾不若一草之本乎?"可见,墨子对别人说他是贱人出身,是承认的。

③ 钱穆认为"墨盖刑徒役夫之称",并认为所谓"贱人","即犹云'刑徒役夫'也。""墨家斥礼乐而尚劳作,其生活近于刑徒役夫。"(《国学概论》,商务印书馆,1997年,第44页)

是从事手工业的劳动者。据说他的木工技术与鲁班(即般)齐名。"鲁般墨子,以木为鸢而飞之,三日不集"①。又有记载鲁般善制攻城器,墨子善制守城器。楚国要进攻宋国,墨子到楚国去,鲁般"九设攻城之机变",墨子"九距之",鲁般"之攻械尽",墨子"之守圉有余"②(《吕氏春秋·开春论·爱类》有类似的记载)。这就是有名的"墨子止楚攻宋"的故事。墨子后来成为一个"士"。他自称"上无君上之事,下无耕农之难"③。这说明他既非上层的统治者,也非下层的农业劳动者。他最初是学儒的。"墨子学儒者之业,受孔子之术。"④但他学了以后,认为儒者的礼太烦琐,厚葬久丧,劳民伤财。所以就另创墨家学派。墨家学派在战国时与儒家学派并列为"显学"。孟子说:"杨朱,墨翟者言盈天下。"⑤韩非说:"世之显学,儒墨也。"⑥

墨家学派与儒家学派不同。墨家学派有严密的组织,其成员称为"墨者",首领称为"巨子"⑦。墨子是第一个"巨子"。墨家学派的成员都要遵从墨子和以后的"巨子"的指挥。墨子的学生做了官,要推行墨家的主张,如果不能推行墨家的主张,就要自动辞职。如果违背了墨家的主张,墨子就要设法使其被辞退,学生做官得了俸禄,要拿出一部分供墨者团体使用。⑧"墨子服役者百八十人,皆可使赴火蹈刃死不还踵。"⑨因此,墨家学派已不是一个单纯学派,而成为带有政治性、宗教性的团体,颇有些像后来封建社会中的秘密帮派组织。⑩

墨子的主张主要是他的十项治国的基本纲领。他曾说:"凡入国,必择务而从事焉:国家昏乱,则语之尚贤、尚同;国家贫,则语之节用、节葬;国家熹音湛湎,则语之非乐、非命;国家淫僻无礼,则语之尊天、事鬼;国家务夺侵凌,即语之兼爱、非攻。"⑪他对当时一些国家的不同情况,作了概括,提出了针对不同国情的对策。从而表明尚贤、尚同、节用、节葬、非乐、非命、尊天(天志)、事鬼(明鬼)、兼爱、非攻十项对策,就是他治国的基本纲领。他的经济思想也就寓于这十项纲领中,其中节用、节葬、非乐、非命、兼爱、非攻则包含了较多的经济思想。

---

① 《淮南子·齐俗训》。
② 《公输》。
③ 《贵义》。
④ 《淮南子·要略》。
⑤ 《孟子·滕文公下》。
⑥ 《韩非子·显学》。
⑦ 《庄子·天下》。
⑧ 冯友兰:《中国哲学史新编》,第一册,人民出版社,1980年修订本,1992年印刷,第202页。
⑨ 《淮南子·泰族训》。
⑩ 赵靖主编:《中国经济思想通史》,第一卷,北京大学出版社,1991年,第119页。
⑪ 《鲁问》。

墨子是小生产者的思想家。① 他的十项纲领反映了小生产者要求社会稳定,政治清明,亲善和睦,使小生产者有一个勤俭致富的社会环境。他们不仅希望得到贤人的保护,而且希望得到神鬼的荫庇。最能体现他的小生产者的立场的是在他的主张中所表现出来的平均主义思想、禁欲主义思想和带有平等色彩的政治思想。② 他在消费上,没有强调统治者和普通百姓的差别,在为统治者设计的消费标准,也只是满足生理上的基本需要,这样,统治者和普通百姓的消费就不可能有太大的差别,反映了小生产者的平均主义思想。墨者"多以裘褐为衣,以跂蹻为服,日夜不休,以自苦为极,曰不如此,非禹之道也,不足谓墨"③。这种"以自苦为极"的思想是一种禁欲主义思想。墨子的政治理想是"用夏政",就是要求统治者和人民一起过艰苦生活,上下一样,是平等的。他还认为:"今天下无大小国,皆天之邑也;人无幼长贵贱,皆天之臣也。"④ 国不分大小,都是天之邑,因而是平等的,人不分长幼贵贱,都是天之臣,因而也是平等的。官与民不是不能改变的两个集团,谁"能",谁来当官。"官无常贵,而民无终贱,有能则举之,无能则下之","虽在农与工肆之人,有能则举之。"⑤ 这是一种带有平等色彩的政治思想。⑥

　　墨子的思想集中于《墨子》一书中。《汉书·艺文志》著录:"墨子七十一篇",现存53篇,其余18篇,有的只有篇目,有的连篇目也遗失了。《墨子》是墨家学派著作的总集,并非一人一时之作。《墨子》一书,主要体现了墨子和前期墨家的思想。其中《尚贤》、《尚同》、《兼爱》、《非攻》等十个题目,论述了墨子的十项基本纲领。这十个题目各有上中下三篇,可能是墨子讲学时学生们各有记录,以后形成不同传本,编辑《墨子》时汇集在一起了。《墨子》中《经上》、《经下》、《经说上》、《经说下》、《大取》、《小取》等六篇也称《墨经》,是关于认识论、逻辑学和自然科学的思想。经学者研究,认为这六篇应是战国末后期墨家的著作。另有《备城门》等11篇是记述防御战术和守城工具的。

　　墨家学派在战国时虽为"显学",但从秦汉以来就衰落了,《墨子》一书也很少有人研究。近两千年中,只有晋朝的鲁胜为《墨经》作注,宋朝的乐台为《墨

---

① 关于墨子思想的阶级属性,有不同的看法,有的认为代表奴隶主阶级,有的认为代表封建地主阶级,但是有相当多的学者认为墨子是小生产者的代表。
② 马克思和恩格斯在《共产党宣言》中说早期无产阶级运动的革命文献倡导"普遍的禁欲主义和粗陋的平均主义"。这实际上是小生产者的思想特点,因为早期的无产阶级是从小生产者转化而来,还带有小生产者的特点。
③ 《庄子·天下篇》。
④ 《法仪》。
⑤ 《尚贤上》。
⑥ 《墨子》书中也有一些与这些思想相矛盾的论述,这是由于小生产者的思想本来就有不少矛盾,在论述不同问题时可能强调不同的方面。

子》中的13篇作注,但均不传。直到清代乾嘉以来人们才逐渐关注此书,对《墨子》的研究日渐深入,墨子思想的价值和在中国学术思想发展中的地位,愈来愈受到学术界的重视。①

墨子和前期墨家学派的经济思想(以下简称墨子的经济思想),较孔子有了一些进步。主要表现在,他论述的问题比孔子广泛了;在一些问题上,不仅提出观点,而且有了论证,有了一些理论分析,有一些精辟的见解。他的经济思想主要有以下三方面的内容:(1)义利观;(2)"生财"思想;(3)"节用"思想。

第二节　墨子的义利观

墨子和儒家不同,公开言"利"。孔子"罕言利",孟子说"何必曰利"。可是墨子公开言"利"。墨子的十大纲领最后要达到的目标就是"利"。这个"利"就是"国家百姓人民之利"②,"兴天下之利,除天下之害。"③墨子提出一个判断是非的标准。这个标准最后就是"利"。他认为对言论思想的是非,应根据三条标准来判断,他称之为"三表"。第一表:"上本之于古者圣王之事。"第二表:"下原察百姓耳目之实。"第三表:"废(发)以为刑政,观其中国家百姓人民之利。"④这就是说一种言论思想是否正确,最后要看在实践中是否合乎国家百姓人民的利益。这个"利"主要是公利,也包括了百姓人民的私利。

墨子认为要取得这样的"利"——"国家百姓人民之利",需要实行"兼相爱交相利"。墨子认为社会治理不好,发生乱,是由于人们不相爱引起的。因为不相爱,所以君臣、父子、兄弟之间都是"亏人自利",就发生了乱。他说:"盗爱其室,不爱异室,故窃异室以利其室;贼爱其身,不爱人,故贼人以利其身。""大夫各爱其家,不爱异家,故乱异家以利其家;诸侯各爱其国,不爱异国,故攻异国以利其国"⑤。墨子认为应该按照"兼相爱交相利"的原则来处理各种关系,这样就会:"视人之室若其室,谁窃!""视人之身若其身,谁贼!""视人家若其家,谁乱!""视人国若其国,谁攻!"⑥"若使天下兼相爱,爱人若爱其身","君臣父子皆

---

① 参看王同勋《墨子的经济思想》,载巫宝三主编《先秦经济思想史》,中国社会科学出版社,1996年,第348—352页。
② 《非命上》。
③ 《兼爱下》。
④ 《非命上》。
⑤ 《兼爱上》。
⑥ 同上。

能孝慈"①。"君臣相爱则惠忠,父子相爱则孝慈,兄弟相爱则和调。"②

根据上述,可知墨子所说的"兼相爱交相利"的内容是:

(1)尊重人的地位(即尊重君臣、父子、兄弟这样的地位)和人身不受侵犯(即不贼人,不伤害人);(2)尊重对方的财产所有权,不侵犯对方的财产所有权。

墨子认为这种爱和利都是相互的。他说:"夫爱人者,人必从而爱之;利人者,人必从而利之;恶人者,人必从而恶之;害人者,人必从而害之。"③这就是《诗·大雅》中讲的:"投我以桃,报之以李。"④他还说:"虽有贤君,不爱无功之臣,虽有慈父,不爱无益之子。"⑤

这就是说,爱是有条件的,即以"利"为条件,我爱你,是为了你爱我;我利你,是为了你利我。如不能利我,就不能爱你、利你。

墨子也讲义。他说,"万事莫贵于义"⑥,"天欲义而恶不义"⑦。他所说的"义",也就是"兼相爱交相利"。他说:"兼即仁矣义矣。"⑧这个"兼",就是指"兼相爱交相利"。符合"兼相爱交相利"的就是"义",违背"兼相爱交相利"的就是不义。"亏人自利"当然就是不义。他有一段话从经济思想角度来看非常有意义:"今有人于此,入人之场园,取人之桃李瓜姜者,上得且罚之,众闻则非之,是何也?曰:不与其劳,获其实,以非其有所取之故。"⑨为什么入人之园,取人之桃李瓜姜是不义的呢?因为这不是他自己生产的,没有付出劳动,占有了别人的劳动成果,这就是"亏人自利",因而是不义的。在这里,墨子把劳动和财产所有权联系起来了,侵占别人的劳动成果,要受到法律的制裁和舆论的谴责。他还认为跳过人家的墙,掳走人家的男女;挖开人家的库房,偷走人家的金玉布帛;进入人家的牲口棚,偷走人家的牛马;杀死一个无辜的人:都是不义的。⑩这些都是侵犯人身,侵犯私有财产。他认为还有比以上罪行严重几千万倍的,这就是诸侯之间的侵凌攻伐兼并,更为不义。

墨子认为"处大国不攻小国,处大家不篡小家,强者不劫弱,贵者不傲贱,多

---

① 《兼爱上》。
② 《兼爱中》。
③ 同上。
④ 《兼爱下》。
⑤ 《亲士》。
⑥ 《贵义》。
⑦ 《天志上》。
⑧ 《兼爱下》。
⑨ 《天志下》。
⑩ 同上。

诈者不欺愚",这就是"义政"①。他还认为:"今用义为政于国家,人民必众,刑政必治,社稷必安。"所以,"义可以利人"②。

墨子重视"利",从经济方面讲就是重物质财富,国家富,人民足乎食。如何使物质财富满足人的需要?墨子主张"其生财密,其用之节"③,这也就是汉代司马谈评价墨子时所说的:"要曰强本节用,则人给家足之道也。此墨子之所长,虽百家弗能废也。"④

第三节 墨子的"生财"思想

墨子讲"力",讲"强"。"力"指干活干事情,主要指生产劳动;"强",即努力,提高劳动强度。墨子非常重视生产劳动,把生产劳动看成人与动物的根本区别。他说:"今人固与禽兽麋鹿蜚鸟贞虫异者也。今之禽兽麋鹿蜚鸟贞虫,因其羽毛以为衣裘,因其蹄蚤以为绔履,因其水草以为饮食。故唯使雄不耕稼树艺,雌亦不纺绩织纴,衣食之财已具矣。今人与此异者也。赖其力者生,不赖其力者不生;君子不强听治即刑政乱,贱人不强从事即财用不足。"⑤墨子认为人与动物不同是因为人要从事生产劳动。两千多年前有此认识是非常可贵的。

墨子认为"贱人不强从事,即财用不足",这就是说,财用的足与不足,取决于劳动者的劳动。这也就是认为财富是劳动者的生产劳动创造的。财富的源泉不仅是劳动,还有自然。但承认劳动者的劳动创造财富,也反映了墨子对劳动的重视。墨子把君子的"强听治"和贱人的"强从事"并列,是把君子的统治人民的活动与劳动人民的生产劳动一起,包括在"力"中了。君子也是"赖其力"者了。但是,墨子毕竟认为物质财富是劳动人民的生产劳动创造的。他对创造物质财富的"力",与不创造物质财富的"力"还是区别开来了,只有贱人的"强从事"才能使"财用足"。

墨子重视生产劳动,也同情劳动者,关心劳动人民的疾苦。他讲"民有三患:饥者不得食,寒者不得衣,劳者不得息"⑥。看到劳动者不得温饱的人不少,儒家也讲这个问题,孟子讲得更多。但讲劳者不得息,则是墨子首先提出来的。他还认为劳动者的一些病就是由于劳不得息造成的。墨子反对徭役中"其使民

---

① 《天志上》。
② 《耕柱》。
③ 《七患》。
④ 《史记·太史公自序》。
⑤ 《非乐上》。
⑥ 同上。

48

劳"。儒家主张"使民以时",是从不误农时出发的,从生产出发的,墨子反对使民劳,是从关心劳动者的健康出发的,从关心人出发的。

墨子重视生产劳动,也关心劳动人民,同时,他也主张体力劳动与脑力劳动的分工,也不反对剥削制度。所以,他认为君子"强听治",贱人才"强从事",贱人才从事体力劳动。

孔子认为君子不必亲自耕种,只要学好统治人民的本领,好礼、好义、好信,自然有人"襁负其子而至",从事耕种。墨子也是如此。《墨子》中记载:鲁国南方乡下有个叫吴虑的人,冬天烧陶器,夏天种庄稼,自比虞舜。墨子不以为然,说,我计算过,如果种地顶上一个农夫,收获的粮食分给全天下人吃,每人分不到一升,不能解决全天下人吃饭的问题。如果织布,顶上一个妇女织的布,分给全天下人,每人分不到一尺,解决不了全天下人穿衣的问题。所以,他说:"翟以为,不若诵先王之道而求其说,通圣人之言而察其辞,上说王公大人,次说匹夫徒步之士。王公大人用吾言,国必治;匹夫徒步之士用吾言,行必修。故翟以为,虽不耕而食饥,不织而衣寒,功贤于耕而食,织而衣之者也。"①有的学者认为,这说明小生产者自觉地为改善他们的社会地位、经济地位而进行斗争。②但是墨子的这种主张也反映了他的思想在体力劳动和脑力劳动的分工问题上,与孔孟是一致的。他们都认为"士"是不屑于耕种的,那是没有知识的人干的,作为"士"应该干更重要的事,自己不劳动比劳动者功劳更大。这种关于体力劳动和脑力劳动分工的观点,很早就有,春秋时就有"君子劳心,小人劳力,先王之训也"③的说法。但是,墨子第一个对这种说法讲了一些道理。

孟子讲"劳心者治人,劳力者治于人"④。其实,墨子的思想也与之差不多。墨子说:"自贵且智者为政乎愚且贱者则治,自愚且贱者为政乎贵且智者则乱。"⑤

儒家讲天命,子夏说:"死生有命,富贵在天。"墨子反对天命。他认为如果相信天命,"命富则富,命贫则贫;命众则众,命寡则寡;命治则治,命乱则乱;命寿则寿;命夭则夭;命……虽强劲何益哉!"因此,王公大人"则必怠乎听狱治政矣,卿大夫必怠乎治官府矣,农夫必怠乎耕稼树艺矣,妇人必怠乎纺绩织纴矣"。这样,"天下必乱","天下衣食之财,将必不足"⑥。所以,墨子强调个人的努力,

---

① 《鲁问》。
② 任继愈主编:《中国哲学史》第一册,人民出版社,1963年,第100页。
③ 《国语·鲁语下》。
④ 《孟子·滕文公上》。
⑤ 《尚贤中》。
⑥ 《非命下》。

强调"力",强调"强"。墨子认为不论国家、个人,要想富都要靠劳动,即"强从事"。他认为,"国之富也,从事故富也"①,而个人"强必富,不强必贫"②。这种思想比起天命论来当然是进步的。但从劳动者来说,在剥削制度下,"强从事"未必能富。个别能富,多数是富不起来的。墨子忽略了社会因素。但是,这反映了小生产者的要求,希望通过自己的"强从事"富起来。

墨子还认为人们生产劳动,创造财富,也是家庭和睦,社会安定的基础。他说,如果人们"不从事,衣食之财必不足"。这样,父子兄弟之间就会产生怨恨,臣下就不会效忠君主。"以僻淫邪行之民,出则无衣也,入则无食也,内积羹吾,并为淫暴,而不可胜禁也。"③

墨子重视生产,特别是重视农业生产,他的理想是"菽粟多而民足乎食"④。

生产总是在一定的生产关系下进行的。战国时不少思想家、政治家在谈到发展生产时,都涉及生产关系问题。比如稍晚于墨子的商鞅、孟子,都谈到土地制度等生产关系方面的问题。他们也都谈到发展个体家庭经济。战国末的韩非还谈到雇佣劳动、依附农以及奴隶的劳动生产率低等问题。可是,墨子没有谈到这方面的问题,从《墨子》全书看,他是着眼于小生产的独立经营,自己劳动,除了国家赋税之外,产品归自己所有。这反映了春秋时代井田制崩溃后,自耕农小生产者大量存在的现实。他强调维护所私有财产不受侵犯,反对战争破坏生产,反对繁重的赋役。

墨子也没有提到如何改进技术提高劳动生产率来发展生产。战国中后期的思想家如孟子荀子,曾提到水利、施肥、深耕、除草等等,而墨子没有提到这些。这反映了小生产者的特点,技术落后,因循保守。当然,这与当时的生产力发展水平也有关。春秋末战国初生产力发展缓慢,生产力发展较快是战国中后期的事。

所以,墨子发展生产的主张,主要是多投入劳动。如何能够多投入劳动? 一是"强从事",即延长劳动时间,提高劳动强度;一是增加劳动人手。

墨子主张农民"蚤出暮入,强乎耕稼树艺",妇女"夙兴夜寐,强乎纺绩织纴"⑤。这就是延长劳动时间,提高劳动强度。墨子思想中是矛盾的,一方面主张劳者得息,另一方面又要生产者强从事,这是小生产者难以解决的矛盾。

增加劳动人手,有两个方面,一是增加人口。人口增加了,劳动人手自然就

---

① 《公孟》。
② 《非命下》。
③ 《节葬下》。
④ 《尚贤中》。
⑤ 《非命下》。

多了。另一是在现有的人口中,使尽可能多的劳动力投入到生产劳动中去。

墨子认为当时的情况是地广人稀,很多土地没有得到开垦,"然则土地者,所有余也,王民,所不足也"①,所以,"耕者不可不益急矣"②。因此,他主张增加人口。墨子认为:"唯人为难倍"③,人口难以成倍增长。④ 他对增加人口提出了很多办法。他是我国第一个系统地分析人口问题的思想家。

墨子提出的增加人口的主要办法是早婚。他主张按照古代圣王之法"丈夫年二十,毋敢不处家;女子年十五,毋敢不事人"。这就是说男二十,女十五,必须结婚。他还说和三十岁结婚相比,早结婚十年,就可多生三个孩子。"此不惟使民早处家而可以倍与!"⑤

墨子认为当时统治者的政策和所作所为,都是不利于人口增长的"寡人之道",即减少人口的办法,他分析了当时各种不利于人口增长,不利于劳动力投入生产的现象。

(1) 赋税徭役

墨子认为当时的赋税徭役是只能使人口减少的"寡人之道"。他说:"其使民劳,其籍敛厚,民财不足,冻饿死者,不可胜数也。"⑥

(2) 战争

墨子认为战争也是"寡人之道"。因为:

① 打仗,"攻城野战死者,不可胜数"⑦。"杀人多必数于万,寡必数于千"。"与其涂道之修远,粮食辍绝而不继,百姓死者不可胜数也;与其居处之不安,食饮之不时,饥饱之不节,百姓之道疾病而死者,不可胜数"⑧。

② 由于战争,"久者终年,速者数月,男女久不相见",影响生男育女,"此所以寡人之道"⑨。

③ 由于战争需要农民当兵服役,并且兵荒马乱,造成"农夫不暇稼穑,妇人不暇纺绩织纴"⑩,使很多劳动力不能投入生产。

---

① 《非攻中》。
② 《贵义》。
③ 《节用上》。
④ 在古代由于政治、战争、经济的状况和医疗卫生的条件,人口增长是很难的。中国古代的人口数,从西汉末的5 900万人,几经升降,到明万历六年为6 069万人,中国人口达到1亿是清代乾隆年间的事。资料见梁方仲:《中国历代户口、田地、田赋统计》,上海人民出版社,1993年,第4—11页。
⑤ 《节用上》。
⑥ 同上。
⑦ 同上。
⑧ 《非攻中》。
⑨ 《节用上》。
⑩ 《非攻下》。

这就是说,战争一是要死人,即减少人口;二是降低人口出生率;三是有相当多的劳动力不能投入生产。可见,墨子关于战争对人口和物质财富生产的影响,分析得相当细致了。因此,他主张"非攻",反对侵略战争。

(3) 厚葬久丧

墨子反对厚葬久丧,主张薄葬短丧。墨子认为,厚葬久丧,除了埋藏很多财物,倾家荡产之外,还有以下害处:

① 杀殉。统治者杀人殉葬,"天子杀殉,众者数百,寡者数十;将军大夫杀殉,众者数十,寡者数人"①。很多人都白白地被杀死了。

② 久丧。久丧有两个结果:一个是,君主、父母、妻和长子死了,要服丧三年,家族中其他人死了,也要服丧几个月到一年。在服丧期间,为了表示哀痛,要"相率强不食以为饥,薄衣而为寒,使面目陷陬,颜色黧黑,耳目不聪明,手足不强劲,不可用也"。这样使王公大人士大夫不能处理政事;农夫"则必不能蚤出夜入,耕稼树艺";百工"则必不能修舟车,为器皿";妇女"则必不能夙兴夜寐,纺绩织纴"。这就使"财以成者挟而埋之,后得生者久禁之"②。另一个是服丧期长,"此其为败男女之交多矣",影响了人口的出生。

(4) 蓄私

当时的各国君主都"蓄私",即纳妾。墨子认为"蓄私"虽然由来久矣,但是他从两方面考虑,主张节制"蓄私":一方面是从男女之情出发,他认为,男女之情与天地之分上下,四时之分阴阳,禽兽之分牡牝雄雌一样,是"真天壤之情,虽圣王不能更也"。另一方面是从人口众寡出发,认为"当今之君,其蓄私也,大国拘女累千,小国累百",这就造成"天下之男多寡无妻,女多拘无夫,男女失时,故民少"。"蓄私"造成人口少,要想增加人口,"蓄私不可不节"③。

(5) 音乐

墨子"非乐","非以大钟鸣鼓琴瑟竽笙之声,以为不乐也"。因为"上考之,不中圣王之事;下度之,不中万民之利",所以要"非乐"。所谓"非乐",即"为乐非也",演奏音乐是不对的。所谓"不中圣王之事","不中万民之利",主要是认为音乐不利于生产,使很多劳动力不能投入生产。这是由于:

① 造乐器。王公人人要演奏音乐,一定要造乐器。而造"大钟、鸣鼓、琴瑟、竽笙","将必厚措敛乎万民"④。

② 演奏。墨子认为演奏乐器不能用老人和小孩,因为他们"耳目不聪明,股

---

① 《节葬下》。
② 同上。
③ 《辞过》。
④ 《非乐上》。

肱不毕强,声不和调,明不转卞(变)"。所以必须用身强力壮的"当年"之人,即青壮年,而"使丈夫为之,废丈夫耕稼树艺之时;使妇人为之,废妇人纺绩织纴之事",演奏影响了农耕和纺织。音乐舞蹈演员还要穿好的吃好的。王公大人为了作乐,"亏夺民之衣食之财以拊乐,如此多也"①。

③ 听音乐。墨子认为听音乐也是耽误事的。王公大人听音乐,"即必不能蚤朝晏退,听狱治政,是故国家乱而社稷危矣";士君子听音乐,"即必不能竭股肱之力,以实仓廪府库,是故廪府不实";农夫听音乐,"即必不能蚤出暮入,耕稼树艺,多聚叔粟,是故叔粟不足";妇人听音乐,"即必不能夙兴夜寐,纺绩织纴,多治麻丝葛绪,捆布缲,是故布缲不兴"②。

总之,墨子认为从造乐器、演奏,一直到听音乐,都是有害无益的事,所以墨子"非乐"。儒家是重视音乐的,音乐为六艺之一,孔门弟子是要学音乐的,他们认为好的音乐能教化人,坏的音乐能把人引入歧途,他们主张用好的音乐教化人。墨子反对一切音乐,是偏激的,但是他的"非乐"主要是限制统治者荒淫奢侈,因此,具有积极意义。

墨子的上述主张主要是:提高出生率,降低死亡率,使更多的劳动力投入生产。这些主张是有利于生产的。墨子关于生产的主张,就是提高劳动强度,延长劳动时间和增加劳动人手。他没有涉及调整生产关系方面的问题,也没有谈到改进生产技术,提高劳动生产率问题,这是符合他的小生产者的地位和当时的社会经济发展状况的。

第四节 墨子的"节用"思想

墨子重视生产,也重视节用,往往是两者并提,如"其生财密,其用之节","其力时急而自养俭也"③。从《墨子》一书来看,生产和节用两者,讲得更多的是节用,也可以说,他更重视节用。《墨子》书中有专篇《节用》。他的十大主张中就有节用,而节葬、非乐等主张,也涉及节用。他还说:"国家贫,则语之节用、节葬。"④他之所以如此重视节用,是因为他认为节用可使财富成倍增长。

墨子讲的节用包括两方面:一是生产上的节用,一是消费上的节用。

生产上的节用又有两点:一是降低成本,节约劳动。生产物以适用为准,不在适用之外(如装饰等),多投入人力、物力。墨子说:"是故古者圣王制为节用

---

① 《非乐上》。
② 同上。
③ 《七患》。
④ 《鲁问》。

之法,曰,凡天下群百工,轮车鞼匏,陶冶梓匠,各从事其所能。曰,凡足以奉给民用则止,诸加费不加于民利者,圣王弗为"①。命令各种工匠,在从事各自的生产活动时,以满足人民使用为限度,只增加费用,而不增加人民的利益的事,圣王不干。二是"有去大人之好聚珠玉鸟兽犬马,以益衣裳宫室甲盾五兵舟车之数"②。他认为如果除去只有统治者需要的奢侈品所消耗的人力物力,用于增加民用必需品,使这些物品成倍增加是不难的。在墨子看来,生产上的节用,可以使一定量的财力、物力、人力,生产出更多的产品,满足人们的最基本的衣食住行的需要。

消费上的节用以满足人的基本生理需要为标准。他设计的消费标准只是温饱适用,没有强调等级差别。他提出了古代圣王所定的标准:"为宫室之法曰:室高足以辟润湿,边足以圉风寒,上足以待雪霜雨露,宫墙之高足以别男女之礼,谨此则止。""为衣服之法:冬则练帛之中,足以为轻且暖;夏则絺绤之中,足以为轻且清,谨此则止。""其为食也,足以增气充虚,强体适腹而已矣。""其为舟车也,全固轻利,可以任重致远"③。墨子没有讲明这个标准适合什么人,但是这是一个能满足人的衣食住行的基本生活需要的标准。墨子强调超出这个标准,"圣王弗为"④。墨子在讲到舟楫时,还特别强调:"古者圣王,为大川广谷之不可济,于是利为舟楫,足以将之则止。虽上者三公诸侯,舟楫不易,津人不饰。"⑤就是说,上者三公诸侯也不能特殊。似乎墨子所提出的消费标准,是一个一般的标准,适合一般百姓,也适合君主。他称赞古代圣王,"其用财节,其自养俭"⑥。"自养俭",是说圣王自身需要的消费,享用俭朴。同时,他又批评了当今君主的穷奢极欲,认为君主的消费"不可不节"。所以,圣王所定的标准,应该也是适用于当今君主的标准。墨子强调消费应该满足基本生理需要,社会各等级之间的消费水平纵使还有差别,也不会很显著,不可能构成一套井然有序的等级制消费标准系列。⑦ 所以,墨子的消费思想带有平均主义色彩。

墨子认为,节用可以增加剩余,进行储备,而储备是很重要的。这是由于当时的生产部门主要是农业,人们的衣食主要靠农业。当时的生产力很低,经不起水旱之灾。墨子明确讲:"虽上世之圣王,岂能使五谷常收,而旱水不至哉!"如果没有储备,遇到灾害就要冻饿。他引用《周书》说:"国无三年之食者,国非其

---

① 《节用中》。
② 《节用上》。
③ 《辞过》。
④ 《节用中》。
⑤ 同上。
⑥ 《辞过》。
⑦ 赵靖主编:《中国经济思想通史》第一卷,北京大学出版社,1991年,第139页。

国也;家无三年之食者,子非其子也。"①墨子还认为兵器也要储备,还要有完备的城郭。他说:"库无备兵,虽有义不能征无义,城郭不备全,不可以自守。"只有节用,才能有各种储备,才能应付水旱之灾,才能应付突然到来的战争。墨子把这种储备称为"国备"②,从这个角度讲,节用有助于国家的富强。

墨子认为节用还是涉及社会安定,政权存亡的大问题。他认为君主节俭,"其用财节,其自养俭,民富国治"。他认为,如果君主奢侈,那么百姓就会"淫僻而难治"。"夫以奢侈之君,御淫僻之民,欲国无乱,不可得也。"如果富贵人很奢侈,不知节用,而百姓贫苦,社会秩序也不能安定。"是以富贵者奢侈,孤寡者冻馁,虽欲无乱,不可得也"。所以墨子认为:"俭节则昌,淫佚则亡。"③

墨子认为节用和生产都是涉及国家富强和社会安定的大问题,这就说明他重视物质财富的生产与消费,也就是重视经济问题,重视经济生活,把经济活动看成人类社会生活中占第一位的、基本的活动。

墨子重视生产,在生产和节用连着讲时,他总是把生产放在前边。如"其生财密,其用之节";"其力时急而自养俭也";"以时生财,固本而用财,则财足"④。他在讲节用时,也包括了花费较少的人力、物力,生产出更多的适合人们需要的产品的内容。这说明,在生产和消费之间,墨子还是把生产放在第一位的。但是,墨子为国家贫提出对策时,不是讲发展生产,而是讲,"国家贫,则语之节用、节葬"。这是因为,当时社会生产力低下,无论如何努力生产,也经不住稍稍放宽的消费,特别是当时的统治者穷奢极欲,耗费了大量社会财富,墨子讲节用、节葬,主要也是针对他们讲的。另外,小生产者的局限,也使他们的眼光比较狭隘,对生产的估计难以乐观。

第五节 后期墨家的经济思想

后期墨家的思想主要集中在《墨经》中。《墨经》主要记载了后期墨家关于认识论、逻辑学和自然科学的思想,也有零星的关于经济问题的见解。

一、义利观

《墨经》认为:"义,利也。"⑤利就是义。那么什么是"利"呢?《墨经》说:

---

① 《七患》。
② 同上。
③ 《辞过》。
④ 《七患》。
⑤ 《经上》。

"利,所得而喜也。"①"得是而喜,则是利也。其害也,非是也"②。得到了高兴就是"利"。"所得而恶也"。得到了心里憎恶,是"害",不是"利"③。但是,又认为"利",并非个人的私利,而是利天下之利。所以《经说》解释说:"义,志以天下为芬,而能能利之,不必用。"④立志以天下为己任,才能有利于天下。所以,义,就是利天下,就是公利。《墨经》还讲到"功","功,利民也"⑤。"功",就是"利"于百姓。可见,《墨经》继承了墨子和前期墨家的义利观,并且把墨家的"义"、"利"的概念,作了明确的解释,"义"就是"利",就是天下之利,也就是墨子和前期墨家所说的"国家百姓人民之利"。

二、关于商品交换问题

《墨经》有一段话:"若为夫勇不为夫;为屦以买不为屦"⑥。这两句话原是论述事物的"名"与"实"的。事物"名"同,"实"不一定同。勇夫的"夫",不是丈夫的"夫"。做了"鞋"用来买东西,即用来交换其他商品,对自己来说,就不成为"鞋"。这实际上是看到了一种商品可以有两种用途,作为商品的鞋,既有使用价值,可以穿在脚上,又有交换价值,可以同其他商品相交换。如果做了鞋,用于交换,自己就不能同时得到鞋的使用价值。

古希腊的亚里士多德发现每种商品都有两种用途,并举例说,例如鞋,既用来穿,又用来交换。马克思曾以此为例,说明商品具有使用价值和交换价值两种属性。《墨经》与亚里士多德差不多同时,具有同样的认识,又举了同样的例子,不能不说是很有意思的巧合。

《墨经》中还有两条涉及经济问题的。第一条是《经下》的"买无贵,说在反其贾"。《经说下》解释说:"买,刀籴相为贾。刀轻则籴不贵,刀重则籴不易。王刀无变,籴有变。岁变籴,则岁变刀。"意思是:买无所谓贵,因为物价和币价是相反的。刀币和谷物可以相互表现价格。当刀币轻时,也即刀币的购买力低时,谷物的价格虽高,也不为贵;刀币重时,也即刀币的购买力高时,谷物的价格虽低,也不算贱。君王铸造的刀币没有变,但是,谷物的价格有变化。谷物的价格年年在变,所以刀币的购买力也在变。他们只是较为细致地观察并描绘了商品

---

① 《经上》。
② 《经说上》。
③ 同上。
④ 同上。
⑤ 《经上》。
⑥ 《经说下》。《墨经》原文第二句为"为屦以买衣为屦",不可解。学者对此句的校勘有不同的说法。我们认为孙诒让的校勘,较为合理。他认为"衣"为"不"之误,全句为"为屦以买不为屦"。《墨子间诂》,《诸子集成》四,中华书局,1959年,上海第四次印刷,第215页。

货币交换的表面现象,并没有作进一步的探讨。他们谈论的问题实际上涉及了价值问题,但是他们既没有明确谈到价值问题,更没有谈到价值的形成与变化的原因。第二条是《经下》的"贾宜则雠,说在尽"。《经说下》解释说:"贾,尽也者,尽去其所以不雠也。其所以不雠去,则雠,正贾也。宜不宜,在欲不欲,若败邦鬻室嫁子。"这一条是谈价格"宜不宜"的问题,也即"正贾"。意思是说:价格适当,货物就能卖出去。货物能不能卖出,在于"尽"。所谓"尽",就是排除不能销售的原因,排除后,货物就销售出去了。这时的价格就是"正贾"。货物的价格是否适当,在于买卖双方的"欲不欲"。《墨经》作者举例说,"若败邦鬻室嫁子",意思是说,国破家亡的人,"欲"卖掉妻室儿女,不论价格如何,没有人"欲"买,也是卖不掉的。他们认为货物全部卖出去时的价格,就是适当的"正贾",没有说明"正贾"的客观基础。而他们以"欲不欲"来解释"宜不宜",就是把价格的高低看成是买卖双方的主观意志决定的。这也是只看到了表面现象,没能正确说明价格形成的原因。

后期墨家关于商品交换的看法,尽管只是一些零星的见解,但也说明他们对经济问题是敏感的。他们在当时商品货币经济有了较大发展的情况下,已开始注意并考察商品交换中一些需要解释的问题。由于当时的客观经济条件,社会经济是以自然经济为主,商品货币经济所占比重还很低,不存在对商品货币经济作深入探讨的条件。墨家学派是小生产者的代表,而小生产者生产和交换是"为买而卖",都以使用价值为目的,这就限制了他们的视野,难以进一步探讨商品的内在价值问题和其他有关问题。①

本章总结

墨子和墨家学派代表了小生产者的利益,其十项治国纲领体现了小生产者对安定的勤俭致富的社会环境的期盼,具有较浓烈的平均主义色彩。

墨子的义利观与儒家不同,强调"利"是最终的目的,提出"兼相爱交相利"的主张。他的"生财"思想既强调增加劳动投入,更强调增加劳动人口,而以增加人口为主。其"节用"思想包括生产和消费两方面,并以消费的节用为主。

后期墨家对商品交换问题进行了探讨。

---

① 参看胡寄窗:《中国经济思想史》上册,上海人民出版社,1962年,第156—157页。

思考与练习

1. 墨家代表的利益群体及其特点是什么？
2. 比较墨家和儒家的义利观。
3. 论述墨子的"生财"思想。
4. 论述墨子的"节用"思想。

第四章

商鞅和齐法家

本章概要

本章介绍了战国前中期法家的两个派别——秦晋法家和齐法家的经济思想。秦晋法家代表了中下层地主的利益,最主要的代表人物有商鞅等,观点较为激进;齐法家的思想则具有法家思想的基本特点,还带有儒家、道家的思想特点。

学习目标

1. 了解商鞅和商君学派的历史观、名利论
2. 了解商鞅和商君学派的农战论以及事本禁末论
3. 了解齐法家的富国富民论
4. 了解齐法家的强本论、正地论以及工商论

第一节 战国前中期法家的两个派别

战国前中期法家主要有两派,即秦晋法家和齐法家。

秦晋法家也称晋法家,三晋法家。其主要代表人物多是政治家、改革家,如李悝、吴起、商鞅等。他们代表了地主阶级中的中下层的利益,属于地主阶级中的激进派。

李悝被认为是法家的始祖。① 李悝也称李克②,在魏文侯时被任命为相,主持变法改革。《汉书·艺文志》说李悝"相魏文侯,富国强兵"。《史记》没有为

---

① 《汉书·艺文志》著录李悝的著作《李子》32篇,列为法家之首。郭沫若《前期法家的批判》:"李悝在严密意义上是法家的始祖",《十批判书》,科学出版社,1960年,第311页。侯外庐等:"李悝是可以当法家的开山祖而无愧的",《中国思想通史》第一卷,人民出版社,1957年,第593页。

② 《史记》中《孟子荀卿列传》讲"魏有李悝尽地力之教";《货殖列传》讲"当魏文侯时,李克务尽地力";《平准书》讲"魏用李克,尽地力,为强君"。三处都讲"尽地力",都在魏国,一个李悝,一个李克,所以有的学者认为李悝和李克是一个人,悝、克是一声之转。但是,《汉书·艺文志》中记载李悝的著作《李子》,列为法家,而李克的著作,列为儒家。《汉书·古今人表》也把李悝、李克作为两个人。后来的学者,多把李悝、李克看成一个人,也有的学者认为是两个人。

李悝立传,他的著作也没有流传下来,只是在先秦和后来的文献中有一些零星记载。他的事迹和思想对后世较有影响的是以下两件事:

第一,作《法经》六篇。

李悝"撰次诸国法,著《法经》"。《法经》共六篇,"以为王者之政,莫急于盗贼,故其律始于《盗》、《贼》"。《盗》是惩治侵犯财产所有权的法律,《贼》是惩治侵犯人身的法律。对侵犯财产所有权的"盗"和侵犯人身的"贼","须劾捕",所以又有《囚》、《捕》二篇。此外,还有《杂》,惩治轻狡、越城、赌博、欺诈、贪污贿赂、淫侈、逾制等犯罪行为;《具》,根据具体情况加重或减轻刑罚。① 可见,《法经》的主要内容是维护所有财产所有权,维护封建秩序。商鞅就是带着《法经》去秦国的。《晋书·刑法志》说:"商君受之以相秦。"后来的秦律、汉律都是在《法经》基础上制定的。可以说《法经》是中国封建社会法律的基础。

第二,"尽地力之教"。

"尽地力之教",就是充分发挥土地地力的教令。《史记》中三次讲到"尽地力",《史记·平准书》还讲:"魏用李克,尽地力,为强君",意思是魏国采纳了李克的主张,充分发挥土地的地力,国家得以强大。但是,《史记》没有讲"尽地力"的具体内容。《汉书·食货志》记载了较为具体的内容,其内容主要是:

1. 治田勤谨

李悝认为"治田勤谨"就可以提高单位面积产量,增加收入。他认为如果"治田勤谨",每亩可增产三斗,如果不勤,就会损失三斗。他算了一笔账:100方里有9万顷,除去山川河流及百姓居住占去1/3,还有耕地6万顷,即600万亩。如"治田勤谨",可增产180万石粮食,如不勤,也会损失180万石粮食。

李悝是中国最早讲提高单位面积产量的人。后来有的文献还记载了:李悝"尽地力之教"的内容还有种田"必杂五种,以备灾害;力耕数耘,收获如寇盗之至"②。"还庐树桑,菜茹有畦,瓜瓠果蓏,殖于疆场"③。这些都是如何充分发挥地力的措施,可能属于"尽地力之教"的内容。

2. 平籴

"平籴"是国家通过调节粮食的供求来调节粮价的措施。如果说"治田勤谨"是国家对农民劳动的要求,那么,"平籴"就是国家从价格上保障农民的利益,从而调动农民的生产积极性,并使社会安定。

李悝认为"籴甚贵伤民,甚贱伤农"。这两种人伤了对国家都不利。"民伤

---

① 《晋书·刑法志》。
② 《通典·食货第二·水利田》,《太平御览》卷821。
③ 《通典·食货第二·水利田》。

60

则离散",人都跑了当然不好。要有"广土众民"。这个民应该是农民以外的,不从事粮食生产的人。"农伤则国贫",农伤了就影响农业生产。在李悝看来,国的贫富,在于农产品的多寡。影响了农业生产,就导致了国贫。

李悝具体计算了一个农户的收支,在正常年景下,一户有田百亩,亩产一石半①,百亩共收150石,除去田赋15石,五口人的口粮90石,尚余45石。把这45石按每石30钱卖掉,共得钱1 350钱。祭祀、衣用共支出1 800钱,尚亏450钱。正常年景都要亏,这就造成农夫"常困"。这应是中国最早的家计调查。

李悝认为农夫"常困",就"有不劝耕之心",即农民缺乏种田的积极性,这又造成农产品的产量减少,粮价甚贵。他认为,"善为国者,使民毋伤而农益劝"。一方面不要"籴甚贵伤民",一方面也要使农民能够努力种田,要照顾到两方面。如何办?他提出的办法就是"平籴":丰年国家收购粮食,等价格平稳了,即停止收购;凶年国家出售粮食,使"籴不贵而民不散"。实行这种办法取得了很好的效果,《汉书·食货志》说:"行之魏国,国以富强"。

他在重视农业,提出"尽地力"的同时,还主张"禁技巧"。他认为人的"奸邪之心,饥寒而起。""雕文刻镂,害农事者也。锦绣纂组,伤女工者也。农事害,则饥之本也;女工伤,则寒之本也。饥寒并至而能不为奸邪者,未之有也。"②这是从另一个角度,即"禁技巧",来贯彻"保证耕织结合的小农经济的发展"。

李悝还主张"食有劳而禄有功",根据劳动取得报酬,根据功劳获得俸禄。对无功受禄的人,要夺去俸禄,以招徕各方人才。这就是"夺淫民之禄,以来四方之民"③。

根据上述,李悝作为法家的鼻祖是当之无愧的。

吴起,在历史上是以长于军事著名的,与孙武齐名,并称孙吴。他同时也是政治家、改革家。他在魏多年,军事、政治的成绩都很显著。后来到了楚国,楚悼王任命他为令尹(相),进行改革。他大刀阔斧地进行,很有成效。他进行改革的指导思想是:"损其有余而继其不足"④,即剥夺旧贵族的"有余",补新的剥削者的"不足"。他认为楚国的"大臣太重,封君太众",主张"使封君之子孙三世而收爵禄"⑤。他还"令贵人往实广虚之地",削弱了旧贵族的势力。他主持的改革使楚国强盛起来,但由于损害了旧贵族的利益,所以,在楚悼王去世后,吴起就遭

---

① 当时的100亩,约相当现在的30亩,一石相当现在的1/5石,即2斗。按现在的亩石计算,亩产约一石。
② 《说苑·反质》。
③ 《说苑·政理》。
④ 《说苑·指武》。
⑤ 《韩非子·和氏》。

到旧贵族的攻击,被杀害。①

秦晋法家最重要的代表人物是商鞅。商鞅(? —公元前338年)战国时期卫国人,卫国宗室的远支,所以也称卫鞅或公孙鞅,后因在秦受封于商十五邑,故又称商鞅。他曾在魏国作公叔痤的家臣。后入秦,受到秦孝公的赏识,受命主持变法。公元前356年开始变法。商鞅在秦的变法是分两次进行的,第一次的主要内容是:

(1) 颁布法律,制定连坐法,轻罪重刑。这是对付旧贵族对变法的破坏和镇压人民反抗的措施。

(2) 奖励军功,禁止私斗,颁布按军功赏赐的二十等爵制度。这是一种扶植军功地主,取消贵族垄断政治权力和俸禄的世卿世禄制度的新制度。

(3) 重农抑商,奖励耕织,奖励垦荒。这是一种增强国力的措施。

(4) "民有二男以上不分异者倍其赋"。这是以法制推行一夫一妻的耕织结合的小农经济的措施,是一种适合当时的生产力水平的、有利于经济发展的措施。

这些措施虽然曾遭到旧势力的反对,但成效日益显著,"行之十年,秦民大说。道不拾遗,山无盗贼,家给人足。民勇于公战,怯于私斗,乡邑大治"②。商鞅在此基础上,进行了更为深入的改革,这就是商鞅的第二次变法。这次变法的主要内容是:

(1) "为田开阡陌封疆而赋税平"。这是一项赋税制度的改革,打开地界,按亩征税,使赋税负担合理,达到"赋税平"的目的。

(2) "集小都乡邑聚为县"。设置了四十一个县,县设县令、县丞等地方官和掌管军事的县尉,从而把全国的行政、军事权力集于中央。

(3) "平斗桶权衡丈尺",统一度量衡。这一措施对统一赋税制度,俸禄制度,以至促进国民经济的繁荣,有着重大意义。

(4) "令民父子兄弟同室内息者为禁",革除了残留的戎狄旧俗。这是从社会习俗的角度,推动社会进步。

(5) 迁都咸阳。

商鞅的改革使秦国富强起来。"秦人富强,天子致胙于孝公,诸侯毕贺"③。然而,由于改革触犯了旧贵族的利益,在秦孝公去世后被车裂而死。但是,他实行的新法已是根深蒂固,不可逆转。商鞅死后,秦国依然奉行商鞅之法。商

---

① 《吕氏春秋·贵卒》。
② 《史记·商君列传》。
③ 同上。

鞅变法的政策措施和思想主张,连同后来商鞅一派法家人物的著述,一并被编成《商君书》。《商君书》中记有一些商鞅死后的事,比如提到公元前260年的秦、赵长平之战,距商鞅去世已近80年。可见,《商君书》是在一个较长时期形成的,非一人之作,也非一时之作,应是从商鞅时至战国后期逐渐整理成书的。所以,《商君书》反映的并非商鞅一人的思想,而是以商鞅的思想为主,秦国商鞅一派的思想。我们研究《商君书》的思想,实际上是研究商鞅一派的思想,也可以说是研究商君学派的思想。《商君书》成书后,就成为战国末很流行的书。韩非说:"藏商、管之法者家有之。"①

齐法家和秦晋法家不同,没有突出的代表人物,而是一批不知名的学者。根据他们的思想内容判断,很可能是接近统治者、为统治者出谋划策的知识分子。也有的学者认为就是齐国稷下学宫的一部分学者。齐国是战国时期学术思想最为活跃的诸侯国。齐国的统治者重视学术,在都城临淄建立了稷下学宫,聘请各地学者在这里从事学术活动。稷下学宫是一个包容了各家各派学者的学术机构,成了各派著名学者荟萃之地。"齐宣王褒儒尊学,孟轲、淳于髡之徒,受上大夫之禄,不任事而论国事,盖齐稷下先生千有余人。"②"稷下先生……各著书言治乱之事,以干事主。"③各派学者在这里享有很好的待遇,不担任具体事务,只是讲学、著书、论国事、言治乱,提出各种学术观点和政治见解,"以干事主"。

稷下学宫虽然有各家各派,但是,代表齐国学术特点的还是齐法家。春秋时期的管仲对齐国的政治思想和学术倾向有着重要影响。稷下学宫中有些法家学者受到了管仲的某些影响,他们的思想带有明显的齐国特点,所以被称为齐法家。他们的著作收入《管子》一书中。

《管子》一书,假托管仲所作,形成于战国后期。④ 今本《管子》是西汉末刘向整理编订的。刘向编《管子》时,收集到以管仲名义所写的著作564篇,删其重复,定为86篇,后来又亡佚10篇,今存76篇,署名管仲。刘向所编《管子》内容驳杂,在时间上,不仅有战国时人作品,也包括秦汉之际至西汉中叶的作品;在内容上则更是法家、儒家、道家、阴阳家、名家、纵横家、轻重家,纷然杂陈。《管子》非管仲作,早为人指出。魏晋之际的傅玄就说,"管子之书半是后之好事者

---

① 《韩非子·五蠹》。
② 《盐铁论·论儒》。
③ 《史记·孟子荀卿列传》。
④ 先秦的著作只有战国后期的《韩非子》提到《管子》,说:"今境内之民皆言治,藏商管之法家有之。"商指《商君书》,管即《管子》。

所加"①。宋代的叶适说:"《管子》非一人之笔,亦非一时之书。"②这一说法得到普遍认可。郭沫若认为《管子》一书是"战国秦汉文字总汇"③。其中有一部分成于战国并具有不同于秦晋法家特点的法家著作,我们认为这就是反映齐法家思想的文献,主要有《牧民》、《立正》、《权修》、《乘马》、《八观》、《五辅》、《禁藏》等篇。

从这部分文献可以看出,齐法家的思想不像秦晋法家那样激进、片面。他们的思想具有法家思想的基本特点,同时还带有儒家、道家的思想特点,不仅重法,而且重视礼义道德,不仅主张富国,而且主张富民,还带有道家顺应自然的思想。这种思想特点符合春秋以来齐国形成的政治、经济、文化的传统。

第二节 商鞅和商君学派的历史观、名利论

商鞅和商君学派认为人类历史是发展的、变化的,并认为人类历史经历了三个阶段,每个阶段的政治、经济都有不同的特点。

第一个阶段是"昊英之世,以伐木杀兽,人民少而木兽多"④。

第二个阶段是"神农之世","男耕而食,妇织而衣,刑政不用而治,甲兵不起而王"⑤。这时已有农业,但是没有阶级压迫,没有战争。

上述两个阶段是对原始社会渔猎时代和初期农业时代的一种描述。

第三个阶段是"黄帝之世",出现了"强胜弱","众暴寡"。"故黄帝作为君臣上下之义","内行刀锯,外用甲兵"⑥。这里指的是已进入文明社会,产生了作为阶级压迫工具的国家。

这三个阶段是否一个比一个进步,整个人类历史是否越来越进步?商鞅和《商君书》没有明确讲。但是,他们认为这种发展变化是自然的,不以人的意志为转移,人们只能适应这个变化。因此商鞅主张"不法古,不修(循)今"⑦,"礼法以时而定,制令各顺其宜","苟可以强国,不法其故,苟可以利民,不循其礼"⑧。这种历史观成了商鞅变法的理论基础。

---

① 《全晋文》卷四十九,《傅玄》,中华书局,1987年,第1740页。
② 叶适语引自《文献通考》卷二一零《经籍考三十九》。又见叶适:《习学记言序目》,中华书局,1976年。
③ 郭沫若:《管子集校·校毕书后》。
④ 《商君书·画策》。
⑤ 同上。
⑥ 同上。
⑦ 《商君书·开塞》。
⑧ 《商君书·更法》。

商鞅和商君学派虽然认为人类历史是发展的、变化的,政治制度、措施等都要因时而变,但他们又认为变法要慎重,新法推行后要尽量稳定下来。他们说:"国贵少变"①。

商鞅和商君学派认为追逐名利是人的天性,人的一切活动的基本内在动机是对名利的追求。他们认为"民之性,饥而求食,劳而求佚,荣则索乐,辱则求荣,此民之情也",并且,"度而取长,称而取重,权而索利",总要达到对自己最有利的效果。要名,要利,"生则计利,死则虑名"②。他们还认为"民之欲富贵也,共阖棺而后止"③,就是说人们追求富贵,都是盖上棺材盖才肯罢休,实际上是把人的生理需要和剥削制度下产生的贪欲混为一谈,并认为这是人的本性。

商鞅和商君学派认为,哪里有名利,人们就到哪里去,所以君主要"操名利之柄",控制名利,把人民的力量引向有利于国家富强的路上来。他们主张"利出一孔"④,就是堵塞各种各样的求名求利的途径,只留下一条取得名利的道路,就是"利出于地","名出于战"⑤:要求利,只能经营农业,要求名,只能勇敢作战。舍此没有别的名利之路。"利出于地,则民尽力,名出于战,则民致死。入使民尽力,则草不荒。出使民致死,则胜敌"⑥,这样,国家就可以富强了。

第三节　商鞅和商君学派的农战论

重视农,又重视战,这并不是新鲜观点,但是,把农和战结合起来,把"农战"作为一个概念,视为基本国策,并进行多方面的说明和论证,从而构成农战论,则是商鞅所首创。农战论的提出和推行,反映了战国时期诸侯兼并和统一的中央集权专制主义国家形成时期的政治经济的要求。

商君学派把"治"、"富"、"强"、"王"看做"治国"的目的,而推行农战政策是达到目的的基本手段。他们认为,"国之所以兴者农战也"。这是因为,"国待农战而安,主待农战而尊"。一个诸侯国只有坚持农战,国家才能富强,直到最后统一天下,这个诸侯国的君主尊为拥有天下的天子。商鞅和商君学派把农战政策叫做"作壹",即专一于农战政策。他们认为,"国作壹一岁,十岁强,作壹十岁,百岁强,作壹百岁,千岁强,千岁强者王"⑦,实行农战政策的时间越久,利益

---

① 《商君书·去强》。
② 《商君书·算地》。
③ 《商君书·赏刑》。
④ 《商君书·靳令》。
⑤ 《商君书·算地》。
⑥ 同上。
⑦ 《商君书·去强》。

越大,长期坚持实行农战政策,就可以成就王业,统一天下。

所谓农战政策,就是要把全国上下的一切力量动员起来,从事农和战。在农和战两者中,他们把农看成战的基础。因为,他们认为战争所需的军粮和其他许多重要军用物资(战马、运输用的牲畜、车辆、草料等),都要靠农业来提供;农民占全国人口大多数,而且安土重迁,愚昧易驱使,是兵员的基本来源。如果农业凋敝,农民流散,在当时的诸侯国兼并战争中就无法长期支持,必然越来越处于劣势,以至败亡。所以他们认为"国不农,则与诸侯争权,不能自持也,则众力不足也"①。

他们还认为,富是强的基础,"国富者强"②,而只有重农才能富国。"壹之农,然后国家可富。"③集中力量搞农业,才能使国家富足。可见,商君学派认为"富",来源于农业生产。

什么叫"富"?"所谓富者,入多而出寡。衣服有制,饮食有节,则出寡矣。女事尽于内,男事尽于外,则入多矣。"④这里的"入",是讲生产的收入。男耕女织,生产得多,消费得少,入多出寡,这个差额就是"富"。差额越大,越富。这个差额实际上就是剩余产品。商君学派讲的"富",就是指这种剩余产品。剩余产品越多,就越富。

商君学派注意到剩余产品是值得重视的。因为社会经济的发展就决定于剩余产品的生产。在阶级社会中,剩余产品是一切剥削阶级收入的来源,也是国家财政收入的来源。人类社会自从出现了剩余产品以后,一切经济关系最终都围绕着剩余产品的生产和分配。

商君学派重视农业,实际上就是重视农民生产的剩余产品。他们关心的是如何增加剩余产品,并把剩余产品尽可能多地集中到封建国家手中,"家不积粟,上藏也"⑤,以加强"战"的物质基础。由此可见,他们是富国论者。

为了推行农战政策,商鞅和商君学派提出了一系列措施、主张。

(1)基于商君学派提出的"利出一孔"的主张,他们进而提出根据人们在农战中的贡献和作用进行赏罚。根据战士的战功赐予爵位、田宅、依附农民。"能得甲首一者,赏爵一级,益田一顷,益宅九亩,除庶子一人。"⑥这样,军功越大,赏爵级别越高,给予的土地和依附农民也就越多。不仅根据战功给予爵位、土地、

---

① 《商君书·农战》。
② 《商君书·去强》。
③ 《商君书·农战》。
④ 《商君书·画策》。
⑤ 《商君书·说民》。
⑥ 《商君书·境内》。

庶子,而且根据战功授予官职,这就是所谓"武爵武任"①。根据农民在农业上作出贡献给予奖励,"大小僇力本业,耕织致粟帛多者,复其身"②。"复其身"就是免除徭役负担。不仅如此,还可以根据向国家提供的粮食多少,授予爵位和官职,即"粟爵粟任"③。对不努力从事农业生产的要加以惩罚,"事末利及怠而贫者举以为收孥"④。

为了使民努力劳作,他们还主张通过赏罚使民在贫富之间运动。根据对人性的认识,他们感到如果不允许民富,民是不会努力劳动的。他们又认为民富了,就会追求安逸,游手好闲。因此,他们认为民既不能贫,也不能富,要使他们在贫富之间运动。"治国之举,贵令贫者富,富者贫。"⑤如何使贫者富,富者贫呢?"贫者使以刑则富,富者使以赏则贫。"⑥不好好劳动种地,就要罚,这样,民就好好劳动了,好好种地也就富了。富了"使之以赏则贫",就是要他们献出粮食,换取赏赐的官爵,粮食献出来了,也就贫了。这样,就可使国强,具有王天下的能力。"治国能令贫者富,富者贫,则国多力,多力者王。"⑦

(2) 发展小家庭制的个体农户。以重税迫使男劳动力多的户,分成一夫一妻的小家庭。"民有二男以上不分异者,倍其赋。"⑧并以严格的户籍制度,把农民束缚在土地上。"举民众口数,生者著,死者削"⑨,"使民无得擅徙"⑩。同时,还实行愚民政策,使"愚农不知,不好学问",只知"务疾农",积极努力于农作。

(3) 实行有利于农战的赋役政策。商鞅针对过去赋税制度的弊端,进行了改革,"为田开阡陌封疆而赋税平"⑪。这是指对一切耕地打开地界,重新丈量,清查出隐瞒的土地,使百姓赋税负担公平。⑫ 这只是在按照土地面积征税上

---

① 《商君书·去强》。
② 《史记·商君列传》。
③ 《商君书·去强》。
④ 《史记·商君列传》。
⑤ 《商君书·说民》。
⑥ 《商君书·去强》。
⑦ 同上。
⑧ 《史记·商君列传》。
⑨ 《商君书·去强》。
⑩ 《商君书·垦令》。
⑪ 《史记·商君列传》。
⑫ 班固《汉书·食货志》中说:"及秦孝公用商君,坏井田,开阡陌",又记载董仲舒说:"至秦则不然,用商鞅之法,改帝王之制,除井田,民得卖买,富者田连仟佰,贫者亡立锥之地。"这样,商鞅变法中的"开阡陌封疆"就被解释为一项土地制度的改革,也就是废除井田制,以土地私有代替"田里不鬻"的土地国有制。实际上,早在几十年前秦国已经对土地制度进行了改革,实行了与鲁国"初税亩"相同的"初租禾",承认了土地私有。商鞅的"开阡陌封疆"的结果也不是土地制度的变革,而是"赋税平"。所以是一项与赋税相联系的措施。参看赵靖主编:《中国经济思想通史》修订本,第一卷,北京大学出版社,2002年,第190—191页。

"平"了,不管什么人,都是按照其实际耕织土地的面积来纳税。《商君书·垦令》中提出"訾粟而税,则上壹而民平"。这是讲征税的原则和方法,按照农民生产的粮食数量来征收赋税。这样君主征收赋税的制度统一了,农民的负担也就公平了。

(4)"徕民"。商君学派在商鞅去世七八十年以后①,提出了"徕民"主张。他们首先论述了土地和人口的关系,"故有地狭而民众者,民胜其地。地广而民少者,地胜其民"。在地少人多和地多人少两种不同情况下,应该采取不同的对策,"民胜其地务开,地胜其民事徕"。他们认为在秦国当时的情况下,应该事徕。所谓事徕,就是从别的国家招徕人民,到秦国种地。这是由于,随着秦国对外战争规模的扩大和战争时间的延长,秦国的一夫一妇的个体家庭,难以同时承担农和战两方面的任务,加上秦国本来就是地多人少的国家,于是他们提出以优惠的条件招徕三晋人民来秦国种地的"徕民"主张。他们提出的优惠条件是:"利其田宅,而复之三世",并且使招徕的三晋之民,"无知军事"②,使招徕的三晋之民,安心种地,以保证秦国的民食和战争的需要。

(5)提高国家机构及官吏的效率,以利于农业生产。商君学派提出:"无宿治,则邪官不及为私利于民。而百官之情不相稽,则农有余日。邪官不及私利于民,则农不败。"③

第四节　商鞅和商君学派的事本禁末论

商鞅和商君学派从有利于农战出发,论述了农业和工商业的关系。他们把农业称为"本事",而把工商业看成"末业",提出"能事本禁末者富"④。所谓"事本禁末",就是勤于农耕,限制工商业的发展。"禁",在这里不是禁止的意思,而是限制的意思。他们认为只有"事本禁末",国家才能富强,认为从事农业生产的人口越多,国家就越富强。他们说:"百人农,一人居者王"。"半农半居者危"。又说:"农者寡而游食者众,故其国贫危。"⑤他们的认识符合当时的社会经济状况。马克思说:"超过劳动者个人需要的农业劳动生产率,是一切社会的基

---

① 虽然《商君书·算地》提出:"地胜其民事徕",但对徕民作全面的论述,并提出徕民具体政策,是在《商君书·徕民》中提出的。而这篇文章中提到的历史事实最晚的是商鞅死后七八十年后的秦赵长平之战。所以《徕民》应写成于长平之战之后。
② 《商君书·徕民》。
③ 《商君书·垦令》。
④ 《商君书·壹言》。
⑤ 《商君书·农战》。

础。"①这也就是说农业部门提供的剩余产品是一切社会的基础。当然,也是封建社会的基础。封建国家的富强,就是依靠农业部门提供的剩余产品,而整个社会财富的积累,封建国家能够占有的剩余产品的多少,在生产水平一定的条件下,决定于从事农业生产的人数。如果脱离农业的人多,那么不仅能够生产剩余产品的人数少,而且剩余产品还要被非农业人口消费掉。如果脱离农业生产的人过多,那么农业提供的剩余产品,就养不活非农业人口。

不仅如此,商君学派还认为,工商业的发展会诱使农民脱离农业,"怠于农战"。因为农民看到"商贾之可以富家,技艺之足以糊口",农民"用力最苦而赢利少","则必避农"②。"农战之民百人,而有技艺者一人焉,百人者皆怠于农战矣。"他们还认为商人操纵粮食价格,伤害农民。"食贱则农贫,钱重则商富"③,造成"农困而奸劝"④。

商鞅和商君学派对商业的作用是肯定的,他们认为,"农辟地,商致物,官法民",又说,"农、商、官三者,国之常官也"⑤。这是说"商"可以起到贩运货物以通有无的作用,并和农、官一起,是经常的职业。因此,他们并不是要禁止工商业,而是"令商贾、技巧之人无繁"⑥,限制工商业者的人数。所以,商君学派主张采取措施限制、抑制工商业,其办法主要是:

(1) 加重工商业的赋税徭役

商鞅和商君学派为了"事本禁末",主张在对待农和非农,特别是农和商的赋役负担上,实行农轻商重的原则。在赋税方面,他们主张"不农之征必多,市利之租必重"⑦。在关卡和市场上对商货课以重税。"重关市之赋"⑧。在徭役方面,他们主张取消过去商人不负担军赋、徭役的办法,商人及其奴仆都要按照户籍服徭役,并使"农逸而商劳"⑨,这样,就可使"民不得无去其商贾、技巧,而事地力矣",使商贾、技巧之民,无利可图,不得不转而从事农业。⑩

(2) 加强对粮食的管理

一方面禁止商人经营粮食,"使商无得籴"⑪,就可以使商人不能利用年景的

---

① 《马克思恩格斯全集》第 25 卷,人民出版社,1974 年。
② 《商君书·农战》。
③ 《商君书·外内》。
④ 《商君书·去强》。
⑤ 《商君书·弱民》。
⑥ 《商君书·外内》。
⑦ 《商君书·垦令》。
⑧ 同上。
⑨ 同上。
⑩ 《商君书·外内》。
⑪ 《商君书·垦令》。

丰歉,从事粮食投机,发大财。另一方面提高粮食价格。商君学派认为"食贱则农贫,钱重则商富",因而主张提高粮食价格,"使境内之食必贵","食贵则田者利,田者利则事者众。食贵,籴食不利,而又加重征,则民不得无去商贾、技巧,而事地利矣"①。

(3) 从各方面给商人的经营制造困难

如"废逆旅",就是禁止人们开设旅馆。这样不仅使开设旅馆的人没有饭吃,而且使人们难以远行,当然,长途贩运就更加困难了。

第五节　齐法家的富国富民论

齐法家不同于秦晋法家,他们既主张富国又主张富民。他们在谈论富国问题时,区别了饥饱和贫富。"行其田野,视其耕耘,计其农事,而饥饱之国可知也","行其山泽,观其桑麻,计其六畜之产,而贫富之国可知也"②。这就是说,在齐法家看来,只是填饱肚皮,不能叫做"富",这只能叫做"饱"。"富"要比填饱肚皮更好些。他们还提出了为了富国应该做的几件事:

第一,山泽免于火灾,草木繁殖成长;

第二,沟渠畅通,堤坝储水不泛滥;

第三,田野遍布桑麻,因地制宜种植五谷;

第四,家里饲养六畜,培植瓜瓠荤菜百果;

第五,工匠不在精雕细刻(奢侈品)上比高低,妇女纺织刺绣不在文采花样上下工夫③。

在齐法家看来,富国不仅要种植五谷,桑麻,而且要饲养六畜,培植瓜瓠荤菜百果,草木繁殖成长。他们还关心手工业产品。在他们看来,工匠不在精雕细刻上比高低,妇女纺织刺绣不在文采上下工夫,就可以生产更多的适用手工业产品。他们不仅重视物质财富的生产,而且重视人们的生产生活的条件与环境,包括山泽免于火灾,沟渠畅通,堤坝储水不泛滥。

齐法家在重视富国的同时,也非常重视富民。他们之所以重视富民,与他们对人性和道德的看法有关。他们认为人心好利,喜富贵,恶贫贱,因此采取富民政策。"民恶贫贱,我富贵之",是"顺民心"④的,实行满足人们欲望的政策,"厚其生","输之以财","宽其政","匡其急","赈其穷"。这样,"则民之所欲无不

---

① 《商君书·外内》。
② 《管子·八观》。
③ 《管子·立政》。
④ 《管子·牧民》。

得矣。夫民必得其欲然后听上,听上然后政可善为也"①。可见,富民是"顺民心"的,可使民听上,这样,民就易于统治了。

齐法家还认为,"仓廪实则知礼节,衣食足则知荣辱"②。民的欲望得到满足,生活有着,道德水平也就提高了。所以富民,也就是民的物质财富的增长是道德水平提高的物质基础,而道德水平的提高是有利于君主的统治的。这是因为道德能约束人们的行为。他们认为"礼义廉耻"是国之"四维","四维不张,国乃灭亡"。"礼不逾节,义不自进,廉不蔽恶,耻不从枉。故不逾节则上位安,不自进则民无巧诈,不蔽恶则行自全,不从枉则邪事不生。"③

他们还认为"民不怀其产,国之危也"④,如果民贫穷,没有可以关心的产业,国家就危险了,所以齐法家主张"府不积货,藏于民也"⑤。

《管子》中的《治国》比较系统地论述了富国与富民的关系。⑥ 在这篇文章中,一开始就讲,"凡治国之道,必先富民",这是由于"民富则易治也,民贫则难治也"。"民富则安乡重家,安乡重家则敬上畏罪,敬上畏罪则易治也。民贫则危乡轻家,危乡轻家则敢凌上犯禁,凌上犯禁则难治也"。民富,就会安于乡土,珍惜自己的家业,从而就会惧怕犯罪,顺从统治者,这样当然易于统治;民贫,就会不安于乡,因为本来就没有什么家业,所以就会轻易抛弃家业,敢于反抗,这样当然就难于治理。

《治国》不仅讲"民富则易治","民贫则难治",而且认为"治国常富,乱国常贫"。我们把这两点联系起来,民富就容易治理,治理好的国家就会成为富国;民贫就难于治理,难于治理的国家就会成为一个乱国,乱国必然是贫国。

由上述可见,齐法家把富民看做富国的基础,这和秦晋法家,特别是商君学派把富民作为富国的手段,是根本不同的。

第六节 齐法家的强本论和正地论

齐法家重视"强本"。所谓"强本",就是努力发展农业生产。他们认为,只有"强本"才能富国富民。只有"务五谷",才能"积于不涸之仓";只有"养桑麻、

---

① 《管子·五辅》。
② 《管子·牧民》。
③ 同上。
④ 《管子·立政》。
⑤ 《管子·权修》。
⑥ 《管子》中的《治国》是何时的作品,学术界有不同看法,有的认为是战国时的作品,有的认为是西汉时的作品。我们认为不管此篇写成于何时,即使成于西汉,从其思想看,在富国富民问题上也是继承了齐法家的思想,比较明确集中地讲清了齐法家关于富国富民的思想。

育六畜",才能"藏于不竭之府"①,努力发展种植业的五谷、桑麻和畜牧业的六畜才能富国。同样,"务五谷则食足,育桑麻畜六畜则民富"②,老百姓的生活才能改善。

齐法家认为财富来源于土地和人力。"彼民非谷不食,谷非地不生,地非民不动,民非作力毋以致财。""夫财之所生,生于用力,用力之所生,生于劳身。"③财富是人的劳动创造的,所以浪费了财富就是劳民。"是故主上用财毋已,是民用力毋休也"④。

齐法家不仅认识到财富来源于土地和人力,他们还认识到为了满足人们当年的生活需要和国家、个人的一定的储备,土地和人口之间必须保持一个适当的比例关系。他们根据当时的劳动生产率和一般百姓的生活水平,认为每人需要30亩土地,这样就可以"足以卒岁。岁兼美恶亩取一石,则人有三十石;果蓏素食当十石,糠秕六畜当十石,则人有五十石;布帛麻丝,旁入奇利未在其中也。故国有余藏,民有余食"⑤。这就是说,人均30亩耕地是实现富国富民所需要的人与地的适当的比例关系。

关于"强本"的措施,齐法家除了重视人的作用,强调人的努力和调动人的积极性,如通过下边所讲的"均地分力"和"与之分货"来调动农民的生产积极性外,还提出了"务天时"和"务地利"。他们说:"不务天时则财不生,不务地利则仓廪不盈。"⑥"顺天之时,物地之宜,中人之和,故风雨时,五谷实,草木美多,六畜蕃息,国富兵强。"⑦

所谓"务天时",就是顺应天时,包括农业生产要适应不同季节的变化,合理安排农活,才能获得丰收;国家也要适应天时,"审时以举事"⑧,特别是不要在农忙季节征发徭役,"无夺民时则百姓富"⑨,就是"以时禁发"。根据动植物的生长规律,规定人们采伐捕捞的时间。"敬山泽林薮积草,天财之所出,以时禁发。"⑩特别是在万物滋生繁衍的季节,"当春三月","毋杀畜生,毋拊卵,毋伐木,毋夭英,毋拊竿,所以息百长也"⑪,以利万物生长。在两千多年前就有如此

---

① 《管子·牧民》。
② 同上。
③ 《管子·八观》。
④ 同上。
⑤ 《管子·禁藏》。
⑥ 《管子·牧民》。
⑦ 《管子·禁藏》。
⑧ 《管子·五辅》。
⑨ 《管子·小匡》。
⑩ 《管子·立政》。
⑪ 《管子·禁藏》。

明确的保护生态环境的思想,是非常可贵的。同时,齐法家还主张在农忙季节禁止农民到山泽进行砍伐捕捞,"山林虽广,草木虽美,禁发必有时","江海虽广,池泽虽博,鱼鳖虽多,网罟必有正"。"非私草木,爱鱼鳖也,恶废民于生谷也"①,是怕百姓荒废农业生产。

所谓"务地利",就是充分发挥土地的作用。他们认为,适于耕种的土地,就要开垦出来,并因地制宜地种植各种作物。他们还主张精耕细作,"其耕之不深,耘之不谨,地宜不任,草田多秽,耕者不必肥,荒者不必硗,以人猥计其野,草田多而辟田少者,虽不水旱,饥国之野也"②。

齐法家也非常重视土地制度问题。他们认为土地制度是国家治理好坏的前提和基础,"地者政之本也,是故地可以正政也",如果土地制度不合理,就会影响国家的治理。"地不均平而调,则政不可正也。政不正则事不可理也。""政不正则官不理,官不理则事不治,事不治则货不多。"在他们看来合理的土地制度是事治、货多的保证。因此,"地"是"不可不正也"。所以齐法家的土地理论被称为"正地论"。

齐法家的"正地论"只涉及国有土地,没有论到私有土地问题,其内容主要是:

第一,"均地分力"。这是关于国有土地的授田和征收赋税原则的主张。

"均地",是一种不同于传统授田和征税的设想。传统的授田办法是每夫授予多少亩,每户授予多少亩,如一夫百亩。但是,土地的质量是不同的,有的丰腴,有的贫瘠,所以,同样是一百亩,由于土地的质量不同,收获是不同的,按照这样的田亩征税,农民的负担也是不同的。为了授田合理和负担公平,齐法家主张把土地的高下、肥瘠、荒熟等不同质量的土地,都折合成标准耕地面积,按照折合的标准亩来授田和征税。"地之不可食者、山之无木者,百而当一;涸泽,百而当一;地之无草木者,百而当一;楚棘杂处,民不得入焉,百而当一;薮,镰缠得入焉,十而当一;蔓山,其木可以为材,可以为轴,斤斧得入焉,十而当一;泛山,其木可以为棺,可以为车,斤斧得入焉,十而当一;流水,网罟得入焉,五而当一;林,其木可以为棺,可以为车,斤斧得入焉,五而当一;泽,网罟得入焉,五而当一。命之曰:地均以实数。"这样当然比一夫百亩更加合理,因为考虑到了土地的质量。从上面一段话可见,齐法家不仅主张把耕地分给农民,而且主张把山泽也分给百姓经营。这和商君学派的禁山泽是不同的。

"分力",是指授田给农户,使他们独立经营。

---

① 《管子·八观》。
② 同上。

齐法家还论证了"均地分力"的优越性："均地分力使民知时也，民乃知时日之早晏，日月之不足，饥寒之至于身也。是故夜寝蚤起，父子兄弟不忘其功，为而不倦，民不惮劳苦。"而不均地分力，没有自己土地的奴隶的集体劳动就不同。"故不均之为恶也：地力不可竭，民力不可殚，不告之以时而民不知，不道之以事而民不为。"

第二，"与之分货"，这是赋税的征收方法。就是根据农民的收成，与国家按照一定的比例"分货"，也就是按照一定的比例以赋税的形式向国家交纳自己的生产品。实际上交纳的不只是赋税也包括了地租。这样的农民实际上是国家农奴。

齐法家也论述了"与之分货"的优越性："与之分货，则民知得正矣，审其分，则民尽力矣；是故不使而父子兄弟不忘其功。"①

在齐法家看来"均地分力"和"与之分货"从制度上和政策上，调动了农民的生产积极性。

第七节 齐法家的工商论

齐法家重视农业，也比较重视手工业，他们认为"士、农、工、商四民者，国之石民也"，即国家的柱石之民。他们肯定手工业的作用，认为手工业产品，可使人们"毋乏耕织之器"②。他们还认为高超手工业技术和优良产品是统一天下的必要条件之一。他们说："工不盖天下，不能正天下"，"器不盖天下，不能正天下"，所以要"工盖天下"，"器盖天下"③，技术和产品都要成为天下之冠。

齐法家对商业也持比较积极的态度。他们认为商业具有"以其所有易其所无"的作用，可以使"羽旄不求而至，竹箭有余于国，奇怪时来，珍异物聚"④。他们还主张："非诚贾不得食于贾。"⑤他们还重视市场的作用，"市者，货之准也"。市场是决定商品价格水平的场所。"聚者有市，无市则民乏"，没有市场，人民的生活就会困乏。"市者，天地之财具也，而万人之所和而利也。"⑥人们在市场上可以得到天地所产的各种物品，万人因市场交易而得利。从市场可以看出国家治理得好坏以及商品的多寡和供求状况，"市者，可以知治乱，可以知多寡"。但

---

① 以上引文引自《管子·乘马》。
② 《管子·幼官》。
③ 《管子·七法》。
④ 《管子·小匡》。
⑤ 《管子·乘马》。
⑥ 《管子·问》。

是,市场"不能为多寡"①,"为多寡"是生产领域的事。

正因为齐法家对手工业、商业和市场有上述认识,所以,他们主张国家在政策上要为工商业的活动提供便利条件:"关,几而不征,市,廛而不税。"②"征于关者,勿征于市;征于市者,勿征于关,虚车勿索,徒负勿入,以来远人。"③齐法家对工商业提供方便政策,与齐国的传统有关,齐国在姜太公建国时,就"通商工之业,便鱼盐之利"④,"故齐冠带衣履天下"⑤。之后,齐国的工商业一直较其他诸侯国发达。

齐法家在重视工商业的同时,也看到了封建的自然经济的农业与工商业的矛盾,特别是工商业与农业争夺劳动力的矛盾。他们把这一矛盾概括为:"野与市争民……粟与金争贵。"⑥如果听任工商业自由发展,"则民缓于时事而轻地利",其结果只能是"求田野之辟,仓廪之实,不可得也"⑦。因此,他们主张"禁末产"⑧,"务本饬末"⑨。"禁"是限制之意,"饬"是整治之意。"禁末"、"饬末",就是工商业要在国家的监督、限制之下活动。

他们对工商业的监督、限制主要有以下几项:

首先,他们认为工商业不能过分繁荣,"市不成肆,家用足也","市不成肆,……治之至也"⑩,百姓自给自足,市场上货摊就少。市场上货摊少,是国家治理的高水平的标志之一。

其次,他们认为工商业的利润不能高。他们主张商品的价格要贱,"故百货贱则百利不得,百利不得则百事治"⑪。商品的价格贱,各行各业的工商业者就不能获取高利,各项生产就能搞好。

再次,他们认为工商业中奢侈品的生产和流通对国家的危害最大。他们认为:"工以雕文刻镂相稚也,谓之逆","女以美衣锦绣纂组相稚也,谓之逆"⑫。工匠以雕花绘彩相夸耀,妇女以绣织锦衣相夸耀,是违背法令的。他们认为,奢侈品的生产造成了人们的饥寒,"今工以巧矣,而民不足于备用者,其悦在玩好;

---

① 《管子·乘马》。
② 《管子·五辅》。
③ 《管子·问》。
④ 《史记·齐太公世家》。
⑤ 《史记·货殖列传》。
⑥ 《管子·权修》。
⑦ 同上。
⑧ 同上。
⑨ 《管子·幼官》。
⑩ 《管子·权修》。
⑪ 《管子·乘马》。
⑫ 《管子·重令》。

农以劳矣,而天下饥者,其悦在珍怪方丈陈于前;女以巧矣,而天下寒者,其悦在文绣。"①奢侈品也会造成奢侈的社会风气,"文巧不禁,则民乃淫。"②奢侈之风造成民贫,"民贫则奸智生,奸智生则邪巧作"③。所以,"省刑之要,在禁文巧。"④"禁文巧"的"禁",应是禁止的意思了。对一般工商业要限制,而对奢侈品的生产和流通,就要禁止了。

本章总结

秦晋法家属于地主阶级中的激进派,代表人物有李悝、吴起、商鞅等。李悝是魏国变法的领军人物,其主要成就是:制定《法经》六篇,为封建经济的发展创造更为安定的社会环境;提出"尽地利之教"思想,旨在提高农业生产率;制定"平籴法",协调农工商之间的关系。吴起在楚国变法时提出"损其有余而继其不足"思想。商鞅在秦国经过两次变法,使秦国短时间内迅速富强起来,他的思想主要集中在《商君书》中。

商鞅和商君学派的主要观点有:(1)历史观:认为人类历史是发展变化的,政治制度也要顺应历史发展的趋势相应地变化。(2)名利论:认为追逐名利是人的天性,主张"利出一孔",将民众对利益的追求与国家的战略目标有机地结合在一起。(3)农战论:认为农和战是使国家"治"、"富"、"强"、"王"的基本手段,且农是战的基础。(4)事本禁末论:要求人民勤于农耕,限制工商业发展。

齐法家的主要观点有:(1)富国富民论:认为富民是富国的基础。(2)强本论和正地论:认为努力发展农业生产才能富国富民,而农业发展的关键是"均地分力"和"与之分货"。(3)工商论:肯定商业和手工业的地位和作用,主张国家政策要为工商业活动提供便利条件。

思考与练习

1. 比较秦晋法家和齐法家的经济思想。
2. 阐述商鞅和商君学派的农战论及事本禁末论。
3. 阐述齐法家经济思想的主要内容及特点。

---

① 《管子·五辅》。
② 《管子·牧民》。
③ 《管子·八观》。
④ 《管子·牧民》。

第五章　孟　子

本章概要

本章介绍战国时期儒家学派的重要代表人物孟子的经济思想，阐述其人性论、义利观，仁政思想、恒产论、井地论，分工论及价格和价值思想。

学习目标

1. 了解孟子的人性论和义利观
2. 了解孟子的仁政思想和恒产论、井地论
3. 了解孟子的分工论和劳心、劳力说
4. 了解孟子的价格和价值思想

第一节　战国时期儒家的重要代表人物孟子

孟子(公元前372年—公元前289年)①名轲，邹(今山东邹县)人。鲁国贵族孟孙氏之后。早年丧父，受到母亲的良好教育。他自己说："予未得为孔子徒也，予私淑诸人也。"②《史记·孟子荀卿列传》说孟子"受业子思之门人"。荀子把孟子和子思列为一派，后称思孟学派。他继承了孔子的思想，并根据战国时期的新变化，对孔子的思想作了新的发展。他以仁政思想游说诸侯，先后到过齐国、宋国、滕国、鲁国。他周游列国时，"后车数十乘，从者数百人"③，浩浩荡荡，与孔子周游列国时大不相同。他在齐国位于"三卿之中"④，"受上大夫之禄，不任职而论国事"⑤，类似顾问。他自负甚高，曾说："如欲平治天下，当今之世，舍

---

① 由于孟子的生卒年没有明确记载，所以关于他的生卒年有多种说法，本书采用的是目前通用的说法。
② 《孟子·离娄下》。
③ 《孟子·滕文公下》。
④ 《孟子·告子下》。
⑤ 《盐铁论·论儒》。

我其谁也?"①可见,他不满于"不任职而论国事"的地位。他认为君主应该把治国的事,交给有治国才能的专门人才,君主不能多加干预。他举例说,建筑大房子和雕琢美玉都需要找精于此的专门人才,而治国君主就说"姑舍女所学而从我",这样"则何以异于教玉人雕琢玉哉?"②他又提出:"为政不难,不得罪于巨室"③,表现出对旧势力的妥协态度。他重视民,提出:"民为贵,社稷次之,君为轻,是故得乎丘民而为天子。"④

当时"秦用商君,富国强兵,楚、魏用吴起,战胜弱敌,齐威王、宣王用孙子田忌之徒,而诸侯东面朝齐"。孟子的主张不合时宜,被认为"迂远而阔于事情"⑤。孟子具有理想主义的特点,讲仁义,更多的考虑长远利益,对现实重视不够,有片面性。他主张统一,又不赞成兼并战争,希望以仁义来统一,"不嗜杀人者一之"⑥,这样就和统治者的现实利益有矛盾,他的主张不被采纳,最后"退而与万章之徒序诗书,述仲尼之意,作《孟子》七篇"⑦。

第二节　人性论和义利观

孟子认为,"好色,人之所欲也","富,人之所欲也","贵,人之所欲也"⑧,他也同意"食色性也"⑨。但是,孟子并不认为人们的追求食色富贵的欲望属于人性。在他看来,饥则求食,寒则求衣,满足物质需要,是禽兽的性,并非人性,他说:"人之有道也,饱食暖衣,逸居而无教,则近禽兽。"⑩如果人只是饱食暖衣、逸居,那就和禽兽差不多了;又说:"人之异于禽兽者几希!庶民去之,君子存之。"⑪人与禽兽的差别就是那么一点点。在孟子看来,差的那一点点,就是人性。"孟子所谓性者,正指人之所以异于禽兽之特殊性征,人之所同于禽兽者,不可谓为人之性;所谓人之性,乃专指人之所以为人者,实即是人之'特性'。"⑫这属于人的"特性"的是什么呢?就是善端。

---

① 《孟子·公孙丑下》。
② 《孟子·梁惠王下》。
③ 《孟子·离娄上》。
④ 《孟子·尽心下》。
⑤ 《史记·孟子荀卿列传》。
⑥ 《孟子·梁惠王上》。
⑦ 《史记·孟子荀卿列传》。
⑧ 《孟子·万章上》。
⑨ 《孟子·告子上》。告子说:"食色性也",孟子没有反驳,等于默认。其实,儒家是承认这点的,《礼记·礼运》:"饮食男女,人之大欲存焉"。
⑩ 《孟子·滕文公上》。
⑪ 《孟子·离娄下》。
⑫ 张岱年:《中国哲学大纲》,中国社会科学出版社,1982年,第185页。

孟子说:"恻隐之心,人皆有之;羞恶之心,人皆有之;恭敬之心,人皆有之;是非之心,人皆有之。"①"恻隐之心,仁之端也;羞恶之心,义之端也;辞让之心,礼之端也;是非之心,智之端也。"②"无恻隐之心,非人也;无羞恶之心,非人也;无辞让之心,非人也;无是非之心,非人也。"③孟子举例说,"今人乍见孺子将入于井,皆有怵惕恻隐之心,非所以内交于孺子之父母也,非所以要誉于乡党朋友也,非恶其声而然也",是因为"人皆有不忍人之心"④。作为人都有善心的萌芽,即仁义礼智的萌芽,关键问题是如何保持并发扬它,不要丢掉,从这点讲,人性善。

孟子认为人有善端,但善端能否发扬,关键在于后天的客观环境和个人的修养、锻炼。孟子很重视个人的修养、锻炼,要求人们"存其心,养其性"⑤。他认为,一个有作为的人需要经过磨炼才能成长起来。"天将降大任于斯人也,必先苦其心志,劳其筋骨,饿其体肤,空乏其身,行拂乱其所为,所以动心忍性,曾益其所不能。"⑥但是,他也重视客观环境对人的影响,认为一个人是会受环境的熏陶和影响的。他曾以学习语言为例,说楚国人要学习齐国的语言,在齐国住上几年就行了。如果在楚国学习,一个齐国人教他,许多楚国人干扰他,他的齐国语言是学不好的。他还认为与好人共处学好人,与坏人共处学坏人。⑦孟子也讲到经济和物质财富的环境对人的品德的影响。比如,他讲到丰年凶年对人的影响就不同。"富岁,子弟多赖;凶岁,子弟多暴,非天之降才尔殊也,其所以陷溺其心者然也"⑧,这种不同不是由于人的天生资质不同,而是由于环境的关系。孟子还直接讲到物质财富的多寡对人们的道德水平的影响。他说:"易其田畴,薄其税敛,民可使富也。食之以时,用之以礼,财不可胜用也。民非水火不生活,昏暮叩人之门户求水火,无弗与者,至足矣。圣人治天下,使有菽粟如水火。菽粟如水火,而民焉有不仁者乎?"⑨这就是说,在物质财富丰富时,人的仁之端,可以发展为仁,善之端,可以发展为善。他还认为,在百姓"乐岁终身苦,凶年不免于死亡"的年代,"此惟救死而恐不赡,奚暇治礼义哉"。只有在人们"乐岁终身饱,凶年免于死亡"的情况下,才有可能对人民进行教化,"驱而之善"⑩。

---

① 《孟子·告子上》。
② 《孟子·公孙丑上》。
③ 同上。
④ 同上。
⑤ 《孟子·尽心上》。
⑥ 《孟子·告子下》。
⑦ 《孟子·滕文公下》。
⑧ 《孟子·告子上》。
⑨ 《孟子·尽心上》。
⑩ 《孟子·梁惠王上》。

孟子虽然认为人的物质生活欲望不属于人性,但他不仅承认其存在,而且非常重视人的这种欲望。可以说,一方面孟子认为人作为动物,有追求满足物质生活的欲望,这是与禽兽一样的;另一方面,孟子还认为人作为人,还有自己的特点,这就是善心的萌芽。可以说孟子是从人的社会性角度来谈人性的。这两方面都是孟子考虑研究问题的出发点,孟子的政治经济思想就是建立在他的人性论的基础上的。

孔子主张用道德来约束人们的经济行为,提出"见利思义"。孟子继承了孔子的思想,并将义利关系作了绝对化的解释,《孟子》开宗明义第一章就是讲义利观的。

"孟子见梁惠王。王曰:'叟!不远万里而来,亦将有以利吾国乎?'孟子对曰:'王!何必曰利?亦有仁义而已矣。'"①他还说过:"鸡鸣而起,孳孳为善者,舜之徒也;鸡鸣而起,孳孳为利者,跖之徒也。欲知舜与跖之分,无他,利与善之间也"②。这两段话都是把义利绝对化了,要仁义就"何必曰利"?要利就不能要仁义,不能要善。其实,孟子是非常重视人们的物质利益的,并非不要利。孟子讲义利主要是针对统治者,是为了调节各级统治者之间的关系,避免各级统治者互相争夺。他说:"王曰:'何以利吾国?'大夫曰:'何以利吾家?'士庶人曰:'何以利吾身?'上下交征利,而国危矣。"③他还说:"苟为后义而先利,不夺不厌"④,如果轻义重利,大夫们不把国君的产业都夺去,是不会满足的。可见,孟子反对的是最高统治者带头争利。如果统治者不去争利,而是讲仁义,那么统治就稳固了。"未有义而后其君者也"⑤,没有讲义的人对他的国君怠慢的。所以,孟子的"何必曰利?"是为了统治者的大利、根本利益,不争利的目的是可得大利。

从孟子在一处对"义"的含义所作的解释,可以看出他所讲的"义",具有明确的经济意义。有人问孟子,"何谓尚志?"孟子说:"仁义而已矣。杀一无罪非仁也,非其有而取之非义也。"⑥什么是"非义"?不是自己所有的据为己有,就是"非义"。"义"即不是自己的不能占有,也就是维护财产所有权。孟子反对"上下交征利",也就是反对互相争夺不属于自己所有的"利"。孟子所讲的"义"具有维护财产所有权和私有财产不受侵犯的意义,也具有维护现有利益格局的意义。

---

① 《孟子·梁惠王上》。
② 《孟子·尽心上》。
③ 《孟子·梁惠王上》。
④ 同上。
⑤ 同上。
⑥ 《孟子·尽心上》。

第三节 仁政思想和恒产论、井地论

孟子在其人性论、义利观的基础上,形成了他的仁政思想。所谓仁政,就是把他的关于仁义的思想运用于治国。他认为当时各诸侯国的统治者,不讲仁义,政治昏暗,对人民漠不关心,人民生活很苦。孟子对这些现象作了比较深刻的揭露。他说:"庖有肥肉,厩有肥马,民有饥色,野有饿莩。"①又说:"狗彘食人食而不知检,涂有饿莩而不知发。"②"凶年饥岁,君之民弱者转乎沟壑,壮者散而之四方者,几千人矣;而君之仓廪实,府库充。"③孟子的这些言论,对中国后世封建社会的政治、思想、文学,均有不小的影响。

孟子认为,一个诸侯国如果想要"王天下",必须解决这些问题,解决的办法就是实行仁政。孟子认为实行仁政决定于君主的"不忍人之心"。他说:"人皆有不忍人之心,先王有不忍人之心,斯有不忍人之政矣。"④"不忍人之政"就是仁政。

关于仁政的内容,孟子有过多种说法,总起来看,除了贤者在位,省刑罚,进行道德教育等外,主要是关于经济问题的。他的基本主张是,减轻人民的负担,搞好农业生产,使人民的生活能够过得下去。

一、"薄税敛"⑤

他反对官府对百姓过度征敛,认为过度征敛和百姓"无恒产",是百姓贫困,处于悲惨境地的根本原因。因此,他主张"薄税敛"。他所说的"薄税敛",并非越薄越好,而是"取于民有制"⑥。他曾经和魏相白圭讨论税率问题。白圭说:"吾欲二十而取一,何如?"孟子认为这是"貉道也"。貉是一个相当原始的民族。孟子说:"夫貉,五谷不生,惟黍生之;无城郭、宫室、宗庙、祭祀之礼,无诸侯币帛饔飧,无百官有司,故二十取一而足也。而居中国,去人伦,无君子,如之何其可也。"⑦这就是说,在中国,有统治机构,有百官有司,有祭祀,有外交活动等等,二十而一的税是不够的。在孟子看来,向百姓收取赋税目的是保证统治机构的正

---
① 《孟子·梁惠王上》。
② 同上。
③ 《孟子·梁惠王下》。
④ 《孟子·公孙丑上》。
⑤ 《孟子·梁惠王上》。
⑥ 《孟子·滕文公上》。
⑦ 《孟子·告子下》。

常运行,保证统治者的需要,所以,孟子说:"无君子莫治野人;无野人莫养君子。"①孟子是主张"野九一而助,国中什一使自赋"②。孟子的"薄税敛",就是在保证统治者的必需开支的前提下,不过度征敛百姓,使百姓能够活下去。

孟子还主张只征农业税,不对其他行业征税。他主张:"市,廛而不征,法而不廛,则天下之商皆悦,而愿藏于其市矣";"关,讥而不征,则天下之旅皆悦,而愿出于其路矣";"廛,无夫里之布,则天下之民皆悦,而愿为之氓矣"③。这就是说,除了农业税之外,市场、关卡、住宅等都不征税。在农业税方面,除了把什一税率看成"取民有制"的标准税率外,还主张简化征收方式。在孟子看来,多种方式同时征收易于形成横征暴敛。他说:"有布缕之征,粟米之征,力役之征。君子用其一,缓其二。用其二而民有殍,用其三而父子离。"④

二、"土地辟,田野治"⑤

孟子把"土地辟,田野治"作为国家治理得好的重要标志。他提出了搞好农业生产的措施和意义:"不违农时,谷不可胜食也;数罟不入洿池,鱼鳖不可胜食也,斧斤以时入山林,材木不可胜用也。谷与鱼鳖不可胜数,材木不可胜用,是使民养生丧死无憾也。养生丧死无憾,王道之始也。"⑥他还提到"树之以桑","鸡豚狗彘之畜,无失其时","深耕易耨"⑦。从这些措施可以看到以下几点:

第一,孟子关心农业生产,包括农林牧渔。可以说孟子是主张农林牧渔全面发展的。他所讲的食,既包括了谷,也包括了鱼鳖、鸡豚狗彘。可见,孟子已有现在所讲的大粮食、大农业观点。

第二,重视自然规律,重视农业技术。"不违农时"就是重视自然规律。"深耕易耨"就是重视农业技术。"数罟不入洿池","斧斤以时入山林",不仅表现出重视自然规律的态度,而且还有生态平衡的意义。

第三,孟子对生产抱有极为乐观的态度。他认为只要搞得好,就可以"谷不可胜食也","鱼鳖不可胜食也","材木不可胜用也",这不是乐观态度吗?当然,在当时的生产力和生产关系的状况下是不可能达到"不可胜食"、"不可胜用"的程度,但是,这也反映了当时的生产关系比较适应生产力的发展,因此,使人具有信心。

---

① 《孟子·滕文公上》。
② 同上。
③ 《孟子·公孙丑上》。
④ 《孟子·尽心下》。
⑤ 《孟子·告子下》。
⑥ 《孟子·梁惠王上》。
⑦ 同上。

孟子的仁政思想中最值得重视的是他的恒产论。

孟子所谓的"恒产",就是指固定产业,主要指土地。"薄税敛"和"土地辟,田野治"是重要的,但是,这两条措施要起作用,其前提是农民有足以维持生活的土地。在孟子看来,当时农民没有足够的土地。他说:"今也制民之产,仰不足以事父母,俯不足以畜妻子;乐岁终身苦,凶年不免于死亡。"在这种情况下,"此惟救死而恐不赡,奚暇治礼义哉?"①孟子认为民没有恒产国家是治理不好的。他说:"若民,则无恒产者,因无恒心。苟无恒心,放辟邪侈,无不为己。"因此孟子主张"制民之产",给民以"恒产"。他说:"是故明君制民之产,必使仰足以事父母,俯足以畜妻子,乐岁终身饱,凶年免于死亡;然后驱而之善,故民之从之也轻。"②

孟子理想的恒产是"百亩田","五亩宅"。他说:"五亩之宅,树墙下以桑,匹妇蚕之,则老者足以衣帛矣。五母鸡,二母彘,无失其时,老者足以无失肉矣。百亩之田,匹夫耕之,八口之家足以无饥矣。"③

孟子讲"是故明君制民之产",就是说由君主以国有土地分给农民耕种。孟子如此重视"制民之产",并说当时民的产业不足以维持全家生活,表明当时不少的民是缺少土地的。同时,根据史料记载,当时君主将大量土地赐给大臣,有的十几万亩,几十万亩,甚至上百万亩。说明当时土地问题已经产生。孟子敏锐地看到了这个问题,并提出"制民之产"的主张是有积极意义的。

孟子的一个著名学说就是"井地论"。"井地论"对后世产生了巨大影响,成为后世"井田论"的蓝本。"井地论"是孟子在滕国回答滕国大臣毕战问"井地"时讲的。他说:"夫仁政,必自经界始。经界不正,井地不钧,谷禄不平,是故暴君污吏必慢其经界。经界既正,分田制禄可坐而定也。夫滕,壤地褊小,将为君子焉,将为野人焉。无君子,莫治野人,无野人,莫养君子。请野九一而助,国中什一使自赋。卿以下必有圭田,圭田五十亩,余夫二十五亩。死徙无出乡,乡田同井,出入相友,守望相助,疾病相扶持,则百姓亲睦。方里而井,井九百亩,其中为公田。八家皆私百亩,同养公田;公事毕,然后敢治私事,所以别野人也。此其大略也;若夫润泽之,则在君与子矣。"④

从上述可见"井地论"和"恒产论"的出发点是有所不同的。"恒产论"的直接目的是为了解决百姓的家庭生活问题,解决"仰足以事父母,俯足以畜妻子,

---

① 《孟子·梁惠王上》。
② 同上。
③ 《孟子·尽心上》。
④ 《孟子·滕文公上》。

乐岁终身饱,凶年免于死亡"①的问题。而"井地论"考虑的问题就比较多,如财政收入,卿大夫的供养问题以及社会基层组织问题。从土地制度和生产关系来看,主要有以下几个特点：

第一,这是一个将国有土地分给农民耕种的方案。分到百亩耕地的农户是独立经营的个体小农经济。这样的农民实际上是国家佃农。

第二,采取同养公田的办法提供剩余劳动,实际上是劳役地租。

第三,一井的八家,"乡田同井,出入相友,守望相助,疾病相扶持,则百姓亲睦",表明这实际上也是一个社会基层组织。"死徙无出乡",表明有较强的人身束缚。

这样的方案落后于当时的实际。比如当时不仅有"力役之征",而且有"粟米之征","布帛之征",就是说不仅有劳役地租,也有比劳役地租更进步的实物地租。孟子在其他地方讲到赋税问题时,也没有说只采用"力役之征"。又如"死徙无出乡",当时的劳动者有一定的迁徙自由,也和孟子的有作为的君主要以仁政来吸引各国人民的主张相违背。不少学者指出了孟子"井地论"中的矛盾,其实,不仅"井地论"本身有不少矛盾,"井地论"的主张和孟子的其他一些多次讲到的主张也是有矛盾的。孟子自己也认为"此其大略也",要求别人"润泽之"。孟子是很自信的人,很少如此谦虚,看来,他自己也觉得他讲的"井地论"是不成熟的。

"恒产论"的提出,反映了当时的社会矛盾,具有积极意义,而"井地论"并非良方,是一个落后于实际的方案。

第四节　分工和劳心、劳力

孟子也论述了分工问题。他在与农家许行的弟子陈相辩论时阐发了他的分工思想。农家是农民小生产者的代表,他们反对剥削,主张任何人都要自食其力。但是,他们由反对剥削,同时也否定了体力劳动和脑力劳动的分工。陈相转述了许行的主张："贤者与民并耕而食,饔飧而治。今也滕有仓廪府库,则是厉民而自养也。"②这是说贤明的君主要和百姓一道种地,自己做饭,同时治理国家。如果不是这样,就是"厉民而自养"。孟子认为这是否定了君主和百姓的分工,由此,他论述了社会分工。孟子问陈相"许子必种粟而后食乎？"陈相回答是。孟子又问许行穿的衣服,戴的帽子,都是自己织的吗？陈相回答不是,"以

---

① 《孟子·梁惠王上》。
② 《孟子·滕文公上》。

粟易之"。孟子又问陈相,许行做饭用的锅甑,耕田用的铁制农具,是自己制造的吗?陈相回答不是,"以粟易之"。孟子又问许行为什么不亲自烧窑炼铁,做成各种器械,储备在家中,随时取用,而要和工匠去交换,不怕麻烦吗?陈相回答说,各种工匠的工作不是一方面耕种,一方面能同时干得了的。① 这样,农业和手工业的分工就清楚了。孟子认为农业产品和手工业产品的交换是公平的,农夫既没有厉陶冶,陶冶也没有厉农夫。他还进一步论述了分工的必要性:"且一人之身,而百工之所为备,如必自为而后用之,是率天下而路也。"② 一个人需要各种工匠生产的产品,如果都要自己生产才能享用,那是要把天下人都领向贫困的道路。为什么"必自为而后用之"是"率天下而路也",而分工就不是"率天下而路也"? 这是因为分工提高了劳动生产率,可以认为孟子已经意识到这一点。

既然从事农业劳动的人都不能一边耕种,一边制造手工业产品,治理天下的统治者就能一边耕种,一边治理国家吗?"然则治天下独可耕且为与?"孟子还指出,那种认为"守先王之道,以待后之学者",是"无事而食"③的看法,也是不对的。这样,孟子就进一步肯定了脑力劳动和体力劳动的分工。

但是,由于在历史的一定阶段中,脑力劳动,特别是从事国家管理的脑力劳动成为一部分人的特权,脑力劳动和体力劳动之间的分工,又往往同剥削和被剥削关系重合在一起,因此,君主等统治者就能"把对社会的领导变成对群众的剥削"④。孟子否定这种剥削,而把统治者和被统治者的关系看成单纯的分工关系。

孟子认为,"有大人之事,有小人之事",大人和小人是要分工的。"大人之事"就是统治人民的事,"小人之事"就是生产劳动的事。"大人之事"是"劳心","小人之事"是"劳力",进而得出统治者统治百姓,百姓供养统治者是合理的,天经地义的。他说:"或劳心,或劳力;劳心者治人,劳力者治于人;治于人者食人,治人者食于人,天下之通义也。"⑤ 这样,就把统治者和被统治者的关系说成"劳心"——脑力劳动和"劳力"——体力劳动的分工关系,而脑力劳动和体力劳动在一定历史阶段的分离及其所具有的进步性,就成了统治、剥削有理的依据。

但是,总的看来,孟子对许行的批评是有力的。许行的主张是从小生产者的立场出发,在反对剥削的同时,也否定了脑力劳动和体力劳动的分工,体现了一

---

① 《孟子·滕文公上》。
② 同上。
③ 《孟子·滕文公下》。
④ 恩格斯:《反杜林论》,《马克思恩格斯全集》第20卷,人民出版社,1972年。
⑤ 《孟子·滕文公上》。

种更为落后更为原始的生产方式,这种主张是行不通的,更加不利于社会的发展。

孟子还讲到交换,提出"通功易事"。所谓"通功易事",就是分工合作,互通有无,也就是交换。他说:"子不通功易事,以羡补不足,则农有余粟,女有余布。子如通之,则梓匠轮舆皆得食于子。"①交换可使农民以自己多余的粮食、妇女以自己多余的布帛,去换取自己需要的其他产品,而工匠可以自己的产品换取粮食,这样的交换,是对双方都有利的。

值得特别提出的是,孟子认为,在相互交换中,包括服务活动的交换在内,应该"食功",而不是"食志"②。"食志"就是靠动机吃饭,"食功"就是以自己的成果、贡献来换饭吃。一个人之所以能够以自己的活动换饭吃,是因为他的活动对别人有用,如果没有用,别人是不会给他饭吃的。他举例说,一个匠人,把屋瓦打碎,在新粉刷的墙上乱画,虽然他的动机是挣钱谋食,谁会给他饭吃呢? 这就是说在孟子看来,相互交换的劳动应是有用劳动,生产的东西应是有使用价值的产品,服务也要有效用,满足人的一定的需要。

第五节 价格与价值

孟子关于价格和价值的论述,也是他的经济思想中很有特色的部分。孟子关于价格、价值的论述,也是在和陈相的辩论中提出来的。陈相说:"从许子之道,则市贾不贰,国中无伪;虽五尺童子适市,莫之或欺。布帛长短同,则贾相若;麻缕丝絮轻重同,则贾相若;五谷多寡同,则贾相若;屦大小同,则贾相若。"孟子反驳说:"夫物之不齐,物之情也;或相倍蓰,或相什百,或相千万。子比而同之,是乱天下也。巨屦小屦同贾,人岂为之哉? 从许子之道,相率而为伪者也,恶能治国家?"③有人认为许行的主张是"屦大小同,则贾相若",并非说"巨屦小屦同贾",孟子的反驳是"无的放矢的驳论"。也有人认为孟子并非"听错了陈相的话和无理取闹"④。我们不去争辩孟子是否"无的放矢",只从孟子的这一段话来分析他的思想。

孟子说:"物之不齐,物之情也",是讲商品的价格不一,是由于商品的"情"

---

① 《孟子·滕文公下》。
② 同上。
③ 《孟子·滕文公上》。
④ 甘乃光:《先秦经济思想史》,商务印书馆,1926 年初版,第 80—81 页。

不同,"情"也就是"实",是和"名"相对的①。可见孟子是把商品的价格看成"名",而认为它是由商品内在的"情"决定的。这个"情",又是什么?有人说是使用价值,看来不是。孟子说:"巨屦小屦同贾,人岂为之哉?"巨屦、小屦的差别,并非使用价值上的差别,因为大鞋、小鞋的使用价值是不可比的,可比的只是量上的差别,大小的差别。② 我们知道,这种差别是价值上的差别。孟子的这个论点,表明他已经触及商品的价值问题。这就比那种认为商品的价格是由供求决定的理论要深刻。当然,这个"情",也就是价值是什么,孟子没有讲,他也不知道。马克思曾经指出:"亚里士多德在商品的价值表现中发现了等同关系,正是在这里闪耀出他的天才的光辉。"③我们同样可以说,孟子把商品的价格或价值看成是商品内在的"情"决定的,并认为这种"情"有着倍蓰、什百、千万的通约关系,同样闪耀出他的天才的光辉。孟子和亚里士多德一样,由于他所生活的社会历史条件的限制,不可能发现成为通约关系的基础的东西由什么构成。孟子还认为,如果人为地强行统一物价,不允许价格随着物的"情"的不同而不同,就会造成"相率而为伪者也,恶能治国家?"④可见孟子是非常重视合理价格在治国中的作用的。

本章总结

孟子是战国时期儒家的重要代表人物。其思想以仁义为核心,较多考虑社会的长远利益。

孟子在人性论、义利观的基础上,形成了他的仁政思想,主要内容是"薄税敛"、"土地辟、田野治",以及最值得重视并对后世产生巨大影响的恒产论和井地论。

孟子认为社会各阶层分工的出现是合理的,他不仅肯定农工商之间的分工,而且提出"劳心者治人,劳力者治于人"的思想,肯定了脑力劳动和体力劳动的分工。

孟子在价值与价格问题上也有所认识,他把商品的价格或价值看成是商品内在的"情"决定的。

---

① 《左传·哀公八年》,"叔孙辄对曰:'鲁有名而无情,伐之必得志焉。'"杜预注:"有大国名,无情实。"
② 有人认为巨屦小屦即粗屦细屦,"粗疏易成,细小功密"(焦循:《孟子正义》)。
③ 《马克思恩格斯全集》第23卷,人民出版社,1972年。
④ 《孟子·滕文公上》。

思考与练习

1. 论述孟子的人性论和义利观。
2. 论述孟子的仁政思想和恒产论、井地论。
3. 论述孟子的分工和劳心、劳力思想。
4. 孟子关于价值和价格问题的论述是什么?

第六章 老子

本章概要

《老子》是先秦道家学说的代表作。本章介绍《老子》的经济思想，阐述其无为、无欲主张以及"小国寡民"的理想。

学习目标

1. 了解《老子》的无为、无欲思想
2. 了解《老子》的"小国寡民"理想

第一节 老子和道家的代表作《老子》

老子是何许人？《老子》一书是谁写的，写于何时？都是有争论的。

司马迁的《史记》中《老子韩非列传》说："老子者，楚苦县厉乡曲仁里人也，姓李氏，名耳，字聃，周守藏室之史也。孔子适周，将问礼于老子。"这是说老子是与孔子同时的春秋时人，又说："或曰：老莱子亦楚人也，著书十五篇，言道家之用，与孔子同时云。"这是怀疑老子是老莱子。① 司马迁又说："孔子死之后百二十九年"，有一个周太史儋出现了，"或曰儋即老子，或曰非也，世莫知其然否"。这说明司马迁对老子是何许人，已难于作出明确判断。后人对老子其人有各种各样的说法，但均未提出确凿证明。

《老子》一书传统的说法是春秋时的老子所作。但是早在宋代就有学者提出异议。② 不少学者认为《老子》成书于战国，甚至有的学者认为成书于战国末至西汉前期。也有学者认为，《老子》是春秋时长于孔子的老子的语录，但是，辑录成书的时代较晚，为战国时齐国稷下学宫楚人环渊所为。环渊为老子后学，与孟子同时。他辑录成书时，不像孔门弟子辑录《论语》时那么忠实，"用自己的文

---

① 张守节："太史公疑老子或是老莱子，故书之。"《史记》，中华书局标点本，1962年，第2142页。
② 罗根泽：《历代学者考证老子年代的总成绩》，《诸子考索》，人民出版社，1958年，第258—261页。

笔来润色了先师的遗说，故而饱和着他自己的时代色彩"①。有的学者认为《老子》应成于《孟子》成书之后，《庄子》成书之前。这是因为《孟子》书中把杨朱作为道家的代表人物来批，而没有批老子；《庄子》中已引用了《老子》中的文句。②

1973年，湖南长沙马王堆汉墓出土了帛书《老子》。1993年，湖北荆门郭店战国楚墓出土了竹简《老子》。帛书《老子》与今本相近，出土于汉初墓中，其中甲本"邦"字没有避讳，乙本为避刘邦讳，"邦"字改为"国"字。说明与今本相近的帛书《老子》乙本抄于汉初，甲本抄于刘邦即皇帝位前，成书就应更早些。竹简《老子》，出土于战国中期的楚墓中，抄写不应晚于战国中期，成书当然更早些。竹简《老子》，与今本《老子》有较大不同，没有与孔子思想对立的内容。如今本《老子》中有"绝圣弃智，民利百倍。绝仁弃义，民复孝慈。绝巧弃利，盗贼无有"③，在竹简《老子》中"并无'绝仁弃义'，以往认为老子反对儒家仁义之说的看法应予修正。今本'绝仁弃义'是帛书本形成时才出现的。"④

根据前人的考证和帛书《老子》、竹简《老子》的出土，我们是否可以认为，《老子》一书成书较早，可能成于战国初，甚至春秋末，但是，当时的《老子》与今本《老子》不同，应是竹简《老子》，或是比竹简《老子》更早的版本。《老子》一书有一个形成过程，最早的《老子》可能是春秋末的李耳作，经过其后学不断地丰富、修订，道家思想逐渐强化，至战国中期，也就是《庄子》一书成书之前，与今本相近的、成熟的道家代表作——《老子》出现了。我们研究《老子》的经济思想，就是研究成熟了的《老子》，也即今本《老子》中的经济思想。

第二节 无为与无欲

《老子》把"道"看做宇宙的本源，提出"有物混成，先天地生。寂兮寥兮！独立不改，周行而不殆。可以为天下母。吾不知其名，字之曰'道'"⑤。"道"，不仅"象帝之先"，而且"似万物之宗"⑥，"道生一，一生二。二生三，三生万物"⑦。这个"道"是"法自然"的。"人法地，地法天，天法道，道法自然。"⑧《老子》又写

---

① 郭沫若：《老聃、关尹、环渊》，《青铜时代》，科学出版社，1959年，第235页。
② 冯友兰：《中国哲学史新编》1983年修订本，第二册，人民出版社，1992年，第29页。
③ 《老子》第4章。以下引《老子》，只在引文后注引自第几章。
④ 彭浩校编：《郭店楚简〈老子〉校读》，湖北人民出版社，2001年，第3页。
⑤ 第25章。
⑥ 同上。
⑦ 第42章。
⑧ 第25章。

道:"道常无为,而无不为。"①

所谓"道法自然",就是说"道"以其内在的原因存在和运行,不靠外力的推动。把"道法自然"的观点运用于人类社会,运用于人的行为,就是"无为"。《老子》认为,当时的世道是很坏的,原因是统治者违背了"无为"的原则,强作妄为,"有为"的结果。《老子》写道:"民之饥,以其上食税之多,是以饥。民之难治,以其上之有为,是以难治。民之轻死,以其上求生之厚,是以轻死。"②"天下多忌讳而民弥贫","法令滋彰,盗贼多有"③。老百姓之所以饥饿,是由于统治者吞食的赋税太多;老百姓之所以用生命去冒险,是由于统治者奉养奢厚;统治者的法令、禁令越多,老百姓越贫,盗贼越多;老百姓之所以难以统治,是由于统治者的"有为"。《老子》进一步揭露了统治者"有为"实际上就是对老百姓的抢夺:"朝甚除,田甚芜,仓甚虚,服文采,带利剑,厌饮食,财货有余,是谓盗竽。非道也哉!"④一边是宫殿整洁,一边是农田荒芜,仓库空虚,而统治者却穿着带有纹彩的衣服,佩带着锋利的宝剑,足吃精美的食物,占有多余的财富。这种人就是强盗头子,这是不符合"天道"的。《老子》认为,"天之道,损有余而补不足,人之道则不然——损不足以奉有余"⑤。

《老子》认为人世间的坏事是"有为"造成的,解决的办法就是"无为"。"使夫智者不敢为也。为无为,则无不治。"⑥"故圣人云:我无为而民自化,我好静而民自正,我无事而民自富,我无欲而民自朴。"⑦"有为"造成"民之饥","民之难治","民之轻死","民弥贫","盗贼多有"。而"无为"可使"民自化","民自正","民自富","民自朴"。民富了,又能"自化"、"自正"、"自朴",当然就易治了,盗贼也不会"多有"了。《老子》认为,最好的统治者,由于"无为",老百姓只是知道他的存在而已。"太上,下知有之",这样的统治者,"悠兮,其贵言",悠然而不轻易发号施令,但是,"功成事遂,百姓皆谓'我自然'"⑧,《老子》还认为"是以圣人无为故无败"⑨。"道常无为而无不为。"⑩只有"无为",才能立于不败之地,只有"无为",才能完成所有的事。"是以圣人处无为之事,行不言之教。万

---

① 第37章。
② 第75章。
③ 第57章。
④ 第53章。
⑤ 第77章。
⑥ 第3章。
⑦ 第57章。
⑧ 第17章。
⑨ 第64章。
⑩ 第37章。

物作而弗始,生而弗有,为而弗恃,功成而弗居。夫唯弗居,是以弗去。"①

但是,"无为"并非无所作为,只是以顺乎自然的态度来行事,谨慎行事,反对强作妄为。所以《老子》中也讲"为","为而不恃"②,"为而不争"③。这种思想用在治理国家上,他主张"治大国若烹小鲜"④。

在《老子》的思想体系中,"无为"是和无欲紧密联系在一起的。《老子》认为:"道常无为而无不为。侯王若能守之,万物将自化。化而欲作,吾将镇之以无名之朴。镇之以无名之朴,夫将不欲。不欲以静,天下将自正。"⑤这是说如果侯王能够保有无为的"道",万物就会自然而然地生长变化,在生长变化中,贪欲产生了,这就需要抑制它,抑制了它,就会不起贪欲。不起贪欲,而又归于安静,天下自然就走上正路。由这一段话,我们可以看出,在《老子》看来,贪欲是在"无为"中自化出来的,也就是说,贪欲是自然而然地产生的。但是,对贪欲不能放任,要"镇之以无名之朴",抑制它,使之不欲,才能使天下走上正路。这就是说,"无为"要和不欲结合起来,才能使"天下将自正"。

在《老子》看来,人类社会的动乱、罪恶都是由人们的贪欲引起的。"祸莫大于不知足;咎莫大于欲得。"⑥灾祸莫过于不知足,罪过莫过于贪得无厌。

贪欲是如何产生的?《老子》认为是在"自化"中产生的,"化而欲作"。人们的贪欲是由社会的发展、社会生产力的提高创造出的物质文明引起的。"人多伎巧,奇物滋起"⑦,人的生产技能提高了,生产出精美的"奇物",而"奇物滋起"引起了不好的后果。"难得之货使人行妨"⑧,"难得"的"奇物",使人产生妨碍别人利益的行为,这是说盗窃、掠夺等损害别人利益的行为,是由"难得之货"引起的。在《老子》看来,社会上的坏事都是由于生产出精美的物品引起的,这是由于精美的物品引起了人们的欲望,从而引起了人们干坏事。不仅如此,精美的物品还会损伤人的身体。"五色令人目盲,五音令人耳聋,五味令人口爽。"⑨引起人们欲望的精美物品是社会生产力发展、技术进步的结果,

---

① (第2章)据帛书《老子》乙本校改。
② 第2章。
③ 第81章。孔子也讲"无为","无为而治者其舜也与?恭己正南面而已矣"(《论语·卫灵公》)。但是,这里所讲的"无为",一般理解为"言任官得其人,故无为而治"(赵岐:《孟子注》)。
④ 第60章。
⑤ 第37章。"道常无为而无不为",帛书《老子》甲、乙本作"道恒无名"。有的学者认为此句当做"道常无名"。廖名春在《〈老子〉"无为而无不为"说新证》中,考释楚简《老子》,认为此句为:"道,恒亡为也。"见于《郭店楚简研究》,辽宁教育出版社,2000年,第150页。又,此段据帛书《老子》乙本校改。
⑥ 第46章。
⑦ 第57章。
⑧ 第12章。
⑨ 同上。

所以,《老子》实际上是说社会生产力的发展,技术的进步造成了社会的动乱和罪恶。

如何解决?《老子》认为:"不贵难得之货,使民不为盗;不见可欲,使民心不乱。"①不认为难得的财货珍贵,使人民不做盗贼;看不到可以引起欲望的事物,使人民的心思不被搅乱。"绝巧弃利,盗贼无有"②,把所有的精美产品都弃而绝之,盗贼就自然而然地消失了。③ 在《老子》看来,只有毁弃了物质文明,社会才能安定。不仅如此,精神文明也要毁弃,"绝圣弃智,民利百倍,绝仁弃义,民复孝慈。"④"绝学无忧"⑤,弃绝了文化道德,人们才能得利、才能孝慈;才能免于忧患。

为此,《老子》提出了"无欲"。《老子》的作者说:"圣人欲不欲。"⑥圣人的欲望就是不欲。所谓无欲,首先就不能奢侈,所以要"去奢"、"去泰"⑦,当然也不是取消人的一切欲望,人的生存欲望是要满足的。"圣人为腹不为目"⑧,肚皮还是要填饱的。不欲是使人们"见素抱朴,少私寡欲"⑨。所谓寡欲,就是只能有维持生存的欲望。其实,在《老子》看来,维持生存的欲望,也可以不算欲望。所以,寡欲也就是无欲。《老子》还宣扬"知足"。所谓知足,就是满足于已经得到的东西。《老子》提出:"知足不辱"⑩、"知足者富。"⑪知足不仅不会遭到困辱,而且知足就是富有。在《老子》看来,人们为了满足欲望而积累的财富,也是难以长久保存的,"金玉满堂,莫之能守",谁能守得住满堂金玉呢!"多藏必厚亡"⑫,丰厚的财富储藏,必定招致惨重的损失。所以人们要适可而止,"功成身退,天之道"⑬。《老子》从知足和贮藏财富会遭受损失两个方面,加强了对无欲的论证。

《老子》不仅要人们无欲,还要人们无知。《老子》提出:"绝圣弃智"⑭,"绝

---

① 第3章。
② 第19章。
③ 吕吉甫:"'绝巧弃利',不贵难得之货之尽也,绝而弃之,则非特不贵而已"。转引自高明:《帛书老子校注》,中华书局,1996年,第312页。
④ 第19章。
⑤ 第20章。
⑥ 第64章。
⑦ 第29章。
⑧ 第12章。
⑨ 第19章。
⑩ 第44章。
⑪ 第33章。
⑫ 第44章。
⑬ 第9章。
⑭ 第19章。

学无忧。"①《老子》还说:"是以圣人之治,虚其心,实其腹,弱其志,强其骨,常使民无知无欲"②,使老百姓成为心虚、志弱,头脑简单的顺民,腹实、骨强、四肢发达的劳动力,这样,老百姓也就无知无欲了。

《老子》之所以主张无知,是因为《老子》认为人们"智多"会难于治理,妨碍实行无为。《老子》认为"民之难治,以其智多"③,并认为只有人们无知才能实行无为,人民无知无欲,"使夫智者不敢为也,为无为,则无不治"④。所以《老子》提出,"古者善为道者,非以明民,将以愚之。民之难治,以其智多"⑤。为了实行无为;需要人们无欲。为了实行无为,使人们无欲,需要使人们无知,需要"将以愚之",实行愚民政策。⑥

第三节 理想社会

在《老子》看来,实行无为,使老百姓无知、无欲,就可以把社会治理好。"故圣人云:我无为而民自化,我好静而民自正,我无事而民自富,我无欲而民自朴"⑦;又说:"是以圣人之治,虚其心,实其腹,弱其志,强其骨,常使民无知无欲。夫使智者不敢为也。为无为,则无不治"⑧。这种"自化"、"自正"、"自富"、"自朴",而又"无不治"的社会是什么样的社会呢?这就是《老子》中提出的"小国寡民"的理想社会。这个理想社会就是:

"小国寡民。使有什佰之器而不用,使民重死而不远徙。虽有舟舆无所乘之,虽有甲兵无所陈之。使民复结绳而用之。甘其食,美其服,安其居,乐其俗。邻国相望,鸡犬之声相闻,民至老死不相往来。"⑨

《老子》的这个理想社会,像是原始社会后期的农村公社。

(1) 这是一个定居在一定地域内的农村公社。"小国寡民",地域不大,人口不多;"民重死而不远徙",人民不用生命去冒险,因而不向远方迁徙,并且,

---

① 第20章。
② 第3章。
③ 第65章。
④ 第3章。
⑤ 第65章。
⑥ 对此也有不同看法,陈鼓应认为:"本章的立意,被后人普遍误解,以为老子主张愚民政策。其实老子所说的'愚',乃是真朴的意思。他不仅期望人民真朴,他更要求统治者首先应以真朴自砺。所以二十章有'我愚人之心也哉'的话,这说明真朴('愚')是理想治者的高度人格修养之境界,但这主张和想法,容易产生不良的误解。"《老子注译及评介》,中华书局,1988年,第315页。
⑦ 第57章。
⑧ 第3章。
⑨ 第80章。

"安其居",可见,不是逐水草而居的游牧部落,应该是以农业为主的社会。

(2) 在这个社会中,生产力极其低下。"有什佰之器而不用","虽有舟舆无所乘之",什么器物都不用,舟车也不用,生产力当然是低下的,生活也是简陋的。

(3) 在这个社会中,也没有交换。最早的交换是在公社的尽头发生的。"邻国相望,鸡犬之声相闻,民至老死不相往来",当然就没有公社间的交换。

(4) 在这个社会中,文化处于蒙昧阶段。"使人复结绳而用之",不要文字,结绳记事。

(5) 在这个社会中,没有战争。"虽有甲兵无所陈之。"甲兵没有地方、也没有必要去存放,当然也就没有战争了。

这个"小国寡民"的社会中,虽然生产力极端低下,人们的生活极端简陋,但是,这里没有战争,没有尔虞我诈。人们"甘其食,美其服,安其居,乐其俗"。人们是知足的,自以为甘美安乐,应该是没有剥削,没有欺诈的社会。实际上,在生产力极端低下的社会中,没有"什佰之器"可用,没有"舟舆"可乘,没有文字可以记事,生活极其简陋,人们不可能有甘食、美服、安居、乐俗的。这只能是一个不切实际的幻想,是一个乌托邦,并且是一个并不美好的乌托邦。

这是一个倒退的社会,是由一个具有相当程度的文明的社会、具有什佰之器、舟舆、文字、甲兵的社会,倒退到原始社会。这种倒退是《老子》所谓的"圣人""有为"的结果。《老子》讲"无为"。在《老子》看来,理想的社会是"无为"的结果,不仅"我无为而民自化"[①],而且"为无为,则无不治"[②]。但是,"无为"不可能倒退到《老子》的理想社会。这是因为统治者的"无为",减少了对人民从事经济活动的阻碍,只会使技术、文化的发展和生产的进步获得更为有利的条件,不可能造成社会经济停滞倒退的情况;只会使民智更发达,社会更有活力,不可能造成人民普遍的无知无欲的混沌愚昧状况。统治者的"无为",可能在一定的历史条件下对生产力的恢复、发展起某些积极作用,从而导致同《老子》的愿望相反的结果。[③]

其实,《老子》已经意识到这一点。所以《老子》中说:"道常无为而无不为。侯王若能守之,万物将自化。"但是,"自化"的结果是"欲作"。这就需要"镇之以无名之朴",使之无欲,这样才能"不欲以静,天下将自正"[④]。可见,在《老子》看来,无为只能使"欲作",而不能使"天下""自正"。"天下""自正"的社会是

① 第57章。
② 第3章。
③ 赵靖主编:《中国经济思想通史》修订本,第一卷,北京大学出版社,2002年,第263页。
④ 第37章。

"以无名之朴""镇之"的结果。所以,这个理想社会是压抑人们欲望的结果,是"圣人""有为"的结果。统治者的"有为",可能对社会进步、生产力发展,有一定的推动或阻滞的作用,但是,不可能使整个社会长期停滞或倒退。《老子》的"小国寡民"的理想社会,只能是一种空想。

《老子》之所以有这样的空想,中国经济思想史学界有不同看法。一种看法是:"小国寡民理想的实质,反映了没落的贵族阶级知识分子在社会经济发展洪流和新生事物面前的消极退缩的心情,他们设想了一个小乐园作为他们逃避各种现实斗争的避难所。"①另一种看法是:"老子作为下层民众的代表","看到劳动人民辛勤劳动所创造的巨大财富,反而成为一种异己的力量,他'感到迷惘而不知所措'。为了摆脱苦难,追求自由和幸福,于是他提出了这样一个原始'乐园'式的方案来。"②

根据《老子》一书的全部内容,我们可以看到《老子》对当时的社会是不满的,揭露了当时社会的不少弊端,揭露了统治者的侈靡生活和对人民的掠夺。《老子》认为当时的社会是不合理的,是"损有余而补不足",是不合"天之道"的,从这方面来看,《老子》反映了下层百姓的生活和感受。

但是,《老子》书中还有另一方面的内容,并且是主要的方面。《老子》认为产生这种不合理的社会的原因在于社会的发展,技术、文明的进步,从而引起人们的贪欲,也引起了人们之间的斗争。在这样的社会中,统治者是难于统治下去的,掠夺的财物也是难于长久保有的,"金玉满堂,莫之能守"③。因此,统治者需要以无为无欲来治理社会,使民无知无欲,从而使社会倒退到易于统治的小国寡民状态。《老子》是站在统治者的立场上总结统治经验的,体现道家最高理想的"圣人"是统治民的,"圣人云:我无为而民自化";"圣人之治","常使民无知无欲",可见,《老子》并非站在民的立场上。《老子》一书还讲了不少统治术。所以班固说:道家"历记成败、存亡、祸福、古今之道,然后知秉要执本,清虚自守,卑弱以自持,此君人南面之术也"④。从这方面来看,"小国寡民"的理想,正是失去政权的没落阶级对统治经验的总结,反映了他们对社会发展失去信心的悲观情绪。他们失去了政权,流落在民间,这使他们了解了一些人民的疾苦,使他们能够揭露新的统治者的侈靡和掠夺,反映了某些人民的苦难。但是,他们作为失去政权的没落阶级,又本能地从统治者的立场来思考问题,总结经验。

---

① 胡寄窗:《中国经济思想史》上册,上海财经大学出版社,1998年。
② 李普国:《老子的经济思想》,载于巫宝三主编:《先秦经济思想史》,中国社会科学出版社,1996年,第241页。
③ 第9章。
④ 班固:《汉书·艺文志》。

以《老子》为代表的道家思想,在历史上是有重大影响的,其经济思想也有不可忽视的影响。

《老子》主张"无为",对人类社会的运行,也主张顺应自然,反对干预。这种思想成为以后的黄老之学的重要内容。这种思想经过一定改造,在某些战乱时期之后,往往成为与民休息、恢复经济的政策的思想基础。最早把这种思想作为治国政策的思想基础的是西汉王朝初期的统治者。他们讲的黄老之学就是继承了《老子》的无为思想,采取了放任主义。这在当时恢复和发展经济中取得了明显的效果,发挥了积极作用。"无为"成为中国古代经济思想中,最能体现放任、不多加干预的经济管理思想特点的理论范畴。《老子》中,对统治者的剥削掠夺的揭露批判,以及关于"天之道损有余而补不足","人之道""损不足以奉有余"的观点,也对后人进行反对剥削的斗争有积极意义。

但是,《老子》中的无欲、寡欲,反对技术进步和人们智慧发展的思想和主张,具有极为严重的消极影响。这种思想和主张,适合于封建经济停滞和墨守成规的特点,符合封建统治阶级实行愚民政策的需要,因而为后世封建统治阶级所吸取。《老子》的无欲、寡欲思想成为后世封建经济思想中黜奢崇俭思想的主要来源。而其认为技术进步,经济发展,使人们增长了智慧,从而难于统治,而经济越落后,人民越愚朴,越好统治的思想,对后世具有更为严重的影响。后世的顽固、保守势力,就利用这种思想,实行愚民政策。清末统治阶级的顽固派拼命反对引进西方科学技术和大工业,其主要理由之一就是"奇技淫巧"会"坏我人心"[①]。实际上是怕生产发展了,会使腐朽停滞的统治秩序和思想意识发生动摇,打破自己的统治。《老子》中的理想社会,则成为没落阶级和消极悲观者所向往的逃避现实的乌托邦。

本章总结

《老子》是先秦道家的代表作。《老子》把"道"看作宇宙本源,认为"道法自然",所以统治者应"无为",人民则应"无欲"、无知,这样才能管理好社会。

《老子》幻想了一个"小国寡民"的理想社会,其本质类似原始社会后期的农村公社,是原始、倒退和不现实的。

《老子》为代表的道家思想在历史上有重大影响,一方面"无为"对恢复和发展经济有利,另一方面"无欲"、"无知"又为实行"愚民"政策的封建统治者所利用。

---

① 管同:《禁用洋货议》,《因寄轩文集》,《中国近代经济思想史资料选辑》上册,中华书局,1982年,第170页。

思考与练习

1. 简述《老子》的无为、无欲思想。
2. 简述《老子》的"小国寡民"理想社会。
3. 简述《老子》及其道家思想对后世的影响。

第七章 商　家

本章概要

本章介绍春秋战国时期研究治生之学的学派——商家的经济思想，论述其有关经营的时机、市场供求及价格变化的规律和经营者素质等思想主张。

学习目标

1. 了解商家学派的产生
2. 了解商家学派的治生之学——商业经营之学的主要内容
3. 了解治生之学在西汉中期后日趋衰落的原因

第一节　研究治生之学的商家[①]

先秦的诸子百家实际上有两类，一类是以哲学和社会政治经济为研究对象，但是学术观点、主张不同，形成不同的学派，如儒家、墨家、道家、法家等。另一类是研究对象不同，形成不同的学科，如以军事为研究对象的兵家、以农学为研究对象的农家[②]、以政治外交为研究对象的纵横家[③]等。商家和兵家、农家、纵横家属于同一类型。商家之所以被称为商家，不是因为一批学者的观点、主张相同，从而形成一个学派，而是因为一些人均以治生之学——商学为研究对象，从而形成了具有共同特点的学术流派。

商家作为一个独立的学术流派是客观存在的。这表现在：

[①] 在中国学术史、思想史上，所谓诸子百家，没有商家。第一次把研究治生之学的学术群体称为商家的是赵靖主编的《中国经济思想通史》。见该书第一卷第十章，北京大学出版社，1991年。

[②] 农家在先秦有两类：一类是以农学为研究对象，《汉书·艺文志》："农家者流，盖出于农稷之官。播百谷，劝耕桑，以足衣食。"这类农家实际上是农学家。另一类是以小农的角度来研究社会政治经济，《汉书·艺文志》："及鄙者为之，以为无所事圣王，欲使君臣并耕，悖上下之序。"这一类农家，是参加百家争鸣的一个学派——农家学派。

[③] 《汉书·艺文志》："纵横家者流，盖出于行人之官。孔子曰：'诵诗三百，使之四方，不能专对，虽多亦奚以为？'又曰：'使乎，使乎！'"纵横家可以说是从事政治外交工作的外交家。

第一，当时不仅存在着以研究商业经营为对象的治生之学，而且达到了较高的水平。治生，治理家庭生计的意思；治生之学就是谋生计之学，经营家业之学，发家致富之学。在先秦至西汉时期，治生之学主要是商业经营之学。实际上，这时的治生之学研究的范围是比较广的，不仅包括商业经营，也包括从事商品生产的农业（谷物生产和果木、菜蔬生产）、畜牧业、手工业、矿业的经营，还包括子钱家，也即生息资本、高利贷的经营。总之，是研究和市场相联系的商品货币的经营，研究如何增殖货币财富的。所以，也称"货殖"。这时称赞一个人的治生成绩，富有的程度，不是说他们有多少粮食，多少田地，而是说他们拥有多少货币。如说陶朱公"十九年之中三致千金"，宛孔氏"家致富数千金"，又如说师史"能致七千万"，陶朱公的子孙"遂至巨万"①。千金是指一千斤黄金，千万、巨万是指千万个铜钱、万万个铜钱。

这时的治生之学——商业经营之学，已成为一门学问，已经不只是有几个零碎的观点，而是认识了本学科范围内的若干规律，有了一定的系统性、科学性。治生之学首先是经营者——商人的经验的总结。以农业为主的自然经济，人们可以认识与农牧业有关的自然规律。只有在商品货币经济有了一定的发展，市场的自发性，才使人感到有不以人的意志为转移的经济规律存在。商人是接触市场最频繁的人，所以，他们是最早认识经济规律的人中的一部分。根据史料，可以看出，这时的商人已经认识了一些市场变化和商品、货币运行的规律，在商业经营方面，也有了比较系统的认识。可以说，这时商学已经成为一门学问了。这门学问当时在社会上是具有相当影响的。春秋战国时期就有一些士大夫引用商人的成功经验所形成的理论和谚语，作为论证问题的根据。这些理论和谚语，似乎已经成为一种公理，不需要论证就可以成为说明问题的根据。如越国的大夫文种，在和越王勾践谈论问题时就说："臣闻之商人，夏则资皮，冬则资絺，旱则资舟，水则资车，以待乏也。"②就是说要有远见，在事情发生之前，早作准备。赵国的希写劝说建信君不要计较次要的事情，就引用了"良商不与人争买卖之贾，而谨司时"的经营之道。③ 这说明某些商人的经营经验已经过实践的检验，被证明是有道理的，从而受到人们的重视。

第二，已有一批有相当造诣的商家代表人物。齐法家从其思想和著作来看，是具有不同于秦晋法家的特点的一个法家学派，但是，没有代表人物总是令人遗憾的，作为一个学派是有缺陷的。而商家是有代表人物的，商家的学术水平是通

① 《史记·货殖列传》。
② 《国语·越语上》。
③ 《战国策·赵三》。

过其代表人物体现的。

先秦时期商家的主要代表人物是范蠡、白圭和子贡。过去商店的对联往往有"陶朱事业,端木生涯"。陶朱是指陶朱公范蠡。端木是指孔子的弟子端木赐,即子贡。司马迁在《史记·货殖列传》中说:"故言富者皆称陶朱公。"司马迁还说:"言治生祖白圭",是说白圭是治生之学的祖师爷。可见这三人在治生之学和商业经营中的地位和影响。

范蠡是春秋时期越国的名臣,辅佐越王勾践,卧薪尝胆,励精图治,经过二十余年的艰苦奋斗,灭吴称霸,称上将军。他在越国大功告成之际,急流勇退,"乘舟浮海以行",曾在齐国"耕于海畔"①,后又至陶,经商致富,称陶朱公。②

白圭③,名丹,战国时周人,与孟子、惠施同时。他和范蠡一样,既从政,又经商,从政做到魏相,经商成为商界的祖师爷。但是,他何时经商,何时从政,是从经商转向从政,还是由从政转向经商,均不得而知。

子贡,姓端木,名赐,孔子的得意门生。他曾随孔子周游列国,对宣传孔子学说起了很大作用。"使孔子名布扬于天下者,子贡先后之也。"④他实际上是政治家、外交家、学者、富商。他"常相鲁卫","好废举,与时转货赀","家累千金"。司马迁说,他的一次外交活动,"存鲁,乱齐,破吴,强晋而霸越"⑤。

范蠡、白圭、子贡作为商家的代表人物是当之无愧的。这是因为:

首先,他们有丰富的商业经营实践和经验,是成功的经营者,积累了大量财富。陶朱公范蠡曾"三致千金","子孙修业而息之,遂至巨万,故言富者皆称陶朱公"⑥;子贡"家累千金","结驷连骑,束帛之币聘享诸侯,所至,国君无不分庭与之抗礼"⑦;白圭则由于他的成功,从而"言治生祖白圭"。

其次,他们都有很高的文化,丰富的阅历,有多方面的知识和经验,总结了当

---

① 《史记·越王勾践世家》。
② 《史记·货殖列传》记载范蠡的事迹时说:"昔者越王勾践困于会稽之上,乃用范蠡计然。"紧接着又有"计然曰"一段。此后,对计然二字即有不同解释。《汉书·古今人表》把范蠡、计然作为两个人。有的说计然名研,是范蠡的老师。也有人认为计然并非人名,而是范蠡所著书名。我们把"计然曰"一段话,作为范蠡的思想来对待。
③ 《史记·货殖列传》说:"白圭,周人也。当魏文侯时,李克务尽地利,而白圭乐观时变。"这句话可以理解为白圭与李克同为魏文侯时人。但是,在《孟子》、《吕氏春秋》、《韩非子》、《战国策》等书中记载的白圭,是与孟子、惠施等人同时的魏相。而魏文侯在位时孟子等人还未出生。因此,有人认为有两个白圭,一个是魏文侯时的商人白圭,一个是与孟子、惠施同时的魏相白圭。但是,也有人认为《史记》并非说白圭和李克都是魏文侯时人,只是说李克为魏文侯时人,并未说白圭是何时人。因此只有一个白圭,即"乐观时变"的白圭,就是与孟子、惠施同时的白圭。我们采用后一说。
④ 《史记·货殖列传》。
⑤ 《史记·仲尼弟子列传》。
⑥ 《史记·货殖列传》。
⑦ 同上。

时的商业经营经验。比如范蠡有政治、军事的知识和经验,子贡有政治、外交的知识和经验,白圭有政治、治水的知识和经验。这就使他们不仅善于总结商业经营的经验,而且可能引进其他领域和其他学科的知识用于商业经营。比如范蠡就把他在越国治国称霸的经验用于商业经营,他说:"计然之策七,越用其五而得意,既已施于国,吾欲用之家。"白圭也把政治、军事等知识和经验用于商业经营,他说:"吾治生产犹伊尹、吕尚之谋,孙吴用兵,商鞅行法是也。"①也就是说,他们能够总结出具有相当高水平的商业经营理论——治生之学。

最后,商家还有师承关系,不只是商人个人积累经商经验,而且是有师承的。白圭是以治生之学教授学生的。孔子教授学生是"自行束脩以上,吾未尝无诲焉"②;"欲来者不拒,欲去者不止"③。白圭不同,他要考查学生是否具备学习治生之学的条件,不够条件的,他是不收的。他说:"其智不足与权变,勇不足以决断,仁不能以取予,强不能有所守,虽欲学吾术,终不告之矣。"④陶朱公也以致富之术教人,指点人。猗顿原为鲁之"穷士",受了陶朱公的指点,经营畜牧业致富,"赀拟王公,驰名天下"⑤。

由上可见,商家作为一个学术派别是存在的。这就是说,有一批研究商业经营之学的人,他们的研究已达相当高的水平。由于他们研究的对象——商业经营,不同于其他各家,所以形成了独具特色的独立的学术派别,我们称之为商家。

第二节 商家的治生之学——商业经营之学

从中国古代治生之学的发展阶段来看,春秋末经战国至西汉中叶为一个阶段。这一阶段的治生之学主要是商业经营之学。司马迁为这一阶段的治生之学作了总结,这个总结就是《史记·货殖列传》。我们这一节所讲的治生之学,也就由春秋战国延伸至西汉中叶。⑥

一、掌握经营的时机和市场供求、物价变化的规律

这一时期的商业经营之学,最重要的就是研究如何在商业经营中掌握时机,

---

① 《史记·货殖列传》。
② 《论语·述而》。
③ 《荀子·法行》。
④ 《史记·货殖列传》。
⑤ 《史记集解》引《孔丛子》。
⑥ 司马迁在总结前人的治生之学的同时,也发表了自己的独到见解。从这一阶段治生之学的完整性来看,应从春秋末一直讲到司马迁。但由于本书设有司马迁经济思想的专章,所以本节从春秋末讲到司马迁以前。

其中包括掌握市场的供求和物价变化的规律。司马迁在评论范蠡的经营特点时,就说他"与时逐而不责于人",并评论说,"故善治生者,能择人而任时"。"与时逐","任时",都是说掌握经营的时机。白圭更是"乐观时变",善于观察时机的变化。所谓"时",包括了自然时机、政治时机和市场上商品的供求变化及价格变化的时机。为了在经营中掌握好时机,就要对时机进行估量,也就是要对时机进行预测和判断。

1. 自然时机

自然时机有季节变化的时机和水旱凶穰变化的时机。季节的变化是固定的,周而复始的,水旱凶穰的变化则不同。范蠡、白圭都认为水旱凶穰的变化也是有规律的。他们根据当时的天文学知识对天时的水旱凶穰的变化进行预测。范蠡根据岁星的位置预测各年的丰歉。他说:"故岁在金,穰;水,毁;木,饥;火,旱","六岁穰,六岁旱,十二岁一大饥"。白圭根据太阴的位置预测不同年份的水旱情况。他说:"太阴在卯,穰;明岁衰恶。至午,旱;明岁美。至酉,穰;明岁衰恶。至子,大旱;明岁美,有水。至卯,积著率岁倍。"[1]根据岁星的位置来预测水旱丰穰是否科学是另外的问题,但是,这说明他们力求寻找出规律性的东西来指导其经营实践。

水旱凶穰不同,季节不同,经营上的取予就不同,这种自然时机是要抓住的。根据自然的变化,春秋时的商人就提出了"待乏"原则。"夏则资皮,冬则资绨,旱则资舟,水则资车,以待乏也。"[2]白圭提出的"人弃我取,人取我与"的方针,也适用于自然原因而形成的人弃、人取的情况。他在经营中,"岁熟取谷,予之丝漆;茧出取帛絮,予之食"[3],就是根据不同季节,取予不同的商品。

2. 政治时机

政治上的变动,也会带来经营的时机。这种时机抓得好,是可以发大财的。比如秦汉之际的宣曲(在今陕西长安县西南)任氏,当秦败之时,"豪杰皆争取金玉,而任氏独窖仓粟。楚汉相距荥阳也,民不得耕种,米石至万,而豪杰金玉尽归任氏,任氏以此起富"。无盐氏也是利用了战争之机发了大财,西汉"吴楚七国起兵时,长安中列侯封君行从军旅,赍贷子钱,子钱家以为侯邑国在关东,关东成败未决莫肯与。唯无盐氏出捐千金贷,其息什之。三月,吴楚平。一岁之中,则无盐氏之息什倍,用此富埒关中"[4]。

要抓住政治时机,就要对政治事件的发展、结果和影响有正确的判断。宣曲

---

[1] 岁星就是木星;太阴是中国古代天文学为了纪年方便而设的一个假设星,和岁星相对应。
[2] 《国语·越语上》。
[3] 《史记·货殖列传》。
[4] 同上。

任氏正确估计了秦败之后政治形势的变化及对经济的影响；无盐氏则正确估计了吴楚七国起兵的结局。可见，要抓住政治时机应有政治斗争、军事斗争等方面的知识。当然，这是有风险的，但是，正因为有风险，所以才可能获大利。

3. 市场上商品供求和价格变化的时机

抓住这个时机，贱买贵卖是当时商人获利的基本方法。当然，天时的变化和政治的变动都会影响市场上商品的供求，从而会影响价格的变化。这里讲的是在比较正常的情况下，研究如何掌握市场上商品供求变化的时机。

要抓住这种时机，就要掌握住市场上商品价格的变化规律，预测市场上商品价格的变化。范蠡等人认为商品价格变化是有规律的，是可以预测的。范蠡提出了两种预测方法：

其一是根据商品的供求情况预测商品价格变化的趋势。"论其有余不足则知贵贱"。根据商品的供求情况就可以知道价格是要上涨还是要下跌。所谓"有余不足"，是指商品的供求情况，供大于求，就是有余，供小于求，就是不足。根据供求情况，就可以预测商品价格变化的趋势。

其二是根据当时商品价格的情况，也可预测商品价格变化的趋势。他提出"贵上极则反贱，贱下极则反贵"。这是通过长期经验积累得出的结论。这个认识是有道理的。当一种商品价格上涨到极高时，生产经营这种商品就能获得极高的利润，生产经营这种商品的人就会增多，随着这种商品的供给增加，市场上出现供大于求的现象，极高会逐步下降。这就是"贵上极则反贱"的道理。反之，当一种商品的价格低到极点，生产经营这种商品不能获利，或获利极微，生产经营这种商品的人就会减少，就会出现"不足"的现象。随着这种商品供给的减少，价格逐渐上涨。这就是"贱下极则反贵"的道理。

根据市场上商品价格变化的这种规律，范蠡提出在经营上应采取"贵出如粪土，贱取如珠玉"的方法。当一种商品的价格很高时，就要把这种商品像粪土一样，毫不吝惜地及时抛售出去，而当一种商品价格低到极点时，就要像对待珠玉一样珍惜，及时收购。

善于经营的商人认为掌握时机最重要，只要掌握住时机，就能获利，而不必在价格上斤斤计较。"夫良商不与人争买卖之贾，而谨司时。时贱而买，虽贵已贱矣，时贵而卖，虽贱已贵矣。"[①]白圭认为时机到来，就要立即抓住，不要犹豫，不要错过。"趋时若猛兽鸷鸟之发"，抓住时机就要及时行动，要像猛虎扑食，雄鹰抓兔子一样迅速。

---

① 《国语·越语上》。

二、经营者的素质

治生之学——商业经营之学是一门实用的学问。经营者把这门学问运用于经营实践,能否取得成效,以及成效大小,又取决于经营者的知识、能力和品质,也就是取决于经营者的素质。白圭特别重视经营者的素质问题,作了专门的论述。他认为商业经营者,必须具备智、勇、仁、强四种品质:

智,经营者要有随机应变的智慧;

勇,经营者要有不失时机,当机立断的勇气;

仁,经营者在钱财取予上要以仁为标准,当取则取,当予则予;

强,经营者要坚强,有耐心,能坚持,稳得住。

白圭认为商业经营者如果不具备这四种品质,而是"其智不足与权变,勇不足以决断,仁不能以取予,强不能有所守",是没有资格经营商业的。白圭也教授弟子从事商业经营,但是,他收弟子是有条件的,必须具备智、勇、仁、强四种品质,不具备这四种品质,"虽欲学吾术,终不告之矣"①。

三、其他的经营管理思想

1. 经营地点的选择

经营地点对工商业发展的影响很大。这个时期有眼光的商人对经营地点是认真选择的。范蠡选择陶作为他经商的地点,因为范蠡认为陶为"天下之中,交易有无之路通,为生可以致富"②。汉代的蜀卓氏,"其先赵人也。用铁冶富",秦破赵,迁卓氏于今四川,同来的人,都以"余财争与吏,求近处,处葭萌",而卓氏认为"此地狭薄",求远迁,"致之临邛",当地有铁,"即铁山鼓铸",成为大富商。

2. 加速资本周转

通过长期的商业经营实践,人们很早就认识到资本只有运动才能带来利润,资本运动的速度越快,带来的利润也就越多。所以春秋末期的范蠡就明确提出"无息币",用于商业经营的资本不要停顿下来;他还说:"财币欲其行如流水",资本要像流水一样不断地运行。

3. 善于用人

用人是当时工商业者非常重视的。用人的重要性不下于掌握时机,所以司马迁在总结当时的经营经验时说:"故善治生者,能择人而任时。"白圭则"与用

---

① 《史记·货殖列传》。
② 《史记·越王勾践世家》。

事僮仆同苦乐",和僮仆打成一片,以调动僮仆的积极性,使之更忠实地为主人效劳。西汉时的大商人刀闲善于任用别人不敢用的"桀黠奴"。刀闲"使之逐鱼盐商贾之利,或连车骑,交守相","终得其力,起富数千万"。所谓"桀黠奴"就是不容易驾驭的聪明能干的奴隶。刀闲乐于任用这些能干的人,并且善于调动他们的积极性,委以重任,给以优厚待遇,使之尽力为主人效力。

4. 节俭

这一时期的有作为的大商人大多注意节俭。白圭就"能薄饮食,忍嗜欲,节衣服"。宣曲任氏,"折节为俭","富者数世,然任公家约,非田畜所出弗衣食,公事不毕则身不得饮酒食肉,以此为闾里率"①。

第三节 治生之学——商业经营之学取得如此成就和西汉中叶以后衰落的原因

中国古代治生之学——商业经营之学取得如此成就,有其经济、政治、社会和学术等方面的原因。

一、社会经济的发展,特别是工商业的发展,是春秋末至西汉中叶,治生之学取得如此成就的经济原因

春秋末至西汉前期,社会经济获得了迅速发展。铁制农具和牛耕的出现和推广,水利工程的兴建,耕作技术的改进,不仅使大片荒地被开垦出来,而且提高了单位面积产量。农业所提供的剩余产品增加了,在此基础上,工商业有了极大的发展。西汉时全国已形成若干个经济区,每个经济区都有先秦以来形成的都会,这些都会成为工农业产品的集散地,形成了大大小小的市场,不仅供剥削者侈靡消费的奢侈品成为商人运销经营的对象,而且大量的日常生产、生活用品也成为商品。当时通都大邑里的商品有:谷物、牲畜、皮毛、裘革、车船、竹木、柴薪、酱醋、干鲜果品、水产品、漆、木器、铁器、帛絮细布、盐酒等。值得注意的是谷物价格的高低,已成为人们关心的问题。范蠡认为谷物价格过低"病农",过高"病末",只有价格适当,才能"农末俱利"②;李悝认为谷物价格"甚贵伤民,甚贱伤末",并提出"平籴"主张③。这反映了当时已有相等数量的谷物进入市场,出卖商品粮的人和购买商品粮的人都不少,否则不必担心谷贵伤民,谷贱伤农。谷物进入市场的数量多少,反映了商品经济和工商业的发展程度。

---

① 《史记·货殖列传》。
② 同上。
③ 《汉书·食货志》。

正由于这一时期工商业有了比较大的发展，才使治生之学的创立和发展有了需要和可能。随着商品经济的发展，出现了大大小小的市场。正是市场的自发性，使人们认识到社会经济活动是不以人的意志为转移的。从事自给自足的农牧业生产，可以使人感到不以人的意志为转移的自然规律的存在。商品货币经济的发展则会使人感到不以人的意志为转移的经济规律的存在。从事商品生产和经营的人，为了在市场上获得更多的利润，就要研究市场变化的规律、商品价格变化的规律，以及如何经营才能获得更多的利润等。这样，就产生了以研究市场为中心的商业经营之学——商人治生之学。

二、封建政府对工商业干预较少，是治生之学取得如此成就的政治原因

随着工商业的发展，商品货币经济与自然经济的矛盾也日益突出，重本抑末的思想逐渐发展起来了。战国初的李悝即有比较明确的重本抑末思想；商鞅、韩非更提出了相当激烈的抑商主张。但是，从激烈的抑商思想到全面实行抑商政策，还有一个过程。从战国一直到汉武帝以前，都还是全面实行抑商政策的酝酿准备时期。总的说来，从春秋到西汉初期，工商业的经营是比较自由的，政府较少干预。司马迁指出当时"庶民农工商贾，率亦岁万息二千"[①]，即各行各业的赢利大体上都是20%。这种平均赢利率趋势的出现，正是由于工商业有能够比较自由发展的客观条件，工商业的经营、竞争和资金转移都比较自由。缺少这个客观条件，是不能出现赢利率平均的趋势的。

这一时期，不论是战国时期的各诸侯国，还是秦、汉王朝政府，都没有严厉持久地实行抑商政策。秦国商鞅变法时曾经实行过抑商政策。《史记·商君列传》记载当时曾实行过"事末利及怠而贫者，举以为收孥"的政策。这是一项难以行得通的政策，是否实行过，值得怀疑，即使实行过，也不会实行得太久。根据史料记载，商鞅变法后，秦国的工商业仍在发展。秦始皇时也曾实行过一些抑商政策，看来主要是针对六国大商人的，是把他们作为地方豪强对待的，他对秦国旧地，包括巴蜀等地在内的工商业似乎没有实行什么抑商政策，相反，对大工商业还是相当尊重的。汉高帝时也曾实行过抑商政策，但是，没过几年，到惠帝、吕后时就"弛商贾之律"[②]。所以，从春秋到西汉前期几百年间，总的看来，工商业的发展是比较自由的，政府的干预、压制较少。

战国以来的统一的趋势，众多的小诸侯国，经过兼并形成几个大诸侯国，特别是秦汉帝国的建立，为工商业的发展带来的好处，远远超过这一时期实行的那

---

① 《史记·货殖列传》。
② 《史记·平准书》。

些抑商政策所带来的危害。司马迁就看到了统一为工商业带来的好处。他说："汉兴,海内为一,开关梁,弛山泽之禁,是以富商大贾周流天下,交易之物莫不通,得其所欲。"①真正严厉的抑商政策是汉武帝时实行的。

政府对工商业较少干预,一方面有利于工商业的发展,另一方面也有利于人们对治生之学的学习和研究。经济活动受到的干扰较少,人们就容易感受到经济规律的存在和具体表现。同时,工商业受到的干扰较少,经营比较自由,善于经营与否,对一个工商业者经营的成败,就有决定的意义,这就促使工商业者学习和研究经营之道。而在汉武帝打击工商业的政策下,"商贾中家以上大率破,民偷甘食好衣,不事畜藏之产业"②,当然也就没有研究经营之道的积极性了。

三、好贾趋利、舍本事末的风尚和商人地位的提高,是治生之学取得如此成就的社会原因

春秋至西汉前期这几百年中,商人的社会地位是比较高的。商品经济的发展,使战国以来社会风气为之一变,好贾趋利、舍本事末已成为一时的风尚。不仅齐赵"设智巧,仰机利",而且"有先民之遗风,好稼穑,殖五谷"的关中地区,从雍到咸阳几个都城,"亦多大贾""其民益玩巧而事末"。战国时,"周人之俗,治产业,力工商,逐什二以为务"③。"犹有周公遗风,俗好儒,备于礼"的邹鲁之地,"颇有桑麻之业,无林泽之饶。地小人众,俭啬,畏罪远邪,及其衰,好贾趋利,甚于周人"。一些富商大贾在政治上也有一定的地位。他们"能行诸侯之贿"④,"因其富厚,交通王侯"⑤。早在春秋时期,一些商人就主动参与政治活动。郑国商人弦高犒秦师的故事,就是一个著名的事例。战国末阳翟大贾吕不韦"立主定国",为秦相,更是大商人参与政治活动,获得成功的一例。一些富商大贾也受到帝王诸侯的礼遇。孔门弟子子贡,"结驷连骑,束帛之币以聘享诸侯,所至,国君无不分庭与之抗礼"。秦始皇令大畜牧主乌氏倮"比封君,以时与列臣朝请";对开采丹砂矿致富的巴寡妇清,"以为贞妇而客之,为筑女怀清台"。乌氏倮、巴寡妇清均"礼抗万乘,名显天下"。

在这样的社会环境中,经商成为仅次于做官的好职业。《史记·淮阴侯列传》记载韩信"始为布衣时,贫无行,不得退择为吏,又不能治生商贾",就说明经商也是人们向往的理想职业。虽然早就有"学而优则仕"的说法,但这 时期学

---

① 《史记·货殖列传》。
② 《史记·平准书》。
③ 《史记·苏秦列传》。
④ 《国语·晋语》。
⑤ 《汉书·食货志上》。

而优为商,仕而后为商的情况都有。一些文化学术素养高的人,也参加到工商业经营者的队伍中来。越王勾践的谋臣范蠡,在"雪会稽之耻"后,弃官从商称陶朱公,十九年中三致千金。孔子的弟子子贡,即端木赐,很有才干,长于言谈,善办外交,也很会经商。孔子说:"赐不受命而货殖焉,亿则屡中"①,就是说他善于预测市场行情。范蠡、子贡都因为他们善于经营而成为商人的典范。所以后来有所谓"陶朱事业,端木生涯"的说法。白圭也是一位很有学问的商人。他有比较系统的商业经营思想,并且还以经营之术授徒。他们有广博的知识,可以将各种有用的知识运用于商业经营。他们善于总结商业经营经验,包括别人的经验和自己的经验,并善于进行一定的理论概括。中国古代的治生之学主要是他们创立起来的。白圭更成为治生之学的奠基者。司马迁说:"盖天下言治生祖白圭。"讲求经商致富之道的人,都奉白圭为鼻祖。

司马迁不是商人,但他对工商业的发展很关心,注意研究商人的经营之道,成为中国古代对治生之学作出重要贡献的学者。如果没有司马迁对春秋末至西汉前期治生之学的成就的收集和整理,我们对这一时期治生之学的了解,就几乎是一片空白。司马迁之所以能在汉武帝推行抑商政策的情况下,写出有关治生之学的《货殖列传》,是由于他受到了春秋以来,直至西汉前期工商业发展的影响,也和他对整个社会经济的看法有关。② 他写《货殖列传》,实际上是对汉武帝时实行的抑商政策的抗议。

四、学术思想活跃是治生之学取得如此成就的学术思想方面的原因

春秋末和整个战国时期是中国古代学术思想空前活跃的时期,在学术思想领域出现了"百家争鸣"的局面。这一时期不仅有儒、墨、道、法、名、阴阳等各家之间的辩难,而且学术研究扩展到政治、经济、军事、哲学、历史、逻辑、农学、天文学,乃至光学、几何学等各个学科。人们对社会和自然界的各种问题进行着思索、探讨和争辩,思想活跃,兴趣广泛。正是在这种学术繁荣、百家争鸣的气氛中,在总结商业经营经验的基础上,吸收了各学科的有用知识,治生之学创立并发展起来了。

五、西汉中叶后,治生之学衰落的原因

中国古代的治生之学在西汉以后衰落了,这是中国封建制度发展的必然结果。以土地私有的封建地主土地所有制为核心的中国封建经济的巩固,特别是

---

① 《论语·先进》。
② 参看本书第二编第四章司马迁。

专制主义中央集权的加强,使中国古代商业存在的条件发生了变化,这种变化导致了中国古代治生之学的衰落。

1. 专制主义的中央集权国家具有控制工商业、控制市场的能力。一方面,中国古代商品经济是相当繁荣的,但是,在封建社会中,自然经济毕竟占据主导地位,经济发展水平不高,在市场上举足轻重的商品品种不多,因此,易于控制。另一方面,中国古代的专制主义中央集权的国家,有极大的控制能力。虽然土地绝大多数是私有的,但是,"普天之下,莫非王土,率土之滨,莫非王臣",特别是山泽等自然资源更是归君主所有。因此,君主具有控制重要商品和市场的能力。这就是中国古代封建政权控制盐铁,特别是长期控制盐的生产、销售的根本原因。

2. 专制主义的中央集权国家具有控制商人的能力。中国古代商人融入了封建的政治经济体系中。中国封建时代,城市是封建王朝的统治中心,从首都到地方,一直到县,都是政治统治中心,经济繁荣的城市,同时也是大大小小的政治统治中心。在这样的城市里居住和经营的工商业者与欧洲城市中的工商业者不同,他们没有与封建王朝对抗的条件。同时,由于中国封建制度的特点,在封建社会的早期,就出现了商人向地主转化的现象。西汉就有工商业者"以末致财,用本守之"。之后,这一现象成为中国封建社会的一个特点。这是因为,中国封建社会土地可以买卖,有钱可以买地。地主的社会地位高、土地在封建社会中成为风险最小的财产,因此,商人有钱后,愿意买地。土地成为容纳工商业者大量资本投入的对象。商人转化为地主,商人兼地主,商人进入官场,成为官僚。因此,中国古代的商人成为封建制度的顺民。同时,官僚、地主又垂涎于工商业的厚利,纷纷兼营工商业。这样,在中国就形成官僚、地主、商人三位一体的维护封建制度的力量。工商业为封建制度服务,工商业者,特别是大工商业者依赖封建统治者的扶植,依赖封建统治者给予的特权。所以,中国古代的商人,不仅没有与专制主义的中央集权的封建王朝对抗的条件,更没有与之对抗的意识与要求。

3. 由于上述两条,西汉中叶以后,工商业所处的条件,与以前相比发生了很大变化,主要是市场竞争的条件丧失了。商人获利与否以及获利多少,主要不是取决于经营的优劣,而是取决于是否具有封建特权以及特权大小。在这样的经营条件下,治生之学——商业经营之学的作用就很有限了,治生之学的衰落也就必不可避免了。

在整个封建社会,中国古代治生之学都没能有新的、更大的发展。在中国封建社会,商品经济虽然有了很大的发展,但和自然经济相比,仍处于从属地位,工商业的状况没有重大变化,没有产生新思想的经济基础。明清以后,随着商品经济的发展,各地商帮的兴起,特别是晋商、徽商的兴起,在经营管理方面出现了一些新因素,比如经营地域的扩大,委托代理、股份制的出现,金融业——票号的出现和发展等，都可能使治生之学出现新的、突破性的发展。但是，西方资本主义的侵入，使得中国经济不能正常发展，而是走向半殖民地半封建社会，这就使中国古代的治生之学的发展中断了。

另外，在中国封建社会，"学而优则仕"，"重本抑末"思想成为封建正统思想，商人社会政治地位不高，士人耻言经商；经商的人文化不高。梁启超就认为中国商人是"学书不成之人"[①]。因此，商人本身难于总结自己的经营经验，士人耻言经商，当然也就不会去总结商人的经营经验，治生之学也就衰落了。这虽然是原因之一，但不是主要原因。因为，自古以来，商人中文化高的也不乏其人。明清时代的徽商、晋商，多是有文化的。徽商中不少是亦学亦商、亦官亦商；晋商更是"子弟之俊秀者"[②]。他们是有文化的商人，完全有条件总结经营经验，但是，由于经商的条件没有改变，徽商、晋商中的大商人更是主要依靠封建政府给予的特权而发财致富。所以，明清时代治生之学只能说有所复兴，但没有多大发展。可见中国古代治生之学，自西汉中叶衰落的原因，最主要是中国封建社会的特点导致的封建政权控制了工商业，控制了商人，商人融入封建体系中，市场的竞争条件丧失。

本章总结

商家作为一个学术派别在春秋战国时期出现。所谓治生之学，即商业经营之学，强调经商要掌握经营的时机以及市场供求、物价变化的规律，并强调经营者应该具有智、勇、仁、强的素质。此外，经商还要注意经营地点的选择、加快资本周转、善于用人、节俭等。

治生之学在春秋战国时期取得巨大成就，是和当时的经济、政治、文化氛围有很大关系的。西汉中叶之后治生之学衰落，是中国封建经济发展和专制主义中央集权加强的必然后果。

思考与练习

1. 简述商家学派产生的背景和主要代表人物。
2. 简述商家学派治生之学的主要内容。

---

① 《〈史记·货殖列传〉今义》。
② 引自张正明：《晋商兴衰史》，山西古籍出版社，1995年，第303页。

第八章

荀子和韩非

本章概要

荀子和韩非是战国后期经济思想的主要代表人物。本章首先介绍荀子的经济思想,阐述其明分论、富国论,然后介绍韩非子的经济思想,阐述其历史观、社会观及经济政策主张。

学习目标

1. 了解荀子的明分论和富国论
2. 了解韩非的历史观、社会观及经济政策主张

第一节 战国后期的形势和经济思想的代表人物

经过各诸侯国,特别是七个大国的长期斗争,战国后期统一的趋势越来越明显,由秦国来统一的趋势也越来越明显。魏、齐、楚等强国,到了战国后期都弱了下来。赵国成为战国后期仅次于秦国的强国。"尝抑强齐,四十余年而秦不能得所欲。"①但是公元前260年长平一战,赵军40余万被秦军俘获活埋,此后再也无力与秦对抗。秦统一天下的形势形成。

战国后期的生产力有了较快的提高,经济较前期有了较大发展。铁工具已推广到社会生产生活的各个方面,在农业和手工业中,初步取得支配地位。随着铁工具的推广,牛耕也迅速推广。这时,耕作技术也有提高,对耕作不仅要求急耕力作,而且要求精耕细作;对土地,已懂得根据土地的情况来安排耕作;已懂得多种肥料,如草木灰、沤肥等;还懂得了行距、株距,种植农作物不要太疏,也不要太密;不仅懂得除草,而且懂得间苗。因此,战国后期的劳动生产率已经相当高了,《吕氏春秋·上农》说:"上田夫食九人,下田夫食五人,可以益,不可以损;一人治之,十人食之,六畜皆在其中矣。"商品经济有了很大的发展,不仅出现

---

① 《战国策·赵策三·说张相国》,上海古籍出版社,1985年,第711页。

了不少工商业发达的"都会",而且出现不少大商人,如乌氏倮、巴寡妇清、赵卓氏等。

春秋末以来逐渐形成的学术上的各家各派,在"百家争鸣"的学术氛围中,经过长期的论辩,批判总结,于战国中期出现的融合趋势,战国后期更为明显。儒家的荀子、法家的韩非、道家的黄老学派,都已不是纯粹的儒家、法家、道家,而是吸收了其他学派的思想,融进了自己的思想体系。战国末成书的《吕氏春秋》,更被认为是拼凑调和了各家各派的杂家。

战国后期的经济思想正是在这样的政治经济学术思想的背景下形成的,具有鲜明的时代特点。这一时期经济思想的主要代表人物是荀子和韩非。

荀子名况,字卿,也称孙卿,赵国人,生卒年不详。清代汪中作《荀卿子年表》,考证荀子的活动时期为公元前298年—公元前238年。荀子年轻时曾游学于齐[①],后在齐稷下学宫从事学术研究和讲学,成为德高望重的学者,"齐襄王时,而荀卿最为老师",曾"三为祭酒"[②]。他去过秦,回过赵,在楚作过兰陵令。公元前238年"春申君死而荀卿废,因家兰陵",此后,从事著述,死于兰陵,"因葬兰陵"[③]。汪中概括荀子一生说:"荀卿生于赵,游于齐,尝一入秦,而仕于楚,卒葬于楚。"[④]

荀子学识渊博,对春秋战国时的各家各派包括儒、墨、道、法等均有研究,并对各家的思想进行了批判总结。他自称儒家,崇敬孔子和子贡。但是,他的思想却融合了法家、道家的思想。荀子是一位唯物主义思想家。他认为天就是自然,就是自然界自然而然地生成变化的过程,自然的运行是有规律的。他认为"天地合而万物生,阴阳接而变化起"[⑤],说明自然界的生成变化是天地阴阳变化的结果,这种生成变化没有意志没有目的,"不为而成,不求而得,夫是谓之天职"[⑥]。"天职"就是自然界的职能。天就是列星、日月、四时、阴阳、风雨、万物等自然现象。他针对当时流行的认为自然界的变化预示着人间祸福的错误看法,提出"明于天人之分"[⑦],就是说,"天"和"人",也即自然界和人类社会是要分清楚的。人类社会的"治"与"乱"和"天"没有必然联系。他还认为畏天是错误

---

① 《史记》记载荀子五十岁时游学于齐。《风俗通义》说:"齐威、宣王之时,孙卿有秀才,年十五,始来游学"。有人认为游学是年轻人的事,不可能是五十岁,应是十五岁。
② 《史记·孟子荀卿列传》,中华书局标点本,第7册,1982年,第2348页。
③ 同上。
④ 王先谦:《荀子集解》附《考证》引汪中语,中华书局《诸子集成》本,1959年,第24页。
⑤ 《荀子·礼论》,以下引《荀子》只注篇名。
⑥ 《天论》。
⑦ 同上。

的,主张"制天命而用之"①,就是掌握自然变化的规律,加以利用。他认为人是可以胜天的。

荀子以他的唯物主义的自然观,观察人类社会,提出了很有意义的观点。孔子的学生子夏说"死生有命,富贵在天"。荀子针锋相对地指出:"强本而节用,则天不能贫,养备而动时,则天不能病";相反,"本荒而用侈,则天不能使之富;养略而动罕,则天不能使之全"②。

在两千多年的封建社会中,长期存在"扬孟抑荀"的现象,荀子的思想不受重视。但是,荀子的思想影响却不能忽视。清代汪中认为:"荀卿之学,出于孔氏,而尤有功于诸经。""六艺之传赖以不绝者荀卿也。周公作之,孔子述之,荀卿子传之,其揆一也。"③谭嗣同认为荀子歪曲了孔子的思想,"乘间冒孔之名,以败孔之道",两千年来流行的实际上不是孔子的学说,而是"荀学","二千年来之学,荀学也",起了坏作用。④ 不管是褒荀子的汪中,还是贬荀子的谭嗣同,都承认荀子思想的影响是深远的。近代以来学术界对荀子的评价很高,郭沫若认为荀子"不仅集了儒家的大成,而且可以说集了百家的大成"⑤。荀子的著作被收入《荀子》一书中。

荀子的学生韩非成为战国后期另一个重要的代表人物。韩非,韩国贵族出身,卒于公元前233年,生年没有明确记载,估计约为公元前280年。韩非目睹韩国日渐削弱,多次向韩王提出建议,不被采纳,于是"观往者得失之变,故作《孤愤》、《五蠹》、《内外储》、《说林》、《说难》十余万言"⑥。他的文章传到秦国,秦王嬴政看到后大为折服和钦佩,说:"嗟乎!寡人得见此人与之游,死不恨矣。"⑦韩非到秦国后没有得到任用即被害。但是,韩非的思想却被秦国的统治者接受,成为秦国统一六国,建立中央集权的专制主义政权的指导思想、秦王朝统治思想的最高理论权威。

韩非的思想首先源于他之前的法家,包括商鞅的"法",申不害的"术",慎到的"势"。韩非首先强调商鞅的法,认为治国必须奉法,"奉法者强,则国强,奉法者弱,则国弱"⑧。但是,只有"法"不行,必须与"术"、"势"相结合。所谓"术",就是君主驾驭臣下之术,所谓"势",就是权势,政权的威势。韩非认为,秦国虽

---

① 《天论》。
② 同上。
③ 王先谦:《荀子集解》附《考证》引汪中语,中华书局《诸子集成》本,1959年,第15页。
④ 谭嗣同:《仁学》,中华书局,1962年,第46—47页。
⑤ 郭沫若:《荀子的批判》,《十批判书》,科学出版社,1960年,第209页。
⑥ 《史记·老子韩非列传》,中华书局标点本,第7册,1982年,第2147页。
⑦ 同上书,第2155页。
⑧ 《韩非子·有度》,以下引《韩非子》,只注篇名。

然由于商鞅变法而富强起来，但由于"无术以知奸"，所以，国家富强的好处，均被大臣得去了，"战胜则大臣尊，益地则私封立"，以致几十年也没有统一天下。所以，"法"与"术"不能偏废，"君无术则弊于上，臣无法则乱于下"①。还需要有"势"。"法"与"术"都要靠"势"去实施，有了"势"就可以"令能行，禁则止"。韩非认为"势者，胜众之资也"②，所以他主张"抱法处势"③。韩非把他之前的法家三派思想结合起来，成为先秦法家思想的集大成者。

韩非也深受道、墨两家的影响。司马迁说韩非"喜刑名法术之学，而其归本于黄老"④。韩非的著作中有《解老》、《喻老》，写的就是他对《老子》思想的理解和体会。墨子的"尚同"、"尚贤"等思想对韩非的影响也是显而易见的。

韩非以前的法家，基本上是政治家、改革家，他们的思想主要体现在制定的政策、法令及宣扬、解释自己的政策、主张的言论中，缺乏较为深入的理论论证。韩非不同，他虽然是贵族出身，但他"宁愿作为一个变法的思想家（智术之士）"⑤。法家发展到韩非才真正成了一个可以和儒、墨、道等相提并论的大学派，韩非是先秦法家思想体系的完成者。韩非的著作均收入《韩非子》一书中。

第二节 荀子的明分论

在战国后期政治经济学术思想背景下形成的荀子的经济思想具有鲜明的时代特色。这时，封建经济已有了几百年的历史，获得了很大的发展，显示了自己的优越性，统一的中央集权的封建国家的建立已是大势所趋。但是，这一社会所包含的某些矛盾也日益暴露出来。摆在地主阶级思想家面前的任务就在于解释这一社会制度，说明它的合理性，并为它的发展和巩固提供方案。荀子经济思想中的明分论就是解决前一个问题的，富国论就是解决后一个问题的方案。

明分论是对封建制度的说明，也是调节封建社会中人们物质利益关系的理论。荀子的明分论是建立在他的欲望论和分工论的基础上的。

荀子认为"人生而有欲"⑥。这种人生而就有的欲望，包括人的生存的欲望，"饥而欲食，寒而欲衣，劳而欲息"⑦；还包括享乐的欲望，"目欲綦色，耳欲綦声，

---

① 《定法》。
② 《八经》。
③ 《难势》。
④ 《史记·老子韩非列传》，中华书局标点本，第7册，1982年，第2146页。
⑤ 侯外庐：《中国思想通史》第一卷，人民出版社，1957年，第610页。
⑥ 《礼论》。
⑦ 《非相》。

口欲綦味,鼻欲綦臭,心欲綦佚"①,"食欲有刍豢,衣欲有文绣,行欲有舆马",还追求"余财蓄积之富","穷年累月不知足"②。他还认为,"贵为天子,富有天下,是人情之所同欲也"③。荀子所讲的这些欲望,不少已超出人的生理上本能的要求,而带有私有制下所产生的对财富和权力的贪婪。荀子认为不仅人们都有欲望,而且"欲恶同,物不能澹则必争,争则必乱,乱则穷矣"④。为了避免乱,需"制礼义以分之,使有贫富贵贱之等,足以相兼临者,是养天下之本也"⑤。"物不能澹",也被荀子称作"欲多而物寡"。这就是说,在荀子看来,人是有欲望的,而物是不足的⑥,这两点使人们互相争夺,于是需要"明分","制礼义以分之,使有贫富贵贱之等",作为"养天下"的"本"。

"明分"的必要性还不只于此。荀子认为,"故百技所成,所以养一人也。而能不能兼技,人不能兼官;离居不相待则穷,群而无分则争"⑦。这就是说,为了满足一个人的需要,需要很多人生产的物品,需要分工,需要互相帮助,组成"群",即组成人类社会。"群而无分则必争",为了避免"争",也需要"明分"。

所谓"明分",就是"制礼义以分之,使有贵贱之等,长幼之差,知愚、能不能之分,皆使人载其事而各得其宜,然后使悫禄多少厚薄之称"⑧。所以,"明分"就是在确定人们地位的基础上,调节人们的物质利益关系,也即调节人们对物质财富的追求和占有。处于不同地位的人占有不同数量的财富,满足不同的欲望。荀子说:"礼者养也。"⑨礼是用来满足人的欲望的。通过礼来引导人们的欲望,通过礼来节制人们的欲望。"上贤禄天下,次贤禄一国,下贤禄田邑,愿悫之民完衣食"⑩。帝王"禄天下而不自以为多","监门、御旅、抱关、击柝,而不自以为寡"⑪。荀子认为只有"使有贫富贵贱之等"⑫,才能使每一个人的欲望得到适当的满足。所以,"明分"是"兼足天下之道"⑬。所谓"兼足天下之道",实际上是削减贫贱者的消费,保证富贵者的欲望得到满足。荀子说:"君子既得其养,又

---

① 《王霸》。
② 《荣辱》。
③ 同上。
④ 《王制》。
⑤ 同上。
⑥ 这也就是西方经济学所说的"稀缺"。参看石世奇:《论欲望、稀缺与先秦经济思想》,《经济科学》,2002年第5期。
⑦ 《富国》。
⑧ 《荣辱》。
⑨ 《礼论》。
⑩ 《正论》。
⑪ 《荣辱》。
⑫ 《王制》。
⑬ 《富国》。

好其别"①。君子是要满足超出常人的更多的欲望的。

这种"使有贫富贵贱之等"的"兼足天下之道",当然是不均不等的。荀子认为这种不均不等是自然的、合理的。因为"分均则不偏,势齐则不一,众齐则不使",这就是《尚书》中所说的"维齐非齐",只有不齐才能齐。

荀子在上述理论的基础上,形成了自己的义利观。他认为,"义与利者,人之所两有也。虽尧、舜不能去民之欲利,然而能使其欲利不克其好义也。虽桀、纣亦不能去民之好义,然而能使其好义不胜其欲利也"②。并且"义"比"利"重要。因为,从个人来讲,"先义而后利者荣;先利而后义者辱"③。从整个社会来讲,"义胜利者为治世,利克义者为乱世"④。根据荀子的欲望论,人们的欲利与好义不同,欲利来源于人的本性,而好义则是后天的、"群"的要求、社会的产物。在荀子看来,"有义"是人与禽兽区别的标志,他写道:"水火有气而无生,草木有生而无知,禽兽有知而无义,人有气,有生,有知,亦且有义,故最为天下贵也。"⑤

第三节 荀子的富国论

荀子和他之前的儒家不同,他不仅关心富民,也关心富国,并专门写了《富国》。但他所讲的富国又有别于法家,他并非只注意国家的财政收入,而是着眼于整个社会封建经济的发展,在生产发展的基础上,增加国家财政收入。

荀子对当时的经济发展充满信心。他说:"儒术诚行,则天下大(同泰)而富。""财货浑浑如泉源,汸汸如河海,暴暴如丘山,不时焚烧,无所藏之。"⑥在封建制度下,这样高的生产水平只是幻想。但是,这反映了当时封建生产关系是一种新的生产关系,具有促进生产力发展的潜力。荀子作为新兴地主阶级的思想家,对这种新的生产关系充满信心。同时也与荀子的"制天命而用之"的思想有关。在他看来,事在人为,"强本而节用,则天不能贫"⑦,不但不能贫,而且"务本节用财无极"⑧。荀子对生产的这种乐观态度与他的"欲恶同,物不能澹则必争"是否矛盾?虽然,"物不能澹则必争"是指过去和现在,但对生产的乐观估计则

---

① 《礼论》。
② 《大略》。
③ 《荣辱》。
④ 《大略》。
⑤ 《王制》。
⑥ 《富国》。
⑦ 《天论》。
⑧ 《成相》。

是讲未来,但是,在未来财物由于"无所藏之",而不得不"不时焚烧",使得建立在"物不能澹则必争"基础上的欲望论、性恶论、明分论、节用论以及富国论的各种理论和措施,都失去了存在的基础,成了不切实际的无用理论。

荀子为富国提出的政策主张是"强本而节用"①和"节用裕民"②。他的主张可以说包含着互相联系的三方面内容,即强本、裕民、节用。

一、强本

所谓"强本",就是加强农业,努力发展农业。荀子很重视谷物生产,他主张对五谷要精心种植,增加产量,"一岁而再获"③。但他认为可供人们食用的并非只有谷物,还有"瓜桃枣李"、"荤菜百蔬"、"六畜禽兽"、"鼋鼍鱼鳖鳅鳣",此外,"飞鸟凫雁","昆虫万物",不少也是可以吃的;供人穿的,不仅有"麻葛、茧丝",而且有"鸟兽之羽毛齿革"④。可见,荀子具有现在所讲的大农业、大粮食观点。他所讲的"强本",应指农林牧渔猎的全面发展。

荀子还认为发展农业要"养长时,则六畜育,杀生时,则草木殖",并且提出"圣王之制也:草木荣华滋硕之时,则斧斤不入山林,不夭其生,不绝其长也;鼋鼍鱼鳖鳅鳣孕别之时,罔罟毒药不入泽,不夭其生,不绝其长也;春耕、夏耘、秋收、冬藏,四者不失时,故五谷不绝,而百姓有余食也;污池渊沼川泽,谨其时禁,故鱼鳖优多而百姓有余用也;斩伐养长不失其时,故山林不童而百姓有余材也"⑤。可见,荀子对生产的发展,是有长远观点的,不仅强调顺应农时,而且注意资源保护,生态平衡,使生产不断地顺利进行。

为了强本,荀子还主张国家负责兴修和管理水利,指导、督促、检查农民的农业生产活动等。

荀子认为农业生产是财富的本源,"田野县鄙者财之本也"⑥。所以他认为从事农业生产的人多国家就富,相反,脱离农业的人口多,国家就会贫。因此,他提出了"士大夫众则国贫","工商众则国贫"⑦的观点。为此,他提出"省工贾,众农夫"⑧,主张控制农业以外其他部门的发展,限制这些部门从业人员的数量,以保证农业生产有足够的劳动力。荀子的这种认识,实际上涉及农业在国民经

---

① 《天论》。
② 《富国》。
③ 同上。
④ 同上。
⑤ 《王制》。
⑥ 《富国》。
⑦ 同上。
⑧ 《君道》。

济中的地位和作用问题。农业是国民经济的基础,马克思说:"超过劳动者个人需要的农业劳动生产率,是一切社会的基础。"①封建社会的农业劳动生产率是相当低的,它不能提供更多的农产品,使更多的人脱离农业去从事工商业和其他事业。所以,荀子提出的"省工贾,众农夫",是正确地反映了当时的经济情况的。

荀子虽然认为"工商众,则国贫",但是,对工商业在国民经济中作用是肯定的,并主张实行有利于工商业的政策,"关市几而不征,山林泽梁,以时禁发而不税",使得"通流财物粟米,无有滞留";正确的政策使得"泽人足乎木,山人足乎鱼,农夫不斫削、不陶冶而足械用,工贾不耕田而足菽粟"。荀子设想的是一个非常大的市场,北海、南海、东海、西海的物资都能得以交流,他向往的是"四海之内若一家"②。

可见,荀子所说的"省工贾,众农夫","工商众则国贫"并非抑末。"省"和"众"都是讲数量。"省工贾,众农夫"实际上是讲劳动力在国民经济各部门进行分配的原则,从事农业劳动的要"众",从事工商业的要"省",这和法家的重农抑商是不同的。《君道》说:"知务本禁末之为多财也。"从荀子整个思想来看,并没有禁止"末"的思想。"禁",在古代有限制、约束的意思。把"禁末"理解为限制工商业的数量,就和"省工贾,众农夫"完全一致了。

二、裕民

荀子所谓的裕民,是指"民"在努力生产的基础上,不仅能满足自己的基本需要,而且能"使衣食百用出入相掩,必时藏余"。荀子说:"裕民故多余,裕民则民富。"③

荀子为什么提出裕民呢?

首先,裕民可以发展生产。荀子有一个很值得重视的思想,就是民富了,生产才能获得发展,而民贫,生产愈搞愈糟。他说:"裕民则民富,民富则田肥以易,田肥以易则出实百倍。"④"民贫则田瘠以秽,田瘠以秽则出实不半"⑤,为什么民富就"田肥以易","出实百倍",而民贫就"田瘠以秽","出实不半"呢?这是因为,民富才能在"衣食百用出入相掩"之后,有"多余"作为积累,向土地多投

---

① 马克思:《马克思恩格斯全集》第25卷,人民出版社,1974年,第885页。
② 《王制》。
③ 《富国》。
④ 同上。
⑤ 同上。

入,如"多粪肥田"①,这样土地就可以肥沃,产量就可以增加。而民贫,无力向土地投入,土地贫瘠,连简单再生产都不能维持。可见,荀子具有积累、扩大再生产的思想。

其次,裕民可以增加财政收入,使国富。在荀子看来,只有生产发展了,民富了,国家才能富。民富了,生产增加,"上以法取焉"②,收取"田野什一"之税。③生产增加了,国家的税收自然也就多了。这叫"下富则上富","上下俱富"④。这样,君主不仅可以有"仁义圣良之名,而且有富厚丘山之积"⑤。如果不采取裕民政策,民贫,生产搞不好,收成很少,"上虽好取侵夺,犹将寡获也",结果是"下贫则上贫",所以,荀子认为"上好利则国贫"。

如何才能裕民呢?

荀子提出"以政裕民",就是通过封建国家的政策,使民富起来。荀子提出的政策主要是:"轻田野之税,平关市之征,省商贾之数,罕兴力役,无夺农时,如是则国富矣。夫是之谓以政裕民。"⑥在这几项政策中,除了"省商贾之数"外,都是孟子讲过的,是儒家薄赋敛的传统主张。但是,与裕民联系起来就有了新意,它的实质是使"民"能够把财力、人力、物力,集中到农业生产中去,以便"田肥以易","出实百倍"。这样,民富,国也就富了。

荀子把这种有利于经济发展的做法,叫做"开其源"。他认为经济是本是源,财政是末是流。"田野县鄙者财之本也,垣窖仓廪者财之末也;百姓时和、事业得叙者货之源也,等赋府库者货之流也"。不但要节用,节其流,而且要发展生产,开其源。这样,"潢然使天下必有余,而上不忧不足。如是,则上下俱富,交无藏之,是知国计之极也"⑦。荀子的"节其流,开其源"⑧的主张,被后人概括为"开源节流",成为历代理财工作一个不容置疑的原则。

"省商贾之数"与富国的关系是显而易见的。在封建社会,农业是最主要的生产部门。荀子认为农业是财货的本源,"省商贾之数",可以"众农夫",使农业有更多的劳动力,生产出更多的农产品,封建国家也可以掌握更多的财富。但其与裕民有何关系,荀子并没讲。可能是有利于避免农民舍本逐末,专一农业生产。

从上述可见,荀子裕民主张的目的虽然还在富国,增加财政收入,但不同的

---

① 富国。
② 同上。
③ 《王制》。
④ 《富国》。
⑤ 同上。
⑥ 同上。
⑦ 同上。
⑧ 同上。

是他着眼于发展生产,继承和发展了儒家的"百姓足君孰与不足"的传统思想,把富国建立在裕民、发展生产的基础上。"省商贾之数"是荀子之前的儒家没有提出过的。荀子提出这种主张,一方面可能是他感到这是发展封建经济的要求,另一方面可能是受到法家思想的影响。

三、节用

中国古代的节用是一种消费思想,从国家的角度讲,也是一种财政思想。荀子的节用思想就是既包括了个人消费方面的节用,也包括了财政方面的节用。

荀子认为节用是为了积蓄,而积蓄的目的在于满足以后的欲望。他认为人是有欲望的,并且追求物质享受,要吃得好,穿得好,"穷年累月不知足"。然而,人还是要节用的。这是为什么呢?就是从长远考虑的结果。"长虑顾后而恐无以继之故也"[1],为了以后的欲望能够得到满足。如果不节用,只图一时的享受,"不顾其后",就会因为消费光而陷于贫困,不免冻饿,以至饿死。他主张把节余的谷物储备起来,即使遇到连年灾荒,也会"天下无菜色","十年之后,年谷复熟而陈积有余"[2]。在荀子看来,节用不仅是为了满足以后的生活需要,而且是为了满足以后的生产需要。只有把积蓄的一部分投入生产,才能"田肥以易,出实百倍"。这样,荀子的节用思想就和积累、扩大再生产联系起来了。

荀子认为他的节用主张不同于墨子。他说:"墨子之节用也,则使天下贫","墨术诚行,则天下尚俭而弥贫"[3]。为什么呢?他认为如果墨子治理天下国家,一方面"将蘁然衣粗食恶,忧戚而非乐,若是则瘠,瘠则不足欲,不足欲则赏不行";另一方面"将少人徒,省官职,上功劳苦,与百姓均事业,齐功劳,若是则不威,不威则罚不行"。赏罚都行不通,国家用人就不会得当,不肖者不能罢退,贤者不能选拔上来,国家就治理不好,国家治理不好,生产的东西就少,"天下敖然,若烧若焦"。在这种情况下,即使像墨子一样穿粗衣,吃豆豆,喝白水,"恶能足之乎!"[4]荀子对墨子的批评实际上是说墨子一是搞禁欲主义,满足不了人们的欲望,不能激励人的积极性;二是搞平均主义,建立不起有能力的、权威的管理机构,不能实施有效管理。这样的节用,只能愈来愈贫困。

荀子还认为人们的消费不仅要"节用以礼",还要符合当时的生产水平。他提出,"使欲必不穷乎物,物必不屈于欲,两者相持而长"[5]。这就是说,一方面人

---

[1] 《荣辱》。
[2] 《富国》。
[3] 同上。
[4] 同上。
[5] 《礼论》。

的欲望不超过物资所能满足的限量;另一方面,物资的供应不至于无法应付人的欲望。这就使欲望和物资互相影响,共同增长,保持平衡,这实际上是讲生产与消费的关系,供给与需求的关系。"两者相持而长",说明在荀子看来生产和消费、供给与需求都不是静止不变的,它们是在相互影响中不断增长的,是在动态中保持平衡的。可见,荀子的节用思想,不仅不同于墨子的禁欲主义,而且主张人们的消费随着生产的发展而不断增长。他的节用思想是积极的,有利于封建经济的发展。

第四节 韩非的历史观和社会观

韩非认为人类社会是不断变化的,经历了几个不同的发展阶段。他把人类社会的历史分为上古、中古、近古和当今之世四个阶段。① 他说:"上古之世"人民没有房子住,不能避"禽兽虫蛇",吃的只是"果、蓏、蚌、蛤,腥臊恶臭,而伤害腹胃,民多疾病",后来"有圣人作",有巢氏教民"构木为巢,以避群害",燧人氏教民"钻燧取火,以化腥臊"。他们受到人民的尊重,"而民悦之,使王天下"。"中古之世","天下大水,而鲧禹决渎"。"近古之世,桀纣暴乱,而汤武征伐"。"当今之世"如果还赞美尧、舜、汤、武之道,那是可笑的。"当今之世"的圣人"不期修古,不法常可,论世之事,因为之备"②。在他看来,历史是不断变化的,治理国家的政策措施等等,均要随之而变。"今欲以先王之政,治当世之民,皆守株待兔之类也"③。但是,他又强调不变。他说:"治大国而数变法则民苦之,是以有道之君贵静,不重变法,故曰:'治大国若烹小鲜。'"④

"当今之世"与过去相比,有什么变化呢?韩非认为人类社会发展到战国,最大的变化就是从"民不争",发展到"民争"。他说:"上古竞于道德,中世逐于智谋,当今争于气力。"⑤这就是说,"当今之世"是一个"争"的社会,"争于气力"的社会。

"当今之世"的争,是如何产生的?也即为什么要争?

韩非是用人口和财富的关系来解释的。他说:"古者,丈夫不耕,草木之实足食也;妇人不织,禽兽之皮足衣也。不事力而养足,人民少而财有余,故民不争。"当今则不同,"今人有五子不为多,子又有五子,大父未死而有二十五孙。

---

① 韩非对人类社会的发展阶段有时也分为古与今两个阶段,也曾分为上古、中世和当今三个阶段。参看赵靖主编:《中国经济思想通史》第一卷,北京大学出版社,1991年,第405页。
② 《五蠹》。
③ 同上。
④ 《解老》。
⑤ 《五蠹》。

是以人民众而货财寡,事力劳而供养薄,故民争"①。

韩非讲的这段历史,实际上是讲人类社会从采集渔猎时代,发展到耕织时代;从无阶级社会发展到阶级社会。但是,他的解释是不对的。第一,古代并非"不事力而养足,人民少而财有余"。在采集渔猎时代,生产力水平很低,人的生活没有保证,并非养足。"当今之世"的生产,比起采集渔猎时代,生产力水平提高多了。第二,采集渔猎时代属于没有阶级,没有国家的原始社会。没有阶级,不等于没有"争"。那时部落之间的斗争是很残酷的。韩非所讲的"当今之世"的争,首先是阶级斗争。这是由于生产力水平提高,产生了占有剩余产品的剥削阶级,才出现的阶级斗争。这种"争",是生产力水平提高的结果。而原始社会的"争",是争人们为了维持生命所必需的些许物资,甚至人本身也作为维持生命的物资被争夺。所以,过去并非不争。韩非认为"当今之世"的争,是由于财物比过去"寡"造成的,是不对的。

韩非是中国历史上第一个讲人口过剩的学者。他认为人口多,财物寡,是社会动乱的原因。他认为人口按 1,5,25,125……这样的速度增长,而生活资料的生产,愈来愈不能满足人口增长的需要。"事力劳而供养薄",就是说劳动强度增大了但是人均获取的生活物资却反而比上古时期少了。韩非从人口和财富的关系来分析人类社会的变化,也就是从人们的社会经济生活中寻找社会变化的原因,而没有从"天"、"圣人"、道德等方面去寻找原因,这在两千多年前也是一种新的探索,是一个进步。荀子讲"物不能澹则必争"。之所以"物不能澹",是由于人们的欲恶同。荀子认为人们的欲恶同是从古至今都一样的。因此,由于"物不能澹"而引起的"争",是自古而然的。韩非不同。他认为并非自古以来就"物不能澹",而是由于后来人口愈来愈多,财物才愈来愈不能满足需要。可以说这是一个动态分析,这就有了历史感。尽管韩非的结论是错误的,但从分析问题的方法上看,则是一个进步。

韩非认为在这个争于气力的社会中,每一个人都是"好利恶害","喜利畏罪"②,"挟自为心"③的。上自君主,下至庶民百姓都是一样的。为了利,人们互相争夺,互相利用;为别人服务,为别人效劳,也是出于"自为心",为了个人的利益。在此情况下,人与人的关系是利害关系,买卖关系,君臣、父子、夫妇,都是互相利用,互相计算的。

---

① 《五蠹》。
② 《难二》。
③ 《外储说左上》。

韩非认为,任何人都是从个人的利益出发考虑问题的。做车的工匠希望别人富贵,做棺材的工匠希望别人早死,这并不是做车的工匠特别仁慈,也不是做棺材的工匠特别残忍,他们都是为了赚钱。"人不贵则舆不售,人不死则棺不买,情非憎人也,利在人之死"。①雇工与雇主的关系也是如此。雇主"费家而美食,调布而求易钱者,非爱庸客也,曰:如是,耕者且深耨熟耘也";而雇工"致力而疾耘耕,尽巧而正畦陌者,非爱主人也,曰:如是,羹且美,钱布且易云也。"②

当时流传古代禅让的传说,认为尧等天子之所以禅让,是因为他们的道德高尚。韩非认为这也是由于利益决定的,并非是他们的道德高尚,因为那时,作为天子,生活很苦,工作很劳累,所以,他们让天下"是去监门之养,而离臣虏之劳",没有什么了不起。③

韩非认为,君与臣的行为都是从个人的利益出发的,所以,君臣之间的关系是一种互相利用的关系,是一种买卖关系。他说:"臣尽死力以与君市,君垂爵禄以臣市,君臣之际非父子之亲也,计数之所出也。"④韩非还引用了别人的话说:"主卖官爵,臣卖智力。"⑤君臣关系是官爵和智力的交换关系。君与民之间也不存在什么君爱民,"君之于民也,有难,则用其死;安平,则尽其力"⑥。就是后妃、太子与君主的关系也是利害关系。因此,君主需要用法、术、势相结合的"君人南面之术"来加强统治。

第五节　韩非的经济政策主张

韩非认为"当今争于气力",所以要解决兼并诸侯实现统一,就要加强"气力"。韩非的经济政策主张都是为了增强自己的"气力",增强国家的实力。

一、耕战论

韩非所讲的耕战就是商鞅讲的农战。韩非的耕战论是商鞅农战思想的继承和发展。韩非认为"富国以农,距敌恃卒"⑦,即耕战可以使国家富强。在战国末统一的形势已经形成之际,韩非更把耕战看成"畜王资"⑧,即为成就统一大业准

---

① 《备内》。
② 《外储说左上》。
③ 《五蠹》。
④ 《难一》。
⑤ 《外储说右下》。
⑥ 《六反》。
⑦ 《五蠹》。
⑧ 同上。

备条件。韩非所讲的富国,就是指国家的"府仓"充实。"府仓"不充实是无法完成统一大业的,必须"征赋钱粟,以实仓库,且救饥馑、备军旅"。这就需要发展农业,"耕田垦草"①。通过"战"来"争"霸业,统一天下,这时已是十分明确了的问题,无需多讲了。韩非讲得比较多的是支持空前规模的战争的经济实力问题,也即发展农业的问题。

韩非对发展农业是有信心的。他继承了荀子的"制天命而用之"的唯物主义思想,认为发展农业有"人事"和"天功"两个因素,"人事"是主要的。发展生产,增加收入,主要在于人的努力,"入多,皆人为也"②。对实现"入多"的具体措施,他提出:第一,要掌握好天时。"举事慎阴阳之和,种树节四时之适,无早晚之失、寒温之灾,则入多"。第二,要勤劳。"丈夫尽于耕农,妇人力于织纴,则入多"。第三,要懂得农业、畜牧业的生产知识。"务于畜养之理,察于土地之宜,六畜遂,五谷殖,则入多"。第四,运用先进的生产、运输工具,提高劳动生产率。"明于权计,审于地形、舟车、机械之利,用力少,致功大,则入多"③。总之,要按照客观规律办事。他说:"夫缘道理以从事者无不能成。"④

韩非认为推行耕战必须厉行法治,"显耕战之士"⑤。他说:"官法行,则浮萌趋于耕农,而游士危于战阵。"⑥厉行法治,就可以使"浮萌"、"游士",那些不愿从事耕战的人也要参加耕战了。他还说:"明于治之数,则国虽小,富。赏罚敬信,民虽寡,强。赏罚无度,国虽大兵弱者,地非其地,民非其民也。"⑦在韩非看来,国的强弱不在于土地和人口的多少,而在于是否厉行法治,是否赏罚分明。实行法治,"使民以力得富,以事致贵,以过受罪,以功致赏",使从事耕战的人得到富贵,受到尊显。这样才能搞好耕战,富国强兵,这是"帝王之政"⑧。

在如何"以功致赏"上,韩非不同于商君学派。商君之法规定根据战功不但赏给爵位,而且可以授予官职。韩非认为这种立法"未尽善也",他说:"商君之法曰:'斩一首者爵一级,欲为官者为五十石之官;斩二首者爵二级,欲为官者为百石之官。'官爵之迁与斩首之功相称也。今有法曰:'斩首者令为医、匠',则屋不成而病不已。夫匠者手巧也,而医者齐药也,而以斩首之功为之,则不当其能。今治官者,智能也;而斩首者,勇力之所加也。以勇力之所加而治智能之官;是以

---

① 《显学》。
② 《难二》。
③ 同上。
④ 《解老》。
⑤ 《和氏》。
⑥ 同上。
⑦ 《饰邪》。
⑧ 《六反》。

斩首之功为医匠也。"①

为了激励人们"急作",发展农业,韩非反对用向富人征的税来资助贫者。他说:"今夫与人相若也,无丰年旁入之利而独以完给者,非力则俭也。与人相若也,无饥馑疾疢祸罪之殃独以贫穷者,非侈则惰也。侈而惰者贫,而力而俭者富。今上征敛于富人以布施于贫家,是夺力俭而与侈惰也。而欲索民之急作而节用,不可得也"②。

韩非还认为耕战政策所以收效不够大,就是因为耕战以外的其他行业"无耕之劳而有富之实,无战之危而有贵之尊"③。他列举了无益于耕战的五种人:"学者"、"言谈者"、"带剑者"、"患御者"、"商工之民",称这五种人为"五蠹"。他说:"人主不除此五蠹之民,不养耿介之士,则海内虽有破亡之国、削灭之朝,亦勿怪矣!"④

二、抑末思想

韩非在工商业问题上受到了商鞅和荀子两个人的影响,不仅有较为严厉的抑工商的思想,还对工商业的作用有较多的认识。他说:"利商市关梁之行,能以所有致所无,客商归之,外货留之,俭于财用,节于衣食,宫室器械周于资用,不事玩好,则入多。"⑤这是说采取有利于商业的政策,"利商市关梁之行","能以所有致所无"。还要开展对外贸易,使"客商归之,外货留之",并且认为这是"入多"的一个因素。这里所讲的"入多",应是指财政收入的增加。他还说:"明于权计,审于地形、舟车、机械之利,用力少,致功大,则入多。"⑥这是说作为手工业产品的舟车、机械,可以"用力少,致功大",提高劳动生产率,增加生产。这里所讲的"入多",应指社会财富的增加。在手工业上,他区别了有利于人们生产、生活的手工业和生产奢侈品的手工业。在他看来,同样生产"车",用于生产,有"用力少,致功大"的效用。如果把"车"作为奢侈品来生产、使用,成为"(奇)车服器玩好",他就反对了。他说:"好宫室台榭陂池,事(奇)车服器玩好⑦,罢露百姓,煎靡货财者,可亡也。"⑧

韩非对工商业作用的肯定,并不妨碍他坚持法家传统的抑工商的主张。这

---

① 《定法》。韩非选拔文武官员的办法是"宰相必起于州部,猛将必发于卒伍"(《显学》),比商鞅高明。
② 《显学》。
③ 《五蠹》。
④ 同上。
⑤ 《难二》。
⑥ 同上。
⑦ "奇猷按:疑器上脱奇字。"陈奇猷:《韩非子集释》,上海人民出版社,1974年,第272页。
⑧ 《亡徵》。

是因为,只有承认工商业的作用,才会产生抑制与否的问题,如不承认工商业的作用,那就简单的禁止了。

韩非和他之前的法家一样,把农称作"本"。而什么是"末"?韩非则有不同的说法。他说:"仓廪之所以实者耕农之本务也;而綦组锦绣刻画为末作者富。"①从这里可以看出,他把"綦组锦绣刻画"等奢侈品的生产称作"末"。但是,他又说:"夫明王治国之政,使其商工游食之民少而名卑,以寡趣本务而趋末作。"②这就又把包括整个工商业在内的"商工游食之民"称作"末"。从此,在中国整个封建社会中,讲"末",多指整个工商业。

韩非曾说"不除"包括"商工之民"在内的所谓"五蠹","则海内虽有破亡之国、削灭之朝,亦勿怪矣"③。据此,似乎韩非主张除去整个工商业。但是,当他具体讲到如何对待工商业时,是讲"明王治国之政,使商工游食之民少而名卑"。联系到韩非对工商业的作用的肯定,我们可以说韩非对工商业的政策主张是限制、压抑,而不是除掉或禁绝。

为什么需要抑末?韩非是从两个方面来论述的。首先,有利于耕战政策的贯彻。韩非认为由于官爵可以买,商人有钱"官爵可买,则商工不卑也矣"。"奸财货贾得用于市,则商人不少矣"。这些"商工之民","聚敛倍农而致尊过耕战之士"。"商工之民"多,而且社会地位高,不利于耕战,因此要抑制"商工之民","使其商工游食之民少而名卑",从而增强耕战的人力物力。其次,韩非认为"商工之民""倖农夫之利"。他说:"其商工之民,修治苦窳之器,聚弗靡之财,蓄积待时,而侔农夫之利。"④韩非从经济的角度指出商工之民掠夺农民,是深刻的。马克思说,古代的"商业利润不仅会表现为侵占和诈欺,并且大部分也确实是这样发生的"⑤。韩非的这个论点不仅正确地反映了古代商业利润的来源,而且反映了在封建社会中,商品经济和自然经济的矛盾,也反映了作为封建地主阶级的代表,反对"商工之民"参与瓜分农民生产的剩余产品的心态。

三、反对"重人"的"私封"和"私门"

韩非认为当时的各诸侯国都有一种"重人"。"重人也者,无令而擅为,亏法以利私,耗国以便家,力能得其君者,此所为重人也"⑥,由此可见,"重人"就是:第一,是受君主信任的有权势的当权派;第二,又是胡作非为,损公肥私的人。

---

① 《诡使》。
② 《五蠹》。"奇猷按:趣,当做舍……'作'下当有者字。……使其商工游食之民少而名卑,故舍本务而趋末作者少也。"陈奇猷:《韩非子集释》,上海人民出版社,1974年,第1077页。
③ 《五蠹》。
④ 同上。
⑤ 《马克思恩格斯全集》第25卷,人民出版社,1974年,第369页。
⑥ 《孤愤》。

1. 对"重人"的立"私封"活动的批判

在西周的分封制下,受封的诸侯、卿、大夫,有一定的封地,在封地内享有政治、经济、军事等特权。战国时期,各诸侯国经过改革,原来贵族的封地差不多都收归国家,主要实行郡县制。但是,同时也保留着许多封君。这些封君一部分是诸侯的宗室,另一部分是有功之臣。这时的封君一般只是收取封地内的租税,并且要"纳其贡税"于国君。封地内的政治、经济、军事多由国君派人直接管理。尽管如此,封君在封地内仍拥有相当的势力,越是位尊权重的"重人",在封地内的势力就越大。封君为了扩大私人势力并增加租税收入,往往采用各种手段自行扩大封地,韩非把这种情况称为"私封"。韩非说,一些封君为了扩大自己的封地,发动战争攻打别国,把攻占土地变成自己的"私封"。国家蒙受了战争的损耗,往往"不益尺寸之地"。这就是韩非所说的"战胜则大臣尊,益地则私封立"①。韩非认为,这同加强中央集权的要求是背道而驰的,所以,韩非强烈要求国家坚决打击和消除"重人"们的立"私封"的活动。

2. 对"重人"发展"私门"势力的批判

"私门"是战国时期流行的一个概念,是指有权势的具有既得利益的贵族和官僚家族,也就是"重人"家族。他们凭借权势,采取各种手段,发展"私门"的势力。韩非对这种扩大"私门"势力,损害封建国家利益的活动作了较多的揭露和批判。

(1) "私门"同国家争夺人力,造成"公民少而私人众"

战国时期人民要负担繁重的兵役差徭,随着战争规模的扩大,兵役差徭的负担也越来越重。而封君权贵等"重人",包括他们的家族成员和奴仆都免除徭役。所以当时一些人为了逃避兵役差徭,就投入"重人"门下,作为他们的私属。韩非指出,由于这种情况,君主无法征召的人数很多,常常数以万计。"士卒之逃事伏匿、附托有威之门以避徭赋,而上不得者,万数"②,以致造成"公民少而私人众"③的局面。

(2) 扩大"私门"的财富,造成了"公家虚而大臣实"

"重人"广开"私门"的一个结果是积累了财富。他们不仅接受贿赂,卖官鬻爵,可以致富,而且接受投靠,包庇人们逃避兵役差徭和赋税,更可以扩大家业。这是由于投靠"私门"、逃避兵役差徭不是没有代价的。代价主要是投靠人把自己的小块土地寄于"重人"门下,形成对"重人"的人身依附,并把收获物的一部

---

① 《定法》。
② 《诡使》。
③ 《五蠹》。

分,甚至大部分奉献给"重人",实际上成为"重人"的佃农、依附农,甚至农奴。这样,投靠"私门"的人数越多,"重人"也就越富。封建国家不仅能够征召的兵役差徭减少了,而且连赋税的收入也减少了。这样,就必然造成"公家虚而大臣实"的状况,削弱了以君主为首的封建政权的地位和力量。

韩非认为人们投靠"私门",是由于两个原因造成的:一是对战士不关心。农民应征去打仗,不但有生命危险,而且"弃私家之事,而必汗马之劳,家困而上弗论,则穷矣。穷危之所在,民安得不避"①。二是徭役赋税太重,人们为了逃避徭赋不得不去投靠"私门"。

这种投靠"私门",使一些自耕农成为依附农、农奴的现象,在以后的中国封建社会中经常发生。它形成的相当强的人身依附,不利于社会经济的发展;它削弱了国家的赋税、徭役的基础,并且会不断加重中小地主和自耕农的负担,从而必然会加剧封建国家与权贵、权贵与中小地主和自耕农之间的矛盾。这种"私门"总是代表最腐朽的势力,在封建时代受到社会各方面人士的广泛谴责,韩非是最早对这一问题进行较多较具体考察的思想家。

本章总结

战国后期形成的经济思想融合了各家各派所长,荀子和韩非子是其代表人物。荀子的思想以儒家为主融合了墨、道、法各家思想。韩非的思想主要源于法家,并且受到了道、墨两家影响,强调"法"、"术"、"势"并用,是先秦法家思想体系的集大成者。

荀子的"明分论"的基础是欲望论——人人有欲而物不足和分工论——人需要分工和互相帮助;要求"制礼义以分之,使有贫贱富贵之等"作为养天下之本。荀子的"富国论"着眼于在整个经济发展的基础上增加国家财政收入,强调强本、节用、裕民。

韩非认为人类历史经历了四个阶段,强调当今社会是"争于气力"的社会,君主需要法术势相结合来加强统治。为了增加国家实力、实现统一,韩非提出的经济政策主张包括"耕战论"、抑末思想、反对"重人"的"私封"和"私门"。

---

① 《五蠹》。

思考与练习

1. 简述战国后期经济思想形成的背景。
2. 简述荀子的"明分论"。
3. 简述荀子的"富国论"。
4. 简述韩非的历史观和社会观。
5. 简述韩非在经济政策主张方面对商鞅的发展。

History of Ancient Chinese Economic Thought

第二编

秦至西汉中叶的经济思想

第一章　秦至西汉中叶的社会经济和经济思想

本章概要

本章介绍秦至西汉中叶的社会经济状况，分别论述各个时期经济思想的特点及其代表人物。

学习目标

1. 了解秦至西汉中叶的社会经济状况
2. 了解秦至西汉中叶经济思想的代表人物及其思想特点

第一节　秦统一后的政治、经济和经济政策

战国时期社会发生了巨大的变革，各诸侯国通过一系列的改革，新的封建生产方式在社会的主要部门农业中逐渐占了支配地位，一家一户为一个生产单位、男耕女织自给自足的封建个体经济，已成为农业生产的主要形式。新的生产方式显示了极大的优越性，生产力水平有了极大提高。尽管战国时期频繁、剧烈的战争对生产的破坏十分严重，但是，战国时期，特别是战国后期的农业、手工业和商业的发展水平，社会经济、文化的繁荣，均远远超过春秋时期。秦始皇就是在这种经济背景下统一了天下，建立了中国历史上第一个统一的专制主义中央集权的封建国家。

秦始皇的统一，结束了长期的战争，有利于经济的恢复与发展。当时的经济虽然遭到长期战争的破坏，但由于整个社会经济发展水平已有极大的提高，所以，只要社会稳定，环境宽松，经济是会较快的恢复发展的。秦统一后，农业获得了明显的发展。说明当时农业发展的一个重要情况，就是秦王朝在不长的时期内积累了大量粮食。如关中"仓粟多"，陈留"多积粟"。蜀、汉的粮食支持了刘

邦伐楚战争。秦的敖仓存粮至楚汉战争时尚且取之不尽。① 从秦王朝留下的手工业品,如秦始皇陵园出土的铜车马,兵马俑坑的兵马俑,都可看出当时的冶铸业和制陶业具有相当高的水平。② 秦国本来就"多贾""多大贾"③,统一为商业的发展提供了良好的条件。战国时期的都会在新的条件下,恢复了过去的繁荣,同时,又产生了许多新都会。秦王朝的首都咸阳,不仅是全国的政治中心,而且也成为商业中心。秦始皇"徙天下富豪于咸阳十二万户"④。咸阳已成为富商大贾麇集之所。⑤

  以秦始皇为首的统治集团,在统一后为封建的中央集权的国家政治体制建立基础的同时,也曾为封建经济基础的巩固和封建统治秩序的稳定作过努力。

  首先,秦始皇为首的统治集团于统一后,着手结束过去以战争为中心的政策,"求其宁息",发展经济。在统一的两年后(秦始皇二十八年,公元前219年)为了"颂秦德"立的《琅邪刻石》说:"皇帝之功,勤劳本事。上农除末,黔首是富。……诛乱除害,兴利致福。节事以时,诸产繁殖。黔首安宁,不用兵革。"之后,在《碣石门刻石》(秦始皇三十二年,公元前215年)又说:"黎庶无繇,天下咸抚,男乐其畴,女修其业,事各有序。惠被诸产,久并来田,莫不安所。"⑥这些刻石虽然是歌功颂德的,具有夸张成分,但结合历史记载来看,从秦统一至立《碣石门刻石》这几年中,秦王朝的确在致力于稳定秩序,休养生息,发展经济,并未发动大的战争,虽有兴造,但规模尚不过大。这几年民力有所恢复,经济有所发展。刻石反映了某些现实,特别是从刻石可见秦王朝把"男乐其畴,女修其业,事各有序","上农除末,黔首是富","黔首安宁,不用兵革",视为可歌颂的良好政治秩序,起码说明这是他们的愿望。

  其次,秦始皇在过去秦国发展个体农业经济、扶植军功地主的基础上,进一步从法律上肯定封建土地所有制,为封建经济建立了基础。秦始皇三十一年(公元前216年)"使黔首自实田"⑦,从而在全国范围内(包括原山东六国统治区)承认了百姓的土地所有权。《碣石门刻石》中讲"久并来田(莱田,荒地)",也是说新开垦的荒地可以永远占有。秦王朝政府还多次向地广人稀的地方移民,并且对移民给予优待,在一定期限内免除徭役。虽然移民的目的多种多样,但都有利于劳动力与土地的结合,发展封建经济。

---

  ① 田昌五、安作璋:《秦汉史》,人民出版社,1993年,第57页。
  ② 参看《中国大百科全书》(考古学),中国大百科全书出版社,1986年,第394、374页。
  ③ 《史记·货殖列传》。
  ④ 《史记·秦始皇本纪》。
  ⑤ 翦伯赞:《中国史纲》第二卷《秦汉史》,大孚出版公司,1947年,第47页。
  ⑥ 《史记·秦始皇本纪》。
  ⑦ 《史记·秦始皇本纪》,《史记集解》引徐广注。

再次,秦始皇还制定了有利于全国统一和全国经济交流的措施。"一法度衡石丈尺。车同轨。书同文字"①,统一了法律,度量衡、车轨和文字。还统一了货币,"秦兼天下,币为二等:黄金以溢为名,上币;铜钱质如周钱,文曰'半两',重如其文。而珠玉龟贝银锡之属为器饰宝藏,不为币,然各随时而轻重无常"②。同时,秦王朝还修筑驰道,"东穷燕齐,南极吴楚,江湖之上,濒海之观毕至。道广五十步,三丈而树,厚筑其外,隐以金椎,属以青松"③。又修筑了灵渠,沟通了湘江与漓江,并且"堕坏城郭,决通川防,夷去险阻"④。所有这些,都有利于全国的统一与物资交流。

秦王朝的工商业政策是复杂的。一方面,秦王朝以"上农除末"为基本的政策主张,实行了在征发徭役上加重商人负担的政策,将六国的富商作为打击对象,予以远徙。另一方面,对秦故土的富商给予照顾和荣誉。比如对从事畜牧业及商业经营的乌氏倮,令其"比封君,以时与列臣朝请";对经营丹砂矿的巴寡妇清,"以为贞妇而客之,为筑女怀清台"。他们均以富"礼抗万乘,名显天下"⑤。看来,秦始皇对富商不是一概排斥的。他对六国富商的打击是从政治上考虑的,是把他们作为六国的旧势力来打击的。对于小手工业,秦统一后的文献中没有对之抑制的记载,甚至对奢侈品手工业进行抑制的记载也没有见到。相反,在秦始皇十年,李斯的《谏逐客书》中还讲到秦境外各地生产的奢侈品可供秦王享用,毫无鄙视之意。秦统一后,李斯曾讲,"百姓当家则力农工"⑥,这就把手工业看成和农业具有同等地位的产业。看来,"除末",主要是抑制人数众多的小商贾。

李斯在《谏逐客书》中,不仅讲到人才引进的重要性,也讲到物产的引进和交流。他认为不应该封闭、不应该拒绝境外的物产。"必秦国之产所生然后可,则是夜光之璧不饰朝廷,犀象之器不为玩好,郑卫之女不充后宫,而骏良駃騠不实外厩,江南金锡不为用,西蜀丹青不为采。""必出于秦然后可,则宛珠之簪,傅玑之珥,阿缟之衣,锦绣之饰,不进于前。"他还讲"夫物不产于秦,可宝者多",可宝者就不能因其非秦产而拒绝。"是以泰山不让土壤,故能成其大;河海不择细流,故能就其深。"⑦所以,对境外的各种好东西都应引进、容纳。

秦始皇三十二年(公元前215年),也即统一的六年后,秦王朝的政策为之一变。《史记·秦始皇本纪》记载,这一年,"因使韩终、侯公、石生求仙人不死之

---

① 《史记·秦始皇本纪》。
② 《汉书·食货志下》。
③ 《汉书·贾山传》。
④ 《史记·秦始皇本纪·碣石门刻石》。
⑤ 《史记·货殖列传》。
⑥ 《史记·秦始皇本纪》。
⑦ 《史记·李斯列传》。

药。始皇巡北边,从上郡入。燕人卢生使人海还,以鬼神事,因奏录图书,曰:'亡秦者胡也'。始皇乃使将军蒙恬发兵三十万人北击胡,略取河南地"。第二年,又"发诸尝逋亡人、赘婿、贾人略取陆梁地,为桂林、象郡、南海"。又"以谪徙民五十万人戍五岭"①。同时,抽调大量人力修筑起临洮至辽东,延袤万余里的长城,调集七十万人兴建阿房宫和秦始皇骊山墓。

秦王朝政策的变化,反映了秦始皇在统一之后,过了几年安定的生活,贪欲膨胀,要求统治更广大的地区,追求更多的享受,穷奢极欲,并妄想长生不死。他既想为子孙后代创下"传之无穷"的基业,又想自己能长久地统治下去、享受下去。这样,就开始了大征伐、大兴造,并多方寻找长生不死之药。英明的统治者昏聩了,对国家的治理已无章法。

秦始皇的大征伐、大兴造、穷奢极欲,耗费了大量人力物力,超过了当时社会经济和人民所能承受的极限。如果说在统一之前,秦国为了与诸侯争雄,统一天下,实行农战政策,为了重战,不能不重农,社会经济还能正常进行。同时,秦国的百姓向往统一,也能承受统一战争所带来的苦难。那么,这时就不同了。战争在进行,但农业却遭到破坏。军事和兴造调集了数以百万计的人力,从而破坏了农业生产。"男子力耕不足粮饷,女子纺织不足衣服"②统一后的人民本来希望过上安定的日子,但人民的负担越来越重,以至于不堪忍受。统治的危机到来了。秦始皇在统一后十一年(秦始皇三十七年)去世,第二年,即秦二世元年,陈胜吴广揭竿而起,秦王朝在反秦战争中被推翻。

第二节　西汉初至西汉中叶的社会经济和经济思想与政策

西汉王朝是在秦王朝大量消耗民力、财力和战争破坏的废墟上建立起来的。汉初的经济形势是十分严峻的,"民失作业,而大饥馑","人相食,死者过半"③;生产力遭到破坏,劳动生产率很低,"作业剧而财匮";物资严重缺乏,"自天子不能具钧驷,而将相或乘牛车,齐民无藏盖","而不轨逐利之民,蓄积余业以稽市价,物踊腾粜,米至石万钱,马一匹则百金"④。

在这种经济形势下,西汉王朝实行了不同于秦王朝的、有利于经济恢复的、与民休息的政策。

第一,恢复农业,使劳动力和土地结合起来。战争使农业遭到破坏,大批劳

---

① 《史记·秦始皇本纪》、《资治通鉴》卷七。
② 《汉书·食货志上》。
③ 同上。
④ 《史记·平准书》。

动力脱离了土地。西汉王朝在楚汉战争结束后,立即采取各种措施,使劳动力回到土地上去,包括使参加战争的士兵复员回家,"兵皆罢归家"。"诸民略在楚者皆归之。""民前或相聚保山泽,不书名数,今天下已定,令各归其县,复故爵田宅。"①西汉王朝还注意充分利用土地,汉二年,战争还在进行,就实施"故秦苑囿园池,令民得田之"②。这些措施都有利于社会的安定和经济的恢复和发展。

第二,"轻田租"。西汉王朝建立后,总结了秦王朝灭亡的教训,"约法省禁,轻田租,什五而税一"③。所谓"轻田租",就是政府征收的田税的税率降低至"什五而税一。"这个税率比儒家称颂的十一而税还要低。以后田税有所回升。惠帝即位后,"减田租,复什五税一"④。之后,减免田税的情况不少。汉景帝时又把"三十而税一"作为定制。当然其他名目的赋税徭役还是很重的,但是,比起秦代,比起战争年代还是轻了不少。

第三,节财。节财是指减少财政开支。这是轻徭薄赋的保证。财政开支增大,势必增加税收。财政开支增大,主要是由于战争、大事兴造和统治者其他方面的侈靡。西汉王朝建立后极力避免战争,少事兴造,厉行节俭。西汉王朝于高帝五年定都长安,只是修整了秦旧宫,并未兴建新宫。高帝七年,在萧何主持下,兴建了未央宫,"立东阙、北阙、前殿、武库、大仓"。刘邦看到如此壮丽的宫殿,"甚怒",责问萧何:"天下匈匈,劳苦数岁,成败未可知,是何治宫室过度也?"⑤刘邦在世时,长安虽是首都,但并未筑城。直到惠帝即位才修筑长安城,惠帝元年、三年、五年,每年的春正月征发十四万余人筑城,"三十日罢"⑥。每次征发十四万余人,应该说动用的人力是不少的,但是,隔一年征发一次,并未连续征发,似乎考虑到不要过分劳民;时在春正月,并且一个月即结束,可不影响春耕,似乎也可称"使民以时"。汉文帝在节财方面较为全面、突出,成为皇帝中节俭的典型。

第四,放松对社会经济活动的干预。西汉初,由于汉王朝的统治刚刚确立,统治力量有限,特别是社会经济凋敝,汉王朝放松了对社会经济活动的干预。最突出的是放弃了对货币铸造的垄断和对自然资源的控制。"更令民铸钱","弛山泽之禁"。民间可以铸钱,可以开采山泽,可以经营矿产盐铁。对于民间工商业,汉高祖时还继承了秦代重农抑商的政策,"乃令贾人不得衣丝乘车,重租税

---

① 《汉书·高帝纪下》。
② 《汉书·高帝纪上》。
③ 《汉书·食货志上》。
④ 《汉书·惠帝纪》。
⑤ 《汉书·高帝纪下》。
⑥ 《汉书·惠帝纪》。

以困辱之"。一方面压低商人的社会地位,另一方面在经济上给以打击。但是,这一政策并未执行很久,几年后的惠帝吕后时就改变了。"为天下初定,复弛商贾之律,然市井之子孙亦不得仕宦为吏。"①只剩下"市井之子孙亦不得仕宦为吏"了,其余的限制都没有了。就是这一条,后来也成为具文。司马迁评论西汉前期工商业的状况说:"汉兴,海内为一,开关梁,弛山泽之禁,是以富商大贾,周流天下,交易之物莫不通,得其所欲。"②在土地占有等方面,更是采取放任态度了。西汉末的师丹评论说:文帝"务劝农桑,帅以节俭","未有并兼之害,故不为民田及奴婢为限"③。汉初,对地方的经济活动也很少干预。地方各诸侯国可以生产经营盐铁,铸造货币,甚至对财政赋税也可以自作主张。吴王刘濞,"有豫章郡铜山,即致天下亡命者盗铸钱,东煮海水为盐,以故无赋,国用饶足"④。西汉前期对社会经济活动的放任,至文帝时达到了顶点。

西汉前期实行的政策,除了放任之外,重农、轻田租、节财并非新政策,都是先秦思想家早就论述过的。但是,汉初实行这些政策均与"无为"联系起来了,这就有了新意,并且增加了执行的自觉性。汉初的政治家陆贾不但提出重农、轻徭薄赋和崇俭等政策主张,直接影响了汉初的政策,而且,他也提出了"无为"。惠帝、吕后时期,在曹参的提倡下,汉王朝把黄老"无为"作为汉王朝治国的指导思想,使西汉前期的政策更加成熟起来,执行起来也更加坚定,黄老之学成为西汉王朝前期占统治地位的学说。

西汉前期以黄老无为作为治国的指导思想,取得了明显的效果。司马迁说:惠帝、吕后之时,"黎民得离战国之苦,君臣俱欲休息乎无为,故惠帝垂拱,高后女主称制,政不出房户,天下晏然,刑罚罕用,罪人是希。民务稼穑,衣食滋殖"⑤。汉文帝时"海内殷富,兴于礼义,断狱数百,几致刑措"⑥。到汉武帝时,司马迁评论道:"至今上即位数岁,汉兴七十余年之间,国家无事,非遇水旱之灾,民则人给家足,都鄙廪庾皆满,而府库余货财。京师之钱累巨万,贯朽而不可校。太仓之粟陈陈相因,充溢露积于外,至腐败不可食。"司马迁也指出,"当此之时,网疏而民富,役财骄溢,或至兼并豪党之徒,以武断于乡曲。宗室有土公卿大夫以下,争于奢侈,室庐舆服僭于上,无限度。物盛而衰,固其变也"⑦。

从司马迁的评论,我们可以看出,西汉前期汉王朝以黄老无为作为治国的指

① 《史记·平准书》。
② 《史记·货殖列传》。
③ 《汉书·食货志上》。
④ 《汉书·荆燕吴传》。
⑤ 《史记·吕太后本纪》。
⑥ 《汉书·文帝纪》。
⑦ 《史记·平准书》。

导思想,社会经济获得了极大的发展,巩固了中央集权的封建国家,出现了中国封建社会史上的第一个"盛世"。但是,新的矛盾和新的问题也日益暴露出来了。

司马迁说西汉前期"网疏而民富",就是说由于实行了放任无为的政策,封建国家对经济活动的干预、控制放松了,使民富起来了,但是,真正富起来的是大地主、大商人。"网疏而民富"引起一系列的问题:土地兼并、豪强专横等现象都出现了,特别是工商业的发展,商人兼并农夫,对封建自然经济起着瓦解作用,引起了统治者的关心;商人取得的高额利润,过着奢华的生活,也引起封建统治者的不满;无为放任政策也使地方诸侯王的势力迅速壮大,加剧了中央政府和诸侯王的矛盾,威胁着中央政权的巩固;地方诸侯同大商人势力相勾结,尤其对中央政权形成严重威胁。西汉前期,由于西汉王朝坚持与民休息的政策,对北方的匈奴政权采取和亲政策,对匈奴的侵扰,采取忍让态度,匈奴乘机扩大自己的势力,经常侵犯西汉的边境。这对西汉封建经济的发展和封建政权的巩固,形成日益严重的外部威胁。

早在汉文帝时,贾谊就敏锐地看到"盛世"中的严重问题。他认为当时并非高枕无忧之时。他形容当时的形势是:"抱火厝之积薪之下而寝其上,火未及燃,因谓之安。"①他认为在问题如此严重的时候,"进计者犹曰'无为',可为长太息者此也"②。在他看来,汉王朝应该放弃黄老"无为"的指导思想和政策。他和晁错都主张消除诸侯国对汉王朝中央政权的威胁,增强汉王朝抗击匈奴侵扰的实力。在经济方面,主张实行重本抑末政策,驱民归农。贾谊写了《论积贮疏》,晁错写了《论贵粟疏》。他们的主张得到了西汉统治者的重视和实施。他们是西汉王朝从"无为"走向"有为"的过程中的代表人物。这时也出现了主张对经济进行干预的理论——"轻重论",并逐渐发展成熟。汉武帝时期根据这种干预经济的"轻重论",制定政策,实行了包括盐铁官营,平准、均输、酒榷等大规模干预经济的实践。桑弘羊是这一系列政策的重要策划者和实施主持者。

汉武帝时期的干预主义经济政策,虽然取得了明显的效果,"民不益赋而天下用饶",支持了抗击匈奴的战争,加强了中央集权。但是,由于干预主义的经济政策打击了工商业者,包括一部分兼营工商业的地主以及某些诸侯王,损害了他们的利益,再加上官营工商业中存在的某些弊端,也损害了其他阶层的某些利益,于是遭到了一部分人的反对。同时,对经济活动的大规模的干预,也影响了社会经济的正常运行。所以,在干预主义盛行之际,放任主义也有相当的市场。

---

① 《汉书·贾谊传》。
② 同上。

董仲舒、卜式就是放任主义的鼓吹者。董仲舒主张"盐铁皆归于民"①；卜式更藉"是岁小旱，上官令求雨"之际，攻击当时的经济政策，说："县官当食租衣税而已，今弘羊令吏坐市列肆，贩物求利。烹弘羊，天乃雨。"②把放任主张理论化，形成和"轻重论"针锋相对的系统的放任主义理论的，是伟大的史学家司马迁。他的理论被称为"善因论"。

汉武帝去世后，在霍光的支持下，于汉昭帝始元六年，召开了由全国各地推举出的"贤良"、"文学"六十余人和丞相、御史大夫等参加的会议，"问民间疾苦"。会上，"贤良"、"文学"集中批评了汉武帝时期实行的财政经济政策。他们还对"义利"、"本末"、"奢俭"等问题，提出了自认为体现"圣王之道"的思想主张。他们的这些思想主张，后来被概括为"贵义贱利"、"重本抑末"、"黜奢崇俭"，被当成儒家的正统思想、体现"圣王之道"的神圣教条，成为中国封建社会判断人们一切经济行为、经济政策和经济思想的是非、善恶的不容置疑的标准。

本章总结

秦统一后，结束了长期的战争并统一了法律、度量衡、车轨、文字和货币，有利于经济的恢复和发展。然而，由于秦始皇的暴政引起了老百姓的不满，使得天下经历了反秦战争、楚汉之争等长期的混乱，经济残破至极。西汉王朝建立后，崇尚黄老之学的"无为"理论，实行了一系列有利于经济恢复的政策，收到了明显的效果。不过这种尽量不干预、少干预民间经济发展的政策也造成了不少社会问题，如土地兼并、豪强专横、地方诸侯同商人勾结反叛中央以及匈奴侵扰中原等，这又不利于经济的长远发展。在解决上述社会问题的过程中，汉王朝朝野上下引发了国家干预主义和放任主义的争论，前者的思想代表是"轻重论"，后者则是司马迁提出的"善因论"。

思考与练习

1. 阐述秦王朝对工商业的政策和态度。
2. 阐述西汉初年的无为政策及其弊端。

---

① 《汉书·食货志上》。
② 《史记·平准书》。

第二章 陆贾、曹参和贾谊

本章概要

本章首先介绍西汉初期为"无为"政策奠定基础的重要人物——陆贾和曹参的经济思想,接着介绍"有为"政策的积极提倡者贾谊的经济思想。

学习目标

1. 了解陆贾的经济思想
2. 了解曹参在"无为"政策中作出的贡献
3. 了解贾谊"有为"政策提出的历史背景及主要内容

第一节 为西汉王朝初期经济政策奠定理论基础的陆贾、曹参

汉初实行的经济政策,是由当时的客观条件决定的。西汉王朝的统治集团的成员,多来自民间,了解民间疾苦和人民的愿望。萧何入关中,又"收秦丞相御史律令图书藏之",由此"具知天下厄塞,户口多少,疆弱之处,民所疾苦"[①],因此,汉初的统治者刘邦、萧何等人能够较为全面、较为深刻地了解当时的实际情况,从而制定出符合当时情况的政策。这种政策之所以坚持六七十年之久,并且自觉贯彻,不断发展,还由于这种政策具有理论说明和理论指导,也即具有理论基础。最先为汉初政策,包括经济政策提供理论基础的是陆贾。

陆贾,原为楚人,"以客从高祖定天下,名为有口辩士,居左右,常使诸侯",受到高祖的信任。"陆生时时前说称诗书。高祖骂之曰:'乃公居马上而得之,安事诗书!'陆生曰:'居马上得之,宁可以马上治之乎?'"陆贾的话打动了刘邦。所以,刘邦要陆贾"试为我著秦所以失天下,吾所以得之者何,及古成败之国"。于是陆贾"乃粗述存亡之徵,凡著十二篇。每奏一篇,高帝未尝不称善,左右呼

---

① 《史记·萧相国世家》。

万岁,号其书曰《新语》。"①陆贾的见解和主张,受到了刘邦及群臣的赞同,其对西汉初的政治和政策的影响是显而易见的。明代钱福《新刊〈新语〉序》说:"其书所论亦正,且多崇俭尚静等语,似亦有启文景萧曹之治者。"②

陆贾提出了治国的目标是:"是以君子之为治也,块然若无事,寂然若无声,官府若无吏,亭落若无民,闾里不讼于巷,老幼不愁于庭,近者无所议,远者无所听,邮驿无夜行之吏,乡间无夜名之征,犬不夜吠,鸟不夜鸣,老者息于堂,丁壮者耕耘于田,在朝者忠于君,在家者孝于亲,于是赏善罚恶而润色之,兴辟雍庠序而教诲之,然后贤愚异议,廉鄙异科,长幼异节,上下有差,强弱相扶,大小相怀,尊卑相承,雁行相随,不言而信,不怒而威。"③这是一个宁静的、和谐的、秩序井然的社会,是封建农业社会的理想化,不同于把原始社会农村公社理想化的老子的"小国寡民"。

为此,他提出了以"无为"为中心的治国思想和政策主张。

陆贾说:"道莫大于无为,行莫大于谨敬。"他用历史上的经验教训论证了"无为"的正确性和必要性。他说:"昔虞舜治天下,弹五弦之琴,歌南风之诗,寂若无治国之意,漠若无忧民之心,然天下治。周公制作礼乐,效天地,望山川,师旅不设,刑格法悬,而四海之内奉供来臻,越裳之君,重驿来朝。"虞舜"寂若无治国之意,漠若无忧民之心",周公"师旅不设,刑格法悬",这都是"无为",但是,他们取得的成果是"天下治","四海之内奉供来臻,越裳之君,重驿来朝"。"无为"是可以取得积极结果的,而和"无为"相对立的是秦始皇的所作所为:"秦始皇设为车裂之诛,以敛奸邪,筑长城于戎境,以备胡越,征大吞小,威震天下,将帅横行,以服外国。蒙恬讨乱于外,李斯治法于内。事逾繁,天下逾乱,法逾滋,而奸逾炽,兵马益设而敌人逾多。秦非不欲为治,然失之者,乃举措暴众而用刑太极故也。"④从上述正反面的例子,我们可以看出,陆贾所谓的"无为",实际上就是事不繁,法不滋,兵马不益设,从而举措不暴众,用刑不太极。从经济方面考虑,就体现在崇俭和轻徭薄赋上。

陆贾总结历史的经验教训,认为穷兵黩武和侈靡无度是一个国家贫弱乃至灭亡的主要原因,所以,他在反对穷兵黩武的同时,也反对侈靡。当时由于国力的限制,汉王朝已无力再进行诸如征伐匈奴的战争,因此,反对侈靡,主张崇俭,就具有更大的现实性。他指出:"秦始皇骄奢靡丽,好作高台榭广宫室,则天下豪富制屋宅者,莫不仿之,设房闼,备厩库,缮雕琢刻画之好,傅玄黄琦玮之色,以

---

① 《史记·郦生陆贾列传》。
② 《新刊〈新语〉序》,《诸子集成》第七册,中华书局,1959年。
③ 《新语·至德》。
④ 《新语·无为》。

142

乱制度。""楚平王奢侈纵恣,不能制下,检民以德,增驾百马而行,欲令天下人餕,财富利明不可及。于是楚国逾奢。"①他还说:"夫释农桑之事,入海采珠玑,求瑶琨,探沙谷,扑翡翠,□玳瑁,搏犀象,消筋力,散布泉以极耳目之好,以快淫邪之心,岂不谬哉!"②奢侈糜费之所以"谬",在于这会使"财尽于骄奢,人力疲于不急,上困于用,下饥于食"③。奢靡无度"所以疲百姓之力,非所以扶弱存亡者也"。④ 因此,陆贾主张崇俭,他认为只有崇俭,才能做到轻徭薄赋。"国不兴无事之功,家不藏无用之器,所以稀力役而省贡献也。"⑤崇俭和轻徭薄赋是一个问题的两个方面,只有崇俭,才有可能轻徭薄赋,使百姓休养生息。

陆贾讲"道莫大于无为",把"无为"和"道"联系起来,具有道家的特点。但是,陆贾在讲"无为"时又强调教化,他认为对人民主要靠教化,法令只能是辅助的手段,"法令所以诛恶,非所以劝善"⑥;人的良好行为是"教化之所致也","教化使然也"。在他看来,教化不只是说教,还要靠在上者的表率作用。"上之化下,犹风之靡草也。""故君之御下民,奢侈者则应之以俭,骄淫者则统之以理。未有上仁而下残,上义而下争者也。"⑦这种思想又是儒家思想。陆贾对刘邦"时时前说称诗书",赞赏"行仁义,法先圣"⑧。可以认为陆贾的思想是以儒家思想为主,受到了道家思想一定的影响。他的"无为"主要是要求统治者不多事,使百姓能够休养生息。他的理想社会需要"赏善罚恶而润色之,兴辟雍庠序而教诲之",并非放任"无为"。从刘邦时期的经济政策也可看出当时的指导思想也并非道家的"无为"。如对工商业,"乃令贾人不得衣丝乘车,重租税以困辱之"⑨,并非道家的无为放任政策。

西汉初期的经济政策是在惠帝、吕后时直接以黄老之学为理论基础之后,才形成一种更为自觉的具有放任特点的政策体系。此后几十年,黄老之学成为西汉前期占统治地位的学说。西汉朝廷明确地把黄老之学作为治国的指导思想,是从曹参进入中央政权担任相国开始的。

曹参是同刘邦一道参加秦末农民起义的佐命功臣之一,在汉初功臣中的地位仅次于萧何。刘邦建立政权后,封长子刘肥为齐王,以曹参为相国。曹参在齐

① 《新语·无为》。
② 《新语·本行》。
③ 《新语·至德》。
④ 《新语·本行》。
⑤ 同上。
⑥ 《新语·无为》。
⑦ 同上。
⑧ 《史记·郦生陆贾列传》。
⑨ 《史记·平准书》。

国向很多人请教如何治理国家百姓。"参尽召长老诸生,问所以安集百姓,如齐故儒以百数,言人人殊,参未知所定",最后,他找到了"善治黄老言"的盖公,"使人厚币请之。既见盖公,盖公为言治道贵清静而民自定,推此类具言之。参于是避正堂,舍盖公焉。其治要用黄老术,故相齐九年,齐国安集,大称贤相"①。曹参在离开齐国时嘱咐其后相:"以齐狱市为寄慎勿扰也。"就是要后相不要"峻法而狱繁",不要对市场进行干预。② 可见,以黄老之学作为治国的指导思想,始于曹参治齐。惠帝二年,萧何去世,曹参继任相国,使黄老之学成为整个西汉王朝的指导思想。他任相国期间,"举事无所变更,壹遵何之约束"。曹参为相国三年,去世,百姓作歌称颂:"萧何为法,顜若画一,曹参代之,守而勿失。载其清靖,民以宁壹。"③

惠帝、吕后时期,以黄老之学为指导,社会经济状况进一步好转。司马迁评论说:"孝惠皇帝,高后之时,黎民得离战国之苦,君臣具欲休息乎无为,故惠帝垂拱,高后女主称制,政不出户,天下晏然。刑罚罕用,罪人是希。民务稼穑,衣食滋殖。"④

惠帝、吕后时期,西汉王朝的政策有了明显的变化,放任无为的色彩更加明显,这与曹参提倡黄老之学有密切关系。曹参不是思想家、理论家,他并无著述,也没有提出比较明确的理论观点。但是,由于他以相国的地位在全国范围的施政中以黄老之学作为指导,而且取得了明显的成效,因此,他对黄老之学成为西汉前期几十年治国的指导思想,起了首倡的作用。

第二节 从无为到有为转变中的经济思想代表人物贾谊

贾谊(公元前200年—公元前168年),洛阳人,"年十八,以能诵诗属书闻于郡中",为河南守、李斯的学生吴公所器重,"召置门下"。汉文帝即位,征吴公为廷尉。吴公极力推荐贾谊,文帝召为博士。当时贾谊"年二十余,最为年少",深受汉文帝的赏识,"一岁中至太中大夫"。贾谊对汉文帝即位后所面临的问题,提出不少建议,有的被汉文帝采纳,"诸律令所更定,及列侯悉就国,其说皆自贾生发之"⑤。汉文帝打算任贾谊"公卿之位",由于遭到一些元老重臣的反对,未能实现。后被任为长沙王太傅,几年后又被任为文帝爱子梁怀王太傅。

---

① 《史记·曹相国世家》。
② 陈直认为"狱市"即岳市,齐之大市。见《汉书新证》,天津人民出版社,1979年第2版,第261页。
③ 《汉书·萧何曹参传》。
④ 《史记·吕太后本纪》。
⑤ 《史记·屈原贾生列传》。班固在《汉书·贾谊传·赞》中说:"谊之所陈略施行矣。"

"居数年,怀王骑,堕马而死","贾生自伤为傅无状,哭泣岁余,亦死","时年三十三"①。刘向称"贾谊言三代与秦治乱之意,其论甚美,通达国体,虽古之伊管未能远过也。使时见用,功化必盛。为庸臣所害,甚可悼痛"②。他的学术政治活动只有短短的十余年。

贾谊是一位博学的学者、思想敏锐的思想家。他的思想以儒家思想为主,受荀子的思想影响较大,同时也吸收了法家思想,并受到了道家的某些影响。③ 吴廷尉说贾谊年少时就"颇通诸子百家之书"④。《汉书·艺文志》在儒家中列有《贾谊》58篇,现存贾谊《新书》10卷,贾谊的著作现经整理编为《贾谊集》。

贾谊走上政治舞台,是在汉文帝即位初期。这时,距西汉王朝战胜项羽、统一天下,转向"与民休息",已近三十年。政治经济形势和西汉王朝刚刚建立时已有很大不同。"天下晏然,刑罚罕用,民务稼穑,衣食滋殖。"⑤但是,贾谊敏锐地看到西汉王朝在"天下晏然",走向巩固繁荣之际,隐伏着深刻的矛盾。他说:"进言者皆曰天下已安已治矣,臣独以为未也。"他认为当时的情况是"夫抱火厝之积薪之下而寝其上,火未及燃,因谓之安",也就是说实际上潜藏着严重的危险。⑥ 他认为当时的主要问题是:在政治方面,同姓诸侯王的势力越来越大,威胁着中央集权的封建国家;匈奴的侵扰,成为西汉王朝的严重的外部威胁;在国家治理上重视法令刑罚,忽视礼义教化,礼义廉耻"犹未备也";在经济方面,经济状况并不好,整个国家公私的积蓄都少得令人痛心,遇到灾荒和边境突然发生紧急情况,就无法应付;社会存在奢侈的风气;不重视农业,背本趋末;货币"放铸",造成货币不统一,掺杂使假,货币质量低劣。他认为在如此严重的情况下,"进计者犹曰'无为'",是"可为长太息者"⑦,在他看来是不能继续实行放任无为的。

他认为治理国家不能只靠法令刑罚,更要重视礼义教化。他说:"夫礼者禁于将然之前,而法者禁于已然之后。""贵绝恶于未萌,而起教于微眇。""刑罚积而民怨背,礼义积而民和亲。"⑧他重视匈奴的侵扰问题,但是他并没有提出大规模的军事反击,而是更加重视国内的治理,经济实力的增强。对同姓诸侯王问题,他用解牛作比喻,认为"诸侯王皆众髋髀也",要"排击剥割","非斤则斧"。

---

① 《史记·屈原贾生列传》。
② 《汉书·贾谊传·赞》。
③ 侯外庐等:《中国思想通史》第二卷,人民出版社,1957年,第65—67页。
④ 《史记·屈原贾生列传》。
⑤ 《汉书·高后纪》。
⑥ 《汉书·贾谊传》。
⑦ 同上。
⑧ 同上。

但他提出具体主张时则说"欲天下之治安,莫若众建诸侯而少其力"①。贾谊更加重视经济问题,重视国家的经济实力和人民的经济生活。他说:"管子曰'仓廪实而知礼节',民不足而可治者,自古及今,未之尝闻。"所以,他提出了"富安天下"②的口号,他的经济思想就是围绕着"富安天下"展开的。

1. 积贮和重本抑末

贾谊所讲的"富安天下"的"富",是指国家和个人储备较多的剩余产品,主要是粮食,贾谊把这种储备叫做"积贮"。他说:"夫积贮者,天下之大命也",储备粮食等是关乎国家命运的大事。但是,"汉之为汉几四十年矣,公私之积犹可哀痛。"国家储备少得可怜,是危险的:老百姓遇到灾荒就要卖儿卖女,"失时不雨,民且狼顾;岁恶不入,请卖爵子";国家遇到兵旱之灾,就非常危险了,"不幸有方二三千里之旱,国胡以相恤,卒然边境有急,数十百万之众,国胡以馈之?兵旱相乘,天下大屈,有勇力者聚徒而衡击,罢夫羸老易子而咬其骨。政治未毕通也,远方之能疑者并举而争起矣,乃骇而图之,岂将有及乎?"如果国家的储备多,"苟粟多而财有余,何为而不成?以攻则取,以守则固,以战则胜。怀敌附远,何招而不至?"

造成这种状况的原因主要是:(1) 奢侈之风日长,"生之有时,而用之亡度,则物力必屈"。"淫侈之俗,日日以长,是天下之大贼也"。(2) "背本而趋末,食者甚众,是天下之大残也。"

贾谊认为解决奢侈之风的问题是制定制度,"去淫侈之俗,行节俭之术,使车舆有度,衣服器械各有制数。"这样就可使"淫侈不得生"③。解决"背本趋末"的办法是实行重本抑末政策。他认为从事末业的都是只消费不生产的,并认为这种不生产的人很多,"生之者甚少,而靡之者甚多,天下财产何得不蹶"。他还说,这些人"不耕而食农人之食,是天下之所以困贫而不足也"④。所以他主张"驱民而归之农,皆著于本,使天下各食其力,末技游食之民转而缘南亩",这样,就可以"畜积足,而人乐其所矣"。所以,"以末予民,民大贫,以本予民,民大富。"⑤这就是说,只有重农才能使民大富,由此可见,贾谊是主张重抑末的。

贾谊要"驱民归农",要使"末技游食之民转而缘南亩"。如何"驱民",如何使"末技游食之民转而缘南亩"?他没有讲。但是,既要"驱民"就是强制,就是

---

① 《汉书·贾谊传》。
② 贾谊:《论积贮疏》,《汉书·食货志上》。本节"1. 积贮和重本抑末"部分的引文凡不注明出处者,均引自此文。
③ 贾谊《新书·瑰玮》。
④ 同上。
⑤ 同上。

干预,就是要转向"有为"。

2. 控制币材——铜,以统一铸币

贾谊针对汉初允许民间铸钱的政策,特别是汉文帝五年"除盗铸令,使民放铸"①,提出了不同看法。他认为允许民间铸钱有许多害处:一是民间铸钱必然"淆杂为巧",以取厚利就会触犯刑律。"乃者,民人抵罪多者一县数百,及吏之所疑,榜笞奔走者甚众。"②这种允许民间铸钱的政策是诱民犯法的政策。二是民间铸钱必然引起币制紊乱。他认为民间铸钱使得"民用钱,郡县不同:或用轻钱,百加若干,或用重钱,平称不受","市肆异用,钱文大乱"。三是民间铸钱必然使很多人离开农业。他认为"今农业弃捐而采铜者日蕃,释其耒耨,冶熔炊炭,奸钱日多,五谷不为多"。但是,贾谊并不赞成简单地"禁铸钱",他认为"禁之不得其术,其伤必大",这是因为"今禁铸钱,则钱必重,重则其利深,盗铸如云而起,弃市之罪又不足以禁矣"。他认为"铜布于天下,其为祸博矣"。所以,他认为解决的办法在于"上收铜勿令布",也就是控制住币材,将铜收归国有,控制住币材——铜,也就杜绝了民间铸币。

贾谊认为按照他的控制币材的办法,杜绝民间铸币,可以获得七福。"何谓七福?上收铜勿令布,则民不铸钱,黥罪不积,一矣。伪钱不蕃,民不相疑,二矣。采铜铸作者反于田,三矣。铜毕归于上,上挟铜积以御轻重,钱轻则以术敛之,重则散之,货物必平,四矣。以作兵器,以假贵臣,多少有制,用别贵贱,五矣。以临万货,以收奇羡,则官富实而末民困,六矣。制吾弃财,以与匈奴逐争其民,则敌必怀,七矣。"他所讲的七福,可以概括为三个方面:一是可使货币稳定,有利于社会秩序和封建等级制的稳定,有利于社会经济正常运行。二是政府可以利用掌握的货币,调节物价,控制市场;并可直接从事商业经营活动,不仅可以调节供求,而且可以赢利,增加财政收入,打击商人的投机活动。三是有利于利用经济手段与匈奴贵族作斗争。

在这三个方面中,第二个方面尤其值得重视。这是因为其内容表明了贾谊要求西汉王朝的政策从无为转向有为,同时也表明贾谊成为西汉"轻重论"的先驱。③

"上挟铜积以御轻重,钱轻则以术敛之,重则以术散之,货物必平。"这里讲的钱轻、钱重,是指钱的购买力的高低,钱轻是说钱的购买力低,钱重是说钱的购买力高。当钱轻时,也即市场上流通的货币过多,物价上涨,政府就紧缩通货,回

---

① 《汉书·食货志下》。
② 贾谊:《谏铸钱疏》,《汉书·食货志下》。本节"2. 控制币材——铜,以统一铸币"部分的引文凡不注明出处者,均引自此文。
③ 马非百:《论管子轻重》,《管子轻重篇新诠》,中华书局,1979年,第51—52页。

笼货币，以提高货币的购买力，从而降低物价。相反，当钱重时，也即市场上流通的货币供应不足，出现钱重物轻时，政府就向市场投放货币，以提高物价。过去人们只是认识到物品供应的多少影响物价，贾谊又提出市场上流通的货币的多少也影响物价，把货币的投放看成调节物价的重要手段。贾谊之前，所谓钱的轻重是指钱的重量的大小，而贾谊所讲的钱轻钱重，并非指钱的重量，而是指钱的购买力，从而成为"人们心理上的反映的'轻重'"。这与稍后的"轻重论"对轻重的理解是一致的。①

"以临万货，以调盈虚，以收奇羡，则官富实而末民困"，是说政府以其掌握的货币，从事商业经营，调节市场上的供求，在经营中获利以充实国库，并打击"末民"。贾谊的这一主张，开启了西汉"轻重论"所主张的官营工商业政策的先河。

贾谊成为西汉统治思想和政策，从无为到有为的转变中的一个重要代表人物。

本章总结

陆贾通过总结历史的经验教训，为新生的西汉王朝提出了节俭和轻徭薄赋的政策。曹参将无为政策推广到全国，使黄老之学成为西汉王朝治国的指导思想。

经过几十年的休养生息，汉王朝的经济有了很大发展，但也出现了不少社会问题。诸如诸侯王的势力越来越大，威胁中央政权；匈奴的侵扰；不重视农业，背本趋末；货币的自由铸造造成货币不统一等。在探讨解决这些社会问题的过程中，贾谊提出了积贮和重本抑末的主张，要求将货币的发行权收归国家，希望封建国家用手中掌握的货币调控物价、打击商人的投机活动，并主张封建国家利用经济手段和匈奴作斗争。

思考与练习

1. 阐述陆贾"无为"思想的主要内容。
2. 阐述贾谊的经济思想及其特点。

---

① 马非百：《论管子轻重》，《管子轻重篇新诠》，中华书局，1979年，第51—52页。

第三章 《管子·轻重》和轻重论

本章概要

本章首先介绍了对《管子·轻重》形成时间的各种不同看法,认为此文应成于西汉文景至武昭时期,然后介绍了轻重论以经济目标、经济理论和实施手段及方法为主要内容的国家干预主义经济思想。

学习目标

1. 了解轻重论的产生和《管子·轻重》的写成年代
2. 了解轻重论的经济目标和经济理论
3. 了解轻重论的主要实施手段和方法

第一节 轻重论的产生和《管子·轻重》的写成年代

论述轻重论的主要文献是《管子·轻重》篇。《轻重》是《管子》的最后19篇(现存16篇)的总篇名。《轻重》不是管仲所作,已成定论,但成于何时,有不同的看法。胡寄窗认为《轻重》成于战国时期。[1] 巫宝三认为成于"韩非活动之时,或稍后于韩非,亦即在战国末期和秦初"[2]。王国维认为成于西汉文景时期。[3] 罗根泽认为"并汉武昭时理财学家作"。[4] 马非百认为"它是西汉末年王莽时代的人所作"[5]。这就是说对《管子·轻重》成于何时,分歧很大。我们认为《管子·轻重》成于西汉文景至武昭时期。

考证具有学术思想内容的古代文献产生的年代,不仅需要从文献的文字、史

---

[1] 胡寄窗:《中国经济思想史》上,第288页。
[2] 巫宝三:《管子经济思想研究》,中国社会科学出版社,1989年,第369页。
[3] 王国维:《月支未西徙大夏时故地考》,《观堂别集》卷1,中华书局,1959年。
[4] 罗根泽:《"管子"探源》,《诸子考索》,人民出版社,1958年,第427页。
[5] 马非百:《论管子轻重上——关于管子轻重的著作年代》,《管子轻重篇新诠》,中华书局,1988年,第4页。

实等方面来考证,而且需要从文献所表达的思想存在的历史条件以及产生、发展的过程来考证。

轻重论是一种运用轻重概念,分析和管理封建国家宏观经济的理论。在先秦的文献中早就有"轻重"一词,最早把"轻重"运用于分析货币问题的是《国语·周语》中的单穆公论铸大钱。但是,那里讲的轻重,是指金属货币的分量的轻重。《管子·轻重》中讲的轻重"已不是钱本身的分量大小的轻重,而扩大为货币的多寡贵贱在人们心理上的反映的'轻重'"。最早这样理解"轻重"是贾谊。贾谊是西汉从无为向有为过度的代表人物。他运用"轻重"概念来论证政府利用货币干预市场、干预经济活动的可能性与必要性。但是,贾谊还没有把"轻重"和管子联系起来。① 贾谊引用了管子的"仓廪实而知礼节",但是,在运用"轻重"概念时,并没有引用《管子·轻重》的文字,也没有提到《管子·轻重》,这是否可以说明当时还不存在《管子·轻重》,轻重理论还处于萌芽状态。贾谊之后,从无为转向有为的倾向日见明显,干预主义的思潮日益高涨。我们可以设想,文景时期出现了不少假托管子所作的干预经济生活的轻重论的论著,轻重论迅速成熟,到汉武帝时"轻重"和管子已经紧密地联系在一起了。司马迁说管仲"其为政也,善因祸而为福,转败而为功。贵轻重,慎权衡"。又说:"吾读管氏《牧民》、《山高》、《乘马》、《轻重》、《九府》。"②《轻重》成为《管子》中的一部分了。③

干预主义的轻重论之所以出现并迅速成熟起来,是由于当时的社会政治经济状况急切需要这种理论。司马迁在描写当时的情况时指出:"至今上即位数岁,汉兴七十余年之间,国家无事,非遇水旱之灾,民则人给家足,都鄙廪庾皆满,而府库余财货。京师之钱累巨万,贯朽而不可校。太仓之粟陈陈相因,充溢露积于外,至腐败不可食。"在经济恢复发展的同时,无为放任的政策也带来了种种问题。司马迁又说:"当此之时,网疏而民富,役财骄溢,或至兼并豪党之徒,以武断于乡曲。宗室有土公卿大夫以下,争于奢侈,室庐舆服僭于上,无限度。物盛而衰,固其变也。"④所谓"网疏而民富",就是说由于实行了无为放任的政策,政府对经济活动很少干预,使民富起来了,当然,富起来的只能是少数大地主、大商人。"网疏而民富"引起了一系列问题,土地兼并、豪强专横等现象都出现了。由于工商业的发展,商人兼并农夫,对封建农业自然经济起着瓦解作用,引起了

---

① 马非百:《论管子轻重中——关于管子轻重之理论的体系》,《管子轻重篇新诠》,第52页。
② 《史记·管晏列传》。
③ 在《史记》之前的文献,除了《管子·轻重》外,包括先秦的文献,讲到管仲时,既没有讲到《管子》中有《轻重》,也没有讲到管仲与轻重有何联系。
④ 《史记·平准书》。

统治者的关心；商人取得高额商业利润，过着豪华生活，也引起封建统治者的不满。这些矛盾早在汉文帝时就有人看到了，但是，那时看到这些矛盾的只是极个别的对社会矛盾非常敏感的人，如贾谊。随着这些矛盾的发展暴露，愈来愈多的人感到需要改变原来的无为放任政策，加强干预，走向"有为"。众多的有关轻重论的论著产生了。

汉武帝时期，由于对外战争和水旱之灾，国家财政面临很大困难，而工商业者又"不佐公家之急"。于是，汉武帝任用张汤、东郭咸阳、孔仅、桑弘羊等人，实行了以轻重论为指导，以盐铁官营、平准、均输为主要内容的干预主义的经济政策，取得了"民不益赋而天下用饶"的效果。轻重论也在实践中得到了检验，获得了发展。比如《轻重乙》中提出政府不要直接经营开矿炼铁，其理由是："今发徒隶而作之，则逃亡而不守；发民，则下疾怨上，边境有兵则怀宿怨而不战，未见山铁之利而内败矣。故善者不如与民量其重，计其赢，民得其七，君得其三，又杂之以轻重，守之以高下。若此，则民疾作而为上虏矣。"这应是总结了盐铁官营的经验教训之后发表的见解。汉昭帝始元六年召开了"盐铁会议"对实行盐铁官营、平准、均输等政策进行了辩论。西汉宣帝时桓宽根据"盐铁会议"的记录并加以推衍，写成《盐铁论》。

根据以上考证分析，我们认为把《管子·轻重》的写成年代定为西汉文景到武昭是合适的、有根据的。这样轻重论从萌芽到发展、形成，到实践、辩论、总结，就非常清楚了，《管子·轻重》也就在这过程中形成了，这也就是说，假托管子所作的众多的轻重论的文章，已构成相当完备的理论体系和丰富的内容，那么现存的《管子·轻重》的重要篇章也就面世了。

第二节　轻重论的经济目标

轻重论的重要特点在于政府以各种手段控制住整个国民经济。他们认为控制住全国经济可以达到以下目标：

第一，调整中央政府与诸侯王、大工商业主以及人民的经济关系，以巩固君主的统治。

轻重论主张中央政府通过控制全国经济，一方面削弱诸侯王、大工商业主的经济实力；另一方面控制住人民，"调通民利"，使民尽力，"亲君如父母"①。

西汉王朝建立后曾分封过许多同姓王和异姓王，后来虽然解决了异姓王问

---

① 《管子·国蓄》。以下引《管子》只注篇名。

题，但同姓王的封土很大，并且控制了封国内的自然资源。有的同姓王经营盐铁、铸造货币，有很强的经济实力，对中央构成严重威胁。轻重论认为同姓王对中央集权的危害是巨大的。"争夺之事"，"以戚始"，会发展到"伏尸满衍，兵决而无止"的地步，所以他们提出，"毋予人以壤，毋授人以财"①。"毋予人以壤"，说明他们他们反对分封诸侯。但是，在当时存在同姓王的情况下，他们只是提出"立壤列"，即规定各封国的封土面积的等级序列，最大的诸侯王"三百有余里"，其次百里，小的七十里。② 这实际上是要缩小诸侯国的封地，以削弱诸侯王的势力。"毋授人以财"的"财"，指的是"天财"，即自然资源。他们认为"天财"是应由君主独占的，不能分给别人。他们主张"官天财"，"官山海"，要把自然资源管起来，这就要把各诸侯国内的自然资源收归中央，由中央独占"山泽之利"，这也就削弱了各诸侯国的经济实力，加强了中央政府的经济力量。

工商业在西汉前期获得了很大的发展，出现了不少拥有巨额财富的大工商业者，即所谓"百金之贾"，"千金之贾"，"万金之贾"。轻重论者认为这些巨贾瓜分了君主应该取得的财富，并运用其财富役使一部分百姓，瓜分了君主的权势，成了君主之外的另一个君主，即所谓"中一国而二君二王"③，所以他们主张政府应控制全国经济，运用轻重之术，"杀正商贾之利"④，使"大贾蓄家不得豪夺吾民"⑤，这样，也就削弱了大工商业者的势力。

首先，轻重论者特别注意调节君与民的经济关系。轻重论者认为君主统治人民不能只靠行政和法律手段，还应运用经济手段。他们认为，"不通于轻重，不可为笼以守民，不能调通民利，不可以语制为大治"。"通于轻重"，就是指运用经济手段。他们主张政府通过控制经济，从而控制住人民，使人民的生产、生活都依赖于政府，使"民无不系于上"，同时运用轻重之术，调节人们的经济利益。这样，就可以"予之在君，夺之在君，贫之在君，富之在君"，从而"民力可得而尽也"，并且"民之戴上如日月，亲君如父母"⑥。

其实，轻重论者最关心的还是通过控制经济，运用轻重之术，最大限度地占有农民的剩余劳动。"彼善为国者，使农夫寒耕暑耘，力归于上，女勤于纤微，而织归于府者，非怨民心伤民意，高下之筴不得不然之理也。"⑦

---

① 《山至数》。
② 《轻重乙》。
③ 《轻重甲》。
④ 《轻重乙》。
⑤ 《国蓄》。
⑥ 本段引文均引自《国蓄》。
⑦ 《臣乘马》。

第二，守住国家财富，不使外流。

轻重论者以前的思想家、政治家,多认为国家的富足要靠"强本节用"。荀子就强调"强本节用,则天不能贫"①,"务本节用财无极"②。轻重论者不同,他们认为"强本节用","其五谷丰满而不能理,四流而归于天下"。本国的粮食会流出国外。一旦本国人民辛勤劳动的成果流至他国,势必沦为他国的奴虏。最后只能亡国。③ 所以,轻重论者认为,不仅要生产出更多的粮食,而且还要通过轻重之术控制住粮食,不使外流,这样,国家才能富强。

第三，增加财政收入。

轻重论者认为政府通过控制经济、运用轻重之术,可在强制性的赋税之外,获得大量收入。他们说:"故人君御谷、物之秩相胜,而操事于其不平之间,故万民无籍,而国利归于君也。""敛积之以轻,散行之以重,故君必有十倍之利"。"视国之羡、不足而御其财物,谷贱则以币予食,布帛贱则以币予衣,视物之轻重而御之以准,故贵贱可调而君得其利"④。有的轻重论者甚至认为政府控制住经济,运用轻重之术,可以做到"无籍而用足",即完全不用征税,就能获得足够的财政收入。

第三节 轻重论的经济理论——轻重之学

轻重论的经济理论主要包括两个方面的理论:一是市场与价格理论;二是财政理论。

1. 关于市场与价格理论

(1) 谷、币在国民经济中的地位

轻重论认为谷与币在国民经济中具有非常重要的地位。"五谷食米,民之司命也;黄金刀币,民之通施也。"⑤粮食是百姓的命根子,货币是百姓的流通手段。君主只要控制住谷、币,就可以控制住百姓,控制住天下。"故通善者执其通施,以御其司命,故民力可得而尽也。"⑥这就是说,封建国家通过掌握作为流通手段的货币来控制作为百姓命根子的谷物,就能使民力充分地发挥出来。他

---

① 《荀子·富国篇》。
② 《荀子·成相篇》。
③ 《轻重乙》。
④ 《国蓄》。
⑤ 同上。
⑥ 同上。

们还说:"人君操谷币金衡,而天下可定也。"①君主掌握了谷币,就能稳定统治。可见,在轻重论者看来,谷币是多么重要!

(2) 谷、币、万物之间的轻重关系

轻重论者认为谷、币、万物之间存在着轻重关系。"谷重而万物轻,谷轻而万物重"②;"币重而万物轻,币轻而万物重"③;"粟重而黄金轻,黄金重而粟轻"④。这就是说,一种商品(包括货币)与其他商品的比价,是此消彼长的关系。但是,轻重论者认为,在众多商品中,"谷独贵独贱"⑤。他们没有说其他商品独贵独贱,只是说"谷独贵独贱",说明他们看到谷物在当时商品交换中处于特殊地位。谷物在比较发达的商品经济中,虽然只是一种普通商品,但在商品经济发展的早期,在农业生产地区,曾起一般等价物的作用。在封建社会,农业是主要的生产部门,谷物是主要的物资,处于"民之司命"的地位。特别是,谷物生产受天时的影响,丰年、灾年谷物的收获量不同,价格也不同。谷物价格的状况,在当时的商品交换中,对其他商品价格的高低,在很大程度上是具有主导作用的。⑥

(3) 市场上的供求关系决定商品价格

轻重论者认为市场上商品价格的变化是有规律的。他们的一个基本认识就是"物多则贱寡则贵"⑦。所谓"物多"、"物寡",是指一种商品在市场上供给的多少。供给的多少是相对于需求讲的。所以,这是一种供求决定论。为什么"物多"、"物寡"的供求关系能够决定价格?轻重论者并没有直接回答。但是,他们讲过,"民有余则轻之","不足则重之"⑧,就是说,由于人们对商品的有余、不足感觉不同,所以引起对商品轻重的评价不同。因此可以说,这是一种主观价值论。可以说轻重论的价格理论是建立在主观价值论基础上的供求决定论。

轻重论还分析了一些影响商品的供求和价格的具体原因。归纳起来有两个方面:自然原因和人为原因。属于自然原因的,主要是年成的丰歉。"岁有凶穰故谷有贵贱"⑨,天时影响谷物的产量,从而影响谷物的供求和价格。此外,季节不同,谷物的供求与价格也不同,"时有春秋故谷有贵贱"⑩属于人为原因的,主

---

① 《山至数》。
② 《乘马数》。
③ 《山至数》。
④ 《轻重甲》。
⑤ 《乘马数》。
⑥ 参看石世奇、陈为民:《〈管子〉轻重论初探》,巫宝三等著:《经济思想史论文集》,北京大学出版社,1982年,第308—309页。
⑦ 《国蓄》。
⑧ 同上。
⑨ 同上。
⑩ 《七臣七主》。

要是指人为地造成市场上供求的变化,从而操纵价格的变化。轻重论认为"聚则重散则轻"①,"藏则重发则轻"②。人为地把某种商品囤积起来,或抛至市场,从而影响供求和价格。政府的政令也会影响市场上商品的供求和价格,"令有缓急故物有轻重"③。政府征收货币税,如果征收的期限很短,人们就要在很短的时间内抛售自己的产品以换取货币。从而造成市场上货物供给增加,价格下跌。如果征收的期限较长,对价格的影响就较小。《管子·国蓄》专门谈到征税的期限与商品价格的关系:"今人君籍求于民,令曰:'十日而具',则财物之价什去一。令曰:'八日而具',则财物之价什去二。令曰:'五日而具',则财物之价什去半。朝令而夕具,则财物之价什去九。"

在轻重论者看来,不仅供求决定商品的价格,而且商品的价格也影响供求,影响商品的流向。轻重论认为"重则见射,轻则见泄"④。此地某种商品价格贵,就成为人们射利的目标,其他地方的这种商品就会涌至,供给增加。此地某种商品价格贱,这种商品就会离开此地,泄至他处,供给减少。从商品流向来看,就是"物重则至轻则去"⑤。商品总是从价格低处流向价格高处。

2. 关于财政理论

(1) 赋税思想

轻重论者的赋税思想有两个基本观点:一个是以什么作为征税对象,这个对象就会被扼杀。"夫以室庑籍,谓之毁成。以六畜籍,谓之止生。以田亩籍,谓之禁耕。以正人籍,谓之离情。以正户籍,谓之养赢。"⑥另一个是认为人民的性情是"夺之则怒,予之则喜"⑦。以征收赋税来取得财政收入,是夺民之产,是会激怒人民的。上述两个基本观点的逻辑结论就是否定赋税。事实上,轻重论者也多次讲过否定赋税的话,主张无税论。但是,轻重论者认为只有按照他们的轻重理论,通过实行轻重之术,才能使国家有足够的财力,"不求于万民",使"万民无籍"⑧。

轻重论是否是无税论?学术界是有争论的。胡寄窗认为"自梁启超提出《管子》的无税论以后,赞同此说者颇不乏人。管子主张轻税是肯定的,至于说

---

① 《国蓄》。
② 《揆度》。
③ 《国蓄》。
④ 《山至数》。
⑤ 《揆度》。
⑥ 《国蓄》。
⑦ 《轻重乙》。
⑧ 《国蓄》。

它主张无税,那是没有根据的。"①巫宝三认为"梁启超、甘乃光等提出《管子》主张无税论,不能认为没有根据。"②我们认为,轻重论的赋税思想是矛盾的。当其强调实行轻重之利时,的确有否定赋税的说法,并且是从理论上说明征收赋税是有害的,可以说,在理论上,轻重论者是无税论。但是,作为一个国家,实际上是不能不征收赋税的。尽管轻重论者主张通过轻重之术取得大量收入,但也不会放弃赋税这一财源。所以,轻重论者在指出以什么作为征税对象,这个对象就要被扼杀之后,并没有按照逻辑的必然,得出不要征税的结论,而是说:"王者不可毕用,故五者偏行而不尽也。"③意思是对房屋、土地、牲畜、人、户五种征税对象,不能同时征税,只能有选择地、部分地征收。他们着重批判的还是横征暴敛,是"君之衡籍而无止"。"此盗暴之所以起,刑罚之所以重也。随之以暴,是谓内战。"④所以,最危险的还不是征收赋税,而是诛求无已,横征暴敛。轻重论者认为不能依靠无限制地增加赋税来增加财政收入,而应适应人民之性情,采取"见予之形,而不见夺之理"⑤的轻重之术,来增加国家的财政收入。

(2)重视储备

轻重论者非常重视国家的财物储备。他们主张"岁藏三分,十年则必有三年之余"。储备的作用主要是补以后国用之不足。"国用一不足,则加一焉;国用二不足,则加二焉;国用三不足,则加三焉……国用九不足,则加九焉;国用十不足,则加十焉。"⑥轻重论者特别强调遇到灾荒时,政府以国家储备来救灾。值得注意的是,他们并不是简单的救济,而是主张由政府兴办工程,吸收贫困灾民做工,取得收入。"若岁凶旱水溢,民失本事,则修宫室台榭,以前无狗后无彘者为庸。故修宫室台榭,非丽其乐也,以平国策也。"这不是为了享受,而是实行一种救济政策。

第四节 轻重论的实施手段和方法——轻重之术

轻重之术的内容很多,主要有以下几个方面:

1. 国家要控制住谷和币

由于轻重论者认为谷与币在国民经济中占据重要地位,所以国家要控制国

---

① 胡寄窗:《中国经济思想史》上册,上海人民出版社,1962年,第353页。
② 巫宝三:《管子经济思想研究》,中国社会科学出版社,1989年,第264页。
③ 《国蓄》。
④ 《臣乘马》。
⑤ 《轻重乙》。
⑥ 《乘马数》,本段引文均引自此篇。

民经济就要控制住谷与币。

控制货币的办法,首先,是由国家垄断货币的铸造和发行。"人君铸钱立币。"①其次,国家还要控制住货币的投放和流通。国家控制谷物的办法,除了依靠赋税收取谷物外,主要靠国家掌握的货币来控制谷物,按照轻重论者的说法就是,"善者执其通施,以御其司命"②。

控制住谷与币是重要的,但是,目的还在于通过控制谷与币,来操纵谷、币之间以及谷、币、万物之间的轻重关系,以控制市场,稳定统治,赚取利润。"人君操谷币金衡而天下可定也。此守天下之数也。"③"人君御谷、物之秩,而操事于其不平之间,故万民无籍,而国利归于君也。"④

2. 国家控制住尽可能多的各种产品

轻重论者提出了"官天财"、"官山海",即垄断自然资源的主张。在所要垄断的自然资源中,占首要地位的是盐铁。他们认为盐铁是人民生产生活所必需,垄断了盐铁,可以加价销售以获利。比如铁,妇女做衣服要用针和剪刀。每一只针加价一文,三十只针,就加价三十文。三十文就相当一个人的口赋(人头税)。每把剪刀加价六文,五把剪刀就加三十文,又相当一个人的口赋。盐也是一样,"十口之家,十口食盐,百口之家,百口食盐"。如果每升盐加两个钱,一个万乘之国,有千万人口,一个月就是六千万。⑤ 所以,垄断了盐铁,收入是很大的。轻重论者关于盐铁的设想,实际上是盐铁专卖。他们选择盐铁作为专卖对象是很有见地的。需求弹性是现代西方经济学的术语,轻重论者当然不懂,但他们实际上掌握了需求弹性的原理,才在众多的产品中选择了需求弹性小的盐铁作为专卖对象。

轻重论者还主张控制木材的砍伐销售,百姓所需木材均由国家所控制的山林供给,根据木材的粗细,"君立三等之租"⑥。

此外,对农村妇女生产的某些纺织品,也采取订立收购合同的办法来控制。"女贡织帛,苟合于国奉者,皆置而券之。"⑦皮革筋角羽毛竹箭都采取这种订立收购合同的办法来掌握。总之,凡是能够控制的,都要控制。

---

① 《国蓄》。
② 同上。
③ 《山至数》。
④ 《国蓄》。
⑤ 《海王》。
⑥ 《山国轨》。
⑦ 同上。

3. 操纵市场,贱买贵卖

封建国家掌握了谷、币和各种产品,就有了操纵市场的物质基础,加之封建国家可以运用政权力量,所以无人能够与之竞争,形成了封建国家独占的局面。

轻重论者认为市场上的商品是"物多则贱,寡则贵,散则轻,聚则贵"①。因而,利用封建国家掌握的谷币和各种物品,人为地"聚散",造成市场上各种物品,包括谷物的供求变化,以此造成物价波动,从而达到封建王朝的目的,特别是增加收入的目的,即所谓"人君御谷物之秩相胜,而操事于其不平之间,故万民无籍,而国利归于君也"②。

轻重论操纵市场的办法首先是通过国家掌握的货币来掌握谷物。大量谷物被国家收购了,"聚则重",谷价上涨。国家再以高价出售谷物,换取货币,再收购价格较低的其他各种商品。由于这些商品被国家收购了,供给减少,价格上涨。谷物价格由于国家大量出售而下跌,于是,国家又出售其他各种商品,收购谷物,这样循环不已,获利无穷。

在这个过程中,政府还向农民放债。于青黄不接,谷物价格上涨时,政府贷给农民谷物,但以货币计算债务。到了秋后,政府讨还债务。农民根据原来按货币计算的债务,折谷归还。由于秋后谷价低,所以政府可以收回更多的谷物。

轻重论者也有稳定物价的思想。当从巩固封建统治,稳定社会秩序出发时,他们也主张稳定物价,但他们更感兴趣的还是操纵市场造成物价波动以获利。

4. 国与国之间经济交往中的轻重之术

国与国之间经济交往中的轻重之术,就是通过经济交往,增强本国的经济实力,破坏别国的经济实力和经济生活,达到从经济上、政治上控制别国的目的。

封建时代一个国家的贫富、国力的强弱,主要看生产和储存的谷物的多寡。所以,轻重论者特别注意本国的谷物不要外流,这叫做"守";同时,还要想方设法使别国的谷物流入本国,这叫做"泄"。为了达到这个目的,轻重论者主张提高本国谷物的价格。"天下下我高,天下轻我重,天下多我寡。"③"天下高我独下,必失其国于天下。"④"物重则至",如果本国的谷物价格高,别国的谷物就会流入本国。以高价吸引别国谷物,是否合算? 轻重论者认为是合算的,因为谷物是最重要的物资,关系到国家的强弱存亡,多付一些货币也是合算的。同时,轻

---

① 《国蓄》。
② 同上。
③ 《轻重乙》。
④ 《轻重丁》。

重论者认为,虽然本国提高了谷物的价格,但最后收买别国谷物时,并不一定非要付出高价,很可能以较低的价格买到。这是因为可以发生"有以重至而轻处"的情况。这就是各国因此国谷物价格高,"物重则至",纷纷运谷至此以追求高价,由此造成此国市场上谷物供给大量增加,"物多则贱",谷物价格必定下降。各国谷物已运至,如因价格低而运回,可能更不合算,只好低价出售。① 轻重论者认为实施了"天下下我高,天下轻我重,天下多我寡"的轻重之术,"然后可以朝天下"②。这是使天下臣服的富强之术。

为了通过贸易来控制、支配别国,轻重论者还提出了"可因者因之,乘者乘之"③的策略,这就是充分利用对方的弱点、失误,甚至诱使对方失误的办法,谋取政治经济利益。如本国产盐而别国缺盐,就乘此抬高盐价,垄断盐利。又如某国产鹿,因之高价收购,引诱对方农民弃农就猎,破坏对方农业,乘其缺谷时,抬高谷价以获利,同时,迫使对方在政治上依附于自己。

5. 重视利用行政手段

轻重论者在重视经济手段的同时,也重视行政手段,并把经济手段与行政手段结合起来。他们把运用行政手段干预经济,称作"籍于号令"④,即以国家法令的形式来左右人们的经济行为,从而影响社会经济的运行,特别是影响市场上商品的供求和价格。他们认为政令是可以左右物价的:"令有徐疾,物有轻重。"⑤"令疾则黄金重,令徐则黄金轻。"⑥政府可以在政令所造成的供求和价格波动中获利。所以他们认为政府可以"不求于万民而籍于号令"⑦。可见,这种行政手段不同于一般行政手段,它具有轻重之术的特点,属于轻重之术的一个组成部分。

第五节 轻重论的性质、成就和局限性

轻重论是一种封建的垄断的专制主义的经济理论。这是由于它体现了封建王朝的利益,它的宗旨是巩固封建王朝的统治,增加封建王朝的财政收入;它是以垄断为手段的。轻重论主要研究中央集权的封建国家如何进行垄断,直接参

---

① 参阅马非百:《管子轻重篇新诠》下册,中华书局,1988年,第457页。
② 《轻重乙》。
③ 《轻重丁》。
④ 《国蓄》。
⑤ 《地数》。
⑥ 同上。
⑦ 《国蓄》。

与市场活动,并取得对商品流通的支配权,从而控制市场,操纵物价,贱买贵卖;它又是以封建的中央集权为前提的,他们主张凭借中央集权的权势垄断"山海"、垄断"天财","籍于号令"达到增加财政收入的目的。

汉武帝时在桑弘羊等人的主持下,大规模地又是有选择地实行了轻重之术,取得了巨大的成功,对加强中央集权,增加财政收入,战胜匈奴军事威胁,都起了重要作用。汉武帝时期盛极一时的文治武功,是和轻重论的实践分不开的,当时财政开支浩繁,但能够"民不益赋而天下用饶"①。汉武帝时期的理财实践,成为后世理财家千古称羡的理财成就。

在理论上,轻重论是中国古代论述封建国家宏观经济的最为丰富的理论,特别是关于市场、商品货币经济的理论、财政理论,对中国古代经济思想的发展,具有深远的影响。轻重论成为中国古代不少改革家实行改革的理论武器之一。

但是,轻重论在理论上也有局限性和浅薄之处。首先,轻重论没有涉及封建社会中的基本经济条件和基本经济关系,如土地制度、地主和农民的关系、地租的性质和形态;其次,夸大了商品货币经济在整个封建经济中的地位和作用,突出流通,忽视生产;再次,对商品货币的研究,只从商品的供求和货币数量的增减来说明价格,而没有价值论,这就可能使轻重之术的运用达到随心所欲地制造物价的大幅度涨落,随心所欲地规定物价,甚至荒唐到"菁茅一束百金"的地步,夸大了国家政权的作用,视国家政令为万能。

轻重论在实践中成为封建的官工、官商和封建政府实行垄断、专卖的理论依据,具有抑制民间工商业发展,抑制商品货币经济发展的消极作用。

本章总结

"轻重论"的经济目标有三:一是调整中央政府和诸侯王、大工商业主及人民的经济关系;二是守住国家财富,不使外流;三是增加财政收入。

"轻重论"认为,谷、币在国民经济中具有非常重要的地位,控制了粮食和货币,足以影响万物价格。出于对"民之性,夺之则怒,予之则喜"的认识,"轻重论"是无税论者,主张"见予之形,不见夺之理"。"轻重论"强调国家在控制住谷、币的同时,还要控制尽可能多的其他产品,这样才好操纵市场,贱买贵卖,人为地促进价格的上涨,以取得可尽可多能多的收入。"轻重论"还认为国家和国家之间的经济交往中也要重视轻重之术的运用,尽可能地不使财富外流,而想法使别国的财富流进本国,这样才能取得对周边民族的支配地位。

---

① 《史记·平准书》。

干预主义的"轻重论"是中国古代论述国家宏观经济管理最为丰富的理论，对中国古代经济思想的发展具有深远的影响。

思考与练习

1. 简述"轻重论"在市场和价格问题上的思想主张。
2. 简述"轻重论"在财政问题上的主张。
3. 简述"轻重论"的实施手段和方法。

第四章 司马迁

本章概要

本章主要介绍在经济思想领域"成一家之言"的司马迁的经济思想,评述其"善因论"及"治生之学"方面的成就。

学习目标

1. 了解司马迁的"善因论"思想及其影响
2. 了解司马迁在"治生之学"方面的思想主张

第一节 在经济思想领域中"成一家之言"的司马迁

司马迁(公元前145年—公元前86年)[①],中国古代伟大的史学家,字子长,生于龙门(今陕西韩城)。他的父亲司马谈任汉太史令,是一位博学的学者,"学天官于唐都,受易于杨何,习道于黄子"[②],对春秋以来的学术思想有精湛的研究,其《论六家要旨》是研究中国古代学术思想的重要文献。他要写一部史书,但搜集整理了一部分史料就去世了,他在临终前把编写这部史书的任务交给了司马迁。

司马迁从小就受到良好的教育和学术熏陶。"年十岁则诵古文",不仅受到他父亲的教诲和影响,而且曾师从孔安国、董仲舒等著名学者学习,具有深厚的学术基础。他继其父之后任太史令,"百年之间,天下遗文古事靡不毕集太史公",使他有可能利用朝廷收藏的大量书籍档案等材料,"䌷史记、石室、金匮之书"。他二十岁时为了给写史书作准备,漫游大江南北。之后,司马迁"仕为郎中"、"太史令",也曾"奉使西征巴蜀以南",侍从汉武帝封禅巡行,足迹遍及黄河上下,长城内外。司马迁一生游历了国内广大地区,对山川形势,名胜古迹,风土

[①] 关于司马迁的生卒年有不同的说法,这里是根据王国维的考证,见于《观堂集林》卷十一,《太史公行年考》,中华书局,1959年。
[②] 《史记·太史公自序》。本节引文,凡不注明出处的,均引自此篇。

人情以及各地的经济生活状况,有了亲身见闻,对历史事件和历史人物,作了调查访问,掌握了大量书本上没有的生动资料。

在司马迁写作《史记》的过程中,发生了李陵兵败投降匈奴的事件。司马迁因替李陵辩解,被处以"腐刑",他忍受着极大的屈辱,为了完成自己的著作而活了下来,这也使他亲自体会到封建统治的残酷及人间的世态炎凉。他以历史上遭受苦难之后,发奋写作的杰出人物的精神来激励自己,终于写出了不朽著作《太史公书》,即后被称为《史记》的千古名著。

司马迁写《史记》,并非为了写历史而写历史,而是要"网罗天下放失旧闻,考之行事,稽其成败兴坏之理","亦欲以究天人之际,通古今之变,成一家之言",这就是说他要研究自然界和人类的关系,探讨历代成败兴亡,古往今来的变化规律。

《史记》是一部自黄帝至汉武帝时期的通史,由于资料缺乏,西周末以前的历史写得简略,此后则写得比较详尽具体。司马迁不仅写了政治史、军事史、文化史等,而且写了经济史、财政史。他除了在人物的传记、评论中提出了自己关于经济问题的见解,而且专门写了两篇关于财政、经济历史的专篇:一篇是专门记述西汉初至汉武帝时期国家财政、经济状况和制度、政策沿革的《平准书》;另一篇是《货殖列传》,记述了当时全国各地区的物产、风俗以及经济等情况,并为春秋末至西汉的著名的工商业者作传,总结了他们的经营管理的经验。在这两篇著作中集中地反映了司马迁的独具特色的"成一家之言"的经济思想。

第二节 司马迁的社会经济观和"善因论"

司马迁对人性的认识是他社会经济观的出发点。他在《货殖列传》开篇就提出了人性问题,他认为人们不能如老子所设想的那样,安于现状,无所追求。人们是"耳目欲极声色之好,口欲穷刍豢之味,身安逸乐,而心夸矜执能之荣使"①。人们的这种追求,"虽户说以眇论,终不能化"。他的结论是求富是人的本性。"富者,人之情性,所不学而俱欲者也。"他认为人的这种求富的本性,成为社会经济自发运转的动力。他认为人们是通过个人的努力,来满足自己的欲望。他还说:"天下熙熙,皆为利来,天下壤壤,皆为利往。"人们都是为了利而奔波忙碌。这种求富、求利的欲望是任何人都一样的,不仅农工商贾追求财利,而且统治阶级中的帝王、诸侯、各级官吏、将军、士兵,以及赌徒、娼妓、流氓、恶棍,无一不是为了追求财利而进行活动的,也就是说,追求财利是人们从事各种活动

---

① 《史记·货殖列传》,以下引文凡不注明出处者,均引自此篇。

的动力。

正因为追求财利是"人之情性",所以是自然的,不可改变的,也不必要改变,这是因为人们的求利的欲望并不是什么坏事情。他把求利活动分为三等:"本富为上,末富次之,奸富最下"。"本富"指从事农业而致富的,"末富"是指从事工商业而致富的。司马迁认为从事这些经济活动的都是"布衣匹夫之人,不害于政,不妨百姓"①。他们"皆非有爵邑俸禄,弄法犯奸而富",而是靠着经营的本事,"与时俯仰",掌握时机进行买卖,"获其赢利",他们致富是正当的,无可指责的,这样依靠经营本领致富的人,是"贤人所以富者",这些人的事迹和致富经验,对后世是有用的,司马迁写《货殖列传》,为这些人立传,就是为了"令后世得以观择焉","智者有采焉"②。

"奸富"则不同。"奸富"是指"弄法犯奸而富",即通过非法手段获取财富,司马迁认为对于这些"弄法犯奸而富"的人,不能放任,而应"严削"以"齐之"③。

"富者人之情性",人人都求富,但是结果不同,有人能够求得富,"富至巨万",有人就求不得富,"常贫贱",社会上是存在贫富差别的。司马迁认为贫富差别是自然的,合理的。他说:"贫富之道,莫之夺予","巧者有余,拙者不足","贤者辐辏,不肖者瓦解"。贫富的差别,不是由于"夺""予",而是由于"巧""拙""贤""不肖"。不仅如此,在司马迁看来,在财产占有多少不同的基础上,产生的人们的社会地位和权利的不同,富人对贫者的剥削奴役,也是自然的,无可非议的。他说:"凡编户之民,富相什则卑下之,伯则畏惮之,千则役,万则仆,物之理也。"

司马迁认为,为满足人们的需要提供物质财富的国民经济各部门,是自然形成的。他认为人要生存,需要自然资源,也需要农、虞、工、商四种经济活动。他很重视自然资源,认为各地的自然资源都是"中国人民所喜好,谣俗被服饮食奉生送死之具也"。但是,这些自然资源需要"待农而食之,虞而出之,工而成之,商而通之"。从此,我们可以看到,司马迁认为财富的来源,一是自然资源,二是农虞工的生产劳动,而物品要到人们的手中,还要靠"商而通之"。因此,司马迁认为,农虞工商是"民所衣食之源","原大则饶,原小则鲜"。这四个部门发达,人民生活就富足,这四个部门发展不好,人们的生活就匮乏。所以,农虞工商这四个部门发达,对国家,对人民都有好处,"上则富国,下则富家",因此,这四个部门是缺一不可的。他引《周书》说:"农不出则乏其食,工不出则乏其事,商不

---

① 《史记·太史公自序》。
② 同上。
③ 同上。

出则三宝绝,虞不出则财匮少。"这四个部门的形成和运行是自然的,"此宁有政教发征期会哉!",所以,他不赞成压抑哪个部门。在对工商业的看法上,他不同于法家,也不同于当时的政策。

司马迁进一步认为社会经济内部具有自发的调节机制,社会经济的运行和发展可以受到自发的调节。他认为在国民经济四个部门的自然运行中,"人各任其能,竭其力,以得所欲。故物贱之征贵,贵之征贱,各劝其业,乐其事,若水之趋下,日夜无休时,不召而自来,不求而民出之。岂非道之所符,而自然之验耶"?这就是说,在人们为了求利而努力工作的前提下,物价的变动起着调节作用,使整个社会经济自动地有秩序地运行着。

"物贱之征贵,贵之征贱","征"是"招"的意思,意即一种商品的价格贱时,就会招来价格上涨,从而变贵;而当一种商品的价格贵时,就会招来价格下跌,从而变贱。司马迁之所以在这里讲"物贱之征贵,贵之征贱",是因为他看到了物价的这种有规律的变化与社会经济有秩序的运行有着密切的关系,实质上就是看到了价值规律对社会经济的自发作用。

正是在上述认识的基础上,司马迁提出了他对人们求利活动以及社会经济活动的政策主张,就是他的"善因论"。

在司马迁看来,"富者人之情性",人们追求更好的物质享受、更多的财利的欲望是无法改变的,而社会经济的运行又是自动地有秩序地进行,"故善者因之,其次利导之,其次教诲之,其次整齐之,最下者与之争"。

"善者因之","因"是顺应、听任的意思。好的政策应是顺应人们这种"情性",顺应经济发展的自然,听任人们从事追求财利的经济活动,不加干预,采取放任的办法。

"其次利导之",次于"因之"的政策是"利导之"。所谓"利导之",就是在听任人们从事追求财利的经济活动的前提下,国家以一定的政治经济利益来引导人们从事某些经济活动。

"其次教诲之",再次之的政策是"教诲之"。所谓"教诲之",就是采取说教的办法来引导人们从事某些经济活动。

"其次整齐之",更次之的政策是"整齐之"。所谓"整齐之",就是由国家采取行政手段和法令手段,干预经济活动,对私人的经济活动加以调节和限制。他曾说:"民倍本多巧,奸轨弄法,善人不能化,唯一切严削为能齐之,"[①]就是说对那些背弃根本、虚伪欺诈,以及从事违法活动以获利的人,是不能靠"教诲"的,"善人"是教化不了他们的,只能"严削"以"齐之"。

---

① 《史记·太史公自序》。

"最下者与之争",最坏的办法是"与民争利"。这是指国家直接经营工商业,借以获利。司马迁认为从事赢利的生产贸易活动是私人的事,国家政权及其官吏从事这些活动就是"与民争利",是最不可取的办法。

在司马迁看来,最好的政策是"因之",也就是"善者因之",所以我们称之为"善因论"。从以上可见,司马迁虽然认为"因之"的政策是最好的,但他并不认为"因之"是唯一的,一定的"利导"、"教诲"、"整齐",还是需要的。

第三节 司马迁在"治生之学"方面的成就

司马迁不但在对社会经济的认识上以及对国民经济管理方面提出了"一家之言",而且在"治生之学"方面也作出了重要贡献。他一方面总结了前人的"治生之学"的成果,另一方面也对"治生之学"提出了独到见解。

司马迁写《货殖列传》,为富商大贾立传,是一个创举。他认为富商大贾不是依靠"爵邑奉禄"和"弄法犯奸"致富,而是凭着自己的经营本领,"斗智"、"争时"致富的。他强调经营者要有智慧、能力,要学习别人的经营经验,研究治生之学。司马迁在《货殖列传》中为春秋以来的十几位富商大贾立传,目的就是为了"令后世得以观择焉","智者有采焉"①。司马迁实际上是总结了前人的治生之学的成就。

从《货殖列传》的记载来看,春秋末至西汉前期这几百年间,治生之学获得了比较大的发展,具有相当高的水平。作为商人楷模的陶朱公范蠡和治生之学鼻祖的白圭的经营管理思想尤为杰出。如果没有司马迁的记述总结,这些珍贵的至今对人尚有启发的治生之学的成果,就难以流传下来。司马迁对春秋以来十几位富商大贾的经历和经营经验的记述,不仅是对这一时期治生之学成果的总结,而且对我们了解这一时期的经济发展和社会风俗文化有重要意义。

司马迁在总结前人的治生之学的过程中,也表达了自己的某些看法。司马迁不是工商业者,没有经营经验,但是他研究了商人的经营经验和治生之学。司马迁研究商人的经营经验,研究治生之学,不是为了指导个人去经营获利,而是为了更深刻地认识社会经济的现实。他对治生之学所发表的见解,主要是他以治生的角度来观察社会经济,看到了一些别人没有看到的带有规律性的经济现象。他认为经营之道主要在于:(1)正确认识社会经济现实,选择谋生、经营的方式、行业;(2)发挥个人的聪明才智,在经营中取胜。

司马迁说:"富无经业",意思是说发财致富没有固定的行业。然而,具体说

---

① 《史记·太史公自序》。

来,选择致富的途径还是很有学问的。他认为农、虞、工、商是"民所衣食之源",是正当的行业,"上则富国,下则富家",都是可以经营的行业。但是,从致富的角度来看,这四个行业则是有差别的。司马迁指出,"夫用贫求富,农不如工,工不如商,刺绣文不如倚市门,此言末业贫者之资也",意思是说,工商业,尤其是商业,对贫者来说,是更为容易的致富手段。

司马迁还指出,应该了解各行业的赢利率,赢利率低于平均水平的行业是不值得经营的行业。他考察了各行业的赢利情况,发现各行各业一般都能获得20%的赢利。如果农、虞、工、商中的富者,有100万的本钱,一年即可得利20万钱,相当汉代的千户侯的收入。他还说,"佗杂业不中什二,则非吾财也"。意思就是得不到20%利润的行业,是不值得经营的。司马迁的这一分析已模糊地触及平均利润率问题,实际上已开始用平均赢利率①来衡量各行各业的利益大小,从而判断经营某种行业是否合算。在封建社会中,商品经济是不发达的,在整个社会经济中所占比例很小,但是,它相对集中在城市,在一些大城市呈现出繁荣景象。在封建政府干预较少,资本在各行各业中转移较易的情况下,是会出现赢利趋于平均的现象的。实际上,早在战国时,就出现了赢利率趋于平均的现象。根据史料记载,当时,"周人之俗,治产业,力工商,逐什二以为务"②,说明起码在工商业比较发达的周地,已形成20%的赢利率。司马迁不仅敏锐地指出这一现象的存在,而且以此作为选择经营行业的一个根据,说明他对赢利率的认识已经相当深刻了。

司马迁认为,在选择谋生和经营方式上,还要考虑本身的条件。这个条件是指资本,即有无资本和资本大小。韩非曾引用过当时的谚语:"长袖善舞,多财善贾。"③司马迁同意这种说法,他说:"韩子称'长袖善舞,多财善贾',信哉是言也。"④在此基础上,他提出了更为深入具体的看法。他说:"无财作力,少有斗智,既饶争时。"⑤这就是说,有无本钱和本钱的大小不同,谋生、经营方式也就不同。没有本钱的人,也即没有生产资料的人,只能靠劳动谋生;有一定的本钱,但本钱不多的人,可以经营农虞工商,运用自己的经营才智与别人竞争;如果一个人本钱很大,财力雄厚,就具备了"争时"的条件,也就可以囤积居奇,逐时争利了。这种"争时"是可以获大利的。司马迁的思想是深刻的,他看到了在谋生经营中,占有生产资料与不占有生产资料不同,占有生产资料多与占有生产资料少

---

① 为了与资本主义下的平均利润率相区别,司马迁所讲的20%的赢利,我们称之为平均赢利率。
② 《史记·苏秦列传》。
③ 《韩非子·五蠹》。
④ 《史记·范睢蔡泽列传》。
⑤ 《史记·货殖列传》。

不同。

司马迁认为能否经营得好,发财致富,还决定于经营者的聪明才智。他说:"富无经业,则货无常主,能者辐辏,不肖者瓦解。"能者可以积累财富,不肖者已有的财富也会散失。

在司马迁之前,不少思想家认为勤和俭是致富的根源。韩非就认为富者是由于"力而俭",贫者是由于"侈而惰"①。司马迁不同意这种意见,他说:"夫纤啬筋力,治生之正道也,而富者必用奇胜。"司马迁不否定勤俭的作用。他在记载白圭的经营经验时,就记载了白圭"能薄饮食,忍嗜欲,节衣服,与用事僮仆同苦乐"。他对宣曲任氏的勤俭也是肯定的:"富人争奢侈,而任氏折节为俭,力田畜。"但他认为要想发大财,单靠勤俭是不行的,要"用奇胜",就是要有点特殊的办法,要出奇制胜。司马迁在货殖列传中介绍了一些堪称"奇"的经营之术。比如白圭的"乐观时变,故人弃我取,人取我与"。白圭的弃取与一般人相反,当然属于"奇";蜀卓氏作为迁虏至蜀,别人求近处,他独"求远迁,致之临邛","即铁山鼓铸";宣曲任氏当秦败时,"豪杰皆争金玉,而任氏独窖仓粟";无盐氏在吴楚七国起兵反对朝廷,胜负未定时,借钱给在长安的列侯随军出征。这些都是"用奇胜"的事例。

司马迁还强调"诚壹"。所谓"诚壹",就是专心于某一行业的经营。他指出,在一些人们看不起的"小业","薄技"中,也出现了家财千金,"鼎食"、"连骑"的富者。"田农,掘业,而秦扬以盖一州"。"行贾,丈夫贱行也,而雍乐成以饶。贩脂,辱处也,而雍伯千金。卖浆,小业也,而张氏千万。洒削,薄技也,而郅氏鼎食。胃脯,简微耳,浊氏连骑。马医,浅方,张里击钟。"司马迁指出,"此皆诚壹之所致",司马迁并没有论证这个问题。"诚壹"会使事业成功,似乎已经成为人所共知的公理:专心致志地从事某种行业,就会对这个行业所需要的生产技术和经营方法日益精通,就会有超过同行的绝技、绝招,从而出"奇"制胜。

此外,司马迁还提出"贪贾三之,廉贾五之"的观点。这就是说贪利的商贾反而比不贪利的商贾赚得少。

司马迁还敏锐地看到当时工商业中的一种动向,就是"以末致财,用本守之",以经营工商业赚取钱财,然后购买土地以避免风险。这一现象的出现,是中国封建土地制度的特点决定的。同时,"以末致财,用本守之"本身也成为中国封建制度的一个特点,中国的工商业融入封建体系之中。

---

① 《韩非子·显学》。

司马迁的经济思想在中国封建社会中，独树一帜，与日益加强的封建专制主义格格不入，因此，他的经济思想在中国封建社会中是不受重视的。在中国封建社会中，也曾出现过一些反对封建政权过多干预经济的思想，这种思想的出现，当然可能受到司马迁的"善因论"的影响，但总的说来，司马迁经济思想的影响是不大的。他的经济思想只是到了中国封建社会后期，封建政权对经济的干预越来越严重阻碍经济的发展时，才开始被一些进步思想家所重视。近代半殖民地半封建社会中，代表资产阶级利益的思想家更以之作为反对腐朽政权对工商业干预、压制的思想武器。梁启超认为司马迁的经济思想"与西士所论，有若合符，苟昌明其意而申理其业，中国商务可以起衰，前哲精意，千年湮没，致可悼也"[①]。司马迁的经济思想是独具特色的，具有一定的科学性，是中国古代经济思想中的珍品，值得我们深入研究。

本章总结

对人性的认识是司马迁社会经济观的出发点。他认为追求财利是人的本性，这种欲望不是坏事，并把求利活动分为本富、末富、奸富三等，认为求富结果的不同所导致的贫富差别是自然而然的社会现象。司马迁还认为农、虞、工、商四种经济活动是自然形成的，只有四个部门发达才有人民生活的富足，而社会经济内部具有自发的调节机制，这是任何社会力量的干预都不能扭转的。因此，司马迁提出"善因论"，认为好的政策是"因之"，也就是顺应经济发展的自然，听任人们从事求利的经济活动。司马迁在《货殖列传》中还为富商大贾立传，他总结了前人"治生之学"的成果，并提出了一些独到的见解：致富没有固定的行业，但要选择高于平均盈利率的行业；资本和经营者的聪明才智及专心从事某一行业是经营取胜的重要因素。

思考与练习

1. 简述司马迁的"善因论"及其影响。
2. 简述司马迁"治生之学"的主要内容。

---

① 梁启超：《史记·货殖列传今义》，《饮冰室合集·文集之二》。

第五章 桑弘羊

> **本章概要**
>
> 本章主要介绍汉武帝时期主管经济工作的桑弘羊的经济实践及其思想,并评述了反对派对他及新经济政策的抨击。

> **学习目标**
>
> 1. 了解汉武帝时期新的财政经济政策
> 2. 了解桑弘羊经济思想的主要内容
> 3. 了解反对派抨击桑弘羊经济思想的有关观点

第一节 桑弘羊与汉武帝时期的财政经济政策

汉武帝时期,西汉王朝出于政治和财政经济的需要,接受了"轻重论",加强了对社会经济活动的干预和控制。

汉武帝时期是西汉王朝的国力鼎盛时期,继承了前几朝积累的财富,也继承了汉初以来积累下的矛盾。首先,汉王朝与匈奴统治集团的矛盾十分突出。几十年来匈奴统治集团不断对西汉王朝统治区的侵扰掠夺,在西汉王朝国力极大增强的情况下,已不能容忍,于是对匈奴开始了大规模的军事进攻。同时,对东南、西南的南粤、西南夷等政权也进行了军事征服。大规模的军事行动,把西汉王朝几十年来积累的财富消耗殆尽,出现了"府库并虚"、"县官不给"、"大司农陈臧钱经用赋税既竭,不足以奉战士"①的严重困难。

其次,对外战争,水旱之灾,特别是由此引起的财政上的困难,使原来早已存在的封建王朝与富商大贾的矛盾也尖锐起来了。西汉王朝在财政困难时,希望富商大贾能够支援,为此,西汉王朝还表彰了以田畜致富的卜式。卜式"愿输家之半县官助边",并曾"持钱二十万予河南守",赈济因灾而迁徙的百姓。汉武帝

---

① 《汉书·食货志下》。

认为这是一个值得表彰的人物。"是时富豪皆争匿财,唯式尤欲输之助费。""天子于是以式终长者,故尊显以风百姓","拜式为中郎,爵左庶长,赐田十顷,布告天下,使明知之"①,但是其他富商大贾还是一毛不拔,这就激怒了西汉王朝的统治者,于是开始执行严厉打击、控制工商业的措施。

再次,这时,土地兼并也严重起来,再加上水旱之灾,相当多的农民流离失所,战争又加重了农民的负担。战争所需的人力、兵源以及相当数量的物资,都是农民提供的,他们的负担已到极限。西汉王朝为了统治的稳固,不仅不能再增加农民的负担,而且对流离失所的农民还要采取一定的措施,安置赈济。为了稳定农民,缓和矛盾,保证农业生产的进行,还需要兴修水利,这也需要很多经费,"费以亿计","费不可胜计"②。

以上三方面的矛盾,在经济上集中表现为财政问题。

西汉王朝在这种情况下开始实行一系列新的财政经济政策,并取得了良好的效果。新的财政经济政策开辟了新财源,增加了财政收入,改变了由于大规模的战争和水旱之灾造成的"县官空虚"的状况,"民不益赋而天下用饶"③,同时,打击了富商大贾及豪强兼并之家。

西汉王朝所实行的新的财政经济政策,多是"天子与公卿议"④出来的,并非都是某一个人的主张。当然,这并不排除个别人物在新政策的制定和推行中发挥了更大的作用。桑弘羊不仅就是这样的人物,而且成为汉武帝时期制定和推行这些新政策的代表,所以反对这些政策的人,就把桑弘羊作为攻击的目标。⑤

桑弘羊(公元前152年—公元前80年)⑥,出生于洛阳的一个商人家庭,十三岁时进宫做侍中。他有"心计","言利事析秋毫"。汉武帝元鼎二年(公元前115年)桑弘羊任大农丞,"管诸会计事,稍稍置均输以通货物矣"⑦,开始了他的理财生涯。汉武帝元封元年(公元前110年),桑弘羊被任命为治粟都尉,领大农,全面主管西汉王朝的财政经济工作。十年后,桑弘羊升任大司农,后被贬为治粟都尉,仍全面负责财政经济工作。汉武帝后元二年(公元前87年)升为御史大夫。汉武帝死,昭帝立,桑弘羊与大将军霍光、车骑将军金日䃅、左将军上官桀共受遗诏辅少主。汉昭帝元凤元年(公元前80年),桑弘羊因燕王旦与上官

---

① 《史记·平准书》。
② 《汉书·食货志下》。
③ 《史记·平准书》。
④ 同上。
⑤ 《史记·平准书》记载,有一年,"小旱","上令官求雨",卜式就借机攻击桑弘羊说,"县官当食租衣税而已,今弘羊令吏坐市列肆,贩物求利,烹弘羊,天乃雨"。
⑥ 桑弘羊的生年没有明确记载,说法不一,这里是根据马元材《桑弘羊年谱》的意见。
⑦ 《史记·平准书》。

桀等谋反,受牵连,被杀。桑弘羊一生从政六十余年,直接负责财政经济工作,从元鼎二年任大农丞开始,也达三十余年,为汉武帝时期新的财政经济政策的制定与推行,做出了重大贡献。

汉武帝时期制定和实行的新的财政经济政策主要有以下几项:

1. 建立起统一、稳定、健全的货币制度

汉初以来在货币制度和政策上,一直是不稳定的。汉高祖时曾放弃秦王朝中央垄断铜币铸造权的政策,听任民间私铸。以后曾禁止私铸,汉文帝五年又"除盗铸钱令"①,再次允许民间私铸。文帝还赐给宠臣邓通"蜀严道铜山,得自铸钱"②;吴王也"以即山铸钱,富埒天子",造成"吴邓钱布天下"③的局面。汉景帝中元六年,又"定铸钱伪黄金弃市律"④,禁民铸钱。汉武帝时由于对外战争和灾荒等耗费,"县官大空","于是天子与公卿议,更铸造币以赡用"⑤,又"收银锡造白金及皮币以足用"⑥。从"赡用"、"足用"的目的出发,势必铸造不足值的货币,结果,民间盗铸的人不可胜数。"郡国多奸铸钱,钱多轻。"⑦这种货币制度是不利于社会经济的发展和社会秩序的安定的。西汉王朝在财经状况好转的情况下,将货币铸造权收归中央,统一铸造,"悉禁郡国无铸钱,专令上林三官铸","天下非三官钱不得行"。由于上林三官所铸五铢钱质量很好,"民之铸钱益少,计其费不能相当,唯真工大奸乃盗为之"⑧。这样,西汉王朝就不仅垄断了铜币的铸造权,而且建立了稳定、健全的货币制度——五铢钱制度。五铢钱在我国货币史上占有重要地位,自汉至隋使用了七百余年。

2. 打击工商业的"告缗"运动

汉武帝元光六年(公元前129年)开始征收商贾车税。元狩四年(公元前119年)由于灾荒,"用度不足","初算缗钱"。所谓"算缗钱",就是对商人、手工业者、高利贷者等的所有财产,征收财产税,规定商人"各以其物自占,率缗钱二千而一算,诸作有租及铸,率缗钱四千而一算。非吏比者三老、北边骑士,轺车以一算;商贾人轺车二算;船五丈以上一算"⑨。由于不少工商业者隐瞒财产,所以"缗钱令"执行了几年,并没有取得预期的效果。汉武帝元鼎三年(公元前114

---

① 《汉书·文帝纪》。
② 《汉书·佞幸传》。
③ 《史记·平准书》。
④ 《汉书·景帝纪》。
⑤ 《史记·平准书》。
⑥ 《汉书·武帝纪》。
⑦ 《史记·平准书》。
⑧ 同上。
⑨ 同上。

172

年)"令民告缗者,以其半与之"①,对隐瞒财产和以多报少的商贾,要罚"戍边一岁",没收财产,对能揭发检举的人,赏给没收的财产的一半。于是一场揭发检举隐瞒财产偷漏税的"告缗"运动开始了。在杨可的主持下,"告缗遍天下",中等以上的商户大多被检举,没收了大量财产,"得民财物以亿计,奴婢以千万数,田大县数百顷,小县百余顷,宅亦如之","于是商贾中家以上大率破"。"告缗"的结果是国家财政富裕了,但是,"民偷甘食好衣,不事畜藏之产业"②。百姓只顾吃好穿好,不愿积蓄资财从事工商业了。"告缗"影响了社会经济的发展。两年后,西汉王朝在个别地区停止了"告缗",汉武帝元封元年(公元前110年),桑弘羊全面负责大农的工作,财政状况好转,"民不益赋而天下用饶"。桑弘羊提出在全国范围内"不复告缗"③。

3. 实行盐铁官营和酒类专卖

秦国商鞅变法后,即"颛山泽之利,管山林之饶","盐铁之利二十倍于古"④。政府设专官征收盐铁税。

汉初,"弛商贾之律","弛山泽之禁",对盐铁的生产经营采取放任态度,诸侯王和私人都可经营。盐铁是人民生活必需品,但是盐铁的生产要受到自然、资金、政治等条件的限制。因此,盐铁的生产带有一定的垄断性,经营者获利甚丰,于是产生了一些靠盐铁致富的豪强。著名的大铁商有蜀卓氏、程郑、宛孔氏、曹邴氏等。而刀闲则因"逐渔盐商贾之利"而"起富数千万"⑤。诸侯王中也有靠盐铁强大起来,吴王刘濞就因"专山泽之饶",财政充裕,"薄赋其民,赈赡穷乏,以成私威"⑥的。

汉武帝元狩年间开始筹划并实行盐铁官营。元狩三年(公元前120年)大农令郑当时推荐"齐之大煮盐"东郭咸阳和"南阳大冶"孔仅,担任大农丞,主管全国的盐铁事务,他们提出了盐铁官营的具体政策和办法的建议:"山海,天地之藏也,皆宜属少府,陛下不私,以属大农佐赋。愿募民自给费,因官器作煮盐,官与牢盆。浮食奇民欲擅管山海之货,以致富羡,役利细民。其沮事之议,不可胜听。敢私铸铁器煮盐者,钛左趾,没入其器物。郡不出铁者,置小铁官,使属在所县。"⑦

从东郭咸阳和孔仅的建议可以看出,当时西汉王朝已将盐铁收归中央政府,

---

① 《汉书·武帝纪》。
② 《史记·平准书》。
③ 《汉书·食货志下》。
④ 《汉书·食货志上》。
⑤ 《史记·货殖列传》。
⑥ 《盐铁论·禁耕》。
⑦ 《史记·平准书》。

并由汉武帝决定将盐铁的收入划归中央财政。具体建议主要有以下几点：

第一，关于盐的生产，由盐民"自给费"，独立生产，生产工具由国家供给，煮好的盐由政府统收，按盆付价。他们没有讲铁如何生产经营，这可能是因为铁的生产经营问题已经解决，不需要再说了。根据史料记载，铁的生产和经营都是由政府派官管理的。劳动者中不少是刑徒，被称为"铁官徒"，也有一部分是服徭役的民夫。

第二，禁止私自铸铁煮盐，违反者用钛钳住左足，没收生产资料。这是从法律上保证官营的实行。

第三，在出产铁的郡已设铁官，不出产铁的郡设小铁官，管理本郡铁的生产与销售。由于本郡不出产铁，所以"铸故铁"①，以废旧铁为原料，铸造器物。小铁官隶属于所在县。

为了贯彻盐铁官营的政策，东郭咸阳、孔仅认为"浮食奇民"是经营盐铁的既得利益者，他们会反对盐铁官营政策，因此皇帝不要听从他们的意见。

此后，即实行了盐铁官营。汉武帝元封元年（公元前110年），桑弘羊为治粟都尉，领大农，代替东郭咸阳、孔仅统管全国盐铁官营事。

汉武帝天汉三年（公元前98年），在桑弘羊主持下，又实行了酒榷。实行酒榷的目的是增加财政收入，"以赡边，给战士，拯救民于难也"②。所谓"酒榷"，就是酒的生产销售均由官府垄断。汉昭帝始元六年盐铁会议后，取消酒榷。

4. 设置均输、平准

均输、平准都是在桑弘羊主持下设置并推行的。均输是针对当时的贡输制度的弊病而设置的。桑弘羊说："往者郡国诸侯，各以其物贡输，往来烦难，物多苦恶，或不偿其费。"③实行均输就是"诸当输于官者，皆令输其土地所饶，平其所在时价。官更于他处卖之，输者既便，而官有利"④。这样不仅克服了过去贡输的弊端，而且成为中央政府的一大财源。桑弘羊说："往者财用不足，战士或不得禄，而山东被灾，齐、赵大饥，赖均输之畜，仓廪之积，战士以奉，饥民以赈。"⑤

汉武帝元封元年（公元前110年），桑弘羊创行平准。"置平准于京师，都受天下委输，召工官治车诸器，皆仰给大农。大农之诸官尽笼天下之货物，贵即卖之，贱则买之。如此富商大贾无所牟大利，则反本，而万物不得腾踊。故抑天下

---

① 《史记·平准书》，《集解》在"小铁官"处，引郑展曰："铸故铁"。
② 《盐铁论·忧边》。
③ 《盐铁论·本议》。
④ 《史记·货殖列传》，《集解》引孟康语。
⑤ 《盐铁论·力耕》。

物,名曰'平准'。"①

在桑弘羊创"平准"之前,有所谓"平粜"、"平籴"即通过政府收售粮食,以平抑粮价。"平准"把"平粜"、"平籴"扩展了,从只是平抑粮价扩展到平抑万物,使"万物不得腾踊"。

"均输"、"平准"配合起来,就控制住全国市场。通过"均输",可以掌握地区间的贸易,调节地区间的物价,通过"平准",又可以控制住京师的市场与物价。

此外,在农业方面也实行了一些带有时代特点的政策。首先,从稳定封建农业经济、防止商人兼并土地出发,禁止有市籍的商人占有土地;对商人已经占有的土地,通过"告缗"、"算缗"等手段,予以没收。其次,西汉王朝掌握的大量土地的大部分租给农民耕种,甚至京师的"山林池泽之饶"也于元鼎二年"与民共之"②。建元元年"罢苑马,以赐贫民"③。再次,大力推行屯垦。屯垦分民屯、军屯两种。实行屯垦的目的,一是解决内地由于土地兼并而产生的大量流民问题;一是充实边防。

汉武帝时期西汉王朝对水利的重视也是值得称道的。据《史记·河渠书》、《汉书·沟洫志》记载,汉武帝即位后,兴修的大规模的水利工程如引渭至河、白渠等都有较好的灌溉效益。④ 后更形成兴修水利的高潮,"朔方、西河、河西、酒泉皆引河及川谷以溉田;而关中辅渠、灵轵引堵水;汝南、九江引淮;东海引钜定;泰山下引汶水:皆穿渠为溉田,各万余顷。佗小渠陂山通道者,不可胜言"⑤。

在汉武帝时期,以轻重论为指导,制定和推行了一系列新的财政经济政策,这是当时财政经济政策的主要特点,同时,这一时期也继续了西汉传统的重农政策,在兴修水利方面成就尤其显著。

第二节 桑弘羊的经济思想

桑弘羊没有著作传世。他的经济思想资料主要保留在《盐铁论》、《史记·平准书》、《汉书·食货志》中。汉武帝去世后,于汉昭帝始元六年,在霍光的支持下,召开了由各地推举出的"贤良"、"文学"六十余人和丞相、御史大夫等官参加的会议,"问民间疾苦"。会议集中辩论了汉武帝时期的财政经济政策,特别

---

① 《史记·平准书》。
② 《汉书·武帝纪》。
③ 同上。
④ 《汉书·沟洫志》。
⑤ 《史记·河渠书》。

是盐铁政策。这次会议被后人称为"盐铁会议"。桑弘羊为了维护汉武帝时期的内外政策,特别是财政经济政策,在会议上与"贤良"、"文学"进行了激烈的辩论,同时,也比较充分地表达了他的经济思想。他的经济思想的主要内容可分为两个部分:一部分是他对社会经济的认识,另一部分是他对汉武帝时期财政经济政策所作的理论说明。

一、对社会经济的认识

1. 桑弘羊对求利活动的看法

他认为人都是追求利的。他引用司马迁的话"天下壤壤,皆为利往",并说:"赵女不择丑好,郑妪不择远近,商人不愧耻辱,戍士不爱死力,士不在亲,事君不避其难,皆为利禄也。"①

桑弘羊在对待人的求利活动上,态度是矛盾的。他对善于求利,能够积累财富的富者,流露出非常崇敬的心情,说:"道悬于天,物布于地,智者以衍,愚者以困。子贡以著积显于诸侯,陶朱公以货殖尊于当世,富者交焉,贫者赡焉。故上自人君,下及布衣之士,莫不载其德,称其仁。"②但是,他又认为民太富并不是好事。"民大富,则不可以禄使也。"③他还认为富会产生许多坏事,为非作歹的多是富家子弟,"民饶则僭侈,富则骄奢,坐而委蛇,起而为非"④。他对历史上的富商大贾是敬佩的,但对当时的富商则视为"豪民"、"暴强",因而要限制他们的求利活动。他主张通过政府的政策,使"商贾无所贸利"⑤,"排富商大贾"⑥。

2. 奢俭观

他认为俭和力是致富的根本方法。在一般情况下,富是由于"非俭则力",而贫,"非有灾害疫疾,独以贫者,非惰则奢也","居事不力,用财不节,虽有财如水火,穷乏可立而待也"⑦。但是,他又不赞成太俭。他引孔子批评孙叔敖相楚,妻不衣帛,马不秣粟是"大俭极下",并引孔子所说的"俭则固"。孔子的意思是每一个人都应该按自己在封建等级制中所处的地位,按照礼的规定来消费,既不能过,也不能不及。桑弘羊并不完全从这个角度出发,他引《管子》中的:"不充庖厨,则禽兽不损其寿","不饰宫室,则材木不可胜用","无黼黻,则女工不

---

① 《盐铁论·毁学》。
② 《盐铁论·贫富》。
③ 《盐铁论·错币》。
④ 《盐铁论·授时》。
⑤ 《盐铁论·本议》。
⑥ 《盐铁论·轻重》,桑弘羊部下御史语。
⑦ 《盐铁论·授时》。

施"①,不消费这些东西,就不能充分发挥物力、人力的作用,不利于社会经济的发展。

3. 对国民经济各部门的认识

桑弘羊重视农业,他说,"春亲耕以劝农","使民务时"②。更为重要的是,他作为主持财政经济工作的最高主管官员,贯彻了汉武帝时期的农业政策,主持了当时发展农业的各项工作,包括了移民屯垦等。他曾说:"是以县官开园池,总山海,致利以助贡赋,修沟渠,立诸农,广田牧,盛苑囿。"③但是,他论述得最多的还是工商业的作用。

他说,陇蜀、荆扬、江南、燕齐、兖豫的特产,都是"养生送死之具",要"待商而通,待工而成"④。他还说:"工商梓匠,邦国之用,器械之备也,自古有之。"⑤他特别强调工商业对发展农业的作用:"工不出,则农用乖","农用乏则谷不殖","先帝建盐铁官以赡农用"⑥,"今县官铸农器,使民务本"⑦。他还说:"农商交易,以利本末。"⑧值得注意的是,早在两千年前,桑弘羊就提出了各地进行物资交流的必要性。他说:"若各居其处,食其食,则是橘柚不鬻,胸卤之盐不出,旃罽不市,而吴唐之材不用也。"⑨"今吴越之竹,隋唐之材,不可胜用,而曹卫梁宋,采棺转尸;江湖之鱼,莱黄之鲐,不可胜食,而邹鲁周韩,藜藿蔬食",他得出结论,"天地之利无不赡,而山海之货无不富也,然百姓匮乏,财用不足,多寡不调,而天下财不散也"⑩,这是由于没有交流的缘故。所以他主张"开本末之途,通有无之用"⑪。

桑弘羊把经商看成富家、富国的途径之一。他说:"治家非一宝,富国非一道。"又说:"故乃商贾之富,或累万金,追利乘羡之所致也。富国何必用本农,足民何必井田也?"⑫桑弘羊在这里所讲的富国实际上是指国家的财政收入的增加。他的着眼点在于流通,在于财富的分配,并不在于财富的生产。

---

① 《盐铁论·通有》。
② 《盐铁论·授时》。
③ 《盐铁论·园池》。
④ 《盐铁论·本议》。
⑤ 《盐铁论·通有》。
⑥ 《盐铁论·本议》。
⑦ 《盐铁论·水旱》。
⑧ 《盐铁论·通有》。
⑨ 同上。
⑩ 同上。
⑪ 《盐铁论·本议》。
⑫ 《盐铁论·力耕》。

二、对汉武帝时期的财政经济政策的理论说明

桑弘羊对汉武帝时期以盐铁官营、平准、均输为主要内容的国家干预控制经济的政策作了理论上的辩解和说明。

第一,国家对经济的干预和控制,有利于百姓。首先,通过政府对经济活动的干预,调节分配,使"百姓可家给人足"。他虽然认为"智者以衍,愚者以困"是正常的,但是,从国家的角度考虑,他又主张对百姓的财产进行调节。他说:"交币通施,民事不及(给),物有所并也,计本量委,民有饥者,谷有所藏也。智者有百人之功,愚者有不更本之事,人君不调,民有相妨之富也。"所以,他认为"非散聚均利者不齐。故人主积其食,守其用,制其有余,调其不足,禁溢羡,厄利涂,然后百姓可家给人足也"①。其次,政府调节市场,"平万物而便百姓"。桑弘羊认为,稳定物价是重要的。他说:"贵贱有平而民不疑。"②他主张政府对市场上的物价进行干预。政府通过自己经营的商业,"贱则买,贵则卖",以"平万物而便百姓"③。他认为只有政府对市场上的物价进行干预,才能避免"豪民擅其用而专其利,决市闾巷,高下在口吻,贵贱无常"④。政府采取"平籴"、"平粜"等办法调控谷物价格,历史久远。桑弘羊是在更大的范围,更多的品种上调控物价。这是政府大规模调控物价的第一次实践,从经济思想史上看,是对轻重论的一个发展。

第二,国家对经济的干预和控制,有利于西汉王朝的巩固。通过政府控制、干预经济,防止动摇西汉王朝统治的豪强势力的形成。他认为,在民间经营铸钱、冶铁、煮盐的,只能是豪强。"鼓金煮盐,其势必深居幽谷,而人民所罕至。奸猾交通山海之际,恐生大奸。"⑤汉文帝时"纵民得铸钱、冶铁、煮盐",是有经验教训的。那时,"吴王擅鄣海泽,邓通专西山,山东奸猾咸聚吴国,秦、雍、汉、蜀因邓氏。吴邓钱布天下"⑥。因此,他赞成"铸钱之禁",把铸币权掌握在政府手中。他认为"故统一,则民不二也;币由上,则下不疑也"⑦,对关系国计民生的盐铁二业,他也主张由政府直接控制经营,以防止"兼并之徒奸形成也"⑧。

第三,有利于增加财政收入。通过政府直接经营工商业,可以"蕃货长财"。

---

① 《盐铁论·错币》。
② 《盐铁论·禁耕》。
③ 《盐铁论·本议》。
④ 《盐铁论·禁耕》。
⑤ 《盐铁论·刺权》。
⑥ 《盐铁论·错币》。
⑦ 同上。
⑧ 《盐铁论·禁耕》。

这样就可以"佐助边费",也可以"赈困乏而备水旱之灾"①。"盐铁之利,所以佐百姓之急,足军旅之费,务蓄积以备乏绝,所给甚众,有益于国,无害于人"。他的反对者反驳说:"利不从天来,不从地出,一取于民。"②这话当然不错,但这与"有益于国,无害于人"并不矛盾。因为国家所得之利,可以只是夺了富商大贾等富人之利,并未增加百姓的负担,所以,"民不益赋而天下用饶"。

第四,有利于从经济上与匈奴等国进行斗争。桑弘羊很重视对外贸易。他把政府控制的"山泽之财,均输之藏"作为对外贸易的资本,采取"天下之下我高,天下之轻我重,以末易其本,以虚荡其实"的方针,通过对外贸易来与匈奴等国进行斗争。要使匈奴等国的牲畜和畜产品,"尽为我畜","充于内府",而"璧玉珊瑚琉璃咸为国宝","是则外国之物内流,而利不外泄。异物内流则国用饶,利不外泄则民用给矣。"③

此外,桑弘羊还论证了官营手工业,尤其是铁业的优越性。他认为,私人生产铁器,生产规模小,劳动力和资金不足,技术水平低,以致"铁力不销炼,坚柔不合"。官营之后有许多优越条件:首先,有充足固定的劳动力,"卒徒工匠以县官日作公事";其次,有雄厚的财力和完备的工具,"财用饶,器用备";再次,有严格的管理和技术力量,"吏明其教,工致其事",因此,产品质量好,"刚柔和,器用便",并且价格公平,"平其价"④。桑弘羊所论不无道理,但是,作为封建官营手工业也有其弊端。在盐铁会议上,贤良就对官营铁业的弊端进行了揭露,他们指出,官营铁业中存在着劳动者缺乏劳动积极性,劳动效率低,经营者经营作风坏,产品不对路,而且质量差,价格贵,强买强卖等弊端。桑弘羊的论证是片面的。

第三节　桑弘羊的反对派:盐铁会议中的贤良、文学的经济思想

参加盐铁会议的贤良、文学共有六十多人。贤良也称贤良方正,是汉代选拔人才的科目之一。被选为贤良方正的就有了功名,其中优秀的,授予官职;文学,就是读儒家经典的读书人,参加会议的是"郡国文学高第",就是各郡国读书人中的佼佼者。

贤良文学们在盐铁会议上,反对汉武帝时期的一系列政策,特别是反对当时

---

① 《盐铁论·力耕》。
② 《盐铁论·非鞅》。
③ 《盐铁论·力耕》。
④ 《盐铁论·水旱》。

的经济政策。他们说:"今郡国盐铁、酒榷、均输,与民争利……愿罢盐铁、酒榷、均输,所以进本退末,广利农业,便也。"①

贤良文学们为了反对汉武帝时期的经济政策,就盐铁、酒榷、平准、均输等政策执行中出现的一些弊端,进行诘难、攻击。他们认为"县官作铁器"有许多弊端:"县官鼓铸铁器,大抵多为大器,务应员程,不给民用。民用钝弊,割草不痛,是以农夫作剧,得获者少,百姓苦之矣。""今县官作铁器,多苦恶,用费不省,卒徒烦而力作不尽。"②还说"县官笼而一之,则铁器失其宜,而农夫失其便。器用不便,则农夫罢于野而草莱不辟。草莱不辟,则民困乏"③。官营冶铁,"壹其价,器多坚硍,善恶无所择。吏数不在,器难得。家人不能多储,多储则镇生。弃膏腴之日,远市田器,则后良时"。"铁贾贵,不便,贫民或木耕手耨。"④这是说"县官作铁器"的弊端是:一是官营冶铁所铸铁器多为不适合民用的大件,供民用的铁器质量低劣;二是农民购买不便,要去很远的地方去买,耽误农时,并且卖铁器的官吏又常常不在,难以买到;三是铁器价格昂贵,农民买不起。官盐也是如此,价贵,贫民买不起,只能淡食。对于均输、平准,他们也进行攻击。他们说:"古者之赋税于民也,因其所工,不求所拙。农人纳其获,女工效其功。今释其所有,责其所无。百姓贱卖货物,以便上求。间者,郡国或令民作布絮,吏恣留难,与之为市。吏之所入,非独齐阿之缣,蜀汉之布也,亦民间之所为耳。行奸卖平,农民重苦,女工再税,未见输之均也。县官猥发,阖门擅市,则万物并收。万物并收,则物腾跃。腾跃,则商贾牟利。自市,则吏容奸。豪吏富商积货储物以待其急,轻贾奸吏收贱以取贵,未见准之平也。盖古之均输,所以齐劳逸而便贡输,非以为利而贾万物也。"⑤这就是说,由于在执行均输、平准政策时,责其所无,使得百姓不得不贱卖自己生产的产品,买进官府所要的东西。官吏还低价收购,垄断市场,收购万物,使得物价飞涨,官商勾结,贱买贵卖以取利,那有什么准平。他们指责均输、平准没有达到应该达到的目的,而且给百姓带来苦难。贤良文学们对汉武帝时期经济政策的弊端的揭露,虽有夸大之嫌,但是基本事实应是存在的,这一点由大夫、御史在辩论中没有明确否认这些事实的存在可以看出。

贤良文学们还提出他们认为体现"圣王之道"的规范人们经济行为的原则,以此为标准,来品评、审查汉武帝时期的经济政策。

贤良文学们提出的规范人们经济行为的原则首先就是"贵德而贱利,重义

---

① 《盐铁论·本议》。
② 《盐铁论·水旱》。
③ 《盐铁论·禁耕》。
④ 《盐铁论·水旱》。
⑤ 《盐铁论·本议》。

而轻财"①。他们认为汉王朝实行盐铁、酒榷、均输、平准是"与民争利",这也就是"示民以利",而"示民以利则民俗薄,俗薄则背义而趋利"。对于民,"遏贪鄙之俗而醇至诚之风也","排困市井,防塞利门,而民犹为非也,况上之为利乎?"如果统治者好利,会造成严重后果,"传曰'诸侯好利则大夫鄙,大夫鄙则士贪,士贪则庶人盗'。是开利孔为民罪梯也。"只有"毋示以利,然后教化可兴,而风俗可移也"②。他们还认为不仅官府不能"与民争利",各级官吏也不能"与民争利","竞于财"。由于官吏们有权势,"因权势以求利者,入不可胜数也",别人是竞争不过他们的。"刍荛者不能与之争泽,商贾不能与之争利。"③"食禄之君子违于义而竞于财,大小相吞,激转相倾。此所以或储百年之余,或无以充虚蔽形也。"④有权势的官吏"竞于财",是造成贫富悬殊的一个原因。所以,他们称颂"贵德而贱利,重义而轻财",要求汉王朝放弃盐铁、酒榷、平准、均输等政策,"罢利官,一归之于民"⑤。

以义制约利,是儒家的传统思想。孔子讲"见利思义"⑥,孟子讲"仁义而已矣,何必曰利!"⑦荀子虽然讲"义与利者,人之所两有也",但是,他又说"义胜利者为治世,利克义者为乱世"⑧。他们都没有明确地指明义与利的关系是贵与贱,重与轻的关系。贤良文学们提出的"贵德而贱利,重义而轻财",就把义与利绝对对立起来。他们对"义利"关系的主张,后来被概括为"贵义贱利",成为中国封建时代经济思想三大教条之一。⑨

贤良文学们提出的另一个规范人们经济行为的原则是崇本、抑末。

重本抑末本原是战国时期法家的传统思想,这时,贤良文学们把它作为儒家推崇的"王者"之政的一部分,认为"王者崇本退末",并与仁义联系在一起,声称"抑末利而开仁义",这就把法家的重本抑末主张纳入儒家思想体系。他们将"崇本""抑末"的矛头指向汉武帝实行的盐铁、酒榷、均输、平准,认为这些都是工商业,属于末业。他们强调"崇本",认为"耕不强者无以充虚,织不强者无以掩形。虽有凑会之要,陶宛之术,无所施其巧。自古及今,不施而得报,不劳而有功者,未之有也"⑩;他们还认为,"末盛则本亏","末修则民淫","国有沃野之饶

---

① 《盐铁论·错币》。贤良文学还有一个说法是:"贱货而贵德,重义而轻利",见《盐铁论·世务》。
② 《盐铁论·本议》。
③ 《盐铁论·贫富》。
④ 《盐铁论·错币》。
⑤ 《盐铁论·能言》。
⑥ 《论语·宪问》。
⑦ 《孟子·梁惠王上》。
⑧ 《荀子·大略》。
⑨ 参看赵靖主编:《中国经济思想通史》第一卷,北京大学出版社,1991年,第670—671页。
⑩ 《盐铁论·力耕》。

而民不足于食者,工商盛而本业荒也"。所以,他们提出"愿罢盐铁、酒榷、均输、平准,所以进本退末,广利农业,便也"①。他们主张"抑末"、"退末",实际上是要抑官府之末,要官府从盐铁、酒榷、均输、平准等末业中退出来,"一归之于民"。可见,他们是为经营盐铁等工商业之民争利。此后,重本抑末就成为儒家思想体系的一部分,成为中国封建时代经济思想又一教条。

贤良文学们还认为由于官府经营盐铁、酒榷、均输、平准,"与民争利",造成不良的社会风气。"散敦厚之朴,成贪鄙之化。是以百姓就本者寡,趋末者众",而"末盛则本亏"、"末修则民淫,本修则民悫。民悫则财用足,民侈则饥寒生"②。这就是说,由于官府的盐铁等政策,"示民以利",造成社会"趋末者众","末盛"又造成奢侈的风气,奢侈造成饥寒。他们认为,"古者采椽不斫,茅屋不翦,衣布褐,饭土硎,铸金为钼,埏埴为器,工不造奇巧,世不宝不可衣食之物。各安其居,乐其俗,甘其食,便其器"。而"今世俗坏而竞于淫靡,女极纤微,工极技巧,雕素朴而尚珍怪,钻山石而求金银,没深渊求珠玑……旷日费功,无益于用。是以褐夫匹妇劳罢力屈,而衣食不足也"。所以,贤良文学们认为当时的问题是"患僭侈之无穷也"③,因此,他们反对奢侈主张"节用"。这种主张后来被概括为"黜奢崇俭",成为中国封建时代经济思想的另一教条。

如果说在汉昭帝时的盐铁会议上,贤良文学的经济思想并未占得上风④,那么到了《盐铁论》成书的汉元帝时期⑤,形势就发生了变化。《盐铁论》的作者桓宽把贤良文学的言论当做正论,说他们"舒六艺之讽,论太平之原","言王道,矫当世,复诸正务,在乎反本",还说他们所论"虽未能详备,斯可略观矣",只是由于当时的形势,贤良文学们的正确意见"蔽于云雾,终废而不行,悲夫!"而桑弘羊所论,则"非正法",并指责公卿"知任武可以辟地,而不知德广可以附远;知权利可以广用,而不知稼穑可以富国"⑥。此后,贤良文学的经济思想特别是被后人概括的"贵义贱利"、"重本抑末"、"黜奢崇俭",都被当成儒家的正统思想,体现"圣王之道"的神圣教条,当成了判断一切经济行为、经济政策和经济思想的是非善恶的不容置疑的标准。

---

① 《盐铁论·本议》。
② 同上。
③ 《盐铁论·通有》。
④ 《盐铁论·杂论》中说:"桑大夫据当世,合时变,推道术,尚权利,辟略小辩,虽非正法,然巨儒宿学恧然不能自解,可谓博物通士矣。"可见贤良文学们在辩论中未能占上风。
⑤ 关于《盐铁论》的成书年代,参见赵靖:《中国经济思想通史》第一卷,北京大学出版社,1991年,第664—665页。
⑥ 以上引文均见《盐铁论·杂论》。

本章总结

由于与匈奴长期的军事对抗和水旱之灾,引起了严重的财政困难,为解决财政危机和打击富商大贾,汉武帝及桑弘羊以轻重论为指导,实行了一系列新的财政经济政策,主要有四项:建立统一的稳定的健全的货币政策;打击工商业的"告缗"运动;实行盐铁官营和酒类专卖;设置均输、平准等。桑弘羊的经济思想,包括对求利活动的看法、奢俭观、对国民经济各部门的认识等,就是在推行新经济政策的实践及为新经济政策的辩护中形成的。而桑弘羊的反对派在盐铁会议上对新经济政策的批评,后来被概括为"贵义贱利"、"重本抑末"、"黜奢崇俭",成为中国封建时代经济思想的三大教条。

思考与练习

1. 简述桑弘羊的经济思想。
2. 简述中国封建时代经济思想三大教条的形成过程。

History of Ancient Chinese Economic Thought

第三编

西汉晚期至隋统一前的经济思想

第一章

西汉晚期至隋统一前的社会经济和经济思想

本章概要

本章介绍西汉晚期至隋统一前的社会经济状况,分别论述各个时期经济思想的特点及其代表人物。

学习目标

1. 了解西汉晚期至隋统一前的社会经济状况
2. 了解西汉晚期至隋统一前各个时期经济思想的代表人物及其思想特点

第一节 西汉晚期的社会经济和经济思想

西汉王朝自元帝时期(公元前48年—公元前32年)由盛转衰,此后的成帝、哀帝、平帝每况愈下,积累已久的各种矛盾日益激化,经济、政治、社会危机已经到了不可挽救的地步。

皇室、外戚、官僚和地主肆无忌惮地掠夺、占有土地。成帝时丞相张禹"占郑白之渠四百余顷,他人兼并者类此"[1]。哀帝把农民的土地2 000余顷赏赐给宠臣董贤。平帝时加封王莽的土地多达25 600顷。

越来越加剧的土地兼并,使越来越多的农民破产而沦落为奴婢。达官显宦每家拥有奴婢数十人至数百人,是相当普遍的。这些奴婢是为贵族官僚、豪强地主的寄生生活服务的,一般不参加生产劳动。奴婢数量的激增,造成社会生产中的劳动力,特别是农村劳动力的显著减少,直接破坏了生产,农村经济日趋凋敝。

与老百姓生者"不能自存"、"死者不能自葬"[2]的悲惨生活形成鲜明对比

---

[1] 《文献通考》卷一,《田赋考一》。
[2] 《汉书·成帝纪》。

的,是封建统治阶级的挥金如土、骄侈淫逸。权倾朝野的王氏五侯(王莽的伯、叔),"争为奢侈,赂遗珍宝,四面而至;后庭姬妾各数十人,僮奴以千百数。"①最高统治者皇帝的生活更是荒淫无度,成帝斗鸡走马,嗜酒好色,无所不为。哀帝有过之而无不及。

在朝廷君臣生活上竞相奢靡的同时,封建统治集团内部在政治上钩心斗角、争权夺利,主要表现为外戚擅权,势力倾于天下,而皇帝昏庸无能,不理朝政,大权旁落。

面临着西汉末期日益深重的经济、政治危机,谷永、鲍宣、刘向、师丹等官僚士大夫感到了深深的恐惧,尽管回天乏力,他们仍是煞费苦心地寻求出路,对当权阶层的种种弊政表示不满,提出了一些挽救危机的经济思想主张。

谷永、鲍宣从经济角度对造成危机的种种弊政进行了较为激烈的揭露和批判。刘向则是通过介绍书籍,选录前人的嘉言善行、讲述历史故事和寓言传说等等方式,借古讽今地对当时的经济问题提出自己的意见,旁敲侧击地表达出背离封建正统经济思想的趋向。师丹、孔光、何武针对土地兼并问题,较为明确、集中地提出了限田方案。值得提出的是,限田是中国封建时代田制思想的三个基本模式之一,首倡者为董仲舒。但董仲舒的限田主张只是一个原则性的意见,缺乏具体的实施办法。师丹、孔光、何武的限田方案,对私人占有土地的数量、限田期限和处理超额土地的办法等,都进行了明确、具体的规定,弥补了董仲舒的不足,为限田模式增添了新的内容。

上述数人的经济思想主张,是在人心思变的社会心理作用下而产生出来的。这种社会心理在西汉末已经发展成一种极其强大的、不可抗拒的力量,以致统治阶级中的某些集团、某些人物也打出"求变"的旗号,以收揽人心或进行政治投机,其典型代表是,王莽集团演出的"政制"丑剧其所体现的经济思想。

第二节 东汉时期的社会经济和经济思想

王莽新朝为时仅仅15年,就在农民起义和全国各阶层、各民族的普遍反对和抗争下被推翻,又经过一段时期的群雄角逐,刘秀建立的东汉王朝重新统一了全国。

东汉前期,由于王莽时期农民起义的冲击和战乱的扫荡,使许多地区出现了大量的无主土地,土地兼并和土地集中现象有所减轻。东汉政权为了巩固统治,也采取了一些有利于生产恢复的措施。西汉田赋三十而税一的税率得以恢复,

---

① 《汉书·元后传》。

这对豪强地主有利,同时也减轻了自耕农的负担。在土地问题有了一定程度缓和的基础上,牛耕和铁制农具进一步推广,水利工程也有所修复和发展,社会经济从王莽统治下那种全面崩溃的状态中逐渐恢复过来。

这一时期的经济思想,以桓谭、王充、班固为代表,其中桓谭、王充是具有反正统思想色彩的人物,而班固则是正统思想色彩相当浓厚的历史学家。他们在哲学、文化思想方面有显著的分歧,但在经济思想方面的分歧似乎并不大。由于东汉前期经济领域中的矛盾有所缓解,社会经济有所恢复,因此,他们的注意力主要是在如何使封建经济进一步巩固和发展,土地兼并等问题,尚未成为他们所关注的重点。

到了东汉中期,社会矛盾又逐渐尖锐,在东汉政权对大地主的兼并势力采取放任纵容的政策下,土地及财富兼并迅速发展起来,大地主阶级的势力恶性膨胀,更超过了西汉后期,逐渐形成了由中央的官僚地主和地方豪强地主左右经济生活和社会、政治局面的状况。

中央的官僚地主包括两个主要集团:贵戚和宦官。由于封建皇帝生活上的极度腐朽荒淫,往往短命早夭,在王朝统治的中后期,这种情况就更为显著。皇帝早死,嗣君幼冲,母后垂帘听政,只能依靠母族中的父、兄行使统治,因而朝政就落入外戚之手;待幼小的君主逐渐长大,不满于外戚的专权挟制,又依靠身边的宦官来实行宫廷政变。这样,继外戚专权之后,又出现由宦官执掌朝政的局面,但为时不久,又会因皇帝短命而再度出现新的外戚上台诛锄宦官、排斥阉党的局面。汉章帝后,57年间(公元89—146年)就先后立过6个皇帝(和帝、殇帝、安帝、顺帝、冲帝、质帝;如加上曾即帝位而死、未得皇帝谥号的北乡侯刘懿,实际上共立过7个皇帝),这些皇帝多是幼年嗣位,有些嗣位还不到一年即死,更为外戚、宦官实行宫廷政变、交替掌权提供了便利条件,更加剧了政治上的腐败、昏暗和贪暴。

东汉地方豪强地主势力的发展尤其大大超过西汉时期。豪强地主不但拥有巨大地产,从事大规模地租和商业、高利贷剥削,而且在当地形成称霸一方的门阀势力。他们世代相承,成为当地最强大的家族集团,拥有特殊的身份和社会地位。他们以"宾客"、"部曲"、"私属"等名义,把成百上千的农户变成他们的依附农民。这些依附农民不但向他们缴纳苛重的地租贡赋、承担各种无偿劳役,还被他们编组为私人的军事力量,用以镇压农民起义并同其他豪强地主集团争斗、火并。这些依附农越来越陷入近似农奴的地位。

官僚地主和豪强地主统治势力的加强、政治的日益昏暗腐败,土地兼并和财富兼并的恶性发展,对社会经济发展形成越来越多严重的阻滞、破坏力量,使广大人民日益陷入水深火热的境地。社会矛盾愈益尖锐,社会危机愈益加深,广大人民的怨愤、士大夫多数人中的怀疑、失望在增长。这种情况,必然通过一些较敏感的思想代表人物反映出来。王符和崔寔就是东汉中期首先在经济思想方面反映这种矛盾和危机、揭露并谴责社会腐朽势力的经济思想代表人物。王符把抨击的对象明确概括为"京师贵戚"和"郡县豪家",力图从理论上进行分析、批判,尤其把对大地主阶级既得利益的批判提到了空前高度。崔寔不仅反对奢侈、尖锐地揭露了当时严重的土地兼并和土地集中现象,而且更重要的经济思想的贡献在于,重视研究治理家业问题,他所著的《四民月令》一书,是地主的"治家指南",开地主家庭经济学之先河。

桓帝、灵帝至献帝时期,是东汉王朝的末期,这时的东汉统治已处于溃烂不可收拾的局面。

东汉末期的经济思想比较活跃,一批思想家纷纷指评时弊,探求摆脱危机的出路。刘陶、何休、荀悦、仲长统是这一时期经济思想的主要代表。刘陶、何休是活动于黄巾起义以前的人物,他们的经济思想仍着重于揭露贵戚、宦官、豪强等的罪恶,并且比稍前的王符、崔寔等人表现了更强烈的危机意识;荀悦、仲长统经历了黄巾农民大起义和军阀战乱,已到了东汉灭亡的前夕,他们的经济思想则带有总结汉朝兴衰的经验教训,试图探求"治本"的特点。

他们把土地兼并作为决定社会治乱的基础和关键来研究,并且提出了解决问题的方案和对策。荀悦、仲长统对土地兼并以及解决土地兼并的途径的研究,在中国经济思想史上特别是中国土地思想史上,有重要的地位和影响。

第三节 魏晋之际至隋统一前的社会经济和经济思想

东汉末农民大起义以及军阀混战的过程中,社会经济遭到重大破坏,百姓死亡流离,户口大为减少。但在军阀混战中出现了曹操、刘备、诸葛亮、孙权等少数有政治家头脑,有较高军事、政治、经济才能的人物。他们占据了大小不同的地盘,并且积极经营,使其成为社会稳定、经济恢复并有一定发展的根据地,使他们在军阀混战中能够生存下来,并且成为长期相持的几支力量,出现了魏、蜀、吴三国鼎立的局面(公元220—280年)。

三国的一些统治者,如曹操、诸葛亮等人,为了巩固自己的统治,都曾采取某些措施抑制豪强,但是,他们对肯与自己合作的豪强势力,又不得不加以拉拢和利用。豪强世族的司马懿在魏、吴壹在蜀均居高位,张昭、周瑜、鲁肃等世家大族都是孙吴政权的主要依靠力量。特别是在三国的后期,豪强地主的经济、政治势力,在魏、蜀、吴都有所加强。

对曹操的事业有重大作用的屯田制,在黄初年间(魏文帝曹丕年号)已开始出现流弊,曹魏政权公然允许各地负责屯田的官员经商;曹魏后期,魏明帝曹睿修造宫室,一再征调屯田客从事劳役,破坏了屯田客不承担其他徭役的旧制。司马氏掌权后,公元264年,司马昭索性明令罢屯田官,把屯田改归郡守或县令。司马炎代魏称帝后,晋政权于公元266年重申此令。汉魏以来的屯田制,已完全成了历史的陈迹。

成为曹魏政权另一经济支柱的租调制,也逐渐遭到了破坏。

曹操所推行的屯田制和租调制是他为全国的重新统一所奠定的物质基础。可是,在晋王朝尚未完成统一事业之前,统一的主要物质基础几乎荡然无存了。

当时的一些士大夫从不同角度揭露了魏、晋之际社会经济变化中出现的问题和弊端,但他们的批评只是触及某些现象。能够较全面地反映魏、晋之际的经济变化的过程并从理论角度展开较多论述的,当推傅玄。

公元290年,晋武帝司马炎去世,太子司马衷嗣位,是为晋惠帝。但仅过10年就爆发了八王之乱,统一的局面破坏无余。

从公元290年晋惠帝即位至公元589年隋文帝灭陈重新统一全国为止,中国有三百年时间处于动乱、分裂和战争中,是中国自秦汉统一以来分裂、战乱最长的一个时期,而元康(晋惠帝年号)正是这个长期分裂、战乱时期的开端。

这种长期分裂、战乱及其所引起的各种问题必然在经济思想领域有所反映。鲁褒的《钱神论》正是首先以讽刺、嘲谑的曲笔,反映这方面的作品。

它对货币拜物教的揭露和刻画,不但在一千七百多年前的晋代堪称独步,即使在今天看来,也具有警世醒俗的力量。在中国及世界揭露货币拜物教的文献中,《钱神论》占有特殊的重要地位。

自西晋(司马睿南渡以前的晋)至东晋,统治势力的腐朽、贪婪和争权夺利,朝政昏乱和军阀混乱,民族征服和民族纷争,南北分裂和对峙、争锋,持续时间之长,对生产力破坏、摧残之烈,都远远超过东汉末及三国鼎立时期。这种社会大分裂、大动乱及其造成的沉重灾难,必然会在意识形态领域中不断反映出来。在经济思想方面,除了像鲁褒《钱神论》那样的以讥刺、嘲骂的形式表达自己的经济观点的作品外,还有许多以异端思想和乌托邦式空想的形式出现的作品。前者是由于社会长期动乱和解体,而在一些人心目中产生的对封建统治以及维护封建统治正统思想的直接怀疑和否定,其代表作是鲍敬言的《无君论》;后者则是在没有现实的救世手段的情况下,从头脑中设计出的各种各样的"人间乐土",影响最大、最深远的当推陶渊明关于"桃花源"的理想。

继东晋之后,南方相继出现了宋、齐、梁、陈各政权;北方则在北魏统一中原、结束各少数民族并起逐鹿的局面后,又分裂为东魏、西魏,继而又分别为北齐、北周所代替。宋、齐、梁、陈的南朝和北魏——北齐、北周的北朝互相对峙的时期,就是中国历史上所谓的南北朝时期。

东晋及南朝各政权在南方立国,时间远较三国吴、蜀统治南方要长得多,其对南方地区的开发,也远较三国时期更为广泛,更持久。北方的少数民族长期的统治和纷争,迫使中原人士大批逃往南方,带去了先进的生产力和技术、文化,也大大有利于南方地区的开发和进步。这样,在两汉时期大部分还处于刀耕水耨的落后状况的江南地区,经济发展水平上逐渐赶了上来。在封建的农耕文明逐渐发展的基础上,江南的商品货币经济也有了显著进步。与此同时,由于南方各地区发展的不平衡较大,商品流通和货币流通的条件较为复杂,存在的矛盾也较多,因此,人们围绕货币问题提出了各种各样的议论和主张。较有代表性的有沈约的废钱论、孔琳之的反废钱论、周朗的赏罚及大额交易废钱论、孔颛的铸钱均货议和沈庆之的听民铸钱论。

北方的长期战乱所带来的严重破坏,使社会经济遭到极大损害。但是,这种破坏也沉重打击、扫荡了自两汉、魏、晋以来社会上长期积淀下来的许多最腐朽、最污浊的事物;同时,原来社会发展落后的少数民族进入中原,接触并不断吸收汉族的先进经济和文化,促使自身在社会发展中出现了飞跃,使得北方的战乱破坏虽较南方更严重得多,但破坏之后出现的新的活力和生机,也大大胜过南方。这样,在南北长期对峙中,由少数民族新兴封建势力统治的北方,在实力上就逐渐超越了仍然由腐朽的汉族豪强世族势力统治的南方,形成了北方日益兴旺强盛而南方日益衰微孱弱的局面。也正是北朝的少数民族封建化所释放出来的新能量、新活力,促进了北方广大地区能在封建农业的范畴内实现土地制度和农业经营方式的较大的改革,从而推动了农业生产力的较大进步。反映在经济思想领域的重要成就是,北魏均田制及其所体现的经济思想和贾思勰的《齐民要术》及其所体现的地主家庭经济管理思想。

本章总结

西汉晚期大地主阶级的土地兼并和土地集中程度愈加严重,加之朝廷君臣生活上的竞相侈靡,使得社会经济、政治危机日益深重。"人心思变"的社会心理在经济思想领域突出表现为鲍宣、谷永、刘向对当时统治集团奢侈荒淫生活以及对土地兼并、贫富分化等现象的揭露,师丹、孔光等人限制土地兼并的主张和方案,以及王莽的"改制"思想。

东汉王朝仍是以大地主阶级占支配地位的封建王朝。东汉前期社会矛盾有所缓和,经济思想以桓谭、王充、班固为代表,论述集中在如何巩固和发展封建经济。东汉中期以后,官僚地主和豪强地主两股势力恶性膨胀,社会矛盾逐渐尖锐化,经济思想经历了王符、崔寔对封建政权及官僚腐朽生活的抨击,刘陶对当权官僚地主阶级的揭露,到何休、荀悦、仲长统等人对土地兼并以及土地兼并解决途径的研究,将土地制度问题作为基础和关键,在中国土地思想史上具有重要意义。

魏晋之际,曹魏政权推行的屯田制和租调制逐渐废坏,首先从较为全面的角度反映制度变化并从理论上展开论述的当推傅玄。自西晋至东晋时期,军阀混战,南北分裂,民族纷争,社会动荡空前,经济思想上出现了深刻揭露货币拜物教的鲁褒的《钱神论》,以及反映异端思想的鲍敬言的《无君论》和以乌托邦空想形式出现的陶渊明的"桃花源"思想。东晋之后进入南北朝对峙时期,并在经济思想领域形成了各自的特点。南朝由于战乱破坏小,商品经济较为发达,因此对商品流通和货币问题的论述较多,而北朝在战争废墟上由少数民族建立起来的封建政权为社会注入活力,反映在经济思想领域是北魏均田制及其体现的经济思想和贾思勰的《齐民要术》及其体现的地主家庭经济管理思想。

思考与练习

1. 简述西汉晚期至隋统一前各个时期经济思想形成的社会条件。
2. 简述东汉时期社会经济状况及其在经济思想领域的反映。

第二章 王 莽

本章概要

本章首先介绍王莽集团及其政权推行"改制"的背景,进而论述改制内容并对各个不同方面所体现的经济思想逐一剖析,最后从整体上对王莽经济思想的主要特点进行考察。

学习目标

1. 了解王莽改制的具体内容
2. 了解王莽改制所体现的经济思想及其特点

第一节 王莽新朝的浮沉

公元9年,西汉一代最强大的外戚王氏家族的代表王莽,废黜自己所立的傀儡小皇帝刘婴,自立为皇帝,并将自己的王朝立号为"新"。

王莽(公元前45—公元23年)字巨君。祖先本姓田,是战国时齐国强宗田氏的一支,后来,逐渐发展为一方的豪强地主。到了汉代,田氏的这部分改姓王。王莽的姑母王政君,为汉元帝皇后。元帝死,子成帝刘骜立,王政君以太后专朝权,先后任用自己的兄弟王凤、王谭、王商、王立、王根为大司马,辅佐国政,王凤等五人同日封侯。王氏家庭,理所当然地成为西汉末期大地主阶级的最主要代表。

王莽之父王曼,是王凤之弟,因早死未得封侯。王莽在贵盛的王氏家族中,本来处于不得志的状况,按正常途径,他很难有机会上升到这一家族代表人物的地位。

为了改变自己的这种处境,王莽一面使尽浑身解数,博得自己家族中掌权人物的欢心,同时又多方为自己树立信誉,争取社会舆论的支持。

他的同宗兄弟辈皆"争为奢侈",他则"折节为恭俭"、"勤身博学"①,拜名儒为师,广交社会名流;在家则恭谨侍奉寡母、寡嫂,教导亡兄遗孤。他的言行,在当时的士大夫人物中得到了越来越多的称誉。

王莽在家族中的"孝友",逐渐得到姑母、伯叔们的欢心。同时王氏家族的当权者,也希望能在自己家族中有一个像王莽这样受到社会舆论赞许的人物,以求多少改善自己家族的形象。于是,王凤临终,就嘱托王政君授予王莽官职。王莽遂被任命为黄门郎,不久升为射声校尉,公元前16年,又升为骑都尉、光禄大夫、侍中,受封新都侯。

公元前8年,王莽叔父王根病重,荐莽自代。37岁的王莽,被任命为大司马,开始掌握了朝权。

但是,王莽掌权者的地位还未来得及巩固,政局就发生了变化。王莽辅政的次年,汉成帝病死,无子,宗子刘欣入继皇位,是为哀帝。哀帝即位后,祖母傅氏和母亲丁氏的家族以及宠臣董贤掌权,王莽被排斥,免去大司马,蛰居南阳。但是,哀帝在位不长,公元前1年即死去,无子,同宗中山王刘箕的儿子刘衎继立,年仅九岁,是为汉平帝。王莽的姑母王政君,乘机夺取了权力,以太皇太后临朝称制,召回王莽复任大司马。王莽再次上台后,大力造舆论,为自己造成一"天与人归"的"圣明天子"的形象,以便实现自己篡窃政权、黄袍加身的最终目的。在他的首席御用文人"国师公"刘歆的帮助下,他首先利用、宣扬并大力编造周公居摄的故事,以便第一步首先使自己成为实际上的皇帝。

居摄的舆论逐渐造起来了,但汉平帝已十三四岁,不再是幼年,有这样一个皇帝在位,居摄即代理的说法,是说不通的。于是,王莽就在公元5年,狠心毒死了自己的女婿汉平帝,另立一个年仅两岁的王子刘婴为皇帝,使自己有了居摄的借口。这样王莽就以"假皇帝"的名称,登上皇帝宝座。

但是,假皇帝虽已是实际上的皇帝,名称上毕竟还有区别,而且,按照居摄的说法,等将来小皇帝刘婴长大,假皇帝或摄皇帝还要退位归政,而不能把皇位传给自己的子孙。一向以学周公自命的王莽,对居摄后的下一步就不想再学周公了。于是,在居摄之后,他又加紧了改朝换代的步伐。终于在公元8年宣布由"居摄"的假皇帝而"即真",并改国号为"新"。

王莽掌权之后,已陆续进行了一些政治、经济方面的变更;在"即真"之后,为了显示自己已作为一个新的王朝受了"天命",就大张旗鼓地从多方面开始了频繁的"改制"。

王莽集团的"改制"当然不是顺承什么"天命",而是为了迎合西汉后期人心

---

① 《汉书·王莽传》。

思变的社会心理。可是,王莽集团大规模频繁改制的结果,却日益激起了全国各阶级、各阶层的人们以及边塞各少数民族的普遍反对,不仅南北各地农民起义风起云涌,边境各民族兵连祸结,商人及豪强地主也纷纷投入反王莽的斗争行列;最后,连他的儿子们以及刘歆这样的"佐命功臣"也背叛他。他真正成了一个众叛亲离的人,终于在公元23年被杀死于渐台,只在位15年。在中国的一统王朝中,一身兼为开国之君和亡国之君的,只有王莽一人。

王莽新朝这样倏兴忽灭,原因何在呢?他所以轻易得国,是因利用西汉末人心思变,打起改制的旗号;他所以迅速土崩瓦解,也是因为改制而犯众怒,失尽人心。可见研究王莽改制及其所体现的经济思想①,是弄清王莽新朝成败兴亡之秘的关键。

第二节 王田制和禁奴

王莽在他的新朝建元的头一年(始建国元年即公元9年),就宣布实行"王田"制,其主要内容为:

(1)"更名天下田曰王田",即在全国范围内宣布土地为国家(由新朝皇帝代表)所有。

(2)土地"不得买卖",对买卖土地者处严刑。

(3)私人仍允许占用土地,但国家对占用规定限额。限额原则上是"一夫一妇田百亩",但对原来的土地私有者可以稍宽,允许"口不盈八"而占用耕地一井(900)亩。

(4)私人占用土地超过限额的,必须自行把余田分给"九族邻里乡党",而不是上交国家统一分配。换言之,国家并不没收大地主所兼并的大量土地。

(5)国家对无地农民给予土地:"故无田,今当受田者,如制度"②,即按一夫一妇百亩的制度受田。

王莽新朝的"王田"制所体现的主要经济思想是:

第一,它是针对西汉末的严重土地兼并和土地集中现象及由此造成的尖锐社会矛盾而提出来的。

第二,它把土地兼并看做是私有制的产物,并把土地私有制主要归结为土地买卖,所以强调在实行王田制后土地"不得卖买"。

第三,它主张用土地国有制代替私有制,并把传闻中的井田制看做是解决土

---

① 王莽改制包括各方面,但以经济方面的改制占主要地位。
② 《汉书·王莽传》。

地问题、根本消除土地兼并的理想模式。

第四，王莽虽然主张土地国有，但实际上并不主张把一切私人所有的土地统统收归国家，然后在全国范围统一重新分配，而是只对无土地农民"受田如制度"；对已有土地的人，则只是规定一个占用土地的限额，超额部分则由原来的所有者自行分给"九族邻里乡党"。

王莽集团认为土地兼并是当时社会矛盾和社会危机的症结，从而打起反对土地兼并的旗号，这无疑是正确的认识。

他们把土地兼并看做土地私有制的产物，并把土地私有和土地买卖联系起来，认为废除土地私有制就要禁止土地买卖，这也是正确的认识。

但是，王莽集团企图以"王田制"作为解决乃至消除土地兼并现象的方案，却是根本错误的，荒唐的。

王田制是一种土地国有制。土地国有制并不是抽象的、一成不变的东西，它在历史的不同时期有不同的性质和存在形式，而它们所起的作用也是因时而异的。

所谓王田制，是以君王为代表的国家土地所有制。当时的君王是王莽，而王莽的政权是封建地主阶级的政权。因此，王莽的王田制，只可能是封建主义的土地国有制。

封建的土地国有制，是比封建的土地私有制更为落后的一种封建土地所有制，不论从理论上或从历史上看都是如此。

从理论上看，封建制度下的生产力是以个体劳动者使用简单的手工工具进行的。这样的生产力，同私有的、小规模的土地所有制是较为适应的：在各种封建农业经营形式中，自耕农民的小土地私有制农业的劳动生产率为最高；地主的土地私有制次之，大地主的地产，劳动生产率低于自己经营农业的小地主（经营地主），而封建国有土地上的劳动生产率最低。

从历史上看，私有制逐渐代替土地国有制，是中国封建土地所有制发展的趋势。春秋、战国时期，封建的土地私有制逐渐发展起来；到秦"许黔首自实田"，封建土地私有制已成为农业经营的基础；唐代中叶均田制废坏后，土地私有制更日益成为封建农业中土地所有制的支配形式。到明、清时期，有人甚至明确提出：王朝本身可以不断改换，但"民自有其恒畴"[①]，土地私有制不应随王朝更替而变化。

在汉代土地私有制已成为农业经营基础的历史条件下，王莽却想用更为落后的封建土地国有制取代它，这只能是一种历史的倒退！

---

① 《船山遗书·噩梦》。

土地兼并是土地私有制的产物。当时的土地私有制是一种封建主义的土地所有制,因此,土地兼并问题不可能在封建主义土地所有制的基础上求得根本解决;在封建的土地私有制下固然不可能,希望回到更落后的封建土地国有制来解决这一问题,尤其不可能。

在颁行王田制的同时,王莽的新朝政权还明令禁奴。

西汉时代,尤其是中后期,畜奴成风,官私奴婢的数量之大,实是惊人。官奴属朝廷和各级政府所有,用之于各种生产性或服务性劳役,私奴婢则属于私人所有,主要使用于家庭劳役。官奴婢的主要来源是犯罪没官,即把犯某些罪的人及其家属没入为官奴。私奴婢的来源则是有购买(包括欠债者卖身为奴)和赏赐两种,官奴婢如赏赐给私人,也就变成了私奴婢。

大量劳动力成为奴婢,必然严重影响生产中的劳动力数量,奴婢问题又是和土地兼并问题连在一起的,因为私奴多来自破产农民,这就和土地兼并问题密切相关,是土地兼并的必然结果。

王莽正是看到这一点,在篡夺政权以前就以禁奴的旗手自任,并且为了表白自己态度的坚决而不惜杀死自己的儿子。在他"即真"建国后,就立即在全国范围内把禁奴和王田一道推了出来。

王莽的禁奴政策包含以下几点内容:一是更改私奴婢的名称,不许再称为奴婢,而要改称之为"私属"。二是规定此后对改称为私属的奴婢"不得卖买"①,也不许再出现奴婢市场。三是只禁止从市场获得私奴婢的途径,而不禁止把罪人变为官奴婢的制度。

从这些规定看,王莽的禁奴思想主要有两个特点:

第一,限奴而非释奴。资产阶级革命派盛赞王莽在两千年前已有"释奴之伟识"②。释奴也即解放奴隶,这是对王莽禁奴的误解。其实,王莽从未命令蓄奴者释放奴隶,从未主张把奴婢变成有独立人格的编户齐民,而是只规定把他们的名称改为"私属",他们仍然属于原来的主人,受原来主人的人身奴役,只不过换了一个名称而已。

私属与奴婢,除了名称以外还有什么区别?从现有史料难以判断,但有一点是清楚的:奴婢是为主人寄生生活服务的家内奴隶而非生产劳动力,改名私属并未改变这种状况,因此,王莽的禁奴不会对生产力的发展和社会经济进步发生多大的积极作用。

第二,禁私奴而不禁官奴。禁止买卖奴婢,把私奴的一个重要来源堵塞了。

---

① 《汉书·王莽传》。
② 冯自由:《民生主义与中国政治革命之前途》,《革命逸史》四集,中华书局,1981年,第113页。

但是，仍保持把罪人及其家属罚没为奴的制度，这表明官奴不在禁奴的范围之内，而且，通过国家把官奴赐给贵族、官僚、宠臣等人，私奴的另一个来源也照样畅通（只是这种被赐的奴婢可能要改称为私属了）。

当时，非官僚地主和商人的奴婢主要是买来的；而贵族、官僚、宠臣等官僚地主则可从赏赐和购买两种途径获得奴婢。越是大官僚地主，赏赐的途径也越重要。可以看出，王莽的禁私奴而不禁官奴，也是一项维护官僚地主阶级尤其是同皇帝接近的大官僚地主的特权和既得利益的政策。

第三节 对工商业及一些其他谋生活动的"六筦"

"筦"即"管"，或作斡，六筦即六项管制。这是王莽在王田制、禁奴政策之外所推动的经济政策的总称，其实质是封建国家对经济实行全面的垄断和干预，是一种经济统制政策。它涉及的内容非常广泛，具体地讲，包括以下六个方面的内容：(1) 盐的专卖；(2) 铁的专卖；(3) 酒的专卖；(4) "铁（钱）布铜冶"由国家垄断控制；(5) 名山大泽由政府专管；(6) 五均赊贷由政府经营。

六筦中的前三项，是国家对当时三项重要产品的垄断经营（专卖）；第四项是由国家严格管制货币材料和货币铸造；第五项是国家垄断控制自然资源，掌握山泽之利；第六项为对市场和借贷方面控制、干预措施。

王莽集团实行六筦的理由：一是盐、铁等都是有关国计民生的重要产品，是"食肴之将"、"百药之长"、"田农之本"；二是此六项非一般老百姓所能做到，"非编户齐民所能家作"，而又是人们必须从市场上购买的；三是这些商品和物资，需求缺乏弹性，"虽贵之数倍，不得不买"，若由民营，势必为"豪民富贾"所独占，以此要挟贫民。因此，以上六个方面的经济活动必须由国家来经营，由政府加以管制，以求达到抑制商人垄断以利于贫弱百姓的目的。

从表面上看，王莽宣称的理由的确是堂而皇之，言不离利国福民。但是，动听词句，往往不是真相的表现，而是对真相的粉饰和掩盖。

六筦所体现的经济思想主要为：

第一，采用一切可能的手段，巨细无遗，竭泽而渔，以增加财政收入。

王莽集团实行盐铁专卖，是看到盐是生活必需，铁是生产必需，但"非编户齐民所能家作"，不能自给自足，而且需求弹性小，"必抑于市，虽贵数倍，不得不买"，因而想借国家专卖来把它们变成王莽集团可以任意"予取予求"的一个财源；酒专卖是因酒的利润高，如他们自己的计算，可得到61.76%的纯利；五均、赊贷对商业、高利贷样样伸手；钱布铜冶即货币这一最普遍、最易行的掠夺手段固然要抓牢；名山大泽，各种重要资源的严加控制，也可获利不赀。至于工匠负贩、医巫卜祝这些小小营生,嫔妇蚕桑织纴缝补这类农民副业,自身既谈不上什么豪商富民,也不是豪商富民用以兼并的手段,而且细小分散,计税、征税繁难,能提供的财政收入极其有限,甚至会所得不偿所费,但王莽集团都点滴不遗地列作六筦征课的内容。这难道同便百姓、抑兼并有什么瓜葛吗?

第二,极端的经济专制主义。

前面论述过,轻重论吸收了法家"利出一空"的思想,并把它由"驱民农战"发展为"予之在君,夺之在君,富之在君,贫之在君"的经济专制主义。

王莽的经济专制主义虽从轻重论而来,但和后者有一个很大的不同。轻重论是新兴地主阶级的理论,它的经济专制主义除了加强对广大人民的剥削统治地位外,还确有打击奴隶主商人和某些危害地主阶级整体利益的官僚地主(特别是地主诸侯)和豪强地主势力的意义。王莽的经济专制主义则是出于掠夺、榨取广大人民以加强大官僚地主集团狭隘利益的需要。轻重论提倡"利出一空",主张只使服从国家政策的人得富得利,而王莽集团却不想使大官僚集团之外的任何人从任何途径获利。因此,王莽集团虽"欲法武帝",服膺于轻重论的经济专制主义,却从不宣扬"利出一空"。实际上,王莽集团对百姓的获利、谋生简直是有空必塞,无空肯留,而对他们自己来说则是只要有利可获,就有空必钻,无孔不入。六筦所涉及的范围所以这么广泛,就清楚地反映了这一点。

第四节 对货币的频繁变更

在王莽有关经济方面的改制中,最混乱、最荒唐、最无理性的当属他对货币制度的频繁变更。王莽在其登上皇帝宝座的前后,共对币制进行了五次改革。首次改革是在居摄二年(公元7年)五月,除了原有的五铢钱(值一)以外,另增造了三种新的货币,以五铢钱的不同倍数与五铢钱并行。新增的大额货币,其名义价值远远大于实际价值。如大钱,重十二铢,含铜量只比五铢钱多1.4倍,而名义价值为五十铢,为五铢钱的五十倍。

第二次改革在他刚登上皇位的始建国元年(公元9年)。这次改革的具体内容是:废汉五铢,并废错刀、契刀,只保留当五十的大钱;另铸重一铢的小钱,当五铢钱一枚使用。

王莽集团在次年又进行了第三次改制。这是王莽集团实行的一次规模最大、最混乱、最荒唐的货币改制。

王莽集团把这次改制所铸造的货币统称为"宝货"。宝货凡五物、六名、二十八品。所谓"五物"系指五种币材:龟、贝、金、银、铜;六名指六种货币名称:龟币、贝币、黄金、银货、布货、钱货;二十八品指货币的二十八个品级,即龟币四品

(子龟、侯龟、公龟、元龟)、贝币五品(漏度、小贝、幺贝、壮贝、大贝)、金货一品、银货二品(普通银、朱提银)、布货十品(小布、幺布、幼布、厚布、差布、中布、壮布、第布、次布、大布)、钱货六品(小钱、幺钱、幼钱、中钱、壮钱、大钱)。二十八品各有自己的规格、成色、重量和名义价值。

王莽的这次货币改制，货币品种繁多，币材不一，兑换比率的规定无客观依据，而且杂乱异常：有的币种采用每级差十的办法，有的则每级差百；在差二十的系列中有差七的情况，而差十的系列中也有差九；还有2 160(元龟)，1 580(朱提银)和216(大贝)这样古怪的兑换值。这么许多货币同时流通，相互换算起来，恐怕连王莽自己也无法记得住，算得清。这样荒唐、混乱的货币制度，在古今中外的货币史上可说是创造了独一无二的纪录，而且是一个永远无人能打破的记录！

这样混乱、荒唐的货币，自然是行不通的。民间拒用这些货币，实际上也无法行用。王莽被迫自行宣布专行值一的小钱和值五十的大钱，其余暂停使用。

第四次改革是在天凤元年(公元14年)，其主要内容为：(1)"复申下金银龟贝之货"①，即对于金、银、龟、贝之货，予以增减其名义价值后，再次发行；(2)废除大、小钱，另作货泉(重五铢，值一)，货布(重二十五铢，值二十五)；(3)大钱准许继续使用六年，但币值由五十贬为当一。

王莽从居摄二年(公元7年)至天凤元年(公元14年)八年之间，更币四次；如连上第三、四次之间专用大、小钱、暂停其他二十六品货币的临时性措施，改换货币共达五次之多。平均不到两年就更改一次。

王莽集团这么频繁地进行货币改制，除了迷信、复古、无知而又刚愎自用以及好大喜功等思想外，还受下列两方面的经济思想支配：

第一，以货币改制来劫掠和搜刮各阶层广大人民：王莽的各次货币改制，尽管花样翻新，令人目迷五色，却始终贯穿着一个原则，就是以剧烈的货币贬值来掠夺百姓的财富。他每次更改币制，总是一次新的货币贬值。王莽的货币改制在他的全部经济改制中所以改得最频繁，原因正在于此。

第二，极端的货币名目主义和典型的国定货币论。王莽集团"毫无货币常识"，自然不可能懂得什么货币理论。但是，从他们的货币改制看，他们实际上是认为货币不过是由人们主观意愿规定的一种名目，而掌握了国家政权就可用王权来创造任何货币，既可以指任何东西为货币，也可任意赋予货币以任何价值。王莽集团自然是讲说不出货币名目主义和国定货币论的内容和含义来的，但王莽集团的改制，却体现着极端的货币名目主义和典型的国定货币论的色彩。

---

① 《汉书·食货志》。

第五节 王莽经济思想的特点

以上几节，已分别对王莽改制的各不同方面所体现的经济思想逐一进行了剖析，现在再从整体上对王莽经济思想的主要特点进行综合考察。

王莽改制是由王莽集团发动和推行的，王莽集团是当时最强大、最横暴、最腐朽的大地主集团（由豪强地主发展成的最强外戚集团）的代表。它的改制是为这一集团的利益和要求服务的，而改制所体现的经济思想，也正是基于这一点而显现出自己的许多特性。

王莽的经济思想典型地体现了最腐朽大地主集团的贪婪性。

王莽经济改制的各个方面，都是从利用政权集中掠夺全国各阶层、各民族人民的财富的要求出发的：王田制是要利用王权把全国土地都控制在王莽集团手中；禁私奴而不禁官奴是为了保证这一集团对奴婢的垄断权；六莞是要由这一集团对主要工商业及自然资源进行垄断，并且对一切可获得财富的行业进行搜括；而货币改制则是利用通货贬值普遍地掠夺全国各阶层百姓，以增加最腐朽大地主集团的财富。这在前面都分析过了。

王莽的经济思想充分表现了以王莽为代表的大官僚地主集团的虚伪性。

王莽的经济改制件件都是对广大百姓的疯狂掠夺，但是，它们却桩桩件件被王莽集团用"爱民"、"救民"的美丽外衣精心装点起来：王田被说成是反对土地兼并，保护农民利益；禁奴是对奴婢处境的悲悯，六莞是抑制"豪民富贾"的"要贫弱"，货币改制也是为了"用便而民乐"和"快百姓意"。

王莽的经济思想还有着一些特点，如虚弱性、主观随意性、浅薄性等。前面在分析王莽的具体经济思想时均已涉及，就不再赘述了。

本章总结

西汉末年王莽借助社会危机深重、人心思变的契机建立"新"朝，并在顺承天命的幌子下进行多方面的改制，其在经济方面的改制占主要地位，包括实行王田制并宣布禁奴，对工商业及其他一些谋生活动实行"六莞（管）"，以及频繁地变更货币制度。由于其代表大地主阶级的利益，注定了其改制的实质只能是利用政权掠夺人民财富，为这一集团的利益服务。王田制是要利用王权把全国土地都控制在王莽集团手中；禁私奴而不禁官奴是为了保证这一集团对奴婢的垄断权；六莞是由这一集团不仅对主要工商业和自然资源进行垄断，甚至对一切谋生活动进行全面搜刮；货币改制则是利用通货贬值普遍掠夺全国各阶层人民，以增加最腐朽大地主集团的财富。王莽的经济思想具有贪婪性、虚伪性、主观随意性等特点。

思考与练习

1. 简述王莽王田制的内容是什么,从土地制度层面分析其失败的原因。
2. 简述王莽"六筦"经济政策的内容是什么,比较其与西汉轻重论的异同。
3. 阐述王莽货币制度改革的实质及其体现的经济思想。
4. 阐述王莽经济思想的特点。

第三章

王符、荀悦、仲长统

本章概要

本章首先论述了东汉中期和末期不同的社会经济状况在经济思想上的不同反映,然后主要介绍了东汉中期王符批判官僚地主腐朽统治的经济思想,以及东汉末期荀悦、仲长统对土地制度问题的研讨。

学习目标

1. 了解东汉中期以后经济思想的演变
2. 了解王符、荀悦、仲长统等代表人物的经济思想内容和特点

第一节　东汉经济思想的主要内容及代表人物

东汉一代,是门阀世族地主势力最盛的时期。东汉时期的经济思想也以揭露、抨击门阀世族地主的特权和既得利益为主要内容,代表人物有王符、荀悦、仲长统。

东汉中期,社会矛盾已日趋尖锐,大地主势力的掠夺、压迫日益遭到人们的谴责和普遍怨恨。于是,抨击大地主特权和既得利益的思想,逐渐成为经济思想中最突出、最有特色的内容。但是,当时声势最显赫、最为社会人士所侧目的势力,是互相倾轧、交替掌权的内戚、宦官两大官僚地主集团。他们都是以政治权势作为聚敛财富、压迫奴役广大人民的主要手段,相形之下,他们原来拥有的土地和财富的多少,并不起很突出的作用。因此,东汉中期的经济思想,也以抨击官僚地主为主,而且集中批判他们利用政治势力聚敛财富和奢靡荒淫的寄生生活。王符的经济思想就典型地表明了这一点。

东汉中期的思想家较少谈到土地兼并问题。东汉末期的思想家则越来越重视对豪强地主的批判,而对土地兼并的批判也日益突出,对土地制度问题的探讨也更加注意。这在经过黄巾农民起义和东汉末军阀混战的荀悦、仲长统两人的思想中表现得尤为明显。

豪强地主虽然也拥有强大的政治权势,但同外戚、宦官等官僚地主相比,他们的政治权势毕竟不是那么显赫、突出的。他们的实力基础,更多地在于他们的财富,尤其是他们巨大的封建地产,这自然会使得着重抨击豪强地主罪恶的思想家荀悦、仲长统等人特别致力于土地制度问题的研讨。

第二节　王符及其"务本"论

王符,字节信,安定临泾(今甘肃省镇源县)人,约生于公元2世纪初,卒于2世纪六七十年代之间,自少时即好学有志节,但由于出身"庶孽"(即系庶出),门阀低微,按当时的乡举里选制度,得不到仕进的机会。他又为人正直自尊,不肯诡谀取容于当权者,因而得不到荐举提拔,终生只是一个在野知识分子。他隐居著述,写成《潜夫论》一书,共三十六篇,其中《务本》、《浮侈》、《遏利》、《爱日》等篇基本上是谈论经济问题的。

务本论是王符经济思想的基础和中心。他认为,"凡为治之大体,莫善于抑末而务本,莫不善于离本而饰末"①。这就是说,王符把务本抑末看成治国的根本。

本、末二字,从战国以来几乎成为专论国民经济各部门关系的用语。务本抑末或重本抑末,从战国后期直至两汉已成为重农抑工商的同义语。但王符的务本论并非单纯的重农论。他所讲的本,不仅指农;他所讲的本末,也不限于国民经济各部门的关系。他说,"夫为国者以富民为本,以正学为基",又说:"夫富民者,以农桑为本,以游业为末;百工者,以致用为本,以巧饰为末;商贾者,以通货为本,以鬻奇为末。三者守本离末则民富,离本守末则民贫。贫则厄而忘善,富则乐而可教。教训者,以道义为本,以巧辩为末;辞语者,以信顺为本,以诡丽为末;列士者,以孝悌为本,以交游为末;孝悌者,以致养为本,以华观为末;人臣者,以忠止为本,以媚爱为末。五者守本离末则仁义兴,离本守末则道德崩。慎本略末犹可也,舍本务末则恶矣。"②这就是说,他的务本论包括了经济生活和思想道德两个方面的内容,而在经济方面的本末观,也不同于战国以来形成的传统观念。

王符在对待工商业的态度上同封建正统经济思想有明显的分歧。他不同意像封建正统经济思想那样把工商业一律斥为末业,不同意把一切工商业都列为抑末的对象,而是认为,工商业中都只有一部分属于末业,其他的部分和农桑一

---

① 《潜夫论·务本》。
② 同上。

样是本业。工业中"致用"的部分属于本,"巧饰"部分才是末。这就是说,满足人们生产、生活所必需的手工业是本,而那些满足奢侈消费的手工业是末;商业中的"通货"部分是本,"鬻奇"部分才是末。① 这就是说,经营人们生产、生活必需品的商业是本,而贩卖奇巧的奢侈品的商业才是末。可见,王符区分本末的标准,不是按国民经济的不同部门划分的,也不是按自然经济、商品经济划分的,而是按为谁服务划分的。他把为社会上一般人服务的农、工、商业都看做本业,而把为权贵豪富及其奴仆们寄生生活服务的各种生产、流通和服务行业都视为末业。王符的这一看法,在中国历史上是破天荒的。在此之前,肯定工商业在人民经济生活中的作用的不乏其人,但还没有人提出工商业中也有本末之分,并把工商业的一个重要部分归于本。王符的这一思想是对正统的重本抑末思想的修正。

重本抑末论在西汉后期,已经形成为在经济思想领域中起支配作用的封建正统经济思想的一个主要教条。到了东汉时期,随着封建经济的巩固和发展,重本抑末论作为封建正统思想就更加具有权威性,任何人思考问题,都难以摆脱其影响和制约。王符作为地主阶级的思想家,当然不能摒弃这一教条,但他的特点在于从当时的实际出发,对这一教条作了修正,通过这种修正的方式,来达到修改以至反对"重本抑末"这一教条的目的。这是一种反对封建正统经济思想的曲折的方法,西汉后期以来,王符是首先采用这种方法的人。

第三节 王符的"遏利"论和"浮侈"论

贵义贱利是西汉以来的正统经济思想教条之一。王符作为一位封建社会的地主阶级思想家,也是贵义贱利论者。但他关于义利的论述,也有不同于前人之处,他没有着重论述义利关系问题,而是着重论述人们遏制求利欲望的必要性,因而他把自己在这方面的论述取名为《遏利》。

首先,王符认为在义利关系上,人们往往是言行不一的。他说:"世人之论也,靡不贵廉让而贱财利焉。及其行也,多释廉甘利之人。"② 他认为现实的问题是:在"行"的方面"世人"多"甘利"。所以,王符着重从个人"甘利"的危害上来论述,着重从义利对个人祸福的影响上来警戒人们。他概括自己写《遏利》篇的目的:"人皆智德,苦为利昏,行污求荣,戴盆望天,为仁不富,为富不仁,将修

---

① 《潜夫论·务本》。
② 《潜夫论·遏利》。

德行,必慎其原,故叙遏利第三。"①

其次,王符认为一个人所占有的财富应该与其德相称。这个德当然包括整个封建道德,但王符特别强调的是对民的贡献。"无功庸于民而求盈者,未尝不力颠也。"王符还认为,"利物,莫不天之财也"。一个人超过他应得的财利而"强取",就是"盗天"。"盗天"是要受祸的,"故人有无德而富贵,是凶民之窃官位盗府库者也,终必觉,觉必诛矣。盗人必诛,况乃盗天乎,得无受祸焉!"②

和《务本》一样,王符《遏利》的攻击矛头也是指向那些"京师贵戚,郡县豪家",特别是那些不文不武、无功无劳,只靠裙带关系和谄谀狐媚而博取权位的贵戚权臣。他在提出盗天必"受祸"的论点之后,举例说:"邓通死无簪,胜跪伐其身。"③以西汉时的佞幸之臣邓通及羊胜、公孙诡最后均被诛死的事例作为前车之鉴,警告东汉时更为贪婪专横的外戚和宦官"无德而富贵者,可以预吊也。"

黜奢崇俭也是西汉以来的正统经济思想教条之一。王符也是一位黜奢崇俭论者,他专门写了《浮侈》篇来抨击当时的浮侈之风。

当时的浮侈之风比较严重。王符对此作了淋漓尽致的揭露。他说:"今民奢衣服,侈饮食",而"京师贵戚"在这方面尤其达到了穷奢极欲的地步。他们"衣服、饮食、车舆、文饰、庐舍,皆过王制,僭上甚矣"。婚丧嫁娶,更是奢侈无度,"富贵嫁娶,车軿各十,骑奴侍僮,夹毂节引。"在丧葬方面,棺木"必欲江南檽梓,豫章梗楠"。这些高级木料需从深山中砍伐下来,经数千里长途跋涉运至京师,然后,"工匠雕治,积累日月,计一棺之成,功将千万"。"良田造茔,黄壤致藏,多埋珍宝,偶人车马,造成大冢,广种松柏,庐舍祠堂,崇侈上僭。"④

王符还认为,当时贵戚豪强的穷奢极侈严重败坏了社会风气,造成了"富者竞欲过,贫者耻不逮及"⑤的浮侈之风。

王符反浮侈思想的特点是他不仅从消费方面,不仅从道德和贫富对立的角度抨击浮侈,而且把消费同生产联系起来,从消费方面的浮侈对生产所造成的影响揭露浮侈的危害。他认为,社会竞为浮侈,产生了众多的"虚伪游手"。所谓"虚伪游手",即游手好闲之徒,他们不事生产,而消费奢侈。由于要满足奢侈消费的需要,产生了许多浮末。⑥ 所谓"浮末",即从事奢侈品生产、经营的"奸工"、"淫商"。他们离本守末。王符认为浮侈之风,一方面造成"治本者少,浮食

---

① 《潜夫论·叙录》。
② 《潜夫论·遏利》。
③ 《潜夫论·遏利》。据汪继培笺注:"跪,当做诡","伐,当做戕"。
④ 《潜夫论·浮侈》。
⑤ 同上。
⑥ 范文澜认为浮末是守本的工商,虚伪游手是离本的工商(《中国通史简编》第二册,人民出版社,1958年,第169页)。我们认为,这样理解不符合王符的本意。

者众",使大量生产劳动力变成非生产的,从而妨碍了生产力的发展;另一方面又把大量物资和活劳动用在贵戚、官僚和豪强及其奴仆们的寄生生活方面,必然大大缩减社会生产及一般人民生活所需的产品。王符尖锐地揭露,当时这些人"一飨之费,破终身之本业"、"一棺之成,功将千万"①。消费的急遽膨胀和生产的破坏、缩减,将会使社会总需求和总供给的矛盾越来越严重,正如"山林不能给野火,江海不能灌漏卮"②一样,迟早将导致整个社会经济的崩溃,造成广大百姓的"饥寒并至",从而引发足以倾覆东汉王朝统治的严重政治危机。他怀着强烈的忧患意识预言这种前景说:黎民百姓"饥寒并至,则安得不为非? 为非则奸宄。奸宄繁多,则吏安得无严酷? 严酷数加,则下安得无愁怨? 愁怨者多,则咎征并臻,下民无聊而上天降灾,则国危矣。"③

"这可说是王符对东汉末农民大起义的预感。"④王符死后不很久,汉灵帝光和七年(公元184年),历史上有名的黄巾起义就爆发了。

第四节 王符的"爱日"论

王符经济思想中一个更具特色的内容,是他的"爱日"论。他提出"爱日"论,是针对当时的现实,有所为而发的。他在《潜夫论·叙录》中说:"民为国基,谷为民命,日力不暇,谷何由盛。公卿师尹,卒劳百姓,轻夺民时,诚可愤净。故叙爱日第十八。"

"爱日"一词并非王符首创。《吕氏春秋》中,就有"敬时爱日"之说。⑤ 但对"爱日"作系统研究并写成为专篇,过去是没有的,王符可算第一位。

"爱日"就是珍惜劳动时间。王符认为国家和人民的贫富,取决于用在生产上的劳动时间的多少。他说:"国之所以为国者,以有民也;民之所以为民者,以有谷也;谷之所以丰殖者,以有人功也;功之所以能建者,以日力也。""是故礼义生于富足,盗窃起于贫穷,富足生于宽暇,贫穷起于无日。"又说:"圣人深知,力者乃民之本也,而国之基,故务省役而为民爱日。"⑥在王符上述论断中提到的"人功"、"力",都指生产劳动,"日力"、"日"都指可以用于个人家庭生产劳动的时间。王符认为谷物作为财富是劳动创造的。所以,劳动时间越多,生产的财富

---

① 《潜夫论·浮侈》。
② 同上。
③ 同上。
④ 参阅赵靖:《中国经济思想史述要》上册,北京大学出版社,1998年,第319页。
⑤ 《吕氏春秋·士容论·上农》。
⑥ 《潜夫论·爱日》。

也就越多。也可以说,劳动时间充裕,就会富足,劳动时间不足,就会贫穷。劳动是"民之本","国之基",所以要减少徭役,珍惜百姓的劳动时间,使民有充裕的时间从事生产劳动。

王符非常重视生产劳动,他把生产劳动的作用提到"民之本"、"国之基"的高度。所以,他认为人民能够用于生产劳动的时间的多少,是一个国家治乱的标志。"治国之日舒以长,故其民闲暇而力有余,乱国之日促以短,故其民困务而力不足。"①所谓"治国之日舒以长",并非一天的自然时间真的延长了,而是指"君明察而百官治,下循正而得其所,则民安静而力有余,故视日长也"②。政治清明,不扰民,使老百姓能有较多的生产劳动时间,看起来就像是一天的时间延长了;"乱国之日促以短",也并非一天的自然时间真的缩短了,而是指"君不明,则百官乱而奸宄兴,法令鬻而役赋繁",使民"困于吏政",耽误了老百姓的生产劳动的时间,时光就显得短促了。可见,王符所说的日长、日短的"日",并非自然的"日",而是指"劳动日",同时,日长、日短,不仅指一个劳动日的长短,而且指一年中劳动日的多少。"日"的概念,虽然并非王符首次提出,但他明确地把"力"与"日"联系起来,使"日"更具"劳动日"的意义,又把自然日与劳动日区别开来,从而使"日"成为具有经济范畴意义的词。从经济分析的角度来看,不能不说是一个相当大的进步。

东汉王朝统治的国家属于治国,还是乱国呢?王符没有明确讲,但他对当时的"日力不暇","公卿师尹,卒劳百姓,轻夺民时"是十分愤慨的。在他看来,当时耗费百姓劳动时间的问题,是十分严重的。他提到的影响百姓劳动时间的原因有二:一是徭役太繁重,一是官僚机构庞杂,办事效率低,"万官扰民,令长自炫",使百姓"困于吏政",损失了不少劳动时间。对于前者,王符没有作更多的揭露与阐述,只是把"役赋繁"作为"日短"的一个原因提出来,同时,又把"省役"作为"爱日"的措施。这可能是由于徭役影响农民的生产劳动,已是人所共知的了,前人也有不少论述,只要简单地提一提就够了,而后者则不甚为人注意,所以,王符着重论述了后者。他特别揭露了普通老百姓打官司的困难,正直的人受到迫害,官官相护,把官司从乡亭等基层政权打到郡、州公府,耗费了很多时间,不能申冤。"正士怀冤结而不得信,猾吏崇奸宄而不痛坐,郡县所以易侵小民,而天下所以多饥穷也。"③官僚机构庞杂,吏治腐败,危害是多方面的,仅从劳动日的耗费来说,其危害也是惊人的。王符指出:"今自三府以下,至于县道乡

---
① 《潜夫论·爱日》。
② 同上。
③ 同上。

亭及从事督邮,有典之司,民废农桑而守之,辞讼告诉及以官事应对吏者,一人之日废十万人。"每天为了打官司和应付官吏而奔走的达10万之众。一人有事,还要有两人协助应付官吏。这样,每天就有30万人不能从事生产劳动。王符还进一步计算:如按中等劳动来计算,每个劳动力可供养七口,30万劳动力就可供养200万人口。30万劳动力不能从事劳动,就有200万人要挨饿。王符认为,在这种情况下,"民力不暇,谷何以生,百姓不足,君孰与足",国家是会贫困的,同时,也会影响到封建王朝统治的稳固,在几百万人挨饿的情况下,"盗贼从何消,太平从何作"①?

"爱日论"是抨击封建政权的徭役和官僚机构腐朽低能对经济发展的消极作用的专篇。秦、汉在全国范围建立起了统一的中央集权专制封建政权,使官僚机构及官吏人数比春秋、战国时期要多得多,而维持庞大的官僚机构的运转和众多贵族、官吏、军队的需要,又使徭役的规模、种类和频率都极大增加。徭役及官僚机构妨碍民时的问题成了中国封建社会中一个尖锐的问题。一个王朝新建立后的一段时期,官府机构还不很庞大,官吏人数也较少;同时,王朝统治者鉴于前朝的覆辙,对徭役的征调也不敢过繁。但随着社会矛盾的尖锐化和统治势力的更加腐朽,徭役越来越繁巨,官府机构及官吏队伍越来越庞大,越颟顸、专横、贪婪和低能。徭役繁重及吏治腐败对百姓生产和生活的妨害也日益严重,人们对它们的怨愤、不满也大为增长。王符写《潜夫论》的时期,东汉王朝已过了它的国初比较平稳的时期,徭役繁苛和吏治败坏已日益成为社会经济无法承受的赘疣,因而能产生出《爱日》篇这种从经济方面揭露、抨击封建政权的徭役和官僚主义弊害的著作。

第五节 荀悦、仲长统对土地兼并的批判

荀悦(公元148—209年),字仲豫,颍川颍阴(今河南许昌)人,荀况十三世孙,东汉末年著名的历史学家和思想家。早年隐居读书,开始被征于曹操府下,迁为黄门侍郎,为汉献帝侍讲,后升为秘书监、侍中。所著《申鉴》五篇,议论时政,很得献帝赏识。又奉献帝命,作《汉纪》三十卷,并著有《崇德正论》及其他论著数十篇。

荀悦十分重视土地问题,他指出:"夫土地者,天下之本也。"②认为土地占有制度是关系到封建政权巩固和国家治乱的根本问题。针对当时土地兼并及其所

---

① 《潜夫论·爱日》。
② 《汉纪》卷八:文帝十三年六月。

引起的严重后果,荀悦主张实行土地国有制,反对土地私有制。

荀悦指出,土地私有制的弊端主要有两个方面,一是导致土地兼并,造成土地向大地主手里集中,形成土地占有上的严重不均;二是加重了一般农民所受的剥削。地主占有大量土地,而农民则很少或根本没有土地,不得不耕种地主的土地,要把自己收获物的"太半"即一半以上缴纳给地主,受着沉重的地租剥削。

荀悦在历史上第一个把国家赋税和封建地租进行了明确的区别。地租是地主向租种其土地的农民征收的,而赋税则是国家按地亩向占有土地的地主和自耕农征收的。二者的变动,是受不同的经济规律支配的。豪强地主向国家缴纳的赋税,是他们从租佃农民身上榨取的地租的一部分。国家减轻赋税,只是把更多的地租留在地主手里,地主不仅可以照旧甚至可以加重收取地租,结果使国家的轻税政策,仅仅有利于地主,而丝毫无益于广大佃农。因此,不解决土地问题,而仅仅实行轻税政策,丝毫不能缓解地主和农民之间尖锐的阶级对立:"古者什一而税,以为天下之中正也。今汉民或百一而税,可谓鲜矣。然豪强富人,占田逾侈,输其赋太半。官收百一之税,民收太半之赋。官家之惠,优于三代;豪强之暴,酷于亡秦。是上惠不通,威福分于豪强也。今不正其本而务除租税,适足以资富强。"①

因此,荀悦要求从解决土地占有制度入手解决土地兼并和贫富对立问题。荀悦在历史上第一次把土地所有权和使用权加以区别,并试图通过使二者分离来解决封建土地私有制所产生的矛盾。他主张土地所有权归封建国家,实行土地国有制。但土地的使用权则交给地主和农民,地主和农民可以使用国有土地从事农业生产,但不能把土地作为自己的私有财产自由买卖、自由转让。土地不能自由买卖,就可以杜绝土地兼并,从而杜绝造成贫富对立和百姓贫困的根源。这就是荀悦提出的"耕而勿有",即地主和农民只有土地使用权,而没有土地所有权的土地问题的解决方案。

荀悦认为,解决土地兼并问题的根本办法是实行井田制,变土地私有制为封建的土地国有制,为此,他也设计了一个和何休井田制大体相同的井田模式。但是,他同时又不同意立即实行平分土地的井田制。他认为,井田制主要是为了解决地寡民众的矛盾。为了保证每个劳动者都占有一份实现自己劳动力的小块土地,所以才按井田每户百亩的方式分配土地。如果地广民稀,土地足够人们耕种,就没有必要实行井田制,完全可以允许人们在百亩之外耕种更多的土地。正是这种情况,造成了一批占田数百千顷的大地主。随着人口的增加,土地问题尖锐起来了。一方面豪强地主占有大量土地,另一方面许多劳动农民没有土地,于

---

① 《汉纪》卷八:文帝十三年六月。

是实行井田制,平均分配土地的要求日益强烈地被人们提了出来。但是,现在荒地已经变成膏壤,并已"列在豪强"①,成为大地主的合法的私有财产,在这种情况下,企图把这些土地从豪强地主手里拿过来平分给百姓,大地主决不会答应,必然会"并有怨心,则生纷乱"②,即必然要引起他们的不满和反抗,导致社会动乱。所以,荀悦认为,井田制虽然是解决土地兼并的最理想的制度,但由于它会遭到豪强地主的反对,因而又是一个暂时无法实现的制度:"或曰:复井田与?曰:否。专地非古也,井田非今也。然则如之何?曰:耕而勿有,以俟制度可也。"③所谓"耕而勿有,以俟制度",就是要求暂时杜绝土地自由买卖和自由转让,以等待社会出现"高帝初定天下,及光武中兴之后,民人稀少"④这种历史时期的到来。一旦再遇到兵荒马乱、社会动荡之后的地广民稀时代,别再错过时机,抓紧规划井田制度,限制百姓占田数量;"就未悉备井田之法,宜以口数占田,为立科限,民得耕种,不得买卖,以赡贫弱,以防兼并,且为制度张本,不亦宜乎?"⑤这就是荀悦的主张,他企图再出现一个容易实行井田制度的地广民稀时代,先实行限田,然后再逐步实行井田制度,从而达到根本解决封建土地问题的目的。

荀悦认识到土地兼并和土地集中是封建土地私有制的必然产物,同时又深知在土地私有已成为普遍的制度,并且是"列在豪强"的情况下,以土地国有的井田制来解决土地兼并问题是不可能的。这两个论点联系在一起,得出的必然结论就是:在封建时代解决土地兼并问题是不可能的。但是,作为一个地主阶级思想家,荀悦显然不能接受这样一个对封建制度持悲观甚至是否定态度的结论,于是,他就以"以俟制度"的主张,把彻底解决土地制度的希望推到未来,而所谓"未来",是指大乱初定,土地荒芜,人口稀少的时期。但这时的土地兼并问题是不严重的,要在这时实行井田制以抑制土地兼并,岂不又成了无的放矢?

仲长统(公元179—220年),字公理,山阳高平(今山东邹县西南)人。少年好学,博览群书,擅长文辞,豪放敢直言,不迷恋仕途,州郡多次征召,都称病不往,甚至有避世隐居思想,被荀彧推举为尚书郎,后来参曹操军事。著《昌言》三十四篇,十余万言,论古今世事,大部散佚,《后汉书》本传载录其《理乱》、《损益》、《法诫》数篇,清严可均的《全后汉文》又从各种类书中辑录了若干佚文。

仲长统比较深刻地分析了东汉末年社会腐败、政治动乱的根源。

---

① 《汉纪》卷八:文帝十三年六月。
② 同上。
③ 《申鉴·时事》。
④ 《汉纪》卷八:文帝十三年六月。
⑤ 同上。

他指出，贫富悬殊是社会变乱的直接原因，而造成贫富严重分化的经济根源，在于封建土地私有制度。他认为，自从井田制被破坏、封建土地私有制产生以来，百姓占有土地的数量就失去了控制。疯狂的土地兼并，导致了大批豪强地主的出现，造成了贫富的尖锐对立和社会矛盾的激化："井田之变，豪人货殖，馆舍布于州郡，田亩连于方国。身无半通青纶之命，而窃三辰龙章之服；不为编户一伍之长，而有千室名邑之役。荣乐过于封君，势力侔于守令。财赂自营，犯法不坐。刺客死士，为之投命。至使弱力少智之子，被穿帷败，寄死不敛。冤枉穷困，不敢自理。虽亦由网禁疏阔，盖分田无限使之然也。"①

因此，仲长统认为，要消灭土地兼并、贫富对立及其产生的各种恶果，必须恢复被破坏了的井田制。

井田是他的基本目标，但针对当时兵荒马乱、土广民稀的实际情况，仲长统主张先行限田，以防止兼并："限夫田以断兼并。"他说："今者土广民稀，中地未垦，虽然，犹当限以大家，勿令过制，其地有草者，尽曰官田，力堪农事，乃听受之。若听其自取，后必为奸也。"

荀悦认为，只有在大乱之后，地广民稀之时，才有条件实行井田。仲长统的上述一段话似乎是在回答荀悦提出的这个问题。他说：汉末大乱之后，"土广民稀"，连中等的土地都无人垦种了。在这种情况下，实行井田制并不是急务，百姓也不会有此要求。因此，他认为现实的解决土地问题的办法，不是复井田，而是同时采用下列两种办法：（1）"限以大家"，即规定一户占有田亩的"制"即最高限度，不许超过，以防止土地兼并的重新发展。限度是多少，怎样才算"过制"，他没有明确提出。（2）"有草"的生熟荒地，一律收归国有，由国家分配给无地的流亡农民；但分配土地不是按人或按户平均分配，而是按劳动力分配，只有对那些"力堪农事"的人，才许其从国家受田。这种办法虽然也有防止任意自取、使兼并重新加剧的作用，但更主要的意义是利用国有荒地使脱离土地的劳动力和土地重新结合起来，以利于战乱之后恢复和发展农业生产。

不触动或基本不触动已被豪强兼并的土地；利用国有土地来限制兼并的继续发展，并且恢复和发展长期战乱所破坏的农业生产，增强国家的经济实力；受田按劳动力的有无和强弱等等；这一系列的思想和后来北魏均田制的主要指导思想是一致的。仲长统虽然强调复井田，把复井田看做解决当时社会危机的根本出路，但他并未提出过复井田的方案，而他的现实的解决土地问题的方案，却成了后来的另一个土地制度思想的基本模式即均田制的先声。

---

① 《后汉书·仲长统传》。本节引文除另注出处者外，均同此。

本章总结

王符的"务本"论、"遏利"论和"浮侈"论通过对西汉以来封建正统经济思想三大教条的重新修正将矛头指向官僚地主,其"爱日"论抨击封建政权的徭役和官僚机构的腐朽低能对经济发展的消极作用。

作为着重抨击豪强地主的思想家荀悦、仲长统,其经济思想的核心是论述导致豪强地主占有巨大封建地产的土地制度问题。荀悦、仲长统都认为井田制是解决土地兼并问题的最理想的制度,但他们又都不主张制定具体方案立即予以实施,他们主张实行限田和利用国有土地授田相结合的办法,作为解决土地问题的现实方案。

思考与练习

1. 王符"务本"论、"遏利"论和"浮侈"论对封建正统经济思想教条的修正,体现在哪些方面?
2. 王符"爱日"论的经济意义有哪些?
3. 阐述荀悦、仲长统的田制思想。

第四章 傅玄、鲁褒

本章概要

本章介绍魏晋时期的经济思想,代表人物是傅玄和鲁褒。傅玄整顿屯田制的主张及其他的经济观点是魏晋之际社会矛盾日益激化在意识形态领域的反映;鲁褒的《钱神论》则是以戏谑嘲讽的形式对当时货币拜物教现象进行的淋漓尽致的讽刺。

学习目标

1. 了解傅玄经济思想的主要内容
2. 了解鲁褒《钱神论》中的基本观点及其产生的历史条件

第一节 魏晋时期经济思想的两个主要人物

傅玄、鲁褒是魏晋时期经济思想的两个主要代表人物。在傅玄生活的时代,晋表面上还处于开国前后的"兴起"的时期,但魏的一些有利于经济恢复和发展的制度、措施已日益遭到破坏,豪强世族的势力和特权显著加强,社会危机和社会矛盾的因素迅速增长,在某些方面已有了相当尖锐的表现。傅玄的经济思想正是这些情况在意识形态领域中的比较集中的反映。

鲁褒稍后于傅玄。这时,晋已进入衰乱之世。如果说,傅玄是一个对时政衰乱有预感的"忧时之士",那么,鲁褒则是一个身历衰乱而对贵族、官僚、豪强等统治势力极其怨愤、不满的"嫉时之士"。他隐居不仕,以著述讽刺、嘲骂当世。他写了《钱神论》一文,以文学作品的形式,对统治势力的腐朽、贪婪和虚伪的丑恶面目,给予尖刻的挖苦和嘲谑。《钱神论》本身是一篇文学作品,但也包含着十分精彩的经济思想内容。

傅玄(东汉建安二十二年至晋咸宁四年,公元 217—278 年),字休奕,北地泥阳(今陕西耀县东南)人。在曹魏时曾任弘农太守、典农校尉,后入晋,历任侍中、御史中丞、太仆、司隶校尉等职,封鹑觚子。傅玄著作甚多,有《傅子》一百二十卷及《傅玄集》百余卷。

《傅子》至宋朝已大部分散佚，只存文义具者十二篇，文义不全者十二篇，另有附录四十八条。元、明以后这些残余部分也全部亡佚。清人徐步云、钱保塘等从《太平御览》、《艺文类聚》、《群书治要》、《永乐大典》及《文选》注中辑出遗文，编为二卷。此书为研究傅玄经济思想的主要材料，此外，《晋书·傅玄传》也保存了一些有关傅玄经济思想的材料。

鲁褒，字元道，南阳（今河南省西南部及湖北省北部地区）人，生卒年月不详。《晋书·隐逸列传》称："元康之后，纲纪大坏。褒伤时之贪鄙，乃隐姓名而著《钱神论》以刺之。"元康是晋惠帝年号，时间在公元291—299年。又《晋书·惠帝纪》称："及居大位，政出群下，纲纪大坏，贿赂公行，势位之家，以贵陵物，忠贤路绝，谗邪得志，更相荐举，天下谓之互市焉。高平王沉作《释时论》，南阳鲁褒作《钱神论》，庐江杜嵩作《任子春秋》，皆疾时之作也。"

从这些记载可以看出，鲁褒是西晋时人，他的《钱神论》作于晋惠帝时。西晋社会中早就蕴蓄着的各种尖锐矛盾，到元康时期开始猛烈爆发出来，引起人们广泛的不满和愤疾，在这种社会心理的影响下，出现了一批"疾时之作"，《钱神论》是其中之一。

第二节 傅玄整顿屯田制的主张

傅玄对曹魏原来的屯田管理制度有亲身经验；魏晋之际屯田制度逐渐废坏的过程，他也知之最深，并对屯田制度废坏及其对农业生产带来的不利影响深感忧虑。在晋武帝泰始四年（公元268年），他因"颇有水旱之灾"而上书谈农事、水利、实边等问题，其中主要内容是关于整顿屯田的建议。其建议包括两个方面：

其一，关于产品分配制度的整顿。魏、晋之际屯田上的产品分配办法与魏初相比有了明显的改变，对劳动者的剥削率普遍加重了：租用官牛的劳动者由倒四、六（官六民四）改为倒二、八分成，剥削率提高了166%；用自牛及无牛的劳动者，由对分改为倒三、七分，剥削提高了133%。傅玄认为，这样大幅度提高剥削率，恶化了劳动者的生活条件，必然大大降低劳动兴趣，使耕作粗放，产量减少，损耗增加。因此，他主张改回原来的分配比率，以提高屯田上的劳动效率。

其二，关于生产管理办法的整顿。傅玄批评了当时屯田管理方面"日增田顷亩之课"，即强制劳动者增加耕作面积，造成了耕作粗放，单位面积产量大幅度下降，甚至"不足以偿种"的情况。他认为魏初屯田在生产管理方面的成功，是由于"不务多其顷亩,但务修其功力"①,即实行了精耕细作的集约经营原则,因而主张回复到魏初的做法。

傅玄对整顿屯田,只是从产品分配比率及耕作顷亩定额这些具体管理办法方面提出整顿意见,显然同他自身屯田官的经历有关。要提高屯田上的劳动效率、改变农耕日益粗放的情况,这些方面的整顿,自然是必要的。但屯田制度的日益废坏,不止是由于管理办法的不善,而是有着更为深刻的原因。分配比率的改变、剥削率的提高,显然是同魏、晋统治者日益腐朽奢靡,财政需要更加增长相联系的;而日增顷亩之课,则是同屯田的劳动力不足有关的。前面提到,魏文帝黄初年间已出现典农官抽一部分劳动力经商而造成屯田劳动力不足和"留者"代"行者"耕作的情况(从"留者"来说,必定是"增顷亩之课"了)。征调屯田客服工役和兵役,会在更大的范围和规模上造成这种结果。至于豪强、贵官侵占大批屯田和把屯田客变为私属,那更会使屯田的耕地和劳动力大批"流失",其影响就不止是屯田粗放、劳动生产率下降之类了。

傅玄未触及造成屯田制废坏的这些更根本、更深层的原因,而只是要从具体的管理制度方面进行整顿,显然是不可能收效的。

第三节 傅玄的其他经济观点和主张

傅玄除了改善屯田制管理的产品分配方面的主张外,还提出了以下各方面理论和主张,即四民分业论、平赋役论、检商贾论,以及息欲论。分述如下:

一、四民分业论

傅玄的四民分业论,是针对着魏晋之际农民大量流徙、屯田制受到破坏、农业劳动力锐减、封建生产秩序和基础受到严重威胁的现实提出的一种整治、补救的主张和理论。

傅玄所谓"四民",即士、农、工、商四种职业。他所说的"四民分业",也完全是沿袭传统的"四民分业"的说法。不过,传统的四民分业论,主要是从社会分工的质的角度论述各种职业的作用和必要性,而傅玄则是从量的角度探讨在当时的社会分工中各种职业的最适当的人口构成比例。

傅玄说:"先王分士农工商,以经国制事。各一其业而殊其务。"②这就首先是肯定了四民分业是基于自然的社会分工的需要,必须确保"各一其业而殊其

---

① 《晋书·傅玄传》。
② 同上。

务"。

傅玄指出四民不仅都是社会所需,而且所需的数量是不同的。因此,"经国制事",还必须为四民"定其分",即为四民各确定一个必需的数量界限,力求将从事士农工商的人限制在必需的数量之内。

傅玄从"尊儒尚学,贵农贱商"的观点出发,主张尽量增加农业生产中的劳动力。凡百工商贾人数超过所需数量的,都应"归之于农"。不仅工商之人如此,傅玄还特别提到要把多余的官吏也归之于农。他认为当时的文武官吏太多,而拥有官名无实际职务的"冗散之官"更多,再加上服兵役者"当农者之半","食禄者三倍于前"。因此,他主张对官吏也要"定其分",即确定全国对官吏的需要量,并选有作为精干之人充任。定编定员之后冗员散官,一律为农"而收其租税,家得其实,而天下之谷可以无乏矣"①。

傅玄主张把多余的、不称职的官吏变为向国家缴纳租调的农户。在封建时代,这倒是一个比较新颖的观点。但是,当时的官吏是"治人者"和"食于人者",即是统治者和剥削者;缴纳租调的农户,则除了"治于人"并且"食(sì)人"的被统治、被剥削阶级的农民外,还有些是拥有地产、剥削农民的地主。要把属于统治阶级和剥削阶级的官吏下降为被剥削、被统治的农民,而且是整批地这样做,自然是根本不可能的,即使让他们罢官归田,当一个乡绅地主,也是难以做到的。

二、平赋役论

针对汉魏之际赋役负担加重、赋税制度紊乱以及豪强大姓疯狂兼并土地、隐占劳动力规避赋役造成的赋役不平,傅玄提出了"平赋役论"。

傅玄的平赋役论,包括"有常"、"至平"和"积俭而趋公"三个基本原则。

首先,所谓"有常"原则,是指"上不兴非常之赋,下不进非常之贡,上下同心以奉常教。民虽输力致财而莫怨其上者,所务公而制有常也"②。这就是说,首先应遵奉常制征赋役,而不应征背离常制的"非常"之赋役。

其次,"有常"的原则应保证"民虽输力致财而莫怨其上者"。这显然只有在负担者力所能及,而不是不堪负重的情形才可能如此,否则,必将致使民困国危的局面。

最后,所谓"至平"的原则,是按财产多少确定相应的征收赋役的份额。即"计民丰约而平均之"。这是针对当时日益严重的官僚、豪强户逃避赋役,而平民租调、徭役不断加重的情形提出的。

---

① 《晋书·傅玄传》。
② 《傅子·平赋役篇》。

所谓"积俭而趋公",主要是针对统治集团的奢侈淫靡的寄生生活而言的。魏晋统治者的穷奢极欲,是赋役不断增加的重要原因。傅玄的"积俭而趋公"论,要求统治者们不可为自己的淫侈、贪鄙而横征暴敛,而应依据国家需要征收赋役。这就会使赋役既省俭,又是为公而不为私。

三、检商贾论

傅玄所说的"检商贾",也包含着传统的抑商、贱商的内容。但他使用"检商贾"的说法,表明他在主张抑商、贱商的同时,还要在"商"中有所区别。

第一,他主张把商业和商人区别开来。他说:"夫商贾者所以伸盈虚而获天地之利,通有无而一四海之财。其人可甚贱,而其业不可废。盖众利之所充,而积伪之所生,不可不审察也。"①正因傅玄认为商业具有"通有无"、"权天地之利"的重要功能,所以他充分肯定商业是社会分工不可缺少的部分;正因为他认为商人是"积伪所生",所以他把商人视为"甚贱"之人,而极力加以贬斥。把商业和商人分开,主张贱商人而不贱商业,是傅玄的检商贾论的突出特点。

历来的重农抑商论者,尽管谁也不能完全否定商业,但总是将贱商人、抑商业的主张统称之为"抑商"。当然,口头上讲抑商,实际上并不抑商的情形是有的,极力宣扬贱商而自己却不遗余力地经商求利的地主、官僚,更是习见不鲜的。晋代贱商尤为突出,法律强制商人戴白巾,上书经商的种类,并且两足必须穿颜色不同的鞋。傅玄主张贱商自然也是当时的这种流行思想的表现。不过,他把商业和商人分开,从社会分工角度肯定商业"不可废",比传统的抑商、贱商思想总算高明一些。然而,这种区分也表明,傅玄不理解商人与商业二者之间的内在联系,不懂得商人正是商业这一社会职能的人格化,商人与商业二者之间是密不可分的。

第二,傅玄还主张把垄断商人与一般商人区别开来,认为"上逞无厌之欲,下充无极之求,都有专市之贾,邑有倾世之商"是造成"末流滥溢而本源竭"②的主要原因。为贵族、官僚、豪强的"无厌之欲"、"无极之求"服务的"专市之贾"、"倾世之商",自然不是一般商人而是垄断商人。傅玄的"检商贾论"正是针对这种垄断商人而言的。"贵本而贱末,朝无蔽贤之臣,市无专利之贾,国无擅山泽之民"③的局面,正是"检商贾论"所要达到的目的。

---

① 《傅子·检商贾篇》。
② 同上。
③ 同上。

四、"息欲"论

傅玄认为,统治者的纵欲无度,既造成赋役繁苛,又导致"末流滥溢而本源竭"。因此,不论是"平赋役"还是"检商贾",都要以"上息欲"为前提。他说:"不息欲于上,而欲求下之安静,此犹纵火焚林而索原野之不雕瘁,难矣。故明君止欲而宽下,急商而缓农,贵本而贱末。"①

傅玄对魏晋统治者的"所欲无极"是十分反感的。"息欲"论实为对统治集团的揭露、批判,也是规劝、进谏。

第四节　鲁褒笔下的"钱神"

鲁褒是当时的一个"好学多闻"之士,由于对统治阶级的昏暗腐败和社会风气贪鄙浮薄深恶痛绝而隐居不仕,"以贫素自甘",写出《钱神论》来讥讽现实,抒发愤懑。

《钱神论》原作已亡佚。清人编的《全晋文》卷一一三从各种类书辑出有关材料,汇编一起,虽然尚不完整,但大体已能反映出《钱神论》的基本内容和作者的主要观点。

鲁褒的《钱神论》采用的是游戏、嘲讽式的文笔。他虚构出两个人物。一个是"富贵不齿"高傲、尖刻、辛辣的"司空公子"②;一个是知书达理,信奉唯有读书高的老学究"綦毋先生"③。乘车马"盛服而游京邑"的"司空公子",与"班白而徒行"、两手空空的"綦毋"老先生,不期而遇,展开了一场关于钱财作用的辩论。

《钱神论》通过这两个人物之间的对话,引出"司空公子"对"死生无命,富贵在钱"、"有钱可使鬼"④的一番高谈阔论,由此,构成了《钱神论》一文的主体内容和基本观点。

第一,钱是法力无边、神威齐天的、人世不可或缺也不可代替的"神宝"。

《钱神论》论述道:"天有所短,钱有所长。四时行焉,百物生焉,钱不如天;达穷开塞,振贫济乏,天不如钱。"由此说明在人世间,铸币有和天相齐的甚至是天所不能企及的作用和力量。

《钱神论》的主要锋芒是讥讽货币拜物教。虽然如此,作者对货币的存在有

---

①　《傅子·校工篇》。
②　"司空"是古代的官名,主管工程修建。《钱神论》以"司空公子"寓意中空的钱。
③　"綦毋"是一复姓,《钱神论》以"綦毋"二字音近"极无",寓意极端贫穷,一无所有。
④　鲁褒:《钱神论》,《全晋文》卷一一三辑载。以下引此文不另注。

利于社会运行的一面是肯定的。"百姓日用,其源不匮,无远不往,无深不至。"这是它不同于那些从维护自然经济出发对货币持贬斥、否定态度、主张废钱用谷帛的落后经济思想之处。

第二,钱是能役使一切人甚至可以"使鬼"的"神物"。

《钱神论》写钱对世人尊卑贵贱、贫富荣辱、成败生死的"决定"作用说:不论什么人,对于钱"失之则贫弱,得之则富强";钱能够"无翼而飞,无足而走",它飞、走到哪里,就会"钱之所在,危可使安,死可使活;钱之所去,贵可使贱,生可使杀。""钱能转祸为福,因败而成,危者得安,死者得生。"而离开了钱,则无异"无足而欲行,无翼而欲翔",陷入坐困愁城,寸步难行的窘境。《钱神论》进一步夸张说:钱不仅对一切的人有这种不测的神威,而且可以役使鬼神。它举谚语为证说:"谚云:'钱无耳,可闇使',岂虚也哉?又曰:'有钱可使鬼',而况于人乎?"既然钱可役神使鬼,它自然是比神更神:"由是论之,可谓神物!"

第三,钱是人们崇敬、爱慕的"亲人"。

鲁褒以拟人态戏称钱为"孔方兄"说:"亲爱如兄,字曰孔方",并以司空公子的口气称之为"家兄",赞颂"家兄"之深得人心、至孚众望,尤其得达官贵人们的倾慕说:"洛中朱衣,当途之士,爱我家兄,皆无已已。执我之手,抱我终始,不计优劣,不论年纪,宾客辐辏,门常如市。"为了把"孔方"兄弄到手,请到家,礼义廉耻都可不顾;道貌岸然的"君子"、官高爵显的贵人、高雅斯文的名士,都不惜卑躬屈节:"京邑衣冠,疲劳讲肄,厌闻清谈,对之睡寐,见我家兄,莫不惊视"。"官尊名显,皆钱所致。""无位而尊,无势而热,排朱门,入紫闼",有了钱,无人不可交,无位不可致,无门不可入。这使得十载寒窗,苦读诗书,企图"学而优则仕"的书生不能不慨叹:"钱之所祐,吉无不利。何必读书,然后富贵?"不能不承认,读书人实在太傻了!

《钱神论》还借司空公子之口,把"钱神"的神威法力抬高到天神、上帝以上。它引《论语》说:"子夏云:'死生有命,富贵在天。'吾以死生无命,富贵在钱。""性命长短,相禄贵贱,皆在乎钱,天何与焉?"既然命运的真正主宰不是天神、上帝,而是钱,于是乎,无论至尊至贵的帝王,仁德高尚的圣贤,世代簪缨的贵族,还是权倾朝野的宠宦,统统都拜倒在"孔方"兄脚下;一切人世间的人权神威的光环,均在金钱威力下黯然失色了;一个个玉带锦袍下的躯体赤裸裸地现出本相:原来都不过是"孔方"兄的奴颜婢膝的崇拜者!

鲁褒以游戏文字的形式,着意刻画了当时帝王、贵戚、高官、显宦、世家、豪门以至"圣贤"、名士等统治阶级人物疯狂地迷恋货币、贪婪地追逐货币的丑态,文笔诙谐、辛辣,引人入胜,发人深省。由于此文矛头向上,无情地暴露各种上层人物钱神奴仆的面目,尤其引起社会广大人士的共鸣。所以《钱神论》的作者虽然隐姓埋名,自抒愤懑而不求人知,但《钱神论》一经出世,却不胫而走,到处传颂,在西晋末期糜烂秽臭的政治气氛中,成为一篇最有振聋发聩作用的文字。

《太平御览》卷八三六还载有成公绥所著《钱神论》一段残文。成公绥(公元231—273 年)是魏、晋之际的人,曾任秘书郎、中书郎等官职。史称其恬淡寡欲,不事蓄积资产,擅长词赋。他的《钱神论》残文是:

"路中纷纷,行人悠悠。载驰载驱,唯钱是求。朱衣素带,当涂之士,爱我家兄,皆无能已。执我之手,说分终始。不计优劣,不论能否,宾客辐辏,门常如市。谚云:'钱无耳,可闇使',岂虚也哉!"

成公绥的《钱神论》,早于鲁褒的《钱神论》至多不过四五十年,其内容以至某些文字都十分相近。可能成公绥的原作比较简略,甚至是个不很完整的作品,因此,远不如鲁褒《钱神论》流传之广,影响之大;而更重要的则在于在成公绥的时代,魏晋统治下的社会矛盾和社会危机还远未到公开爆发的程度,人们对腐朽、贪婪,"唯钱是求"的丑恶现象的厌恶、怨愤,也还未发展到人人喊打的地步。成公绥的作品,一时还不能在社会上激起很大反响。元康以后,政治的昏乱,上层社会的腐朽荒淫,已在广大百姓中形成了深恶痛绝的社会心理,而成公绥的著作,又对鲁褒成为直接的启发和先导。于是鲁褒就在成公绥原作的基础上,以更加强烈的愤世嫉俗之情,热讽冷嘲,嬉笑怒骂,写出了名噪一时并且在后世也具有警世骇俗力量的佳作。

莎士比亚的戏剧《雅典的泰门》中,曾有一段描绘黄金的"神性"的台词:

"咦,这是什么?金子!……这东西,只这一点点儿,就可以使黑的变成白的,丑的变成美的,错的变成对的,卑贱变成尊贵,老人变成少年,懦夫变成勇士。……这黄色的奴隶可以使异教联盟,同宗分裂;可以使受咒诅的人得福,使害着灰白色癞病的人为众人所敬爱;它可以使窃贼得到高爵显位,和元老们分庭抗礼;可以使鸡皮黄脸的寡妇重做新娘,即使她的尊容会使身染恶疮的人见了呕吐,有了这东西也会恢复三春的娇艳。"①

马克思称赞莎士比亚的这段话对货币有着"中肯的理解"②,"把货币的本质描绘得十分出色。"③鲁褒早在 1700 年前,就写出了关于货币拜物教的专篇,《钱神论》在风格、笔调、情趣方面,都有自己的民族特色和时代特色,但它对货币的"中肯的理解"、对货币本质的出色的描绘,同莎士比亚的有关台词相比,都毫不逊色。

---

① 《莎士比亚全集》中译本(八),人民文学出版社,1978 年。
② 《马克思恩格斯全集》第 46 卷(上),人民出版社,1979 年,第 109 页。
③ 马克思:《1844 年经济学—哲学手稿》,人民出版社,1979 年(刘丕坤译),第 105 页。

第五节 《钱神论》产生的历史条件

《钱神论》产生于西晋时期，而且在相距不长的时间中，竟出现了两篇《钱神论》，何以晋代的人对货币拜物教感慨如此之深呢？

魏、晋时期是商品、货币经济有显著萎缩的时期，而货币拜物教的表现是和货币经济的发展相适应的。为什么在货币经济萎缩的时期货币拜物教反而甚嚣尘上呢？

魏、晋货币经济的萎缩是就其在社会经济整体中的地位和作用而言的，而不是就皇室、贵族、达官、世族等上层势力同货币财富的关系而言的。货币经济在整个社会经济中萎缩，决不等于社会上层的货币财富减少或者他们对货币的贪欲降低。

中国的封建社会中，自然经济在全国范围中占主要地位，而若干城市（特别是一些大的城市）中商品、货币经济则处于畸形发展的状况。城市的商品、货币经济，主要是为居住在城市中的贵族、官僚、豪绅服务，并对这些上层人物有极大的依赖性。因此，货币财富主要积聚于这些贵族、官僚、豪绅以及富商大贾之手，对货币财富的贪婪与获取货币手段的卑鄙、无耻，也主要表现在这些人的身上，他们是货币拜物教的最狂热的信徒。

晋武帝司马炎本身就是一个以贪婪好利闻名的皇帝。汉灵帝开西邸，公开张榜卖官，甚至对最高官公、卿皆定有卖价。皇帝卖官传为千古丑闻，但汉灵帝是著名的昏君，人们都把他和桓帝同东汉的衰亡联系起来，并称桓、灵。桓、灵在三国及魏、晋之际，几乎和桀、纣有相同的含义。晋武帝是开国一统之君，但他也卖官，而且做法比汉灵帝更恶劣。

据《晋书》卷四十五《刘毅传》载，武帝曾问刘毅："卿以朕方汉何帝也？"刘毅回答："可方桓、灵。"晋武帝说："吾虽德不及古人，犹克己为政，又平吴会，混一天下。方之桓灵，其已甚乎？"答曰："桓灵卖官，钱入官库；陛下卖官，钱入私门。以此言之，殆不如也。"这段话把晋武帝既贪财好利，又想要名声的滑稽嘴脸，勾画得真是惟妙惟肖！

皇帝如此，上行下效，晋统治集团的贪婪荒淫，可想而知。

货币是社会劳动的直接体现，有了货币，就等于有了任何财富，因此，对财富的贪婪，也就集中表现为对货币的宠爱和对货币权力的崇拜。西晋时期，出现了一批爱财如命的上层人物。

晋武帝时期的大臣和峤,是有名的金钱狂,当时人称他有"钱癖"①,死后,又被人讥为"钱鬼"。官居司徒的王戎,不理公务,整天和妻子"持筹握算",察计进钱多少。为了积钱,他锱铢必较,唯恐别人占了自己的便宜,"家有好李,常出货之,恐人得种,恒钻其核。"②亲生女儿出嫁,他舍不得给嫁妆,只借给她一笔钱,在她出嫁后回娘家时,还一再向她讨债。王戎之弟王衍,官至宰相,他的妻子郭氏,聚敛无厌,积下无数钱财。王衍一方面纵容妻子搜括、积聚,另一方面还要竭力标榜自己的清高,于是,他"口不言钱",说话从来不说一个钱字。他的妻子为了迫使他说出钱字,就搞了一次恶作剧:在他睡眠时用钱把床围了起来。他醒来一看出不了钱圈,却又牢记着自己"口不言钱"的戒律,于是就喊侍从把"阿堵物"移开。后人往往把钱币戏称为"阿堵物",就是由此而来。

今天还能够看到的这方面历史材料,只能是当时现实中的很小一部分,但即使从这些材料,已足以得出一个结论:鲁褒的《钱神论》出现在西晋时期,绝非偶然!

鲁褒《钱神论》是现在能看到的最早的、比较完整地反映中国古代货币拜物教现象的专题作品。受其影响,在中国封建社会的不同时期,出现过许多种反映货币拜物教现象的作品,并且,这类作品,几无例外地都采用文艺作品的形式。

本章总结

曹魏后期屯田制和租调制逐渐废坏,针对这一经济现实,傅玄主张从产品分配制度和生产管理方法两方面对屯田管理制度进行整顿,并提出四民分业论,通过对各业的从业人数进行"定分",将超出的人员都"归之于农",以解决劳动力锐减、封建农业生产受到严重破坏的问题;对于赋役负担加重、赋税制度紊乱以及赋税不平的问题,傅玄提出平赋役论,制定"有常"的赋税原则,并按照财产的多少确定征收赋役的份额,同时反对统治者的横征暴敛;在晋代贱商思想尤为突出的环境下,傅玄将商业和商人分开,从社会分工角度肯定商业的作用,同时把商人分为垄断商人和一般商人,主张打击垄断商人。

西晋元康以后,政治昏乱,官僚、豪绅和富商大贾对货币财富的贪婪攫取使社会上形成了对这种货币拜物教的普遍的怨恨和抨击,鲁褒的《钱神论》以游戏、嘲讽的形式讥讽了货币拜物教,并对后世反映货币拜物教的作品产生了深远影响。

---

① 《晋书·和峤传》。
② 《晋书·王戎传》。

思考与练习

1. 总结傅玄整顿屯田制的思想。
2. 论述傅玄的四民分业论和检商贾论。
3. 鲁褒《钱神论》对货币拜物教的嘲讽体现在哪些方面?

第五章 北魏均田制及其体现的经济思想

本章概要

本章首先介绍北魏均田制和均田思想产生的社会背景及制度保障,然后对均田制的内容及其体现的主要经济思想进行详细的阐释,最后论述均田制和均田制思想对后代的影响及其在中国经济思想史上的地位。

学习目标

1. 了解北魏均田制推行的社会背景和条件
2. 了解均田制的内容及其体现的经济思想

第一节 北魏均田制和均田思想产生的背景和条件

公元485年(魏孝文帝太和九年),北魏政权颁发了均田诏。均田制的实行,是北魏统一黄河流域后的形势所决定的。

1. 实行均田,首先是北魏统一后恢复和发展生产的需要

鲜卑拓跋氏原是北方的落后部落,随着军事征服的进展,逐渐形成国家。拓跋氏在由部落向国家发展的过程中,逐渐放弃原来的生活方式,重视农业生产。在统一黄河流域后,为了巩固自己在广大地区中的统治,同南朝的刘宋、肖齐政权作斗争,更迫切感到恢复和发展农业生产的重要。在实行均田制以前,北魏政权就多次颁发过奖励农桑的诏书。要恢复和发展农业生产,就不得不在一定程度上解决土地问题,改变劳动力同土地脱离的情况。由于在北魏政权统治下社会秩序逐渐安定,流亡外乡的农民纷纷回乡,一部分逃往南方的人也开始迁回,使劳动力和土地相脱离的问题变得更加严重,解决土地问题变得更加迫切。解决劳动力同土地相脱离的问题,尤其是解决还乡农民的耕地问题,以利于恢复和发展农业生产,加强国家的赋税徭役基础,这是北魏实行均田制的主要出发点之一。

2. 实行均田,也是北魏政权同豪强地主作斗争的需要

在各少数民族统治者分裂混战的时期,许多未曾南迁的豪强地主,凭借着他

们在地方上的强大势力,建立坞壁自保。在频繁的战乱中无法自存的农民,也投靠豪强,寻求保护。这使一些豪强地主势力更加强大。在少数民族统治者征服有关地区后,豪强地主就投靠、依附于征服者,以保存自己的势力;少数民族征服者也必须依靠豪强势力对当地农民进行统治,从而给予他们一些特权。这样,少数民族统治者和汉族豪强地主势力结合起来,形成了许多落后的统治、管理形式。北魏政权曾经实行过的"宗主督护"制,就是这类落后的统治、管理形式的一个典型。

所谓"宗主督护",就是由北魏政权委派身为"宗主"的豪强地主负责督护他的宗族,赋予他催督宗族中的人缴纳赋税、承担徭役的权力。这些豪强地主凭借权势,勾结地方官吏,经常规避赋役,使不断增加的赋役更多地落到没有宗主督护的农民身上,迫使更多的农民逃亡,或者投靠豪强地主。这样,豪强地主就能更多地兼并土地,把更多的农民变成自己的依附农。北魏政权实行宗主督护制,本是为了利用豪强地主统治农民;但豪强地主势力的加强,他们兼并土地和农民的活动的扩大,又越来越严重地侵蚀着北魏政权的赋役基础。北魏政权同豪强地主之间的矛盾的加深,促使北魏政权必须采取措施限制豪强地主的兼并活动,保护自己的赋役基础。实行均田制正是北魏政权解决这个问题所采用的基本手段。

3. 实行均田,还是北魏政权解决日益增多的土地纠纷的需要

还应该看到,北魏政权所以能实行均田制,是由于这时已具备了过去未曾有过的一些客观条件。

北魏政权统一了黄河流域,在广大范围中建立了比较稳固的统治,这是实行均田制的一个最基本、最重要的条件。

北魏政权在实行均田制以前,已经逐渐着手进行了一些改革,这些改革也为实行均田制准备了重要的条件。

北魏前期,对中央和地方官吏,一律不给俸禄,各级地方官只要上交定额的赋税,就可在自己管辖区内任意搜刮。这显然是落后民族中的掠夺制残余的表现。后来,在巩固自己统治的过程中,北魏统治者吸取了以前各少数民族政权的教训,逐渐接受历代汉族王朝的统治经验,对这类落后习俗进行了大力改革,规定了各级官吏的俸禄,并对在职的地方官给予六至十五顷公田。给俸禄后,严禁在俸禄之外贪污中饱。同时,还规定赋税一律由县一级政权征收,州、郡政权只负责查核,消除了过去各级政权都能征税的混乱状况。

对于为实行均田制准备条件具有更大意义的一项改革是废除宗主督护制,建立三长制:五家为邻,设一邻长;五邻为里,立一里长;五里为党,置一党长;三长负责检校户口、征发徭役和兵役。这实际上是北魏的基层政权。

这两项改革，改变了过去地方官吏同豪强地主相勾结、任意搜刮、互相争夺的混乱局面，整顿和建立了地方政权机构，提高了这部分统治机器的效能。尤其是三长制的实行，限制了豪族强宗隐匿田产、户口，侵吞国家赋役的便利；三长检校户口，了解各地区人口及劳动力情况，为推行均田制提供了重要的前提。①

第二节 北魏均田制的主要内容

北魏的均田制，是依据李安世的建议制定出来的，其主要特点是：利用国有土地，对社会上的各类受田对象实行授田，受田的人在规定期限内使用土地，在完成对封建国家的赋役义务后享有土地上的劳动产品，但无土地所有权，限满还田给国家。各类受田对象的受田、还田办法如下：

（1）良丁

年龄在十五岁以上六十岁以下、列入国家户籍的男女为良丁。丁男每人受露田②四十亩，丁女每人二十亩，称为"正田"。开始办理受田时，露田多是荒地，而且土广人稀，因而除"正田"外，还授给同样数量甚至相当于正田两倍的"倍田"，以便于实行休耕，并作为将来人口增加、受田不足时调剂之用。所受露田（包括正田和倍田）均不得买卖。受田人年满六十岁或中间身死，所受之田还给国家，由国家另行分配。

每一男丁除受露田外，还另给田二十亩，供栽种桑树及部分榆、枣树，称为"桑田"。桑田作为受田人的"世业"，有受无还；但受田人必须在三年内栽种桑树五十株，枣树五株，榆树三株。对种不足数的，国家夺回其桑田；多种不限。民户原有的桑田，受田时抵充应受桑田数额；原有桑田不足二十亩时，国家补给差额；超过二十亩的则抵充倍田，减少所受倍田数额。

桑田是世业，即私有地，而私有地就意味着可以买卖。不过，北魏政权对桑田的买卖也规定了一些限制："盈者得卖其盈，不足者得买所不足，不得卖其分，亦不得买过所足。"③这就是说，买卖桑田只能限于调剂盈虚，使每户所有的桑田数符合于二十亩的规定。桑田多于二十亩的许卖余数，不足二十亩的可买进差数；作为每户"世业"的二十亩桑田，则不许买卖，也不许通过买卖把自己的桑田数扩大到二十亩以上。

在不宜种桑的地区，男丁每人受麻田十亩，女丁五亩。麻田和露田一样受

---

① 《魏书》称魏立三长制在太和十年，即颁布均田诏以后的十年。时间恐有错误。均田系根据李安世的倡议，而李安世的《均田疏》已提到"三长既立，(民)始返旧墟"，可见立三长制必在均田以前。
② 田地上无庐舍树木的称为露田。
③ 《魏书·食货志》。

还,不作为世业。

对新定居的民户给予宅田。每三口人给宅田一亩,供居住和种菜。

(2) 奴婢和耕牛

对没有人身自由的奴婢,也规定和良丁一样受露田和麻田。对有耕牛的人家,规定每头牛可受田三十亩,但以四头牛为限。

奴婢和耕牛的"受田",实际上是由奴婢和耕牛的主人接受的,还田也是由主人归还,因此,在受、还田办法上,就只能规定按奴婢及耕牛的有无和增减来受还。如果受田后主人卖掉了部分奴婢或耕牛,或者奴婢、耕牛有了死亡,则须归还相应的田数。

(3) 病残和未成年人

对没有劳动能力或劳动能力弱的未成年人和病残人员,也进行受田。年满十一岁的少年人及残废人,每人受田二十亩。寡妇未改嫁的,授给"妇田"。

(4) 地方官

地方官按官职大小授给"公田":(州)刺史每人十五顷,(郡)太守十顷,治中、别驾等州辅佐官员每人八顷,县令和郡丞各六顷。公田只在任职时授给,卸任归还,不得买卖。这实际上是地方官俸禄的一种给予形式。

均田制对受田、还田的具体办法作了比较详细的规定,如规定受田时"先贫后富";进丁受田要"恒从所近";在土广民稀的宽乡,民户除受田外,还可向官府"借田"耕作;土狭人稠的狭乡农民"听逐空荒",即允许迁往宽乡;受、还田均在每年正月农闲时进行,受田后如因本人死亡或出卖奴婢耕牛造成了受田条件的改变,也必须等到下一个正月再作调整,等等。

在推行均田制和三长制的同时,北魏政权也改定了赋役制度,民户除担任徭役外,一夫一妇须向国家缴纳粟二石,称为"租",帛一匹,称为"调"。未婚的丁男女四人,奴婢八人或耕牛二十头,都缴纳和一夫一妇相同数额的租调。① 在不产桑的地区,一夫一妇调麻布一匹;未婚男女丁、奴婢和耕牛,也分别按照纳帛时的同样比例来缴纳麻布。

这样,均田制和三长制、租调制就形成相互配合的一整套制度,而均田制则是这一整套制度的基础和核心。

第三节 均田制所体现的主要经济思想

均田制、限田制和井田制是中国封建时代田制思想的三个基本模式。在这

---

① 《魏书·食货志》。

三个基本模式中,均田制出现最晚,但它在思想、理论方面却达到了更高水平。从均田制所体现的以下几个主要经济思想,可以明显看出这一点。

第一,重视生产是均田制所体现的一个突出思想。

自汉代以来,田制思想多半侧重于解决"均"的问题,即侧重于解决"富者田连阡陌,而贫者无立锥之地"的土地分配不均的现象,各种各样的限田、井田方案,多是这样。均田制名为"均"田,自然也重视均的问题,所谓"雄擅之家,不独膏腴之美;单陋之夫,亦有顷亩之分",所谓"细民获资生之力,豪右靡余地之盈"①,都表明了均田制的这种意图。

但是,北魏实行均田制的主要意图、均田制所体现的最主要的经济思想,却不在这个"均"字,而在于始终把农业生产放在首要地位,试图通过均田制的实施更有效地利用各种劳动力、土地和其他生产资料,以利于生产的进行。均田制的各方面措施,都贯穿着这样一个思想。

对封建农业来说,劳动者和生产资料相结合的主要内容,是劳动者和土地结合。用均田制的倡议者李安世的话说,就是使"力业相称"②,以做到"土不旷工,民罔游力"③。

北魏均田制关于各类受田对象的划分,体现着这样一个原则:不是计口授田,而是计力授田,即按照劳动力的强弱来确定受田多少。男丁、女丁、未成年人和残疾人受田数量不同,而成年的男、女奴婢的受田数却和良丁没有区别。除了关于"妇田"的规定是从奖励寡妇守节的封建道德出发,官员受"公田"是以职位高低为标准外,其他各类受田对象的受田数量,都是依据劳动力强弱来划分的。

关于耕牛受田的规定,也清楚地体现了重视生产的思想。耕牛是当时农业中的最强的动力,对提高农业中的劳动生产率有突出的作用,大面积开垦荒地,尤其需要耕牛。北魏用以实行均田的国有土地,基本上都是荒地。耕牛受田的规定,对促进农业生产、促进荒地的开垦和利用是有积极意义的。

奴婢受田的规定,也体现了使劳动者和土地尽量结合的要求。秦、汉以来,奴隶在农业生产方面早已失去了意义;贵族、豪强所拥有的大量奴婢,主要已不是生产奴隶,而是为他们的奢靡生活服务的寄生性的奴仆。北魏政权规定奴婢受田,并为受田奴婢规定了租调任务(男女奴婢八人出良丁一夫一妇的租调),使地主为了利用奴婢从国家受田,就必须把一部分奴婢用在生产上,否则在受田后就只会增加租调负担而得不到什么好处。这种规定有利于把一部分非生产性

---

① 《魏书·李孝伯·李冲传》。
② 同上。
③ 同上。

奴仆变为农业中的劳动力，尤其有进步意义。

在还田的规定方面，露田及麻田有受有还，而桑田却作为"世业"。这是因为：桑树以及榆、枣等树木，生产周期长，生产者要等待许多年才能获得效益，如果也规定还田期限，会影响生产者的积极性，还会在还田期限到来时出现滥伐树木的现象。作为世业，归私人所有，能够鼓励人们多种树并加强对树木的保护、管理，是一项有利于生产力发展、有利于林木资源的保护和合理利用的规定。《均田诏》对桑田规定种树的最低限额，并限期完成，这更是重视生产的思想的明显表现。

还有其他一些有利于生产的规定，就不一一详述了。总之，重视生产是北魏均田制所体现的一个突出的经济思想，均田制的各方面措施，对这一要求的考虑均颇为细致和周密。

第二，限制豪强兼并和尽量照顾豪强利益相结合。

前面提到，限制豪强兼并，保护封建政权赋税、徭役基础并缓和豪强兼并所引起的社会矛盾，是北魏政权推行均田制的主要出发点之一。当时，由于战乱频仍和赋役繁苛，许多农民无法自存而将自己的田产、人户寄名于豪强门下，以求庇护，逐渐变成了豪强的依附农民，但在相当长的时期中，这种依附关系还不是很牢固的，还存在着从对豪强地主的依附地位脱离出来的某些可能性。均田制规定农民能从国家受田，租调制度改革后赋役负担也有所减轻，这会鼓励已寄名于豪强门下但依附关系还不太牢固的农民出而自占（自报），变成从国家受田向国家输纳租调的编户之民。受田、还田和露田、麻田不得买卖的规定，把这部分土地长期保留在国家手中，有利于防止豪强侵吞；桑田虽允许买卖，但买卖被限制在比较小的范围中，也多少具有防止豪强兼并的作用；受田要"先贫后富"的规定，用意更为明显。

但是，北魏政权毕竟是一个封建政权，鲜卑族和汉族地主，是这一政权的社会基础。实行均田制，不但不能损害豪强地主已有的土地和财富，还必须能使他们得到一些新的、额外的利益。

均田制并不是把社会上的全部土地（已耕地和可耕地）都拿来作为受田之用，而只是利用国有地进行受田；对已经属于私有的土地，是不加触动的。李安世建议均田的上疏就明确提出：原属私有的土地，证据确凿的仍属原主，"事久难明"的则"悉属今主"。这种处理办法不仅使豪强地主可以保有自己原来的全部田产，而且使他们所占据的别人的田产，也有很大一部分得到国家法律承认。按照这种处理办法，豪强地主占据的别人的土地，只要超过一定年限，就变成了他们的合法所有物了。

奴婢和耕牛受田，是均田制对地主利益的最明显照顾。

越是大地主，奴婢越多，自然就越能享受此项规定的利益。一头耕牛的受田，相当于一夫一妇的一半，虽然以四头牛为限，也能使豪强地主获利不少。在缴纳租调的数量方面，奴婢两人只相当于良丁一夫一妇的 1/4，而一头耕牛才相当于一夫一妇的 1/20，这自然是对奴婢、耕牛的所有者的一种补贴。

第三，把国有土地作为保证赋役、缓和社会矛盾的手段。

在中国封建社会中，土地私有制占主要地位，地主土地所有制是封建制度的基础。但是，在唐代中叶均田制废坏以前，国有土地仍有很大数量，在战乱之后的一定时期中，尤其是这样。

不过，秦汉以来，直到北魏政权实行均田制以前，国有土地在生产上和国家财政上，都始终没能成为一个经常起作用的重要因素，更没能在缓和社会矛盾方面起重要作用。

在封建社会中，国有土地常被封建皇帝大片地赐给贵戚和宠臣。在北魏均田制实施前，国有土地不但未在限制兼并、缓和兼并所加剧的社会矛盾方面起到什么重要作用，相反，它却是常被官僚地主用作进行土地兼并的一个重要手段。

北魏均田制，通过受田把国有土地分给有劳动能力的人长期使用；又通过还田，把土地所有权保留在国家手中。这种做法使劳动者有一定的生产兴趣和积极性，能够有比纯粹由封建官僚机构组织和管理的军事苦役性质的屯田更高的劳动生产率。同时，它又使封建国家可以经常利用这部分国有土地作为调节劳动力和土地的比例、维护农业生产和国家赋役，以及缓和社会矛盾的一个重要手段。

第四节 均田制和均田思想对后代的影响

在北魏以后，北齐、北周、隋、唐各政权和朝代都颁布过均田制。它们的均田方案，在各种基本制度方面，都沿袭北魏，例如，受田有受有还、按劳动力强弱划分受田对象、露田必须还田而桑田作为世业、均田和租调相结合等。这些均田方案所体现的主要经济思想，也基本上是和北魏一脉相承的。

北魏均田制的实施，在一定程度上限制了豪强兼并活动，调节了劳动力和土地严重脱节的状况，促进了农业生产的恢复和发展。均田制以及同它相伴随的三长制、租调制一起，把北魏原来的那种混乱的、掠夺式的赋役制度，变为一种比较确定、比较制度化的赋役制度，在一定时期、一定程度上有利于减轻农民负担，也改善了北魏政权的财政状况，增强了北魏的国力。由北魏至隋、唐，均田制的实行虽然时断时续,但总的说是沿袭下来了。自西晋灭亡后,中国陷入了长期分裂局面。后来,北方政权的实力大大超过了南方,终于由隋灭了南朝,重新统一了全国。均田制对形成重新统一的物质基础,是起了重要作用的。

历史学家范文澜在评价北魏均田制的历史作用时曾说:

"孟子以来,作为一种理想的井田制,晋武帝仅有空名的占田制①,到魏孝文帝才以均田制的形式付诸实施,不能不是封建经济史上一件大事。隋、唐经济比两汉、南北朝有进一步的发展,魏孝文帝的均田制是起着积极影响的。"②

还应该补充说:均田制的出现,也是中国经济思想史上的一件大事。它上承秦、汉以来的反对土地兼并的思想,下对此后一千多年的经济思想发展有着重大的影响。唐、宋以后的进步思想家,直至中国近代资产阶级革命派,谈论土地制度的人,大多推崇北魏的均田制。均田思想成为和井田思想、限田思想鼎足而立的中国古代田制思想的基本模式之一。

本章总结

北魏政权建立之后,面对长期战乱带来的土地与劳动力的严重脱离,以及由于逃亡农民返乡引发的土地纠纷的增加,加上北魏少数民族政权与豪强地主矛盾的加深,迫切需要实行均田制。均田制所体现的经济思想是:重视生产,限制豪强兼并和尽量照顾豪强利益相结合,把国有土地作为保证赋役、缓和社会矛盾的手段。均田思想与井田思想、限田思想一起成为中国古代田制思想中的三大基本模式。

思考与练习

1. 北魏均田思想的主要内容和特点是什么?
2. 比较分析中国古代三大田制思想。

---

① 西晋统一之初颁布占田制,百姓男子一人占七十亩,女人一人三十亩。丁男一人课田(征税田)五十亩,丁女二十亩。占田不是受田,能否占足无保证;而且,由于西晋统治的时间短,占田制难以充分实行。范文澜说它"仅有空名",这种说法是恰当的。

② 范文澜:《中国通史简编》第二编,人民出版社第三版,1958年,第502—503页。

第六章

贾思勰及其《齐民要术》

本章概要

本章介绍北朝时期地主治生之学的形成,论述贾思勰《齐民要术》中的地主家庭经济管理思想。

学习目标

1. 把握商人治生之学到地主治生之学的发展演变
2. 了解贾思勰的地主家庭经济管理思想

第一节 地主家庭经济管理思想的形成

北朝经济思想方面的另一个重要成就是:出现了地主阶级的家庭经济管理思想,贾思勰《齐民要术》的问世,就是这一经济思想新成果诞生的标志。

中国古代的治生之学开端于先秦的商家,其代表人物陶朱公和白圭都是著名的大商人,他们研究的是如何通过经商而发财致富,因此早期的治生之学实际是商人的治生之学。

西汉时期,随着封建地主土地所有制的发展和巩固,商人资本势力进一步增长,商人中也有更多的人用经商得来的财富购买土地而转化为地主。司马迁所说的"以末致财,用本守之"正是对这一现象的理论概括。这个论点的提出,鲜明地反映了中国封建社会早期商人资本向地主阶级转化的要求,也指出了商人治生之学向地主治生之学转变的历史趋势。

不过,司马迁对"用本守之"如何守,也就是怎样经营地主经济以保持和扩充私人财富,并没有作具体的分析和论述,甚至没有涉及这一问题。这表明,司马迁的治生之学还不是地主的治生之学,在治生之学的发展进程中,他是处于转折点上的承先启后的人物。他对"用本守之"的笼统概括,只是意味着商人治生之学必然向地主治生之学转化,而并不意味着已完成了这一转化。北魏贾思勰《齐民要术》的问世,才基本完成了这种转化。

贾思勰,北魏时人,史料文献上关于他的生卒年月及生平事迹均没有什么记载,只知其曾担任过北魏高阳太守。他是我国古代著名的农学家,《齐民要术》一书,大约写成于公元六世纪上半叶,即在太和改革之后。

《齐民要术》全书分十卷,九十二篇,共十一万余字。它征引了一百五十多种前人或同时代人的著作,汇集了历史文献中的农业生产技术知识,使早已散失的一些农书(如《氾胜之书》、《四民月令》等)的部分内容,得以保存并流传至今。同时,贾思勰很注意从实践中吸取经验,他曾到过河北、河南、山西等地考察农业生产情况,向老农请教,广泛收集农谚歌谣等,确实做到了"采捃经传,爰及歌谣,询之老成,验之行事"①,从而使《齐民要术》成为我国现存的最早、最全面的农学著作,在世界农学史上也占有重要地位。

据贾思勰自己解释说:"齐"与"平"同义,"齐民"即"平民",《齐民要术》就是平民百姓谋求生计的重要方法。在封建社会,农业是最重要的生产部门,"民以食为天",平民谋求生计不仅需要研究、总结农业生产技术知识,还必须讲求以家庭为单位的农业经营管理问题。不过,平民中的大多数是贫苦农民,经营规模狭小、内容简单,没有什么需要探讨和研究的问题。有这种需要的是"平民"中的富有者,即小地主、富农以及富裕农民等。因此,封建时代对农户家庭经济问题的研究,在性质上属于地主治生之学的范围。仅仅把《齐民要术》看做迄今少有的最古、最完整的农书是不够的,其重要价值还在于,它是中国封建社会比较全面地论述地主家庭经营管理问题的第一部著作,是地主治生之学的奠基之作。

第二节 治生之道——经营对象及其理论说明

贾思勰在《齐民要术》中阐述的地主治生之学由三个部分组成:治生之道②、治生之理和治生之策。治生之道是家庭经营对象或经营途径的选择及与此有关的理论说明;治生之理是关于私人经营管理的一些原理和规律性认识;治生之策是微观经济管理的方法和措施。

经营对象或途径确定之后,就要围绕这个对象,展开理论研究,探求其经营规律,并提出经营管理的手段或措施。所以,治生之道、治生之理、治生之策这三者是密不可分、相互配合的,构成治生之学的整个理论体系。而治生之道在这三

---

① 《齐民要术·序》。
② 治生之道有广、狭义之分。前者与治生之学相同,后者指经营对象或经营途径,这里论述的治生之道是狭义的。

个组成部分中,则起着枢纽或核心的作用,探讨治生之理,讲求治生之策,归根结底是以治生之道为出发点,并且是为其服务的。

先秦时代陶朱公、白圭等人所创立的商人治生之学,没有涉及经营对象的选择问题。最先提出并研究治生活动中经营对象问题的是司马迁,他认为,经营农、虞、工、商是既能富国也能富家的治生正道,并且把经商与务农联系了起来,"以末致财,用本守之"①,可以看出,他并没有把经营工商业排除在治生之道之外,而是把工商业作为治生活动中相当重要的经营对象或途径加以肯定、强调的。

贾思勰关于治生之道的论述,也就是在经营对象的选择问题上,同司马迁相比,发生了根本性质的变化。他的主要命题是:"夫治生之道,不仕则农。若昧于田畴,则多匮乏。"②他把治生活动中的经营对象或途径,归结为做官和务农,认为只有做官和务农,才是"治家人生业"、取得并保持、扩大私人财富的正当途径,并且特意强调,如果不重视农业生产,不讲求封建地产的经营管理,就会导致贫困。

如果说,司马迁关于经营对象的理论探讨,表现了商人治生之学向地主治生之学的转化趋向,那么,贾思勰"不仕则农"的思想主张,则把经营工商业从治生之道中排除出去了,他说:"舍本逐末,贤哲所非。日富岁贫,饥寒之渐。故商贾之事,阙而不录。"在《齐民要术》中,商人治生之学的痕迹完全消失了,已经是纯粹的地主治生之学。

贾思勰把靠工商业致富排除在治生正道之外,是受地主阶级歧视工商业的影响;他把做官致富看做治生正道,则是地主阶级庸俗观点的表现。在封建时代,做官既可得俸禄,又可获得显赫的地位和声势;至于利用势力和特权,对百姓巧取豪夺、贪污中饱、贿赂公行,那就更能迅速获得暴富。因此,升官发财成了封建时代"士君子"梦寐以求、趋之若鹜的"美事"。贾思勰"治生之道,不仕则农"的说法,正是这种浅薄、庸俗的世情的理论表现。

不过,贾思勰并没有对怎样做官发财作任何分析、探讨,更没有提出任何具体的做法,他的《齐民要术》,只是对怎样以农治生的问题进行了研究,因此,他虽对治生之道并提仕、农,实际上这并不妨碍他的治生之学在性质上纯然是地主治生之学。

贾思勰指出,农业是老百姓的衣食之源,是人们赖以生存和发展的最基本条件,重视和加强对农业生产的经营管理,对于治国安民具有头等重要的意义。他

---

① 《史记·货殖列传》。
② 《齐民要术·杂说》。

说:"食者,民之本;民者,国之本;国者,君之本。是故人君上因天时,下尽地利,中用人力,是以群生遂长,五谷蕃殖。"①

从字面上看,贾思勰的理论说明没有什么新东西,都是从宏观角度即从国民经济管理的角度来强调"重农"。也就是说,它只是"以农富国"论,而不是"以农治生"论。如何把"重农"论从宏观的富国之学纳入微观的治生之学中呢?贾思勰提出"家、国一义"论作为中间环节,以解决这个难题。

他认为,私人地主家庭的经营管理与封建国家的国民经济管理具有相通之处,存在着一些共同的规律和原理。"家犹国,国犹家,是以家贫则思良妻,国乱则思良相,其义一也。"这样,通过这个过渡桥梁,贾思勰把宏观的重农论移植、引入到治生之学,为微观的"以农治生"论提供了理论依据。

贾思勰的"家、国一义"论虽然只是寥寥数语,没有什么理论解释和发挥,但却为后来治生之学的发展提供了重要的借鉴,他从宏观的富国之学中为治生之学寻求理论武器的做法,为明清之际的张履祥、张英等人所继承和完善。

第三节 治生之理——对经营管理规律的探讨

治生之道的变化,带来了治生之理的变化,不同的经营对象有着不同的经营原理或规律。陶朱公、白圭、司马迁所论述的都是商人的治生之理,而首先对地主的治生之理进行探索和研究的是贾思勰,其主要内容是:

一、勤俭持家以致富

贾思勰认识到,在"以农治生"中,除了勤奋劳动以"强本",还必须提倡俭、强调"节用"。他说:"夫财货之生既艰难矣。"付出艰辛劳动才换来的财富,应该倍加珍惜,"用之以节"。如果家庭充裕而奢侈浪费,就会慢慢地陷入困境,一旦遇天灾人祸,后果不堪设想,"用之又无节……加之政令失所,水旱为灾,一谷不登。胔腐相继。古今同患,所不能止也。"②

司马迁认为,在工商业经营管理中,仅仅靠勤俭是难以发财致富的,更重要的是"用奇胜",因为"以商治生"风险大、竞争性强、市场行情千变万化,如果没有与众不同、出奇制胜的经营本领,就会在市场角逐中败北。而贾思勰则根据经营农业的不同特点,强调勤俭在"以农治生"中的作用。封建社会的农业劳动生产率相当低,人们与自然抗争的能力较弱,基本是靠天吃饭,剩余产品比较少,就

---

① 《齐民要术·种谷第三》。
② 《齐民要术·序》。

连中小地主家中的储备也不多。在这种情况下,只有把尽力耕作与厉行节约结合起来,才能在不愁衣食的基础上使财富较快地增长。因此,贾思勰把勤俭持家、勤俭致富作为治生之理的一条重要原则提了出来。

二、劳动管理要督课与抚恤相结合

贾思勰认为,在以农治生中,还必须重视对佃户或雇工的管理。在他看来,"凡人之性好懒惰矣",如果"率之又不笃",不能有效地组织、监督劳动者努力从事农业生产,对地主保持、扩充土地和增加地租收入是很不利的。他指出:"盖以庸人之性,率之则自力,纵之则惰窳耳。故仲长子曰:'丛林之下,为仓庾之坻;鱼鳖之窟,为耕稼之场者,此君长所用心也。'"①

他主张,一方面对佃户或雇工要"督课有方"、严加管理。"稼穑不修,桑果不茂,畜产不肥,鞭之可也;杝落不完,垣墙不牢,扫除不净,笞之可也。"另一方面,为了防止矛盾激化,还应该注意"抚恤其人"②,采取怀柔手段以调动劳动者的积极性,处理和调节好地主与农民之间的剥削、被剥削关系。

贾思勰在治生之理中,把对佃户或雇工的管理放在重要的位置,提出要软硬兼施来役使、剥削佃农和雇工。这本是地主阶级也是一切剥削阶级常用的两手,不过,把这一点作为地主家庭经济管理的一项基本原则提出来,并试图从理论上加以说明和论证,从现存文献来看,这还是最早的。

三、因时因地求效益

先秦著作中有不少重视天时与地利的思想,不过主要是从宏观的富国角度提出来的。贾思勰强调因天时、尽地利,则立足于微观的家庭经营管理,把遵循农业生产规律与讲求"以农治生"的经济效益联系了起来。

他认识到各种农作物都有其生长、蕃育、成熟的规律,经营农业必须按照自然规律、根据天时地利的特点来进行,这样才能事半功倍,以较少的人力、物力耗费而取得较多的经济成果。他说:"顺天时,量地利,则用力少而成功多。"③他强调,如果"任情反道",凭着主观意志、违反客观规律来从事农业生产,就会造成劳动耗费多,所获得的收入却很少,甚至"劳而无获"。他形象地比喻说:"入泉伐木,登山求鱼,手必虚;迎风散水,逆坂走丸,其势难。"④

---

① 《齐民要术·序》。
② 《齐民要术·杂说》。
③ 《齐民要术·种谷第三》。
④ 同上。

第四节 治生之策——经营管理方法的总结

贾思勰从治生之道出发,以治生之理为指导和依据,对治生之策即地主家庭经营管理的具体措施、方法,进行了较为详尽的论述。

一、集约经营,精耕细作

贾思勰反对广种薄收的农业粗放经营方式,大力主张在土地利用和农业生产方面要实行集约经营。他一再说:"谚曰:'顷不如亩善',谓多恶不如少善也。"①"凡人家营田,须量己力。宁可少好,不可多恶。"②

如何集约经营?贾思勰提出了一套精耕细作的制度和措施。例如:对农作物的种植,他强调要抓好从开荒、选种、播种、耕耘、收割、贮藏到加工整个生产全过程的管理。对各个管理环节,他也提出了严格要求。如他很重视锄耘的作用,认为锄耘可以防止病虫害、清除杂草、松土保墒等。不仅要求多耘,而且主张在不同的耕作季节,耕耘的方式也要有所区别。"春锄起地,夏为除草"③,"秋耕欲深,春夏欲浅"④,这样有利于充分利用自然肥力和促进农作物的生长。有关精耕细作的管理措施,贾思勰还论述了很多,这里不一一列举了。

二、多种经营,农贸结合

贾思勰的"以农治生"不是狭义的把农等同于粟,而是主张在地主家庭经营管理中,要农、林、牧、副、渔、手工、贸易的全面发展。他不片面强调单一生产粮食,而是主张植树、种菜、养鱼、酿酒、制醋等多种经营并举,尤其重视各种商品农作物的种植和经营。

他认识到,经营商品农作物投资少、风险小却收效快、获利多,并运用实际数据,通过投入与收益的比较来说明从事商品农作物生产的巨大效益。例如,从事林木的种植,只需一人守护,"既无牛犁种子人功之费,不虑水旱风虫之灾,比之谷田劳逸万倍"⑤,但经济效益却可观得多,林木生长过程中所得到枝叶,在解决了自家的柴薪之后,将多余的出售,就足以收回成本,林木成材后的销售收入更

---

① 《齐民要术·种谷第三》。
② 《齐民要术·杂说》。
③ 《齐民要术·种谷第三》。
④ 《齐民要术·耕田第一》。
⑤ 《齐民要术·种榆白杨第四十六》。

是"其利十倍"①。可以看出,贾思勰不是用狭隘的自然经济眼光来看待"以农治生"问题,而是把从事商品农作物生产作为重要的致富之策,分门别类地精心计划和安排。

经营商品农作物,必然要同商品贸易、市场供求、价格涨落等发生联系。前面曾提到,贾思勰对完全脱离农业生产、专门经营商业的"舍本逐末"是持非议态度的,认为经商虽然在短时间里可能暴富起来,但不能解决长期乃至终生的饥寒问题。因此,他明确表示不谈专业商贾的经营之事。但是,他认为,土地经营者自产自销的经营方式,与商贾单纯的买卖不同,是属于以农治生的范围。所以,他对以农业生产为基础的商品农作物的贸易十分赞成、积极提倡。

贾思勰特意在《齐民要术》中安排了《货殖第六十二篇》,大量摘录《史记·货殖列传》中的商业经营原则以及司马迁对资本与利息相互关系的分析。同时,他自己对如何从事商品农作物贸易也提出了一些致富之策。例如,他运用农产品季节差价的变化规律,主张在收获季节购入五谷和蔬菜种子,认为这时粮食刚上市,供给量较多,价格较低;而在播种季节则卖出原先收购、储存的种子,这时市场上种子需求量大,价格必然上升。他指出,要根据供求多寡、价格涨落的情况来从事农产品贸易,抓住有利时机,通过贱买贵卖,以赚取较多的赢利。他说:"凡籴五谷菜子,皆须初熟日籴,将种时粜,收利必倍。凡冬籴豆谷,至夏秋初雨潦之时粜之,价亦倍矣。盖自然之数。"②

三、改进工具和提高人的劳动兴趣

贾思勰所论述的治生之策有一个鲜明特点:既强调物的因素,又重视人的因素。他说:"欲善其事,先利其器;悦以使人,人忘其劳。"③这就是说,要从改进工具和提高劳动者的劳动兴趣两方面入手,合理利用物力、人力,搞好"以农治生"。

他要求采用先进的生产工具,以提高劳动生产率。他举例说,九真、庐江两地"不知牛耕,每致困之",这两郡太守积极推广铁器牛耕,"教之垦辟,岁岁开广,百姓充给"④;还有,敦煌地区"不晓作耧犁,及种,人牛功力既费,而收谷更

---

① 《齐民要术·种榆白杨第四十六》。
② 《齐民要术·杂说第三十》。
③ 《齐民要术·杂说》。
④ 《齐民要术·序》。

少"①,当地官员"乃教作耧犁"②,人力少用一半以上,收获却增加五成。

对雇工的管理,贾思勰侧重于"抚恤其人",包括在精神方面"常遣欢悦"③,想方设法使劳动者乐而忘忧,以保持良好的工作状态。此外,要利用雇工对物质利益的兴趣和关心来刺激其积极性以提高劳动生产的效率和质量。他提出,雇工的报酬形式,可以用产品分成或用副产品支付。例如,采摘红蓝花,每个雇工可获得采摘数量的一半,"中半分取"④;伐树则"指柴雇人",用树的枝叶作为报酬支付给劳动者。这些支付报酬的形式,与劳动者完成的工作量紧密联系,雇工多劳多得,工作越多,得到的报酬就越高。因而,劳动者在物质利益的鼓励下,对生产劳动感兴趣,能表现出某种自觉性和主动性。

在中国封建社会,地主阶级很少直接组织农业生产,而是把大面积的土地分割开来,一块块地出租给农民。他们凭借地产、利用人身依附关系以及超经济强制来剥削农民,榨取剩余劳动产品。他们地租收入的多寡,主要不取决于产品产量和劳动生产率,而是取决于占有土地的数量和所控制的依附农民的数量。因此,封建地主所关心的主要是兼并更多的土地并把更多的农民变成佃农,而不关心土地的改良和农业生产技术的进步,也不会考虑农、林、牧、副、渔、手工、贸易诸方面的综合经营问题,对家庭经济管理中如何既重视物的因素又发挥人的作用,就更谈不上了。贾思勰的治生之策,对这些问题进行了研究,提出了一些很有价值的思想主张,在封建时代,是比较少见的。

综上所述,贾思勰的治生之学,不是由零散片断、不成系统的经济观点所组成,而是在整体上形成了一个关于地主家庭经济管理的思想体系,他所提出的由治生之道、治生之理、治生之策构筑而成的理论框架,为中国古代地主治生之学的形成、发展奠定了基础和方向。

贾思勰的地主治生之学或地主家庭经济管理的思想体系,可以列示于图1:

---

① 《齐民要术·序》。
② 同上。
③ 《齐民要术·杂说》。
④ 《齐民要术·种红蓝花栀子第五十二》。

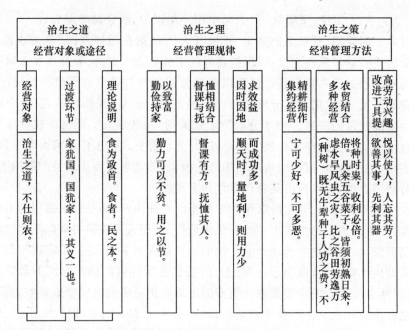

图 1　贾思勰的地主治生之学

本章总结

北魏贾思勰的《齐民要术》从治生之道——经营对象及其理论说明，治生之理——对经营管理规律的探讨，治生之策——经营管理方法的总结等方面对地主阶级家庭经济管理进行的系统论述，为中国古代地主治生之学的形成和发展奠定了基础和方向。

思考与练习

1. 比较分析司马迁、贾思勰关于治生之道的论述。
2. 贾思勰的治生之理与治生之策的主要内容是什么？

History of Ancient Chinese Economic Thought

第四编

隋唐五代时期的经济思想

第一章 隋唐五代时期的社会经济和经济思想

本章概要

本章介绍隋唐五代时期的社会经济状况,并以唐中叶为分水岭,分别评述隋至盛唐时期的文治武功与经济思想的匮乏形成的巨大反差,以及唐中叶以后商品经济有所增长和封建人身依附关系有所减弱等新变化所引发的经济思想发展的新趋向。

学习目标

1. 了解隋唐五代时期社会经济发展的新趋向
2. 了解唐中叶以后经济思想发展的新趋向

第一节 隋及盛唐时期的社会经济和经济思想

公元589年,隋文帝杨坚重新统一了全国。他采取了一些有利于社会安定和经济恢复、发展的政策,收到了成效。在隋最盛时,户数达到890万户,人口达到4600余万人;财富也有了很多积蓄,尤其是各地积谷达到相当大的数量。

但是,隋的统治并不长久。公元604年,杨广弑其父隋文帝而篡位,是为隋炀帝。他即位为帝后,穷奢极侈,大兴土木,又不断向边疆少数民族及邻国发动战争,不仅迅速消耗了隋统一后积聚起来的财富,而且赋役繁苛,把广大人民重新逼上了绝路。他在位仅13年,就被农民起义推翻,并为李渊建立的唐王朝所取代。公元627年,李渊让位于其子李世民,是谓唐太宗。

唐太宗李世民是中国封建帝王中最有作为的历史人物之一。在他统治的23年中,唐代的文治武功达到鼎盛。从这时起,直至公元741年(唐玄宗开元二十九年)的百余年中,一直处于唐朝的兴盛时期,不论是经济的发展、国力的强大、同外部世界的联系和在世界范围中的影响,都超过两汉,是封建时代的历史学家所称的"盛世"。

自北魏开始实行均田制及与之配套的租调制,北齐、北周及隋,都接踵实行。隋又允许以"庸"(雇役)代徭役,因而租调制又称为租、庸、调。唐代沿袭了前代的均田制和租庸调制,并适应唐帝国建立后的形势加以改进和完善,成了唐帝国文治武功的重要基础。

盛唐时期在商品经济和工商业方面尤其超过两汉。

经过西晋末期以后数百年的分裂、战乱、民族冲突和民族融合,北方地区各民族之间的经济发展水平比较接近了。南方经过几百年的开发,广大江南地区以至岭南部分地区都在封建生产方式基础上达到了远比两汉时代更高的经济发展水平。这种南北经济发展水平日益接近、汉族和众多少数民族经济发展水平日益接近的情况,自然会为全国范围中的经济交流、商品交换提供更好的基础和条件。

唐代又是中国古代最开放的朝代:不论是什么民族、什么国家的人都可入内地游学、经商、置产、通婚、传教、杂居以及仕宦为吏。这种情况当然大大有利于商品经济和工商业的扩大,使得唐代不论在国内商业或国际贸易、边疆贸易方面的发展条件,都远非两汉所及。

"盛唐"有如此发达繁荣的经济,理应在经济思想方面有所反映。然而,经济思想对社会经济状况的反映,并不是直线式的;在时间上,也往往并不是如影随形、亦步亦趋的。盛唐的文治武功,同它的经济思想的发展状况之间,有着一个巨大而明显的反差:盛唐是政治、经济、军事方面少有的封建盛世,却并不是经济思想方面的"盛世"。这一时期的崔融、刘彤、刘秩、裴耀卿等人,在经济方面所发表的议论,并不见得比其他历史时期少,却极少有水平、有创见的内容。

第二节 唐中叶至五代的社会经济和经济思想

盛唐时期在经济思想方面比较沉寂的状况,到唐中叶以后才有了明显的转变。公元755年,镇守卢龙、范阳一带(今河北卢龙至北京)的两个将领安禄山、史思明发动叛乱,长驱南下,踏破河北、山东、淮北、河南各地,一度攻破首都长安,直到公元763年才被平定。安史之乱是唐王朝由盛转衰的转折点,也是整个中国封建社会由上升时期进入衰退时期的重要标志。

在安史之乱前,唐前期颁布的均田制以及建立在均田制基础上的租庸调制已逐渐解体。随着均田制的彻底崩坏,土地私有制更加发展起来,土地兼并和土地集中的现象日趋严重。安史之乱延续八九年,受害的又都是唐朝统治的主要地区,所造成的社会经济之凋敝衰落,是不待言的。

首先，课户与课口猛减，赋役基础极度萎缩。安史之乱前，全国户数有九百余万，其后只剩一百九十三万。乱前全国人数达五千二百余万，乱后则减为一千六百余万。而且在这仅剩的户与口中，又有大量不课户，不课口（除部分老弱病残外，主要是官僚和僧、道等人）。

其次，横征暴敛日剧，广大人民逃亡反抗。唐政权为了解决乱后的财政困难，不惜以各种骇人听闻的贪暴手段强行搜刮。玄宗末期，在刘晏之前主管江淮地区租庸调的元载，强迫农民补交八年中所欠的全部租、调。农民无力补交，他就派官去查抄民家，把家中所有财物夺走一半至百分之八九十，称为"白著"，不从的则以严刑逼迫。

这种情况迫使农民更多地逃亡，或群聚山泽武装反抗。这就必然使唐政权的赋役基础越加萎缩，财政状况更为恶化。安史之乱后的唐朝也是中国封建社会的经济发展开始出现某些新变化趋势的时期。主要有以下两方面表现：

第一，宗族门阀势力强大的旧世族豪强地主阶级开始衰落，以财富称雄的庶族地主地位上升。昔日豪强地主以"宾客"、"部曲"等形式剥削奴役大批农民的做法，逐渐让位于庶族地主与佃农之间的契约形式下的新型剥削关系。这就意味着封建的人身依附关系较过去有所减弱或松动。

第二，封建社会的商品货币经济有了增长，城市手工业、商业更发达，手工业作坊及门类明显增加。经营信用业务的柜坊、行使具有汇兑职能的飞钱等都相继出现。

在均田制完全破坏、唐政权面临财政经济的严重危机、封建社会经济开始发生重要变化之际，唐肃宗至唐德宗时期（公元756—805年）的刘晏、杨炎进行了若干重大的财政、经济改革。这些改革以及环绕这些改革而展开的陆贽等人的议论，较为明确地反映了唐中叶后社会经济领域中出现的新变化，初步显现了此后一个较长时期经济思想发展的新趋向。例如，杨炎在以两税制取代租庸调制的改革中，将按人丁计税改为按资产计税，以货币纳税取代以实物纳税等，正是唐中叶后商品经济有所增长和封建人身依附关系有所减弱等新趋向在他的思想和理财活动中的反映。

唐德宗死后，顺宗即位，仅半年即因病传位太子，是为宪宗。唐宪宗平定了不服从中央政权的各藩镇，基本上恢复了唐王朝一统局面，史称"宪宗中兴"。

从唐宪宗元和时期（公元806—820年）开始的几十年中，一些人士，尤其是韩愈、白居易、李翱等，广泛探讨了赋税、工商业、货币、对外贸易、国民经济的宏观管理以及人口等问题，把刘晏、杨炎等人开启的新局面推进到一个更高的层次，经济思想的内容更丰富了，在许多问题上也比前更有理论深度了。

从公元874年王仙芝、黄巢农民大起义开始，历史进入了晚唐五代时期，无休止的分裂、混战,使社会经济、文化遭到了巨大破坏,中唐时期经济思想比较活跃的局面,也重新陷入衰微沉寂。不过,这段时期不是很长,而且,经济思想也并不是贫乏到完全无足称述的地步。例如,皮日休的"励民成业"论,还是较有特色的,他对土地兼并的批判,虽片言只语,却很有新意;后周统治者郭威、柴荣父子的进行的经济改革及其指导思想,对恢复几十年战乱所破坏的经济起了积极的作用,对宋初的经济政策也有重要影响。

本章总结

　　隋至盛唐时期基本沿袭了北魏推行的均田制和租调制,为唐王朝的文治武功奠定了基础。盛唐时期在商品经济和工商业方面远超过两汉,但发达繁荣的经济并未将经济思想推向更高的发展。唐中叶以后,均田制和建立在其基础上的租庸调制逐渐解体,安史之乱更加速了社会经济的凋敝,同时在封建社会商品货币经济有所增长,庶族地主地位上升,封建人身依附关系减弱等新的经济发展趋势下,为解决唐朝政权的财政、经济危机,逐渐形成了反映这些新趋向的经济思想,刘晏、杨炎、韩愈、白居易、李翱等就是主要的代表人物。

思考与练习

1. 总结唐中叶以后封建经济发展的变化趋势。
2. 阐述隋唐五代时期经济思想的演变。

第二章 刘 晏

本章概要

本章介绍唐中叶以后理财实干家刘晏的理财活动及其体现的经济思想，阐述西汉以来轻重思想的演变以及刘晏对后世理财工作和经济思想的影响。

学习目标

1. 理解刘晏理财活动体现的经济思想
2. 把握西汉以来轻重思想的演变

第一节 中国经济思想史上的一个奇特的代表人物

刘晏（唐玄宗开元四年至唐德宗建中元年，公元718—780年）是中国经济思想史上的一个很值得注意的人物。他是中国封建时代有重要地位的经济思想代表人物之一，在唐代更可算首屈一指。可是，他没有专门谈论经济问题的文章，更无这方面的著述。我们现在能够看到的只有他所写的个别书牍、公文，但其中也未包括多少经济思想资料。他长期负责唐政权的理财工作，在工作中自然会有一些指示和议论；他的某些部属对此也有所称引。不过，所称引的也只是片言只语，并无较为完整、连贯的议论。按照人们通常对思想家的理解来说，像刘晏这样的人，是不能算做思想家的。

刘晏是个理财工作的实干家，毕生未从事过思想、学术活动，但他并不是个不具备思想家素质的人。他是一个文学天赋颇高的人，七岁时就献颂于唐玄宗李隆基，受到唐玄宗的欣赏，从此获得"神童"的称誉。唐玄宗任命他为太子正字。刘晏七岁就步入仕途，而且从此未离开过官场，为官达五十余年。

然而，刘晏并未能向一个学者或文士的方向发展。从被任命为太子正字开始，几十年中，历任县令、郡守、刺史、河南尹、京兆尹、户部侍郎，一直做到户部尚书同平章事（宰相），特别是担任度支、租庸、盐铁、转运、铸钱使等主要理财职务达二十年之久。他是封建时代少有的一个勤慎廉明的官员，在担任理财重任后，几十年如一日,付出了自己的全部精力,公定的休沐日也不休息,甚至连去上朝的路上还用马鞭子比划着算账。他的理财工作扭转了当时唐政权严重的财政经济危机,促进了被战乱严重破坏的社会经济的恢复和发展,而他自己却始终过着俭朴的生活。后来,他被仇人陷害致死,并被抄了家,而抄家的结果却只查出了米麦数石、书籍几车。他这样认真地对待自己的本职工作,自然无时间从事著述;他的一生只能成为实干家,而未能成为学者或思想家。

但是,人的活动是受思想支配的,像刘晏那样大规模的、长期的和成功的理财实践,更不可能没有指导思想。他没留下著述和多少言论,但我们却不难从有关他的理财实践的历史资料中,分析、总结出一些思想、观点来。

刘晏,字士安,唐曹州南华(今山东东明县境内)人。在唐玄宗统治的后期(天宝年间),他任夏(今河南夏邑县)令、温(今河南温县)令时,已开始表现出卓越的理财本领。在安史之乱(公元755—763年)发生后,唐玄宗外逃,其子李亨嗣位。刘晏在唐肃宗朝被任命为度支郎中领江淮租庸事,开始担任理财官。不过,刘晏真正在唐政权中肩负理财重任,是从公元760年开始的。这一年,他被任命为京兆尹、户部侍郎,并兼任度支、铸钱、盐铁诸使,成了中央政权中领导理财工作的大员。自此之后,除了其间较短时间被降调通州(今四川达县)外,一直在唐政权中负责理财工作,分管东路(由江淮、河南至长安)的理财活动。江淮一带是当时的主要财赋之区,在中原地区因安史之乱而残破凋敝的情况下,这一带尤其成了唐政权财赋命脉所系。

在唐政权的财政面临破产的局面下,刘晏"受任于败军之际,奉命于危难之间",经过艰苦努力,使唐政权的财政状况有了明显的好转:盐利(国家榷盐收入)由每年60万缗①增至600万缗,占国家财政收入总额的一半;漕运粮食源源不绝地进入长安,保证了首都的供应。在他接任前,长安的粮食奇缺,连皇帝的御膳房都无"兼时之储",他做到了每年保证运送40万石粮食至长安,多时可达110万石。

他的理财工作还促进了社会经济的恢复。在他负责理财期间,唐政权所控制的户口由不足200万户增至300余万户,而户口的增益全都发生在他的理财辖区之内。

在刘晏理财期间,宰相元载犯罪,朝廷命刘晏审理。刘晏依法处死了元载,后来,元载的学生杨炎作了宰相,挟嫌寻仇,以莫须有的罪名诬陷刘晏至死。

---

① 《新唐书·食货志》作"四十万缗",但《旧唐书·食货志》及新、旧《唐书》的《刘晏传》均作"六十万缗"。

有关刘晏理财的史料,主要保存于《旧唐书》及《新唐书》的《食货志》、《刘晏传》中。两书的其他某些篇章,以及《资治通鉴》中,也有一些零散的材料。

第二节　古代的第一流理财能手

刘晏理财所涉及的范围十分广泛,在他所辖的广大地区内,举凡漕粮的征集、运输和储存,盐斤的统购、转售及生产者的管理,市场及物价的调控,抗灾、救灾,备荒以及铸钱等工作,都由他统一掌握。有关制度、办法的建立、改革、人员的选拔、组织和监督、考核,都由他设计、擘划和指挥。他的全部理财工作形成了一个颇为严密的和运用自如的系统。他的理财成就,同中国古代的一些著名理财家如桑弘羊、王安石、张居正等人相比,都毫不逊色,而他的这些成就,却是在更加困难、更加恶劣的条件下取得的。

下面就刘晏的主要理财活动分别加以考察。

1. 对(粮食)漕转制度的改革

由于专制主义中央集权的机构庞大,人员众多,首都一带,尤其是贵族、官僚、军队及统治阶级的寄生奴仆们麇集之地,所需的粮食远非附近地区的农村所能供应,必须每年从外地调运进大量粮食,水运名为"漕",陆运称作"转"。唐代建都长安(今陕西西安),每年漕转粮食的数量,随着官僚、军阀机器的扩大而不断增加。刘晏理财的主管地区江淮一带,是漕转粮食的主要来源地之一。由江淮运粮至长安,路途遥远,水运要先后驶经运河、淮河、汴河、黄河及渭河五条河流,五河水情不同,涨落时间不一致,粮船由一河进入另一河,要等待很长时间。在刘晏主管漕运以前,采用直运办法,南船直驶东都洛阳,全程需时八九个月,损耗率超过20%,运费甚至高于粮食本身的价格。由洛阳上驶陕县,须经过黄河三百里险道,尤其是三门峡一带,时常翻船。如在这一段改用陆运,必须征调成千累万的民伕,征用数千头大牲畜,费用尤大。过去的漕运办法是由官府派富户督运,督运人称为"船头";运送所需的劳动力,则征调沿途农民服徭役。漕运活动对百姓扰害很大。安史之乱后,河南西部一带,人烟稀少,无法再征调徭役,加上沿途驻军动辄截留漕粮,漕运处处受阻,使长安城的粮食供应陷入严重危机,甚至连皇帝的御膳用粮都缺乏足够的储备了。

刘晏接任后,亲自跋山涉水,勘察河道,在充分了解情况的基础上,疏通河道,并对漕运办法进行了一系列改革,其主要内容为:

(1) 在运送制度方面,废除船头督运办法,改为官运,由官府出优厚造价,建造坚固运船,派军官督运;在运送人力方面,将征调徭役改为国家出钱雇工,并优给工资。

（2）在运道方面，改直运为分段接运：南船不入汴水，汴船不入黄河，河船不入渭水；在各交接地点修建粮仓，粮食运到后，卸船收仓，原船即回，等上游水道涨水便于行船时再装船上驶。

（3）废除三门峡一段陆运，改用水运。由于船造得坚固，刘晏又派人用优质材料制造坚韧的纤索，基本上能够避免翻船的危险。

这些改革保证了漕运的顺利进行，每年至少可保证以40万石粮食运达长安，多时达到110万石，运输时间大为缩短，运费大为节省，也无沉船损失，"自是关中虽水旱，物不翔贵"①。

2. 对榷盐制度的改革

唐政权在安史之乱后因财政困难而实行榷盐（国家专卖）。榷盐开始于公元758年，至刘晏接任为时不过两年，但因制度不良，弊病已十分严重。

最初的榷盐办法是在各产区设"盐院"，负责管理盐务；盐的生产由"亭户"（专业盐民）进行，亭户生产的盐全部卖给盐官，由官府运往各销区，售给消费者。

为了通过榷盐解决财政困难，唐政权把每斗盐价由10钱一下子提高到110钱。由于封建官僚机构效率低，费用大，贪污多，提高盐价后财政收入仍不能增加很多；而盐价的猛增却大大减少了食盐的销路，更不利于增加财政收入。盐官面对食盐滞销、榷盐收入难以大量增加的情况，有的就采取摊派的办法，迫使百姓认购，给广大人民造成了严重的灾难。

刘晏对榷盐制度实行的改革主要为：

（1）大力裁减盐官、盐吏，省减榷盐机构。刘晏认为盐官、盐吏太多是榷盐办理不善的一个重要因素，因而从省减官盐机构和裁汰盐官、盐吏入手进行改革。他只在盐的主要产区设十个盐监和四个盐场，盐监负责管理食盐的生产和收购，盐场则是官府收购、贮存和转售（给商人）食盐的栈场。非主要产区及销区，均不设盐官、盐吏。

（2）以商人的自由运销代替官运官销。亭户生产的盐，由国家实行统购，贮于盐场。商人向盐场买盐，国家从购销价格的差额获得财政收入。商人购盐后，可以按照自己的意志运往全国任何地区销售。

（3）取缔各地方政权和军队对食盐征收过境税的权力。

（4）在边远地区实行常平盐制。商人运销食盐是为了利润，因此，总是把盐

---

① 《新唐书·刘晏传》。

运往价高、利厚的地区。一些不产盐的边远地区,运费高昂,商人多不肯去;即使有少数商人肯去,也会因数量过少和缺乏竞争者而抬高盐价。刘晏考虑到这一点,仿照粮食方面的常平仓制度,创立常平盐制,由官府运一部分盐到边远地区,设仓收贮,在食盐供应紧张价格高昂时以平价出售。这种做法解决了边远地区缺盐的困难,也增加了国家收入,做到了"官收厚利而人不知贵"①。

刘晏对榷盐制度所进行的改革,大大节省了国家经费,去除了贪污中饱,扩大了食盐的销路。这种办法利用了商人追逐利润的动机,把食盐广泛运销到各地区,靠商人之间的竞争保持各销区的供求平衡和价格稳定,使消费者能以比较合理的价格买到食盐,国家财政收入也能因食盐畅销而大大增加。在刘晏刚接管榷盐任务时,唐政权从江淮地区榷盐所取得的收入每年不过 40 万缗,在他主持榷盐工作的后期,年收入增至 600 万缗,约占当时全国财政收入的一半。②

对榷盐制度的改革大大改善了唐政权的财政状况,也为刘晏进行其他方面的改革提供了充足的财源。例如,他在漕运方面所实行的用雇工代徭役劳动的费用,就是靠"盐利"来支付的。

3. 常平和救灾工作

自西汉耿寿昌创立常平仓制度后,后代封建王朝屡加仿行。唐代也实行常平仓制,在各地区设常平仓,丰年以稳定的价格收存粮食,到荒年缺粮时,则开仓平价售粮,以救灾荒。在贞观(唐太宗时)、开元(唐玄宗前期)等国势隆盛的时期,常平仓制也办得较有成效。安史之乱后,常平制度废坏,常平仓中原存的粮食,也多被挪用。

刘晏在救灾工作方面,首先着手恢复常平仓,经过整顿,各州常平仓贮粮总数经常保持 300 万斛。

刘晏在救灾办法上的一贯思想是不赞成发放救济粮,他主张扶助受灾农民恢复和发展生产,实行生产自救,而财政政策则是他用以组织生产自救的一个重要工具。由于刘晏对经济情况掌握得比较充分和及时,往往能在灾情刚露头时就及时发现,主动采取减免赋税、发放贷款、平价粜粮以及收购某些农副产品之类的措施,减轻灾害的影响,使灾民能够生产自救。刘晏死后,陈谏把刘晏的救灾思想概括为这样一句话:"善治病者不使至危惫,善救灾者勿使至赈济。"③这个概括是十分贴切的。

刘晏认为:荒年粮食虽然歉收,粮食以外的其他农副产品往往仍能有一定产

---

① 《新唐书·食货志》。
② 同上。
③ 《新唐书·刘晏传》。

出。因此,他在扶助农民生产救灾时特别重视发展农村副业生产,经常采用以粮易货的办法,用国家储备的一部分粮食,按照对农民比较有利的价格同农民交换其他农副产品,供官府自用,或者运往丰收的地区售卖。采用这种办法,既可扶助灾民度荒,又不至过多地增加国家财政负担。

刘晏在救灾工作中也注意发挥商人的作用。他考虑到常平仓多设在城市,农民进城买粮,费用大,又耽误很多的生产时间,偏远乡村困难更大。于是,他就采用国家同商人以粮易货的办法,以对商人有利的条件与商人交换农副产品,鼓励商人下乡购货粜粮。结果,国家的常平粮就可以"不待令驱"而通过商人"散人村间"①,不但解决了农民买粮的困难,而且使"二害"(水、旱)变成了"二胜"(农、商),把因灾荒而衰敝萧条的城乡经济搞得颇为活跃。

4. 调节主要商品的供求和价格

刘晏还把常平制的原则应用于粮食以外的其他主要商品,采取各种措施调节供求和物价,以保持各地商品供求平衡和物价稳定。他在辖区各主要城市设立管理粮食和其他商品的市场的专门机构"巡院"。责令主管各巡院的知院官,必须按旬、按月把当地的农业生产、粮食收购的情况以及粮价和其他商品的行情等材料及时上报。为了保证这些材料能够迅速传递,刘晏又改革、整顿了当时的通讯机构——驿站,把过去派各地富户负责驿站的制度(称为"捉驿")改为官办,并用很高的待遇招募善于骑马奔驰的"急足"。尽管当时的交通工具和通信技术很落后,靠着这一套办法,几千里外的经济情报在几天之内就能传送给刘晏,使他据之进行决策,按照各地"货殖低昂及它利害",指挥各地巡院吞吐物资,调节供求,"权万货之重轻","使天下无甚贵贱而物常平"②。

5. 在干部制度方面的改革

刘晏制定了一套选拔和管理理财工作的干部的办法。他主要是选拔有朝气,有理财工作能力的"新进锐敏"的士人来代替腐败的官吏。他认为,长期在封建官府中任职的官吏,已经习染于敷衍、推诿、欺瞒以至勾结、请托和其他营私舞弊活动,不能使用和信任他们来管理财政经济工作,而士人有一定学识,又爱惜自己的名节,较能实心任事,廉洁奉公。因此,他在自己主管的各级财政,经济机构中,对一应检核、出纳等管钱、管物、管账等方面的工作,统统委任士人;对原来的官吏,则只让他们"奉行文书",干些一般性的事务工作。在干部管理方面,刘晏有一套有效的考核、监督办法,使他的部下虽"居数千里之外,奉教令如在

---

① 《新唐书·刘晏传》。
② 同上。

目前"①,不敢欺瞒或玩忽职守。

理财工作是世俗垂涎的"肥缺"。当时的许多有权势的人,都企图向刘晏荐举私人。在当时腐败的官场习气下,刘晏也不敢拒绝,但他对这些靠权势、关系进来的人,只给予丰厚的薪俸把他们养起来,绝对不让他们插手实际工作,不给他们营私舞弊的机会,严防他们败坏自己的精干有效的理财工作机构和理财干部队伍。

刘晏这一套选拔和管理干部的办法,保证了他当时改进理财工作的需要,还为以后一个相当长时期的理财工作培养了一批骨干,在他以后负责理财工作的韩洄、元琇、裴腆、包佶、卢贞、李衡等人②,都是由刘晏选拔、培养出来的。

刘晏还进行过其他一些理财工作的改革,如改定纳税户等,减轻工商业者的纳税负担等。

第三节 刘晏理财活动所体现的主要经济思想

刘晏的理财活动,是通过国家政权直接进行部分经济活动来加强对社会经济生活的控制和影响,以保证财政收入的取得和增加,因此,他在理财方面许多措施及其所体现的经济思想,大体上也属于轻重论的范畴。

刘晏对轻重之术的运用相当广泛,而且较前人有许多创新。

在组织漕运工作方面,他的许多做法(如改直运为分段接运)是符合运输学和运筹学原理的,在当时的具体条件下,的确收到了节约时间、节省运费、减少损耗、保证供应的效果。

在榷盐工作中,他对选择国家专卖商品提出了一个原则:"因民所急而税之,则国用足。"③"民所急"的商品,也就是为广大人民所必需而又不易找到替代品的东西。这类商品的需求弹性小,提高价格,不致引起销售数量的急剧减少。对这种商品实行专卖,能够较多地增加国家财政收入。汉代实行专卖之初就选择盐、铁两种必需品,是体现了这个原则的。《管子》中关于榷盐铁可使民"无不服籍"的说法,也多少反映了当时轻重论者对这一原则的认识;刘晏的"因民之所急而税之"的论点,则以更加明确的形式把这一原则提出来了。

刘晏对运用政权机构来控制、管理经济活动的做法(汉代轻重论者所谓"借于号令"),也体现了一些颇为重要的思想。他既注意减少、削弱官僚主义和衙

---

① 《旧唐书·刘晏传》。
② 《旧唐书·食货志》。
③ 《新唐书·食货志》。

门作风对经济发展的阻碍、破坏作用，又要尽量发挥国家权力在集中调拨、使用人力、物资方面的优势。例如，他一方面大力精简官盐机构、裁汰盐官、盐吏，以减少官僚主义在管理盐政中的危害，另一方面又在边远地区实行全由官办的常平盐制，以便用国家的力量把大批食盐运往边远地区，以弥补商运不足，保证边远地区的食盐供应。

他在救灾工作中，不强调赈济而更着眼于扶助灾区人民生产自救，的确是救灾工作的一个较为正确的方针。桑弘羊以盐铁、均输收入作为救灾之用，开始把轻重政策同救灾工作联系了起来，但他主要还是消极地进行救济，使"灾民以赈"。刘晏则本着"善救灾者勿使至赈济"的原则，积极地扶助灾民生产自救，这就更扩大和加强了轻重之术在救灾、抗灾中的作用。

刘晏继承了汉代轻重论者重视调查统计、重视数字材料的传统。他要求各地巡院定期上报材料并用"急足"传送的做法，实际上在他主管理财的广大地区建立起了一个经济情报网。[①] 这样一个经济情报网出现在1200年前的技术极其落后的封建社会中，堪称时代杰作。他要求巡院上报的经济材料那么多，上报又要及时，很可能他已建立了一套比较科学的统计报表制度，可惜的是没有这方面的材料流传下来。

刘晏在人才的选拔、使用和管理方面，也显示了十分卓越的才能有些做法至今仍有一定的启发、借鉴意义。

刘晏对轻重思想的发展，不仅表现在轻重之术方面，更主要的在于以下几点：

第一，在轻重政策对经济的作用方面，从强调控制、榨取到兼而要求有一定的促进作用。

汉代轻重论者要求"通于轻重"，是为了在经济生活中取得控制、支配地位，借以在政治上加强统治，在财政上加强榨取。刘晏理财，也有着这样的要求，他的"官收厚利而人不知贵"，也就是汉代轻重论者所宣扬的"见予之形，不见夺之理"。

但是，刘晏认识到，理财不能只是片面地考虑增加国家财政收入，还应有利于生产的恢复、发展和流通的活跃，使百姓能够正常地"耕耘织纴"[②]。在救灾工作中，他把轻重政策作为扶助生产和流通的手段，"常岁平敛之，荒年蠲救之"[③] 还通过贷款和以粮食交换其他农副产品等办法，力求减轻自然灾害对生产和流

---

① 参看胡寄窗：《中国经济思想史》中册，上海财经大学出版社，1998年，第401页。
② 《新唐书·刘晏传》。
③ 同上。

通带来的不利影响,变水旱"二害"为农商"二胜"。他所设立的盐政机构也不仅是征收盐税、盐利,还对盐的生产负有经常的检查、督促和技术指导的责任。在刘晏负责理财工作期间,唐中央政权的实际控制地区的户数由不足200万增加到300余万[1],这也足以表明,他对轻重政策的运用,不仅大大增加了财政收入,还确实起到了促进经济恢复和发展的作用。

第二,在轻重政策和商人的关系方面,由以商人为打击对象到一定程度上把商人变成国家推行轻重政策的助手。

汉代的轻重论者把商人尤其是"大贾蓄家"看成同国家争夺轻重之势的主要对手之一,甚至认为是同国君势不两立的"二君二王",因而强调以轻重政策来打击商人,以"杀正商贾之利"。

刘晏在理财活动中,对商人的态度却不是这样。他管理市场和物价,力求使"天下无甚贵贱而物常平",这也有限制商人居奇谋暴利的意义。他创设常平盐,也有防止边远地区商人垄断市利的目的。这表明:他仍是要把轻重之势掌握在国家手中,不允许商人"擅取予之势"的。但是,刘晏清楚地认识到,由封建官府机构及其官吏直接经营生产、流通事业,效率低,浪费大,贪污中饱多,因而不主张一切官营,而主张可以在国家监督管理下,以商人的独立经营活动来取代或部分取代官府机构的经济活动。在榷盐工作中,他以国家统购加商人自由运销代替原来的官收、官运、官销;在救灾工作中,他以优厚的利润鼓励商人深入农村购货粜粮,等等,都是这同一主张的表现。

这样,在刘晏的理财工作中,商人已不只是轻重政策的限制对象,而且在一定程度上成了国家推行轻重政策的助手和合作者了。

第三,在推行轻重政策的一些活动中,利用个人对物质利益的兴趣来提高经济活动的效率和质量。

刘晏在运送漕粮时,以出资雇工来代替徭役劳动;在造船时,不惜出很高的甚至是成倍的造价来制造坚船;在传送经济情报时,以"重价"来招募"急足"等。这些做法体现了一个共同的指导思想:给予劳动者或工作者以一定的物质利益,可以刺激他们提高工作效率和工作质量,有利于实现国家推行轻重政策的目的。

刘晏的经济思想的一个值得重视之处在于:他在理财工作中不仅已广泛地运用了以物质利益来刺激个人工作兴趣的办法,而且已在一定程度上用体现着买卖双方形式平等关系的雇佣劳动,来代替完全基于超经济强制的封建徭役劳动。从这一点来说,他的思想认识已多少超出了一个精明的封建官员的水平。

---

[1] 《新唐书·刘晏传》。

刘晏在理财工作中重视发挥商人作用，又在一定程度上用雇佣劳动代替徭役劳动，这正是唐中叶以后商品经济和商人的作用有所增长以及封建人身依附关系有所减弱的新趋向在他的思想中和理财活动中的反映。刘晏能在这些新趋向初露端倪时就有所感知，并以自己的实际活动来顺应这些新趋向，这是他的敏锐处。

正因为刘晏的理财活动较早地反映了唐中叶以后经济发展的一些新趋向，随着这些新趋向表现得越来越明显，后代要求进行财政、经济改革的人们对刘晏的一些做法和思想也更加注意。直到清代鸦片战争前，包世臣、魏源在改革漕运和榷盐制度时，还一再提到刘晏理财的经验。事实表明，刘晏这个并非思想家的人物，在中国经济思想发展史上却是有着不可忽视的地位和影响的。

本章总结

唐中叶以后均田制的解体，安史之乱的破坏使唐政权的财政濒临破产的边缘，刘晏奉命于危难之际对财政经济工作进行了广泛的改革。刘晏理财活动的核心是通过国家政权直接进行部分经济活动来加强对社会经济生活的控制和影响，以保证财政收入的取得和增加，这种管理思想是对西汉轻重论的延续，在此基础上，刘晏大大丰富和发展了轻重思想：如在轻重政策对经济的作用方面，从仅仅关注财政上的控制和榨取，到发挥轻重政策对生产的促进作用；在轻重政策和商人的关系方面，把商人变成国家推行轻重政策的助手；在轻重政策的推行过程中以雇佣劳动代替徭役劳动，提高工作效率和工作质量。这些思想是对唐中叶以后商品经济和商人作用有所增长、封建人身依附关系有所减弱等经济发展新趋向的反映。

思考与练习

1. 刘晏理财活动的具体内容都有哪些？
2. 刘晏理财思想所反映的唐中叶以后经济发展新趋向包括哪些方面？

第三章 陆 贽

本章概要

本章介绍唐中叶时期陆贽以"养民"为核心的经济思想,重点论述其田制、轻重、货币以及赋税思想。

学习目标

1. 了解陆贽的经济思想
2. 把握唐中叶赋税制度和赋税思想的演变

第一节 唐代中叶有重要影响的政治家和思想家

陆贽(公元754—805年),字敬舆,苏州嘉兴(今属浙江省)人,出身于小官吏家庭,其父曾为溧阳县令。

陆贽自幼聪颖好学,18岁中进士(公元772年),"以博学宏辞登科,授华州郑县尉"[1],由此,陆贽开始了他漫长的仕途生涯。建中元年(公元780年),受德宗李适赏识,陆贽被任为翰林学士,知制诰,官职亦由祠部员外转为考功郎中,此后屡获升迁。德宗贞元八年(公元792年),陆贽以中书侍郎之职入相。由于他为人刚直不阿,屡次触怒德宗,加之奸佞从中作祟,贞元十年(公元794年)德宗罢其相位,降任太子宾客,次年又借故将其贬至忠州(今四川忠县)。顺宗永贞元年(公元805年),陆贽客死忠州,卒年51岁。

陆贽生于安、史之乱前一年,毕生处于唐王朝由盛而衰的历史转折时期。盛唐文治武功的几个主要支柱均田制、租庸调制和府兵制,都已倾颓、败坏无余,各方面的社会矛盾均大大激化。生活在动荡年代的陆贽,初入仕时曾在地方为官多年,对民间疾苦有所了解,升任朝廷大员后,又对国家面临的各种社会矛盾以及政治、经济、军事制度中存在的弊端有一些全局性的认识。他是一个受儒家传

---

[1] 《陆宣公全集·本传》(以下简称《全集》),上海大东书局,1933年。

统思想影响较深的封建士大夫,在谋国施政过程中,能以儒家思想为指导,提出一系列政策、措施,并从理论上进行敷陈论证,对缓和社会政治矛盾,支撑危如累卵的唐政权,起过一定作用,对减轻百姓的苦难,也多少有所裨益。当时及后世有儒家思想的士大夫,都对他评价很高,往往把他起草的诏令、文告以及写给皇帝的奏议,编选成册,进奉给君主,作为箴规。

陆贽的著作被编为《陆宣公全集》或《陆宣公翰苑集》,他的奏议等也被编为《陆宣公奏议》行世。

第二节 以"养民"为核心的田制、轻重、货币等思想

陆贽将儒家传统思想体系中原属道德范畴的"民本"思想引入经济领域,探讨如何从经济上体现、实施"民本"的途径。他的"民本"思想在经济问题上具体化为"养民"思想。如果说"民本"是他的整个思想的核心,具体到经济思想领域,则可以说"养民"是他的经济思想的核心,是他探讨经济问题的出发点和归宿。

陆贽对经济问题的研究范围颇广,对当时矛盾较集中的土地制度问题、货币、国家专卖、漕运、轻重政策、财政等问题均有所论述,尤以财政思想的内容最为丰富多彩。本节着重介绍陆贽关于土地制度、货币、轻重理论等方面的观点主张。其财政思想另辟专节介绍。

关于如何解决土地兼并问题,陆贽提出两套设想,一套是理想的,另一套则是比较现实的。陆贽认为,解决土地兼并的根本出路在于从土地制度入手,明确划分土地所有权。在"均节赋税恤百姓"的奏议中他明确指出,"国之纪纲在于制度"[①]。在陆贽眼中,最理想的土地制度当然是前代的均田制,但陆贽也清醒地认识到,在国有生产用地已丧失殆尽、地主阶级土地私有制已基本成型的现状下,欲恢复均田制谈何容易,"道亡日久,行之实难"[②]。从土地制度入手彻底解决土地兼并问题的理想难以实现,陆贽只好立足于现实,寻求遏制土地兼并进一步蔓延的良策。他提出两条限制土地兼并的措施,一是限田,即由国家规定占田限额以限制土地兼并的规模;二是减租,即迫使地主阶级减少向农民征收的地租数额,"凡所占田,约为条限;裁减租价,务利贫人。"[③]

限田的主张,西汉董仲舒已经提出,西汉末的师丹、孔光等人还曾拟定过具

---

① 《全集·奏议·均节赋税恤百姓》第六条。
② 同上。
③ 同上。

体的实施方案。在这方面,陆贽不过是重复前人之见,无甚新义。减租的主张,则是陆贽首先提出的。在封建土地私有制已形成并占主要地位的情况下,减租是缓解地主阶级与农民之间的矛盾、地主同封建国家之间的矛盾的唯一可行的措施。因此,自陆贽提出减租主张后,后代封建王朝不断有人论述减租问题,并结合自己时代的情况提出减租方案。

陆贽十分重视轻重问题,在他的论著中,多次谈到运用轻重之策调控社会经济的问题。

国家赖以行使轻重之权的最重要的工具就是货币。通过对流通领域中货币流通量的调节有效地干预社会经济,是陆贽轻重理论的中心内容。陆贽将商品与货币之间的因果关系描述为:"物贱由乎钱少……物贵由乎钱多……物之贵贱,系于钱之多少。"①而流通领域中钱之多少,则取决于国家货币发行量的大小,"钱之多少,在于官之盈缩。"②国家通过对货币流通量的控制,就可以有效地控制市场价格水平。在陆贽看来,国家在这方面的"神通"可谓无限广大:"少则重,重则加铸而散之,使轻……多则轻,轻则做法而敛之使重。"③"敛轻为重……散重为轻,弛张在官,何所不可。"④

陆贽还为国家指明增加或减少货币流通量的具体途径:当货币流通量不足时,国家应通过"广即山殖货之功,峻用铜为器之禁"⑤的手段增加货币发行量;而当流通领域中"钱轻",即货币流通量过多时,则应通过槔盐、榷酒等国家专卖来回笼货币。

陆贽一方面极力推崇国家通过调节货币流通量来调节社会经济,另一方面却又坚决反对国家以货币形式征税,主张将国家筹集财政收入的活动与国家调节货币流通量的活动严格区分开来。他错误地认为,"谷帛者,人之所为也;钱货者,官之所为也"⑥,认为货币只能作为国家行使轻重之权的工具发挥作用,而不应用在对百姓征收赋税上,"人之所为也,故租税取焉;官之所为者,故赋敛舍焉。"⑦陆贽之所以反对征收货币税,是担心这样做会使国家丧失轻重之权,"人不得铸钱,而限令共(供)税,是使贫者破产,而假资于富有之室。富者蓄货,而窃行于轻重之权。下困齐人,上亏利柄。"⑧陆贽主张赋税的征收采取实物形式,

---

① 《全集·奏议·均节赋税恤百姓》第二条。
② 同上。
③ 同上。
④ 同上。
⑤ 同上。
⑥ 同上。
⑦ 同上。
⑧ 同上。

而将货币专用于轻重之权的行使上。

陆贽未意识到其实物税主张与轻重理论之间存在矛盾。事实上,国家对货币流通量的调节,一个首要前提就是社会经济的商品化、货币化。只有将整个国民经济纳入商品、货币经济的轨道,国家才可能有效地对货币流通量进行有效调节,社会经济的货币化程度越高,调节的效果也越好。而国家赋税的征收采取实物形式,则意味着一部分社会产品不经过商品交换就直接进入了消费领域,这无疑大大降低了社会经济的商品化、货币化程度,势必减弱国家对货币流通量的调节力度,影响轻重政策作用的发挥。

在陆贽眼中,轻重政策的运用范围甚广,不仅可以运用于对货币流通量的调节上,而且可以广泛运用于实边垦荒、漕运乃至对国家财政收入结构的调节等诸多方面。

陆贽不赞成前人在实边垦荒时通常采用的屯田法,指责其有"课责之劳"。他主张以轻重之术招徕民众自愿到边疆开荒种地。国家为那些生活无着的农民提供衣食,贷予农具、种子,鼓励其实边垦荒。粮食收获后,国家以布帛等生活用品换取农民的粮食,以充戍边将士的军粮。这样可使农民和戍边将士双方受益,"戍卒忘归,贫人乐徙"①。国家可从中收到"可以足食,可以实边;无屯田课责之劳,而储蓄自广;无征役践更之扰,而守备益严"②诸多益处。这实际上是主张以经济利益刺激农民垦荒实边,取代传统的军事苦役性质的屯田制。

陆贽还把轻重理论引入财政分配领域,主张运用轻重之术调节财政收入结构。他认为,"聚人以财,而人命在食"③,财(指货币)与食均为国家所需,二者之间应保持一定的比例,当国库钱多粮少或钱少粮多、财政收入结构失衡之时,则应运用轻重之术予以调节。"将制国用,须权重轻。食不足而财有余,则弛于积财,而务实仓廪;食有余而财不足,则缓于积食,而啬用货泉。"④而当国库钱粮俱足之时,国家则可以利用充足的财力,一方面与民休息,另一方面大兴漕运,以调整财政分配的区域结构。"若国家理安,钱谷俱富。烝黎蕃息,力役靡施;然后恒操羡财而务广漕运。"⑤陆贽认为,大规模的漕运活动,虽然会耗费巨额资财,但从这笔巨额资财中获利的是穷人,因此多花费点不仅无害,反而有利于贫苦百姓,"……务广漕运。虽有厚费,适资贫人。"⑥

---

① 《全集·奏议·请减京东水运,收脚价于缘边州镇储蓄军粮事宜状》。
② 同上。
③ 同上。
④ 同上。
⑤ 同上。
⑥ 同上。

陆贽认为耗资甚巨的漕运会使贫苦百姓受益的看法并不正确。因为,漕运属国家财政分配的范围,将粮食从甲地运至乙地的活动并不会带来社会财富总量的增加,从根本上来讲,于穷人并无益处。联系到财政收入的来源考虑,这一点表现得更清楚。国家的"羡财"源于何处？自然是来自百姓,尤其是广大农民。国家"力役靡施"而雇佣以广漕运,虽可使一部分贫民得到一些佣资,但国家支付的这些佣资也只能来自百姓的纳税,羊毛出在羊身上,于贫人何益？又况且在腐败的封建官僚机构下,和雇变为强征,和市实为强买,各种中饱舞弊的行为层出不穷,广漕运实际不过是广需索、广中饱、广浪费罢了；对贫人实际只能是广扰害,而难以有什么"益"之可言。"资贫"是虚,"厚费"是实。

第三节 陆贽的赋税思想

陆贽进入政治舞台,正值唐政权以两税制取代租、庸、调制这一赋税制度发生历史性巨变的时期。面对这一巨大变化,朝野上下议论纷纷,逐渐形成持续数百年的争鸣课题。陆贽也加入了这一争论,并且成为反对两税制的早期代表。陆贽在财政、赋税问题上所论述的不仅限于两税制,但对两税制的议论无疑是他的财政、赋税思想的最主要、最突出的内容。

陆贽有关财政、赋税问题的论述集中在其上奏德宗的《均节赋税恤百姓》的六条奏议之中。下面就从陆贽的财税思想和陆贽对待赋税改革、对待两税制的态度两个方面概括介绍他的财政、赋税思想。

陆贽在财政、赋税问题上的议论,也像他在其他经济问题上一样,是环绕"养民"这个核心展开的。他着重阐明了"养民"和"资国"（即财政分配）之间的关系,对现行赋税制度中有害于"养民"的诸多弊端,一一予以揭露、抨击,同时提出许多旨在"养民"的政策主张。

对"养民"与"资国"的关系,陆贽作了透彻的分析,指出,"资国"须以"养民"为先,"养民"第一,"资国"次之。"资国"不能有害于"养民",国家的赋税收入应以养民所需生活资料之外的剩余部分为来源。"建官立国,所以养人也；赋人取财,所以资国也。明君不厚其所资,而害其所养。故必先人事,而借其暇力；先家给,而敛其余财。"[①]这是一个非常精彩的论点,它十分明确地揭示了财政和经济的关系、社会产品分配和再分配的关系以及赋税征收的绝对限度等一系列问题的规律性。

陆贽所说的"养民"与"资国"的关系,实际上就是现代的社会总产品初次分

---

① 《全集·奏议·均节赋税恤百姓》第四条。

配与财政再分配之间的关系;他所说的"暇力"、"余财"则涉及财政分配的对象问题。

在陆贽以前,早已有人探讨过财政和经济的关系问题,有若关于"百姓足,君孰与不足"的论点,已经指出了百姓的财富决定国家的财政状况,实际上具有经济是财政的基础的认识,儒家传统的轻税思想,正是建立在这种认识的基础上的。但是,儒家的轻税思想,却从来没能为轻税确定一个合理的标准。先秦儒家把周代的什一税作为轻税标准,这虽然在当时可称轻税,但在理论上却是毫无根据的。汉代实行三十税一以后,先秦儒家以什一为征税轻重标准的说法,就毫无意义了。

陆贽提出先"养人",后"资国"的观点,并且主张"先家给,而敛其余财",这就以准确无误的语言,把经济和财政的关系、社会产品初次分配和再分配的关系以及财政分配的对象和财政征收的绝对限界,从理论上给揭示出来了。在一千多年前的封建时代,能够形成这样合乎科学的而且表达明确的认识和论述,确实是值得重视。

陆贽对以两税制取代租庸调制的赋税改革,不论在理论方面还是实际措施方面,都持反对的态度。他在赋税问题方面的代表作《均节赋税恤百姓》,就是针对两税制而提出的。

对两税法,陆贽持否定态度,指责它"采非法之权令,以为经制;总无名之暴赋,以立恒规"①。这主要是针对两税法实行之初,确定赋税总额时"……取大历中一年科率钱谷数最多者,便为两税定额"的做法而提出的。事实上,由于租庸调制早已实行不下去,封建政权为了解决自身困难,巧立名目,竭泽而渔,唐政权的赋税,已无制度可言。两税制开始时以大历时期科率钱谷最多的一年作为两税定额,虽然取的是两税制以前的最高额,但并不意味着实行两税制就是加重百姓纳税负担。因为,两税制明令宣布在此定额之外,其他一切杂征一律停罢,而且以后永不许再有其他杂征(虽然在事实上并没能真正做到这一点),这意味着两税制把混乱的、任意的赋税征敛制度化、固定化了,这绝不能说是"采非法之权令,以为经制;总无名之暴赋,以立恒规"。至于说,两税制开始实行时,赋税总额比几十年前唐代租庸调制正常实行时增多了,那自然是事实。但是,评论一种改革的利弊,只能同它所改革的事物相比,拿它同久远的历史情况相比,而且是不从整体,只就一个侧面进行比较,从研究方法来说,并不科学。

陆贽对两税制的具体内容,也提出了批评和反对意见。这些批评、反对意见主要集中在两方面,一是反对按财产课税,二是不赞成征收货币税或以货币为

---

① 《全集·奏议·均节赋税恤百姓》第一条。

计税标准。

对于资产税的征收,陆贽提出了三点反对意见。其一,陆贽指出,财产是劳动创造的,而人与人在能力、勤懒、工拙等方面都有很大的差别,勤快而又聪明的人,其财产必多,反过来,又懒又拙之人财产自少。以财产多寡征税,多者多征,少者少征,其作用是奖励懒惰愚笨之人,惩罚勤劳能干之人。陆贽认为,还是租庸调制下的按人丁纳税的办法有利于奖勤罚懒,使百姓附着在土地上。

其二,陆贽指出,财产的内涵很丰富。不同种类的财产使用价值形态不一,价值亦有很大差别。有些财产,如珠宝金玉,价值很高,但易于藏匿,难于计征;有的财产,如粮食等农副产品,价值不大,但却很显眼,难于逃税。有些财产是死物,而有些财产则会带来价值的增殖。如对不同种类的财产按同一标准纳税,则会造成实际赋税负担的失衡,从而促使人们弄虚作假,隐匿财产。

其三,陆贽指出,两税制实施之初,不是以人们的实际负担能力为准,而是根据旧税制下的最高赋税额定税。造成过去税赋重的地区税负更重,过去税轻的地区税负愈轻的不合理现象。

陆贽所列举的这些理由,有些是似是而非的;有些是看到了问题实质,但并非按资产征税本身的过错,而是实行方面的困难或弊病。

他说按资产征税会奖懒罚勤、打击生产者的积极性,这只有在人人占有生产资料,而且占有的数量、质量均一的情况下才是正确的。然而这种情况在现实中是不存在的,在均田制废坏后的唐代,是尤其不存在的。

唐中后期,大量浮民的产生,并非由于其自身的懒惰无能,而在于地主阶级残酷的土地兼并和封建国家沉重的赋税征敛,同样,那些家财万贯的地主、富商也并不是比别人勤劳,而是靠巧取豪夺发财。在社会成员之间的贫富差距已甚为悬殊的情况下,不论资产而按丁户计税,才真会打击广大劳苦百姓的生产积极性,才真是奖懒罚勤呢!

陆贽关于不同财产的价值不易准确估量,有的财产容易隐匿逃税的论点,自然是符合事实的,但这是实行财产税的实际困难。用这种实际困难来否定财产税本身,把财产税说成比按人丁征税更不公平,则是不能成立的。

至于陆贽反对按财产征税的第三条理由,即按旧额确定各地赋税总额,旧额过重处仍重,旧额轻处仍轻,使地区之间赋税负担继续失衡,显然也是执行办法方面的问题,与按资产还是按人丁征税孰优孰劣,也是毫不相干的。

两税制实行之初规定,户税纳钱,地税纳粟。但在实际征收时,户税可按时价折合成粟帛等实物交纳。对于这种以货币纳税或以货币为计税标准的做法,陆贽非常反对。

陆贽不赞成征收货币税的理由是:百姓劳动生产出的是各种物品,而非货币,"谷帛者,人之所为也";而货币则是"官之所为"。官府一方面"禁人铸钱",另一方面却又"以钱为赋",这种"所征非所业,所业非所征"的做法,迫使百姓"增价以买其所无,减价以卖其所有,一增一减,耗损已多"①,无形中加重了百姓的赋税负担。

陆贽亦反对以货币作为计税标准。他认为,人们在一定时期内生产出的物品有限,而物价的贵贱变化则无常,"人力之作为有限,物价之贵贱无恒。"在物价不稳定的情况下,以货币作为计税标准,会使百姓的纳税负担失去稳定性。"纳物贱,则供税之所出渐多,多则人力不给;纳物贵,则收税之所入渐少,少则用不充。公私二途,常不兼济。"②

陆贽以货币非百姓劳动之产物作为反对货币税的论据,是站不住脚的。百姓虽不直接生产货币,但在商品、货币经济发达的情况下完全可以通过出售自产物品来获取货币收入,以完纳赋税。在正常的商品交换中亦不致出现贱卖贵买现象。在当时货币奇缺、纳税期限又十分紧迫的情况下,奸商趁机压价收购农产品的情况确实存在,但其原因却不在百姓不能生产货币,而在于商品经济本身不发达。因此,以"禁人铸钱"作为反对"以钱为赋"的理论依据难以成立。事实上,任何时候也不可能存在纳税人个人制造货币的情况。

从历史发展的大趋势看,以货币税取代实物税是历史的一大进步,它标志着自然经济向商品货币经济的转化。只有当商品货币经济发展到一定高度,商品交换才会由物物交换进化为钱货交易,赋税征收形式才可能采用货币形式。如果我们简单地以历史发展的大趋势来衡量陆贽反对货币税的观点,那么得出的结论就很可能是:陆贽是一个维护封建自然经济、不赞成商品货币经济发展的保守人物。但如果我们深入考察陆贽所处的时代背景,结合当时的历史现实来看问题,就会感到结论不应如此简单。

隋唐时期,商品经济发展速度甚快。尤其是安史之乱后,土地买卖的禁令被打破,大地主阶级的土地兼并活动对商品货币经济的发展起了推波助澜的作用。随着商品货币经济发展速度的加快,流通领域对货币的需求量越来越大。当时货币主要材料是铜,受铜开采量的限制,加上铜本身还是打造多种器具的材料,货币之外有广泛用途;此外,社会上经常有一部分货币沉淀于贵族、官僚以及豪绅富贾手中,成为窖藏货币;再加上铜本身价值低,不适合大额流通需要,遂使流通领域出现货币短缺现象。中唐之后尤甚,史称"钱荒"。从中唐到北宋,社会经济一直为"钱荒"所困扰。两税制的颁布,恰遇"钱荒"日趋严重之时。在两税

---

① 《全集·奏议·均节赋税恤百姓》第二条。
② 同上。

制实施后的十几年中,货币升值幅度之大,令社会经济难于承受。据陆贽讲,初定两税之时(公元780年),一匹绢折钱三千二三百文,而贞元十年(公元794年),一匹绢只值一千五六百文。十五年间物价下跌几近50%。假定国家所定税额为一万文的话,建中初年,百姓只需织三匹绢即可完税,而贞元十年,则须织六匹绢才足供赋。在以货币计税的情况下,十五年间百姓纳税所需劳动产品增加近一倍。如果同期内劳动生产率亦提高一倍,则百姓的赋税负担不致有所变化(在当时,这种可能性是没有的),否则百姓的实际纳税负担势必大大加重。

陆贽反对征收货币税以及以货币为计税标准的观点就是在这种历史背景下提出的。这说明当时实行货币税的客观条件还不够成熟(以钱作为计税标准,实际征收时却又折收实物,这一规定本身就说明货币税的征收条件不够成熟)。这种不成熟使社会经济,尤其是广大劳动人民为其付出了巨大的代价。一向崇尚"养民"的陆贽,对这种严重损害民众利益的行为自不能缄口无言,他对货币税的反对,亦出自其"养民"的目的。

总之,从货币税实行的历史背景及陆贽反对货币税的目的来看,不能简单地以保守、落后来评价陆贽的反对意见。

当然,陆贽把均田制和租庸调说成是完美无缺的制度,认为它们的崩坏只是由于"时弊"而非"法弊",无疑又表明了他在新旧递嬗之际多少是有着怀旧、保守情绪的。把陆贽的经济思想完全看做是保守的,可能有失公允;但在唐中叶政治经济形势发生较大变化之际,他对变革的态度又是有矛盾的。陆贽显然并不是刘晏、杨炎那样的锐意改革的人物。

本章总结

陆贽处于唐王朝由盛至衰的转折期,作为受儒家传统思想影响较深的封建士大夫,其儒家"民本"思想在经济思想上表现为"养民"的思想。他在土地问题上,针对唐代均田制废坏后的土地兼并提出限田和减租的主张;在轻重问题上通过调节流通领域中的货币流通量来有效干预社会经济的思想是陆贽轻重理论的中心内容;在赋税问题上,陆贽先"养民"后"资国"的思想精辟地揭示了财政与经济的关系以及社会产品分配和再分配的关系,他对两税制的理论和实际措施都持反对态度。

思考与练习

1. 阐述陆贽的田制思想和轻重思想。
2. 阐述陆贽的赋税思想。

第四章 韩愈、李翱

本章概要

本章介绍唐中叶以后深受儒家传统思想影响的韩愈和李翱的经济思想,着重分析其经济思想对儒家传统思想的突破。

学习目标

1. 了解韩愈和李翱的经济思想
2. 把握韩愈、李翱经济思想对儒家传统思想的继承和发展

第一节 以继承儒家道统为己任的韩愈

韩愈(公元768—824年),字退之,邓州南阳(今河南南阳)人,一说为河内河阳(今河南孟县一带)人。《旧唐书》说他是昌黎人,系指"郡望"而言,也正因此,人们称他为"韩昌黎"。

韩愈少孤贫,由寡嫂抚养长大,苦学砺志,自称"生七岁而读书,十三能文"①。唐德宗贞元八年(公元792年)中进士,十年之后,任国子监四门博士,继而任监察御史,因上书极论宫市之弊,触怒唐德宗,贬为阳山县令。顺宗永贞元年(公元805年),改任江陵法曹参军。宪宗元和元年(公元806年),征为国子博士,历任都官员外郎、河南县令、职方员外郎、比部郎中、考功郎中、中书舍人、太子右庶子等官。元和十二年,因支持宰相裴度征淮西叛将有功,升刑部侍郎。元和十四年,宪宗迎佛骨进宫供奉,韩愈上书切谏,触怒宪宗,几至丧命,经裴度等人解救,远谪潮州(今广东潮阳),次年移官袁州(今江西宜春)。穆宗即位(公元820年),召回任国子祭酒,后又历任兵部侍郎、吏部侍郎以及京兆尹兼御史大夫等职。

韩愈是唐朝有名的古文家。魏、晋至隋、唐,流行骈体文,堆砌辞藻,文风日

---

① 《五百家注昌黎文集·与凤翔郑尚书书》。以下引韩愈言论只注篇名。

习于浮靡。这种情况,日益引起一些士大夫的不满。中唐时期,有些人出面提倡古文,独孤及、梁肃等人倡导最力。韩愈受其影响,积极从事古文的写作。他和同时人柳宗元,因学识渊博,才思高卓,成就大大超过独孤及等人,成为当时古文运动的旗手,并称韩、柳,又和宋代的欧阳修、王安石、曾巩、三苏(苏洵、苏辙、苏轼)等六人,共称唐、宋古文八大家。宋代苏轼称韩愈"文起八代之衰",可见韩愈在中国文学史上地位的重要。

韩愈受儒家思想影响深重。他重新宣扬儒家的"道统"之说,不仅以继承道统自居,还以捍卫道统自任。他极力攻击佛、道两教,斥之为异端邪说,并主张以政治力量加以打击、禁制。在韩愈以前,早就有排佛的主张,也出现过以政治力量排佛、禁佛的事件。韩愈并排佛、道二教,又是从捍卫儒家之道出发,这使他的排佛、道主张,具有某种对异教徒迫害的性质。

韩愈在儒学方面并没有什么值得重视的成就。他只是一个受儒家思想影响较深的古文家,而不能算是一个儒学思想家,更算不上代表着儒家思想重要发展阶段的人物。

韩愈谈论过一些经济方面的问题,诸如社会分工问题、对外贸易问题、人口问题等。他对这些问题的观点,大多带有较深的儒家思想的烙印。

第二节 相生相养论——韩愈经济思想的主要内容

韩愈认为,人们的物质生活,不是样样自给自足,而是要靠彼此之间相生相养的。他指出粟米、布帛以及各种器物、用具,对人们的生活来说都是不可或缺的。这些物质生活资料,都要靠人的劳动来生产,但又不能由每人自己生产所需的一切物资,而只能由农、工、商各行各业的人各尽其力,用自己的劳动产品或服务供应别人,并从别人那里取得所需,这就是他所说的"相生相养之道"。他说:"粟,稼而生者也。若布与帛,必蚕绩而后成者也。其他所以养生之具,皆待人力而后完也。吾皆赖之。然人不可遍为,宜乎各致其能以相生也。"①

韩愈是肯定社会分工的,他不仅强调粟米、布帛,强调食和衣的重要,也认为"工以赡其器用"、"贾以通其有无"②,工商业不是可有可无的,更不是"病农"、害农的。这是对秦、汉以来占支配地位的"重本抑末"教条的背离。

秦、汉以来,人们多把"工商"和"游食"等同起来,认为工商业者是不生产的、对社会无益的"游食"之人,工商游食的存在是社会贫困的原因,因而要富

---

① 《圬者王承福传》。
② 《原道》。

国、富民就要禁工商游食。韩愈则把工商和游食分开。他明确宣称："吾嫉惰游者"①，而对商人的作用则说："以有易无，未见其弊。"②

韩愈不但对一般商业的作用加以肯定，还对封建时代自然经济的维护者特别痛嫉的对外贸易，也抱积极态度。唐代疆域广大，国势强盛，对外联系和往来增多，对外贸易盛于前代，除陆上进行的贸易之外，海上贸易也有了相当发展。韩愈已开始注意到岭南地区的海上对外贸易，并给予热情的介绍和称道："其海外杂国，若耽浮罗、流求、毛人、夷亶之州，林邑、扶南、真腊、于陀利之属，东南际天地以万数，或时候风潮朝贡。蛮胡贾人，舶交海中。若岭南帅得其人，则一边尽治，不相寇盗贼杀，无风鱼之灾，水旱疠毒之患；外国之货日至，珠香象犀，玳瑁奇物溢于中国，不可胜用。"③

这里，韩愈不仅注意到对外贸易可能带来的经济利益，还认为它在政治上可收安边、睦邻之效，可使"一边尽治，不相寇盗贼杀"。这同封建时代的闭关主义者认为外来商品都是"无用之物"和害怕对外贸易会扰乱国内治安的思想是显然不同的。

韩愈肯定社会分工，但并没有改变对农本工商末的基本认识。他没有鼓吹过重本抑末，也少有农本、工商末的言论，但他在国民经济各部门中，毕竟是首先重农的，也可说仍然是以农为本的。他称道一些官吏的政绩，总是说他们治下的农业生产状况好："五种俱熟，公私有余"④、连岁"大熟"⑤。在他自己担任地方官时，也把"劝以耕桑"⑥作为施政的首要措施。

在重农或重本方面，韩愈并无异于前人或时人，但他确实没有抑末的主张。当时有人以"抑末"作为依据，主张取消盐商经营食盐的权利，并且多方面加以打击、排挤。韩愈对这种主张表示强烈反对："臣以为盐商纳榷，为官粜盐，子父相承，坐受厚利，比之百姓，实则校优。今既夺其业，又禁不得求觅职事，及为人把钱捉店，看守庄硙，不知何罪，一朝穷蹙之也？若必行此，则富商大贾，必生怨恨，或收市重宝，逃入反侧之地，以资寇盗，此又不可不虑者也。"⑦

韩愈没有从理论上驳斥过"抑末"论，但由上述言论看，他不赞成抑末的态度是十分明显的。

---

① 《送惠师》。
② 《论今年权停选举状》。
③ 《送郑尚书序》。
④ 《唐凤翔陇州节度使李公墓志铭》。
⑤ 《送水陆运使韩约侍郎归所汉序》。
⑥ 《袁州刺史谢上表》。
⑦ 《论变盐法事宜状》。

第三节 六民论——韩愈独特的人口思想

既然分工不同的人们之间是一种相生相养的关系,如果有某种人不能以自己的劳动为别人的需要提供产品和服务,不能在相生相养方面发挥自己的作用,就是对社会无益的,他们的存在,就不会有助于富国富民,而只会造成社会的贫穷;这种人越多,社会就会越贫困,越不安定。

韩愈认为,当时社会中大量存在着的僧、道,就是这样的无益的、多余的人。他说:"古之为民者四,今之为民者六:古之教者处其一,今之教者处其三;农之家一,而食粟之家六;工之家一,而用器之家六;贾之家一,而资焉之家六。奈之何民不穷且盗也?"①"古之为民者四"指士、农、工、商四民;"今之为民者六"则指原来的四民加上僧、道。农、工、商三民是彼此之间相生相养的,因而都是为社会所需要的。士虽然不能同农、工、商相生相养,但他们在封建社会中是治人者,按照儒家"治人者食于人"②的原则,他们"食于人",由别人供养是天经地义的,当然不会是多余、无益的人。韩愈认为,古有四民,但社会却富裕、昌盛,说明四民都是对社会有益的,不是多余的;而今之社会所以不如古,所以"穷且盗",就是因为比古时多了僧、道二民。僧、道不农,但却要食粟;不工,却也要用器;不贾,却必须由贾人供应。这样,生产者未增加而消费者却增加了两种人,生之者寡而食之者众,社会自然就贫困动乱,就"穷且盗"了。

韩愈把僧、道和士同列为"教者",即承认他们和士都是教育别人的。那么,为什么士不是多余的,而僧、道是多余的呢?为什么士的存在不会使社会穷且盗,而僧、道的存在就必然如此呢?韩愈的回答是:士教人的是圣人之道、先王之道;僧、道教人的则是"灭其天常"、无父无君的异端邪说。

"古有四民",都是社会所需要的;"今有六民",多出的僧、道二民是社会所不需要的,非但无益于人们的相生相养,而且会导致社会"穷且盗"。因此,就必须从总人口中消除僧、道二民,消除不是消灭,而是把他们变成其他四民,办法就是"人其人,火其书,庐其居"③——这就是韩愈六民说的基本内容。韩愈的六民说是他的独特的人口论,它处处渗透着韩愈的宗教门户之见,但却又是深深植根于当时社会的经济事实之中。

---

① 《原道》。
② 《孟子·滕文公上》。
③ 《原道》。

均田制的废坏,使土地日益集中,大量农民丧失土地,成为游民;安史之乱以及继之而来的藩镇割据,对社会生产和流通带来持续的巨大破坏,更使游民不断增多。这些从社会生产、流通过程中溢出的游民,形成社会上的过剩人口。过剩人口无以为生,或者无稳定的职业和生活来源,他们的存在和扩大,是社会贫困的突出的表征,又是加剧社会动荡不安的一个重要因素。

中唐时期,这个问题已日益明显和尖锐,不能不引起一些人士的关注和焦虑。韩愈是当时比较突出地强调此问题,并且企图对其根源和症结进行探讨的人士之一。

韩愈指出了当时存在着多余的或过剩人口并且以"二民"的形式把这种过剩人口同正常人口区别开来;他又把过剩人口的存在同"穷且盗"联系起来,在一定程度上揭示了过剩人口问题的社会经济意义。但是,韩愈尊儒反佛、道的宗教门户之见遮住了他的视线,使他不能正确认识当时过剩人口问题的根源和性质,他的六民论作为人口思想,在许多方面是错误的:

第一,他把僧、道等同于过剩人口,这是极不全面的。

当时,僧、道中的确包含着大量过剩人口;一些破产的农民,也出家为僧道。但是,过剩人口却不止存在于僧、道之中,当时的过剩人口,不仅在僧、道二民中有,在士、农、工、商四民中也同样有。

第二,僧、道中存在一部分过剩人口,但僧、道并不都是过剩人口。

僧、道从事的自然不是经济活动,但并不是一切从事非经济活动的人都是过剩人口。韩愈自然是深知这一点的。他把士与僧、道并列为"教之者",但却从不把士看做过剩人口。即使专就经济活动来说,僧、道也不全是游离于经济活动之外的:当时的众多寺庙,拥有大量地产和货币,它们出租土地,放高利贷,经营商业,有的还经营银钱业、仓储业,收取存款,代人存储贵重财物,他们是寺庙地主、寺庙商业高利贷者,他们不但有经常可靠的收入,而且富甲一方,绝不是什么贫困无业的过剩人口。诚然,他们是靠剥削群众过着寄生的生活,但世俗的地主、商人、高利贷者又何尝不是这样?既然不把世俗地主、商人、高利贷者看做过剩人口,而单独把僧、道看做过剩人口,是没有道理的。

还须指出,当时的僧、道,也不都是地主、大商人和高利贷者。大量小寺庙的僧、道,在募化、乞讨之外,或者耕种少量土地,或从事某些手工制作,或从事贩鬻,或行医卖药,他们的经济地位,同自耕农或小商贩、小业主无别。他们虽然身穿袈裟或道袍,但和世俗的农、工、商三民一样,同样是参加人们之间的相生相养活动的;大寺庙中的低级僧、道,也不无从事生产活动的。

第三,韩愈还没有关于过剩人口的正确概念。

韩愈的六民论开始接触到了过剩人口的问题,但他对过剩人口问题还无正确的概念。过剩人口是指总人口中的一部分溢出正常生产和流通之外的人口,他们无正式职业和生活来源,生活极端贫困和不安定。过剩人口是一个质的概念(中国古代以"常民"和"游民"或者"冗民"来表现这种质的区别),也是一个量的概念(总人口中的一个或大或小的部分)。韩愈的六民说,把僧、道说成是不能和社会上的其他人相生相养的人,多少接触到了过剩人口的质的概念的;但他把僧、道全看做多余的、过剩的人口,而把士、农、工、商四种职业的人全看做是充分就业、不存在过剩现象的,这就是对过剩人口问题毫无量的认识了。事实上,韩愈心目中的多余或过剩,与其说是一种过剩人口观,不如说是一种过剩职业观;不是指一部分数量的人口过剩,而是指特定行业的行业自身过剩。

第四,韩愈把僧、道的存在看做是社会贫困的原因,这也是有问题的。

封建时代人民贫困是由地租、高利贷剥削和官府的残酷搜刮聚敛造成的;土地兼并和土地集中的发展,使大批农民丧失土地,尤其急剧地加速着广大人民贫困化的进程。僧、道只有一部分是地主、高利贷者,大部分僧、道并不是富有的,甚至是相当贫困的,把他们也说成是社会贫困的原因,就更无道理了。

第四节　李翱及其《平赋书》

李翱(？—836年),字习之,成纪(今甘肃省秦安县东)人。唐德宗贞元十四年(798年)举进士,任校书郎,官至礼部侍郎、庐州刺史、山南东道节度使等职。他是韩愈的学生,思想也同韩愈相近。他的著作辑为《李文公集》。

李翱在经济问题中议论得最多的是赋税问题,其主要观点有两个:一是反对赋税征钱,要求以粟、帛等实物征收;二是主张轻税,认为轻税对百姓和国家两方面都比重税有利。

李翱反对两税征税钱的主张及论点,基本上是沿袭前人的。但是,他关于轻税优于重税的观点,在理论上却对传统的轻税论有所突破。

轻徭薄赋是儒家经济思想的传统。儒家是把轻徭薄赋作为"仁政"的重要内容来宣扬的,认为轻徭薄赋减轻了百姓的负担,有利于生产的发展和百姓生活的改善,从而能得到百姓的拥护,有利于政治统治的巩固。但是,轻税是否会使国家财政收入减少,造成国用不足呢？过去的儒家学者认为:生产发展、百姓富足、政权巩固,这是符合统治者的长远利益的,即使因此而造成财政收入的减少和国用紧张,也是值得的,所以,他们常常把轻徭薄赋称作"损上益下"、"损上而归之于下"①。

所谓"损上益下",是指短期的情况;从长期看,轻税是不会使"上"即统治者受"损"的。因为生产发展了,人民财富增多了,纳税能力就会增强,按同样税率,赋税收入总额却可增长;而且,轻徭薄赋改善了君民关系,在以君主为代表的政权有紧迫需要时,增税也容易得到百姓的谅解和支持。孔子弟子有若所说的:"百姓足,君孰与不足?"②就是从这种长远的观点来说的。

李翱和他的老师韩愈一样,是以正统儒者自命的,他的轻税论,自然也是对儒家传统轻徭薄赋论的继承,不过,他的论据却和前人不同:他并不认为轻税会减少财政收入,而认为它反而会比重税带来更多的财政收入。也可以说,李翱并不认为轻税是"损上益下",而是认为,轻税不仅"益下",即使单纯从财政收入的角度看,它也同时能够"益上"而不致"损上"。

李翱断言:"人皆知重敛之为可以得财,而不知轻敛之得财愈多也。"③轻税何以能"得财愈多"呢?李翱认为,当时的主要税源在农业,而农业负担赋税的能力取决于耕地的状况,耕地数量多,耕作质量好,则税源充足,国家"得财愈多";反之,土地抛荒多,耕地耕作质量差,则税源萎缩,国家"得财愈少"。赋税负担的轻重,是影响耕地数量及耕作质量的重要因素:轻税能使耕地数量多,质量改善,重税反之。因此,轻税就能比重税"得财愈多"。他说:"重敛则人贫,人贫则流者不归,而天下之人不来。由是,土地虽大,有荒而不耕者,虽耕之而地力有所遗。人日益困,财日益匮,是谓弃天之时,遗地之利,竭人之财。……轻敛则人乐其生,人乐其生则居者不流,而流者日来。居者不流,流者日来,则土地无荒,桑柘日繁,尽力耕之,地有余力,人日益富,兵日益强,四邻之人归之如父母。虽欲驱之而去,其可得耶?"④

李翱轻敛多财、重敛少财的论点,是针对唐德宗以来赋税加重、逃亡增多的现实提出的。赋税负担的加重,除了钱重物轻的影响外,还由于税额和税种的增加。

李翱对轻敛可以"得财愈多"所讲的道理,以前的儒家学者也未必不知,他们之所以把轻税说成是"损上",主要是由于他们视轻税为"仁政",说轻税"损上",更能显示统治者的"仁民爱物"之心。其实,一切赋税都是从黎民百姓征来的,而非君主、官吏们自身所本有,即使征税稍轻一点,又有什么"损上"可言呢?

---

① 《新语·辨惑》。
② 《论语·颜渊》。
③ 《李文公集·平赋书》。
④ 同上。

李翱说轻敛可以得财愈多,等于是说,轻敛比重敛更可"益上"。应该说,这比传统轻徭薄赋论的"损上益下"之说坦率。

关于轻敛的标准,李翱主张实行先秦儒者所宣扬的什一税。他用了一系列的数字来证明:一个州所生产的粟、帛,官府征收 1/10,完全可以满足财政方面的需要,"以贡于天子,以给州县凡执事者之禄,以供宾客,以输四方,以御水旱之灾,皆足于是矣"①。由一州推之全国,什一税完全能够保证国家财政的需要。

汉代已把田赋减到三十税一,此后,主张轻徭薄赋的人,已很少再提倡什一税。李翱主张轻税,却把千年之前儒家学者所极口赞美的什一税,作为轻税标准,似乎有些迂腐,但是,联系唐德宗以来唐政权赋税增加的现实来看,李翱所以又把什一税作为轻税标准,显然当时的实际纳税负担已大大超过 1/10 了。

本章总结

韩愈的经济思想深受儒家传统思想的影响,其主要内容是"相生相养论"。他对于人口问题提出的"六民论"宣扬儒家道统思想,排斥佛、道二教,但在一定程度上触及过剩人口问题。李翱反对两税征税钱的主张及论点基本上是对前人的沿袭,但其关于轻税优于重税、轻税能够"得财愈多"的观点,在理论上对儒家传统的轻徭薄赋论有所突破。

思考与练习

1. 阐述韩愈的相生相养论和六民论。
2. 李翱的轻税论的主要内容包括哪些方面?

---

① 《李文公集·平赋书》。

第五章 白居易

本章概要

本章介绍白居易的经济思想,首先评析其考察经济问题的基本观点,进而分别就白居易的农本思想、节用思想和轻重思想展开论述。

学习目标

1. 了解白居易的经济思想主张
2. 把握白居易对前人经济思想的继承和发展

第一节 关心社会经济问题的伟大现实主义诗人白居易

白居易(公元772—846年),字乐天,祖籍太原,后徙下邽(今陕西渭南县),生于郑州新郑县(今河南新郑县)。他出生于一个小官僚家庭,其父季庚,曾为州县小官。因战乱,他家由荥阳迁往越中。白居易家境比较贫寒,又在避战乱中颠沛流离,这使他较多地接触了现实生活,了解民间疾苦。后来他考取进士,历任校书郎、翰林学士、左拾遗、太子左赞善大夫,后因得罪权贵,被贬为江州司马。之后,又曾任杭州刺史、苏州刺史。晚年授太子少傅,以刑部尚书致仕。他任谏官时敢于犯颜直谏,任地方官时也做过许多有益于民众的事。比如,他任杭州刺史时,修筑湖堤,蓄水可灌田千余顷,对当地农业生产起了积极作用。

白居易是一位伟大的现实主义诗人,留下了三千多首诗。他的讽喻诗表达了对人民苦难的同情,对封建压迫剥削和政治腐败的痛恨,是杜甫以后唐代诗歌中最能深刻反映社会现实的作品。白居易的讽喻诗,大多涉及民间经济生活,因而也是研究他的经济思想的重要材料。

诗人揭露了统治者的横征暴敛,他在《重赋》一诗中写道:"织绢未成匹,缫丝未盈斤,里胥迫我纳,不许暂逡巡。"他在《杜陵叟》中说,在灾荒之年,官吏不仅不向上报明灾荒真相,以减免赋税,而且"急敛暴征求考课","剥我身上帛,夺我口中粟。虐人害物即豺狼,何必钩爪锯牙食人肉。"白居易也揭露了统治者、剥削者的奢华生活。他在《买花》中描写京城富人争买牡丹花,一位老农民看到这种情况,"低头独长叹":"一丛深色花,十户中人赋。"他在《八骏图》中,矛头直指天子,"白云黄竹歌声动,一人荒乐万人愁"。在统治者穷奢极欲的同时,老百姓处于苦难之中,"幼者形不蔽,老者体无温"①,"是岁江南旱,衢州人食人"②。

白居易的经济思想,较为集中地存在于他所写的《策林》中。《策林》是他本着"兼济天下"之志,论述当时重大国计民生问题之作。写作《策林》时,白居易已三十余岁,其中对经济问题的分析,体现了白居易比较成熟的观点。

第二节 白居易考察经济问题的基本观点

在唐代思想界,儒、道、释三足鼎立而又未充分融合。当时占主导地位的是儒家思想;不过唐朝统治者冒认李耳为鼻祖而尊崇道教,佛教也处于鼎盛局面,因此佛、道的思想在唐代也有较大的影响。并且,由于唐代的文治武功盛极一时,使得唐代的一些士大夫甚为重视功利之学尤其是管子轻重之学。从白居易的经济思想来看,其理论基础主要是儒、道两家的思想及管子轻重之学,佛教思想的影响并不深。

白居易有关好利、求利之类的论述不少。他说,"夫人之蚩蚩,唯利是务"③,又说,"苟利之所在,虽水火蹈焉,虽白刃冒焉"④。他还在诗中写道:"日出尘埃飞,群动互营营。营营各何求?无非利与名。"⑤在他看来,人心都是好利、求利的。不过,他又认为,在好利、求利的问题上,对君主与百姓的要求是不一样的。

白居易指出,君主虽然也好利、好富,但却不能带头求利、求富,否则就会打开求利的孔穴,造成百姓犯罪的阶梯。他说:"王者不殖货利,不言有无。耗羡之财,不入于府库;析毫之利,不行于朝廷者,虑其利穴开而罪梯构。"⑥他又强调,君主不能好私利、求私利、富自己,而应该"利万人"、"富天下"。他说:"利散于下,则人逸而富,利壅于上,则人劳而贫。故下劳则上无以自安,人富则君孰与不足";"然则圣人非不好利也,利在于利万人;非不好富也,富在于富天下"⑦。

---

① 《白居易集·重赋》,以下引此书只注篇名。
② 《轻肥》。
③ 《策林三·三十五》。
④ 《策林二·十九》。
⑤ 《早送举人入试》。
⑥ 《策林二·二十二》。
⑦ 同上。

唐太宗名李世民,为避太宗讳,白居易所言的"人富"、"人贫",也就是"民富"、"民贫"。他认为,平民百姓所要求的就是衣食足,统治者"利万人"、"富天下",目的就是避免出现"财产不均,贫富相并……衣食不充,冻馁并至"①的局面,只有这样,才能安定社会秩序、巩固唐朝政权,"故人苟富,则教斯兴矣;罪苟寡,则刑斯省矣"②。

如何达到"利万人"、"富天下"呢?白居易推崇黄老之道,他指出:"欲使人情俭朴,时俗清和,莫先于体黄老之道也。"③他称誉《老子》所言"我无为而人自化,我好静而人自正,我无事而人自富,我无欲而人自朴"都是"黄老之要道"④。

遵循黄老之道,白居易认为社会经济活动应该"从宜随俗"、"尚宽简,务清净"⑤。他抨击为政者"驱天下之人,责其所无,强其所不能"⑥的做法,强调圣人治国的关键在于"使各得其利"、"各适其适"、"各得其所"⑦。

白居易虽然倡导黄老之道,但他主要强调的是"尚宽简"、"务俭朴"、"重改作",也就是省刑罚、薄税敛、节用崇俭、对重大改革持慎重态度等,没有更多的实质性内容。他并不主张国家在经济管理中一味放任、完全"无为",对"管子"轻重之学不仅持赞赏态度,而且有所修正和发展,本章第五节将加以详细论述。

第三节 白居易的农本思想

白居易认识到,要"利万人"、"富天下",首先要靠农业,"若不本于农桑而兴利者,虽圣人不能也"⑧,而重本最关键的是解决土地制度问题和劳动力问题,"王者之贵,生于人焉;王者之富,生于地焉"⑨。

白居易认为古代的井田制很好地解决了土地和劳动力结合的问题,由于井田制的废坏,才导致了一些严重的问题。那么是否恢复井田制,就能使这些问题迎刃而解呢?他的答案却是否定的,"井田者废之颇久,复之稍难,未可尽行,且宜渐制"。他的解决办法是:"斟酌时宜,参详古制:大抵人稀土旷者,且修其阡

---

① 《策林四·五十五》。
② 同上。
③ 《策林一·十一》。
④ 同上。
⑤ 同上。
⑥ 《礼部试策五道·第一道》。
⑦ 同上。
⑧ 《策林二·二十二》。
⑨ 《策林三·五十二》。

陌；户繁乡狭者，则复以井田。"①

东汉荀悦、仲长统以后的一些人，大都以哪些地区易于解决土地问题作为考虑的出发点。他们认为地少人多的地区，土地多已为私人占有，复井田必然遭到私人土地所有者尤其是兼并了大量土地的豪强地主的强烈反对和抵制，因而主张在地少人多的地区不可以复井田，而采用限田、均赋税之类的变通办法，复井田只在地广人稀、存在大量无主荒地的地区施行。白居易与此不同，他的方案立足于哪些地区最急需解决土地问题。在他看来，地少人多的地区，农民耕地问题更严重，自然更急需解决。但是，他没有认识到，井田制比土地私有制更为落后，根本不可能解决土地问题，尤其是地少人多地区的土地兼并问题最为严重，豪强地主是封建统治势力中最强大的势力，企图通过复井田在这些地区解决土地问题，更是一种幻想。

对于农业中的劳动力不足问题，白居易认为是"游惰者逸而利，农桑者劳而伤"引发越来越多的人"舍本业，趋末作"②。因此，他主张通过赋税政策，使农者得利，从而促使末作之民回归农业。

白居易的农本思想中最有特色的内容是他主张制订法令以保护资源和生态平衡。他在《养动植之物》中论述道："天育物有时，地生财有限；而人之欲无极。以有时有限，奉无极之欲，而法制不生其间，则必物暴殄而财乏用矣。先王恶其及此，故川泽有禁，山野有官；养之以时，取之以道。"具体说来，"豺獭未祭，置网不布于野泽；鹰隼未击，矰弋不施于山林；昆虫未蛰，不以火田；草木未落，不加斤斧；渔不竭泽；畋不合围。至于麛卵蚳蝝，五谷百果，不中杀者，皆有常禁"。这样，"则禽兽鱼鳖，不可胜食矣；财货器用，不可胜用矣"③。

早在先秦至秦汉时期，《孟子》、《荀子》、《周礼》、《吕氏春秋》、《礼记》等书就阐述了重视资源和生态环境保护的一些观点。但是，先秦法家在农业生产中过分强调粮食的观点，在秦汉以后越来越片面化并占据了支配地位。重农就意味着要增产粮食，为此不惜毁林开荒、填湖造田等等，"重农"几乎与"贵粟"画等号了。孟子、荀子等人关于保护资源和生态环境的思想观点，长期寂寂无闻了。白居易重新提出了这个问题，并把它与解决土地、劳动力等问题联系在一起，是弥足珍贵的。

---

① 《策林三·五十二》。
② 《策林二·十九》。
③ 《策林二·二十六》。

第四节　白居易的节用思想

与不赞成君主求利、好富的观点相联系,在消费问题上,白居易强调君主节用,反对君主奢侈,认为这是"百姓之殃",造成了平民百姓的贫穷困苦。他强调说:"臣窃观前代人庶之贫困者,由官吏之纵欲也。官吏之纵欲者,由君主之不能节俭也。"①在白居易之前,不少人指责君主的奢侈,强调君主要崇俭。他的节用思想的显著特点在于,不仅谴责君主个人的奢侈,而且把批判的矛头指向以君主为中心的封建专制统治集团,进行了详细论证。

白居易分析说,生产出来的财富是有限的,人们追求财富的欲望却是无穷的。如果一部分人占有的财富多了,另一部分人占有的就少了。君主为了满足自己不断膨胀的奢侈需要,所搜刮、占有的财富会越来越多,这样必然变本加厉地取民自奉,巧立名目增加百姓的负担,使百姓的财富越来越少。不过,他又认为,君主毕竟只是一人,不管如何荒淫侈靡,所占有的财富均摊到全国亿兆百姓身上,"以亿兆奉一人",每人的负担也不会太大,病民、殃民的情况也不会太严重。"犹未合扰于人,伤于物","以至多奉至少故也"②。

白居易强调,君主奢侈更大的两种危害是:一则,君主的纵欲奢侈,在整个统治集团中带起上行下效、竞为奢侈的风尚;二则,各级官吏为了讨好君主以博取宠幸禄位,会掀起互相攀比的剥民奉君之风。他愤怒地揭露说:"君好而臣为,上行则下效。""以君主之命行于左右,左右颁于方镇,方镇布于州牧,州牧达于县宰,县宰下于乡吏,乡吏传于村胥,然后至于人焉。自君至人,等级若是,所求既众,所费滋多。则君取其一,而臣已取其百焉。所谓上开一源,下生百端也。"③这样,层层竞相奢侈,级级残酷搜刮,广大黎民百姓不堪重负,病民、殃民日甚一日。"上益其侈,下成其私,其费尽出于人,人实何堪其弊?"他呼吁:"百姓之殃,不在乎鬼神;百姓之福,不在乎天地;在乎君主之躁静奢俭而已。"④

白居易抨击君主的奢侈,主张君主要带头节俭。这与儒家"以俭率下"的思想是一脉相承的。但他不是把君主看做一个单独的个人,而是把君主及其手下的大小官吏作为一个整体来考察君主奢侈对殃民的作用,这开始具有统治集团的概念。也就是说,他是把君主看做是整个统治集团的首领和核心,从而把奢俭

---

① 《策林二·二十一》。
② 同上。
③ 同上。
④ 同上。

问题提到了封建统治集团同广大人民对立的高度，这同前人只从君主个人的行为来批判君主专制的做法相比，在认识上是一个较大的进步。

第五节　白居易的轻重思想

对社会经济活动，白居易提出了行黄老之术的要求，但他并不反对以国家的力量调控国民经济，并且十分推崇"管氏之轻重，李悝之平籴，耿寿昌之常平"是"不涸之仓，不竭之府"，认为在经济管理中要重视轻重政策的作用，才能"保邦邑于危，安人心于困"①。

白居易认识到，农、工、商三个经济部门都是社会所不可缺少的，国家要对农、工、商的关系进行调节，兼顾三者的利益。他论述道："谷帛者，生于农也；器用者，化于工也；财物者，通于商也"、"钱刀重则谷帛轻，谷帛轻则农桑困"、"谷帛贵则财物贱，财物贱则工商劳。"②

白居易主张，为避免农、工、商三者之间的轻重失调，造成"农桑困"、"工商劳"的情况，国家必须运用钱刀、谷帛、器用、财物等手段进行调节，来实现农、工、商各部门的均衡发展，使社会经济活动正常运行。他强调指出，在上述几种调节工具中，钱刀即货币是最重要的、居于主导地位的因素，"实当今权节轻重之要"③；国家政权只有掌握住货币这一最关键的调节工具，才能使农、工、商之间保持正常的、良好的相互关系，达到三者利益的和谐、均衡，即"君操其一，以节其三。三者和钧，非钱不可也。"④

白居易把货币作为调控国民经济最重要的手段，这是唐代商品货币经济有了较大的发展、货币在社会经济生活中的作用有所加强的表现。由于在封建时代，农业是国民经济中最主要的生产部门，谷物是最重要的产品，因此白居易也相当重视把谷物作为重要的调节工具，加以充分运用。他说："丰稔之岁，则贵籴以利农人；凶歉之年，则贱粜以活饿殍。"⑤"谷帛贵则财物贱，财物贱则工商劳。故散谷以收之，则下无废财弃物也。"⑥

《管子》轻重论把"黄金刀币"和"五谷粟米"并列为制轻重即调控国民经济的两个主要工具，并提出要"执其通施，以御其司命"⑦。而白居易既突出强调了

---

① 《策林一·十八》。
② 《策林二·二十》。
③ 同上。
④ 同上。
⑤ 《策林一·十八》。
⑥ 《策林二·二十》。
⑦ 《管子·国蓄》。

货币在国民经济中的地位和调节作用,也很重视把谷物作为重要的调节手段与货币并提,这说明他的"操一节三"论受到《管子》轻重论很深的影响,但他并不是简单的继承和沿袭,而是有所突破、修正和发展。

其一,《管子》轻重论只强调在调控国民经济过程中要运用币、谷、万物这三种手段或工具,并且还要调节这三种工具之间的关系。白居易的"操一节三"论则指出:这几种工具所代表的是农、工、商三种行业和从事这些行业的农民、手工业者、商人,而货币是以君主为代表的封建国家政权铸造的,调节这几种工具之间的关系,同时也就是调节国家与农、工、商三种行业和从事农、工、商业的三种人之间的关系,以及这三种行业、三种人彼此之间的关系。

其二,《管子》轻重论把商人特别是富商大贾看做轻重政策的打击对象,再三强调"杀正商贾之利"[①]。白居易的"操一节三"论虽然对"商贾大族,乘时射利者"[②]有所限制,以免其破坏"三者和钧"、"四人之利咸遂"[③],但他却没有抑商的思想主张,而且还把利商作为推行轻重政策的要求之一。在他看来,"三者"或"四人"理所当然要包括商人在内,商人并不是国家调控经济时的打击对象,而是"和钧"、"咸遂"的对象。

其三,《管子》轻重论为了增加国家财政收入而讲求轻重之术,他们不主张采用赋税形式来获得巨大财政收入,认为这会激起百姓的反对和抵制,而主张国家直接经营工商业"寓税于价"来"厚取于民",认为采用这种比较隐蔽的形式增加财政收入,"见予之形,不见夺之理"[④]。白居易的"操一节三"论,在论述财政问题时,反对过取于民,强调要尽量减轻人民的财政负担,使"利散于下",而不可使"利壅于上"[⑤]。他提出了"利出一孔"[⑥]的赋税论,主张国家的财政收入只有一个来源,即只能从"农桑之税"来,也就是说实行单一农业税,并且还要"薄农桑之税",不能厚敛。先秦法家的商君学派及《管子》轻重论都曾有"利出一空(孔)"的说法。前者是主张堵塞农、战以外的求利途径,使百姓只能从农战这一种途径获得富贵;后者则是主张控制住百姓可以自行得利的一切途径,只让百姓在国家允许的范围和方式中,并且在国家的严格监管下求得经济利益。两者都是主张在国家控制下使百姓"利出一空"。白居易的根本不同之处在于,他不是控制百姓的求利活动,而是控制、限制国家的征税行为,只能征收"农桑之税",

---

① 《管子·轻重乙》及《管子·轻重丁》。
② 《策林二·十九》。
③ 《策林二·二十》。
④ 《管子·国蓄》。
⑤ 《策林二·二十二》。
⑥ 同上。

使国家的财政收入"利出一空"。

本章总结

　　唐代以来儒、释、道三足鼎立的局面日渐形成,而唐朝文治武功又使得世人对轻重理论颇为热衷,白居易的经济思想就是融合了儒道两家思想和管子轻重之学的产物。白居易的农本思想肯定农业在国民经济中的地位,在土地问题上推崇井田制,同时提出制定法令以保护资源和生态平衡的主张,并将其与解决土地、劳动力等问题结合在一起,是对儒家传统思想中重视资源和生态环境保护思想的复兴和发展。白居易的节用思想将抨击的对象扩大到整个统治集团,同以往反对君主专制、官僚奢侈生活的思想相比是一个较大的进步。白居易的轻重思想丰富并发展了《管子》轻重论,其"操一节三"论指出对货币、谷物以及万物的调控也就是调节国家与农工商三种行业及从业人员之间关系以及这三种行业、三种人相互之间的关系,他把利商作为推行轻重政策的要求之一,同时对于国家的财政收入提出"利出一孔"的思想,即主张国家只实行单一农业税。

思考与练习

1. 论述白居易考察经济问题的基本观点。
2. 论述白居易的农本思想和节用思想。
3. 论述白居易对《管子》轻重论的继承和发展。

History of Ancient Chinese Economic Thought

第五编

宋元时期的经济思想

第一章　宋元时期的社会经济和经济思想

本章概要

本章介绍宋元时期的社会经济状况,分别论述各个阶段经济思想的特点及其代表人物。

学习目标

1. 了解宋元时期的社会经济状况
2. 了解宋元时期经济思想的代表人物及其思想特点

第一节　宋代的社会经济和经济思想

宋代是中国封建社会经济、文化发展水平比较高的一个时代。北宋王朝结束了五代十国群雄割据、军阀混战的局面,为国民经济的发展提供了较有利的环境。

宋代农业生产上升到一个新的水平,主要表现在耕地增加、耕作制度改进、生产技术进步,以及单位面积产量提高和经济作物种植面积的扩大等方面。

在农业发展的基础上,手工业生产更为兴盛。矿冶、纺织、制瓷、造船、造纸各行业的产品种类和数量大大增加,生产技术和规模更加发达。商业也空前繁荣,北宋首都开封不仅是全国的政治中心,也是一个繁华的商业城市。开封以外的全国各地还形成了许多商业发达的城市,中小城镇的贸易活动十分活跃,广大农村中的集市也很普遍。由于工商业的发达,促进了货币的流通,出现了世界上最早的纸币——交子。

宋代南方地区的经济发展已日益明显地超过北方,尤其是东南沿海一些地区的经济发展,更加明显地走在了全国前列。

但另一方面,由于土地私有制的发展,在宋代达到了前所未有的程度,土地兼并越来越剧烈。官僚豪绅大地主们的田产迅速膨胀,占有全国耕地的70%以上,而少地的半自耕农和无地的佃农却占全国人口的80%左右。广大农民被兼并势力从土地上排挤出去,成为丧失生计、流离失所的游民,农业生产力受到了极大破坏。与此同时,财政状况日益恶化,臃肿的官僚机构和庞大的军队,给财政造成了沉重的负担,皇室的奢侈费用使财政开支更加浩繁,再加上对辽、西夏的侵略采取退让、妥协的政策,每年要向辽、西夏缴纳大量的银、绢,导致国家财政入不敷出,"上下始困于财矣"①。为了填补亏空,北宋统治者对人民加紧搜刮、横征暴敛,国贫民穷的程度进一步加剧。

面对宋王朝积贫积弱的困境,范仲淹、欧阳修、苏洵等一些有才识、有抱负的士大夫人物产生了日益强烈的危机意识和改革要求。但他们的经济思想在深度和广度上都不能和李觏相比。自唐中叶以来经济思想领域中出现的一些新动向、新变化,在北宋时期已更加明显、更加完整地表现出来,这在李觏的著作中得到了典型、充分的反映,并为稍后的王安石变法奠定了思想基础。

王安石变法是北宋政治生活中的头等大事。变法以财政、经济改革为主,因此它必然在经济思想领域中激起轩然大波。变法主帅王安石、变法反对派首领司马光以及苏轼等人环绕变法本身尤其是财政、经济方面的各项新法展开的论争,构成了由此至北宋末经济思想的主要内容。

此外,随着北宋时期货币流通的发展,出现了一些前所未见的新情况、新问题,从而反映在人们头脑中的货币思想也较为丰富。沈括、周行己就是两个重要的代表人物。

到南宋时期,封建社会所固有的矛盾进一步激化了。一方面,南迁的皇室、贵族、官僚、将领等等所谓"权贵之家",凭借政治权力豪夺强取大量的土地,南方的大地主也乘战乱中土地簿籍的丧失而纷纷抢占土地。他们贪婪地、不择手段吞噬着农民乃至中小地主的田产。另一方面,财政搜刮越来越厉害。南宋统治者在征正税之外,又征杂税,如经总制钱、月桩钱、版账钱等等,还有各种各样的繁重徭役。

尽管这样,南宋时期的经济还是有了相当大的发展。随着南宋政权建都临安(今杭州),南方的经济重心地位逐渐确立了。宋孝宗在1165年与金国订立"和议"后,三十年无大战争的相对安定局面,使经济更加发展了。农业的发展又推动了手工业和商业的发展,造船、纺织、制瓷、造纸等各行业技术、产量和质量都超过了北宋。临安店铺林立,昼夜买卖,客贩不绝,船只云集,反映出国内市场已经有了广泛联系。各地还出现了大批中小镇市,农村的墟市也渐渐发达起来了。海外贸易也更加发展。商品流通的发展使货币需要量大大增加,纸币日益代替铜钱成为主要交换手段,交子和会子在各地广泛流通。

---

① 《宋史·食货志下一》。

商品经济的发展使地主阶级商人化的趋势加强,相当一部分中小地主兼营工商业。这部分人由于大地主阶级的兼并侵渔和封建国家的重赋损害,切身利益受到威胁,因此,与大官僚地主阶级之间存在着一定程度的矛盾冲突,他们反对财政搜刮、主张改革,要求发展商品经济。叶适的经济思想表达了这个阶层的愿望和要求。

与叶适同时的朱熹,是中国古代最有影响的哲学家和思想家之一,是宋代理学的集大成者,他的成就主要在哲学方面,经济方面的议论不多,但也具有自己的特点。

第二节 元代的社会经济和经济思想

元朝是中国少数民族创建的第一个统一封建王朝。尽管蒙古族以异常强大的武力征服了汉族地区夺取天下,但其经济、文化都远远落后于汉族的水平。在对远超过本民族经济、文化发展水平的先进地区的征服过程中,蒙古族统治者日益面临着极其重大的抉择:是继续采用本民族的落后生产方式和掠夺方式,使这些地区的先进经济和文化遭到根本破坏,还是保护这些地区的先进经济和文化,逐渐学习和采用先进的生产方式以巩固自己的统治呢?

一般说来,落后民族征服先进民族,在经济上总会造成相当大的破坏。这不仅由于直接的征服战争导致大量人口的死亡,使许多经济繁荣地区成为一片废墟,还由于征服民族本身的落后生产方式和掠夺方式会对被征服民族先进的经济和文化产生持久的破坏性影响。但是,在较长时期中,这种落后的生产方式和掠夺方式,终归要被先进的生产方式所战胜。

不过,落后的征服民族要适应被征服地区的先进的"经济情况"而改变原有的生产方式和掠夺方式,必然需要一个较长的历史过程。一方面,在征服民族的统治者中,总会有相当一部分强有力的权势人物,为了维护自身的特权和既得利益,纠合本民族中的习惯势力,顽固坚持在新征服地区推行自己的落后生产方式和掠夺方式,激烈地排斥和反抗被征服地区的先进生产方式,拒绝比本民族融入更高的经济和文化;另一方面,征服民族中或迟或早地总会出现一部分人,由于受到新征服地区的先进文化的影响,逐渐抛弃原来习惯的统治方式,日益倾向于吸收先进文化来改善本民族的统治状况,在接受先进生产方式的前提下建立本民族在被征服地区统治的经济基础。"这两种势力的斗争,决定这种民族征服在历史上所起的作用,也常能决定征服民族的统治能否巩固和统治时间的久暂。"①

在蒙古族统治者中,前一种势力是异常强大的。成吉思汗时,蒙古贵族中就有人认为:"汉人无补于国",应当"悉空其人以为牧地"②。这代表了落后民族征服者中的掠夺、破坏势力的主张。蒙古铁骑在横扫欧、亚大陆广大地区时,对经济的破坏是非常惨重的。在蒙古进入中原以前,金国统治下的中原地区共有民户768余万户(1207年),元灭金后,原金国统治区只余110余万户(1236年),可见破坏之严重。但后一种势力也比较强大,而且成长迅速,因此能够逐渐积聚力量,较为有力地抵制、限制前一种势力坚持落后生产方式和掠夺方式、排斥先进经济和文化的活动,使蒙古族对先进地区的统治能够巩固、持续下来。公元1291年(元灭南宋、统一全国后十余年),北方诸郡民户近200万户,南方地区(原南宋统治地区)则有1 100余万户,这和公元1223年南宋统治时期户口数字1 260余万户相接近,说明北方的经济已有一定程度的恢复,而元兵征服南方时所发生的破坏程度也有所减轻。

从蒙古族建立政权直到元王朝一统大业的确立、发展,经济思想的主要内容就是征服中坚持落后的生产方式、排斥和破坏被征服地区先进经济和文化的要求,同抵制这种要求,力图保护和振兴被破坏的社会经济的要求之间的斗争。在这两种势力及其要求的斗争中,作为后一种势力的主要代表,元太祖成吉思汗、元太宗窝阔台、元世祖忽必烈等杰出的领导人,能够顺应历史前进的要求,以较大的决心和毅力对本民族中的落后生产方式和掠夺方式进行不同程度的改革,对维护旧传统的保守势力进行了一定的抑制和约束,先后推行了一些较为适合先进地区经济状况的财政、经济政策,或多或少减轻了这些地区所遭受的破坏和损害;这种势力的代表也包括耶律楚材、许衡、卢世荣等士大夫人物。耶律楚材辅佐成吉思汗及其继承者窝阔台,反复向他们建议,统治中原绝不能使用统治蒙古以及其他经济、文化落后地区的做法,必须保存其先进的生产方式,禁止掠夺、屠杀和破坏,才能使自己的统治获得较好的经济、财政基础。这种思想主张首先开启了抵制落后传统,维护新征服地区先进经济、文化的努力的方向。元代名儒许衡坚持并进一步贯彻了这一方向,对于元世祖以"汉法"统治中国有重要的影响。他在治生之学方面也颇有一些值得重视的思想。元世祖的"行汉法",在财政、经济方面则较为集中地由理财大臣卢世荣的改革体现出来。

宋元之际,在经济思想方面值得称道的还有马端临、邓牧两人。他们都是南宋遗民,入元后隐居不仕。前者埋头写作二十余年,著成《文献通考》这一自唐

---

① 参阅赵靖著:《中国古代经济思想史讲话》,人民出版社,1986年,第509页。
② 《元史·耶律楚材传》。

虞迄南宋宁宗时期的典章制度及有关思想、议论的历史巨著,是当时历史学领域中的最突出成就,也是中国封建时代史学领域中最有代表性的作品之一。后者写了许多诗文,慷慨悲歌,不仅抒发了自己的亡国之哀,遗民之痛,进而还对封建君主专制制度提出了尖锐的质疑和批判。他的诗文汇为《伯牙琴》一书,是中国古代反对封建专制制度的最富有战斗性的一部作品。他们的著作都提到了经济问题,并展开了一些论述,是元代经济思想中一个独特的类型。

本章总结

北宋时期的农业、手工业和商业比前代都有很大程度的发展,南方地区的经济发展已经明显超过了北方,但是社会矛盾却非常尖锐,积贫积弱的状况日益严重。面对这种局面,北宋时期的李觏、范仲淹、欧阳修、苏洵、王安石、司马光、苏轼等人的经济思想主要就是围绕变法而展开的。此外,北宋时期的货币思想也较丰富,其代表人物有沈括、周行己等。

在南宋时期,无论是大地主阶级的土地兼并还是封建国家的财政搜刮都越来越厉害。尽管这样,南宋的商品货币经济比起北宋时期来还是有了较大的发展,不少中小地主兼营工商业。这部分人反对财政搜刮,主张改革,要求发展商品经济以增殖私人财富。功利之学的代表人物叶适、陈亮的经济思想反映了这种愿望和要求。在当时值得注意的还有与功利之学鼎足而立的理学大师朱熹、心学大师陆九渊的经济思想。

以落后民族征服先进民族而建立起来的元朝的经济思想主要内容是:继续采用本民族落后的生产方式和掠夺方式,与借鉴吸收先进的文化和生产方式以促进经济发展的要求之间的斗争。耶律楚材、许衡、卢世荣等人正是反映后一种要求的代表人物。

思考与练习

1. 阐述两宋时期的社会经济状况及其在经济思想领域的反映。
2. 元代经济思想的特点是什么?

第二章 李 觏

本章概要

本章介绍北宋时期经济思想的杰出代表人物李觏,阐述其以利欲论为基础,以富国论为中心,包括平土论、去冗论、轻重论在内的经济思想。

学习目标

1. 了解李觏的经济思想体系
2. 把握李觏在中国经济思想历史发展中的承前启后的作用

第一节 北宋时期经济思想的杰出代表人物李觏

李觏,字泰伯,生于宋真宗大中祥符二年(公元1009年),卒于宋仁宗嘉祐四年(公元1059年),建昌南城(今江西省南城县)人。南城在盱江(即抚河)边,所以又被人们称为"盱江先生"。

李觏出身于小地主家庭,一生困顿不得意,常自称"贱民"①。刚14岁,父亲就去世,直到32岁时,仍然是"乞钱为食,来往江湖,零丁孤苦"②。29岁和34岁时,两次应试不第,只好在家乡创办盱江书院,以教授为业,从学者常达数十百人。在讲学的同时,潜心学习,埋头著述,声名日著,并渐渐受到一些有重要地位和声望的人物的器重。公元1050年,由于范仲淹的大力推荐,李觏被任命为太学助教。但这只是个虚衔,并未真正做官。他获得这一职后,仍然居家讲学著述,不到朝廷供职。公元1057年,又被召为太学说书。次年,被授为"海门县主簿",领这个职务的俸禄,但仍在太学供职,这时,他已50岁了。公元1059年,代理主管太学工作。同年6月告假返乡迁葬祖母,由于旅途过于劳累,到家一病不起,8月就离开人世。

---

① 《李觏集·上苏祠部书》,中华书局,1981年,以下引此书只注篇名。
② 《上慎殿丞书》。

李觏在生活上的清贫和政治上的失意，以及他一生基本上生活于民间、远离官场的处境，使他能较一般士大夫人物更多、更深地看到时政积弊和民生疾苦，从而产生出强烈的经济、政治改革思想，希望以大规模的改革扭转宋王朝积贫积弱的局面。正是这一要求使他成为范仲淹"庆历变法"理论上的支持者。对北宋的另一次规模和声势更大得多的改革——王安石变法，李觏也起了一定的思想先驱的作用。

　　李觏的思想、理论活动不限于经济方面，但他主要关心的是经济问题，而且他的成就也主要在这一方面。他的著作以谈论经济问题的居多，不但有大量讨论经济问题的专文，而且写出了《平土书》和《富国策》两部论述经济问题的专著，他的诗也有许多篇是专论经济问题的。在中国封建时代的作家中，这种情况极为罕见。

　　李觏的经济思想可以分为两个阶段。29岁以前，是他的经济思想发展的早期阶段，代表作是《礼论》、《潜书》和《平土书》等；29岁以后，是李觏经济思想发展的成熟阶段，代表作是《富国策》、《周礼致太平论》中的《国用》以及《原文》等。李觏的经济思想为什么在29岁以后发展到一个新的阶段？主要有三个原因：第一，李觏当时赴京应试虽落第不中，却使他开阔了眼界，增长了见识，更多地了解了社会现实，更深地感受到时代的动荡，促使他更关心时政，倡言改革。第二，北宋王朝民贫国弱的情况更加严重了。自宋仁宗庆历年间（公元1041—1048年）开始，每年财政赤字都达300万缗以上。面对严峻的形势，李觏强烈要求改革，以挽救宋王朝的统治危机，以实现富国富民；第三，29岁时，李觏开始与范仲淹有了较多的来往，两人在思想上互相影响，范仲淹是当时改革派的领袖，比李觏大20岁，他对李觏的影响，应该比所受李觏的影响更大一些。在范仲淹的影响下，李觏与北宋中期改革派的命运联结在一起了。他把眼光从农村投向全国，探索社会重大经济问题，更加深入、全面地分析土地兼并、游民、工商业、财政危机等问题，形成了以利欲论为理论基础、以富国论为中心，包括平土论、去冗论、轻重论在内的经济思想体系。

第二节　利　欲　论

　　李觏倡言改革，以求富强，首先就遇到千余年来一直在经济思想领域中处于支配地位的贵义贱利论的反对和压制，为了给改革造舆论，他必须与贵义贱利论进行斗争，利欲论正是他同贵义贱利论进行斗争的理论武器。

　　李觏是宋代首先旗帜鲜明地反对贵义贱利论的旗手之一。他在批判贵义贱利论时提出了自己对利欲的看法，形成了自己的利欲论，其利欲论有一个发展过程,早期阶段的利欲论着重论证了求利的合理性,利与义的统一性。

李觏认为人们追求物质财富的欲望是自然的,为了满足这种欲望而进行的社会经济活动以求财利,是礼义产生的基础,"夫礼之初,顺人之性欲,而为之节文者也"①,"食不足,心不常,虽有礼义,民不可得而教也"②。李觏明确地指出,没有利欲这个前提条件,就没有礼义的起源,伦理纲常也就不能赖以生存了,从而有力地论证了利欲的合理性。

为了说明、论证利与义的统一性,李觏在理论上提出了自己的新见解、新解释。他把经济生活纳入了礼的内涵,认为物质财富本身也是礼义的组成部分,他强调说:"饮食、衣服、宫室、器皿、夫妇、父子、长幼、君臣、上下、师友、宾客、死丧、祭祀,礼之本也。"③在这里,他把社会生活最基本的衣食等物质条件,与那些在封建时代视为神圣的纲纪伦常共同作为礼的基本内容,而且还突出地把前者放在首位,礼与经济生活紧密结合了,利与义统一起来了,重视现实,发展经济,已经成为礼义本身的内在要求了。

李觏成熟阶段的利欲论,旗帜更为鲜明,思想更为深刻。这表现在:第一,他早期的利欲论只是曲折地反对"贵义贱利"论,而他成熟阶段的利欲论对"贵义贱利"论展开了正面的攻击。他强调说:"利可言乎?曰:人非利不生,曷为不可言?欲可言乎?曰:欲者人之情,曷为不可言?"④他指出,利欲是人的本性,言利是正常的,不准人们言利是"贼人之生,反人之情"⑤,并公开否定了孟轲"何必曰利"的说教,认为这是偏激之言。他说:"焉有仁义而不利者乎?其书数称汤武将以七十里、百里而王天下,利岂小哉?孔子七十,所欲不踰矩,非无欲也。"⑥第二,李觏早期的利欲论,并没有与"富国"直接联系起来,也就是说,他还没有正式把利欲论作为经济思想的理论依据提出来,而在成熟阶段,他深化了认识,针对"儒者之论,鲜不贵义而贱利,其言非道德教化则不出诸口"⑦的情况,十分明确地指出了为顺应利欲、满足利欲而进行的追求物质利益的经济活动对"富国"的基础作用,强调"治国之实,必本于财用"⑧。他认为,物质财富是整个社会生活的基础,无论是人们的衣食住行,还是政治、军事、外交等都离不开"利"即财富。他说:"盖城郭宫室,非财不完;羞服车舆,非财不具;百官群吏,非财不养;

---

① 《礼论第一》。
② 《平土书》。
③ 《礼论第一》。
④ 《原文》。
⑤ 同上。
⑥ 同上。
⑦ 《富国策第一》。
⑧ 同上。

军旅征戍,非财不给;郊社宗庙,非财不事;兄弟婚媾,非财不亲;诸侯四夷朝觐聘问,非财不接;矜寡孤独,凶荒札瘥,非财不恤。礼以是举,政以是成,爱以是立,威以是行。舍是而克为治者,未之有也"①。李觏理直气壮地宣称:"是故贤圣之君,经济之士,必先富其国焉。"②

李觏的利欲论批驳了贵义贱利等反对富国、富强的论调,论证了富国是顺民情、固国本的根本大计,提出了"先富其国"的改革目标,为他的以富国论为中心的经济思想奠定了理论基础。

第三节 平 土 论

在以农业自然经济为主的社会中,发展经济、富国富民的主张,主要都归结为"强本"即改善农业生产状况的问题,李觏也是如此,但他不像许多强本论者主要从兴修水利、改进生产技术以及轻徭薄赋等措施来考虑问题,而是把解决土地制度问题看做是强本的首要问题,针对土地兼并、土地集中极为严重的现实,他写了《平土书》这一论述土地制度问题的专书,并且在其他许多作品中,都论述了土地问题。

李觏对土地问题的观点和主张前后也有变化:前期主要从分配角度看问题,这时所主张的"平土",是主张在分配土地方面实现均平;后期的土地思想,则主要从生产的角度来批判土地兼并和土地集中,企图实现劳动力和土地之间的更好的结合,以达到强本即改进农业生产状况的要求。

李觏早期的土地制度思想,认为土地兼并所造成的土地分配严重不均,是百姓饥渴的根本原因。他说:"吾民之饥,不耕乎?曰:天下无废田。吾民之寒,不蚕乎?曰:柔桑满野,女手尽之。""耕不免饥,土非其有也;蚕不得衣,口腹夺之也。"③

基于上述认识,李觏强调治国要把抑制土地兼并、实现土地分配均平放在首位:"平土之法,圣人先之。"④怎样平土?他早期的主张是复井田。

可以看出,李觏主要的分析是集中在分配问题上,没有把土地问题与生产相联系,并指出土地兼并对生产的严重危害,他所着重强调的是土地兼并造成贫富严重分化和贫民的困苦。

李觏后来的土地制度思想,开始摆脱了主要从分配角度批判土地兼并的前

---

① 《富国策第一》。
② 同上。
③ 《潜书》。
④ 《平土书》。

人思想局限,转而从生产的角度揭示土地兼并对生产力发展的束缚和阻碍,这使中国传统的土地思想上升到一个新的水平。

李觏指出,增加农业生产有两种做法:一为"尽地力",即提高单位面积产量;二为"广垦辟",即扩大耕地面积。但是,这两种做法都受到土地兼并的严重阻碍,土地兼并越严重,它对农业生产力的限制、破坏作用也越巨大。

一方面,土地高度集中阻碍了农业生产向深度发展,使"地力不尽"①。由于土地兼并使农民失去了土地,他们虽有劳动力,却无用武之地;富人依靠对农民的剥削,过着不劳而获的寄生生活,家中人丁虽多,却不用在生产上。这样,农业中劳动力严重缺乏,只好粗放经营,产量必然下降。另一方面,土地兼并还阻碍了农业生产向广度发展,使"田不垦辟"②。农民被剥夺了土地,无力开垦荒地,加上开了也不能作为己有,更无兴趣开荒;富者虽然有力量开垦荒地,但根本不愿意去开垦,因为以剥削来的钱财兼并土地,比开垦荒地要容易得多。通过上述分析,李觏揭露出土地兼并所造成的土地与劳动力的分离,是农业生产发展的主要障碍。"自阡陌之制行,兼并之祸起,贫者欲耕而或无地,富者有地而或乏人……沃壤犹为芜秽,况瘠土乎?"③

随着理论认识的提高,李觏指出,对土地单纯着眼于分配问题是不够的,更重要的,解决土地问题的目的是为了最大限度地实现劳动力与土地的结合,以发展生产,富国裕民,使"人无遗力,地无遗利,一手一足无不耕,一步一亩无不稼,谷出多而民用富,民用富而邦财丰"④。

那么,封建国家采取什么措施,使劳动力与土地结合起来呢?李觏提出了限田方案,具体措施有三条:一是"行抑末之术",把过多的工商业者以及游民赶回农村,使他们从事农业生产;二是限制地主占田,"各有顷数,不得过制";三是用爵位奖励开垦荒地,"有垦田及若干顷者,以次赏之"⑤。

李觏成熟阶段的土地思想,在理论上是比较尖锐和深刻的。他的主要着眼点已经从分配角度转到了从生产角度对土地兼并展开批判,他指明了根源于封建土地占有关系的土地高度集中破坏了农业生产机制,造成了劳动力与土地的相互分离,从而使社会经济陷入危机。由于土地兼并是地主土地私有制的必然产物,因此他实际上指出了地主土地所有制是阻碍农业生产发展的根本原因,也就是说,指出了封建生产关系对生产力发展的束缚。

---

① 《富国策第二》。
② 同上。
③ 《周礼致太平书·国用第四》。
④ 同上。
⑤ 《富国策第二》。

但是,在具体方案上,李觏对封建土地占有关系却不敢有任何冒犯,他所提出来的限田主张是妥协和软弱无力的。他的抑末措施,使农村原来已经相对过剩的劳动力更加过剩,这必然引起劳动力之间的竞争,使地主以更苛刻的条件出租土地,以更低廉的代价役使佃户,从而更有利于地主的剥削;他的限田措施,对占田数额,未进行具体规定,并且,如果"过制",如何处理?也没有提出办法。这对地主阶级来说,根本起不到限制作用;他的奖励垦田措施,规定地主可以无限制开荒,"有能垦辟者,不限其数"[①]。这种规定的本意是要鼓励地主致力于开垦土地,但在限田缺乏有力措施的情况下,土地兼并者是断断不肯舍弃土地兼并转而致力于(哪怕是部分地致力于)开垦荒地的。

第四节 去 冗 论

改变封建农业中两个基本生产要素,即劳动力和土地相脱离的状况,使其在农业生产中重新结合起来,以改进农业生产的状况——这就是李觏强本思想的主要内容,为此,一方面要从土地制度方面想办法,所以他主张"平土",另一方面要从劳动力使用方面想办法,为此,他要求"抑末"和"去冗"。"抑末"是指把因丧失土地、流入工商业的劳动力(所谓"末民")返还到农业生产中去;"去冗"则是使失去土地后没有职业或没有"正当职业"的"冗食"之民重新从事农业生产。去冗论是李觏富国论的另一个重要组成部分。

李觏的去冗论主要包括以下几方面的内容:"冗食"的概念及去冗的意义、冗食之民的存在形式和去冗的主要途径。

李觏为"冗食"规定的概念是"无事而食",他说:"天之生民,未有无能者也,能其事然后可以食。无事而食,是众之殃,政之害也。故圣人制天下之民各从其能以服于事,取有利于国家,然后可也。"[②]

这里,李觏把"能其事而后可以食"作为区别人们是否属于"冗食"的标准。所谓"能",是指劳动或工作能力;所谓"事",则是指活动或工作。"能其事而后可以食",不允许"无事而食",这有点类似于"不劳动者不得食"的提法。不过,李觏说的"事"或劳动、工作,是带有农业社会认识局限、封建士大夫成见以至儒家学者的门户之见的,不应从形式上的类似而认为他已有不劳动者不得食的思想。

从"能其事而后可以食"的认识出发,李觏主张治国必须使一切有劳动或工

---

① 《富国策第二》。
② 《周礼致太平书·国用第三》。

作能力的人"人各有事,事各有功,以兴材征,以济经用"①,而对"无事而食"以及"作无益以害有益"的人,即冗食之民,则应该"弃之"②。"弃之"不是不让他们生存,而是不允许他们靠"冗食"生活,也就是去冗。

对冗食之民的主要形式,李觏列举了以下几种:

一是工商之众。李觏认识到工商业的必要性,指出工商业所从事的经济活动,是社会所必需的,"以世资其用,不可无之"③。还认为包括工商在内的"四民"不是冗食,"所谓冗者,不在四民之列者也"④。与此同时,他又指出,一个社会的工商数量必有限度:"虽有工贾,必不甚众。"⑤他认为工商业者所生产和经营的应该是"用物"即生活必需品以及生产这些生活必需品所需要的生产资料,"用物"的数量是有限的,因此,从事工商业的人不能太多,"故工之所作,贾之所鬻,商之所资,皆用物也,用物有限,则工商亦有数"⑥。可是,他认为当时从事工商业的人已大大超过了社会所需要的程度,出现了两类多余的工商业者:一类是生产、经营奢侈品,"竞作机巧"、"竞通珍异"⑦的富商大贾,另一类是从无地农民转化而来的人数众多的小商小贩。对这两类人,从字面上看,李觏并没有冠以"冗食"的名称,而仍称之为"末",并把处理这两类人的政策称为"抑末",而不称之为"去冗"。不过,李觏是把这两类人放在"无事而食"之列的,所以从性质上说也是一种"冗民",是一种以"末民"形式表现的"冗食"之民。

二是缁黄之多。缁、黄即僧、道,北宋中期,佛教、道教十分兴盛,真宗时僧道、尼姑竟多达46万人,仁宗时有寺院道观3 900多所。李觏对此加以抨击,指出僧道过着不劳而获的寄生生活,"广占良田利宅",他们所剥削的农民,"无虑几百万"⑧,并且不纳赋税,不服徭役,是十足的冗食。

三是官府之奸。李觏对当时滥官冗吏的现象进行了指责,认为官府中吏役的人数太多,"内满官府,外填街陌",揭露这些人"交相赞助,招权为奸",贪婪地吸吮人民的血汗,完全是寄生的"冗食之民"。

四是方术之滥。李觏认为巫、医、卜、相之类,装神弄鬼、靠迷信诈骗猎取财物,应列入"冗食"。

五是声伎之贱。李觏把为封建统治阶级的荒淫生活服务的歌舞倡优、江湖

---

① 《周礼致太平书·国用第三》。
② 同上。
③ 《平土书》。
④ 《富国策第四》。
⑤ 《平土书》。
⑥ 《富国策第四》。
⑦ 同上。
⑧ 同上。

艺人等等，也包括进"冗食"的队伍。

在以上分析论述的基础上，李觏进一步指出：土地兼并是产生冗食的主要原因。他说，由于土地兼并，使得"贫者无立锥之地，而富者田连阡陌。……贫民之黠者则逐末矣、冗食矣"①。

李觏的去冗论，实际上是他的人口论。他所谓"冗食"以人口学的术语来表示，即是过剩人口。他的冗食产生于土地兼并的论点，表明他把当时中国社会中的过剩人口，看做是一种特殊的相对过剩人口。由于土地兼并是土地私有制特别是地主所有制的必然产物，认为土地兼并是冗食产生的原因，就等于说冗食的产生根源在地主土地所有制本身。李觏的去冗论，把当时的过剩人口同当时中国的土地制度和社会制度联系了起来，而不把过剩人口的存在归之于自然的原因，因此，他的去冗论实际上是一种相对人口过剩论。他关于五种"冗食"的分析，可以说是揭示了宋代封建社会中相对过剩人口的五种存在形式。

在阐明了"冗食"的产生原因及存在形式之后，李觏进一步探讨了"去冗"即解决人口过剩问题的办法：

对多余的工商业者，他主张实行抑末，加重赋役，禁止奢侈品的生产和流通，使这些人无利可图，只好回归农业。

对僧道，他提出要禁止度人、禁止兴修寺院，这样僧道的数量、规模不再发展，几十年后僧亡庙毁，就会自然归于消失。

对大量冗吏，他认为要"法严而吏察"②，使其无法贪污舞弊、勒索人民，以迫使他们离职归田，回到农业生产中去。

对巫、医、卜、相，李觏提出要"论之如法"③，即对迷信欺骗者严加取缔。同时，他还主张兴办医学教育，培育大批优秀的医生。这样，人民的健康有所保障，巫、医、卜、相就失去了活动市场。

对歌舞倡优，李觏的办法是禁止一切乐舞，不许民家用乐演戏，使其无以为生，一心返农。

李觏的这些办法，有一个共同的缺陷，就是没有触及土地兼并问题。在人口理论上，他认识到产生冗食的根本原因是土地兼并，但是，在具体措施上，对抑制土地兼并这一产生冗食的根源，却避而不谈。这样，原有的冗食之民无法重新获得土地，新的冗食之民仍然会不断产生，所谓去冗返本、解决农业劳动力的不足以富国，就只能是一句空话，这是他的人口思想的局限性。李觏的去冗论与他的

---

① 《富国策第二》。
② 《富国策第四》。
③ 同上。

平土论一样,存在着理论上较深刻而实施方案上则软弱、妥协的矛盾。

第五节 轻 重 论

李觏把国家对经济生活特别是在工商业领域的干预作为富国的必要手段,对轻重问题作了多方面的考察。轻重论在他的经济思想中具有重要地位,并具有一些新的特点。

在轻重之势方面,李觏主张"抑末"与"安富"相结合。

李觏主张封建国家管理工商业必须"通轻重之权"①,实行平准、平籴、赊贷等轻重政策来抑末,使"蓄贾无所专利"②,以达到"钳并兼"③的目的。但是,李觏的抑末并不是抑一切商人。他把商人划分为三个层次:上层是富而强者,即政治上享有特权,经济上财力雄厚的大商人兼并势力;中层是富而不强者,即政治上无特权,经济上却较为富有的一般工商业商人;下层是不富不强者,即人数众多的小手工业者、小商贩。李觏的抑末主要针对大商人兼并势力和小工商业者。他站在中小地主的立场上,反对大地主、大商人凭借特权对一般商人包括富商进行侵夺、兼并,对无地农民转化而来的小工商业者,李觏也要求把他们驱逐回农业,而处于和中小地主类似的中间地位的一般工商业富人却是李觏所要扶植、保护的"安富"对象。他反对封建统治者用"任之重,求之多,劳必于是,费必于是"④的赋役来诛求勒索这些富而不强者,指出其结果是"天下皆贫"而不利于君主统治,呼吁要保障一般工商业富人的利益,"平其徭役,不专取以安之"⑤。

李觏抑末与安富相结合的工商业思想,表明他一定程度上从商品经济的发展、从工商业者的利益来考虑问题,而赋予轻重之势学说以新的内容。

在轻重之学方面,李觏对"谷贱伤农,贵则伤末"的传统观点进行了修正。

李觏认为,在商品经济不太发达的情况下,农民自给自足,只是作为少量粮食的卖者与市场发生联系,"农常粜而末常籴也",所以谷价下跌不利于农,而谷价上涨不利于商。但是,在商品经济有了较大发展的北宋,农民与市场的联系、依赖都加强了,农民既是粮食的卖者,又是买者,所以"谷甚贱伤农,贵则伤末"的传统说法已经不适用,应该修正为谷"贱则伤农,贵亦伤农;贱则利末,贵亦利

---

① 《富国策第六》。
② 同上。
③ 《周礼致太平书·国用第十一》。
④ 《周礼致太平书·国用第十六》。
⑤ 同上。

末"①。李觏还对这一论点进行了理论上的论证,指出:一方面,在粮食收获时,农民为了上交赋税、偿还高利贷以及购买家庭必需品,不得不出售粮食,甚至连一部分口粮也被迫卖掉,这样卖粮的多,商人乘机压价购买,"轻其币而大其量","贱则伤农而利末也"。另一方面,农民被迫出售自己的一部分口粮后,又成为市场上的粮食购买者,特别是青黄不接的时候,买粮的多,商人又抬价出售,"重其币而小其量","贵亦伤农而利末也"②。由此,李觏得出了无论谷价贵贱都对农不利、对末有利的新结论,为轻重之学的发展作出了贡献。

在轻重之术方面,李觏主张借助商人的经营活动,改善封建国家的工商业管理工作,这主要反映在他的关于盐、茶通商的改革主张中。

李觏首先揭露了盐、茶由官府专卖带来的严重积弊。经办官盐的官吏贪污中饱,导致质次价高,"公盐常失其半,而半它物焉","以倍价取半盐矣"③,因此,官盐无法打开销路;官盐销售点少,零售不便,必然造成官盐滞销;官盐运输费用高,浪费严重,使财政收入大为减少。茶专卖也存在着同样问题,官茶质量低劣,结果是大量积压,造成国家财政亏损。

接着,李觏论证了私商经营盐、茶的优越性:由于"商人众"、"卖者多",各自想方设法增加销售量。商人的竞争必然要提高盐、茶的质量,"盐不淆杂"、茶"则所择必精"。同时,商人的竞争也促使他们改善经营管理,例如用赊卖、上门服务之类的办法来扩大销售量等等。结果,情况同官府垄断相反,"盐之用益广",茶"则卖之必售","是以无滞也"④。

通过官商与私商经济状况的对比,李觏极力主张对盐、茶专卖实行改革,"今日之宜,莫如通商"⑤。对于盐,仍由官府控制生产,垄断收购,再卖给商人,由商人自由运销,官府从中收取盐利。对于茶,官府着重从税收方面加以监督管理,只向茶家和茶商征税,然后"听其自为"⑥,由茶农、茶商自由经营。

李觏的通商主张,从根本上说,仍然是要使封建国家在社会经济生活中取得轻重之势,以支配市场,控制商人,增加财政收入,而在具体政策上则要利用商人的经营活动以改善封建国家对工商业的管理。

---

① 《富国策第六》。
② 同上。
③ 《富国策第九》。
④ 本段引文均引自《富国策第九》及《富国策第十》。
⑤ 《富国策第九》。
⑥ 《富国策第十》。

第六节　富国之学的又一个比较完整的体系

李觏是在"富国"这一课题下探讨各方面的经济问题的,他的探讨,形成了一个包括利欲论、平土论、去冗论、轻重论以及节用论、钱币论等在内的富国之学的体系,这也就是李觏的经济思想体系。

李觏在节用、钱币问题方面的论述,虽然也都有一定篇幅,但基本上没什么超越前人的新见解,因而本书不作具体考察。

中国古代的经济学研究,早就是在"富国"的课题下探讨各种经济问题的。战国末期,荀况写了名为《富国篇》的专论,在富国的课题下,集中探讨了社会生产、分配、消费与积累、分工、农业同工商业的关系以及财政和赋税等各方面的经济问题,并探讨了它们之间的联系,形成了包括强本论、节用论、明分论、理财论、欲求论等在一起的一个富国论或富国之学的体系。

在荀况以前,中国经济思想的重要代表人物或流派,许多都已有了自己的初步思想体系,而且大多已经主要是在"富国"的课题下探讨经济问题了,不过,明确地以富国作为总题目,全面探讨各方面的经济问题,并使这些研究能够相互联系起来、组成一个大体完整的经济思想体系的,在荀况以前,还不曾有过。

荀况以后千余年,中国的经济思想仍然是在富国的课题下,或者主要是在富国的课题下探讨各种经济问题的;许多重要的代表人物,在经济思想方面也不同程度地有着自己的思想体系。但是,明确地在富国的课题上集中论述各种经济问题、使自己的经济思想表现为一个比较完整、比较明确的富国论或富国之学体系的情况,却极少见到了。

李觏不但以"富国"为总课题探讨各种经济问题,而且写了名为《富国策》的专书,他对各方面经济问题的研究,已经形成了一个以富国之学的形式出现的经济思想体系,这是继荀况的体系之后的又一个比较完整的富国之学的体系。

李觏在宋代经济思想的发展中乃至在经济思想的更久远的历史发展中,都称得上是一个有承先启后作用的人物。他继承了中国古代经济思想以富国为中心,重视强本节用,把发展经济、富国富民看做治国之本,看做礼、乐、教化的基础的思想传统;全面探讨了唐中叶后已逐渐提出来的土地兼并问题、工商业及国家在管理工商业发展中的作用问题,以及过剩人口等问题,并把对这些问题的研究,纳入富国之学的框架之内,形成了一个较为完整的经济思想体系。

李觏的经济思想,初步确立了宋代经济思想的特色和规模。宋代经济思想中的一些最丰富、最有特色的内容,如对土地兼并和田制问题的研究、对工商业以及国家工商业政策的研究(轻重、抑末、保富等)以及对过剩人口问题的研究等,都是由李觏首先确立了其特色和规模的。在宋代经济思想的最丰富、最有特色的各种内容中,只有纸币思想李觏不曾涉及。

本章总结

　　李觏是北宋经济思想发展中具有承前启后意义的人物。他的利欲论旗帜鲜明地反对"贵义贱利"的教条;其平土论从生产角度批判土地兼并,指出地主土地所有制是阻碍农业发展的根本原因;他的去冗论实际上是相对过剩人口论,认为土地兼并乃至地主土地所有制导致相对过剩人口的产生;在轻重论方面,他提出"抑末"和"安富"相结合的思想,对"谷贱伤农,贵则伤末"的传统观点进行了修正,并且主张借助商人的经营活动来改善国家的工商业管理工作,从而丰富和发展了传统的轻重理论。

思考与练习

　　1. 李觏对贵义贱利论的批判体现在哪些方面?
　　2. 李觏的平土论和去冗论的内容分别是什么?
　　3. 试述李觏对传统轻重论的继承和发展。

第三章

王安石和司马光

本章概要

本章首先介绍王安石在财政经济方面推行的新法,然后对王安石及变法反对派司马光的经济思想进行了评析。

学习目标

1. 了解王安石变法中财政经济改革的主要内容
2. 把握变法期间以王安石与司马光为代表的两种对立的经济思想观点

第一节 变法主帅王安石和变法反对派首领司马光

王安石变法是中国封建社会后期规模最大的一次自上而下的改革运动,它在宋代的政治活动和思想活动领域,掀起了极大的波澜,关于变法问题的辩论和斗争,一直持续到北宋末。

王安石(公元1021—1086年),字介甫,临川(今江西临川县)人。宋仁宗庆历时期开始做官,历任知县、判官、知州、知府等官。他曾向宋仁宗上书要求改革,从此以变法的积极倡导者知名。宋神宗即位后,于熙宁元年(公元1068年)任命他为翰林学士兼侍讲,次年擢升他为参知政事(副宰相),依靠他来进行变法,年余后任同中书门下平章事(宰相),熙宁七年一度罢相,次年复相,又年余再罢相,熙宁十年辞官,退出了政治舞台。

王安石的经济思想,主要体现在他的下列著作中:

(1)《王临川文集》(或《王文公文集》):这是王安石的诗文集,其中有许多诗、文表现了他对经济问题的见解。

(2)《熙宁奏对日录》:这是王安石自编的他在熙宁变法时期同宋神宗议论变法问题的材料。此书早已亡佚,但李焘的《续资治通鉴长编》大量抄录了此书,保存下来此书中许多重要的经济思想材料。

(3)《周官①(周礼)新义》：王安石以《周礼》作为自己变法、理财主张的经典依据,也早已亡佚。清人从《永乐大典》中辑出一些残文;但同王安石的经济思想关系最密切的《地官司徒》部分,却连残文也没有了。

当时反对变法的人也引用、记述过王安石的一些言论,其中当然有不少歪曲和捏造。清代蔡上翔的《王荆公年谱考略》,对这些材料作了详细的考证论辩,对研究王安石的经济思想具有重要参考价值。

司马光(公元1019—1086年),字君实,号迂夫,陕州夏县(今属山西)涑水乡人。出身名门世家,父司马池历仕真宗、仁宗两朝,官至天章阁待制,为一时名臣。司马光自幼至弱冠,饱受正统儒家文化教育,儒家的礼治、仁政、民本思想,在他的思想里打下深深的烙印。

宝元元年(公元1038年),司马光考中进士。历任地方和中央官吏,神宗即位,任翰林学士、御史中丞。熙宁三年(公元1070年)因激烈反对王安石新法,请求外任,以端明殿学士知永兴军(治所在今陕西西安)。次年判西京御史台,自此居洛阳15年。政治上的失意,使他能以全副精力,潜心修撰史学巨著《资治通鉴》。哲宗即位(公元1085年),太皇太后(神宗之母)临朝听政。她的政见同她的儿子相反,极端反对新政,其听政后,立即起用司马光主持朝政,其他反对新法人物如吕公著、范纯仁、文彦博等也一一起用,司马光不仅将熙宁新法一一废除,而且将推行新法的人一律罢黜,造成历史上有名的元祐党祸。元祐元年九月司马光去世,赠温国公,谥"文正"。

司马光是我国历史上杰出的历史学家。治平三年(公元1066年)他获宋英宗批准设局主持编写编年体史书,历时19年,于元丰七年(公元1084年)全书完成,神宗将它定名为《资治通鉴》,并为之作序。这部内容从周威烈王二十三年(公元前403年)到周世宗显德六年(公元959年),前后达1362年的编年史书,共有294卷,另有目录30卷,考异30卷,被后世史家誉为"史学绝作",是一部极有价值的史籍,是司马光一生光辉的业绩。

司马光是一位有学问的人物,他在史学方面的贡献是必须予以肯定的;但他在政治上是保守的和缺乏务实的态度的,在经济思想方面也是有比较浓厚的保守色彩的。

第二节　王安石在财政经济方面推行的新法

王安石变法广泛涉及经济、政治、军事、教育以及学术等各个领域,而其中心

---

① 《周礼》一书,分为"天官冢宰"、"地官司徒"、"春官宗伯"、"夏官司马"、"秋官司寇"、"冬官司空"(遗失,汉代以《考工记》补)六个部分,因而《周礼》一书也称《周官》。

和主要内容则是财政经济方面的改革。王安石的经济思想,主要是为他的财政经济方面的改革作解释、论证的,变法反对派的议论和攻击,也主要是对这些改革而发的。因此,研究环绕熙宁变法而展开的两种经济思想斗争,有必要先对王安石在财政经济方面所推行的新法有一个大致的了解。

王安石在财政经济方面所制定的新法主要有两大类:一类是属于改进农业生产条件和调整农村中的某些社会经济关系的新法,另一类是对待商业资本和商人的新法。

在第一类新法中,主要包括青苗法、免役法、方田均税法和农田水利法。

(1) 青苗法是由封建政权在青苗时期贷款于农民和部分城市居民,以限制、打击地主、商人的高利贷活动的新法。

王安石青苗法的大致内容是:改变常平仓籴粜粮食的办法,将常平、广惠仓所存粮米变换为现钱,赊贷给城乡居民。由民户自愿请贷,除"浮浪之人"外,城乡居民均可请贷,但优先贷予乡户,如有剩余,也贷予坊郭户。贷付时给予现款,归还时可还现钱或折还粮米,并在还本之外加付百分之二十的利息。青苗贷款每年举办两次,一次在正月三十日以前,称为"夏料",当年夏收后归还;一次在五月三十日以前,称为"秋料",秋收后归还。遇有灾荒,准许延至下次收成时归还。

为了保证贷款能得到偿还,青苗法规定按户等高低进行赊贷,对客户(佃农)及贫穷的五等户,一次贷款不超过一贯(一千)五百文,对富裕的一等户一次不超过十五贯。由于富户不需要贷款,在青苗法实施的过程中,曾采用过"抑配"或强行"俵散"(指强制其接受贷款)的做法。

(2) 免役法即由民户出钱赎免某些徭役,而由国家出钱招募别人代服徭役的新法。

宋代徭役十分繁杂苛重,主要名目有:"衙前",负责运送官府物资;"里正"、"户长"、"乡书手",催纳赋税;"耆长"、"壮丁"逐捕盗贼;"承符"、"手力"、"散从"等供官府及官员奔走驱使;"渡头"、"斗子"、"仓子"、"拦头"等负担各种杂活。

各种徭役对农民的损害,比赋税更严重,而衙前役为害尤大。承担衙前役的民户,在派差、缴差以及沿途所过关津,处处受官吏需索,充役一次,往往陷入"全家破坏,弃卖田业,父子离散"的厄运。如果丢失官物,后果就更不堪言。

王安石的免役法规定:衙前、户长等最重的徭役不再差派民户,改由官府出钱招募三等以上户充任。过去负担各色差役的民户,按户等高低缴纳不同数量的免役钱,四等以下的乡户(乡户共五等)、六等以下的坊郭户(坊郭户共十等)不出免役钱。过去不负担徭役的官户和寺观、大商人,也按户等缴纳同等民户所出免役钱的一半,叫做"助役钱"。免役钱和助役钱每年分为两次,随夏、秋两税缴纳。

(3) 方田均税法是针对大地主隐瞒田产规避纳税而制定的一项新法。

王安石的方田均税法起源于郭谘的千步方田法。它以东西南北各千步的地段(四十一顷六十六亩一百六十步)为一方,作为丈量单位,于每年秋收后丈量各县土地,按土质肥瘠分为五等,均定税额高低。对投靠豪强"诡名挟佃"的"子户",清查出后都改为负担国家赋税的"主户"。方田均税法还允许农民占垦"瘠卤不毛之地",允许农民经营山林陂塘及靠近路、沟、河及坟墓的荒地而不纳租税。

王安石的方田均税法,在大地主势力的阻挠下,进展缓慢,前后十四年,仅得在全国20%的地区得到推行。但是,即使这样,清丈的田亩数仍占全国课税田亩的54%,可见瞒产逃税问题的严重。

(4) 农田水利法。

为鼓励人们兴修农田水利,此法规定不论官民,都可向官府提出兴修水利的建议或方案,一经采纳,即由官府组织实施,费用由受益民户摊付,工程大、用费高的由国家补助。工程完毕,按利益大小,给建议人以奖励,利益特大的,还授给建议人官职。

属于第二类(对待商人的)的新法有均输法和市易法,此外,王安石对封建国家专卖制度的某些改革,也具有同样的性质。

(1) 均输法。

这是为供应首都所需的各种物资而实行的一项改革。它把过去各路按固定数字上供首都所需物资,改为由发运使(负责征集运送这些物资的官)根据京城对各种物资的需要而灵活掌握,不论通过税敛或采买而取得的物资,都根据"徙贵就贱,用近及远"的原则加以征收、购买;在价格合宜时发运使也可购存一部分物资。

(2) 市易法是针对大商人对城市贸易的垄断而采取的一项改革。

市易法的主要内容是:在首都开封及其他许多城市设立市易务承担政府购买职能,由国库拨款作为经营资本。市易务设监官二员和提举官、勾当公事官各一员,并招募原来的行铺和牙人,充当市易务的行人和牙人。市易务的监官、勾当公事官在国家所派提举的监察和约束下,进行平价收购商品的工作,行人和牙人则担任具体的买卖业务。市易务把收购来的货物,赊给各行铺售卖,各行定期(半年或一年)将货价偿还市易务,并按年加20%的利息。市易务的监官和勾当公事官,除了国家委派的官吏外,有一部分可由商人担任。担任监官或勾当公事官的商人可借到大量官钱,但借钱必须以财产作抵押,并按年付20%的利息。

(3) 专卖制度的改革。

宋代对盐、茶、酒、矾等都实行国家专卖。盐、茶由盐民、茶农生产,官府加以控制,并由特定的大商人销售,严禁一般商民售卖。酒专卖则是在各地设立酒务,由商人投标取得经营权。矾的一部分由官府自产自售,另一部分则包给大商人经营。王安石在变法过程中,对这些做法进行了一定的改革。对榷茶问题,王安石的基本主张是官收茶税,"民自贩运",这和李觏的意见是基本一致的;对盐、酒、矾的专卖办法的改革,主要是财政措施方面的,在经济思想方面没有什么重要意义。

第三节 关于理财问题的两种对立观点

王安石特别重视理财问题,他的经济思想的主要内容,可以说就是他关于理财的意义和方法的看法。

王安石认为:理财是关系到王朝治乱安危的根本问题。他发挥了《周易》关于"何以聚人曰财"的思想,一再强调:"合天下之众者财"、"聚天下之人不可无财。"如果君主不能理财,就必然会"失其民"而陷于危亡,纵使不亡,也只不过是"号而已耳!"①即只不过是一个徒有其名的傀儡。

王安石在理财问题上的基本观点是"以义理财"。这个观点包括两方面的内容:一方面是就理财的意义而言的,他认为理财可以是合乎"义"的,不能认为理财总是违背"义";另一方面是就理财方法而言的,他把"以义理财"看做是唯一正确的理财方法或理财之道。

王安石的"以义理财"观点,不论在形式上或内容上都比前人的理财观点有所前进。

在封建时代,理财活动和理财思想受到儒家贵义贱利论的强大压力。在贵义贱利论成为正统思想后,中国封建社会中以理财著称的人物,几乎无不遭受封建统治阶级中的"正人君子"们的唾骂。在正统经济思想维护者的心目中,简直认为理财即聚敛,言利尽小人。

其实,贵义贱利论也并不是笼统地反对一切的利,而只是把触犯保守势力既得利益的求利、理财活动斥为非义,但它在形式上却似乎是谴责一切求利、理财活动的。

在王安石以前,重视理财的人批判、反驳贵义贱利论,实际上是要论证进步的求利、理财活动不违背义,但在形式上也总是笼统地说求利、理财不违背义。

---

① 《王临川文集·度支副使厅壁题名记》。

这类说法虽对驳斥贵义贱利论有一定作用,但它本身也有片面性,而且不能较为深刻地揭露贵义贱利论。

王安石提出"以义理财"的观点,这就把理财分为两种:以义理财和非义理财。它对揭露贵义贱利教条的反动性和为进步的理财主张造舆论,都更为便利了。当司马光用陈腐的贵义贱利论来攻击新法时,王安石当即以自己的这种以义理财论直截了当地回答说:"为天下理财,不为征利!"①

王安石不仅从理财的性质或意义方面指出了理财可有以义理财和不义理财两种情况,还从理财方法方面对怎样才是"以义理财"作了具体的分析论述。

他把理财分为"取财"和"用财",并分别就二者指出了"以义理财"的标准。

在取财即财政收入方面,王安石认为合乎"义"的理财应是"不加赋而国用足"②。这本是司马迁对桑弘羊的理财之道的概括(司马迁的原话是"民不益赋而天下用饶"),不过,在桑弘羊以至司马迁的心目中,这个提法只有一些实际措施方面的内容(如盐铁、均输等),而没有理论方面的内容;而王安石则有了比较明确的理论内容。这主要是:

第一,从增加生产来扩大财政收入的基础。

王安石认为以义理财就必须"因天下之力以生天下之财"③,"富其国者资之天下,欲富天下财资之天地"④。"生天下之财"、"资之天地",都是指生产,在当时的具体历史条件下,主要是农业生产。

经济是财政的基础和本源,生产增长了,同样的税率就可取得更多的税收,甚至可以在降低税率的情况下增加税收,自然就能做到"不加赋而国用足"。桑弘羊是不可能认识到这一点的,轻重论者的那种只看到流通过程表面的狭隘眼界,使他无法懂得靠增加生产的办法来实现"民不益赋而天下用饶"。

由于王安石在理论上认识到了这一点,他的理财手段比桑弘羊要更广泛,也更根本了。他除了采用和桑弘羊相似的均输、市易、榷盐等办法理财外,还开辟了一系列有扶持生产发展的作用的理财新法。他的青苗法是为了使农民"于田作之时,不患缺粮",因而能够有条件进行生产劳动,使"田事自加修"⑤;免役法的一个重要的出发点就是"农时不夺而民力均"⑥,使原来承担衙前役的农民在

---

① 《王临川文集·答司马谏议书》。
② 《宋史·司马光传》。
③ 《王临川文集·上仁宗皇帝言事书》。
④ 《王文公文集·与马运判书》,上海人民出版社,1974年,上册,第61页。
⑤ 《宋会要辑稿·食货四之十六》。
⑥ 《王临川文集·上五事札子》。

缴纳不多的免役钱后可以罢役归农,安心耕作;方田均税法在不增加一个地区田赋总额的前提下清丈土地,使过去隐匿大批地产的大地主负担一部分田赋,相应地减轻了自耕农的赋税负担,因而有利于他们进行农业生产。在推行方田均税法时,规定允许农民占垦"瘠卤不毛之地"、允许农民经营山林陂塘等而不纳税,也有利于生产的发展;农田水利法更完全是为改进农业生产的条件而制定的新法,它甚至并不直接具有财政方面的意义。

第二,夺取兼并势力所攫取的剩余产品的一部分,以增加财政收入。

王安石一再对宋神宗说,"摧兼并,收其赢余,以兴功利,以救艰厄"①,这不能"名为好利",而恰是"以义理财";又说,在理财时"苟能摧制兼并……不患无财"②。

在王安石的新法中,夺取兼并势力的部分剩余产品以增加财政收入的做法是很普遍的。

青苗法是用国家放债的办法,夺取地主、商人的一部分高利贷收入。青苗法取息20％,这比地主、商人和其他高利贷者的百分之几十、百分之百以及诸如"驴打滚"式的苛刻贷款,固然低得多,但从绝对量来看,20％的利息还是相当高的,仍然会为国库提供可观的收入。青苗贷款对富户所采用的"抑配"、"强行依散"之类的做法,在一个时期中更是起了增加国家收入的作用。强迫富户接受国家贷款并付出20％的利息,这无异是对他们的一笔课税。在熙宁六年(公元1073年),仅青苗利息就达292万贯。

免役法使过去不负担徭役的大地主、大商人普遍出助役钱,虽然按规定助役钱只相当于同等户应出免役钱的一半,但一些拥有大量田产的兼并之家,由于是远超过上等户的"无比户",缴纳助役钱的数量还是颇大的,有的户一年缴纳的助役钱数目达到 600 贯。由于征收免役钱、助役钱的面远比募役的面宽,封建国家可以由此得到大量剩余,免役法在增加国家财政收入方面的作用比青苗法更大。熙宁九年免役、助役钱总收入减去募役总开支后,剩余共达 3 926 865 贯。

方田均税法查出隐匿田亩,迫使大地主以赋税形式缴纳一部分剩余产品。均输法和市易法限制了大商人操纵市场的活动,使国家获得大量商业利润。榷茶制度的改革打破了官吏和大商人勾结垄断茶的远销的局面,也增加了国家的茶税收入。

在用财即财政支出方面,王安石认为也有两种情况:如果用于"兴功利,救

---

① 《续资治通鉴长编》卷二四〇。
② 《续资治通鉴长编》卷二六二。

艰厄",即用于扶助生产和救济灾困,就是"以义理财";反之,如果用于上层统治者自身的奢靡挥霍,就是非义。他曾反复对宋神宗申说,以免役钱剩余"募人兴修水利",这既修缮、增添了水利设施,又使应募的"食力之农"得到收入,而不用作皇室的"苑囿、陂池、侈服之费",这样取之于民用之于民,虽"多取之不为虐"①;又说,他的新法"广常平储蓄,抑兼并,振贫弱",而不是满足君主"私欲",绝不应因制定和推行这样的新法而被指责为"兴利之臣"②。

王安石变法强调理财,变法的反对派也特别在理财问题上攻击王安石。反对派不仅攻击王安石对理财的各种具体主张,攻击他关于理财的各项新法,还特别攻击他的理财思想,攻击他的"以义理财"的观点。有一次,司马光同王安石在宋神宗面前就理财问题展开了一场面对面的争论。这场争论把王安石和变法反对派在理财问题上的两种对立观点,十分明确和集中地表现了出来。

当王安石说到当时政治局势的症结是缺乏"善理财者"时,司马光立即说:"善理财者,不过头会箕敛尔"③。

"头会"是按人头计算征税,即征收人头税;"箕敛"是以簸箕来敛取。头会箕敛也即是聚敛,搜括的意思。把理财说成是头会箕敛,这正是封建正统经济思想所宣扬的理财即聚敛的老调,是根本不承认有所谓"以义理财"。

王安石反驳说,善理财不是对人民聚敛搜括,而是能做到"不加赋而国用足。"

司马光根本不承认有这种可能,他的理由是:

(1)"天地所生财货百物,不在民则在官"④意思是:财政收入是社会财富的一部分,官所取得的财政收入多了,民所保有的社会财富的数量就相应减少了。

(2)王安石的各种新法,是在赋税的形式之外"设法夺民",虽然并未增加赋税,"其害乃甚于加赋"⑤。

王安石和司马光所说的"民",实际上指的是两个不同的社会集团。王安石说的"民"是指自耕农、中小地主和一般工商业者。他认为善理财者要不增加这些人的赋税徭役负担而增加国家财政收入,所以是"不加赋而国用足"。司马光所说的"民"是指大地主、大商人。现在王安石的新法要把这些人的掠夺兼并利益的一部分转变为国家的财政收入,在司马光看来,这就是"设法夺民",就是"头会箕敛",而且,"其害乃甚于加赋"。因为封建政权的加赋一般是加不到这

---

① 《续资治通鉴长编》卷二二五。
② 《宋会要辑稿·食货四之二十》。
③ 《宋史·司马光传》。
④ 同上。
⑤ 同上。

些人头上的,或者是很少能加到这些人头上的。在王安石变法前,宋政权一再为解决财政困难而加赋的历史,已证明了这一点。

这种争论的实质,是一个在封建国家和两种"民"之间分配剩余产品的问题。变法派主张把大地主、大商人所掠夺的巨额剩余产品的一部分变成国家的财政收入,并使自耕农、中小地主和一般工商业者由于赋役负担减轻而能把一部分剩余产品保留在自己手中。变法反对派则竭力维护大地主、大商人的掠夺兼并利益,使他们能够肆无忌惮地剥削农民和手工业者,并把自耕农、一般商人和小地主的一部分剩余产品攫为己有,同时尽量不承担或少承担国家赋役,以便尽可能把掠夺兼并来的剩余产品积聚起来。

第四节 关于摧抑兼并问题的论战

摧抑兼并是王安石在变法中经常强调的一点。抑兼并的思想,西汉时期已有人宣扬,后来逐渐成了一个流行的思想,不但历来主张改革的人都宣扬抑兼并,许多保守的人物也不敢公开反对抑兼并,有的甚至还打出抑兼并的旗号(例如王莽)。

对王安石来说,值得注意的倒不是他提出了抑兼并的口号,而在于他提出了过去的抑兼并思想所未曾有过的若干新论点,主要是:

第一,抑兼并不止要摧抑已有的兼并势力,还要注意预防未来的兼并势力形成。

王安石曾说,如果统治者不善理财,那么,不仅那些"贵强桀大"的人物,就连一些"阡陌闾巷之贱人",也有可能"私取予之势,擅万物之利,以与人主争黔首"①。

王安石上述说法的意思大致是,如果封建国家不善于在理财中摧抑兼并,不但已形成的兼并势力会更肆无忌惮,现在还未形成兼并势力的人,也有可能变成兼并势力。

在宋代,豪强地主衰落而庶民地主上升的情况更加显著,更加普遍。这些庶民地主虽然富有,在身份上却是"阡陌闾巷之贱人"。他们依靠自己的财力兼并土地和财富、称雄一方的情况,越来越受到人们的注意。王安石关于非兼并势力可以在一定条件下(国家不善理财和抑兼并)转化为兼并势力的论点,正是现实生活中的情况在他的思想中的反映。

第二,迂回地反土地兼并论。

---

① 《王临川文集·度支副使厅壁题名记》。

王安石对摧抑兼并的口号喊得很响,但对当时封建社会中最根本、最主要的一种兼并——土地兼并却未采取过任何摧抑的措施,他的新法没有一项是解决土地制度问题的。

王安石在做小官时,曾写过"我尝不忍此(指土地兼并),愿见井地平"①的诗句。但是,在他当权之后,不但不再试图解决土地制度问题,而且一再公开表示反对这样做,认为:"今百姓占田或连阡陌,顾不可以夺之。"②

王安石实际上不反对土地兼并,但土地兼并是封建时代最主要的兼并,大谈摧抑兼并而绝口不谈土地兼并问题,必然会使自己的反兼并主张显得苍白无力。于是,他提出了一种迂回地反土地兼并的论调。他的逻辑是:地主所以要兼并土地,是因为兼并土地之后可以有许多特权和特殊利益,如果得不到这些特权和特殊利益,地主就会不愿兼并土地了。因此,他主张:"以其所谓害者,制法而加于兼并之人,则人自不敢保过限之田。"③

他这里说的"害",指纳税、出助役钱等。他认为制订了方田均税法,清丈土地,地多的人要多纳税;制定了免役法,地多的户要多出助役钱,这样,地主害怕多纳税,多出钱,就不敢多要土地,不敢继续进行土地兼并了。

这种逻辑自然是荒谬的。大地主兼并的土地是他保持特殊权势和利益的基础,以为对这些特殊权势和利益稍加限制,就可使地主"不敢保过限之田",这纯粹是幻想。

反对派指责王安石的理财是"头会箕敛",但他们自然也清楚地知道,王安石的新法只是对大地主、大商人不利,一般人对他的"不加赋"主张是不会反对的,对王安石理财进行这种笼统的攻击不会赢得人们的同情。于是,他们又搬出"保富"论来反对王安石的抑兼并主张。他们把贫富分化说成是一种自然现象,是由人们的"勤惰不同"、"材性愚智不同"④所决定的,因此,富者常富、贫者常贫以及地主、商人剥削贫民"以自饶"⑤,都是理所当然的。

变法反对派以自己的这种"保富"论为依据,拼命攻击王安石的摧抑兼并是违背自然之理,攻击青苗法是"夺富民之利",免役法是"欲使衣冠之人与编户齐役"⑥,市易法是与民争利,如此等等。由于王安石的新法在一定程度上触及了

---

① 《王临川文集》卷十二,《发廪》。
② 《续资治通鉴长编》卷二二三。
③ 同上。
④ 《司马文正公集·乞罢条例司常平使疏》。
⑤ 同上。
⑥ 《栾城集·制置三司条例司论事状》。

大地主、大商人的利益，维护大地主、大商人既得利益的变法反对派对新法和王安石本人仇恨到了发疯的程度，以至不顾自己的显宦重臣、名流学士的身份，赤膊上阵，骂王安石为"小丈夫"①。

第五节　在赋役制度改革方面的主要分歧

唐代刘晏、杨炎在赋役制度方面的改革开始表现了反映封建社会后期社会经济发展要求的两个新趋向：货币作用的增长和人身依附关系的减弱。刘晏在部分理财措施中以雇工代替徭役；杨炎的两税制，由按实物计税改为部分按货币计税，由按人丁负担改为按资产负担。刘晏的做法，在此后三百年中一直寂寂无闻；杨炎的改革，长期遭到反对。直到王安石变法，这两个趋向才以更普遍、更明确的形式在赋役制度的改革中重新表现出来。

王安石在理财中，着眼于以货币形式增加财政收入，他所新开辟的财政收入来源，几乎无一不是能够增加货币收入的，青苗法如此，免役法、市易法也是如此。他把常平仓存粮变卖，作为青苗贷放本钱，尤其大大有助于农产品商品化的趋向。粮食自给是封建自然经济最牢固的纽结，把积存于各州县的常平仓粮变卖，这本身就是一个扩大粮食市场的大举动；实行青苗法后，农民缺粮时用青苗贷款向市场购买，这会更大地促进粮食市场的发展和扩大。

杨炎并未对徭役制进行改革，刘晏的改革范围也很狭窄，而且只是在具体措施方面的改革，并未形成制度。王安石的免役法，则从宋代最繁重、对农民人身束缚最严重、对农业生产的破坏作用最巨大的衙前役开刀，以明确的制度改革的形式，把徭役改成雇役。王安石能实行这样的改革，说明他对徭役制的弊病、对雇佣劳动较徭役劳动的进步性，都比刘晏有更高的认识。

王安石在理财方面的各种改革虽然明显地体现着这两个趋向，但他对自己的新法主要还是从有利于生产、抑兼并和增加财政收入等方面加以论证，没有谈到过它们对破坏自然经济、削弱人身依附关系方面的作用。

王安石没能觉察到他的新法在破坏自然经济和削弱人身依附关系方面所起的作用，但是，变法反对派却以其更"健全"的地主阶级本能多少看到了这些改革的深远影响。例如，司马光就说，王安石的新法实行以来，青苗、免役及各种赋敛，多半要以货币缴纳，"钱非私家所铸，要须贸易外求"②。

---

① 《栾城集·诗病五事》。
② 《司马文正公集·乞罢免役钱状》。

意即新法尤其是青苗、免役法,会促使农民为得到货币而出售农产品,有着扩大商品、货币因素的活动范围和破坏自然经济的作用。

司马光还说,在实行免役法以前,差役所派都是有田地、庄宅的民户,难以逃亡;改行募役制以后,所募多为"浮浪之人",不易控制。① 意即免役法不利于把农民束缚于土地上,不便于利用这种束缚来加强对农民的剥削和统治。

王安石的理财,虽然对社会生产的发展和商品经济的扩大有一定积极作用,但他的直接出发点是为了地主阶级的整体利益,是企图对大地主、大商人的掠夺兼并活动稍加限制,以改善宋王朝的财政经济状况,稳定宋王朝的统治。对于中国封建社会中最主要、最有决定意义的兼并活动——土地兼并,新法甚至没有涉及。变法反对派攻击王安石"志欲破富民以惠贫民"②,把王安石变法说成是代表了贫苦人民的利益和要求,这未免过分恭维王安石了。作为一个地主阶级封建王朝的宰相,王安石是既谈不上"惠贫民",更绝对不可能是"志欲破富民"的。

本章总结

以王安石为主帅的变法派和以司马光为首领的变法反对派,在理财、抑兼并、赋役制度改革等方面建展开了激烈的论战。王安石的财政经济改革及其经济思想,对社会生产的发展和商品经济的扩大都有一定的积极作用,对大地主和大商人的兼并活动有所限制,反映了商品货币经济作用的增长和人身依附关系减弱的新趋向。司马光反对变法的经济思想则维护大地主、大商人的既得利益,维护自然经济和人身依附关系,具有较为浓厚的保守色彩。

思考与练习

1. 王安石与司马光关于理财问题的论战主要体现在哪些方面?
2. 王安石和司马光在抑兼并方面的主要分歧是什么?
3. 比较王安石和司马光关于赋役制度改革的不同观点。

---

① 《司马文正公集·乞罢免役钱状》。
② 《栾城集·诗病五事》。

第四章 苏洵、苏轼

本章概要

本章介绍苏洵、苏轼父子的经济思想,分别论述苏洵的田制思想、商业思想和苏轼的听民自为自利思想、节用廉取的财政思想、安商利商的商业思想及以多为患的人口思想。

学习目标

1. 了解苏洵以田制论、仕则不商论为主要内容的经济思想
2. 了解苏轼的经济思想主张及其特点

第一节 苏洵及其田制论

苏洵(公元1009—1066年),字明允,四川眉山人。唐宋古文八大家之一,苏轼与苏辙之父,人称"老苏"。著作辑为《嘉祐集》。

面对宋王朝当时的形势,苏洵主张改革。他认为,宋王朝建国已经百年,正面临着苟且怠惰、贫弱不振的局面,如果仍安于现状,不思更张,就难免败亡之祸。

苏洵认为,必须重视人民的物质利益问题。当时关系百姓物质利益的最根本的问题是土地问题,他详尽地分析了这个问题,提出了自己的解决办法。

苏洵指出,以地主土地私有制为基础的租佃制度,是农民饥寒交迫和贫富对立日益扩大的根源。他以拥有十户佃农的中小地主的土地经营方式为例分析指出,地主由于家大业广,自己不耕作,而把土地分为十块,招募无地农民为自己耕种。佃农一年四季像奴仆一样在地主的驱役下劳动,收获以后,每个佃农都要把自己收获的粮食的一半交给地主。地主将自己从每户佃农那里收缴的一半粮谷积累起来,日益富裕。而佃农则仅仅获得自己耕获的谷米的一半以养家糊口,因而难免饥饿。显而易见,地主虽然不劳动,但所得收入却是每户佃农的十倍,佃农终身劳作,所获仅为地主的十分之一。这样年复一年,地主的财富越积越

多,而佃农却永远摆脱不了贫困,这就是广大农民劳而愈穷,而地主却坐而致富的秘密所在,它是地主土地私有制的必然结果:"井田废,田非耕者之所有,而有田者不耕也。耕者之田,资于富民,富民之家,地大业广,阡陌连接,募召浮客,分耕其中,鞭笞驱役,视以奴仆,安坐四顾,指麾于其间。其役属之民,夏为之耨,秋为之获,无有一人违其节度以嬉。而田之所入,已得其半,耕者得其半。有田者一人,而耕者十人。是以田主日累其半,以至于富强;耕者日食其半,以至于穷饿而无告。"①

苏洵认为,这种土地租佃制度不仅使农民无法摆脱贫困,地主也不满意。原因在于:地主土地的全部收入中,有一半为十户佃农所得,地主所得地租只是土地全部收入的二分之一,可是国家田赋却按其全部土地的总收入征收。假设田赋税率为什一(1/10),百亩产粮百石,那么,这位拥有一百亩土地的地主就要向国家缴纳十石的田赋(100石×10%)。但百亩田地佃出之后,地主所得田租仅为五十石。十石实际上占地主收入五十石的十分之二。所以,在租佃制下,田赋名为什一,但地主的实际承担额却是什二。这就是地主为什么对租佃制也"怨叹嗟愤"的原因:"富强之民输租于县官而不免于怨叹嗟愤,何则?彼以其半而供县官之税,不若周(西周)之民以其全力而供其上之税也。周之十一,以其全力而供十一之税也。使以其半供十一之税,犹用十二之税然也。况今之税,又非特止于十一而已,则宜乎其怨叹嗟愤之不免也。"②

所以,苏洵认为,土地国有的井田制被地主土地私有制代替以后,既使农民陷于穷困,又使地主产生怨恨,所以必须改革。改革的目标,就是实现井田制的原则,使无地农民获得土地,而使地主不再占有过剩的土地。"井田复则贫民有田以耕,谷食粟米不分于富民,可以无饥。富民不得多占田以锢贫民,其势不耕则无所得食,以地之全力供县官之税,又可以无怨。"③

苏洵虽然认为井田制是最理想的土地制度,但他又赞同历代思想家的观点,认为要恢复井田制是不可能的。首先,夺富民之田以与贫民,必然引起富民的不满,甚至导致天下动乱。其次,即使富民愿意把自己的土地交给国家,周代的井田也不可能恢复。因为根据《周礼》的记载,井田体系非常复杂。一夫百亩的各个方块田,在大地上按"井"字样式互相联结在一起,有纵横交错的水流、沟渠和大道小路,构成复杂的水利灌溉系统和道路系统。如果要恢复井田制,把井田所必备的水利系统和道路系统真正建立起来,恐怕几百年也完不成。今天的百姓

---

① 《嘉祐集》卷五,《田制》。
② 同上。
③ 同上。

即使人死骨朽,井田制也恢复不了。所以,恢复井田制,既不可能,也无现实意义。

井田虽然不可恢复,但苏洵认为,如果能寻找到一种和井田原则相同的土地方案,即使不恢复井田制,也可以解决当时的土地问题。他认为,汉代董仲舒和孔光、何武的限田主张,稍加改进,就可以成为这样一种方案。

苏洵认为,孔光、何武的限田方案有两个缺点,一是规定百姓占田不得超过30顷,这个限田标准过高。30顷,即3 000亩土地,远远超过了农民一天的耕种能力。在苏洵看来,限田数额应以周代一夫百亩最为理想,即使超过,也不应超出过多。30顷,对于汉代贵族、豪强的占田数,可能不高。但在宋代,则远远超过了中小地主的土地占有数量了。汉代限田方案的第二个缺点,是仅限三年期限,让富人处理掉超额的土地,三年后仍超过限额的土地,一律由国家没收。苏洵认为,这也是行不通的:"期之三年,是又迫蹙平民,使自坏其业,非人情,难用。"①

根据上述看法,苏洵提出了自己的限田主张:其一,确定一个不太高的占田数量,规定以后百姓占田不得超过这个限额;其二,对现在已经超过限额的土地,国家不予剥夺,田主可以继续保留,但他们今后不得再买进土地。

苏洵认为,实行上述方案以后,由于唯有无地少地百姓才可购买土地,富民只能卖地不能买地,土地市场就会供大于求,贫民得地就比较容易,富民多余的土地就会逐渐转入贫民之手,百姓都会成为占有一块土地的自耕农,租佃关系就可以消灭,井田精神就可轻而易举地实现了。

苏洵的土地思想在历史上具有重要的地位。以往的思想家,如董仲舒、陆贽等人,虽然指责了封建地租的沉重,指出了沉重的地租是农民贫穷的直接原因,但远没有苏洵对封建剥削关系揭示得这样深入,这样清楚。苏洵向人们阐明,佃农贫穷饥饿,完全是地主的地租剥削造成的,是因为佃农不能获得自己劳动的全部成果("全利"),他们的劳动产品有一半以地租的形式被地主占有了。地主则不劳而获,他们的财富完全是由佃农创造的地租积累而成的。而这种剥削关系形成的原因,则在于极不合理的封建土地占有关系:"田非耕者之所有,而有田者不耕也。"因此,要消灭这种不合理现象,必须解决土地问题:一方面要使"贫民有田以耕,谷食粟米不分于富民";另一方面,则要使"富民不得多占田"以剥削贫民,让他们也和劳动农民一样,"不耕则无所得食"。

苏洵对土地兼并及土地私有制的认识,其深度可与同时人李觏相比,其对租佃关系及地租剥削的分析,则比一切前人及同时人更具体;当然,他主要是从土

---

① 《嘉祐集》卷五,《田制》。

地分配不均及贫富分化的角度考虑田制改革问题,未能认识到田制的优劣首先要看它对农业生产力的作用如何,在这方面是不能和李觏相提并论的。

苏洵也和李觏一样,具有理论方面激进而解决土地问题的方案则为软弱和保守的矛盾。他对限田规定了既往不咎的原则,只从明令限田的时限开始后实行限田,这是他不敢触动土地兼并势力既得利益的表现。他认为,只要不夺地主阶级的已有之田,地主阶级就会乐于接受不准他们今后进一步扩大其土地的限田方案,这显然也是不切实际的幻想。

第二节 苏洵的"仕则不商"论

苏洵重视商业。在《朝日载升》一诗中,他说:"朝日载升,蓑蓑伊氓。于室有绩,于野有耕。于途有商,于边有征。天生斯民,相养以宁。"[1]把商业看做百姓相生养的一个重要方面。

苏洵在商品流通方面最值得重视的一个思想,是他坚持"仕则不商"的观点,强烈谴责官吏及其家人、亲戚利用政治特权经商。他揭露当时的许多官吏及其家人、亲戚经商,擅自动用公家民夫,为自己搬运货物;用官府舟车,运载商品;逢关过卡,概不纳税。在市场买卖中,也凭借官势,欺凌百姓。还有,当时国家为了平抑物价,规定坐商随时向官府上报价格变化情况,如果物价下降为正常价格三分之二时,应及时报告官府,官府即于此时收购市上滞销商品,以促使物价回升,保护商人利益,这就是所谓"公籴之法"。这本是国家采取的一项市场调控措施,但一些官吏私人经商,也按"公籴之法"进行,购买百姓非滞销商品,也只给三分之二的价钱,强买强卖,激起百姓强烈不满。故而,苏洵说:"先王不欲人之擅天下之利也,故仕则不商,商则有罚;不仕而商,商则有征。"[2]他指出,由于仕而兼商者以权力垄断市利,破坏了正常的市场秩序,压制、损害了民间工商业者,严重影响市场繁荣;他们的强买勒售,巧取豪夺,又使广大黎民百姓遭到盘剥,加剧了百姓贫困,"故贪官专其利,而齐民受其病"[3]。

苏洵要求朝廷坚决贯彻"仕则不商"原则,对违例官吏予以严办,杜绝官吏经商现象,保障商品经济的正常发展。

宋代商品经济和工商业的发展使官权垄断商业这种集中体现官场腐败和市场扭曲的现象让人们更难以忍受,反对仕而兼商的思想也会更加明确起来,成熟

---

[1] 《嘉祐集》,卷十六。
[2] 《嘉祐集》卷五,《用法》。
[3] 《嘉祐集》卷四,《重远》。

起来。苏洵把官权经商看做当时商品流通中的最严重问题和造成当时经济衰敝、民生困苦的一个重要因素而慨乎言之,并且明确地提出了"仕则不商"的原则,正是这种反对官权垄断商业的舆论在思想领域已逐渐具有比较明确的、成熟的形态的表现。

第三节 苏轼的历史观和经济观

以三苏为中心的苏氏家庭,是一个精英汇聚的家庭:父亲苏洵,长子苏轼,次子苏辙,都是著名文学家,在唐、宋古八大家中占了三席,在宋代的古文大家中则占了一半,时称"三苏"。

苏轼(公元 1037—1101 年),字子瞻,自号东坡居士,在苏氏家庭中,他尤为才思奔放,其在文学上的成就也最大,古文之外,诗的成就在北宋独步一时,词的成就在中国历史上也是第一流的,词风豪放,同南宋辛弃疾并称苏辛。宋仁宗初读苏轼兄弟文章,认为皆宰相之才。但是,苏轼在入仕后却备历坎坷,一再遭到贬黜,虽一度做到了礼部尚书兼端明殿、翰林侍读两学士,但始终未掌过实权,后又外调并贬窜边远地区,直至贬为琼州(海南)别驾,几乎客死海南。晚年,逐渐赦移近地,并复授朝奉郎的微职,死于常州。

苏轼不仅在文学方面有成就,在经济思想方面也有所建树。他反对王安石变法,其在经济方面的议论,也主要是环绕新法而发的。

苏轼曾经比较激烈地批评王安石新法,但他自己也是要求变法的。实际上不止是他,自宋仁宗庆历以来,"世之名士常患法之不变"①。在变法呼声日益强烈的形势下,连后来反对王安石变法的主要带头人物司马光,也曾说过"若因循不改,日益久则患益深矣"②。可是,谈变法的人,情况是多种多样的:有的是比较强烈、比较迫切地要求变化;有的是一时所激,并无真正的变法要求;有的则是在改革的方式、方法、速度、步骤等方面,持有不同的意见。苏轼就属于后一种。

苏轼对改革的看法,是同他的历史观和经济观联系着的。

苏轼的历史观即历史渐变论可概括为"法相因则事易成,事有渐则民不惊"③。他认为,历史的发展是一个缓慢渐变过程,一切变法、改革也应该是渐变而非骤变,只有渐变,国家各项事业才容易顺利完成,对下层老百姓才不至于造

---

① 陈亮:《龙川文集》卷十一,《铨选资格》。
② 《司马温公文集》卷三十八,《衙前札子》。
③ 《宋史·苏轼传》。

成很大惊扰。

出于他的历史渐变论和他对现实政治、经济一贯所持的温和、持重的主张,苏轼十分反对骤变,尤其反对大刀阔斧、波及社会各个方面的改革,认为这些属于急功近利。对于以往历史上的一些大变革如商鞅变法、王莽新政、桑弘羊、刘晏财经改革,他都认为是骤变而加以反对。

苏轼在经济观方面一贯主张国家在经济政策上要听民自为自利,国家不应过多干预。要听民自为自利,国家首先在指导思想上要清静无为,这样才会上下俱富,强有为则势必造成财屈力殚。他强烈反对商鞅、桑弘羊的国家干预经济的强有为政策,"用商鞅桑弘羊之术,破国亡宗者皆是也"[①]。

苏轼关于国家应当清静无为和听民自为自利的经济观,同王安石主张国家不可"无所事"和"收开阖敛散之权归之公上"的经济观正是针锋相对的。在对待当时的变法问题上,这两种对立的经济观必然引起他们之间日益严重的分歧和冲突。苏轼对王安石变法的攻击和非议是多方面的,最重要的两点是急功近利和与民争利。

苏轼的历史渐变论和听民自为自利的经济观形成他评价经济问题的准则,他以此衡量经济改革,判断他人经济主张和经济观点的是非。因此,历史渐变论和听民自为自利的经济观,是理解苏轼经济理想的钥匙。

第四节 苏轼的主要经济思想

苏轼的经济思想,主要包括以下几方面的内容:节用廉取的财政思想,安商、利商的商业思想和"以多为患"的人口思想。

一、节用廉取的财政思想

苏轼对国家财政问题的看法很独特。他认为国家财政的出发点应该是"裕民"、"俯己就人"[②]。他主张藏富于民,对财政收入不重视,认为财政收入是"不得已而取。"[③]他认为当今国家财政是国家求利、与民争利的工作,是"仰人以援己",是"苟可以取者,莫不有禁,求利太广,而用法太密"。他反对"山陵林麓,莫不有禁,关有征,市有租",以及盐、铁、茶、酒专卖,认为这些是"衰世苟且之法"[④]。

---

① 《苏东坡全集·续集》卷八,《论商鞅》。
② 《苏东坡全集·应诏集》卷四,《策别十八》。
③ 《苏东坡全集·应诏集》卷三,《策别十二》。
④ 《苏东坡全集·应诏集》卷四,《策别十八》。

因此,苏轼强调国家财政要节用和轻徭薄赋。"广取以给用,不如节用以廉取之为易",坚决反对"量出以为入"的财政原则,他把量出为入理解为"用之不给,则取之益多"①,也就是按临时需要随意增加赋税。

苏轼主张轻税的财政思想,有要求统治者节用、减轻百姓负担、促进农工商各项事业发展的一面;但是,他把财政收入等同于掠夺的看法是错误的。他不明白,财政收入乃是国家生存和发展的基础,尤其在当时严峻的现实面前,要改变北宋积贫积弱的状况,国家无财是不可能的。在每年的财政赤字已达一千五百万缗的情况下,不设法平衡收支,消灭或大大减少财政赤字,积贫积弱的局面就不可能有所改变,而要消灭或减少赤字,只靠侈谈节用和轻徭薄赋是解决不了问题的。

二、安商、利商的商业思想

苏轼较少受到传统的重本抑末思想的影响,他把农、工、商三者视为"养民"所必备的、不可或缺的,"农力耕而食,工作器而用,商贾资焉而通之于天下"②。苏轼的商业思想主要反映在他反对官营工商,与民争利,反对抑制民间工商业发展的"困商之政",以及提出的许多护商、利商的措施和建议。

(一)反对官营工商,与商贾争利

王安石新政的许多措施是以国家干预工商业领域为特征的。苏轼对变法的主要措施,如青苗法、市易法、均输法进行攻击,指出这些措施是与商贾争利,导致商贾破产失业,商业衰败。苏轼对变法与商贾争利,使"家家有市易之欠,人人有盐酒之债,田宅在官,房廊倾倒,商贾不行,市井萧然"③的状况表达了强烈的愤慨。

(二)主张粮食自由贸易,达到"农末皆利"

苏轼认为,充分发挥商贾作用,让粮食自由流通,粮价自由波动,可以达到"农末皆利"的目的。他说"臣闻谷太贱则伤农,太贵则伤末。是以法不税五谷,使丰熟之乡,商贾争籴,以起太贱之价;灾伤之地,舟车辐辏,以压太贵之直"④。他对变法时征收五谷力胜税钱的做法坚决反对,认为增收五谷力胜税钱使"农末皆病",因为官收五谷力胜税钱后"致商贾无利,有无不通,丰收则谷贱伤农,凶年则遂成饥馑"⑤。因此,苏轼要求取消五谷力胜税钱,让商贾有利可图,粮食自由流动,这样做的结果会使农末皆利,并且官府也会从中得到好处。

---

① 《苏东坡全集·应诏集》卷三,《策别十八》。
② 《苏东坡全集·续集》卷九,《关陇游民私铸钱与江淮漕卒为盗之由》。
③ 《苏东坡全集·后集》卷十四,《杭州上执政书》。
④ 《苏东坡全集·奏议集》卷十二,《乞免五谷力胜税钱札子》。
⑤ 《苏东坡全集·奏议集》卷十三,《缴进免五谷力胜税钱议札子》。

苏轼还提出,灾荒之年,官府赈灾救济不如让商品自由流通效果好。他分析了赈灾救济的弊端,救济工作所需官费巨大,又由于雇船运米,致使"客船被差,雇者皆失业破产"。如果免去五谷力胜税钱,促进商品自由流通,把丰收之地的粮食运往灾荒之地,可以"丰凶相济,农末皆利"。

（三）批判"困商之政"主张安商、利商

苏轼对朝廷许多迫商、困商之政提出批评,要求取消这些迫商、困商之政,保护民间商业,使商人安于本业。

苏轼于熙宁七年十一月上《论河北京东盗贼状》[①],分析了河北京东盗贼产生的原因及消除盗贼的办法。河北京东"自来官不榷盐,小民仰以为生",变法期间,虽然朝廷没有采纳一些人扩大禁榷的建议,但却是盐税日增,从原来332 000余贯,增至熙宁六年499 000余贯,这样就断了百姓生路。因为这些小民是小本生意,本钱不过一两贯,"偷税则责重,纳税则利轻,欲为农夫,又值凶岁,若不为盗,惟有忍饥"。与五六年前"盗贼稀少"相对照的是现在"课利日增"带来的"刑法日峻,捕日繁","盗贼日众"。苏轼把百姓造反归结为政府赋税太重,"小民无以为生,举而为盗贼"。

为此,他建议朝廷"乞特赦两路应贩盐小客截自三百斤以下,并与权免收税",要求政府免税,许可小盐贩自由贩卖,使"贫贱之民""不待驱率,一归于盐",不再为盗。苏轼这一主张对于保护民间商业,尤其是小商贩利益很有好处,同时,苏轼兼顾了大商人利益、国家财政收入方面,他指出,政府免税允许小盐贩自由贩卖,小商贩必然"争来分买",这样,促进大商人扩大批发业务,由于"大商既不积滞",从而扩大销售数量和范围,"乡村僻远,无不食盐,所卖亦广",其结果,政府"收税必多……损益相补,必无大亏之理",这样就会带来整个盐业从生产,到销售、收入分配、消费四个方面良性循环。苏轼"驱民归商"主张着眼于安商、利商,而且兼顾了各方面利益。

元丰八年,苏轼上《乞罢登莱榷盐状》[②],要求罢官府榷盐,使失业逃亡的灶户得以归业。

对于从事冶铁业的手工业者,苏轼也提出应当使之安于本业。

苏轼对民间工商业持支持和保护的态度是相当鲜明和坚决的,在封建士大夫中,像苏轼这样替商贾讲话的人并不多见。

三、"以多为患"的人口思想

"以多为患"是针对传统人口思想中的"求庶"论而发的。求庶论在中国传

---

① 《苏东坡全集·奏议集》卷二。
② 同上。

统人口思想中处于主流的地位:中国古代,除了从宗法角度认为多子孙可保证后嗣绵延不绝的(所谓"不孝有三,无后为大")求庶主张外,还有着从生产的角度和从赋役的角度强调求庶的思想。

孔丘就把"庶"即人口多同"富"和"教"一起,看做政治清明、国家兴旺的三个主要标志,不过,对于为什么如此,他没有明说。

墨翟从小生产者的要求出发,认为发展生产只能靠"强从事"即增加劳动投入,并认为人口越多,则生产者越多,因而强烈要求增加人口,尽量使"人民众"。他提出了"人可倍也"①即成倍增长的目标,主张采用各种可能的办法,增加生育率,降低死亡率,以实现人口最大可能的增长。

孔子以后的一些儒家学者,更明确地从生产角度宣扬求庶,提出了"有人此有土,有土此有财",认为土地是农业生产的主要生产资料,但土地要靠人来开辟、耕种,因此,一国人口越多,耕种的土地和生产的财富就越多,国家就越富。这样,求庶论就更进一步地具有自己的理论基础。

封建国家的统治者从徭役的角度也要求庶。封建政权总是认为,户口越多,徭役越有保证,因此,把户口的增加看做国家兴旺的标志,并且经常用户口增减作为考察地方官吏政绩的标准。

事实上,求庶的要求不但为官方及思想家所肯定,在民间也有广泛的社会基础。在一个小农占人口绝大多数的国家中,认为家庭人口多劳动力多,家庭经济就能富裕的想法极其牢固、普遍,并成为一种普遍的社会心理。在这种社会心理的支持下,求庶的人口思想和人口政策的支配地位就越加牢固,越加显得不容置疑。

在中国历史上,苏轼是首先向求庶论发起公开挑战的人。他指出:"古者以民之多寡为国之贫富……国家承平百年,户口之众,有过于隋;然以今之法观之,特便于徭役而已,国之贫富何与焉!非特无益于富,又且以多为患:生之者寡,食之者众,是以公私枵然而百弊并生。"②

这里,所谓"以民之多寡为国之贫富",所指的正是传统人口思想中的求庶论。苏轼认为,这种一问为人们所肯定的人口观点,同宋代的现实是不相适应的。宋代的情况是:人口增多了,但生产者的数量并未随之增多,甚至反而减少了,人多而"生之者寡",不能带来更多财富,而只是使"食之者众",不但不会使社会更富,反而使社会更贫,所以说:"非特无益于富,又且以多为患。"

人多只是使"食之者众",那么,政府为什么还总是重视户口增长呢?苏轼

---

① 《墨子·节用上》。
② 《苏东坡全集》卷二十二,《国学秋试策问二首》之二。

指出这只是"便于徭役而已"。

苏轼看到了在人口数量问题上,国家对徭役的需要同社会经济的需要是两回事,并且认识到,考虑人口数量多少的出发点应该是社会经济的需要,应该看人口的增长是否有利于生产的增长和社会财富的增长。如果人多无益于社会经济的发展,而只是多了一些徭役征调的对象,那么,人多了就非但不是好事,反而只会是以多为患!

苏轼认为,考虑人口多少唯一的出发点应是社会经济的需要,这是一个十分精彩的人口观点。传统人口思想的求庶论的一个根本前提是:人等于生产者,因此,人多生产者就多,社会财富就多。其实,人只是可能的生产者而并不等于就是生产者,人变成生产者是需要一定的自然条件(非残疾老幼,有劳动能力)和社会条件的。苏轼没能明确地指出人和生产者之间的既有联系又有区别的关系,但他已从宋代的情况看到了人并不就是生产者,人多并不一定能使生产者多。他对求庶论的批评,已开始触及求庶论错误的要害。

本章总结

面对北宋积贫积弱的局面,苏洵和苏轼都主张变革。苏洵的田制论通过对租佃关系及地租剥削的分析,批判土地兼并及土地私有制;他的"仕则不商"论是反对官权垄断商业思想的比较成熟的表现。苏轼的历史渐变论和"听民自为自利"的经济观是他看待社会经济问题的出发点;在国家财政政策上,他主张节用廉取;针对官营垄断工商业与民争利的现实,他提出安商、利商的商业思想;他"以多为患"人口思想,首先向传统人口思想中的"求庶"论发起公开挑战。

思考与练习

1. 分析比较李觏与苏洵抑制土地兼并思想的异同。
2. 阐述苏洵的仕则不商论。
3. 阐述苏轼的历史观和经济观。
4. 阐述苏轼的财政思想和商业思想。
5. 阐述苏轼人口思想的特点。

第五章 沈括、周行己

本章概要

本章介绍北宋时期在货币思想方面较有建树的两个代表人物沈括和周行己,首先评析沈括关于货币问题的思想观点,然后论述周行己对北宋一代货币思想的总结。

学习目标

1. 了解沈括关于"钱荒"问题的议论及其他对货币流通速度的认识
2. 了解周行己货币思想的主要内容及其特点

第一节 沈括——北宋士大夫中的奇才异能之士

沈括(公元 1031—1095 年),字存中,钱塘人,以父任为沭阳县主簿。举进士后,历任太子中允、提举司天监、集贤校理、太常丞、河北西路察访使、翰林学士权三司使,后又外调知宣州、延州、秀州等,最后以光禄少卿分司居润州,死于任所。

沈括在同时的士大夫中,官位并不显赫,但却是北宋时期罕有其匹的博学多能之士。他于自然科学的造诣,达到了当时的最高水平,也精于音律及水利、医药,史称其"于天文、方志、律历、音乐、医药、卜算无所不通,皆有所论著"[①]。他所著的《梦溪笔谈》,保留下中国古代的许多重要的科技资料,在中国科学技术史上有很重要的地位。他还具有很高的政治、经济、军事才能,历任各种官职,大多著有业绩。

沈括尤擅长理财。他十分推崇唐代的著名理财能手刘晏,在任三司使时,借鉴刘晏的经验,对和籴工作进行了改革。宋时,和籴工作中的一大难题是如何根据各地粮价的高下,适时足量地购进粮食。按照惯例,当某地粮价便宜时,地方

---

① 《宋史·沈括传》。

官员并不能擅自决定购买与否,而需将行情报与中央政府,由其汇总各地粮价,确定各地的粮食购买量。由于信息传递工具的落后、信息往返时间过长,常使政府坐失良机,增加了和籴成本。"每岁发运司和籴米于郡县,未知价之高下,须先具价申禀,然后视其贵贱,贵则寡取,贱则取盈。尽得郡县之价,方能契数行下,比至则粟价已增,所以常得贵售。"①沈括在主持东南和籴工作时制定了一套可由地方政府及时确定购买量,使和籴不失时机地进行的有效办法,从而解决了这道难题。其具体做法是:先将各地十数年来粮价及和籴数量作一全面的统计分析,将各地粮价由高到低分为五等,其购粮数额亦由多到少分为五等,然后将其制成表格,发给各地。地方政府不再向中央政府汇报当地粮价,购买量亦不再由中央政府确定,而是改由地方政府根据当地粮价自行确定。当粮价为第一等时(即最高时),则购粮数取第五等(即购数最少);当粮价为第五等时,则购粮数取第一等。余者依此类推。同时,发运司要及时统计各地和籴量。当购买量过多时,则将边远地区及价贵地区已购买的粮食再卖出去;而当购买不足额时,则增加近地及价贱之地的购买量,该法实施效果甚佳。沈括自己的评价是:"自此粟价未尝失时,各当本处丰俭,即日知价,信皆有术。"②沈括将功劳归于刘晏,自称是行刘晏之法。事实上,与刘晏采取的雇急足、飞报物价行情的办法相比较,沈括的办法成本花费小、决策速度快,有其自己的特点。

沈括的著作有《梦溪笔谈》及《长兴集》两部,可惜《长兴集》内容已不全,尤其是其中关于财政经济问题的奏疏均已亡佚。这使得后人对他的经济思想,已无从窥其全貌了。

第二节 沈括的货币思想

从现存资料看,沈括经济思想的精彩部分,主要在于他关于货币问题的论述,而他这方面的论述,又集中在当时人们普遍关心的"钱荒"问题上。

沈括将"钱荒"产生的原因概括为八个方面,并对其进行归类分析,判明哪些原因是社会经济发展的客观结果,是不可克服的;哪些是人为因素造成的,应如何通过政策调整予以弥补和纠正。

首先,沈括对产生钱荒的客观原因作了论述,认为钱荒的产生,有两大"不可救"的客观原因:其一是由于人口增长、货币使用范围的扩大引致社会对货币的需要量不断增加。在他看来,由此原因造成的货币短缺是社会经济发展的正

---

① 《新校注梦溪笔谈》卷十一。
② 同上。

常现象,不可避免,亦无足为怪。其二是货币在流通过程中的自然磨损。

沈括所言货币自然损耗问题,无论在使用金属货币的条件下还是在使用纸币的条件下,都同样存在。由此造成的货币流通量的减少,从数量上看,微乎其微,正如沈括所言,不足为虑。值得深入分析的是其列举的前一个原因。从沈括所言观之,他已认识到,流通领域中的货币需求量并非一成不变,必须随客观需要的变化而不断调整。决定货币需求量增加与否的因素是"生齿"及"公私之用"的增长状况。

在列明钱荒产生的两大"不可救"原因之后,沈括又对造成钱荒的人为原因(即其所称"可救者")作了分析。他指出此类原因有五方面:

人为原因之一是铜禁的放开。沈括指出,作为铸造钱币主要材料的铜,除可用作货币使用外,还可打造各种器皿。由于过去历代政府禁止民间以铜为器,而使铜器价格甚贵。因此,一旦解禁,就出现毁币造器之举。大量铜币被销熔,变成各种铜器,从而大大减少了流通中的货币量,导致了钱荒的产生。针对这一原因,他主张恢复铜禁。

人为的原因之二是盐钞法的弊坏。沈括指出:过去,富民多把盐钞作为一种储藏财富的手段,认为它价值稳定,收藏及携带便利,对盐钞甚至比对现钱更珍爱:"惟蓄盐钞而以藏镪为不利。"①可是,后来,由于"钞法数易",盐钞严重贬值,人们不信任盐钞,因而储藏财富不用盐钞而更多地用现钱,使流通的货币大量转变为储藏货币,流通中的货币量不足即"钱荒"就日甚一日了。

盐钞是封建王朝在实行榷盐时发行的一种有价证券。人们向国家缴纳规定数量的货币,换取一定数量的盐钞,凭钞即可向储盐栈场领取额定数量的盐。由于盐钞可以换取盐,因而它自身可以作为储藏财富的手段,也可以在市场上流通。宋政权为了增加财政收入,不断提高盐价,发行新钞,盐钞的价值越来越低,人们自然不愿储存盐钞了。

对这一原因,沈括主张:"钞法不可不坚,使民不疑于钞,则钞可以为币,而钱不待益而自轻矣。"

人为的原因之三是币材用铜,因而受铜的供给所限,货币数量不能足用。针对此原因,他提出了以黄金为币的主张。

沈括这一货币多元化的主张,在理论上是错误的。货币作为一般等价物,要求以单一的币材来体现。远古时期金、银、龟、贝、珠、玉并用的情况,是商品交换还极原始、商品的价值还未能固定地由一种商品来体现时才存在的。随着商品交换的发展,多种商品都能作为价值体现的情况必然为一种独占一般等价物地

---

① 《续资治通鉴长编·神宗熙宁十年》(本节引文未注明出处者均同此)。

位的商品所代替,这种商品才真正成为货币,所谓金、银、珠、玉、龟、贝并为货币,实际上恰是货币尚未出现的表现,并为货币其实是皆不为货币。

沈括主张在当时就以金为货币,超越了当时历史条件,是不现实的。中国金矿少,当时对外贸易又无大宗出超可从国外流入黄金,想以黄金为币来缓解"钱荒"是不可能的;再说,当时社会还以自然经济为主,商品经济还不够发达,黄金价值高,即使用作货币,也只能在对外贸易或至多在国内大宗交易中使用,而不可能用于日常交易以缓解钱荒。

但是,沈括关于钱荒原因之一是专用铜为币的观点,却触及了一个较深层的问题,这就是商品经济增长、货币需求量增大和铜的价值低之间的矛盾。这一矛盾的发展,最终必将导致贵金属作为货币大量进入流通的局面。明代中叶以后白银在货币流通中的地位日益重要的事实,就证明了这一点。北宋时代还不具备这种条件,但沈括以黄金为币来克服以铜为币的缺点的主张,却是符合于这一历史趋向的。

造成钱荒的人为原因之四是大量的钱被人们储藏起来,变成了储藏货币。这种储藏,公私都有,结果流通中的货币自然不足,钱荒就难免了。

为此,他主张把储藏货币尽量投入流通,"使流转于天下,何患钱之不多也?"

人为造成的钱荒原因之五是铜币的外流,主要是大量流入了辽、夏。沈括认为这主要是宋朝的错误的财政政策和对外贸易政策造成的。宋代同辽、夏贸易,向来是用宋产的百货易辽、夏的牛、羊等牲畜,在交界地区进行大宗的物物交易。后来,改为在京城向商人购买牛羊,商人多用现钱从辽、夏买进牛羊,造成铜钱外流。另一方面,一些理财之臣为增加财政收入要在北方接近辽国地区提高榷盐的价格,盐价的猛增,使辽国产盐流入,也造成"中国之钱日北"。沈括批评这类财政和贸易政策是"做法驱之私易",要救"钱荒",就必须改变这些错误的政策。

最后,沈括指出:钱荒的问题,除了"不可救"及"可救"的情况之外,还有"无足患者一"。

他说的"无足患",是说有些地区并不存在钱荒,相反的,倒存在着"钱多之祸"。

这类地区,具体是指"河湟之间"和"洮岷之间"这些西北边境地区。沈括指出,宋朝廷为了边军需要,每年从内地运去的货币多达"数十万缗";这一带产铁,每年用于铸造的货币也有"四十万缗"。这么多货币"岁积于三州之境",这三州本是地贫、人少地区,钱积多了,只会造成物价升腾:"物出于三州者有穷,异时粟斗百钱,今则四、五倍矣。"因此,对这些地区,要解决的不是钱荒问题,而是"钱多"的问题,办法是通过对西北各民族的贸易,使钱外流。

谈"钱荒"而议及"钱多之祸",主张禁钱外流而又提出使钱"外泄",这似是互相矛盾的,其实不然:

第一,钱荒是当时较为普遍的问题,引起人们的广泛关切,但这不等于说,"钱多之祸"就不可能在某些特定的情况下存在。有钱荒就着重解决钱荒问题,有钱多之祸的地区则设法解决钱多之祸,这是对症下药,而不是自相矛盾。

第二,宋代有铜钱,有铁钱,而行使地区不同。所谓钱荒,主要是在铜钱区发生的。河湟之间和洮岷之间是铁钱区,而且经济落后,商品经济不发达,加上内地年年运钱济军,钱多之祸是可能发生的。

第三,在经济特别落后的地区,尽量扩大货币流通,对经济发展是有利的;对西北民族地区而言,利用货币作为经济交流的手段,对改善民族关系、增进民族团结也是有利的。

沈括货币思想中的最有价值的内容,是他对货币流通速度问题的认识。在谈到公私藏钱过多造成钱荒时,他对货币流通数量和流通速度的关系问题作了一个十分精彩的论断:

"钱利于流①。借十室之邑有钱十万,而聚于一人之家,虽百岁固十万也。贸而迁之,使人飨十万之利,遍于十室,则利百万矣;迁而不已,钱不可胜计。今至小之邑,常平之蓄不减万缗,使流转于天下,何患钱之不多也?"

这一段话,明确地、强烈地表达了沈括赞同尽量把货币投入流通,反对将其窖藏起来的思想。

在封建时代,商品经济不发达,货币作为窖藏手段的职能,在人们心目中占据重要地位,拥有大量货币的富人,多采用把货币窖藏起来的守财奴式的做法;而商人则只有把货币投入流通,才能进行其商业活动,因此,体现商人要求的思想,总是强调货币作为流通手段的职能,要求尽量把货币投入流通,而不赞成窖藏货币的。

唐代以来,由于商品经济的增长,货币的流通性日益受到重视,指责窖藏货币的呼声渐高,白居易、杨于陵等从不同侧面指出,货币滞积是钱重物轻的根源之一。白居易认为,"布帛之贱者由锥("锥"系"钱"字之误。中华书局版《白居易集》此处有注:"锥——《文苑英华》作钱。")刀之壅也"②;杨于陵亦将"闾井送

---

① 一般的研究者对此句多于"借"字断句,成为"钱利于流借"。我们认为:"流借"二字不词,也未有连用之词。"借"字当为假设之词,而非借贷之意,《诗·大雅·抑》:"借曰未知"。"借"字断在下句之首,"借十室之邑有钱百万",意为假设有十户人家的地方有一百万钱;而前句"钱利于流"则意为"作为货币,其利在于流通",前后两句句义皆明白可通。

② 《白居易集·礼部试策第五道》。

终之啥,商贾贷举之积"①视为钱重物轻原因之一。基于这种认识,唐政府多次颁发诏、敕,申述货币流通的重要性。元和三年诏曰:"泉货之法,义在通流"②;长庆元年敕言,"泉货之义,所贵流通"③。

这些论点虽然都强调了货币作为流通手段的职能,体现了以货币流通来便利商品流通、促进经济活跃的要求,也都是针对钱荒问题而发的;不过,这些认识都还比较肤浅:都只是看到了货币数量的一面,而不懂得投入流通中的货币,不仅是一定数量的货币,还有个流通速度的问题,而货币的流通速度和流通中的货币数量又是有联系的。

沈括的观点则明显不同,他明确地认识到,十万货币如只保留于一个人之手,在数量上就只是十万;如果连续流转十个人之手,就等于一百万数量的货币。一定时间内,货币在流通中转手的次数越多,同一枚货币就会相当于相应倍数的货币:货币数量×同一枚货币转手次数＝流通中实际起流通手段作用的货币数量。这就把货币流通速度与流通中的货币数量的关系给清楚地揭示出来了。西方是在17世纪才清晰地提出并论证了货币流通速度的概念,而沈括却是11世纪的中国人啊!

第三节 周行己的货币思想

沈括的货币思想主要是围绕"钱荒"问题展开的。周行己则是北宋时期货币思想的集大成者,对铜钱、铁钱、纸币等各方面的问题都作了考察,对解决当时货币问题的途径也提出了自己的方案,并且从理论上进行了论证。

周行己(公元1067年—?),字恭叔,永嘉(今浙江温州)人,著名理学家程颐的弟子。其哲学观深受二程影响,自言"予视吾生若沤,起灭不常;若萍,去留无止,于是名之曰浮沚"④,故有"浮沚先生"之称。著有《浮沚集》一书。

周行己于元祐六年(公元1091年)中进士,曾任太学博士、秘书省正字、权知乐清县等官,官位不高,《宋史》未为立传,卒年亦无考。但他在宋代学术史上则较有地位。他在治学上,颇重视实用之学,后人将其视为以"功利之学"著称的永嘉学派的先驱。

由于重视功利,关心涉及国计民生的各种事务,周行己对当时盐、茶之法、力役、转输、恤贫以及货币等问题均有论述,其中,最值得称道的是他关于货币问题

---

① 《新唐书·食货二》。
② 《旧唐书·食货上》。
③ 同上。
④ 黄宗羲:《宋元学案》卷三二。

的见解。周行己的货币思想,可说是对北宋一代货币思想的总结,其涉及问题的广度及理论认识的深度,在北宋时期都是首屈一指的。

周行己在货币问题上的议论,是针对蔡京实行通货贬值所造成的严重后果而发的。宋徽宗崇宁二年(公元1103年),权奸蔡京为相,铸造当十铜钱(实际含铜量为三钱)及夹锡铁钱(一枚当铜钱二文使用)。大观元年(公元1107年)蔡京再为相,又继续推行。这些做法造成货币的严重贬值及流通领域中的混乱。周行己为此写了《上皇帝书》,提出了救弊之策,其主要内容是:

第一,将当十铜钱按其实际含铜量贬为当三行使,但不是直接贬价,而是先由国家发行可以流通的诰敕、进纳、度牒、紫衣、师号等有价证券,将当十铜钱收回,然后再贬为当三行使。

第二,将陕西使用的铁钱扩大流通至河北、河东(山西)三路,在此三路禁用铜钱(防止其流入辽、夏)。

第三,将夹锡钱应用范围,限制在上述各路,其余诸路禁止使用。

第四,为解决这些铁钱区之间及其与其他地区贸易往来的不便,仿四川交子之法,在各铜钱区以铜钱为发行准备,发行交子,在上述各铁钱区使用。持交子者,可到铜钱区兑换现钱,但不能在铁钱区兑换。

这些救弊之策,是以周行己在货币理论方面的认识为基础的,他的这些理论认识主要是对货币的性质和货币价值(轻重)问题的认识、对通货膨胀及其危害性的认识和对纸币问题的认识。

一、对货币性质和货币价值问题的认识

周行己从当时严重通货贬值造成的钱轻物重问题着手,对货币的轻重问题进行了分析。他把对这一问题的理论认识概括为两点:"盖钱以无用为有用,物以有用为用;钱本无轻重,而物为之轻重。"①

"物以有用为用",指一般商品都因自身的使用价值成为人们需求和使用的对象;"钱以无用为有用",指货币作为货币,就不再以自身原有的使用价值,而是以与此不同的一种特殊使用价值(作为一般等价物)为人所用。

这一认识并非始于周行己,前人已不同程度地提出过这种看法,比周行己早几十年的张方平所谓"以无用而成有用",与周行己说的"钱以无用为有用"的说法基本相同。

但是,周行己思想的特殊之处,是他把"钱以无用为有用"和钱、物轻重两个命题同时并提。过去谈论货币无用的人,有的是从维护自然经济的观点,说货币

---

① 《浮沚集·上皇帝书》,中华书局1985年版,本节以下引周行己语均同此,不另注。

"饥不可食,寒不可衣",不值得重视;有的则是从货币能够"以无用为有用"、具有作为一般等价物的特殊使用价值,从而主张利用这种特殊使用价值来支配、操纵其他商品,操纵经济生活,而并未把这个问题同货币价值及货币、商品比价的问题相接联系起来。

周行己把这两个命题放在一起,虽然没有明确分析二者之间的联系,但却隐含着这样一个逻辑:货币正是作为一种有特殊使用价值的商品(一般等价物),才能同有一般使用价值的商品相交换,从而形成一种轻重即比价的关系。

只有使用价值不同的商品才能互相交换,货币的特殊使用价值,是一种同任何商品的使用价值都不同的使用价值。前人"以无用成有用"的观点,表明他们对这点是有所认识的。但是,不同的使用价值不能成为交换价值的基础。不同使用价值互相交换了,交换价值或轻重如何决定,却不能由使用价值的不同来说明。

周行己认为:"钱无重轻,而物为之重轻",意思是:货币自身没有价值或重轻的问题,它的重轻只能表现在同一般商品交换时的比价上。对物即一般商品,他也认为是自身并无价值的:"钱与物本无重轻。"这是一种只承认商品有交换比价即相对价值和不承认其有内在价值的相对价值论。

这种相对价值论是错误的。两种没有价值的商品相交换,哪里来的比价呢?周行己认为"钱"与"物"彼此"相为等而轻重自均"。既然"相为等而轻重自均",就无所谓"钱轻物重"或"钱重物轻"的问题了。那么,北宋末钱重物轻的问题是怎样产生的呢?周行己的解释是,这是更换货币的结果:原来的货币同商品之间已经形成了一种"相为等"的关系;后来发行了一种或多种较轻的货币,于是钱物"相为等"的关系,就为钱轻物重所取代了:

"钱与物本无重轻。始以小钱等之,物既定矣,而更以大钱,则大钱轻而物重矣;始以铜钱等之,物既定矣,而更以铁钱,则铁钱轻而物重矣。物非加重,而大钱、铁钱轻于其所等故也。铜钱以可运、可积为贵,而铁钱不可运、不可积为贱故也。以其本无轻重,而相形乃为轻重。"

周行己指出当时的钱轻物重是由于发行当十钱及用夹锡钱等轻钱所造成,这是对的;但他对当十钱及夹锡铁钱为什么轻的解释,则是不对的。他把夹锡铁钱所以轻解释为"不可运,不可积",其实不可运、不可积不仅是由于夹锡铁钱太重、易朽坏,而主要是由于它们价值太低。周行己认为货币、商品自身都无价值的观点,使他不可能对当时钱轻问题作出正确的理论说明。

周行己还使用传统货币思想中的"虚"、"实"概念分析问题,指出:"盖钱以无用为用,物以有用为用,是物为实而钱为虚也。"

在周行己以前,货币思想中对"虚"、"实"已有两种用法:一种是把有无某种使用价值作为实、虚的划分标准,因而往往以货币"饥不可食,寒不可衣"而认为物实钱虚;另一种是把货币的名义价值同实际价值是否相符作为划分虚、实的标准,把名义价值超过实际价值的不足值货币称为"虚钱"。周行己把"虚"解释为"无用",是属于第一种用法;不过,他关心的不限于"虚"自身,而是"虚"的用,即"虚"对实(或钱对物)的用。这就比谈"虚"、"实"问题的前人前进了一步,至少从形式上为以后的"以虚权实"、"虚实相权"等提法的出现,提供了思想的阶梯。

从钱与物"相为等而轻重自均"的论点出发,周行己认为,既然物、钱不等及轻重不均是大钱以三当十及夹锡铁钱当二(铜钱)造成的,那就只有消除这种不均的根源,才能改变钱轻物重的局面:将当十钱降至其自身价值当三,将夹锡钱的使用限于铁钱区并与铁钱等价使用;同时,鉴于陕西一路铁钱流通过多,再将夹锡钱集中于此,必更造成(铁)钱壅物贵,因而建议将陕西铁钱推广于河东、河北两路。这就是他说的:"当十必至当三,然后可平;夹锡必并之(于铁钱区),然后可行;陕西必通之(河东、河北),然后可重。"

但是,如果直接宣布将当十钱贬为当三,必致使手中握有当十钱的大量百姓遭受损失。为避免此种结果,周行己建议国家发行诰敕、度牒之类的有价证券,收回流通中的当十钱,然后再由国家改为当三。他认为这样做的好处有三:其一,"国家无所费,而坐收数百万缗之用";其二,"公私无所损而物价可平";其三,"盗铸不作而刑禁可息"。

周行己反对将通货贬值的损失转嫁给百姓,这一点是非常值得肯定的,但其所提方案实际上并不可能达到预期的目的。国家按流通中的当十钱发行等值的有价证券,在原已发行的此类证券之外再增加大量的证券,必使有价证券壅塞难售,或至发生贬值,国家将无法靠出售有价证券收回当十钱,或难以完全收回当十钱。

二、对通货膨胀发生过程及其影响的分析

周行己认识到,国家发行不足值货币,不但会引起物价上涨,而且物价上涨的程度会比货币增发的程度更高,速度更快。他说:"自行当十以来,国之所铸者一,民之铸者十,钱之利一倍,物之贵两倍。是国家操一分之利,失十分之利,以一倍之利,当两倍之物。又况夹锡钱未有一分之利,而物已有三倍之贵,是以比岁以来,物价愈重,而国用愈屈。"

周行己首先看到了,在通货膨胀过程中,物价的上涨比货币流通量增长更快,从而对通货膨胀影响的认识比前人更深了一步,这是他思想的敏锐处。不过,他把造成这种结果的原因归结为民铸(即封建官府说的盗铸),认为由于铸造不足值货币可得重利,官府一铸,民间必群起仿效,结果,增铸的数量就会比官铸多许多倍,因而物价的上涨,也会比官铸货币的增长多许多倍。

周行己对物价上涨比货币增发更快这一现象的发现,是值得肯定的;他对其原因的解释,却是不对的,至少是没抓住问题要害。在国家发行不足值铸币的情况下,尤其是继续把不足值铸币投入市场的情况下,即使没有民间仿铸,物价的上涨也会比货币流通量的增长更快。因为,民间看到铸币的实值在下降,担心手中所持有的铸币不能保存财富的价值,不愿久存手中而急于抛出。这种情况在广大群众中形成一种社会心理,就会使货币的转手次数即货币流通速度增加,而在一定时期内,一枚货币的流通速度加快一倍,其结果就等于流通中增加一枚货币。这样,物价上涨倍数将等于货币数量的增加同货币流通速度的乘积,必然大大快于货币数量自身的增长。

周行己把"物之贵两倍"归因于民铸的增加,说明他还没有认识到流通速度的作用。假如官铸之外,民铸也增长同数,而物价贵两倍,那实际上只是物价与货币数量同步增长,而并不是物价增长比货币更快。因为,在这种情况下,流通中货币数量的增长,是官铸和民铸之和,而不能单由官铸来计算。周行己说:"民之铸者十……物之贵两倍",这不但未看到货币流通速度的作用,连不足值货币数量的影响也大大低估了。

在周行己以前几十年,沈括已经提到了货币流通速度的问题,而且,沈括对流通速度及其与货币数量的关系已谈得颇为明确。周行己对沈括的这种发现,或者未予注意,或者未能理解,因而他对通货膨胀过程的分析,虽然察觉到了物价增长快于不足值货币增长的现象,却未能予以正确的解释。

周行己还认识到,国家铸造不足值货币以增加财政收入,其结果不仅不能改善财政状况,反会使财政状况更恶化,使"国用愈屈"。他指出,国家铸造不足值货币,造成物价腾贵,而国家自己必须向百姓买物,则物价腾贵的负担,必然会落在国家自己头上。他说:"……物出于民,钱出于官。天下租税常十之四,而籴常十之六。与夫供奉之物、器用之具,凡所欲得者,必以钱贸易而后可。使其出于民者常重,出于官者常轻,则国用岂能不屈乎?"

宋代的商品经济已有了显著发展,不但以货币形式缴纳的赋税在国家财政中已占重要地位,而且国家以货币向民间进行的采购,其种类及数量都非常可观。在这种情况下,国家铸造不足值货币,必将因百姓用不足值货币纳税,或者在国家采购商品时提高价格,而使国家自身减少收入或增大开支,从而使国用愈屈。

不过,周行己对通货膨胀影响于财政的过程的分析是不完整的,他遗漏了一个重要环节,因而初看起来有不合逻辑之处。

周行己认为，铸造不足值货币，与民交易，则"出于民者常重，出于官者常轻"。这样，官、民交易总是官受损失，如果这样，官又怎肯铸造不足值货币呢？

事实上，在政府铸造的不足值货币开始投入流通时，由于流通中的货币数量还未有显著增长，物价在一定时期内仍维持原来水平，政府可以货币的名义价值按现有物价水平买进大批商品，从而将远超过所投放的货币价值的社会财富据为己有，国库收入在这种情况下不是愈屈，而是会大赢的。而且，用通货膨胀的办法增加财政收入，比增税及增加国家专卖商品的价格，都更为隐蔽，更少遇到反对，因此，腐败的政权总是趋向于用通货膨胀来掠夺人民。

但是，周行己对通货膨胀加重财政困难的认识，从总体和结局来说又是深中肯綮的。国家把大量不足值货币投入流通后，引起货币流通量的巨大增长，而这些不足值货币又不能作为储藏手段自动退出流通；相反，人们不愿把贬值货币存留手中而急于抛出，又会使流通速度增加而促使物价进一步上涨。这时，政府用货币征收赋税就会导致实际收入的减少；而以货币向民间采购商品，就会因商品涨价，"出于民者常重"，使官府采购到的商品价值愈少了。

尽管周行己对通货膨胀导致财政状况恶化的分析过于简略且不完善，但他毕竟首先从货币流通过程揭示了这种恶化的机制，这在对通货膨胀及其影响的理论认识方面，也是一个重要的前进。

三、对纸币问题的认识

前面提到周行己主张在铁钱区流通名为"交子"的纸币。交子是在宋太宗时期开始流行于四川的，其初为银行券性质，后渐变成纸币。周行己要发行的纸币也名为交子，也是在铁钱区流行的，但它和原在四川流行的交子，则有一些明显的不同：

第一，四川的交子，是在铁钱区内部流通的，是因铁钱重滞，不便流通而发行的；周行己要发行的交子，虽然也只在铁钱区流通，但目的是为了便于铁钱区同外部铜钱区的贸易。

第二，四川的交子，是作为铁钱的价值符号发行的。它以铁钱作为发行准备，最初规定可以兑换铁钱，后虽不再兑现，但仍是作为铁钱的代表流通。周行己所要发行的交子，是以铜钱为准备来发行，并且是和铜钱相兑换的，因此，它虽在铁钱区流通，却不是铁钱的价值符号，而是铜钱的价值符号。

第三，四川交子就在发行地区兑换；周行己建议的交子，由于铁钱区禁止铜钱流通，因而不可能在其流通区内兑换。周行己主张，在铜钱流通地区的各路，设置交子的准备金，以收回的当十铜价折价为三作为准备。在铁钱区流通的交子,但须到铜钱区兑换。按照这种设计,交子在铁钱区不可兑换纸币,在铜钱区则是体现对铁钱区债务的汇票。由于交子可持至铜钱区兑现,因而它的价值可保持稳定。

周行己没有谈到在铁钱流通区交子与铁钱的比价问题。这一问题,只可能以两种方式来解决:

一是不规定比价,而听任它们在市场上自发地形成比价。在这种情况下,交子和铁钱是作为两种不同的货币同时流通于市场上,事实上和铜钱、铁钱同时流通一样。

二是以交子为基准,规定铁钱同交子的固定比价。这样,铁钱事实上也就和交子一样成了铜钱的价值符号。不过,要做到这点,必须严格限制铁钱的铸造和流通数量。

理论上讲,还可能有第三种解决办法,即以铁钱为基准规定交子同铁钱的固定比值,但这样一来,交子势将由铜钱的价值符号变成铁钱的价值符号,并且不可能再到铜钱区兑换铜钱。这就不是周行己设计的本意了。

周行己还对纸币发行准备金问题进行了理论探讨。他指出:发行纸币,不需设置同发行总量相等的准备金,而只需有其三分之二就够了。这样,国家发行一定数量的纸币,就可节约三分之一的金属货币。这就是他所说的发行交子可使"国家常有三一之利"。

为什么可有"三一之利"呢? 他的解释是,发行纸币"盖必有水火之失,盗贼之虞,往来之积,常居其一。是以岁出交子公据,常以二分之实,可为三分之用"。

纸币发行后,在流通过程中有一部分可能为水火等自然原因损毁。这部分纸币就不会再拿来兑现了。周行己认为,这就可以减少一部分现金准备。

这部分水火损毁了的纸币,自然不会再要求兑换,但是,它既已不在流通之中,也就不会有流通之利,因而也不能构成"三一之利"的内容了。

一部分纸币在持有者手中被盗贼攫去。对于这部分纸币,原持有者自然不可能再要求兑现,但盗贼得到这部分纸币,却可以要求兑现,或在使用后由其他人要求兑现,因此,"盗贼之虞"只是改变兑现人,而并不能节省纸币的发行准备金。

"往来之积"是对非十足准备金的正确解释。当纸币持有人相信纸币价值较稳定,不致很快贬值时,他是愿意把一部分纸币保留在手中,以备随时用于贸易或支付,而不会急于向国家要求兑现的。币值越稳定,人们越信任纸币,这种"往来之积"数量越大,发行准备金相对于纸币发行总额的比例就越小。

发行兑换纸币,不需要十足准备。四川交子初发行时,本是有十足准备的,但是,在纸币流通的过程中,由于持有纸币者并不都要求兑换,准备金通常是使用不完的。到北宋末,交子的出现已有百余年,人们在实践中早已懂得,发行交

子并不需要十足准备,但在长时期中,这种认识还止于感性认识的水平。周行己的贡献在于:

第一,他提出了"常以二分之实,可为三分之用"这一论点,这可说是对纸币发行准备金这一范畴的最早的理论概括。

第二,他不仅以明确的语言概括了准备金可少于发行总量这一现象,还试图对这一现象作出理论解释。他关于"水火之失"、"盗贼之虞"的说法,虽不是正确的解释,但用"往来之积"解释非十足准备金的问题却是抓住了要害的。对一个生活于12世纪初的人,能够对纸币发行准备金问题达到这样的理论认识,是十分难能可贵的。

本章总结

沈括是北宋时期少有的奇才异能之士,他不仅在古代科学技术方面有很深的造诣,而且尤其善于理财。他经济思想的精彩部分主要是关于"钱荒"问题的论述。而在这些论述中,最有价值的内容是他对货币流通速度问题的认识。周行己是北宋时期货币思想的集大成人物,他针对当时严重的通货贬值,探讨了货币性质和货币价值问题,分析了通货膨胀发生过程及其影响。在对纸币问题的认识上,周行己认为纸币发行不需要十足准备金的论点是他经济思想的闪光之处。

思考与练习

1. 总结沈括关于货币流通速度的思想观点。
2. 周行己对货币轻重、虚实问题的认识体现在哪些方面?
3. 周行己关于通货膨胀发生过程及其影响的分析体现在哪些方面?
4. 周行己关于纸币发行准备金的理论探讨体现在哪些方面?

第六章 朱 熹

本章概要

本章主要介绍宋代理学集大成者朱熹以"恤民"为核心的经济思想,评述其义利论、欲望论、省赋思想和荒政思想。

学习目标

1. 了解朱熹的义利观和欲望论
2. 了解朱熹的主要经济观点

第一节 宋代理学的集大成者朱熹

朱熹(公元1130—1200年),字元晦,一字仲晦,别号晦庵,中国古代最有影响的哲学家和思想家之一,宋代理学的集大成者。

他祖籍徽州婺源(其地今在江西省境内),本人生于福建尤溪,一生主要活动在福建,长期在建阳之考亭讲学,从事于理学的研究和著述,门徒近千人,故其学派称"闽学"。宋高宗绍兴十八年,朱熹登进士第,年仅19岁,三年后授泉州同安主簿。孝宗淳熙五年(公元1178年),知南康军后又任提举两浙东路常平茶盐公事。淳熙十六年(公元1189年),光宗继位,改知漳州,光宗绍熙四年(公元1193年),受命知潭州。翌年,宁宗即位,朱熹举为焕章阁待制兼侍讲,因上疏参劾权臣韩侂胄窃权误国,被罢免,还考亭,筑精舍讲学。庆元二年(公元1196年),监察御史沈继祖诬熹十罪,落职罢祠,理学亦被诬为伪学,史称"庆元党禁"。后数年主要在考亭精舍讲学论道,于庆元六年卒,会葬者数千余人。

朱熹在政治上主张改革,对当时腐败政治极为痛恨,积极要求"振举纲纪",清除积弊,提出政治改革必须以"开纳谏诤,黜远邪佞,杜塞倖门,安固邦本四者为急先之务"①。他毕生致力于理学研究,并非空谈心性,不着实际。他面对现

---

① 《朱文公文集》卷十三,《垂拱奏札三》。

实,关心国家命运,忧国忧民,他的"正心诚意"之道,旨在"治国平天下",他讲"天理"、"人欲",目的是为了"拨乱反正",匡时救弊。"然则今日吾人之进德修业,乃是异时国家拨乱反正之所系,非但一身之得失荣辱也。"①朱熹一生治学孜孜不休,著述很多,重要的《四书章句集注》、《周易本义》、《诗集传》、《朱文公文集》、《朱子语类》等数十余种,百余万言。

朱熹的成就主要在哲学方面,经济方面的议论不多。他的经济思想大致可以概括为:以"天理"为指导思想,以"恤民"为核心,以"省赋"、"救荒"等为主要内容,以强国富民为目的。

第二节 以"天理"为核心的义利观和欲望论

朱熹的义利观和欲望论基本上是因袭孔孟之说,认为"义利之说乃儒家第一义"②,他在理论上没有什么新的创见,只是更强调义理的重要性,把"义"提到了更加神圣的、绝对化的"大理"高度。他对义利的解释是:"义者,天理之所宜。利者,人性之所欲。"③他在《孟子集注》中对义利作了进一步说明:"仁义根于人心之固有,天理之公也。利心生于物我之相形,人欲之私也。循天理,则不求利而事无不利。循人欲,则求利未得而害已随之。"

不过,朱熹也并不是完全不谈财利,而是坚持把财利问题纳入其天理、人欲之辩的界限之内,认为符合"天理"的财利可以讲,而且应该讲;从人欲出发的财利则不当讲,不容讲。在他任地方官时,就面对过盐、酒、和买、差役、救荒、经界、屯田、漕运、经总制钱等,这都是属于理财方面的问题,朱熹并未加回避,而且是悉心讲的。

他认为,重视这些问题,是"为民兴利而除害"、"盖富国强兵之类"④,不可不讲。他反对的是剥民以自肥的私利。对于统治阶级的官僚阶层以伤天害理的手段所获取的"货赂"、"封殖"、"羡余"等不义之财,他是深恶痛绝,坚决反对的。

朱熹的欲望论和他的义利论是密切相联系的,或者说他的欲望论是建立在其义利论的基础之上。朱熹主张:"存天理,灭人欲。"这里所谓的人欲,就是指不顾"天下之公",而只顾"一己之私"的私欲。天理人欲之分,即是公私之分,这

---

① 《朱文公文集》卷二十五,《答郑自明书》。
② 《朱文公文集》卷二十四,《与延平李先生书》。
③ 《论语集注》卷二。
④ 《朱文公文集》卷五十一,《答黄子耕》及《孟子集注》卷一,《梁惠王章句上》。

样的私欲才是与天理对立,而不能并存于天地之间的。

所以,朱熹的欲望论,并不否认人们追求维持生存的物质欲望,更非把矛头指向劳动人民的生活基本需要。他说:"饥而欲食,渴而欲饮,则此欲岂能无?但亦是合当如此者。"① 又说:"饮食者,天理也。要求美味,人欲也。"② 因此,不能简单地认为"存天理,灭人欲"的口号,就是取消人们一切求生的物质欲望和物质要求,问题在于节之以理,限之以性。他反对的是一切过分的物质追求,一切反道德反心性的嗜欲。需要着重指出的是,朱熹提出的"灭人欲",主要还是针对统治阶级的"人欲横流",矛头所向是贪官污吏的穷奢极欲。他一再告诫统治阶级,特别是君王要"克己"、"正心","伏愿陛下自今以往,一念之萌,则必谨而察之,此为天理耶? 为人欲耶? 果天理也,则进以扩之,而不使其少有壅阏。果人欲也,则敬以克之,而不使其少有凝滞"③。

第三节 以"恤民"为核心的"省赋"思想

朱熹的经济思想是以"恤民"为核心而展开的。他说,"国家之大务,莫大于恤民",欲"恤民"必须"养民",为政之道,"特在乎养民而已"④。在朱熹生活的时代,南宋政权腐朽衰微,社会矛盾尖锐。朱熹对此忧心忡忡,为了挽救危局,他提出了"恤民省赋"的主张。

所谓"恤民",就是体恤民间疾苦,关心民瘼的意思。朱熹认为:"恤民之大者有六:曰重放税租;曰通放米船;曰劝分赈乏;曰截留纲运;曰严禁盗贼;曰纠劾贪懦。"⑤ 在这六条"恤民"之政中,他又认为恤民之实在省赋,"臣尝谓天下国家之大务,莫大于恤民,而恤民之实在省赋,省赋之实在治军,若夫治军省赋以为恤民之本,则又在乎人君正其心术,以立纪纲而已矣"⑥。省赋,即减轻人民赋税负担,南宋赋税之苛重,名目之繁多,远超过北宋,以至于当时的一般人都说不清有多少种。何以省赋之实又在治军呢? 这是因为造成南宋政府财政匮竭,民负加重的原因,一是统治阶级的贪污腐化,聚敛掊克,二是政府开支巨大,而财用不足,主要"皆起于养兵,十分八分是养兵,其他用度,只是二分之中"⑦。宋代许多

---

① 《近思录集注》卷五。
② 《朱子语类》卷十三。
③ 《朱文公文集》卷十一,《戊申封事》附注。
④ 《朱文公文集》卷九十九,《社仓事目》。
⑤ 《朱文公文集》卷二十六,《与周参政札子》。
⑥ 《朱文公文集》卷十一,《庚子应诏封事》。
⑦ 《朱子语类》卷一〇〇。

杂税皆是借口军事急需开始征收并相沿成规的。

如何"省赋"呢？朱熹认为就是要政府蠲免"民力之所以重困"的"税外无名之赋"①。他指出："要爱养民力，修明军政"，就必须悉禁"无名非理之供，横敛巧取之政"，这样"民力庶乎其可宽矣"。

朱熹的"恤民"思想还有一个重要的内容，即要求南宋皇帝开展反权奸、反贪污、反贿赂的斗争。他自己就先后六次上书揭发大贪污犯唐仲友，列举其罪状24条。朱熹认为"恤民"如果不同反贪赃斗争联系起来，则"陛下欲恤民则民生日蹙，欲理财则财用日匮，欲治军则军政日紊"②，官吏贪墨，政以贿成，"爱养民力，修明军政"之说，也就徒具空言了。

第四节 "荒政"和"社仓"思想

"荒政"思想，这是中国传统经济思想之一，历来儒家都把它视为实行"仁政"的重要内容，历代封建王朝多有荒政政策。

在朱熹"恤民之大者有六"中的前三项，即"重放税租"（再次减免租税）、"通放米船"（利用商贾运米以济赈乏）、"劝分赈乏"（劝勉豪富赈济贫穷）均属"荒政"范围之事。朱熹的政治生涯中最繁忙的经济活动要算是办理赈济，并得到皇帝的嘉许。

朱熹"荒政"思想大致可以归纳为以下几个方面：

其一是"劝农"。生产自救是解决灾荒民饥的根本大计和出路。当然朱熹的"劝农"思想不仅是为了赈灾，还有带动整个社会经济发展的重要意义。朱熹很重视农业生产发展，他在知南康军时，每年都写一篇"劝农文"。他在地方官任内，根据实际情况，对农业生产技术的推广、农田水利建设，以及谷物种植、旱涝飞蝗等各种具体农事，都予以关心和亲自指导，并收到一定的效果。为了尽快恢复生产，朱熹还在各地张贴榜文，晓谕离乡背井、逃移他处的灾民，还乡复业。

其二是蠲免赋税，减轻"民负"。朱熹知南康军时，逢连年人旱，百姓困苦不堪，他多次上书朝廷，要求减免赋税，以解生民倒悬之急。

其三是政府救济和富户捐献。

其四是饥荒发生时，招徕外地米商。朱熹知南康军时，用免税的优惠待遇吸引米商。他在浙东救荒时，还派员前往浙西、福建、广东等地张榜招徕客贩。

---

① 《朱文公文集》卷十一，《戊申封事》。
② 《朱文公文集》卷十一，《庚子应诏封事》。

与朱熹"荒政"思想紧密相关的是他的"社仓"思想。在朱熹办社仓前,他的同门好友魏元履于绍兴二十年(公元1150年),在建阳县创立社仓。朱熹盛赞其法,认为有利于救济灾民,安定灾年地方秩序。18年后,朱熹在建宁府崇安县和地方官绅共同设立社仓:官府拨给常平米为赈本,春散秋偿,每石米收取息米二斗,小歉蠲其半,大歉尽蠲之,当息米收到相当于本米之后,仅收耗米三升,此后即以息米作贷本,元米纳还本府,"依前敛散,更不收息"。

由于社仓是灾年贷米于民,并收取利息,当时有人认为它与王安石的青苗法类似。朱熹对二者作了比较,认为"世俗之所以病乎此者,不过以王氏之青苗为说耳。以予观于前贤之论,而以今日之事验之,则青苗法者,其立法之本意,固未为不善也。但其给之也以金而不以谷;其处之也以县而不以乡;其职之也以官而不以乡人士君子;其行之也以聚敛亟疾之意而不以惨怛忠利之心,是以王氏能行之于一邑而不能行于天下"[①]。这些话表明,朱熹的社仓,除了救荒之外,也有抵制地主、商人趁荒年以高利贷掠夺贫民的意义。

本章总结

朱熹是中国古代最有影响的哲学家之一,其成就主要在哲学方面,经济方面的议论不多。他的经济思想以义利论和欲望论为指导,以"恤民"为核心,以"省赋"、"荒政"等为主要内容。

思考与练习

1. 朱熹对孔子义利观和欲望论的继承和发展体现在哪些方面?
2. 朱熹以"恤民"为核心的经济思想是什么?

---

① 《朱文公文集》卷七十九,《婺州金华县社仓记》。

第七章　叶　适

本章概要

本章介绍南宋时期功利之学代表人物叶适的经济思想，阐述其对"贵义贱利"轮、"重本抑末"论的批判以及保富思想、理财思想。

学习目标

1. 了解叶适经济思想产生的社会背景和条件
2. 把握叶适经济思想的主要内容及其批判精神

第一节　南宋功利之学的主要代表

叶适（公元1150—1223年），字正则，永嘉（今浙江省永嘉县）人，因晚年在永嘉城外水心村居住、讲学，人称"水心先生"。宋孝宗淳熙五年（公元1178年），他擢进士第二，历仕孝宗、光宗、宁宗三朝。

叶适是永嘉学派的集大成者。永嘉学派渊源于北宋周行己，后有郑伯熊、薛季宣、陈傅良、叶适等人继起，他们都是永嘉人，因而称为永嘉之学。黄宗羲评论薛季宣时说："永嘉之学教人就事上理会，步步著实，言之必使可行，足以开物成务。"① 同时，永嘉之学也从此被视为功利之学。② 叶适就是在薛、陈的影响下，开始了自己的政治生涯和学术活动。晚年所著的《习学记言序目》，使他的学说更臻成熟。其著作还有《水心文集》、《水心别集》，1960年中华书局将此二集合编为《叶适集》。

全祖望说叶适和朱熹、陆九渊成"鼎足"③。可见他作为南宋功利之学的主要代表，在当时的学术地位和社会影响。功利之学兴起于浙江，并不是偶然的。南宋首都临安就在浙江，当时的浙江既是政治统治的心腹地带，又是经济最为发

---

① 《宋文学案》卷五十二，《民斋学案》，黄宗羲按语。
② 同上。
③ 《宋文学案·水心学案》，全祖望按语。

达的地区,尤其是商品经济甚为发达。不少地主兼营工商业,形成了一个没有特权的兼营工商业的庶族地主阶层。因此,浙江地区为功利之学的产生和发展准备了经济的与阶级条件。这些经济的和阶级的愿望、要求在叶适的经济思想中得到了较为明确、较为集中的反映。

第二节 叶适经济思想的理论基础

功利之学是叶适经济思想的理论基础。南宋大官僚地主集团为了维护自己的既得利益,转移人们对日益严重的社会经济危机的注意力,竭力鼓吹"贵义贱利"的陈旧教条,以此来禁锢人们的头脑,达到反对改革、排斥求利的目的。叶适主张保富,首先必须冲破"贵义贱利"论的束缚,为自己的思想主张提供理论依据。

汉代董仲舒宣扬"正其谊不谋其利,明其首不计其功"。南宋时期,唯心主义理学盛行,无论是朱熹还是陆九渊都把董仲舒的话奉为祖训,当做金科玉律。叶适针锋相对地驳斥道:"仁人正谊不谋利,明道不计功。此语初看极好,细看全疏阔。"他论证了义与利的统一性,仁义只有在功利上表现出来,才有实在的内容"以利与人……故道义光明。"如果仁义离开了功利而存在,那就没有丝毫价值了,"无功利,则道义者乃无用之虚语耳"①,因此,叶适主张"以利和义",反对"以义抑利"②。

叶适进一步指出,物质财富是人类社会生活的基础,"夫聚天下之人,则不可以无衣食之具"③。人们追求物质财富,也就是求利,是自然和合理的,任何人也无法改变,这是人的本性决定的,"人心,众人之同心也,所以就利远害,能成养生送死之事也"④。尤其值得注意的是,叶适从私人角度来阐述求利,从而使他的功利之学具有了新内容:"凡人衣食、居处、嗜好之须当身而足,则所留固狭矣。然而念迫于室家,莫之赢焉;爱牵于子孙,不能业焉。四民而艺,朝营暮逐,各竞其力,各私其求,虽危而终不惧,已多而犹不足者,以其所留不止于一身故也。"⑤他要求南宋政权不要人为地阻碍私人追求财富,任何束缚和干涉都是不对的,"古之长民者示之以意,其次为条教,其次号令之,最下者

---

① 叶适:《习学记言序目·汉书》。
② 叶适:《习学记言序目·魏书》。
③ 叶适:《水心别集卷2·财计上》。
④ 叶适:《习学记言序目·尚书》。
⑤ 叶适:《水心文集卷9·留耕堂记》。

挞罚驱协之"①。他建议封建国家要放手让私人求利,并且加以必要的鼓励和支持:"其途可通而不可塞,塞则沮天下之望;可广而不可狭,狭而来天下之争。"②

叶适的功利之学是对唐宋以来的不讳言利思想的继承和发展。然而,白居易、李觏所提倡的,还都是一般意义上的追求财利,并且主要是从国家角度来论证的。对此,叶适不是单纯的继承,而是更着重于发展。他的功利之学突出强调的是私人求利,带有浓厚的"私人"色彩。就其时代内容来说,这是南宋时期商品经济有了进一步发展的反映;就其阶级内容来说,正是与工商业有较多联系或兼营工商业的中小地主,发展商品经济以追求更多财富的愿望和要求在理论上的表现。

第三节 叶适的保富理论

在主张私人求利的基础上,叶适提出了较为系统的保富理论。他极力论证了保富的重要性:"富人者,州县之本,上下之所赖也。"一方面,富人可以"养民":"县官不幸而失养民之权,转归于富,其积非一世也。小民之无田者,假田于富人;得田而无以为耕,借资于富人;岁时有急,求于富人;更甚者,庸作奴婢,归于富人;游手末作,俳优伎艺,传食于富人。"也就是说,富人提供了土地和资金,使无地农民得以养家糊口。同时,富人雇用奴婢以及他们生活上的消费享乐,也为贫民提供了更多的就业机会。叶适的言下之意是,富人养民有利于农业和工商业的发展。另一方面,富人可以"利国":"上当官输,杂出无数,吏常有非时之责,无以应上命,当取具于富人。"富人是国家财政收入的主要来源,国家的赋税徭役要依靠富人的力量。既然富人上可"利国"下可"养民",那么保护富人的利益,发展他们的经济力量,满足他们积累财富的欲望就是理所应该的,叶适得出结论:"虽厚取赢,以自封殖,计其勤劳亦略相当矣。"③

从保富论出发,叶适坚决反对抑兼并的主张,他对南宋政权损害富人利益的行为进行了抨击:一则,阻碍了经济发展:"常割中民以奉之,故钱货纷纷于市,而物不能多出于地。"④二则,造成了社会动乱:"齐民中户,衣食仅足,昔可以耕织自营者,今皆转徙为盗贼冻饿矣。"⑤可见,侵犯了富人利益,就必然破坏国家

---

① 叶适:《水心文集卷9·绩溪县新开塘记》。
② 叶适:《水心别集卷3·官法下》。
③ 叶适:《水心别集卷2·民事下》。
④ 叶适:《水心别集卷2·财计中》。
⑤ 叶适:《水心别集卷31·经总制线二》。

统治的基础。叶适一再强调:"抑兼并富人之意可损。"①他认为封建国家必须以"保富"为宗旨,把维护富人利益作为主要着眼点,即使富人"豪暴过甚",也只能"教戒之","使之自改则止",绝不能任意抑制和打击。

叶适的保富理论首先是要保地主阶级的土地财富,他反对抑兼并,自然也首先反对抑制土地兼并。表现在土地制度问题上,就是批判井田思想,维护土地私有制,尤其要保护兼营工商业的中小地主的土地私有权不受任何侵犯。他认为土地私有制由来已久,谁也无法使已废的井田制重新实行,"已远者不追,已废者难因"。值得一提的是,他对历代儒者所赞美的井田制的优越性表示了怀疑。他认为,在井田制度下,"人力备尽,望之而可观,而得粟之多寡则无异于后世耳"。而在土地私有制下,"法简而易周,力少而用博"②。实际上,叶适已经开始从生产力角度来批判井田制了,指出了井田制是一种落后的生产关系,与土地私有制相比,它不利于生产力的发展。这种认识在他以前还较罕见。

叶适的保富理论,是南宋时期日益尖锐的社会矛盾的反映,北宋时期的李觏已指出:富人有两种,一种是富而强者,即大官僚地主集团,他们倚仗政治权势进行兼并,发财致富;另一种是富而不强者,即兼营工商业的中小地主,他们拥有较多的物质财富,有一定的经济实力,有着发展商品经济的愿望和要求,但在政权上没有特权。南宋时期这种现象更明显了。叶适的保富对象就是富而不强者。封建国家和大官僚地主自己纵容或从事土地兼并,而不让无特权的中小地主多占有土地,在所谓"抑兼并"的旗号下,对兼营工商业的中小地主横征暴敛,施加各种限制使他们的经济力量受到了严重损害,他们所从事的工商业活动得不到正常发展,从而使封建社会中的商品经济因素受到了严重打击。因此,叶适的保富理论强烈反对封建国家这种别有用心的"抑兼并",愤怒地加以斥责:"先以破坏富人为事……此非善为治者也。"③同时,兼营工商业的中小地主通过经济活动获得了相当数量的财富,但在封建经济及其政治上层建筑封建国家的束缚和压迫下,却无法把一部分工商业利润用于积累和扩大再生产,只好"以末致财,用本守之,"购买土地,转化为土地资本了。并且他们原先就直接拥有大量的封建地产,所以,兼营工商业的中小地主有着保存和扩大土地数量的要求。这样,批判井田制,维护土地私有制,就成为叶适保富理论中的一项重要内容而表现出来了。

叶适保富理论的进步性在于:维护了兼营工商业的中小地主的利益,为私人

---

① 叶适:《水心别集卷2·民事下》。
② 同上。
③ 同上。

经营经济活动提供了一些有利条件,在一定程度上符合社会生产力发展的要求。但是,叶适出于扩大中小地主的土地占有量的需求提出了维护土地兼并的主张,没有看到土地私有制对商品经济发展的严重阻碍作用,这是他思想落后的一面。并且,叶适为地主阶级的地租、高利贷等剥削行为进行了美化和辩护,这更是十足的剥削阶级观点,是他的阶级立场所决定的。

第四节 叶适对重本抑末教条的批判

叶适代表的是同工商业有较多联系或兼营工商业的地主的利益,他的保富论不仅要保地主的土地财富,还要保他们从工商业得来的货币财富;他反对抑兼并的主张,也包括反对抑制商人兼并的内容,因此,他对"重本抑末"教条展开了公开的批判。南宋时期的大官僚地主阶级为了维护落后的自然经济,阻碍商品经济的发展,实行"愚民"政策,保护自己的既得利益,不遗余力地鼓吹"重本抑末"论。叶适作为兼营工商业的中小地主的代言人,成为中国经济思想史上第一个公开反对"重本抑末"论者。

叶适对"重本"并没有表示异议。他相当重视农业问题,认为王业的基础在于"先知稼穑之艰难",批评封建统治者把农业看做"日用之粗事",强调了农业的重要性:"未有不先知稼穑而能君其民,协其居者。"①

在"重本"的同时,叶适把批判的矛头指向了传统的"抑末"思想。他首先引用历史事实来说明古圣先贤并不抑末,而是保护商贾,支持商人的活动,促进商品货币经济的发展。"《书》'懋迁有无化居',周'讥而不征',《春秋》'通商惠工',皆以国家之力扶持商贾,流通货币。"②从而否定了"重本抑末"论的正统地位。接着,叶适从更高角度出发,抨击了"重本抑末"论。他指出工商业的产生和发展是社会分工的需要,是人们经济生活中必不可少的,有利于经济繁荣和社会安定,"夫四民交致其用而后治化兴,抑末厚本非正论也"③。这样,叶适把发展商品经济和工商业提到了与国计民生息息相关的高度,把批判"重本抑末"论作为关系到封建政权兴衰治乱的问题提了出来。

叶适不但在理论上批判了"重本抑末"论,而且提出了具体主张。在经济上,他建议封建统治者"以国家之力扶持商贾",运用国家政权的力量保护和促进商品的生产和流通,并且提出,富商大贾在商品货币流通领域,要与封建国家

---

① 叶适:《习学记言序目·毛诗》。
② 叶适:《习学记言序目·史记》。
③ 同上。

共同分享轻重敛散之权,取得经济上的支配地位,以获得厚利;坚决反对封建政权排挤和压制商人,独操轻重之权:"开阖敛散轻重之权不一出于上,而富人大贾分而有之,不知其几千百年也,而遽夺之,可也?"①在政治上,叶适试图为工商业者争取到一定的政治权利,以保障其经济利益:"四民古今未有不以世。至于奕进毕士,则古人盖曰无类,虽工商不敢绝也。"②在南宋时期,叶适能够提出这样的经济和政治要求,实在是难能可贵的,这是他的经济思想的进步性所在。

第五节 叶适的理财论

叶适为私人求利、保富的思想,也反映在他的理财主张上。他把理财与聚敛严格区分开来,在《财计篇》中开宗明义地指出:"理财与聚敛异。"叶适不仅激烈抨击了借理财之名行聚敛之实的"取诸民而供上用",而且站在维护和发展私人经济的立场上,完全否定了王安石"民不益赋而国用饶"的理财方法,他特别反对王安石的"市易"等新法,认为封建国家直接经营工商业,侵犯了私人工商业者的利益,给社会经济活动带来了严重危害:"为市易之司以夺商贾之赢,分天下之债而取其什二之息……其法行而天下终以大弊。"南宋时期越来越多的中小地主兼营工商业,商品的生产和流通都大大超过了北宋,这样,王安石运用传统的轻重理论,通过封建国家政权直接经营工商业的做法,已经不太适应南宋时期商品经济发展的要求了。叶适对王安石理财的否定,实际上是把斗争锋芒指向了秦汉以来的轻重思想,反对经济干涉主义,这在中国经济思想史上是很值得重视的。

叶适提出了"天下财天下共理之"的命题,认为这才是正确的理财原则,也就是说,理财不能只是国家理财,还应该是私人理财,让私人从事工商业等经济活动。他指出,古代的大禹、周王就是遵循了这个"共理之"的理财原则,才做到了国泰民安,成为后人推崇的"善理财"的榜样,"古之人未有不善理财而为圣君贤臣者"。叶适对南宋统治者没有按照这个原则来理财提出了责问:"今之理财者,自理之欤,为天下理之欤?"批评封建国家"嫉其自利而欲为国利,可乎?"③这些思想集中体现了兼营工商业的中小地主在理财问题上,试图发展本身的经济地位的愿望和要求,虽然呼声还很微弱,但在13世纪的中国封建社会,也算是得风气之气了。

---

① 叶适:《水心别集卷2·财计上》。
② 叶适:《习学记言序目·国语》。
③ 叶适:《水心别集卷2·财计上》。

叶适提出了"财少"的口号,他认为南宋王朝的苛捐杂税,每年敛取八千万缗的收入,"自有天地,而财用之多未有今日之比也"①。然而由于"天下有百万之兵,不耕不战而仰食于官;北有强大之虏,以未复之仇而岁取吾重赂;官吏之数日益而不损,而贵臣之员多不省事而坐食厚禄。"②因此,每年支取一空,入不敷出,造成了"多财本以富国,财既多而国愈贫;加赋本以就事,赋既加而事愈散"③的矛盾现象。他认识到必须减少赋税徭役,减轻人民的沉重负担,使老百姓有一定的人力、物力、财力进行再生产,这样才能改变"财以多为累"④的危机。所以,他一再强调,"财以少而后富"⑤,"财愈少而愈治。"⑥历史上,很多进步思想家都指出了封建国家实行轻徭薄赋政策,适当减少对人民的剥削,有助于生产的发展。但他们都没有像叶适这样,如此明确、大胆、直接地向封建国家提出"财少"的要求。这实际上反映了兼营工商业的中小地主与封建国家争夺剩余产品的斗争。在剩余产品的分配中,封建国家减少赋役的"财少",意味着兼营工商业的中小地主的财多,他们所占有的地租和商业利润必然增加。南宋时,商品经济的发展使兼营工商业的中小地主追求和积累财富的欲望增强了,他们愿意把一部分增加的剩余产品投入生产和流通,以获得更多的物质利益,这在客观上促进了生产力的发展。因此,叶适作为他们政治和思想上的代表,提出了"财少"的口号来保卫和发展这个阶层的利益。但是,应该指出,南宋王朝日益深重的各种危机,并不是因为"财多"造成的,而是南宋政权的性质决定的。叶适认为南宋统治者实行"财少"的原则,大大减少赋税和其他财政收入,就会自然而然地"愈少而愈治",这是不符合逻辑的,难免存在走向极端的可能。

叶适经济思想的主要特点和贡献就在于:自始至终贯穿着一种批判精神,通过批判来为私人经济的发展开辟道路。南宋时期,封建正统经济思想仍然占据统治地位,他高举批判的旗帜,用倡言私人求利驳斥儒家的"贵义贱利"论,对"重本抑末"传统教条打响了正面攻击的第一炮。他的保富理论和理财主张,对封建国家控制和干涉私人经济活动的行为进行了揭露和斗争。这些批判使当时的人们耳目一新,确实起到了开通风气的作用,在一定程度上打击了日益腐朽的封建生产关系,促进了封建社会中的商品经济的发展。

较为明确和强烈的批判性是叶适经济思想的优点,但也有其弱点,由于批判

---

① 叶适:《水心别集卷2·财总论二》。
② 叶适:《水心别集选2·财计上》。
③ 叶适:《水心文集卷1·上宁宗皇帝札子三》。
④ 叶适:《水心别集卷30·实谋》。
⑤ 叶适:《水心别集卷32·四屯驻大兵》。
⑥ 叶适:《水心别集卷2·财总论二》。

处于主导地位，批判影响和渗透了一切，因此，叶适所提出的一些具体主张和建议，缺乏高度的理论概括，即使有一些理论论证，在广度和深度上又都显得不够成熟和深刻，特别是正面的立论更显不足。

本章总结

　　南宋时期，商品经济有了进一步的发展，同工商业有较多联系或兼营工商业的中小地主要求发展商品经济追求更多财富的愿望更加强烈，叶适的经济思想就是这种社会现实的反映。他以功利之学为理论基础，反对"贵义贱利"论，尤其是首先公开批判"重本抑末"论，并且提出了反对抑兼并的"保富"理论。他的理财思想提出"天下之财与天下共理之"、"财愈少而愈治"等论点。强烈的批判性是叶适经济思想的优点，但是这也使得他的正面立论不足。

思考与练习

1. 叶适对"贵义贱利"教条的批判体现在哪些方面？
2. 叶适对"重本抑末"教条的批判体现在哪些方面？
3. 阐述叶适的保富论和理财论的具体内容。

第八章　许衡、卢世荣、马端临

本章概要

本章介绍元代许衡、卢世荣、马端临的经济思想,分别论述许衡的治生之学、卢世荣的理财措施及其体现的经济思想、马端临具有颂古而不赞成复古色彩的经济思想。

学习目标

1. 了解许衡治生之学的主要观点
2. 了解卢世荣财政经济改革的主要措施和理财思想
3. 了解马端临的经济思想

第一节　许　衡

许衡(公元1209—1281年),字仲平,河内(今河南西北部,治所在今河南沁阳县一带)人。他信奉程朱理学,是元代最著名的儒家学者,同时对"食货"(财政经济问题)、水利、"星历"(天文、历法)等也很有研究,因此深受元世祖忽必烈的重用,官至中书左丞(副丞相),集贤殿大学士,卒谥文正。其著作经后人辑为《许文正公遗书》、《鲁斋先生集》等不同版本的集子。

许衡最重要贡献是一再向元世祖提出治国"必行汉法"的建议,主张元王朝要保护汉族地区的先进生产方式,吸收汉族的优秀文化,以改造本民族的落后制度和习俗。他分析提出:"考之前代,北方奄有中夏,必行汉法,可以长久。故后魏、辽、金,历年最多;其他不能实用汉法,皆乱之相继。"①这段论述,通过总结元代以前少数民族统治者入主中原的历史经验和教训,为元朝确立自己的少数民族一统帝国的统治,提出了更明确、更有理论形式的指导思想:落后民族在征服先进地区而取天下后,只有实行与被征服地区的先进经济和文化相适应的制度、

---

① 《许文正公遗书·时务五事》。

政策等,才能巩固政权,达到治天下的目的。

作为元代理学家的主要代表,许衡强调儒家贵义贱利的传统观点,不过在他的言行中又从未有过凭借贵义贱利的教条来限制百姓追求财利的思想主张。不仅如此,他甚至还认为人之生性是要求利的,提出了"以利为本"①的观点,主张治理国家要使百姓得到财利。以此为出发点,他既主张富国又倡导治生,并且认为两者并不矛盾而是相一致的。

许衡在富国之学方面没有什么突出的成就,但他却十分讲求治生问题,提出了很有价值的"为学治生"论,主要包括以下三方面的观点:

第一,士人既要为学,又要重视治生,"治生"有利于"为学",是"为学"的"先务"。

许衡作为当时公认的"一代儒宗",按道理本应是儒家"贵义贱利"、"谋道不谋食"等"圣训"的坚定维护者和积极宣传者,但他却反其道而行之,并没有把谋道与谋食、为学与治生看做是互相对立、排斥的,而是认为两者不能割裂开来,应该加以统一。他指出,谋食、治生等问题不仅是四民中的农、工、商三民所应该要求的,也是"为学"的士人必须首先重视的,"为学者治生最为先务,苟生理不足,则于为学之道有所妨"②。也就是说,如果缺乏必要的物质生活条件,家庭贫困,缺吃少穿,是难以做到读书、钻研学问的。谋食对谋道、治生对为学,不是异己的、互不相容的东西,恰恰相反,谋食、治生正是谋道、为学的先决条件和物质前提。

第二,反对把教学和做官作为治生手段,赋予"治生"以经营致富的含义。

许衡明确指出:"若以教学及做官规图生计,恐非古人之意也。"③他虽然主张把治生与为学相统一,以治生为读书、研究学问提供物质基础,但并没有把治生与为学等同起来。他认为,不应该在文化教育领域从事治生活动,为学不应成为求富、牟利的直接手段。当然,以教书办学为谋生职业,收取学杂费等以维持生计,这是正当的、也是可为的。许衡所反对的是通过教书的途径来发财致富,因为这样,有些士人就会搞歪门邪道,在文化教育领域中就会出现一些败坏风纪、不顾名节的现象,如帮助考试作弊之类。

许衡也反对把做官作为治生手段。在政治领域中从事谋取、增值财富的活动,其弊端要比在文化教育领域更为严重得多。可想而知,单靠俸禄是难以发财致富的,要想靠做官来谋私利、赚大钱,就必须利用职权搞权钱交易,结果,贪污

---

① 《许文正公遗书·楮币札子》。
② 《许文正公遗书·国学事迹》。
③ 同上。

受贿、营私舞弊、弄权勒索以及垄断利源等等腐败现象必然随之而来。因此,许衡认为:"做官规图生计","做官嗜利"是不正当、不可取的,"恐非古人之意也"①。

许衡的这种分析,把"谋生"和"治生"严格区分开来,认为前者是靠从事一定职业以获取生活资料,后者则是增值财富,是获得必要生活资料以外的剩余并积累起来。他所说的"治生",更明确地反映了当时富人的要求。

第三,治生的正当手段是经营农、工、商业,并以务农为主。

许衡把教学、做官排除在治生的正常途径之外,那么,什么才是治生的正途呢?他指出:"治生者,农、工、商、贾而已。"②把农、工、商各业作为治生的正当手段提了出来,并不是要求士人成为农、工、商各业中的劳动者,亲自参加劳动,而是作为这些行业中的生产资料所有者即业主,从事经营管理活动,以解决个人及家属的生活问题,并通过这种活动来追求、积累财富。

在农、工、商各业中,许衡认为:务农是为学与治生之间的最好联结点,是治生的最佳途径。因为,务农可以名利双收:不仅榨取地租、高利贷比封建时代的其他经济收入更安全可靠,而且比从事工商业可有更高的政治、社会地位,更有利于读书、治学以求取功名。所以,他没有把农业与工商业同等对待,而是推崇农业,强调说:"士子多以农为生。"③中国封建社会后期的地主治生之学所宣扬的"耕读传家"论在这里已显露端倪。

在各种治生手段中,许衡最重视和肯定的是务农即从事封建农业的经营管理活动,这说明他的治生之学基本上仍然是一种地主的治生之学。他仍然认为商贾是"逐末",比不上农业,虽然他没有因此而否定经商也是治生的正当手段,但却不认为经商可以成为"士君子"治生的正常手段。在他的心目中,士君子在正常情况下只能务农以治生,只是在特殊情况下,当不能够"以农为生"时,才可以靠经商来"姑济一时"④,在中国封建时代,"重本抑末"成了神圣不可侵犯的教条,经营工商业的人受到歧视和压制,许衡虽然还不能彻底摆脱轻商、贱商的传统思想影响,他能够承认"士君子"在一定条件下可靠经商以治生,毕竟是一个值得重视的进步。

许衡关于治生问题的论述只有寥寥数行,没有作进一步的解释和发挥。但他所概括提出的具有原则性、方向性的见解,却是别开生面、颇有新意的。他的"为学者治生最为先务"的观点,在思想界引起了相当影响。由于许衡是赫赫有

---

① 《许文正公遗书·国学事迹》。
② 同上。
③ 同上。
④ 同上。

名的一代儒宗,后世许多谈论治生问题的士人,往往引用他的这句话作为自己的依据。不过,后代研究治生之学的人并没能从许衡的立场更前进一步,没能把许衡以工商为治生正道的论点继承和进一步发挥,反而更彻底地把治生同务农联系在一起,从而把治生之学引入了地主治生之学的死胡同。

第二节 卢世荣

卢世荣(? —128)是元世祖时期的理财家。名懋,大名(今河北大名县)人。在阿合马①掌权时期,曾投靠阿合马,做过江西榷茶运使。阿合马被杀,他也遭到废黜。元世祖感到朝中无善于理财的人,桑哥②推荐卢世荣。元世祖很欣赏他的才干,深加倚任,任命他为中书右丞。他提出了广泛的财政经济改革方案,是元代进行财政经济改革最多的人。他的改革触犯了权贵势要的利益,受任仅四个月即被人参劾下狱,次年遭到杀害,从受任到被杀才一年。

卢世荣所进行的财政经济改革,主要可分为以下几个方面:

第一,取消或减少官府对经济活动的过多禁制和垄断,如罢"竹监",把过去由官府强收民间生产的竹货、禁民自行买卖的办法改为许民买卖,官府征税;废止禁民捕鱼的办法,听民捕鱼并完纳渔税等。

第二,取缔或限制权要、豪商勾结垄断盐、铁经营的做法,由国家直接"立炉鼓铸",制造铁器出售;将过去官、豪垄断经营的食盐划出一部分(1/3)交各路作为常平盐出售,以限制官吏、豪商相勾结任意抬高盐价的行为,并将常平盐收入用以充实常平粮仓的储备。

第三,废除一些对平民的强制勒派的办法:如废除强迫民户供给本地区驿使(为官府传送、投递文件和书信的人员)饮食费用的办法,改为由官支给;废除强制百姓代纳官俸的办法,等等。

第四,开办一些新的国营生产、流通事业,以增加国家收入:如由国家造船、给本,招商进行对外贸易,贸易利润"官有其利七,商有其三"③,禁止私人出海进行贸易;国家出资购买羊、马等牲畜,在蒙古草原地区招募贫苦牧民放牧,收入由官府和劳动者按八、二比例分配;官府设市易司,招收牙人,收入40%归牙人,60%归国家,等等。

第五,货币改革,整顿钞法,并且铸造"至元钱"和钞币并行。

---

① 阿合马:中亚细亚费纳喀特人,元世祖时掌权二十余年,采用各种残暴手段搜括民财,结党揽权。
② 桑哥:畏兀儿(维吾尔)族人,卢世荣被杀后,他担任理财工作,重新推行卢世荣的一套办法,数年后也因反对力量强大而失败。
③ 《元史·奸臣传》。

第六,其他财政经济改革措施:如减江南地租一成,免醋税,设立官营的借贷机构平准周急库,"轻其月息,以贷贫民"①,以及取消民间买卖金银的禁令等。

卢世荣的这一套理财措施,主要是通过国家控制经济,尤其是由官府直接经营有利可图的农、牧、工、商各业,以增加财政收入。从经济思想上看,这基本上属于传统的轻重范畴,但也有一些重要的不同点:

第一,卢世荣不是一味强调国家垄断,而是主张只垄断那些最有利可图并且也最容易垄断经营的行业;对于那些过于分散,容易损坏,国家垄断会扰民太甚而财政收入又不多的商品如鱼、醋、竹货之类,则停罢官府垄断,改归民营,国家征税。这实际上已不是传统轻重论那种"为笼以守民"、"利出一空"②之类的尽量由国家控制、垄断的思想,而是划分官营、民营,有控有放的思想。

第二,他不是只在现有的生产、流通范围中实行国家垄断经营,而是设法开辟新的生产、流通行业,并在这些行业中扩大国家经营的范围。

卢世荣所采取的一些措施如国营畜牧业、官办市易司(牙行)以及平准周急库(国营借贷机构)等,都属此类。

值得注意的是,这些行业的经营,多采取国家出资、招商(民)经营、官商(民)分成的方式,以求既能使国家得利,又可避免官府直接经营所不能免的腐败、低效率等弊病,还可为百姓增加一些就业门路。

这些措施,有些是前人已经实行过的(如官府借贷),但卢世荣的办法比前人有所改进;有些则是卢世荣新创(如国营畜牧招商,官民分成制)。

第三,力求不增加百姓负担,并且有若干减轻百姓负担的措施。

卢世荣不是一味用加税、加价苛征于民,而是在某些方面采用了若干减价、减税,或者限制加税、加价的做法。例如,他把盐的总额的1/3划为常平盐,不许售高价;他免醋税,对官营借贷"轻其息"等;免去百姓代付官俸及供应驿使的饮食费用,更是直接地减轻百姓负担的措施。

他不仅减税、减价,还实行了在江南减租的措施。自汉代以来,屡有人指出地主的私租苛重,减赋只能使地主、豪强得利,惠不及民。唐代陆贽更进一步提出减租主张,要求"裁减租价,务利贫民"③。但这些都是思想家的呼吁,卢世荣则是以官方身份,而且是以朝廷名义,颁布了减租的命令。不论其在元政权下是否得到实施,总是深值得重视的一个事件。

卢世荣自称他的理财之术"上可裕国,下不损民"。从他的整个理财计划

---

① 《元史·奸臣传》。
② 《管子·国蓄》。
③ 《陆宣公翰苑集·均节赋税恤百姓》。

看,是有不损民或少损民的要求的。

第四,从理财目的出发经营对外贸易,是卢世荣的首创。

卢世荣主张国家专设机构,出资本,造海船,招商经营对外贸易,官、商双方按比例分配利润。这样的对外贸易经营模式,是此前谈对外贸易的人从未提及的。

在卢世荣以前,对海外贸易抱积极态度的人,多是为了进口奢侈品(犀、象、珍宝、香料等)满足国内贵族、富豪们的寄生生活需要,而少有为利润而进行海外贸易的主张。卢世荣主张以利润为目的主动地开展对外贸易,并为此设计了一个包括机构、资本、组织方式、利润分配办法在内的外贸经营模式。这在中国对外贸易思想史上确属首创。这个创议由卢世荣这个主管理财而且身居相位的人物提出来,尤其不同寻常。唐、宋都已设有市舶司,但那只不过是对外贸易的官府管理机构和海关稽查、征税机构;卢世荣的市舶都转运司,则不仅具有上述职能,而且是兼为国家的对外贸易经营组织了。

卢世荣所主张的对外贸易,是由封建国家垄断对外贸易,而不是允许和鼓励民间进行对外贸易;但他早在13世纪就提出以赢利为目的开展对外贸易、寻求国外市场的主张,毕竟是一种走在时代前列的思想。如果这种主张在以后能继续得到推行,其对海外市场的扩展和国内工商业的活跃所起的推动作用,将是不容忽视的。

卢世荣的理财主张,虽然本质上仍然是由国家垄断主要利源以增加国库收入,但在一定程度上又具有通过改革活跃生产和流通的作用,其中的某些措施(如免驿费、免代付官俸等),也多少减轻了百姓的负担。

卢世荣在推行改革的过程中,一直受到激烈的反对和攻击,最后,因受到御史陈天祥的参劾而倒台。陈天祥主要列举了卢世荣以下四个方面的罪状:

(1) 他曾依附、投靠过阿合马。
(2) 在阿合马手下工作时,有过贪污受贿的历史。
(3) 掌权时行为专擅,不尊重宰相和其他大臣。
(4) 上台百日,改革未见成效。

前两方面是卢世荣历史上犯过的错误。但这些过恶罪不至死,而且阿合马失败后已经处分过他,历史上的错误不应再成为以后杀他的理由。多少代的积弊,不可能在三四个月就根本改变。以这些罪名把他下狱、处死,可以说是不足为据的。看起来,他的被杀主要是由于他裁抑权势的主张得罪了人。

元代统治集团中坚持落后的掠夺方式的势力是很强大的,在进入中原和南方经济发展水平较高的地区一段时间以后,他们和这些地区的大地主、大商人勾结起来,成为一支腐化、专横的统治势力。在这一势力的阻挠、反对下,推行裁抑权势的经济改革是困难极大的。卢世荣的改革范围广,触动面大,自然会受到朝廷中腐化、专横势力的打击,而落一个悲剧性的下场。

卢世荣对自己的危险处境是了解的,他一再对元世祖说,由于他的改革"裁抑权势所侵",因而"多为人所怨"①,深恐会受人诬害。尽管这样,他还是提出了如此广泛的财政经济改革方案,并且面对强大的反对势力毫不动摇地进行改革,无愧为元代的一个有勇气的改革家。

第三节 马端临

马端临,字贵与,饶州乐平(今江西乐平市)人,生于公元1254年(宋理宗宝祐二年),卒年不详。元英宗圣治二年(公元1322年),饶州路刊印《文献通考》时,他还健在,并且亲任校雠,这说明他至少活到了68岁以上。

马端临很推崇唐杜佑的《通典》,认为此书"纲领宏大,考订该洽"②,但他又觉得《通典》还存在一些不足,需要写《文献通考》加以弥补和改进。他认为,一是《通典》只写到唐玄宗天宝时期,《通考》则要在时间上续足。二是《通典》在体例及内容上均有缺陷:"节目之间未为明备,而去取之际颇欠精审。"③因此,《通考》在水平上要超过《通典》,体例、内容均要有较大的提高。

《通典》是关于典章制度的历史沿革之作;《文献通考》则除了典章制度之外,还载录并评论了与这些典章制度有关的见解和议论,在许多地方用"按语",写出了马端临自己对有关问题的思想主张。杜佑特别重视有关财政经济的典章制度,《通典》首列《食货典》。马端临继承、弘扬了这一传统,他更加重视食货问题,尤其是于制度之外兼重思想,因此,从经济思想史的角度看,《通考》比《通典》更有价值。

封建时代尊古贱今的历史观对马端临的影响是较大的。他认为唐、虞、三代的制度、文物比后来的任何朝代都更为完备,可算是人类历史上尽善尽美的时代。不过,他对传统的尊古贱今历史观又有所突破、超越,虽然尊古、颂古,但却又反对复古。他指出:"古今异宜",就是说唐、虞、三代的制度、文物尽管完美无缺,但却早已过时了,只宜于古,而不宜于今。以此历史观为指导,他不赞成一味宣扬复古的论调,认为复古无法救治现世的弊病,反而会因不合时宜,使矛盾更尖锐、问题更严重,使"国与民俱受其病"④。

---

① 《元史·奸臣传》。
② 《文献通考·自序》。
③ 同上。
④ 同上。

从颂古而不赞成复古的历史观出发,马端临在《文献通考》中,按田赋、钱币、户口、职役、征榷、市籴、土贡、国用八大类共用了二十七卷的篇幅,论述了历代财政经济制度的沿革及有关的评述议论。

在田制问题上,马端临十分赞赏三代以上的井田制。但对汉代以来复井田的主张,他却是持反对态度的,强调说:"所袭既久,反古实难。"①

为什么不能复井田呢?马端临分析指出,由于缺乏两个前提条件:

其一,在实行"封建"即分封诸侯、封君的前提下,每一诸侯、封君对自己管辖的土地及劳动力的情况十分了解,"其土壤之肥硗,生齿之登耗,视之如其家"②,这样井田制就较容易实行。而秦以后,中央集权国家统治下的疆域甚为广大,根本不可能了解全国各地区土地和人口的具体情况。地方官吏又有一定的任期,调迁频繁,对有关情况的了解也是很不够的。这样势必使划井授田的井田制无法实行。因此,马端临认为,作为井田制必要前提的"封建"已不存在,井田制也就难以实行了。"盖以不封建而井田不可复行故也"③。

其二,更重要的是,井田制废坏后,国家手中已经无田或田已不足,田地已为"庶民所私有","天下之田悉属于官"即土地全部国有的前提条件已不具备了,因此再想恢复官授田于民的井田制已不可能了。

马端临的结论是,"封建"诸侯和土地国有这两个前提不再存在了,复井田显然是不合时宜、不可取的。"欲复封建,是自割裂其土宇以启纷争;欲复井田,是强夺民之田亩以召怨谤。书生之论,所以不可行也。"④

马端临认识到了,井田制等等财政经济制度的恢复或实行与否,应看其是否适合时宜即是否适应当时的具体历史条件。但是,他只看到了"封建"诸侯和土地国有这两个历史条件的丧失,而使井田制不可复,却没有认识到,实际上是井田制这种低下、落后的奴隶主土地国有制已不适应当时的生产力水平,不利于当时农业生产的进行和发展,其命运只能被比它更为先进、更适合于农业生产的增长、更有利于激发个体劳动者的积极性的土地私有制所替代。

马端临有关征榷、赋税等问题的论述,也贯穿着颂古而不赞成复古的特点。

马端临对周礼所记载的那种只禁山泽而不征榷的"古制"是很称赞的,但却不主张加以恢复。他不完全反对"征榷取财"⑤,即不否定以征商税和国家垄断经营工商业作为取得财政收入的手段。他认为,征榷取财有两种:一种是收商贾

---

① 《文献通考·自序》。
② 同上。
③ 同上。
④ 同上。
⑤ 《文献通考》卷十五,《征榷考二》。

豪强之利以归国家,对此他是肯定的,认为它有利于减轻农民负担,符合重本抑末的要求;另一种是在国家垄断经营之后,以高价强制摊售于百姓,对此他坚决反对,认为这是掠夺百姓的虐政。

唐中叶,杨炎实行了以两税制取代租、庸、调制的赋税制度改革。马端临的看法是,一方面颂古即认为租庸调是好的税制;另一方面又反对复古,即不赞成恢复租庸调。

他分析指出,租庸调制是以均田制为基础的,均田制按丁授田,租庸调制按每户的丁数征税,每丁承担的赋税和他耕种的田数相当,这是比较公平合理的。但是,唐中叶后,均田制已废坏,众多的人丁失去了土地,对这些无田之民仍按户籍以丁计税,实际上是让这些"无田之人……与豪富兼并者一例出赋"①,这是极不公平、极不合理的。因此,建立在均田制基础上的租庸调制,要加以恢复显然是不可能的。唯一可行的出路是废罢租庸调制以丁计税的办法,而改行两税制按资产计税的办法。他的主张是:"今两税之法,'人无丁中以贫富为差',尤为的当。"②

在货币问题上,马端临提出了一些值得注意的见解。

第一,他指出了货币的"用"在于"权"万物,以此批驳了货币无用论。

西汉晁错认为货币是无用之物,"饥不可食,寒不可衣"③,其后敌视商品经济的人也一直宣扬这种论点。马端临对此进行了反驳,宣称货币是适用之物,"物之无关衣、食而实适于用者曰珠玉、五金"④。他还论证说:"衣食之具未足以周足用也,于是以适用之物作为货币以权之。"⑤这句话既击中了晁错以来从自然经济观点来看使用价值的思想的要害,指出了人的需要不限于衣食,因而不应认为只有可供衣食之物才是有用之物,而且对货币的使用价值提出了自己的看法,认为货币可以"权"万物,即作为其他一切商品的一般等价物。他还认为作为货币的商品自身具有一定的使用价值,"夫珠玉黄金,可贵之物也;铜虽无足贵,而适用之物也。以其可贵且适用者制币而通行,古人之意也。至于以楮为币,则始以无用为用矣"⑥。

货币的使用价值包括两方面:一是作为货币这种特殊商品所具有一种特殊的使用价值,即作为一切其他商品的一般等价物;二是作为商品的一种而有了自

---

① 《文献通考》卷三,《田赋三》。
② 同上。
③ 《前汉书·食货志》。
④ 《文献通考·自序》。
⑤ 同上。
⑥ 同上。

身的使用价值。马端临对第一种使用价值的认识是清楚的,表述得也基本确切;但对第二种使用价值,却把它与价值混淆了。他正确地指出了珠玉、金银和铜都有使用价值,但却错误地认为楮即作为纸币的纸没有使用价值。实际上,纸币与金属货币的区别,不在于自身有无使用价值,而在于是否有价值。

第二,他提出了纸币有便论。

马端临一方面认为作为纸币的纸无用;另一方面又认为,纸币有便,因此不能废除纸币。他说:"举方尺腐败之券,而足以奔走一世;寒借以衣,饥借以食,贫借以富,盖未之有。然铜重而楮轻,鼓铸繁难而印造简易。今舍其重且难者而用其轻且易者,而下又免犯铜之禁,上无搜铜之苛,亦一便也。"①

马端临认识不到货币作为流通手段的职能可用无价值的价值符号来执行。不过,他的这段论述却是在说明,纸币由于质轻而印造简易,适宜于取代金属货币作为流通手段。

第三,他认为发行纸币的着眼点应该是便于流通,而不能为了谋取财政收入。

从纸币有便的论点,马端临提出了一个原则:发行纸币只应利用它便于流通的优点,而不应用于病民。他说:"昔者,以钱重而制楮,楮实为便;今也,钱乏而制楮,楮实为病。"②

如果单纯为了解决财政困难而发行货币,必须导致货币的贬值,这是先秦单旗以来反对货币贬值的人们早已提出并反复论证过的一个论点。马端临的进展在于,专门就纸币问题重申、发挥了这一论点。

第四,他强调纸币的发行权必须统一于中央政府。

自西汉贾谊以来,主张统一货币发行权的人一贯宣扬货币发行权是王权的表现,马端临也不例外,他说:"钱币之权,当出于上,则造币之司,当归于一。"③他的突出之处在于,强调纸币尤其必须统一发行权。他论述道:"夫钱重而值少,则多置监以铸之可也;楮轻而值多,则就行都印造足矣。今既有行在会子,又有川引、淮引、湖会,各自印造,而其末也,收换不行,称提无策……"④

从马端临有关货币的思想主张中可看出,他不仅不赞成复古,而且也不推崇、赞美古时之币制,并无颂古的色彩,这与他的田制、赋税等方面的论述是有所不同的。

马端临的人口思想是最值得称道的。他是中国历史上首次明确地提出人口

---

① 《文献通考·自序》。
② 《文献通考》卷九,《钱币二》。
③ 同上。
④ 同上。

质量问题并论述了其经济、政治意义的人。他说:"古者户口少而皆才智之人,后世生齿繁而多窳陋之辈。钧(均)是人也,古之人方其为士,则道问学;及其为农,则力稼穑;及其为兵,则善战陈(阵)。投之所向,无不如意。是以千里之邦,万家之聚,皆足以世守其国而杆城其民。民众则其国强,民寡则其国弱,盖当时国之与立者,民也。光岳既分,风气日漓,民生其间,才益乏而智益劣:士拘于文墨,而授之介胄则惭;农安于犁锄,而问之刀笔则废;以至九流、百工、释老之徒,食土之毛者日以繁夥……于是民之多寡不足为国之盛衰。官既无借于民之材,而徒欲多为之法以征其身,户调口赋,日增月益。上之人厌弃贱薄,不倚民为众,而民益穷苦憔悴,只以身为累矣。"①

在这里,马端临批驳了在中国传统人口思想中占主要地位的求庶论,认为求庶论只看数量不看质量的观点是错误的。他指出了求庶论所宣扬的一国人口越多则国家越富强的论点,只在古时(主要指唐、虞、三代)才是正确的,在后代则不然。他提出了自己颇具特色的见解,不同时代的人口质量是不同的,不能只看数量,还要看质量,应该从数量、质量两个方面来考察人口与国家富强的关系。

毋庸讳言,马端临关于古时人口质量高而后世人口质量低的论点,明显带有尊古贱今的陈腐历史观的烙印,并且,他认识不到,由于土地、财富兼并以及专制政权的剥民、虐民,使"民益穷苦憔悴",才造成了人口质量不断下降的严重后果。

本章总结

许衡作为元代名儒,并非空谈性理,而是顺应历史发展的趋势,向元朝统治者提出"必行汉法"的治国建议。许衡在富国之学方面没有突出的建树,但在治生之学方面则有许多突破前人的观点。卢世荣是元世祖时期的理财家,他所进行的财政经济改革包括减少官府对经济活动的干预、限制官商勾结垄断盐铁、开办国营事业以增加财政收入、经营对外贸易、整顿钞法等。这些措施丰富和发展了传统的轻重理论。马端临以"颂古而不复古"的历史观来分析田制、征榷、赋税、货币等问题,形成了自己的看法。马端临的人口思想尤其值得称道。

---

① 《文献通考·自序》。

思考与练习

1. 许衡在治生之学方面的突破体现在哪里?
2. 对卢世荣的理财思想与传统轻重论进行比较。
3. 马端临经济思想的主要内容及其特点是什么?

第九章 宋元时期的纸币思想

本章概要

本章介绍宋元时期的纸币思想,分别评析宋人杨万里的钱楮母子说、辛弃疾的钱楮无别论、袁燮的钱实楮虚说、袁甫及陈耆卿对称提之术的见解、元人王恽及叶李关于纸币发行和管理制度的设计。

学习目标

1. 了解宋元时期纸币流通的历史状况
2. 了解宋人杨万里的钱楮母子说、辛弃疾的钱楮无别论、袁燮的钱实楮虚说以及袁甫、陈耆卿关于称提之术的论述
3. 了解元人王恽、叶李关于纸币发行和管理的制度设计

第一节 传统纸币思想的繁花盛开时期

中国人用纸币,远较西方国家为早;中国人在纸币问题上进行的思想理论探讨,也远较西方国家为早。在近代受到西方的货币制度和货币思想影响以前,中国出现过两次关于纸币问题的议论高潮。第一次是在宋元时期,第二次是在1840年鸦片战争前后的一段时间。第二次高潮虽然因为对外长期实行闭关主义而仍然属于未受外来影响的传统纸币思想的范畴[①],但从内容来看已远较西方落后了。宋元时期才真正是传统纸币思想的鼎盛时期。

中国的纸币,起源于北宋时期的交子,交子最初为民间私人发行,公元10世纪末的宋太宗时期,交子首在四川出现。到宋仁宗天圣十一年(公元1023年),宋政权设益州交子务,发行官交子,交子开始由私人发行的银行券转变成国家纸币。

官交子在四川发行后,逐渐向其他铁钱区如陕西、河东等地区推广,至北宋

---

① 参看赵靖、易梦虹主编:《中国近代经济思想史》上册,中华书局,1980年修订版,第7章。

末,纸币的使用一度扩大到除首都开封及闽、浙、湖广以外的地区,而且,越来越被用做聚敛民财的工具,从而导致纸币的不断贬值。

南宋时期,由于统治范围缩小,军费开支巨大,以及统治势力的更加腐朽贪婪,倚恃发行纸币解决财政困难。南宋发行的纸币"会子"成了流通中的主要货币,发行数量大增,流通范围也不断扩大;到南宋后期,纸币的滥发导致通货膨胀日益严重。

北宋出现纸币后,由于行用范围不广,引发的问题不严重,在较长时期中,有关纸币的议论也不多;直到北宋末期,才有一些较值得注意的思想出现。

南宋时期会子成了流通中的主要货币,会子的贬值也引起了朝野上下日益普遍的关注,成了经济方面最热门的话题之一。纸币思想成了南宋时期经济思想最有特色的内容。

元代是中国近、现代以前第一个全面使用纸币的王朝,它不但在中国全境建立了统一的纸币制度,而且由于其统治地区广大,所发行的纸币还使用于当时中国疆域之外的许多地区。纸币在元王朝的经济生活中处于这种特殊重要的地位,纸币问题理所当然地引起元代朝野人士的普遍重视。在元代,人们对纸币问题议论范围之广,参加议论的人士之多,都足以与南宋相提并论,在许多方面也都有所前进;但是,元代纸币思想的主要成就却是在纸币的发行管理制度方面。元人总结了宋、金两三百年行使纸币的经验教训,继承了宋人关于称提之术的思想;元代行使纸币的范围空前广大,而元王朝又是一个国力强大的王朝,它的统治能力和统治气魄,都远非宋、金所能比。因此,元人不仅对称提问题的理论认识比宋人更全面、更深刻,而且能把宋人长期积累的关于称提之术的丰富材料综合起来,制定出完整的、系统的管理制度。

宋、元时期谈论纸币的人很多,且多不仅是谈论纸币,还广泛地涉及各种经济问题。本章论述宋、元纸币的思想,只以在纸币理论或纸币政策方面有较重要建树而在其他经济问题方面无甚突出之处的人物为限;对那些不仅对纸币问题,而且对其他经济问题也颇有见解者,则把他们的纸币思想作为其经济思想的组成部分结合论述。[①] 对于那些在纸币思想方面虽然不具有代表性,但却有个别观点值得重视的人物,则在本章有关部分连带涉及。

---

① 如宋代的周行己等。

第二节　宋人对纸币问题的理论认识

南宋时期的纸币思想，从其内容看，可概括为两个方面：一是理论认识，二是政策措施主张。本节主要探讨南宋人对纸币问题的理论认识，对纸币政策、措施方面的探讨，也就是当时人们所说的称提问题，则放在下节。

一、杨万里的钱楮母子说

杨万里（公元1124—1206年）是南宋著名的诗人，与陆游、范成大齐名。光宗绍熙元年（公元1190年），他外调为江东转运副使，总领淮西江南军马钱粮，当时，宋朝廷要把原在淮南地区行使的铁钱会子，推广于江南八州军发行，谓之"新会子"，杨万里坚决反对。他提出了《乞罢江南州军铁钱会子奏议》，痛陈这一措施的错误和危害，并以"不奉诏"来进行断然的抵制。他因此遭到排斥，成了一名闲散官员，他也灰心仕进，"自是不复出矣"①。他的钱楮母子说，就是在这一奏议中提出来的。

杨万里把金属货币同纸币的关系比作母和子的关系，认为："盖见钱之与会子，古者母子相权之遗意也。今之钱币，其母有二：江南之铜钱，淮上之铁钱，母也；其子有二：行在会子，铜钱之子也，今之新会子，铁钱之子也。母子不相离，然后钱会相为用。"②

中国传统货币思想中的母、子及母子相权等范畴，并非杨万里首创，早在春秋时期，单旗就已把它们用来分析货币问题了，杨万里说的"古者母子相权之遗意"，就表示他关于母子的说法，是有所承袭的。

但是，在杨万里以前，母子的说法只是被用以说明大小不同的金属货币之间的关系，而大小不同的货币又都是具有无限法偿的货币，并无主辅币之别。因此，母和子只有量的关系，并无性质和渊源方面的含义。杨万里却是用母、子来说明金属货币同纸币的关系，这　用法清楚地表明了两点：一是母、子异质，即它们不是同一种货币的大小不同的形制，而是两种性质不同但有内在联系的事物；二是子从母生，即纸币是由金属货币产生出来的。这样，母、子及母子相权等范畴，就被移植到纸币思想的领域中来，成为表现纸币及其与金属货币的关系的范畴了。

---

① 《宋史·儒林传三》。
② 《诚斋集》卷七十。下引杨万里论纸币语均出此书，不另注。

杨万里还提出了"母子不相离"的论点。这一论点的实际内容是：子不能离母。因为，在纸币出现以前，金属铸币已流行了上千年，根本不存在母不能离子、钱不能离楮的情况；然而，纸币却是货币的价值符号，如果没有同货币的这种"先天的"联系和关系，它就不可能流通，从这种意义来说，子是不能离母的。

杨万里所谓母子不相离，是从两种意义上说的：一是纸币必须和金属货币同时流通，二是纸币能够和金属货币相兑换。母子不相离的论点，朦胧地触及一个正确的命题：纸币在流通中必须和货币具有一种特定的关系。但是，他对这种关系的具体说明却是不正确的。这种关系是：纸币作为货币的价值符号投入流通，它的流通数量，必须等于流通对货币的需求量，并不是什么和金属货币同时流通并同后者相兑换。只要纸币的数量等于流通对货币的需求量，即使没有金属货币同时流通，并且不能同金属货币相兑换，纸币也能正常流通而不致贬值。

二、辛弃疾的钱楮无别论

杨万里的钱楮母子论，把纸币和金属货币的关系，看做是既有区别，又有联系；他的同时人辛弃疾，却否认这种区别和联系，至少是否认二者有质的区别和内在的联系。

辛弃疾（公元1140—1207年），字幼安，号稼轩，南宋伟大的词作家。他是一个在政治、军事和文学等方面都有高超才能的人。在他的少年时代，他的家乡山东已落入金人之手。他成年后，随耿京起义反金。耿京被害，他夜袭金营，手刃杀害耿京的叛徒，南奔宋朝。屠弱偷安的南宋王朝，不能接纳他的发愤图强、恢复中原的要求，使他郁郁不得志，只能寄情词作，发抒壮怀。他的词豪迈奔放，在宋代词人中与苏轼齐名，人们并称苏辛；而他在豪迈奔放的同时，又益以悲歌慷慨，同陆游的诗一样是南宋诗歌中的最强音。

辛弃疾也论述过一些经济问题，对纸币问题，他的基本观点是：铜楮无别。他说："世俗徒见铜可贵而楮可贱；不知其寒不可衣，饥不可食，铜、楮其实一也。"①

认为货币饥不可食，寒不可衣，本是汉代晁错的用语，历来的自然经济维护者，都以此为论据，宣扬货币无用，主张废钱。现在，辛弃疾把这种说法同时用于铜、楮，是不是要同时否定二者，主张既废钱，也废楮呢？

不是这样的，辛弃疾不反对货币，他不主张废钱，他更不反对纸币，甚至认为

---

① 《淳熙乙未登对札子》。见《稼杆集抄存》卷二。以下引辛弃疾言论均出此篇，不再注。

楮用于流通比钱更优越。他说："令人有持见钱百千以市物货,见钱有搬运之劳,物货有低昂之弊;至会子卷藏提携,不劳而运百千之数,亦无亏折。以是较之,岂不便于民哉?"

可见,他说铜楮都寒不可衣,饥不可食,并不是为了否定二者,而只是以此否定二者有贵贱之别。人们认为铜可贵而楮可贱,是从价值方面说的,而寒不可衣,饥不可食,则是就某些特定的使用价值(可衣,可食)来说的。不能御寒、充饥,不等于没有价值,二者都不能御寒、充饥,不等于二者在价值方面不存在贵贱问题。当时的情况是:纸币由于滥发而贬值,它的实际购买力同它的票面值,愈来愈拉开了距离,这就是人所共见的钱贵楮贱。辛弃疾要否定钱楮的区别,必须能对这一现象作出解释,只是宣称二者都寒不可衣,饥不可食,是说明不了什么问题的。

辛弃疾对纸币贬值问题的解释是:"朝廷用之自轻。"意思是:铜、楮本无什么贵和贱、有价值和无价值之分,铜贵、楮贱是由宋朝廷自己重视铜钱而不重视纸币造成的。他所说的"用之自轻",是指宋朝廷在向百姓收取赋税和其他官项时,总是愿意接受铜钱而不愿接受纸币:"往时民间输纳,令见钱多而会子少;官司支散,则见钱少而会子多。以故民间会子一贯换六百一十二足,军民嗷嗷,道路磋怨。此无他,轻之故也。"

辛弃疾实际上是认为金属货币和纸币自身都无价值,它们的不同价值完全是由于人对它们的不同态度造成的。朝廷重铜,于是铜贵;朝廷轻楮,因而楮贱。贵是人自贵之,贱是人自轻之,这显然是一种名目主义的货币理论。

但这仍然说明不了问题,既然铜、楮无别,为什么宋朝廷总是重铜轻楮,而不重楮轻铜呢?辛弃疾回答说:这是由于纸币"印造之数多,而行使之地不广"。针对"印造数多",他主张"姑住印造";针对"行使之地不广",他主张将已发行的会子"泄之道路",即转发到南宋统治的其他未用会子的地区去。

认为纸币贬值是由于印造数多,这同辛弃疾上述的纸币贬值于朝廷自轻之的名目主义货币观点是不同的。这是一种货币数量论。货币数量论认为货币的价值不是决定于发行者主观态度,而是决定于其发行数量;它同样是否认货币自身有价值,因而,作为一种货币理论,仍然是不正确的。不过,用发行数量来解释纸币的贬值,倒是抓住了问题的要害。纸币自身无价值,但在发行数量等于流通中的货币需求量时,它可以作为货币的价值符号代替货币流通。如果纸币的发行数量超过了流通中的货币需求量,那就不管发行数量多少,都只能按照流通中的货币需求量的价值流通,而每一单位的纸币都将相应发生贬值。因此,认为纸币"印造之数多"会造成纸币贬值的观点,是正确的,符合纸币流通的规律的:

"纸票的价值却决定于流通的纸票的数量。"①

辛弃疾提出的"贵楮"即稳定纸币币值的措施,也是正确且有积极意义的。"姑住印造",把纸币发行数量保持在已发行的规模上,就可制止纸币的继续贬值;扩大纸币流通区域,把已印造纸币的相当部分转往原来不用纸币的地区使用,可使原来流通地区的纸币流通数量减少,且有助于新区商品流通的发展和扩大。

三、袁燮的钱实楮虚说

袁燮(公元1144—1224年),庆元府鄞县(今浙江鄞县)人。举进士后曾数任地方官,后内调太学正、国子祭酒等学官,仕至礼部侍郎。他对财政、经济问题很重视,一再上疏论便民、足食、通货等,对当时日益严重的会子贬值问题尤为关切,多所论议。

他在纸币问题上的基本观点就是钱实楮虚。他说:"夫楮币之作,本借虚以权实尔。虚与实相当,可以散,亦可以敛,是之谓权。"②

袁燮说的实、虚,已不像前人那样是以有无某种使用价值或自然属性为标准来区别的,而是以有无价值为标准。因此,他说的实、虚,才真正成为一个纸币理论的范畴。

南宋时期,谈钱、楮实虚问题的人,有两种不同的情况:一种是以"楮虚"为依据来否定纸币,认为以无价值的纸币投入流通,就是对百姓的欺骗和掠夺;另一种则认为纸币虽虚,但可借助它和金属货币的关系和联系而流通,这就是所谓"以虚权实"。

前一种观点是一种落后于当时商品经济发展状况的观点。在商品生产、商品流通已有较多发展,而贵金属的金、银数量又不足作为流通中主要货币的需要时,否定纸币的使用只会不利于经济的发展和进步。而且,这种简单地否定纸币的观点,实际上也算不上一种关于纸币的理论观点。只有既认识到纸币自身无价值,又认为纸币可以行使,而且企图对纸币流通的可能性和规律性加以考察,才有可能对纸币理论有正确认识。

袁燮明确地说:使用虚的即无价值的纸币,就是为了"借虚以权实"。这说明他提出钱实楮虚说,不是为了否定纸币,而是为了说明纸币。他的钱实楮虚说,已经是一种纸币理论了。

袁燮以虚权实的基本要求是使"虚实相当",即使纸币同它所代表的金属货

---

① 《马克思恩格斯全集》,中文第1版,第13卷,人民出版社,1962年。
② 《论足食通货疏》,见《历代名臣奏议》卷六十。

币在价值上相等或至少保持一个稳定的比值。他认为只要虚实相当,虚的即无价值的纸币就可在流通中发挥"实"即有价值货币的作用。

但是,当纸币发行过多,出现贬值,虚和实越来越不相当时,怎么办呢?袁燮认为,这就需要讲求称提之术,通过称提,使虚实重新相当。可见,袁燮的钱实楮虚,是他的称提之术的理论基础。

袁燮所主张的称提之术主要包括三项内容:一是严禁"鈌销"(销熔铜钱)和"漏泄"(输出铜钱);二是以现钱收楮,即以铜钱或金、银收兑纸币,以减少流通中的纸币数量①;三是国家在百姓缴纳税款时,坚持钱、楮对半收取,即实行所谓"均平之法"②。

这三项措施中,袁燮尤其强调第二项,认为:"盖楮之为物也,多则贱,少则贵,收之则少矣;贱则壅,贵则通,收之则通矣。"③他认为国家以金属货币收回纸币,是宋孝宗时称提纸币成功的唯一经验:"我孝宗皇帝颁楮币于天下,常通而不壅,常重而不轻,无他道焉,收之而已。"④袁燮主张的"收之",不是以金属货币对纸币进行兑现,而只是在纸币发生贬值时,以金属货币收回部分纸币,对这一点,他谈得十分明白:"视其时楮价:其贱也,亟从而收之,何忧其不贵?既贵矣,日月浸久,价将复贱,则又收之。非常收也,贱而后收也。此孝宗之规模也。"⑤

可见,袁燮主张的以金属币收兑纸币,并不是要把会子变成可兑换的银行券,而只是一种回笼纸币的手段。宋孝宗赵昚一再使用以金、银收兑纸币的手段回笼纸币,也确实收到了成效。但是,宋孝宗稳定纸币价值的主要措施不是"贱而后收",而是限制发行量。宋孝宗清楚地认识到纸币发行数量和价值的关系,一再说:"大凡行用会子,少则重,多则轻"⑥,"会子之数不宜多"⑦。由于对发行纸币采取审慎的态度,会子流通数量自不致太多,即使有时偏多,采取各种措施回笼(包括用金属货币收兑),也较容易收效。

其实,以金属货币收兑纸币以及允许以纸币缴纳官项,归根到底也都是以限制发行数量来稳定纸币价值;所不同的是审慎发行是对流通数量的事先限制,而种种回笼办法则是对纸币流通量的事后调节。由于流通中到底需要多少货币,发行者难于准确估计,事先对发行数量的限制和事后的各种调节措施都有必要,

---

① 《论足食通货疏》,见《历代名臣奏议》卷六十。
② 《便民疏》(知江州任上),同上书,卷二七三。
③ 《便民疏》(江西提举任上),同上书,卷二七三。
④ 同上。
⑤ 同上。
⑥ 《皇宋中兴两朝圣政》卷六十。
⑦ 《皇宋中兴两朝圣政》卷六十二。

而事先的限制尤其关键。如果纸币发行太多,即使国家真想用金属货币收兑,也不可能有足够的金属货币储备来这样做。所以,到袁燮的儿子袁甫,就因金属货币储备少而极力反对收兑纸币了(详见下节)。

袁燮在议论纸币问题时,还提出了一个值得重视的论点——食货为本论。他说:"臣闻国以民为本,民以食货为本。国非民无与共守,民非食、货无以相生,是故食贵乎足,而货贵乎通。兼斯二者,而为国之本立矣。"①

"国以民为本,民以食为天",这是秦汉之际郦食其说过的一句名言。对这句名言,袁燮并非无意地对之作出了修正:以"食货为本"取代了"以食为天"。这是唐宋以来中国封建社会中商品经济有了较多发展的现实在人们头脑中的反映。南宋偏安于东南沿海一带,这一带商品经济的发展程度冠于全国,这正是袁燮"食货为本"论出现的张本。可以完全有把握地说,袁燮的"民以食货为本"的论点,正是后来黄宗羲"工商皆本"论的先声。

第三节 宋人论纸币的称提

称提是南宋人常用于论述、说明纸币的一个术语。此术语不始于南宋,北宋许多人已用于分析铁钱的价值,有些人还用以指对某些商品(例如粮食)的价格管理,北宋末才逐渐被用于纸币,南宋时则集中用之于纸币,逐渐形成为一个关于纸币的专用范畴。宋代以后,元、明也继续使用。

宋人对称提一词并无确切的说明,但从人们广泛、反复的使用中,可以归纳出几点共同的认识:

第一,称提专用于价值或价格方面。只有当一物的价值或价格失衡时,人们才以称提作为恢复均衡的手段。

第二,在纸币问题上,称提是指在纸币和它所代表的金属货币之间恢复并保持比价均衡的问题。

第三,称提包括理论和措施两个方面。前者是对称提的原理、原则、依据等的探讨,即所谓"称提之理";后者是采取什么样的手段、方法来进行称提的问题,也即"称提之术"。

第四,纸币的称提集中于限制、控制纸币流通数量。古人不可能认识到纸币的发行数量必须等于流通所需要的货币量这一纸币的流通规律,但人们从经验中能够不同程度地认识到纸币价值和纸币发行数量之间的关系,认识到纸币

---

① 《论足食通货疏》。

"多则贱,少则贵"、"多则轻,少则重",因而论述称提的人,千言万语,无不集中在限制和控制纸币流通数量上。

第五,限制纸币数量的办法繁多,但概括起来不外事前限制发行数量和事后调节流通数量两大类。由于人们总是在纸币已经发行过多出现纸币贬值的情况下,才急于讲求救弊之策,称提主要是指事后(发行后)对纸币流通数量的调节(回笼)而言。只有纸币跌了价才想到提,只有严重跌价才急于提,称提所以用一"提"字,就表明了它主要是作为一种纸币已贬值时的救治之方而提出来的。

综上所述,可以得出这样一个认识:称提实际上是对维持纸币与其所代表的金属货币之间的比价的稳定,尤其是在纸币贬值的情况下恢复并保持这种稳定的纸币管理理论和方法的总称。

南宋谈论纸币的人,几乎无人不谈到称提的问题。像上节讲到的辛弃疾等人的钱楮并用以及袁燮的贱而后收等主张,谈的实际上都是称提之术。南宋宁宗(公元1195—1224年)时期及以后,由纸币的大量增发引起的通货膨胀,严重加剧了宋王朝的危机,称提问题尤其成了朝野上下普遍谈论的热门话题。

但是,这些谈论多是针对当时纸币贬值中的具体问题而提出的看法或救治措施,言者虽众却多所雷同而少有新意,主张虽多却缺乏比较完整的论述和建议。只袁甫和陈耆卿对称提之术的见解,算是较有特色。

袁甫是袁燮之子。他和他父亲一样,认为纸币贬值由于数量过多,强调称提之要在于回收:"收愈多则数愈少,数愈少则价愈昂。"①他主要针对当时纸币发行和流通管理中所出现的一些违反称提原则和前人成功经验的做法,提出了批评、纠正的意见,即称提"四戒"。他对宋理宗赵昀说:"臣区区管见,愿陛下力持四戒:一曰戒新旧三界并用,二曰戒轻变钱会中半,三曰戒空竭升、润桩积,四曰戒新会不立界限。"②

第一戒的具体内容,是反对把新发行的第十八界会子,同仍在流通的第十六、十七界会子同时流通。

自北宋发行交子时起,就实行了分界发行的办法,每界有一定发行数量和流通期限(三年),限满发行下一界新交子,换回旧交子并销毁。这是一种事先限制发行数量的措施,是稳定纸币价值的有效做法,是得到人们公认的一条历史经验,南宋发行会子,也沿袭了这一分界发行的办法。

但后来南宋统治者为了发行纸币加重对百姓的掠夺,就自行破坏了这种办

---

① 《是日上不视事,缴进前奏事札子》,见《蒙斋集》卷六。
② 《论会子札子》,同上书,卷七。

法。它仍保持"界"的形式，但新一界会子发行后，并不用以收回前界会子，而准前界继续流通，这就出现了数界会子同时流通的情况。数界会子同时流通，不仅使纸币流通数量因之增多，而且旧会子因用久昏烂缺损，人们不愿接受，就会出现折扣、减值行使的情况，越昏烂残缺不易辨认，折扣也越大。货币流通因之更加混乱。

在袁甫上疏时，第十六、十七两界会子已在同时流通，宋王朝又欲把第十八界会子投入流通，而且不收回前两界会子。为了遮人耳目，宋王朝称，虽然不用第十八界会子收回前两界会子，但此后人们如以十六、十七两界会子缴纳官项，官府收回后将予以销毁而不再支出，谓之"暗毁"。袁甫一针见血地揭露这种"暗毁"的谎言，指出："当此用度紧迫"、财力支绌之时，官府收到旧会子，必不肯销毁，其结果"必致三界并行，愈多愈贱"。

第二戒是针对宋王朝在收官项时尽量少收纸币的做法而言的。

国家政权既然把纸币作为具有无限法偿的货币投放出去，就应当在征税及收取其他官项时无条件地接受纸币；否则，政府不肯把纸币当做无限法偿的货币，无法取信于民，难以使百姓相信纸币的价值是充分稳定的、可靠的。以此而论，在收官项时要求钱、楮并纳而不许专纳纸币，已经是国家自己不十分信任纸币的表现。如果再时常改变这种并纳的比例，少收纸币而多收金属货币，就会更加损害纸币的信用，使百姓不愿接受纸币，从而加剧纸币的滞塞和贬值。南宋发行会子，规定百姓在缴纳官项时可以钱、会各半，这在长时期中已差不多形成一种惯例了。但后来会子贬值更剧烈，继续维持钱会各半的比例，将意味着国家的实际财政收入随之减少。于是，宋朝廷就采取改变钱会比例的办法，尽量把铜钱的比例提高。中央政府这样做，地方政府也跟着这样做，甚至有过之而无不及，要求铜钱占更大成数。在袁甫以前，不少人已批评过这种做法：辛弃疾所谓"用之自轻"，就是指这种改变钱、楮比例的做法；到袁甫的时期，纸币贬值更严重，国家改变钱、楮收纳比例的做法更加肆无忌惮，所以袁甫在论称提问题时将其作为一戒提出来。

第三戒是针对宋王朝在金、银储备已经很少，远不足为回笼纸币之用时，却轻举妄动，企图以金、银收兑会子的愚蠢做法而发出的警告。

宋孝宗曾多次用金、银收兑会子，取得了稳定会子价值的成效。但这是在纸币增发和通货膨胀情况还不很严重，国库中又有比较充足的金、银储备的前提下才能做到的。如果纸币发行量已经过大，国库金、银储量远不足以收兑时采用这种做法，就会使仅有的金、银储备白白流失，对抑制纸币贬值无济于事，反而更加削弱了此后国家称提纸币的能力。

袁甫时的情况就是如此。他以南宋端平年间（公元 1234—1236 年）的情况为例指出："端平初年，因换会子，遂出累朝所积金、银，弃之轻于泥沙，至今帑藏枵虚，言之可为哀痛。"①可是，宋王朝却不知接受教训，又企图把升、润二州（今南京市及镇江市）以及行都（指南宋偏安的都城临安，即今杭州）国库中的金、银储备抛出以收兑会子。袁甫痛论这种愚蠢的行动必将把国家"视为根本"的一点金、银存底"扫而空之"，后患更不可言。

第四戒是指宋王朝从第十八界会子以后发行新会子不再立界的打算而言的。

会子发行立界是一条约束发行数量的规定：每界发行既有定数，前界会子又须以新会子换回，流通中会子的数量会因之受到较大的制约。在第十八界会子发行前，宋王朝虽然早已实行了数界并行、发行新会子而不收兑旧会子的做法，但这样做毕竟是不合乎公认的旧制的，在推行过程中免不了会遭到人们的不断指责和反对。公开取消分界发行的制度，宋王朝就可不再负收回旧会子的责任，而且，此后还可不受三年发行一界的限制，想什么时候发行就什么时候发行，想发行多少就发行多少，增发纸币的行为就再没有什么制约了。

袁甫揭露这种发行会子不再立界的办法是企图摆脱分界发行制对任意发行的限制，指出人们必将因此更加失去对纸币的信任，从而使纸币更加壅滞不行："徒滋民之疑惑，非所以昭大信于天下。"②

叶适的弟子陈耆卿，提出了从钱、楮两个方面进行称提的思路。这种思路的理论基础，就是钱楮母子说。他认为："钱犹母也，楮犹子也。母子所以相权也，不可重子而轻母也。"③从这种认识出发，他认为要称提纸币，就不能单一考虑纸币，而必须同时从钱、楮两方面着手，必须"不专在称提纸币，又在于称提铜钱"，只有二者并举，才能奏效。在他看来，当时南宋贵族、大地主、大商人都藏钱而不肯出，同时，铜钱又大量外流，钱重楮轻，不但有楮一方面的原因，也有钱一方面的原因，因此，要使称提奏效，除称提纸币外，还应称提铜钱，就是解决铜钱窖藏和外流的问题。他说："诚使钱不甚荒，则楮不偏胜，此称提本务也。"

纸币是货币的价值符号，所谓纸币贬值，是指单位纸币所代表的金属货币量下降。因此，要稳定纸币的价值，必须从纸币和货币的关系着手，务使纸币能够稳定地体现它所代表的货币的价值。陈耆卿钱、楮两方面称提的思路，所以包含一定

---

① 《论会子札子》。
② 同上。
③ 《历代名臣奏议》卷二七三。下引陈耆卿语同此。

的合理性,正在于此,而不在解决窖藏和输出铜钱之类的具体主张。

第四节 元人关于纸币发行和管理制度的设计

元朝由于有了宋、金两代几百年行使纸币的历史经验,继承了宋、金的纸币思想,在称提问题上比宋人达到了更高的水平。元人不像宋人那样只是为救治纸币贬值而提出各种具体的称提措施,而是能就纸币的发行及管理设计一套比较周密的制度、条规,颁行全国。

元代对纸币不用宋人的"交子"、"会子"之类的称谓,而是袭用金人的"交钞"名称。最初,元只在某些地区发行交钞,未有比较确定的规制,到元世祖忽必烈发行"中统元宝交钞"(简称中统钞),才开始形成了全国统一的纸币流通制度。

这套制度曾以一张榜谕的形式加以公告,但是,榜谕只是包括一些要使人们共晓的内容,而并非发行、管理制度的全部内容。据负责中统钞发行的主要官员之一的王恽(公元1227—1304年)的概括,中统钞的发行及管理制度,包括以下要点:

第一,中统钞是银的价值符号,以银价计算。

中统钞虽然仍以"贯"为单位,钞面书"贯"、"文"字样,但规定"每两贯同白银一两"[①],又规定以银为发钞准备,并且按规定比价同白银兑换,它已不像宋代纸币那样是铜钱或铁钱的价值符号,而是银的价值符号。

第二,有充足的发行准备金。

中统钞的发行,以银为准备,称为"钞本"。对钞本的规定为:"随路设立钞库。如发钞若干,随降银货,即同见银流转。据倒到银课,不以多寡,即桩垛各库作本,使子母相权,准平物估。钞有多少,银本常不亏欠。"[②]

宋代人从纸币兑现的实际经验中,早已认识到纸币发行的准备金可以只是纸币发行量的一定成数,而不需要有百分之百的准备金。北宋末的周行已就曾说:发行交子是"常以二分之实,可为三分之用"[③],即认识到准备金只相当纸币发行量的2/3就够了。北、南宋之际的李纲则进一步指出,"桩留本钱百万贯,用以权三百万贯交子"[④],即准备金只需为发行量的1/3。元代对中统钞的发行不但坚持要有准备金,而且准备金率达到100%。中统钞的这种高准备率,一方

---

① 《中统元宝交钞·榜省谕》,见《秋涧先生大全文集》卷八十。
② 王恽:《中堂事记上》,见《秋涧先生大全文集》卷八十。
③ 《上皇帝书》,见《浮沚集》卷一。
④ 《与右相乞罢行交子札子》,见《梁谿先生文集》卷一四〇。

面表明它的设计者未能充分接受前人的经验,另一方面也可看出当时元朝廷对发行纸币所持的审慎态度。

第三,国家承担兑换责任。

各路钞库存储的钞本即准备金,必须应持钞人的要求以银兑换交钞。可见,中统钞初行时,同宋、金纸币不同,不是不兑换纸币,而是可兑换的银行券。

第四,中统钞是在全国范围内统一行使的法定货币。

元代不像宋代有铜钱会子、铁钱会子之分,而是以中统钞为全国统一行使的货币;也不像南宋有钱会搭配使用之类的限用纸币办法,而是对一切交易、支付均完全用钞。

元代禁用金、银,又不铸铜钱(后期曾一度铸造),事实上纸币是唯一合法流通的货币。为了便于零星交易,元代除发行一贯文、二贯文的纸币外,还发行十文至五百文的八种小钞。

第五,对旧钞换新给予方便。

元政权规定:凡交钞"以昏换新",只许依法收少量工墨费,不许官吏额外需索、刁难。为防止换钞工作拖延误事,又规定民以钞交官项时,"其出纳者虽昏烂,并令收受"①。

南宋人主要是在纸币已经贬值、壅滞时设法称提。元人则在发钞之初,设计出一套较为完备周详的发行管理制度,对管理纸币着重的是事前控制而不是事后补救。中统钞发行初期,由于对这一套制度执行得比较认真,收到了钞值稳、信用高的效果。

元政权固然是一个比宋、金都远为强大、有力的政权,但它也同样是一个封建专制政权。它所制定的制度、法规,不管怎样完备,对专制统治者自身是没有多大约束力的。中统钞这种币值稳、信用高的局面,并没能保持多久。十几年后,王恽就指出:中统钞已经"物重钞轻,谓如今用一贯,才当往日一百。其虚至此,可谓极矣"②。由于"印造无算"③,而各平准库存储的金、银多被调走,兑换的规定早已不行;昏钞过多,不能"画时回换",以至"昏者转昏"④,在市场上出现了按昏烂程度分等贬值行使的情况。曾因扰宋、金政权的"钞滞"、"钞轻"等问题,都逐渐出现了。针对钞轻之弊,王恽提出了两个称提的办法:一是"用银收

---

① 王恽:《中堂事记上》,见《秋涧先生大全文集》卷八十。
② 《便民三十五事·论钞法》,见《秋涧先生大全文集》卷九十。
③ 同上。
④ 同上。

钞",二是"更造银钞,以一伯(百)当元宝二伯,迤渐收见钞"①。

在纸币已发行过多而国库金、银储备已大量流失的情况下,第一项办法是无从实行的。第二项发新钞收旧钞,是以由百姓承担旧钞贬值损失的办法来达到回笼部分纸币的目的。这和后来叶李所设计的《至元宝钞通行条划》中的有关条目,体现的正是同一思路。

叶李(公元1242—1292年),杭州人。元世祖对他十分信任和倚重,官至尚书左丞。

至元二十四年(公元1287年),因中统钞贬值严重,元政府决定整顿钞法,发行"至元通行宝钞",整套发行管理办法,即由叶李手订。这就是著名的《至元宝钞通行条划》(以下简称《条划》)。叶李的《条划》,是一个比中统钞的发行管理条规更系统、更完整,在形式方面也更为正规的一个关于纸币发行管理制度的文件。叶李的《条划》通称有十四条,实共十五项,其主要内容包括下列各方面:

第一,至元钞同中统钞的比价。

《条划》规定:至元钞一贯等于中统钞五贯,但不是用至元钞收回中统钞,而是按1:5的比价同时流通。这多少受到了宋末会子新旧界并行办法的影响,同王恽收回旧钞的主张稍有不同。

第二,至元钞同中统钞都有无限法偿。

纳税及缴纳各种官项,民间贸易、借贷以及买卖、典质房地产,均须用钞支付,不得用粟、帛实物;至于用至元钞或中统钞,则"务要听从民便"②,但必须严格按照1:5的比例,不许擅自改变。

第三,国家买卖金、银,平准钞法。

仿照中统钞最初办法,随路设立官库,买卖金、银,以稳定钞值。银一两入库价至元宝钞二贯,出库二贯五分;赤金每两入库价二十贯,出库二十贯五百文。严禁私人买卖金银。

第四,为了适合数额大小不同的交易,发行面额不同的钞币,自至元宝钞二贯至五文,共十一等,以"便民行用"。

第五,昏钞倒换新钞,按五与一的比例兑换,另加工墨钱三分。

第六,查禁伪钞,伪造宝钞者处死,首告者赏银,并以犯人家产给赏。

第七,对官吏、势要"沮坏钞法"的处治办法。

对主管官库官吏利用职权对官库金、银私行买卖、借贷、挪用、营运取息以及在倒换昏钞时多收工墨费等舞弊行为,均严加究办。

中统钞最初是可兑换的银行券,后来发行过多,平准库金、银空竭,变成了不

---

① 《便民三十五事·论钞法》。
② 《至元宝钞通行条划》。下引此件不另注。

兑换纸币。至元钞虽然也规定了同金、银的比价,但因禁民间买卖,实际上仍是不兑换纸币;国家买卖金、银,只不过是一种回笼纸币的称提措施而已。

叶李的《至元宝钞通行条划》是中国,也可说是世界历史上第一个以条例形式出现的纸币发行管理制度的文件[①],它是宋元时期纸币称提思想的总结,它的出现标志着当时对纸币的理论认识和管理经验都已达到了较高水平。

当然,在封建专制政权下,叶李的《条划》也不可能真正有所作为,不可能使元的纸币流通制度从此走上健全的轨道。

本章总结

北宋时出现纸币,由于行用范围不广,有关纸币的讨论并不多。南宋时期会子成了流通中的主要货币,纸币思想成了当时经济思想最有特色的内容。南宋人士关于纸币的议论主要集中在几个问题上:一是纸币何以能作为货币流通;二是钱楮关系也就是纸币同金属货币之间的关系;三是纸币的价值由什么决定以及纸币贬值的原因;四是纸币的称提问题也就是国家稳定纸币币值的管理理论和方法。杨万里的钱楮母子说、辛弃疾的钱楮无别论、袁燮的钱实楮虚说以及袁甫、陈耆卿对称提之术的议论是南宋纸币思想的代表。元代时全面使用纸币,建立了统一的纸币制度。元人纸币思想的主要贡献是在纸币发行和管理制度方面,其代表人物是王恽、叶李。

思考与练习

1. 分别阐述杨万里、辛弃疾、袁燮关于纸币和金属货币相互关系的理论分析。
2. 简述袁甫、陈耆卿对称提之术的论述和建议。
3. 简述王恽、叶李所设计的纸币发行和管理制度。

---

① 参阅胡寄窗:《中国经济思想史》下册,上海人民出版社,1981年。

History of Ancient Chinese Economic Thought

第六编

明至清代鸦片战争前的经济思想

第一章　明至清代鸦片战争前的社会经济和经济思想

本章概要

本编介绍明至清代鸦片战争前的社会经济状况，分别论述各个时期经济思想的特点及其代表人物。

学习目标

1. 了解明至清代鸦片战争前的社会经济状况
2. 了解明至清代鸦片战争前经济思想的代表人物及其思想特点

第一节　明代的社会经济和经济思想

明初，由于多年的战争破坏，人口减少，田地荒芜，国民经济处于严重凋敝的局面。但是，由于蒙古贵族和汉族大地主等土地兼并势力在农民战争中受到了沉重打击，许多地区土地关系发生了一定的变化，一部分贫苦农民得到了土地，自耕农数量增加了；明王朝又采取了有利于生产恢复的措施，比如鼓励垦荒，减免赋役等，因此，农业生产较快恢复。洪武元年至洪武十六年，全国开垦土地达一亿八千万亩。[1] 至洪武二十六年，田土已达八亿五千多万亩，"盖骎骎无弃土矣"[2]。这一年人口增至一千零六十五万余户、六千零五十四万余人。[3] 仅仅经过二十余年的恢复，人口就超过了元代盛世元世祖至元年间的人口数量。

随着社会安定，耕地面积扩大，人口增加，粮食、桑蚕、棉、麻等产量都增加了，商业也获得了较大的发展，兴起了一批新的商业城市。明成祖定都北京，为解决粮食问题，大力整修运河，不仅保证了漕粮的运输，也有利于南北物资交流，

---

[1] 梁方仲编著：《中国历代户口、田地、田赋统计》，上海人民出版社，1980年，第351页。
[2] 《明史·食货一》，中华书局标点本。
[3] 同上。

因此,运河沿岸出现了一些新兴的商业城市。

然而,在社会经济繁荣发展的同时,明王朝并非高枕无忧,其中,土地和货币就是明初非常头疼的两大问题。

以土地问题来说,由于长达十几年的农民起义的冲击,明初土地集中的趋势和阶级矛盾,均有一定的缓和,但是,中国封建土地制度的痼疾,并不可能根除。明王朝的新贵占有了大量土地和佃户。当时的六国公二十八侯,就拥有佃户三万八千多户,平均每一公侯有佃户一千多户。洪武三十年,全国占有七顷以上田地的地主,就有一万四千多户。新的一轮土地兼并又开始了,因此,土地问题尤其是井田问题就成为明初士大夫们关注的热点。

以货币问题来说,元代滥发纸币,导致通货膨胀,货币贬值,成为元末农民起义的诱因之一。元末人写的小令《醉太平》中写道:"堂堂大元,奸佞专权。开河、变钞祸根源,惹红巾万千。官法滥,刑法重,黎民怨,人吃人,钞买钞,何曾见?贼做官,官做贼,混愚贤。哀哉可怜。"朱元璋在占领集庆(今南京)后,置宝源局,铸"大中通宝"钱,明王朝建立后,铸"洪武通宝"钱,鉴于元朝滥发纸币的教训,没再发钞。但是,到了洪武七年,又设宝钞提举司筹备发钞。洪武八年正式发"大明宝钞"。这是由于明王朝财政困难,作为币材的铜,又供给不足,所铸铜钱不敷需要。"有司责民出铜,民毁器皿输官,颇以为苦"。同时,"商贾沿元之旧习用钞,多不便用钱",这也反映出,随着商品经济的发展,以金属为货币已难以满足流通的需要。"大明宝钞"为不兑现纸币,发行数量又无限制,从而导致通货膨胀,纸币迅速贬值,至洪武二十七年,在两浙、江西、闽、广等地,票面一贯(千文)的纸币,只值一百六十文铜钱了,"由是物价翔贵,而钞法益坏不行"[①]。明王朝虽然采取各种措施以维持纸币的流通,但也无济于事,钞法于一百年后的"弘、正间废"。正因如此,明初几十年间关于货币,特别是纸币的论述较多。

明王朝建立七八十年后,国势逐渐由盛转衰。明英宗于正统十四年(公元1449年),听从所宠信宦官王振的建议,亲率大军五十万与蒙古族瓦剌部作战,大败于土木堡,明军全军覆没,英宗被俘,史称"土木之变",这是明王朝走向衰落、进入其统治中期的转折点。

明中期社会经济有两个特点,一是随着明王朝统治的衰败,社会矛盾日益尖锐,二是农业、手工业继续增长,商品经济空前繁荣,资本主义萌芽获得明显发展。

社会矛盾日益尖锐的表现首先就是土地兼并日益严重,大量农民失去土地。

---

① 《明史·食货五》。

洪武二十六年（公元1393年）全国交纳田赋的土地八百五十万余顷,到了弘治十五年（公元1502年）只剩下四百二十二万余顷。"自洪武迄弘治百四十年,天下额田已减强半",减少的原因,"非拨给王府,则欺隐于猾民"①。

缴纳赋税的田亩少了,明王朝为了保证财政收入,就增加赋税,农民的负担就更重了。明王朝还采取摊税的办法,将逃亡农民应缴的赋税,摊在其余农户头上。这种办法实际是逼迫尚未逃亡的农民也尽快逃亡。

徭役也越来越混乱,弊端更多,豪强权势之家与官府勾结,采取各种手段逃避徭役。徭役都派到贫者身上。

同时,地主收的私租也越来越重,租额大都占农民收成的一半以上,有的甚至高达百分之七八十。

在赋税徭役和地租的剥削压榨之下,农民生活异常困苦,相当多的农民饥寒交迫,被迫卖妻鬻子,无法生活下去了,不得不逃亡。洪武十四年（公元1381年）全国人口五千九百余万;一百年后,弘治时人口不足五千一百万,减少达八百万。② 人口数的减少,并非人口真正减少,主要是农民离开了土地,到处流亡。有的依附豪强权势之家,有的流入城市,也有相当多的农民逃至官府统治势力难以到达的山区,在那里开垦土地,以避纳税服役。但是,明王朝发现后,就实行"禁山",禁止农民到山中垦荒,并到处搜捕,结果激起了流民起义。尽管起义的流民遭到明王朝的残酷镇压杀逐,但是,由于社会矛盾没有解决,所以仍有农民逃亡,"入山就食,势不可止"③。

以上情况表明:土地、赋税、徭役、流民等都是当时的重大社会、经济问题。

明中叶农业和手工业生产继续发展,水平都超过了前代。社会分工也进一步发展,手工业脱离农业独立发展的趋势更加显著。江南出现了不少脱离农业,专门从事纺织、棉织的机户。在农业中,也有不少农民从事经济作物的生产,以供应手工业生产的需要。在此基础上,商品经济获得了发展,商业资本也更为活跃,出现了以善于经营而闻名达数百年之久的徽商、晋商,同时出现了不少商业发达的城市。明政府于宣德年间（公元1426—1435年）,在33个商业发达的城市设钞关以征收来往货物税。

在农业、手工业的发展和商品经济进一步发展的基础上,元末、明初已存在的资本主义萌芽,至明中叶有了明显的发展。元末明初人徐一夔在《织工对》中

---

① 《明史·食货一》,中华书局标点本。
② 梁方仲编著:《中国历代户口、田地、田赋统计》,上海人民出版社,1980年,第194页。
③ 汤钢、南炳文:《明史》上册,上海人民出版社,1985年,第116页。

介绍了当时杭州已存在若干拥有四五张织机和十几个工人的手工工场。当时的机工,"什百为群,延颈而望,如流民相聚,粥后俱各散归,若机房工作减,则此辈衣食无所矣"①,这些人,"得业则生,失业则死",他们只靠自己的劳动力过活,"机户出资,机工出力"②这样的机工,显然已经是无产者或雇佣劳动者了。

明代中叶的经济思想就是在此背景下产生的。

丘浚是较早也较为全面地反映这一时代的重要代表人物。丘浚的经济思想,不仅反映了明代的社会经济状况,还在相当程度上体现出经济前进的时代动向:他在经济活动方面主张"听民自为",在国家政策方面提倡"保富",要求官府在经济方面放宽或取消禁制、垄断,主张扩大商品流通,开放对外贸易,并且要求适应经济发展的需要建立相应的货币制度和财税制度等。在许多经济问题上,他结合自己所提出的主张和建议,从理论上进行了说明和论证,在理论认识上达到了超越前人,也超越时人的新高度。

王守仁也是明代中叶人,他是明代最有名的道学家,其经济思想不及在道学方面的成就,但也有些值得注意的特点。

嘉靖、万历年间的朱明王朝已彻底腐朽,中国的封建社会也已临近末世,日渐衰落。虽然自然经济仍在社会经济生活中占着主要地位,但商品经济已有相当发展,东南沿海若干地区出现了较明显的资本主义萌芽。李贽作为明朝最著名的异端思想家,代表东南沿海地区与资本主义萌芽有所联系的富民的利益,其经济思想反映了明代晚期的一定的时代趋向。

第二节 清代鸦片战争前的社会经济和经济思想

清初几十年是中国经济思想史上比较活跃的时期之一,之所以出现这种状况,原因是多方面的。

首先,这是明中叶以来经济发展的结果,尤其是东南沿海一带商品经济及工商业发展的结果。清初经济思想的重要特点是宣扬私利、要求保富、重视工商业、反对"抑末"等,这正是当时商品经济及资本主义生产萌芽的发展要求在思想领域中的表现。

其次,明代灭亡后,一些痛心明亡而又不肯附清的思想家,在总结明亡的教训时,在一定程度上也看到了封建社会衰亡的趋向,并对未来的时代产生一些朦

---

① 《古今图书集成·职方典》卷六七六,苏州府部。
② 《明神宗实录》卷三六一,万历二十九年七月。

胧的设想。他们对封建制度的批判,已开始具有启蒙思想的色彩。清初的思想家除对封建的政治制度进行批判外,也对封建的土地制度和自然经济的落后性进行了剖析,其认识在许多方面都达到了新的高度。

再次,清初经济思想的活跃,也和当时特殊的社会政治环境有关。清兵入关后,遭到农民起义军及明朝在南方残余势力的抵抗,这些势力被镇压下去之后,郑氏仍踞台湾抗清,康熙时期又发生三藩之乱。战乱相寻,前后达40年,清王朝才得以在全国范围建立起巩固的统治地位。这种特殊的社会、政治环境,使清朝统治者还顾不上对学术思想严加控制,从而使得在相当时期内学术思想能处于较为活跃的状况。

黄宗羲、顾炎武及王夫之是清初学术思想界的三颗巨星:黄是卓越的启蒙思想家,其对封建专制制度的抨击,达到了中国封建时代同类思想的最高水平;顾是开一代学术新风的大学者,对学术思想的发展有深远影响;王是著名的唯物主义哲学家,代表着中国传统唯物主义的新发展阶段。他们在经济方面都维护私有制,提倡保富,一定程度上反映着封建制度衰落时期商品经济和资本主义萌芽的发展要求,而又各有特色。

唐甄也是一个有强烈启蒙色彩的人物。他的学术地位和社会影响远不能和黄宗羲、顾炎武、王夫之等人相提并论,在经济问题上论述的范围也不如他们广。但是,他本人是直接从事经商活动的小市民,其经济思想在反映当时工商市民的利益和要求方面颇为明显。

颜元、李塨及王源是颜李学派的几个主要代表人物。颜元、李塨是颜李学派的旗帜,他们都是生长在北方农业地区的知识分子,其经济思想,尤其是土地制度思想,别具一格;王源虽是颜李学派的一员,但因出生在南方,受到商品、货币经济的熏陶,因此在经济思想方面是自成一家,特色明显,而且在许多方面成就超过颜元、李塨。

我们说清初经济思想比较活跃,是相对于它以前和以后的某些中国历史时期而言的;从世界范围来看,这时的中国经济思想发展已日益落后于西欧国家。16世纪以后,西欧已进入资本主义的工场手工业时期,生产力及科学、文化迅猛发展,而中国则仍然停滞在封建社会的暗夜中。作为文化形态的一部分,并且直接反映着经济状况的经济思想,自然也较西欧国家落后。清初的一些最著名的思想家,其经济思想至多也只是反映着中国封建社会中畸形的、僵化的商品经济和极其微弱的、缺乏活力的资本主义萌芽因素的要求。即使像黄宗羲、顾炎武、王夫之、唐甄、王源这样的思想家,也都反对以银为币,主张废银用钱;而王夫之、颜元、李塨等,甚至还时而宣扬"抑末"的主张。

在清王朝建立几十年后,农业生产得到了恢复和发展,并在此基础上工商业的进一步繁荣,进入了清朝统治的"盛世"。随着清朝统治的巩固,文化领域中的专制高压政策更为严酷。这样,清初一度较为活跃的经济思想,又陷入了沉寂的局面,这种局面一直持续到鸦片战争前几十年。

在清代"盛世"经济思想较沉寂的时期,只有蓝鼎元反对闭关政策、要求开放对外贸易的思想较值得注意。不过,他的要求只限于狭小的、局部的范围,而没有全国性的战略意义。他虽然对西方国家在技术方面的先进及其侵略、扩张野心有所察觉,但总的来说对中国已落后于西方的严峻现实还没有较深认识,因而也未萌生任何学习先进、改革中国的要求。

清代乾嘉之际,随着封建制度的彻底腐朽,流民问题的日趋严重,尤其白莲教农民起义的爆发,已有某些士大夫表现了比较明显的忧患意识,如洪亮吉就忧虑人口的众多,超过了封建生产方式所能容忍的最大限度,因而对社会的发展表示悲观。但在嘉庆(公元1796—1820年)前期,这种忧患意识还是个别的,未在思想界引起较广泛的响应。到了嘉庆后期及道光前期,也就是鸦片战争前二三十年,情况发生了显著变化。著书立说、表现忧患意识的已不是个别人士,已有一批有声望、有影响的士大夫参加进来,并且其中许多人还是互有联系,互相唱和,因而在社会舆论界逐渐形成了一种势力。

同乾嘉时期的情况不同,嘉道时期人们的忧患意识已触及更根本、更深层的东西。他们不像洪亮吉那样,只就人口问题自身谈人口问题,而是进一步探寻人口过剩以及封建王朝治乱兴衰的根源,试图从财富分配不均尤其是土地兼并和土地集中来说明问题,为此竞相提出各种改革主张乃至从事某些财政、经济改革的实际活动。久已沉寂的"变法"、"更法"口号,又开始被提出来了。嘉道时期的忧患意识还有一个前人所不具有的特点:它不仅针对国内的情势而发,而且开始感到了外来威胁。以英国为首的外来侵略势力,利用鸦片走私冲击清朝紧闭的国门。鸦片走私的日益猖獗,使中国白银外流日益加剧,导致严重的银荒和银贵钱贱,给中国的货币流通和财政造成了深重的困难和损害,也加重了农民的负担并为工商业者带来不利影响。鸦片走私也更加剧了清朝吏治和军队的腐化,而民间吸食鸦片人数的增多又在中国社会中形成了一种历史上从未有过的流民——瘾民。

嘉道时期触发士大夫忧患意识的机会,在前为天理教农民起义,尤其是1813年天理教农民起义军一度攻袭紫禁城的事件;在后为鸦片战争前鸦片走私的猖獗,尤其是黄爵滋、林则徐严禁鸦片的奏议。前者触发了士大夫们进行内部改革的要求,后者则触发了士大夫们严禁鸦片及抵抗外来侵略的要求。

嘉道时期有强烈忧患意识的士大夫,以龚自珍、包世臣、林则徐、魏源等为主要代表。龚自珍虽活到了鸦片战争时期,他的经济思想对鸦片走私、外来资本主义侵略以及对外经济交往、货币等问题也有反映,但其主要内容则是对封建社会内部危机的反映。林则徐、魏源同龚自珍是一代人,在鸦片战争前早就倡言改革,并进行过一些财政经济改革活动,但他们在经济思想方面的更重大的、有历史意义的成就,则是鸦片战争期间及鸦片战争失败后的事。

关于第一次鸦片战争前后围绕货币问题的激烈争论,基本在主张通货膨胀的货币名目主义者和反对通货膨胀的货币金属主义者两派之间展开。货币名目主义者的主要代表是王鎏。王鎏于1831年刊行了《钞币刍言》一书,主张以发行纸币、铸大钱等通货膨胀手段解决清政权的财政困难,并于1837年修订、增补为《钱币刍言》。王鎏此书刊布后,得到一些人支持,也遭到许多人的非议。1846年许楣写了批判王鎏著作的专书《钞币论》,把这场名目主义同金属主义两种理论的斗争、通货膨胀和反通货膨胀两种主张的斗争,推向了高潮。

许楣的著作,从时间上说,已超出了鸦片战争前经济思想研究的界限。但是,它是王鎏货币思想最主要的对立面,在研究当时这场思想争论时不容割裂,而且,许楣在货币思想理论方面仍然属于传统货币思想的范畴,并没有超出此范围的新内容,因此,把它作为鸦片战争前后货币思想争论的一方,以全面反映这次争论,是必要的。

本章总结

明至清代鸦片战争前是中国封建社会的末期,也是资本主义商品经济萌芽、成长、发展的时期,还是西方资本主义殖民势力逐步向中华大地渗透,使得民族危机加深的时期。

明中叶后,随着明王朝的由盛转衰,社会矛盾日益尖锐,到了清代,各种矛盾更加激化,如何解决迫在眉睫的土地、赋税、徭役、流民等问题成为摆在明清思想家面前的一项重要任务。商品货币经济的发展要求与之相适应的政治、经济制度及意识形态,因而如何解决货币问题、商人地位与作用问题、国家经济政策的改变等成为摆在明清思想家面前的另外一项重要任务。丘浚、王守仁、李贽、黄宗羲、王夫之、唐甄、颜元、李塨、王源、洪亮吉、龚自珍、包世臣、许楣等人正是围绕国内封建危机的加深和商品经济的发展等问题展开论述的。

从世界范围来看,此时中国的经济已经落后于西方国家,使得中国经济思想的发展也日益落后于西方国家,即使像黄宗羲、王夫之、唐甄、王源这样进步的思想家,也都反对以银为币,主张废银用钱,而王夫之、颜元、李塨等,甚至还时而宣扬"抑末"的主张,这是中国封建社会中商品经济的发展还很缓慢的反映。

思考与练习

1. 阐述明至清代鸦片战争前的社会经济状况及其在经济思想领域的反映。

2. 与同时期欧洲的经济思想相比,明至清代鸦片战争前经济思想的不足表现在哪些方面?

第二章 丘 浚

本章概要

本章介绍明朝中期经济思想的杰出人物丘浚的经济思想,阐述其"自为论"的经济放任主张、"听民自便"的土地思想、"民自为市"的商业和市场思想以及与自为论相适应的财政和货币思想等。

学习目标

1. 了解丘浚的"自为论"和"听民自便"的土地思想及其方案
2. 了解丘浚"民自为市"的商业思想
3. 了解丘浚与自为论相适应的财政和货币思想

第一节 丘浚及其自为论

丘浚(公元1420—1495年),字仲深,琼山(今海南省)人。他1454年考中进士后,一直在北京做官,最后任文渊阁大学士,官阶相当于宰相。他关心现实政治、经济问题,编写了《大学衍义补》一书。此书名义上是南宋真德秀《大学衍义》一书的补编,实际上这是两部性质不同的著作,用丘浚自己的话说,就是"前书主于理,而此则主于事"①。真德秀的《大学衍义》宣扬理学思想,但却把"治国平天下"一纲略去了;丘浚的《大学衍义补》则专门论述了这一部分,"补以治国平天下之要"②,是一部关于经世致用之学的专书。此书分门别类地大量辑录了前人有关经济、政治、法律、军事、工程等各方面的言论,并以按语方式表达了丘浚自己的见解,全书一百六十卷,共有二十三卷(第十二至三十五卷)专门论述经济问题,他的经济思想主要集中在这二十三卷中。

丘浚十分重视理财,他强调说:"财用国之常经,不可一日无者。"认为不能

---

① 丘浚:《大学衍义补·序》。
② 同上。

由于反对聚敛财富而讳言理财,如果不重视理财,就会造成"国用不给",最终反而会导致"横取诸民"的"聚财"①。

在丘浚看来,理财有两种,一种是狭义的理财,即管理封建国家财政;另一种是广义的理财,即对整个国民经济的管理。丘浚把前者称为理国财,而把后者称为理民财。在丘浚的经济思想中,占较大比重的是广义的理财。他说:"善于富国者,必先理民之财,而为国理财者次之。"认为理民财与理国财是经济与财政之间的关系,经济决定财政,首先必须先理好民财,使经济发展了,然后才能理好国财,财政的增长才有可靠的基础,"民财既理,则人君之用度无不足者"②。丘浚这里所说的理财,不仅包括了理国财即解决财政问题,更重要的是还包括了理民财即国民经济管理问题。

对于理民财,丘浚的指导思想是:理民财是百姓自己的事,没有必要事事由国家为民操办,国家对经济的管理主要是尽量听任私人自己进行获得财富的活动,而不要过多地加以控制和干预。他把这种思想概括为"听民自为"或"听民自便"③,以此作为管理国民经济的总纲领,并围绕这个纲领进行了理论论证。

丘浚指出,人类的生存和发展,必须以物质财富为基础,"人之所以为人,资财以生,不可一日无焉者也"④。社会上各等级的人都要追求财富,"财者,人之所同欲也"⑤,求利是人的本性所决定的,是没有限度的,"人心好利,无有纪极"⑥。与此相联系,丘浚又把整个国家、整个社会看做是个人的总和,"天下之大,由乎一人之积"⑦,这样,个人利益的总和就等于整个国家、整个社会的利益,私人追求财利就同整个社会的发展结合起来,因此,允许、听任私人求利不仅对个人有好处,而且对整个社会也是最有利的。丘浚强调说,国家要顺应"人情之俗"⑧,放手让私人从事经济活动,"人人各得其分,人人各遂其愿"⑨,满足人们获得和积累财富的欲望或追求,以使整个社会达到最佳状态,"而天下平矣"⑩。

丘浚的"听民自为"论或"自为论"与司马迁的"善因"论都反对国家控制、干预私人经济活动,尤其否定国家直接经营工商业;都主张经济放任,允许和促进私人求利活动的发展。但是,"自为"论是在中国封建社会后期的历史条件下

---

① 丘浚:《大学衍义补·总论理财之道上》,以下本章引《大学衍义补》只注篇名。
② 《总论理财之道上》。
③ 《制民之产》。
④ 《总论理财之道上》。
⑤ 同上。
⑥ 同上。
⑦ 同上。
⑧ 同上。
⑨ 同上。
⑩ 同上。

产生的,它并不是"善因"论的简单重复,而是在某些方面有所变化和发展。

司马迁根据国家政权在经济活动中的有为程度,排列各种国民经济管理办法的优劣等次。他认为,"因之"最符合无为、放任的要求,是"善者",而"利导"、"教诲"、"整齐"等办法在不同程度上都是对经济的干预和调节,其人为的因素越多,则越"次"。这些干预性措施只能在某种特殊情况下有条件地使用,至于其所包含的内容,司马迁并未作具体探讨和论述,更没有提出什么方案和主张。

丘浚的看法是:"所谓理财者,制其田里,教之树畜,各有其有,而不相侵夺,各用其用,而无有亏欠,则财得其理而聚矣。"①他认为:"与凡贵贱长幼多寡取予之类,莫不各得其宜焉,是则所谓义也。"②如果在经济生活中"相侵夺",则是"非义"的行为,封建国家对此要采取必要的手段进行干预和调控,"民有趋于利而背于义者,又必悬法令,列刑罚以禁之"③。他建议:"添设尚书一员,专总国计"④,其职责是主管财政经济的全局工作,"凡内外仓库之储,远近漕挽之宜,威在所司,稽岁计之出入,审物产之丰约,权货币之轻重,敛散支调,通融斡转,一切付之,久其任而责成功。凡国家有所用度,悉倚办之"⑤。从上述内容可以看出,丘浚在积极倡导"听民自为"、坚决反对"与民争利"的同时,对"教之"、"禁之"、"敛散支调"、"通融斡转"等国民经济管理办法没有表示异议,也没有根据其有为的程度如何,来评价、区分优劣。这些干预性措施,也不像司马迁所主张的那样,只能在一定条件下不经常地使用。事实上,丘浚是主张以放任为主,适当的干预和调控为辅。在总体上,"听民自为"起主导作用,但"教之"、"禁之"、"敛散支调"、"通融斡转"等调控手段也不是可有可无的,而是起着次要的但又是不可缺少的辅助、补充作用。这与司马迁的"善因"论有明显不同的特点,在丘浚关于土地、市场的管理方案或主张中,更清楚地体现出来了。

第二节 "听民自便"的土地思想及其方案

丘浚认识到,农业在整个国民经济中占最重要、最突出的地位,而土地则是发展农业生产以"养民"、"安富"的基础,因此,他特别重视土地问题,其方针是

---

① 《总论朝廷之政》。
② 同上。
③ 同上。
④ 《经制之义下》。
⑤ 同上。

"听民自便"①。

丘浚认为:"田不在官而在民"②的土地私有制由来已久,古代土地国有的井田制"决无可复之理"③,并且,"限田之议、均田之制、口分世业之法"④等限制土地兼并的方案也是行不通的,因为这些解决土地问题的办法都"不免拂人情而不宜于土俗"⑤,也就是说,违背了一般地主和富裕农民保有和扩大自己土地数量的要求,触犯了土地私有制。在他看来,土地私有制是不以人们意志为转移的自然发展趋势,土地制度只能顺应习俗,"听民自便之为得也"⑥。这意味着封建国家要维护和听任土地私有的存在和发展,任凭土地兼并"自便"地进行而不加以干涉或限制,这正是"自为"论在土地思想方面的具体化。

但是,在封建社会,大地主不仅拥有雄厚的经济实力,还具有强大的政治特权。如果放手让大地主进行土地兼并,不仅会使大量自耕农、半自耕农失去土地,而且连一般地主富民包括一些兼营工商业的地主,也都将成为大地主阶级的兼并对象。丘浚虽然身为明王朝的高官,但他的思想所反映的并不是大地主阶级的既得利益和兼并要求,而是明显倾向于一般富民即地主和工商业富户。他觉察到,对土地兼并一味放纵,任其自由进行,必然损害一般地主和工商业富户的利益,也不利于封建王朝的统治。于是,他提出,解决土地问题要在放任中有所控制、有所干预,在"听民自便"的总原则下,要辅以并不完全放任的"配丁田法"来限制土地兼并。

"配丁田法"的基本精神是"不追咎其既往,而惟限制其将来",具体内容如下:

规定一个期限,在这期限以前,私人占有的土地"虽多至百顷,官府亦不之问"⑦。在这期限以后,一丁只许占田一顷;丁多田少户,允许买足田数,即达到全家平均每丁一顷的限额;丁田相当的户,即每丁平均一顷者,则不许再买,否则没收入官;田多丁少户,限期之前土地就超过规定限额的原有部分"不复追究",但只许卖田不许买田,否则,不仅没收新买的土地,而且对其过去超额的土地也要加以削减。

与此同时,丘浚还提出了一套丁田折算的徭役方案。徭役标准是"以田一

---

① 《制民之产》。
② 同上。
③ 同上。
④ 同上。
⑤ 同上。
⑥ 同上。
⑦ 同上。

顷,配人一丁,当一夫差役"①。对田多丁少户,除以田配丁外,超额土地按二顷田折合一丁,出雇役钱;田少丁多户,除以丁配田外,多余的丁以每二丁折合田一顷,当一夫差役;对官僚地主实行"优免之法",按官品高低,不同程度地减免其徭役,但不得减免赋税。

丘濬对"配丁田法"抱乐观态度,认为既贯彻了"听民自便"的方针,维护了土地私有制,保证了私人占有土地不受任何侵犯,"不夺民之所有"②;又能够在放任的同时,起到了限制兼并的作用。他说:"行之数十年,官有限制,富者不复买田,兴废无常,而富室不无鬻产。田直日贱,而民产日均……兼并之患日以渐销矣。"③

其实,丘濬的"配丁田法"根本起不到抑制土地兼并的作用。他试图用不咎既往和官户减免徭役的办法,来照顾大地主阶级的既得利益,使兼并势力愿意让步,放弃未来的继续兼并。然而,封建地产是大地主阶级存在的物质基础,他们对土地的占有和扩大是不知餍足、不择手段的。"不咎既往"使大地主阶级不但保住了已经兼并到手的土地,而且为他们继续进行兼并提供了出发点。这样,"惟限制其将来",必然受到大地主阶级的反对,代表他们利益的封建政权也不会实行的。

丘濬提出了购买的途径,以解决广大农民的土地问题,这是荒唐可笑的。农民丧失了土地这个基本生产资料,连起码的生活条件都无法保证,购买土地从何谈起?因此,丘濬的"配丁田法"与无地农民的土地要求是完全不相干的。

实际上,丘濬解决土地问题的方案只不过是那些面临着大地主兼并势力威胁的一般地主保护自己土地的一种要求。这个方案有利于一般地主富户通过买卖的方式来实现地主阶级内部的土地重新分配,以发展、壮大自己的经济实力。此外,在当时,市民阶级的力量极其微弱,且与地主阶级有千丝万缕的联系。相当一部分的工商业者在封建经济及其政治上层建筑封建国家的束缚和压迫下,无法把一部分工商业利润用于积累和扩大再生产,只好"以末致财,用本守之",购买土地,转化为封建地产了。所以,这些人的利益和要求也在丘濬的方案中反映出来了。

在丘濬的"配丁田法"中,关于丁田折算负担徭役的办法,对一般地主和自耕农来说,总可减轻些徭役负担。关于田多丁少户出雇役钱的规定,符合封建社会后期人身依附关系减弱的新趋向,对雇佣劳动关系的发展有促进作用,也有利

---

① 《制民之产》。
② 同上。
③ 同上。

于商品货币经济的发展。

第三节 "民自为市"的商业和市场思想

商业和市场问题,丘浚的基本主张是:"民自为市"①,采取放任政策,给予私人经营工商业以充分的自由,反对封建官府直接经营或控制工商业。他尖锐地抨击了历史上官营商业的措施如桑弘羊的"平准"、王安石的"市易"等等,认为这是对私人权益的侵夺,"为人君而争商贾之利,可丑之甚也"②。主张国家经营商业的人,历来都强调两个理由:一是可以打击商人操纵市场牟取暴利;二是可以稳定物价,保证市场的供应。丘浚对这两点都进行了反驳。

他指出,官营商业抑制了私人工商业者的生产和流通,使"商贾无所牟利"③,但是,"商贾且不可牟利,乃以万乘之尊而牟商贾之利,可乎?"④封建国家不应自己直接从事市场活动,"大抵立法以便民为本,苟民自便,何必官为"⑤。

丘浚认为,官营商业不仅不能调节商品的供求和保持物价稳定,相反的,只会给正常的市场活动带来弊端,"官与民为市,物必以其良,价必有定数,又有私心诡计百出其间,而欲行之有利而无弊,难矣"⑥。他相信通过私人之间的市场自由竞争,就能使商品的价格、数量以及质量都得到合理调节,"民自为市,则物之良恶,钱之多少,易以通融准折取舍"⑦。而且,民间贸易活动自由进行,市场上的商品多了,竞争会对商品价格自发地进行调节,使"其价自然不至甚贵"⑧,根本不需封建官府人为地干预市场、平抑物价。这些论点表明,丘浚已经提出了市场自发调节作用的问题,与西方资产阶级古典学派亚当·斯密"看不见的手"理论有些相类似。他能够对市场活动提出这种认识,正是明代中叶商品经济的发展,尤其是资本主义萌芽的产生和发展在其头脑中的反映。

从"民自为市"的基本观点出发,丘浚强烈反对封建官府与大盐商共同垄断食盐产销的"榷盐"制度。他指出,食盐等各种自然资源都是"天地生物",不能由少数人"擅其私"而加以垄断,应该用于"利民"、"养人",使全国人民"公共

---

① 《市籴之令》。
② 同上。
③ 同上。
④ 同上。
⑤ 《山泽之利上》。
⑥ 《市籴之令》。
⑦ 同上。
⑧ 同上。

之"①。他指责封建官府实行榷盐,"立官以专之,严法以禁之,尽利以取之",是违背了"天地生物之意",也失去了"上天立君之意"②。

丘浚提出了盐政改革的具体主张:在国家的监督管理下,食盐的生产和销售听任私人经营。生产食盐的盐民事先要向官府提出申请,由官府发给证明以及"牢盆"(煮盐工具),并收取一定数量的"举火钱"(生产税),经过上述手续后,盐民就可以自煮自卖。盐商可以直接向盐民买盐,买后必须向官府申报数量、纳税、交纳手续费,取得官府给予的"钞引"(营业执照),即可在官府指定的地区销售。

丘浚不仅在食盐上,主张让私人自由经营,而且要求对其他商品也要听任"民自为市"。对于唐代中叶以后开始实行的榷茶制度,他尤其反对,认为是"天下生民无穷之害"③。他指出,榷茶比榷盐更为不合理,食盐是"不可一日缺焉者也,""民食淡则不能下咽"④,并且不容易找到代用品,国家实行专卖,就能"夺民之利",较多地增加财政收入;而茶并不是人民生活所必需的,"民之日用可无者",官府加以垄断,价高质劣,就会造成人们对茶的消费量大大减少,或"以他物代之"⑤,因此,榷茶根本起不到增加国家财政收入的作用。丘浚的这些分析,比刘晏的"因民之所急而税之"更为具体地触及商品需求弹性的问题。

丘浚还提出关于漕运制度改革的方案。在当时,明王朝已迁都北京,每年都通过运河水道从南方各地调进大批粮食。丘浚主张在运河之外,再开辟一条海路。漕粮海运在元代已实行过。值得注意的是,除了海运南粮以保证封建国家的粮食供应外,他还建议:按海运粮船的载量,八成运粮,二成由私人搭载货物。运粮军伕附载的货物,只征收三十税一的轻税。同时,也准许一般商人搭运,按正常的商税率征税。他认为,官船搭运一部分商货是"富国足用之策",不仅推动了首都市场的繁荣,"京城百货骈集"⑥,而且为南北贸易开辟了一条重要通道,使商品交流在更大区域内得到发展,北上粮船使"南货日集于北",而"空船南回者,必须物实",这又会使"北货亦日流于南"⑦。不难看出,丘浚漕粮海运的思想主张,已明显突破了传统漕运问题的范围,顺应了私人工商业者扩大国内市场的要求。

在对外贸易问题上,丘浚要求开放海禁,积极发展外贸活动。他认为,一方

---

① 《山泽之利上》。
② 同上。
③ 《山泽之利下》。
④ 同上。
⑤ 同上。
⑥ 《漕挽之宜下》。
⑦ 同上。

面,对于老百姓来说,经营海外贸易有利可图,"利之所在,民不畏死",是无法禁止的,禁令再严,出口走私之患"断不能绝"①;另一方面,对于封建国家来说,从对外贸易征税是增加国家财政收入的有效途径,比历代封建统治者所实行的苛捐杂税要好得多,"不扰中国之民,而得外邦之助,是亦足国用之一端也"②。因此,他提出了开放对外贸易的具体建议:恢复"市舶司",管理私人出海贸易和征收关税。准备出海贸易的商人,要把所用船只的情况、经营商品的种类数量、经行哪些国家以及何时返国,事先向市舶司呈报。货物从海外运回时,须经市舶司检查征税,才能进入国内市场销售。这些开放和鼓励海外贸易的主张,反映了民间商人发展国外市场的愿望和要求,对资本主义萌芽的成长是有积极意义的,也是"自为"论的更直接、更明显的表现。

丘浚在商业和市场问题上的基本指导思想是"民自为市",但这决不意味着他主张对整个市场完全听之任之,而盲目排斥国家对工商业活动的适当调控和干预。他提出,在市场主体上,绝大多数的商品可以放开,准许私商自由经营和竞争,听其自发调节,而谷物则要由封建国家控制和掌握,以调节、稳定粮食价格。他认为,"谷于人为最急之物,而不可一日无者"③,并且各种商品的价格又"恒以米谷为本"④。因此,为了使"民自为市"的活动能够顺利进行,国家必须从三方面入手来保证粮价的稳定:

其一,国家根据谷物生产的丰歉情况,运用轻重敛散之术调节市场供求,实现"米价常平"⑤。

其二,建立谷物价格上报的制度,使国家能够及时了解谷物价格及其在各地的动态,就可以随时采取措施,在各地之间调剂盈虚、移低就高,以平抑谷物价格。

其三,国家控制货币流通量,注意协调货币投放与谷物供求之间的关系。"务必使钱常不多余,谷常不至于不给",货币的供应量与粮食供求相适应了,就不会造成粮价的过大波动,使"其价常平"⑥。

很明显,丘浚上述的主张受到了李悝平籴之法和《管子》轻重论的影响。在他看来,国家的放任政策与适当的调控、干预措施并不是完全冲突、不相容的,"民自为市"与"轻重敛散之术"是可以共存和结合的。他管理市场的思路是,在

---

① 《市籴之令》。
② 同上。
③ 同上。
④ 《铜楮之币上》。
⑤ 《市籴之令》。
⑥ 《铜楮之币上》。

粮食流通这个小范围内,由国家控制和调节;除此之外,在其余商品流通的广大范围内,则实行开放政策,尽量采取私人经营的方式。因为,谷物于人为最急之物,又是其余商品的市价之本,官府运用轻重敛散之术稳定了谷物价格,其余商品就可以完全放开经营,任凭"民自为市"。即使某种商品会被一些商人囤积垄断起来,但由于是需求弹性较大之物,又且米价常平,则市场扭曲、物价暴涨的现象也就不会出现了。在这里,轻重敛散之术作为国家经济放任政策的重要补充,是为"民自为市"服务的。

第四节 与自为论相适应的财政和货币思想

丘浚以"自为"论为指导,对财政、货币问题,提出了一系列思想主张。

他关于财政问题的论述中,贯穿着一条主线:国家的"征求"(赋税、贡献)、"营造"(徭役),不应"妨碍于"私人的经济活动,而是要有利于老百姓的"自为",使私人生产者和经营者有"生生之具"①,并且能够"有余"。他多次说:"生之有道,取之有度,用之有节。"②

在财政收入方面,丘浚提出要"征敛有其艺",就是征调赋役要有限度,不能横征暴敛,损害老百姓的利益,"过取乎民,则难乎其为民"③。封建国家失去民,自身的统治就难以维持。

尤其可贵的是丘浚提出了限制封建国家征税权的主张。他一再说,社会财富"非专用之以奉一人",百姓的财物"非君所得而私有也"④。因此,他建议在征收赋税方面应该制定"经常之法,以为养民足国之定制"⑤,封建国家必须依法征税,不可在法外巧立名目,任意征收和夺取私人财富。

在财政支出方面,丘浚提出要"费用有其经"。他认识到,君主和宫廷无限制的奢侈浪费,必然会在用费不足时想尽各种方法以增加赋税、诛求于民,即使制定和颁布了关于赋税的"经常之法",也会随时遭到破坏,根本起不到约束和限制的作用。为此,他主张,不仅要限制君主、官吏的征税权,而且对皇室用费也要严格限制。他建议:仿照汉朝制度,分设内外二府,明确规定二府权限。外府作为封建国家的财库,收存经常性的赋税收入,专供国家公共事务的开支,用度之余则专款储存,"以备水旱兵火不测之需";内府作为皇室专用的财库,收存坑

---

① 《制民之产》。
② 《总论理财之道下》。
③ 《贡赋之常》。
④ 《总论理财之道下》。
⑤ 《贡赋之常》。

冶(矿税)、赃罚之类的特殊收入专供皇室用费的开支。"外府有不足,则可取之于内",内府"虽有不足,亦不可取之于外"①。

在封建专制制度下,尤其在明王朝封建专制淫威特盛的时代,试图通过制定法律来限制君主、皇室的征税和用费,是不现实的幻想。不过,丘浚的这种思想主张,具有限制君权的启蒙意义,从经济思想发展史看,还是很值得重视的。

丘浚关于货币方面的论述不少,其着眼点是要有利于"听民自为",特别是要有利于"民自为市"。

在明代,货币流通异常紊乱而无定制,银、钱、钞(纸币)三者并行,却没有主、辅币之分,明王朝时而禁银、时而禁钱,但没有什么效果,反而造成了更大的混乱,封建国家所发行的纸币即大明宝钞不断贬值。如此严重的货币问题,极大地妨碍了工商业活动的正常进行,社会经济的发展受到了十分不利的影响。鉴于这种情况,丘浚提出了"三币之法",力图建立比较稳定健全的货币管理制度,为工商业的繁荣创造有利条件。其大体内容是:

其一,银为上币、钞(纸币)为中币,钱为下币,这三种货币同时流通。

其二,银作为权衡货币价值的基础,"宝钞、铜钱,通行上下,而权之以银"②。银一分相当于钱十文或钞一贯,三种货币按此比价流通,"一定而永不易"③。

其三,银用于大额交易(十两以上),十两以下的日常交易则禁止用银,只用钱和钞。并且对钱和钞的流通数量加以限制:"钱多,则出钞以收钱;钞多,则出钱以收钞。"④

丘浚的这个方案,由于历史条件的局限,没有明确论述主币和辅币、金属币和纸币之间的关系,但是,他把银定为衡量钱和钞这两种货币的"权",又规定把钱和钞的发行量都要加以限制,以保持它们和银之间的法定比价,这就使银多少具有主币的意义,使钱和钞实际上成了银的价值符号,而银一分则具有价格标准的职能。在15世纪的中国封建社会,丘浚能设计出这样的货币管理方案,是难能可贵的。

丘浚虽然在三币之法中,主张发行一定数量的纸币和白银及铜钱同时流通。但是,他在理论上,对纸币却是加以否定的,并对此进行了理论解释:"所谓钞者,所费之值不过三、五钱,而以售人千钱之物。呜呼!世间之物,虽生于天地,然皆必资于人力而后能成其用。其体有大小精粗,其功力有深浅,其价有多少。直而至于千钱,其体非大则精,必非一日之功所成也。乃以方尺之楮直三、五钱

---

① 《经制之义下》。
② 《铜楮之币下》。
③ 同上。
④ 同上。

者而售之,可乎不可乎?"①

　　这段话对纸币购买力的分析是错误的。纸币可以代替货币执行流通手段的职能,只要纸币的发行量没有超过流通中所需要的货币量,纸币就能按照它的票面价值流通,而不管它本身的材料(纸)的价值是多么小。但是,这段话却触及一个更深刻的理论问题,这就是以相当明确的形式提出了劳动价值论的光辉思想:

　　其一,商品是劳动产品,人类的劳动与一定的劳动对象相结合,生产出使用价值。"世间之物,虽生于天地,然皆必资于人力而后能成其用"。

　　其二,最重要的,丘浚认识到商品的价值是由劳动决定的,价值量和劳动耗费量成正比。"其体有大小精粗,其功力有深浅,其价有多少"。

　　其三,商品交换要遵循等价交换的原则,价值"至于千钱"的商品,所耗费的劳动时间多,"必非一日之功所成也",是不能与"直三、五钱"的纸币相交换的。

　　在一些人的心目中,中国古代经济思想不如西方,特别是在商品、货币、价格、价值等问题的分析上,比不上西方。事实并不如此,西方最早的劳动价值论是英国的威廉·配第,于1662年在《赋税论》一书中提出来的,而丘浚进呈《大学衍义补》是明成化二十三年,即公元1487年底,早于配第175年,并且,丘浚在表达方式上也比配第要高明些。配第把劳动分为两类:一类劳动生产金银,另一类劳动生产其他商品。在他看来并不是一切劳动都能直接生产交换价值,只有生产金银的劳动才能直接生产交换价值,其他劳动只有其劳动产品与金银交换时,才能生产交换价值,而在丘浚看来,生产任何一种商品的劳动都决定该商品的价值,这在理论的抽象性和普遍性方面,显然高于配第。当然,丘浚的理论分析没有配第细致,没有涉及劳动生产率对价值的影响等问题。但,这无损于丘浚劳动价值论的光辉成就,中国人在15世纪就发现了劳动价值论,这无论如何是值得我们的民族引以为豪的。

本章总结

　　丘浚认为,发展生产是老百姓自己的事情,没有必要事事由国家为民操办,只有在民间经济生活的秩序遭到破坏、出现了"相侵夺"的"不义"现象时,国家才采取必要的手段加以干预和调控。他把这种思想概括为"自为论",以此作为管理国民经济的总纲领。

　　丘浚认为,"田不在官而在民"的土地私有制由来已久,古代土地国有的井田制"绝无可复之理",因此土地制度只能顺应习俗,"听民自便"。丘浚还尖锐

---

① 《铜楮之币下》。

抨击历史上的官营工商业，认为这是对私人利益的侵夺，"为人君而争商贾之利，可丑之甚也"。他相信，通过私人之间的市场自由竞争，就能使商品的价格、数量以及质量都得到合理调节，根本无需封建官府人为地干预市场、平抑物价。

在财政税收方面，丘浚提出要"征敛有其艺"，反对横征暴敛，损害老百姓的利益。

思考与练习

1. 丘浚的"自为论"的主要内容是什么？
2. 阐述丘浚"听民自便"的土地思想和方案。
3. 阐述丘浚的"民自为市"思想。
4. 阐述丘浚的财政和货币思想。

第三章 王守仁

本章概要

本章介绍明朝著名道学家王守仁的经济思想,阐述其基本经济观点以及在赋税、盐政、工商业政策、借贷等方面的思想主张。

学习目标

1. 了解王守仁的基本经济观点
2. 了解王守仁的经济政策主张

第一节 王守仁和他的"心学"

王守仁,字伯安,浙江余姚人,因曾筑室于阳明洞,人们称之为阳明先生。生于明宪宗成化八年(公元1472年),殁于明世宗嘉靖七年(公元1529年)。明孝宗弘治十二年(公元1499年)进士,曾任刑部主事、兵部主事、庐陵知县、右佥都御史、右副都御史等官,后授南京兵部尚书,不就。曾因功封新建伯。

王守仁是明代著名思想家,他对宋元以来的道学有重要贡献,形成与程朱理学相抗衡的阳明心学(也称王学)。他和理学家不同的是,理学家把理与心分开,而他发挥了陆象山的"宇宙便是吾心,吾心即是宇宙"的观点,认为"心即理也,天下又有心外之事、心外之理乎?"[①]"心者,天地万物之主也。心即天,言心则天地万物皆举之矣!"[②]他还说:"我的灵明便是天地鬼神的主宰……天地鬼神万物离却我的灵明,便没有天地鬼神万物了。"[③]由此他又提出了"致良知"的学说。他认为:"知是心之本体,心自然会知。见父自然知孝,见兄自然知弟,见孺子入井,自然知恻隐,此便是良知,不假外求。"[④]这就是说"良知"是人生来就有

---

① 《传习录上》。见《王阳明全集》,上海古籍出版社,1992年。下引此书只注篇名。
② 《答季明德丙戌》。
③ 《传习录下》。
④ 《传习录上》。

的。"夫良知者,即所谓'是非之心,人皆有之',不待学而有,不待虑而得。"①"良知"不是全知,只是具有分辨善恶的能力,"知善知恶是良知"②。有些人的"良知"被私欲所蒙蔽,所以需要以"致良知"的功夫,以恢复"良知"。这也就是"存天理,去人欲"。他说"知善知恶是良知",什么是善恶的标准？就是封建的伦理纲常。所以"良知"、"天理"也就是封建的伦理纲常。他还提出"知行合一"。他提出的"知行合一",并不是一般的认识和行为、理论和实践关系,不是认识和行为、理论和实践的统一。他所谓的"知"是指"良知","行"是指"致良知"的功夫。"知行合一"也就是"致良知",可以说是道德意识和道德行为的统一。他之所以提出"知行合一",是因为他不满意宋元以来理学家,特别是朱熹,割裂知和行,强调"知先行后",从而导致空谈性理,言行脱节的弊端,所以提出"知行合一"以救弊。

王守仁是最有成就的道学家之一,其在道学家中的地位可以和宋代的程、朱相提并论;但他具有卓越的经世的学识和能力,是道学家中罕有的兼有学问和事功的人物。他文才武略均著称于世。他是文人,终生做文官,但他"好言兵,且善射"③,深通兵书,曾写有《武经七书评》。他并不是纸上谈兵,也不是只能为别人出谋划策,自身还具有指挥作战的经验和战功。他曾多次率兵镇压农民起义和少数民族起义。在宁王朱宸濠发动叛乱时,王守仁自赣南出兵,以迅雷不及掩耳之势,奇袭宸濠的根据地南昌,平灭了宸濠。在明代中叶,像他这样以文臣而有如此赫赫战功的,是很少有的。在他任地方官时,对辖区的政治、经济、文化,也多有作为。他的政绩以及政治、军事才能,深受嘉靖皇帝（明世宗）的赞扬,说他"识敏才高,忠诚体国"④,又说:"守仁才略素优"⑤。他的"心学"在明代中后期风靡一时,也流传到海外。

他曾论述过一些经济问题,也曾处理过一些经济问题,从中可以看出他的经济思想。他的经济思想可以代表封建正统人士、道学家在资本主义萌芽发展的情况下的某些新变化。他的著作被后人编成《王文成公全书》、《王阳明先生全集》等,前几年上海古籍出版社又经编校增补,出版了《王阳明全集》。

---

① 《书朱守乾卷》。
② 《传习录下》。
③ 《明史·王守仁传》。
④ 《赴任谢恩遂陈肤见疏》。
⑤ 《年谱三》。

第二节　王守仁的基本经济观点

王守仁十分重视经济问题。他和其他道学家一样,也讲"存天理,灭人欲",给人的印象似乎就是不要经济生活,所以有的学者就认为他所说的"人欲"、"私欲"就是人们对于物质生活的最起码的要求,如是这样,"灭人欲"也就在了灭人自身。人不能满足最起码的物质生活需要,当然也就不能存在了,这当然是误解了王阳明的意思。他所说的"人欲"、"私欲"并不是指人们普遍的自然的欲望,不是指人们最起码的物质生活的需要,而是"天理",也就是说满足这种欲望是天经地义的。他所说的"人欲"、"私欲"是指追求满足超过必需限度的欲望,这是他所反对的,而对于满足人们普遍的自然的物质欲望的要求,他是重视的,因而,他很重视生产、重视经济问题。

一、经济在社会生活中的地位

王守仁在《金坛县志序》中写道:"吾观之,秩然其有伦也,错然其有章也。天也,物之祖也;地也,物之妣也。故先之以天文,而次之以地理。地必有所产,故次之以食货;物产而事兴,故次之以官政;政行而齐之以礼,则教立,故次之以学校;学以兴贤,故次之以选举;贤兴而后才可论也,故次之以人物;人物必有所居,故次之以宫室;居必有所事,事穷则变,变则通,故次之以杂志终焉。"又说:"参之食货,所以遂其养也。""养遂而民生可厚矣。"

这段话虽然是讲《金坛县志》中各类事物的编写次序的,但从中也可看出他的思想倾向:

第一,经济先于政治、文化。

"食货"就是经济,首先就是生产。王守仁说,"物产而事兴",就是说先有经济和生产,才能有其他,有了经济才能有政治、文化等。"官政"、"学校"、"选举"等等,即是政治和文化。可以说他把经济看成政治、文化的基础。

第二,经济保障人民生活。

他所说的"参之食货,所以遂其养也","养遂而民生可厚矣",就是说经济可使满足人民需要的物品生产出来,从而使人民生活得到改善。

二、功利之心、"致良知"与经济活动

王守仁认为功利之心蒙蔽了人的"良知",社会上的各种坏事都是功利之心造成的。经济活动是否功利?经济活动与功利之心、"致良知"有何关系?他对以下问题的阐述,回答了上述问题。

第一,关于声色货利。

有人问王守仁:"声色货利,恐良知亦不能无。"他回答说:"固然。但初学用功,却须扫除荡涤,勿使留积,则适然来遇,始不为累,自然顺而应之。良知只在声色货利用功,能致得良知,精精明明,毫发无蔽,则声色货利之交,无非天则流行矣。"①在他看来,良知不排除声色货利,但声色货利不一定符合良知,关键在于是否能致得良知。如良知无毫发的遮蔽,也即是说动机是好的,那么,这种声色货利的追求,就是合乎天则的,就是自然的。

第二,关于钱谷兵甲。

一般说来钱谷兵甲属于功利范畴,但王阳明并不这样看。他说:"使在我果无功利之心,虽钱谷兵甲,搬柴运水,何往而非实学?何事而非天理?况子、史、诗、文之类乎?使在我尚存功利之心,则虽日谈道德仁义,亦只是功利之事,况子、史、诗、文之类乎?"他还认为,对这些都"'一切屏绝'之说,是犹泥于旧习,平日用功未有得力处,故云尔"②。他所说的功利之心,就是私欲之心。他说:"圣人之学日远日晦,而功利之习愈趣愈下……盖至于今,功利之毒沦浃于人之心髓,而习以成性也几千年矣。相矜以知,相轧以势,相争以利,相高以技,相取以声誉……以为不如是则无以济其私而满其欲也。"③可见,他所说的功利就是"济其私而满其欲"的私欲。如果不存功利之心,也即不存私欲,钱谷兵甲,搬柴运水,不仅不属于功利范围的事,而且是实学,是天理。

第三,关于治生。

王守仁曾说:"许鲁斋(即许衡)谓儒者以治生为先之说,亦误人。"④有人问他:"你说学者以治生为首务是误人,'岂士之贫,可坐守不经营耶?'"他说:"但言学者治生上,尽有工夫则可。若以治生为首务,使学者汲汲营利,断不可也。且天下首务,孰有急于讲学耶?虽治生亦是讲学中事。但不可以之为首务,徒启营利之心。果能于此处调停得心休无累,虽终日做买卖,不害其为圣为贤。何妨于学?学何贰于治生?"⑤可见,他并不是反对学者治生,而是反对学者把治生作为首务。学者只要"尽有工夫"、"调停得心体无累"就可治生,并且"虽终日做买卖",也可为圣为贤。他还认为治生也是学问,"亦是讲学中事"⑥。学者治生并不妨碍做学问,做学问与治生并不是对立的。

---

① 《传习录下》。
② 《与陆原静丙子》。
③ 《传习录中》。
④ 《传习录上》。
⑤ 《传习录拾遗》。
⑥ 同上。

王守仁对许衡治生观点的批评,未必符合许衡的原意。许衡的原话是:"学者以治生最为先务,苟生理不足,则于为学之道有妨。"①这里说的"先务"是指先决条件的意思,是指在全力做学问之前,先要通过治生活动解决好自己做学问的物质保障问题,并不是说学者应同时从事治生活动,并把治生活动放在首位,以治生为主,兼事治学。王守仁在《传习录》中把许衡说的以治生为"先务",改成"以治生为先"。"为先"二字可作两种解释:一是"先务"即先决条件,这是许衡的原意;另一种解释是第一位的、首要的。究竟是哪一种解释,从文字上看不易判断,但在《传习录拾遗》中,王守仁的理解就明显了,他明确地说许衡是"以治生为首务,使学者汲汲营利",意即,许衡是要使学者同时做商人,而且首先是做一个汲汲营利的商人。这就完全错解了许衡"先务"的原意。许衡是从未要学者以商为主、兼做学问的。

但是,王守仁对许衡治生观点的评论,也反映出他在治生问题上比许衡有所前进:许衡只说治生对治学是"先务",并未说做了学者之后是否还继续从事治生,王守仁则认为,学者可同时从事治生活动,而且可以"终日做买卖"。更主要的是:许衡还把治学和治生看做两种事,认为治生可给治学以帮助,但治生却不是学问,王守仁则说,治生"亦是讲学中事",治生中也有学问,从事治生活动也可以是做学问。王守仁的这种看法表明,作为封建正统的道学家,在商品经济、资本主义萌芽进一步发展的情况下,他不得不面对现实,使空谈性理的道学,也带有几分时代气息。

三、对工商业的态度

王守仁认为,工商业和农业一样,都是普通百姓应该从事的职业。他说:"其才质之下者,则安其农、工、商、贾之分,各勤其业以相生相养。"②他还对商人经营的辛苦深表同情。他说:"照得商人比诸农夫固为逐末,然其终岁弃离家室,辛苦道途,以营什一之利,良亦可悯!"③在他领导下的官员考虑县城规划时,也注意做到有利于商业发展。他们在给王守仁的报告中说:"其街道市廛,俱有次第;商贾往来,渐将贸易。"这个报告得到王守仁的同意,并上报朝廷。④

---

① 《许文正公遗书·国学事迹》。
② 《传习录中》。
③ 《禁约榷商官吏》。
④ 《再议崇义县治疏》。

第三节　王守仁的经济政策主张

王守仁在地方任职时，处理过不少经济问题，从中可以看出他的经济政策主张，比较重要的有以下几方面的问题：

一、关于赋税

他认为，作为百姓，纳粮、当差是天经地义的事。他曾说："世岂有不纳粮、当差，与官府相对背抗，而可以长久无事终免于诛戮者乎？"①但是，当遇到战乱和自然灾害时，他认为朝廷应该宽免钱粮。他在地方任职时，遇到灾害，曾多次上疏，说明受灾情况，百姓困难情况，要求宽免辖区钱粮。他这样做，有同情百姓的一面。他曾说："民之疮痍已极矣，实无可输之物矣，别夫离妇，弃子鬻女，有耳者不忍闻，有目者不忍睹也。"②在要求宽免钱粮得不到批准，不得不催征时，他多次自责："呜呼！目击贫民之疾苦而不能救，坐视征求之患迫而不能止，徒切痛楚之怀，曾无拯援之术，伤心惨目，汗背赧颜，此皆本院之罪，其亦将谁归咎！"③他还表示："本院身为巡抚，不能为国为民，自行住俸待罪。"④但是，更重要的是怕官逼民反。所以，他在上疏要求宽免钱粮时，总是强调这一点。他在江西任职时曾上疏说："民者邦之本，邦本一摇，虽有粟，吾得而食诸？……小民困苦已极，思邦本之当固，虑祸变之可忧。"他还说，"江西一省之粮税，不过四十万石，今吝四十万石而不肯蠲，异时祸变卒起，即出数百万石，既已无救于难矣"⑤。所以，当不能宽免时，他曾设法挪用其他款项，以顶税粮。正德十五年他"与巡按御史唐龙、朱节上疏处宁藩变产官司银，代民上纳，民困稍苏"⑥。这年九月，他"檄各院道取濠废地逆产，改造贸易，以济饥代税，境内稍苏"⑦。但是，他对所谓"顽民"，毫不宽待。他说："不免尔租赋，不蠲尔债务，不除尔罪名，尔能听吾言，改恶从善，惟免尔一死，限尔一月之内，释怨解仇，逃税者输其赋，负债者偿其直，有罪者伏其辜，吾则待尔如故。"⑧

可见，王守仁是典型的"忠君爱民"的官僚士大夫。但忠君是第一位的，爱

---

① 《告谕顽民》。
② 《征收秋粮稽迟待罪疏》。
③ 《批追征钱粮呈》。
④ 《再批追征钱粮呈》。
⑤ 《乞宽免税粮急救民困以弭灾变疏》。
⑥ 《年谱二》。
⑦ 同上。
⑧ 《告谕顽民》。

民从属于忠君,爱民有助于忠君则为之,当这两者发生矛盾时,他会毫不犹豫地放弃爱民,选择忠君。这也就是他为什么对"顽民"如此坚决,镇压人民起义如此坚决的原因。

二、关于盐政

明代的盐是由官府和大盐商结合起来垄断经营的。各盐场生产的盐有固定的销售区域。王守仁在江西做官时,遇到了江西的盐政问题。按照洪武年间的规定,江西需要的盐由淮盐供应,但淮盐只能供应省城附近地区,江西的西部、中部、南部由于交通困难,淮盐难于到达。所以,正统年间允许广盐进入江西的南、赣两府,后又允许广盐进入袁、临、吉三府,并在赣州设抽分盐厂收税。但这只是临时措施,不为定制。所以主管官府常常宣布恢复旧制,禁止广盐进入江西。王守仁主张广盐进入江西五府"著为定例",其理由是:

第一,方便民众。

王守仁认为:"袁、吉等地方,溪流湍悍,滩石峻险。淮盐逆水而上,动经旬月之久;广盐顺流而下,不过信宿之程。故民苦淮盐之难,而惟以广盐为便。"他还认为,由于淮盐难入,而广盐禁入,所以私盐盛行。"每遇水发",私盐商船"动以百数,公然蔽河而下,如发机之弩。官府逻卒,寡不敌众,袖手岸傍,立视其过"①。

第二,增加税收,资于军饷。

王守仁认为,征剿战争即将开始,而军费"百未有措",只有广盐进入江西,抽取盐税,才能解决。广盐进入江西五府,是"民情所深愿,而官府稍取其什一,亦商人所悦从"②。所以他说:征收盐税"亦不加赋而财足,不扰民而事办,比之他图,固犹计之得者也。"他的结论是:"广盐行则商税集,而用资于军饷,赋省于贫民;广盐止则私贩兴,而弊滋于奸宄,利归于豪右。"③

王守仁关于盐的主张,表明他不拘于成法,而是根据实际情况,提出解决问题的切实办法。

三、关于工商业政策

王守仁认为当时为了筹措军费,增加了商税,这是"不得已而为此",但是,"奈何奉行官吏,不能防禁奸弊,以致牙行桥子之属,骚乱客商;求以宽民,反以

---

① 《再请疏通盐法疏》。
② 《与王晋溪司马》。
③ 《再请疏通盐法疏》。

困商,商独非吾民乎"?因此,他提出:"今后商税,遵照奏行事例抽收,不许多取毫厘;其余杂货,俱照旧例三发抽一;若资本微细,柴炭鸡鸭之类,一概免抽。"同时规定,"桥子人等止许关口把守开放,不得擅登商船,假以查盘为名,侵凌骚扰"①。他还同意将赣州、南安两个商税征收点,合而为一。他的部下提出的报告说:收税官员"止是典史、仓官、义民等项,不惜名节,惟嗜贪污,"所以,"奸弊百端"。王守仁认为,合并之后,"则事体归一,奸弊自消,非但有资军饷,抑且便利客商"②。王守仁作为封建王朝的高级官员当然要收税,但他也注意维护商人利益,并且提出:"商独非吾民乎?"可见,在他思想中商人已不是压抑的对象了。

四、关于借贷和其他

王守仁反对大户、客商利用借贷,盘剥贫民。他反对"磊算"。所谓"磊算",即重叠计算利息,也即利滚利,驴打滚。他说:"本地大户,异境客商,放债收息,合依常例,毋得磊算。"他还认为,"或有贫难不能偿者,亦宜以理量宽"。他更反对"辄便捉锁磊取,挟写田地,致令穷民无告,去而为盗"。有此行为的,"诸约长等与之明白,偿不及数者,劝令宽舍;取已过数者,力与追还;如或恃强不听,率同约之人鸣之官司"③。

他提倡节约,反对奢侈,特别反对丧葬、嫁娶中不顾本身经济条件,大操大办。他说:"嫁娶之家,丰俭称货,不得计论聘财妆奁,不得大会宾客,酒食连朝。"④关于丧葬,他主张:"父母丧葬,衣衾棺椁,但尽诚孝,称家有无而行。"⑤他反对在亲人健在时,"俭于其亲之身,投之水火",而在亲人去世后,"用鼓乐,为佛事,竭资分帛,弗财于无用之地"。他问这种人:这样做,"亦独何心?"⑥他还反对"迎神赛会,百千成群",认为这是"糜费无益"的事情。⑦

此外,他还有"新民"政策。"新民"是指参加过起义又归顺、投诚的人。他主张对这些人除了政治上"量加升赏"外,在经济上使其"立屋居住,分拨田土,令其照例纳粮当差",并"发去商税银一百两,就仰本官置买耕牛农器,分给各民……其有见缺食用者,亦与量给盐米"⑧。

---

① 《禁约榷商官吏》。
② 《南赣商税疏》。
③ 《南赣乡约》。
④ 《告谕》。
⑤ 《南赣乡约》。
⑥ 《告谕》。
⑦ 同上。
⑧ 《牌行招抚官》。

本章总结

王守仁心学的基本内容是"致良知"。当然,"良知"不是全知,只是具有分辨善恶的能力,由于有些人的"良知"被私欲所蒙蔽,所以需要以"致良知"的功夫,使其恢复"良知"。王守仁十分重视经济问题。他认为经济先于政治、文化,经济保障人民生活。他还认为,良知不排除声色货利,但声色货利不一定符合良知,关键在于是否能致得良知。在治生问题上,王守仁并不反对学者治生,而是反对学者把治生作为首务。他认为治生也是学问,从事治生活动也可以是做学问。

王守仁在论述工商业、借贷等问题时的基本态度是:一方面主张保护商人的权益,并为商人的发展创造条件;另一方面反对大户、客商利用高利贷盘剥贫民,认为这会逼民为盗,影响社会安定。王守仁在赋税问题上:一方面主张朝廷在遇到战乱和自然灾害时应该宽免农民的钱粮,另一方面主张对抗税不缴的"顽民"坚决打击。

思考与练习

1. 比较王守仁与其他道学家的经济思想。
2. 比较王守仁与许衡的治生观点。
3. 阐述王守仁关于工商业的看法。

第四章 李 贽

本章概要

本章介绍明代异端思想的突出代表人物李贽的经济思想,阐述其崇私论、义利关系论等思想。

学习目标

1. 了解李贽的"崇私论"
2. 了解李贽关于义利关系的思想主张

第一节 明代异端思想的突出代表人物

李贽(公元1527—1602年),字温陵,号卓吾,福建泉州人。少举孝廉,做过20多年小官,曾任云南姚安知府,后来从事著述和讲学。他不满当时的腐败政治,反对礼教,抨击道学,屡遭道学家的围攻和封建统治者的迫害。在封建统治当局对其言论、学术活动和影响忍无可忍之际,终于给其加上"敢倡乱道,惑世诬民"的罪名,将其逮捕入狱。在狱中,他宁死不屈,伺机以剃刀自刎身亡。

李贽的著作很多,但其主要思想观点集中在《藏书》、《续藏书》、《焚书》、《续焚书》、《说书》等著作之中。由于李贽的著作具有明显的反孔孟、反当时盛行一时的道学倾向,对统治阶级推行文化专制政策颇为不利,因此在他临死和死后不久,明朝统治者两次下令"尽搜烧毁,不许留存"。到清代,修《四库全书》时,仍被列入"禁毁书目"。但是,封建统治势力能杀死李贽,却不能禁绝其反封建思想的流传,他的大部分著作都被较为完整地保存和流传下来。

李贽生活在明代嘉靖、万历年间。李贽的先辈数代经商,有的还从事对外贸易并到过外国。李贽本人从小随父往来活动于苏、皖、江、淮一带商品经济较为发达的地区,眼界比较开阔。后来,他师从王襞(东崖)。王襞是王艮的儿子,李贽由此接受了泰州学派的影响,奠定了其异端思想的思想基础,并且青出于蓝,逐渐成长为封建时代罕有的一个公然非孔反儒的异端思想代表人物。

《藏书》68卷、《续藏书》27卷,都是李贽后期精心写作的评述历史人物的著作。《焚书》、《续焚书》是李贽的诗文集,收录了他所写的书信、杂著、史论、诗歌等,也选入了他的其他著作中的少量文章。在《藏书》、《续藏书》中,李贽主要向千百年来的儒家思想挑战;而《焚书》、《续焚书》则将批判的锋芒更多地指向所谓的近世学者,即道学家,间接对孔孟作了批判。

第二节 李贽的崇"私"论

李贽经济思想中的首要内容是他的崇"私"的观点,他把"私"看做人们从事经济活动的基本动力,无私则人们不会对经济活动有积极性:"夫私者人之心也。人必有私而后其心乃见。若无私则无心矣。如服田者私有秋之获,而后治田必力;居家者私积仓之获,而后治家必力……此自然之理,必至之符,非可以架空而臆说也。"①这里说的心,是指"有心"、"用心",即目的、动力之意。所谓"有私而后其心乃见",是说有了占有、获得经济利益或其他私利的要求,才会有心、用心即努力去从事有关的活动,如为了占有农产品而努力耕田,为了积累私仓而经理家计等。

在李贽以前,早就有把自利看做人的本性的观点,李贽的特点是不止于谈自利之心,而且公然把历来的正人君子所讳言的"私"字展露于光天化日之下,并且把它宣布为经济活动的基本动力。他的崇"私"的观点,必然导致对商品关系的肯定。他不但不反对商品交换,不主张抑商,甚至还把人与人之间的一切关系都看做商品关系,强调:"天下尽市道之交也。"②而且,他还公然把封建时代视为最高尚、最神圣关系的圣门师生关系也列入"市道之交",说:孔子高足弟子"七十子所欲之物,唯孔子有之,他人无有也。孔子所可欲之物,唯七十子欲之,他人不欲也……以身为市者自当有为市之货,固不得以圣人而为市井病。身为圣人者,自当有圣人之货,亦不得以圣人而兼市井"③。

战国时期的韩非,早就把人和人之间的关系看做一种"相市"的关系,而且,对人和人之间如何相市,韩非谈得比李贽还更为广泛,更为具体。不过,韩非处在封建制度正在形成的时期,他宣扬这种相市论,是为了强调人和人之间都是有利害冲突的,君主同群臣以致后妃、太子之间,也是如此,因此,君主对待一切人,都必须一方面以利驱使,另一方面用法、术、势来控制和驾驭。这样,相市论就成

---

① 《藏书》卷二十四,《德业儒臣论》。
② 《续焚书》卷二,《论交难》。
③ 同上。

了韩非君主专制主张的理论基础,是为其建立和加强封建制度的要求服务的。李贽则是处在封建制度已接近没落的时期,以相市论挑战束缚经济发展的贵义贱利论,为正在发展中的商品经济和资本主义萌芽关系呐喊。既然人和人的交往都是市道之交,连孔圣人和七十二大贤之间的关系都是商品关系,儒家义主利从之说、道学家尊天理灭人欲之论,岂不都是虚伪的、骗人的么?

这样,在韩非手中用以建立和加强封建统治的相市论,到了李贽手中则转变成了冲击封建统治精神支柱的一副销蚀剂。

私要有私的对象,相市要有市的内容。李贽说的私的对象和市的内容是什么呢?是富贵。所以李贽说:"谓圣人不欲富贵,未之有也。"①因为:"财之与势,固英雄之所必资,而大圣人之所必用也。何可言无也?吾故曰:虽大圣人不能无势利心,则知势利心亦吾人秉赋之自然矣。"②

既然势、利之心是人的"秉赋之自然",那么,人们为追逐势利或富贵而竞争,并在竞争中发生分化,就也是自然的了。李贽认为,势、利之心虽人皆有之,但各人取得富、贵之"材"或"资"是天生不同的,"是亦天也,非人也"③,竞争起来必然有胜败,有分化。所以他说:"强者弱之归,不归必并之;众者寡之附,不附必吞之。此天道也。虽圣人其能违天乎哉?"④"如陶朱、猗顿辈,程郑、卓王孙辈……若非天之所与,则一邑之内,谁是不欲求富贵者,而独一两人也耶?"⑤

认为贫富分化是自然的,这种观点不是李贽新创,司马迁就已相当明确地阐述了这种观点。李贽的特点一是把市场竞争中的吞并说成是"天道",二是把干预、抑制这种吞并的行为说成是"违天"。这是为当时具有资产阶级倾向的工商业富人急于吞并别人以扩大自己资本的行为鸣锣开道的。

第三节 李贽论义利关系

李贽对义利关系的看法,主要为:

第一,义由利生。

儒家主张"义以生利"⑥,李贽则把这一命题反过来,认为义不是凭空存在,而是由利所产生的。他从儒家所重视的君臣之义、君民之义进行分析,指出:正

---

① 《焚书》卷一,《答郑明府》。
② 《李氏文集》卷十八,《明灯道古录》卷上。
③ 同上。
④ 《李氏文集》卷十九,《明灯道古录》卷下。
⑤ 《李氏文集》卷十八,《明灯道古录》卷上。
⑥ 《左传》,鲁成公二年。

由于君主给臣、民以利,才产生出君臣之义和君民之义。他针对孔丘关于"足食,足兵,民信之矣"一段言论评述道:"夫为人上而使民食足兵足,则其信而戴之也,何惑焉?至于不得已,犹宁死而不离者,则以上之兵食素足也。其曰:'去食去兵,非欲去也,不得已也;势既出于不得已,则为下者自不忍以其不得已之故而遂不信于上。'"①

这段话对义、利关系分析得很深刻。孔子认为,治理国家信最重要,在必不得已时可以"去食",因为:"自古皆有死,民无信不立!"②李贽认为:"信"是从国家平时善能解决关系百姓死活的民食问题建立起来的。信已建立起来了,所以在遇到万不得已的情况而使百姓缺食,甚至有些人为此饿死,百姓对国家的信心也不会动摇。这正说明"义"(信)是由"利"(食)产生的,"民无信不立"是对的,但"信"还必须以"食"(利)为基础才能建立起来。

对历来的贵义贱利论者所称引的董仲舒的"正其义不谋其利,明其道不计其功"的格言,李贽评论说:"夫欲正义,是利之也;如不谋利,不正可矣。"③先为民谋利,然后才谈得上以义正民,这正是同"仓廪实而知礼节,衣食足而知荣辱"相类似的观点。

南宋叶适批评董仲舒的观点,认为有利才道义光明,无利则义不过是"无用之虚语"④,已经指出了义是依存于利的。李贽明确指出:必须先为民谋利,才能在君与民之间形成义和信,义是由利产生的。这就更接近了经济是道德的基础的认识。

第二,利即是义。

李贽说:"穿衣吃饭,即是人伦物理;除却穿衣吃饭,无伦物矣。世间种种皆衣与饭类耳,故举衣与饭而世间种种自然在其中……"⑤穿衣吃饭是人们的物质经济生活的首要内容,李贽说穿衣吃饭,是用以概指人们的物质经济生活。这在儒家的义、利之辨中,属于"利"的范畴。儒家常说的"人伦物理"是指人伦(君臣、父子、兄弟、夫妇、朋友这几种人际关系)之间的道德关系准则,属于"义"的范畴。李贽将穿衣、吃饭说成"即是人伦物理",也就是把利和义、经济和道德看做是同一事物。

封建正统思想的贵义贱利论,把义和利、道德和经济割裂开来和颠倒过来,李贽为驳斥贵义贱利论,极力强调二者不可分离,并且特别强调"利"即经济一

---

① 《藏书·经学儒臣·易经·张载》。
② 《论语·颜渊》。
③ 《藏书·德业儒臣论》。
④ 《习学记言序目·汉书三》。
⑤ 《焚书》卷一,《答邓石阳书》。

方面,这是可理解的。但是,他把二者说成是同一事物,这就犯了混淆概念的错误。经济是道德的基础,但却不是道德。社会的面貌首先取决于经济状况,但经济不是一切,只重视经济而不重视道德,社会是不会有真正良好的面貌的,而且经济本身的发展也会受到消极不利的影响。

贵义贱利论不仅在个人对待财富的问题上宣扬贵义贱利,而且从这种观点出发,贬低国家的理财即财政工作。它把重视理财、设法为国家理财的人骂为"小人"、"聚敛之臣",把善于理财等同于"头会箕敛"、搜括百姓。历史上许多在理财方面卓有建树的人物如桑弘羊、王安石、张居正等都遭到唾骂,甚至像管仲、刘晏等人,也因理财而受到一些人的非议。李贽反对贵义贱利论,当然也反对贵义贱利论者贬低理财工作和理财家的观点。

李贽首先把理财作为治国的重要工作和必要前提提出来,强调:"不言理财者,决不能治平天下。"①这是对道学家奉为核心经典《大学》中"长国家而务财用者必自小人矣"论点的旗帜鲜明地反驳。既然不言理财者就谈不上治国、平天下,那么,言理财者而且言之有成效者,就是明君、贤臣,而不是什么"小人"了。这和李觏说的:"圣贤之君,经济之士,必先富其国焉"②,说法虽有正反,含义却是一致的。

既然理财是正当的,是治国、平天下所必不可少的,那么,历来因善于理财而遭受正统思想所贬斥的人物,就应予以翻案了。李贽在《藏书》中专辟《富国名臣》一栏,把一向被斥为"聚敛之臣"的桑弘羊,同李悝、刘晏同列为富国名臣。在叙述桑弘羊的主要理财措施盐铁、均输、平准、酒榷之后,对史家作出的"民不益赋而天下用饶"的评价,李贽一再赞叹道:"真,真!"认为:"桑弘羊者,不可少也。"③

这表现了李贽所代表的社会力量对经济进步的积极态度。

本章总结

李贽经济思想中的首要内容是他的崇"私"的观点。李贽把"私"看作人们从事经济活动的基本动力,无私则人们不会对经济活动有积极性。当然,追名逐利之心虽人皆有之,但由于取得富、贵之"材"或"资"是天生不同的,因此竞争起来必然有胜败,有分化。李贽认为,既然贫富分化是自然的,那么市场竞争中的吞并自然也就合乎"天道"了,干预、抑制这种吞并的行为自然就是"违天"。显

---

① 《四书评·大学》。
② 《李觏集·富国策第一》。
③ 《藏书·富国名臣总论》。

然,这是李贽为当时具有资产阶级倾向的工商业富人急于吞并别人以扩大自己资本的行为鸣锣开道的。

关于义利关系,李贽的观点主要是,义由利生,利即是义。应该说,李贽为驳斥贵义贱利论,极力强调二者不可分离,并且特别强调"利"即经济一方面,固然有其合理之处,但是,他把二者说成是同一事物,这就犯了混淆概念的错误,经济是道德的基础,但却不是道德。

思考与练习

1. 李贽的崇私论的内容主要包括哪些?
2. 李贽对义利关系有哪些看法?

第五章 黄宗羲

本章概要

本章介绍明清之际最杰出的启蒙主义思想家黄宗羲的经济思想，阐述其土地思想、赋税思想、工商业思想以及货币思想等。

学习目标

1. 了解黄宗羲的"复井田"思想和赋税思想
2. 了解黄宗羲的"工商皆本"思想
3. 了解黄宗羲的货币思想

第一节 明清之际杰出的启蒙思想家

黄宗羲（公元1610—1695年），字太冲，号南雷，人称黎洲先生，浙江余姚人。明清之际最杰出的启蒙主义思想家。他出身于中小地主兼官僚的家庭，亲身经历了明末农民大起义和清朝统治者武装征服等空前剧烈的阶级战争和民族战争。康熙元年（公元1662年），南明最后一个皇帝被俘，黄宗羲抱着总结明王朝灭亡的历史教训、为未来的盛世提供借鉴的愿望和目的，写成了《明夷待访录》一书，这是他的代表作。除《明夷待访录》外，他还著有《南雷文案》、《南雷文定》、《南雷文约》、《明儒学案》、《宋元学案》等。

《明夷待访录》是一部论述经济、政治的专书。他的经济思想也主要集中在这部书里。黄宗羲把封建专制看做违反人性的制度。《明夷待访录》开篇就说："有生之初，人各自私也，人各自利也"①，并认为所以会出现政权和君主，就是为了帮助所有的百姓"受其利"、"释其害"，即实现"人各自私"、"人各自利"的要求。黄宗羲接着指出：封建专制君主同这种要求相反，他把全国的一切财富和人

---

① 《明夷待访录·原君》。

口,都看做自己一人一家的私有物:"视天下为莫大之产业,传之子孙,受享无穷。"①这是一种违反人性的制度,而这种制度的代表者君主,则为"天下之大害"②。

黄宗羲进一步指出,违反人性的制度是不应该存在下去的:"一人之智力不能胜天下欲得之者之众,远者数世,近者及身,其血肉之崩溃在其子孙矣。"③这是每一封建王朝,每一姓君主都无法逃避的命运。黄宗羲指出这点,就等于宣告:封建专制制度必然灭亡!改朝换代只能造成这种现象的一再重演。

黄宗羲也为代替封建专制制度的新制度做出过一些设想。他认为:君主不应是百姓的主人,而应该以"天下为主,君为客"④,即以君主作为为百姓办事的"公仆"。君主一人干不了,把工作分给大小官员,这些大小官员是君主的臣,但不是君主一家一姓的奴仆,而是协助君主为百姓办事的"群工"。正因为君与臣都是为百姓办事的,所以他们职位虽有高低,但身份是平等的,是"名异而实同"⑤。为了使君主和官员善尽职责而不滥用权力,黄宗羲还提出了"有治法而后有治人"⑥这一以法限制和约束君主及官吏权力的口号。

黄宗羲还设想:在继续保持君主世袭制的情况下,应降低君主的权力,加强宰相的权力。由于宰相不世袭,可以根据任职情况不断更换,这样,"天子传子,宰相不传子,天子之子不皆贤,尚赖宰相传贤足相补救"⑦。这种设想,已朦胧地带有"虚君"和"责任内阁"的意味。

在黄宗羲以前,孟轲、鲍敬言、邓牧等都曾对封建君主专制进行过相当尖锐的批判。但是,前人的批判主要是集中于专制君主对广大人民的暴政压迫,而少有对这种制度的各种构成因素及其运作进行剖析,"黄宗羲则不仅从君民关系、君相关系、君臣关系以及人治和法治的关系各方面批判了封建君主专制,提出了一些带有资产阶级民主色彩的改革主张,还提出了人皆自私自利的观点,作为批判封建专制主义的理论基础"⑧。这使他的批判昂扬着启蒙主义的精神。

---

① 《明夷待访录·原君》。
② 同上。
③ 同上。
④ 同上。
⑤ 《明夷待访录·原臣》。
⑥ 《明夷待访录·原法》。
⑦ 《明夷待访录·置相》。
⑧ 参阅赵靖:《中国古代经济思想史讲话》,人民出版社,1986年,第551页。

第二节 奇特的复井田方案

土地问题历来是中国封建社会最为严重的政治和经济问题。黄宗羲痛感明王朝覆亡之鉴,因而对改革土地制度以解决流民的耕地问题分外关注。

黄宗羲解决农民土地问题的中心思想是"授田以养民",前提条件一是不触动土地私有制,二是有利于农民生产积极性的提高和农业生产的发展,其出发点是解决流民的耕地问题。

但是,第一个前提条件实际上是无法办到的。自唐中叶后均田制彻底崩溃,大地主的土地私有制已发展为不可阻挡之势,至明清之际,土地已是高度集中在皇室贵族、官僚和一般大地主的手中,不触动土地私有权,何来的土地以实现"授田以养民"?

他的另一前提条件是有利于农民生产积极性的提高和农业生产的发展,他认为明代的屯田制(军屯)之所以衰落,是因为屯田制的劳动生产率过低。而劳动生产率过低的最重要的原因是所屯之田不是个人所有,产品也不归个人所得。那么,要使土地问题的解决有利于农民积极性的提高和农业生产的发展,就必须在土地私有制的基础上进行土地制度的改革,而不应触动或损害土地私有制。

那么,符合这两者的田制是怎样的呢?黄宗羲的回答是:复井田!

他认为"复井田之可行",是由于他认为井田制的要点,不在于保持土地国有制作为基础,而在于:第一,利用国有土地对无地农民授田;第二,授田按"夫"平均授予。在他看来,卫所屯田正是利用国有土地授田给屯田军,而每一屯田军拨田50亩耕作,明代50亩正当周制百亩,同井田制的每夫授田百亩正好相同。他认为,只要按照这两个要点,把国有土地授给无地农民,那就是复井田了。所以,他说,自己从卫所屯田就能知道复井田之可行。

依据这种思路,他制订了一个以"复井田"为旗帜的土地制度改革方案:以国有土地对民授田,每一农户授田50亩,不但不侵犯地主私田,授田后的余田,还可听他们占有,以扩大自己的封建地产。

黄宗羲还就当时全国耕地面积和户口总数作了计算:万历六年实有田土701 397 628亩,人户10 621 436户,如按每户授田50亩计算,共授田531 071 800亩。从田土总数中减去授田总数,还有余田170 325 828亩,可以听任"富民之所占"。在这样计算的基础上,黄宗羲做出"井田可复"的结论说:"天下之田,自无不足,又何必限田、均田之纷纷;而徒为困苦富民之事乎!故吾于屯田之行,而知井田之必可复也。"①

由此可见,黄宗羲复井田方案的特点,主要是:

第一,他的复井田方案,是从明代的屯田制领悟出来的。

第二,推广屯田办法以复井田,不是把屯田制度全面推广,而只是把屯田制的以国有土地授民和每户授田五十亩两项办法加以推广。

第三,复井田是利用国有土地授田。黄宗羲坚决反对"夺富民之田",反对夺"民所自有之田"。

第四,黄宗羲的授田方案不止是对无地农民授田,而是对全体民户授田。这样,地主其实是复井田的最大受益者!

第五,复井田后的土地制度是什么?是土地国有制还是土地私有制?黄宗羲没有明确地讲。从"复井田"的提法和推广屯田办法的说法看,似乎应是土地国有制。但是,这和黄宗羲在土地制度问题上的基本观点是冲突的,不相容的。黄宗羲是坚决维护土地私有制的。

黄宗羲的田制思想,是一种在理论上没说清楚,在实际运作方案方面又充满着矛盾和漏洞的思想。他打着"复井田"的旗号,事实上却是要把屯田制的办法在全国范围推广。对屯田制,他基本上或总体上说是持否定态度的,所要推广的只是其中第一、二点。他既认为井田制的意义是"授田养民",却又要对有田者以至"富民"也授田,这同解决无地农民土地问题的要求是不一致的;他反对夺"民自有之田",然而,官田总数只约有二亿三千余方亩,只相当于授田总数的万分之二,远远不敷授田之用,何来余额?所以这是一个不可能实现的土地分配的方案。

虽然如此,黄宗羲的复井田方案,仍然包含着反对土地兼并的积极内容。主要表现在:这种土地方案要把一部分官田即国有土地分授给劳动农民,而且劳动农民在得到这部分土地后,将不会采用屯田制那种土地国有、国家负责组织和指挥生产以及产品大部分归公的经营方式,这将会大大提高农民的劳动积极性,从而有助于提高农业的劳动生产率。可惜的是,黄宗羲对"授田养民"没有十分清楚的概念,以致不是只把无地农民,而是把有地农民(自耕农)以至"富民"也都列入授田对象之内,以致使黄宗羲的田制方案的反土地兼并含义大大降低,并且更加缺乏现实性。

---

① 《明夷待访录·田制二》。

第三节 减 赋 论

黄宗羲对赋税问题也高度重视。他常把赋税问题同田制问题相提并论,认为解决赋税问题,对减轻斯民困敝,其意义不在田制以下。

黄宗羲痛陈明末赋敛苛重、繁杂的情况是:"一亩之赋,自三斗起科至于七斗,七斗之外,尚有官耗私增,计其一岁之获,不过一石,尽输于官,然且不足。"① 同一时代的顾炎武也曾指出过:"至有今日完租,而明日乞贷者。"② 当农民一年辛苦所获不足以缴纳租赋而要靠乞贷度日时,那就只有弃地逃亡。逃户的弃地,或是抛荒,或是贱卖,终归还是被有钱有势者兼并了去。所以,农民赋税过重的问题不解决,即使分配到手的土地,也还会重新失去,再落入土地兼并势力的魔掌。

黄宗羲、顾炎武等对江南地区赋税过重的问题,尤其感到痛心疾首。黄宗羲指出:"今天下之财赋出于江南,江南之赋至钱氏而重,宋未尝改,至张士诚而又重,有明亦未尝改"③,因而要求"重定天下之赋"④,减轻当时这一全国经济最发达地区的赋税负担,以利于经济的发展。

黄宗羲把当时赋税制度存在的问题,概括为"三害"。

第一是"积累莫返之害",是指赋税制度每经过一次变革,都导致赋税的进一步加重,已到了积重难返的程度。第二是"所税非所出之害",是指田赋由征实改为征银,而银又非农业所出,这就必然因折银而加重纳税者的负担。第三是"田土无等第之害",是指不分土地的肥瘠而按同一标准征收赋税。

针对赋重以及存在"三害"的现实,黄宗羲在赋税制度改革方面提出了以下几方面的建议:

第一,"反积累以前而为之制"。

他要复的贡、助、彻,也像他的复井田一样,并不是真的想复三代古制,而是以复古之名实行他所主张的制度的要害。

贡、助、彻制的要害是什么呢?他的回答是:"只税田土而已。"⑤ 但这并不说明只对农用土地征税,而不征其他的赋税,如人丁税、房产税等。他所谓"只税田土",主要是指只按国家规定的标准征收农业税,而不得违反既定标准加征或

---

① 《明夷待访录·田制一》。
② 《日知录》卷十,《苏松之府田赋之重》。
③ 《明夷待访录·田制一》。
④ 同上。
⑤ 同上。

多征。

在田赋即农业税之外,开征其他税收或取得其他财政收入,如卖爵、榷酤、盐铁、算缗等,在黄宗羲看来,是违反"只税田土"原则的;在田赋方面提高税率,加重征收,更是违反"只税田土"原则。黄宗羲自然反对在田赋之外用卖爵、算缗等办法增加财政收入,但尤其反对在田赋方面违制加征。田赋违制加征仍然可能是"只税田土",黄宗羲把这指责为违反"只税田土"原则的主要行为,是用词不确切。

第二,对"上授之田"与"自有之田"分别征收不同税率。

所谓"上授之田",是指封建国家"授田于民"之田,"自有之田",是指"未授之田",亦即私人所有之田。田是国家的,按什一税率征税,但是,如果土地不是由国家授予,而是耕者自有的,那就不应固执什一税率,而应大大减轻,否则就不是轻税而是重税。

从这种思路出发,他主张在"复井田",解决土地制度问题的同时,制定与之相适应的赋税制度:"今欲定税,须反积累以前而为之制。授田于民,以什一为则;未授之田,以二十一为则。"①

黄宗羲的这一赋税定制方案,触及一个理论问题,即地租和田赋的不同性质问题。

由土地所有者把土地让给耕者使用,并为转让这种使用权而向后者收取一定代价,这种代价就是地租。地租是耕者生产的剩余的一部分或全部。

由国家政权向土地的所有者收取的一种财政收入,是为田赋。田赋是国家政权凭借自身的政治权力征收的,而不是凭土地所有权征收的。

田赋只能是土地所有者在自己土地上得到的剩余的一部分,如果全部剩余都成了田赋,那土地所有者就不成其为土地所有者,而只能是一个农业生产者了。

田赋和地租的性质不同,这种性质上的区别,又决定了田赋在量的方面必须较地租为低。

黄宗羲把田区分为"上授之田"和"自有之田",认为前者之税应高于后者。这说明他在理论上对地租和田赋是两种性质不同的事物这一点,已经朦胧地有所认识,虽然他还不能把它们作为两个不同的经济范畴明确区分开来。

第三,"任土作贡"。

在征收赋税的办法方面,黄宗羲主张"任土作贡",或曰"任土所宜"的原则,即按当地所产征收实物,反对田赋征银。他说:"然则圣王者而有天下,其必任

---

① 《明夷待访录·田制三》。

土所宜,出百谷者赋百谷,出桑麻者赋布帛,以至杂物皆赋其所出,斯民庶不至困瘁尔!"①从主观上讲,他的目的和用心是为了减轻人民的赋税负担,为了"斯民庶不至困瘁尔!"从客观上讲,当时中国的农村基本上仍然是自然经济占统治地位,在唐以前,田赋始终是以实物交纳,后来田赋征钱,明代又逐渐征银,由于市场不发达,尤其是由于粮食商品率低,农民卖粮纳税有较大困难,易受商人及高利贷者挟持,遭受额外损失。加之,明末因财政困难而赋税征银大量增加,造成了"天下之银既竭"的情况,赋税征银给农民带来的困难也更为加剧。

第四,"下下为则"。

黄宗羲的这一建议和对策是针对其提出的"税无等第之害"而发的。他认为:"三代之盛,赋有九等"。所谓"赋有九等",是指将土地按质量分成九个等级征收不同的田赋;所谓"下下为则",是指应以最差田地(下下)的产量作为确定田赋的标准和准则。这样做的目的是为了"使瘠土之民不至于甚困而已"。他说:"是故合九洲之田,以下下为则,下下者不困,则天下之势相安",又说:"吾意有王者起,必将重定天下之赋。重定天下之赋,必当以下下为则而后合于古法也。"从黄宗羲的这个建议和对策来看,它是以最差的第九等田地的产量作为确定田赋的标准,如果都是实行什一税,那拥有九等以上田地的农户,越往上就越轻,其结果必然是拥有好地的农户将获得更多的利益,即获得因土地肥沃程度不同而形成的级差地租。

第四节　工商皆本论

"工商皆本"论是黄宗羲在《明夷待访录·财计三》讲到富民时提出的一个著名观点。黄宗羲认为,国民经济各部门之间存在着有机联系,本来就不存在哪个是"本",哪个是"末"的问题。"本"和"末"不应该按农业和工商业的区别来划分,而应按某个行业是否有利于社会财富的增长来划分:凡是有利于社会财富增长的生产和流通事业,都是"本业",反之,浪费和耗损社会财富的行业都是"末业"。

在他看来,当时浪费、耗损社会财富的活动和行业主要有以下一些:(1)"习俗"。指婚、丧礼仪方面的陋习所引起的财富靡费,如送礼、宴会、祭祀等。(2)"蛊惑"。指由于迷信、愚昧所引起的各种财富耗损,如庙宇、祭品、香烛、纸钱、陈设等。(3)"奢侈"。指贵族、富人寄生生活所挥霍、浪费的财富,如"倡优"(妓女及戏乐)、"酒肆"、"机房"(织造高档衣料的作坊)等。

---

① 《明夷待访录·田制三》。

黄宗羲所讲的严重耗损、浪费社会财富的这三个方面，大都是非生活必需品的生产和消费，在生产力非常低下的封建社会，最大限度地限制奢侈品的生产，并把它们视为"末业"是必要的和正确的。他正是在这一新的界定基础上，提出了"工商皆本"的观点。这就是："今夫通都之市肆，十室而九，有为佛而货者，有为巫而货者，有为倡优而货者，有为奇技淫巧而货者，皆不切于民用，一概痛绝之，亦庶乎救弊之一端也。此古圣王崇本抑末之道。世儒不察，以工商为末，妄议抑之。夫工固圣王之所欲来，商又使其愿出于途者，盖皆本也。"黄宗羲的这一大段话，有以下一些基本观点：

（一）指出当时社会上"末业"盛行，"今夫通都之市肆，十室而九"都是生产和流通耗费社会财富的"作业"或"行业"。这些"作业"或"行业"，才是真正的"末业"，应"一概痛绝之"，否则，就无法使人民富足起来。

（二）指出那些为社会生产和人们日常生活服务的一般工商业，它们同农业一样是国家和人民所需要的，而不是什么"末业"。

（三）认为："古圣王崇本抑末之道"抑的"末"业就是指的那些奢侈品和有害物品，并斥责"世儒不察，以工商为末，妄议抑之"。

（四）在重新界定"本"、"末"的基础上，提出了与"重本抑末"论相对的"工商皆本"论，这就把对重本抑末论的批判提高到了封建时代可能达到的最高程度。

重本抑末论自西汉末形成封建正统经济思想的一个主要教条之后，首先对之提出异议的是东汉中叶的思想家王符。他反对把工商业和农业隔离、对立起来，把工商业一律斥为"末业"并主张加以抑制，而是认为工商业中有本有末，只有为"京师贵戚"、"郡县豪家"这些大地主势力服务的奢侈品生产和流通行业，才是"损民贫国"的末业，至于为社会生产和广大人民生活需要服务的一般工商业，则不是什么末业，而是和农桑一样属于"本业"。但是，王符没有正面批判重本抑末论，反而把自己称作是重本抑末论的拥护者，只是采取修改"末"的概念的办法，曲折地对重本抑末论提出异议。

南宋时期，叶适终于以公开的方式对重本抑末论进行了抨击。他说："夫四民交致其用而后治化兴，抑末厚本，非正论也。"①但是，对于什么是正论，叶适没有说，他对重本抑末论抨击虽猛，但没能提出一个新的理论代替它。

比叶适稍晚的袁燮提出了"民以食、货为本"②的论点。在中国传统的用法中，"货"指"食"以外的其他财富，主要是指货币及工商财富。"食、货为本"，也

---

① 《习学记言序目·史记》。
② 《论足食通货疏》。见《历代名臣奏议》卷六十。

就是农业和工商业、农业财富和工商财富都是本。

但是,袁燮没有对重本抑末论进行批判,他显然不是自觉地针对重本抑末论而提出食货为本论的。在这一点上,他和叶适各自走了一隅。

黄宗羲的"工商皆本"论,在继承前人优秀思想的基础上,从新的理论高度,对传统的本、末概念,作了新的划分和界定,明确地以对社会生产和广大人民生活的作用作为划分本末的界限,从而对传统思想的那种以国民经济不同部门的界限作为划分标准的做法予以否定。

黄宗羲既对重本抑末论给予了公开的、猛烈的批判,又从正面提出了一个新的理论——工商皆本论——来和它相对立,比前人更有理论高度。

黄宗羲的"工商皆本"论在明清之际出现不是偶然的。明代中叶后,东海沿海地区的商品经济和私人工商业有了较多发展,资本主义生产的萌芽已经存在。虽然由于中国的特殊历史条件,封建社会中没有形成工商业者的自治城市和明显的、有力量的市民等级,但毕竟商品生产者、工商业者的经济和社会力量会因之而有所增强。工商皆本论的提出,是这种形势变化在意识形态领域中的反映,它表明:体现商品经济和工商业发展要求的社会力量,已在为保障自己的利益、提高自己的社会地位制造舆论了。

黄宗羲的"工商皆本"论,还不可能是对传统"重本抑末"论的最终扬弃。"工商皆本的提法就意味着承认农业也是本,而黄宗羲所说的农业,仍不外是封建主义的农业;当时的工商业,也基本上还是行会和商会控制下封建的工商业,至多只是包含着很少量的资本主义萌芽性质的手工工场在内。工商皆本的口号,还不是一个要求发展资本主义生产的口号。"①但是,封建社会内部商品货币经济的发展必然会孕育资本主义生产关系的产生和发展。黄宗羲的"工商皆本"论,毕竟是这一时代动向在意识形态领域中的较早的表现。

第五节　废金银用钱钞论

黄宗羲在《明夷待访录·财计》篇中,专辟两篇,集中论述了他的货币观点和主张。他的货币思想可以用一句话概括,即废金银用钱钞。

在《财计一》中,黄宗羲开宗明义地提出:"后之圣王而欲天下安富,其必废金银乎?"在这里,他把废金银提到了关系天下"安富"的高度,这反映了明清之际货币问题的尖锐性和严重性。

黄宗羲的"废金银"主张是从两方面立论的:一是从中国历代一般不以金银

---

① 参阅赵靖:《中国古代经济思想史讲话》,人民出版社,1986年,第556页。

为通货的史实出发;二是从当时的"银力已竭"的现实情况出发。"夫银力已竭,而赋税如故也,市易如故也,皇皇求银,将于何所? 故田土之价,不当异时之什一",又"当今之世,宛转汤火之民,即时和年丰无益也,即劝农沛泽无益也,吾以为非废金银不可"①。他认为当时市面上产生"银荒"的原因是:"今矿所封闭,间一开采,又使宫奴主之,以入大内,与民间无与,则银力竭"。不允许民间开采和运进北京入多出少的现状,使金银不能得到有效的流通,因此黄宗羲极力主张废金银。此外,他还提出了一个"七利"论,从理论上论证废金银的必要性,七利是:"粟帛之属,小民力能自致,则家易足,一也;铸钱以通有无,铸者不息,货无匮竭,二也;不藏金银,无甚贫无甚富之家,三也;轻赍不便,民难去其乡,四也;官吏赃私难覆,五也;盗贼胠箧,负重易迹,六也;钱钞路通,七也。"②

从总体上说,"七利"反映了封建自然经济的维护者反对发展商品经济的观点。像"粟帛之属,小民力自能致,则家易足",这显然是在为自给自足、男耕女织的自然经济唱赞歌;而"轻赍不便,民难去其乡"则是说无金、银不便于扩大商品流通,因而便于把商品流通限制于极狭小的地域范围,有利于保持安土重迁的自然经济闭塞状态。

"七利"论在明清时代广为流行。像黄宗羲这样的提出过"工商皆本"论的思想家,在货币问题上也宣扬"七利"论,强烈要求废金银,正是中国封建社会的发展已陷于停滞、僵化,具有启蒙色彩的思想意识自身也软弱无力的表现。

黄宗羲主张废金银,并非要返回到实物货币的时代,而是主张以钱为发钞之本,钱钞同时流通。不过,他心目中理想的货币还是钱币,"诚废金银,使货物之衡尽归于钱"③。在当时的货币流通中已广泛用银并且银占主要地位的情况下,黄宗羲把钱作为发钞之本,想使纸币成为钱的价值符号,这种发钞思想,与现实货币流通情况相比是一种倒退。

本章总结

黄宗羲对封建专制主义制度进行了严厉的批判,他认为封建专制君主"视天下为莫大之产业,传之子孙,受享无穷",这同"人各自私也,人各自利也"的天性形成了尖锐的矛盾,而违反人性的制度是不应该存在下去的。

土地问题历来是中国封建社会极为严重的政治和经济问题。黄宗羲痛感明王朝覆亡之鉴,认为在不触动土地私有制的前提下,有利于农民生产积极性的提

---

① 《明夷待访录·财计一》。
② 同上。
③ 《明夷待访录·财计二》。

高和农业生产的发展的方案只能是"复井田"。其要点是：第一，利用国有土地对无地农民授田；第二，授田按"夫"平均授予。黄宗羲的田制思想包含着反对土地兼并的积极内容，但无论是理论还是实际运作却都充满着矛盾。

黄宗羲对赋税问题也高度重视，他提出的改革赋税制度的建议是：第一，"反积累以前而为之制"，即"只税田土而已"；第二，对"上授之田"与"自有之田"分别征收不同税率；第三，在征收赋税的办法方面，主张"任土作贡"，或曰"任土所宜"的原则，即按当地所产征收实物，反对田赋征银；第四，"下下为则"，即应以最差田地（下下）的产量作为确定田赋的标准和准则，其目的是为了"使瘠土之民不至于甚困而已"。

黄宗羲认为，国民经济各部门之间存在着有机联系，本来就不存在哪个是"本"，哪个是"末"的问题，因而提出了"工商皆本"的观念，把对重本抑末论的批判，提高到了封建时代可能达到的最高程度。

黄宗羲在货币问题上，主张废金银用钱钞。在当时的货币流通中已广泛用银并且银占主要地位的情况下，黄宗羲把钱作为发钞之本，想使纸币成为钱的价值符号。这种发钞思想，相对现实货币流通情况是一种倒退。

思考与练习

1. 阐述黄宗羲"复井田"思想的主要内容和特点。
2. 阐述黄宗羲的赋税思想。
3. 黄宗羲"工商皆本"思想在中国经济思想发展史上的意义是什么？
4. 阐述黄宗羲的"废金银用钱钞"思想的内容。

第六章 王夫之

本章概要

本章介绍我国17世纪卓越的唯物主义思想家王夫之的经济思想,论述其土地思想、赋役思想以及工商业思想。

学习目标

1. 了解王夫之坚决维护土地私有制的"恒畴"论
2. 了解王夫之的赋役思想
3. 了解王夫之的工商业思想

第一节 17世纪中国卓越的唯物主义哲学家

王夫之(公元1619—1692年),字而农,号姜斋,湖南衡阳人,人们称之为船山先生。他出身于一个地主阶级知识分子家庭,是中国17世纪卓越的唯物主义哲学家。他同黄宗羲、顾炎武一起,是代表着当时学术思想界最高成就的三颗巨星。

王夫之推崇北宋张载的朴素唯物主义思想,继承和发扬了我国古代唯物主义思想体系的优良传统,并进一步把它推向了新的高峰。他肯定世界的物质性,认为整个宇宙统一于物质实体的"气"。

在历史观方面,他宣扬"理势合一"论及"世益降,物益备"的历史进化论。"理势合一"也就是说历史发展的客观规律性与历史发展的必然趋势和现实是统一的,不可分的。王夫之的另一卓越的历史哲学观,是把他"变化日新"的自然观应用到社会政治和经济的历史考察上,得出了今胜于古的"世益降,物益备"[①]的历史进化观点。

王夫之还批评了宋明理学家关于"天理"、"人欲"不并立的思想,提出了天

[①] 《读通鉴论》卷十九。

理寓于人欲的唯物主义见解。他说,"私欲之中,天理所寓"①,"人欲之所得,即天理之大同"②。王夫之把"人欲"解释为"饮食、货、男女"等,认为这些都是人的自然本性的需要,应该得到充分的满足,只要做到人欲的"大公",就是天理的"至正"了。

在其"理欲论"的基础上,王夫之阐述了他的"义利观",王夫之同样反对把义和利对立起来的观点,认为二者可以合一,他说:"义之与利,其途相反,而推之于天理之公,则固合也。"③王夫之义利观的另一项重要内容,是他重视人们经济生活中自利自为的行为,认为凡人都有一种追求私利的思想,这就是他的"自谋论"。他说:"人则未有不自谋其生者也。上为谋之,不如其自谋。上为谋之,且弛其自谋之心,而后生计愈蹙。故勿忧人之无以自给也。藉其终不可给,抑必将改图而求所以生,其依恋先畴而不舍,则固无自毙之理矣。"④"自谋论"具有浓厚的近代自由经济思想的色彩,是他经济思想的主干。

王夫之著述宏富,达百余种之多,存世约七十余种,但没有专门的经济著作,他的经济思想散见于他的哲学、政治和历史著作中。

王夫之的经济思想以深厚的哲学思想,特别是他的历史哲学思想为其理论基础。他的经济思想的一个重要特点,就是注重历史上经济问题的评述,以史论政,把对历史的研究和对社会现实问题的了解结合起来。

第二节　坚决维护土地私有制的"恒畴"论

王夫之的土地思想颇为独特。他主张土地民有,亦即主张土地私人所有,肯定和维护土地私有制,是他土地思想的核心和基本点。其土地思想的重要内容,大致可以归纳为三个方面:

一、对土地兼并和贫富分化问题的观点和看法

明中叶后,土地兼并严重,贫富分化悬殊。对于土地兼并问题,王夫之在总结历代封建王朝兴亡治乱的历史经验和教训时曾指出,由于土地的"大聚",造成了社会贫富的"不均",并且影响到生产力的发展:"兼并兴,耕者获十而敛五,民乃心移于忧,而不善其事"⑤。但在"求富"还是"求均"的矛盾冲突中,王夫之

---

① 《四书训义》卷二十六。
② 《读四书大全说》卷四。
③ 《四书训义》卷八。
④ 《读通鉴论》卷十九。
⑤ 《诗广传》卷四。

较看重于"富",而不大讲"均"。他认为"兼并"是:"非豪民之能钳束贫民而强夺之",即认为兼并不是豪民对贫民土地的强夺,农民失去土地是由于"赋重而无等,役繁而无艺",只需减赋节役,"而田自均矣"①。

王夫之认为贫富分化是很合乎自然的事。他认为富人的存在是普遍和合理的:"卒有旱涝,长吏请蠲赈,卒不得报,稍需岁月,道殣相望,而怀百钱,挟空券,要豪右之门,则晨户叩而夕炊举,故大贾富民者,民之司命也。"他大声疾呼:"纾富民,而后国可得而息也。"②

因此,王夫之把财富兼并、贫富分化看做是一种必然的、不可改变的趋势,反对以政治的强制力量来抑制财富兼并和贫富分化。

秦汉以来,反兼并已逐渐在经济思想领域成为一个占主要地位的经济观点,但是,宋代以后,随着南方地区商品经济的发展,一些富民尤其是工商富民扩大财富、发展自己经营的要求也日益明显,他们反对封建国家打着"抑兼并"的旗号压制、侵夺自己的财富。南宋叶适的反"抑兼并"论,就是这方面的典型。

明清时期,东南沿海一带商品经济的更大发展,某些地区资本主义萌芽的出现,更使这种反对抑兼并的思想进一步强化,并有了新的社会经济内容。从王夫之的"大贾富民,民之司命"一语,更可清楚地感觉到当时这种反抑兼并思想背后的社会力量。

二、否定授田制,反对限田和均田

王夫之否认历史上存在过授田制,认为孟轲讲的"一夫百亩",并不是"授田制",而是一种赋税制度。他否认"授田之说"的理由如下:(1) 人口增加与土地不足的矛盾;(2) 土地所有权和使用权的矛盾。因为井田制是国有土地,而农民使用的土地不是祖先遗留下来的,使用权和所有权分离,因而生产积极性不高,"皆无固志",必然会使土地"渐化晓瘠矣";(3) 如果"择远地绝产而随授之",则又会造成"父子兄弟,离散东西",尤其不是"善政";(4) 在一些疆域不大的诸侯国,在"归田者少,授田者多"的情况下,"其能取邻国之田以授之哉!"其五,如果"老不逮六十而田未归,少已逾三十而田应授",而此时"邻井他乡"又"卒无可授",难道这些候授的丁夫就该"袖手栫腹以候邻叟之老死与?"总之,"以理推之,归田授田,千古必无之事"③。

关于限田,他认为,"武帝之世,尚可行也,而不可久",但"师丹乃欲试之哀

---

① 《宋论》卷十二。
② 《黄书·大正》。
③ 《四书俾疏·〈孟子〉上篇》。

帝垂亡之日","卒以成王莽之妖妄,而终不可行"。为什么呢？这是因为："武帝之世可行者,去三代未远……且豪强之兼并者犹未盛,而盘据之情尚浅",到了哀帝之世,土地兼并"积习已久,强者怙之,而弱者亦且安之矣,必欲限之,徒以扰之而已矣。"王夫之反对限田,还有一个重要的理由："天子无大公之德以立于人上,独灭裂小民而使之公,是仁义中正为帝王桎梏天下之具,而躬行藏恕为迂远之过计矣。"①即帝王天子无"大公之德",却占有大量的土地,那么小民百姓的土地私有要求也不能限制。

王夫之如此起劲地反对任何抑制土地兼并的方案,是在于他认为土地私有制(他说的土地民有制)是最合理、最自然的制度,认为对这种制度,只能听其自然发展,不应以任何方式加以抑制。

三、土地民有论

王夫之在《宋论》、《读通鉴论》、《噩梦》等著述中,比较集中地论述了中国历史上土地制度发展和演变的过程,并将其分为三个阶段。即三代以前的阶段是："民皆择地而治,唯力是营;其耕其芜,任其去就,田无定主,而国无恒赋。"三代的阶段："画井分疆,定取民之则……民不自为经界,而上代为之。"秦汉以后的阶段是："民自有其经界,而无烦上之区分。"②

按照王夫之的解说,第一阶段像是原始社会民不知私有的阶段,原始时代,生产力极其低下,个人根本不可能"择地而治,唯力是营";第二阶段即三代阶段,有国家为之"画井分疆",但划井分疆,不是为了实行土地国有,而是在前一个时期民各自占垦的基础上,国家为之划分一下各自的田界,以便征收赋税;第三阶段即秦汉以后的阶段是"民自有其经界",土地私有权已确定,国家只是加以承认并征收赋税。

从以上王夫之对中国土地制度发展的历史过程的论述来看,他是要说明土地民有是历史演变的结果。在他看来,前两阶段都是土地民有,虽未确定所有权,但可看做向土地民有演变的步骤,第三阶段则是土地私有,或者确定意义的土地民有制。也就是从这种历史的分析出发,王夫之提出了他的土地民有论,即土地自古就是民用、民有的："人各自治其田而自收之,此自粒食以来,上通千古,下通万年"③。

王夫之不承认有土地国有制,认为过去没有过,将来也不会有。他把土地国

---

① 《读通鉴论》卷五。
② 《宋论》卷二。
③ 《四书稗疏·〈论语〉下篇》。

有看做是君主私有，并认为君主私有是违反土地的"本性"的。他论证说："田则自有五谷以来民所服之先畴，王者恶得有之而抑恶得税之。地之不可擅为一人有，犹天也，天无可分，地无可割，王者虽为天之子，天岂得而私之，而敢贪天地固然之博厚以割裂为己土乎？"①

王夫之是从维护私有制的立场出发反对抑制土地兼并的。明中叶以后，随着东南沿海地区商品经济的增长和资本主义萌芽的出现，农业中也逐渐孕育着一种新可能——出现资本主义因素的可能。但不论城市中或农业中资本主义因素的出现和成长，都必须以对封建地主经济的破坏或改革为前提，而像土地兼并这种由大地主对土地、财富和农民不断扩大封建控制的做法，尤其非加以抑制不可。因此，明中叶以来，从维护私有制的立场出发反对抑制土地兼并的思想家，也多同时设计出某种抑制土地兼并的方案。丘浚对井田、限田、均田等抑制土地兼并的方案均予以否定，但还是提出了一个"不咎既往，惟限将来"的限田方案；黄宗羲强烈反对"夺富民之田"的任何方案，但他还是设计出了一个把国有土地计夫均分的"复井田"方案；王夫之在土地问题特别是历史上的土地问题方面，有深刻、独到的认识，但他坚决反对抑制土地兼并的立场，同当时经济发展的要求是不相容的。

第三节 "减赋节役"的赋役论

王夫之的赋役政策思想的中心是"减赋节役"。他的赋役思想有一个重要的特点，就是紧紧围绕解决土地问题。通过减轻赋役来解决土地问题，是王夫之讨论赋役问题的基本出发点。

一、王夫之对历代赋役制度和政策的观点和看法

为了寻求历史的参考和借鉴，王夫之对中国历史上封建王朝所推行的赋役制度和政策逐一进行了研究和评述。

关于"什一之赋"：王夫之对向来为儒家学者崇奉的三代"什一之赋"，基本上采取否定的态度。他认为三代实行的"什一之赋"，并非是"中正之制"。他认为古代的赋税重于后世，"古之赋税三倍于今而有余，民何以堪？"②如果后世仍推行什一之法，那就是"以厚藏而导人主之宣欲乎？不然，奚用此厚敛为也"③。

---

① 《读通鉴论》卷十四。
② 《噩梦》。
③ 《读通鉴论》卷二。

他抨击唐第五琦请税百姓田,十亩取一的"行古什一之法"的主张是"适足以贼民病国",并说:"三十取一,民犹不适其生,况十一乎?"①他还批评南宋林勋上书"请行什一之税"的建议,也是导君于贪暴的"不仁之言",故认定三代"什一之赋",不可复行于后世,"民力所不堪,而势在必革也"②。

关于租庸调法:王夫之对于唐初实行的租庸调法持肯定的态度。他说:"租庸调法,拓跋氏始之,至唐初而定。户赋田百亩,所输之租粟二石,其轻莫之过也。调随土宜,庸役两旬,不役则输绢六丈。重之于调庸,而轻之于粟。三代以下,郡县之天下,取民之制,酌情度理,适用宜民,斯为较得矣。"他之所以如此赞赏唐代租庸调法,就因为该法重于庸调轻于租,"调、庸之职贡一定于户口而不移,勿问田之有无而责之不贷",主张租轻而庸调重,是他税人而不税田主张的一贯表现,是王夫之赋税改革思想的一个重要内容。

关于两税法和一条鞭法:王夫之对这两种赋税制度深为反感,视之为虐民的赋役制度,指出:"后世赋役虐民之祸,杨炎两税法实为之作俑。"③在他看来,两税法"于租庸调之外,横加赋敛,因事取办而无恒,乃至升斗锱铢皆洒派于民,而暴吏乘之以科敛","人但知两税之为正供,而不知租庸调之中自余经费,而此为法外之征矣"④。对于明之一条鞭法,王夫之同样斥责它是把夏税秋粮之外的所有一切"滥派之杂",又统统纳入"正供"之中,"一条鞭立而民不知役,吏乃以谓民之未有役而可役,数十年以后,赋徒增而役更起,是欲径省其一役而两役之矣"⑤。由此可见,他主要是针对这两种制度在后期出现的积弊而对其指责的。这对后世赋税制度的进一步改进和改革是有重要的参考价值和意义的。

二、对赋役制度改革的主张和建议

王夫之对赋役制度改革的中心思想是"以丁夫为本",即主张以夫定赋。他围绕"以丁夫为本",提出了以下改革建议。

1. 度人不度田

所谓"度人不度田"就是以"丁夫为本",以夫定赋。王夫之主张以夫定赋的理由:一是可以防止农民"弃本逐末";二是可使"百姓不乱而民劝耕";三是使民"谨守先畴而不敢废",以及防止农民土地"投卖豪强",即不被豪强兼并,民"田

---

① 《读通鉴论》卷二十三。
② 《读通鉴论》卷二。
③ 《读通鉴论》卷二十四。
④ 同上。
⑤ 《思问录·外篇》。

已去而租不除,谁敢以其先畴为有力者之兼并乎?"① 总之,"度人而不度田",乃是"劝农以均贫富之善术,利在久长,而民皆自得,此之谓定民制也"②。在中国历史上,不管是否曾有过以夫定赋,也不论王夫之的这一看法是否有道理和根据,但以夫定赋或以户口为税毕竟是较为落后的赋税制度,是相反于封建社会晚期人身依附关系逐渐减弱的趋势的。

2. 重之于调庸,而轻之于粟

所谓"重于调庸,而轻之于粟"③,意谓租税可征收轻些,而调庸则不妨重些。这是相比较而言,并非是主张加重调庸负担的意思。其理由为:第一,"地之有稼穑也,天地所以给斯人之养者也"。这是说,粮食是土地生长出来的,天地用之于养万民,故人君没有理由索取过重的租税。第二,"庸",即力役,为什么要稍重些呢?这是因为"君子既劳心以治人,则有力可劳者当为之效也"。第三,由于"调"的征收对象是"地产之有余者",而又"人而不必待以生",且可以备国之急用,故调也可以征重些。

3. 差等以为赋役之制

所谓"差等以为赋役之制",即根据自种或是佃种征收不同等级的税,原则是"轻自耕之赋,而佃耕者倍之",但王夫之对"自耕"或"佃耕"有一个解释,即"人所自占为自耕者,有力不得超过三百亩,审其子姓丁夫之数,以为自耕之实,过是者皆佃耕之科"。同时还规定:"水旱则尽蠲自耕之税,而佃耕者非极荒不得辄减",他认为这可达到"互相损益,而协于什一之税",即佃耕和自耕赋税取多补少,同样可实现赋税的均衡。从王夫之这一建议来看,自耕者赋轻而佃耕者赋重,固然对小土地所有者有好处,从保护小私有制经济这点来说不失为进步思想,但他把自耕最多亩数限定为三百亩,这就对中小地主阶级更为有利。

4. 役与赋必判然分而为二

如前所述,他反对唐宋以来并役为赋的赋役制度,他认为两税法将力役并入两税及一条鞭法将杂征并入正供,而力役杂徭仍照样不能幸免,"病民于无穷"。为什么呢?这是因为:"赋,专制于君者也。制一定,虽墨吏附会科文以取之,不能十溢其三也。役,则先事集而后事息,随时损益,固难画一。""可以遂不请命而唯意为调发,虽重法以绳吏,而彼固有辞",故在制定赋役制度的方法上,他认为应效法三代"简于赋而详于役",使地方官吏"不能以意欲增损之,而劳亦有节矣"④。

王夫之分别役、赋的主张,虽然出发点是为了"节役",但它是违反封建社会

---

① 《读通鉴论》卷二。
② 《读通鉴论》卷十四。
③ 《读通鉴论》卷二十。
④ 《思问录·外篇》。

后期人身依附关系逐渐减弱的趋向的。明代实行一条鞭法的重大意义就在于并役入税,并征银两,从而在削弱人身依附关系上迈开了很大一步(后来在实行中的弊端,又当别论)。王夫之却主张把二者判然分开,并且"详于役",使役法更加详密,这只能使封建社会晚期已日益减弱的人身依附关系更加强化。

5. 粟米纳本色,布帛征折色

在课税对象上,王夫之建议针对不同实物,或纳本色,或征折色,如粮食他主张纳本色,这样可以保证封建政府和军队的粮食需要。他认为粮食征折色是一种弊政,"农出粟而使之输金,唐宋以降之弊政也",但在比较辽远的地区和凶年的时候可以区别对待。至于布帛,则基本上倾向于货币交纳。他认为布帛征折色有"四利":其一,由于布帛的精粗质量不齐,标准不好把握,改为折钱,问题就解决了;其二,不产布帛的地区,纳税者必须先出卖农产品而换取货币,而后以货币购布帛,既麻烦,中间还难免奸商的盘剥;其三,布帛不能零星上缴;其四,布帛不能久存,如果变质则官府拒收,而"钱,则在民在官,以收以放,虽百年而不改其恒,此又一利也"①。

6. 反对农业单一税,主张普遍征收工商税

在征课的范围方面,王夫之反对传统的农业单一税,主张普遍征收工商税。他说:"不论客户土著,佃耕自耕,工商游食,一令稍有输将,以供王民之职。"他认为纳税是人人应尽义务,"王民之职",不能专课农民。他还认为粮食以外的其他商品税,因其不费很多劳动,且"人不必待以生",则不妨征重些。对于盐茶税,因盐茶是"富民大贾操利柄",其税率可更高。至于酒税,更应重之,酒税再重也"不病民",而且还可以"厚民生,正风俗",并起到"宽农田之税"②的作用。总之,他认为普遍征收工商税,可以使"田亩之科征可减,而国用自处于优",实乃"国民两赖之善术也"③。

由于经济的发展和国家财政需要的增加,田赋已越来越不敷财政支出,开征多样的赋税,开辟更多样的财政收入来源,尤其是开征各种商税,是必然之势,这种主张远非始自王夫之,但主张征商的人,多有借征商来抑商、困商的意图。王夫之也有抑商思想,但他的征商主张主要是从国家财政需要及平均各行业财政负担的要求出发的。

---

① 《读通鉴论》卷二十四。
② 《宋论》卷二。
③ 《噩梦》。

第四节　抑商与安商的两种互相矛盾态度

王夫之对待商人怀着一种矛盾心理,既斥责,又称道。一方面,他把商人看成是小人中的"巧而贼"者,如他说:"商贾者,于小人之类为巧,而蔑人之性,贼人之生为已极者也","商贾者,王者所必抑。"①可是另一方面,他又极力赞美商贾。他说"国无富人,民不足以殖",甚至认为"大贾富民者,国之司命也",主张"惩墨吏,纾富民"。这是一种极为矛盾的心态反映,也是他兼具传统思想和时代启蒙思想的反映。但是,从其思想总体看,他肯定商业和商品流通的一面是处于主导地位的。

对于商业和商品流通的必要性和作用,王夫之的认识比较清楚,他说:"商贾负贩之不可缺也,民非是无以通有无而赡生理,虽过徼民利,而民亦待命焉"②,对商业流通的必要性作了充分的肯定。不仅如此,他在《黄书》中还用赞赏的口吻,着力描绘了商业资本活动给"贫弱"者带来的好处和利益。

关于发展商业,王夫之的观点和看法大致是这样:凡是影响和有关国计民生的重要商品或产品,如盐、铁、茶等,应由国家和政府控制和掌握。他在《宋论》中说:"唯海之有盐,山之有茶,农人不得而有之,贫民不得而擅其利也……富民大贾操利柄以制耕夫之仰给,而军国之盈虚杳不与之相与,则逐末者日益富,力田者日益贫,匪独不均,抑国计民生之交蹙焉。"③但在论唐德宗时,似乎又赞成和肯定刘晏的榷盐政策,认为其优越性是"官榷之,不能官卖之也",即"官于出盐之乡,收积以鬻于商","一入商人之舟车,其之东之西,或贵或贱,可勿问也"④。从以上论述看,王夫之赞成国家控制盐的生产和批发环节,而主张放开流通领域,允许商人自由贩运。

关于对外通商贸易问题,一般来说,王夫之是持肯定态度的。他说:"据地以拒敌,画疆以自守,闭米粟丝枲布帛盐茶于境不令外鬻者,自困之术也,而抑有害机伏焉。"他断言与外国"通市"可以"利于国,惠于民。择术之智,仁亦存焉。善谋国者,何惮而不为也。"⑤

王夫之不仅认识到进行对外贸易可以互通有无,进口国内不产或产量不足的商品,"济吾之匮乏",还可对活跃国内经济有积极的促进作用。他所说的"耕

---

① 《读通鉴论》卷十四。
② 《宋论》卷二。
③ 同上。
④ 《读通鉴论》卷九。
⑤ 《读通鉴论》卷二十七。

者劝耕,织者劝织,山海薮泽之产,皆金粟也",至少表明他对当时国内某些地区的若干生产同对外贸易的联系,已有所感知,而他说无对外贸易则"耕桑织纴采山煮海之成劳,委积于无用",则简直是认为这些生产已经依赖于对外贸易了。

王夫之兼有"抑商"和"安商"两种相矛盾的态度,这在商品价格问题上也有表现。对价格问题,他涉及的主要是粮食价格的政策问题。对"粟贱伤农"的问题,他最为关注,认为粮价过低对农业生产和农民生活均会造成灾难,粟价低"固不足以自活,民犹肯竭力以耕乎"。他说:"粟贵伤末,粟贱伤农,伤末之与伤农,得失何择焉。"①在二者选择中,他主张宁可"伤末"而不可"伤农"。这是他"重本抑末"观点在粮食价格政策上的反映。在稳定粮食价格方面,他主张利用市场机制自发调节价格的涨落,反对由国家强制定价,认为:"乃当其贵,不能使贱,上禁止勿贵,而积粟者闭籴,则愈腾其贵。当其贱,不能使贵,上禁止勿贱,而怀金者不售,则愈益贱。故上之禁之,不如其勿禁也。"但王夫之也并非一味主张市场价格的自发调节,他也同意在必要时采用耿寿昌的"常平之法",即"贱则官籴买之,而贵官粜卖之",并称道其为"利民之善术也"②。

王夫之不是把国家控制市场、规定价格作为重农抑商的手段,而是主张主要依靠市场机制自发调节粮价。这又是他不同于一般的重本抑末论者之处。

本章总结

王夫之在土地问题上,主张土地民有,肯定和维护土地私有制。他一方面认为土地的"大聚"会造成社会贫富的"不均",并且影响到生产力的发展,另一方面,在"求富"还是"求均"的思想矛盾中,较看重于"富",而不大讲"均"。他认为贫富分化是很合乎自然的事,反对以政治的强制力量来抑制财富兼并和贫富分化,因此,他对抑制土地兼并的方案如井田、限田和均田都加以反对。

在赋役问题上,王夫之主张"以丁夫为本",王夫之的赋役思想试图通过减轻赋役来解决土地问题,但他的"以夫定赋"思想只能使封建社会晚期已日益减弱的人身依附关系更加强化。

王夫之对待商人是怀着一种矛盾的心理,既斥责,又称道,当然,从其思想总体看,他肯定商业和商品流通的一面,还是处于主导地位的。

---

① 《读通鉴论》卷七。
② 《读通鉴论》卷十六。

思考与练习

1. 王夫之的土地思想的主要内容有哪些？
2. 阐述王夫之的赋役论。
3. 王夫之对待工商业的矛盾态度体现在哪里？

第七章 唐 甄

本章概要

本章介绍唐甄的经济思想,主要围绕唐甄的富民思想展开论述,包括其富民思想的理论基础和特点,实现富民的途径以及消除妨碍富民的弊政等。

学习目标

1. 了解唐甄"富民论"的理论基础、特点及实现富民的途径
2. 了解唐甄消除富民的两大障碍的思想

第一节 明清之际又一位有明显启蒙主义色彩的思想家

唐甄是明清之际又一个有明显启蒙主义色彩的思想家,他对封建专制制度批判的激烈程度足以和黄宗羲相比。他的经济思想,在同时代的人物中,也有与众不同的特色。

唐甄,原名大陶,后改名为甄,字铸万,别名圃亭,四川达州(今达县市)人。崇祯三年(公元1630年)出生于官僚地主家庭,清康熙四十三年(公元1704年),病殁于苏州,终年75岁。

个人经历的不同(如他在明亡时还是少年及曾经出仕清朝),使唐甄不像黄宗羲、顾炎武、王夫之等具有强烈的民族意识。但封建社会衰落时期的经济政治条件及个人的不幸遭遇(政治失意、家业败落),给予他强烈的刺激和影响,促成他的启蒙主义意识。正如他自述写作《潜书》动机时所说:"不忧世之不知我,而伤天下之民不遂其生,郁结于中,不可以已,发而为言。"[①]因此,唐甄在政治方面和黄宗羲一样,以激烈的言辞抨击专制主义的罪恶,他宣称,"自秦以来,凡为帝王者皆贼也"[②]。

---

① 《室语》。
② 《居心》。

唐甄总结明朝推行"虐政"导致灭亡的历史教训,警告统治者,如果一味暴虐,"无道于民",那么即使"九州为宅,九州为防,九州为阻",处处置兵设防,在人民革命风暴面前,也必然要"破之如榷雀卵","推之如蹶弱童"。一旦王朝倾覆,身死族灭,其下场还不如一个普通人:"万乘之主,求为道路之乞人而不可得","欲与妻子延日夕之命不可得。"①唐甄对人民力量的这种认识,正是明清之际剧烈的阶级斗争实践和萌芽中的市民群众的政治觉醒在当时思想家头脑中的反映。

唐甄一生著述颇多,主要有《毛诗传笺合义》、《春秋述传》、《潜文》、《潜诗》、《日记》等。《潜书》是他的主要著作,全书分上、下篇,上篇论学,是宣扬王阳明理学《心学》的,下篇论治,是关于经济、政治、军事、法律等问题的著作。下篇对当时的民生穷困、君主专制、官吏贪鄙、刑狱残酷黑暗,有颇多的揭露,为改革这种社会现实进行了探索和呼吁,他的经济思想主要体现在《潜书》下篇中。他的经济思想,在明清之际的人物中,具有更为典型的市民阶级经济思想的特色。

第二节 唐甄的"富民论"及其主要特点

唐甄经济思想的出发点和主要内容是"富民",认为"治国之道无他,惟在于富,自古未有国贫而可以为国者"。唐甄的富民思想由以下几个部分组成。

一、富民论的理论基础

人的情欲是生而具有的,而财富是满足情欲的必要手段,这是唐甄富民论的理论基础。

程朱理学极力强调要用"天理"灭绝"人欲",用"道心"主宰"人心"。唐甄反对这种虚伪矫情的禁欲主义,他站在唯物主义的立场上,为个人情欲作辩护,认为"生我者欲也","舍欲求道,势必不能"②,只有"君子不拂人情,不逆众志,是以所谋易就,以有成功"③。这种尊重个人情欲的观点代表了正当利益得不到满足的中下层群众的呼声,是对封建统治阶级的虚伪道德说教的猛烈冲击。

唐甄从自己的生活经历中认识到,人只有拥有一定的财富,才能安立于世,正所谓"有恒产者恒其心"。在封建时代,田产被视为最基本、最可靠的财产,唐

---

① 《远谏》。
② 《性功》。
③ 同上。

甄也认为,一个人要有田产"以遗子孙",才是"立身垂后之要道"。当他自己被迫卖去田产,以经商维持生计时,受到了士人中传统轻商风气的极大压力,他就以这种求生之欲的观点为自己辩解说,自己"以贾为生者,不得已也",并说自己"以贾为生","人以为辱其身,而不知所以不辱其身也……溺而附木,孰如无溺?"①

在唐甄看来,求富避贫是第一位的,至于采用什么手段,通过什么行业来求富,则是第二位的。他当然也希望有田产"以遗子孙",在办不到时,为贾为牙,都无所谓。从他关于致富途径的具体论述看,他更加关心的是"末富",即同商品交换、同市场相联系的致富行业。

二、重视"末富"——唐甄富民思想的一个显著特点

司马迁曾把求富活动分为三等:本富、末富和奸富。"本富"指从事农业致富。"末富"指从事工商业致富。"奸富"指弄法犯奸致富,包括"劫人作奸,掘冢铸币"等。司马迁是肯定本富和末富、反对奸富的。

作为西汉时期那些没有爵邑俸禄的庶民地主的代表人物,司马迁反映了在地主政权已经巩固的条件下,地主阶级已完全有可能"用文持之",靠从事经济活动来增殖自己的财富,过去那种靠兼并列国来增加本国的土地和财富、靠别人的首级来换取自己田宅爵邑的"以武一切"的时代已经结束。不过封建生产关系初建有待巩固的历史条件,使司马迁更重视农业生产在经济发展中的作用,并提出了"以末致财,用本守之"的命题。

相比之下,唐甄的富民论则带有明显的市民阶级的特点。唐甄所重视的富,主要已不是"本富",而恰是传统富民思想所反对或不重视的"末富",他所同情、关心并希望其致富的人,更多的是从事商品生产和流通的"末民"。他在谈到可以致富的行业时,广泛列举了"陇右牧羊、河北育豕、淮南饲鹜、湖滨缲丝、吴乡之民编蒉织席"②等所谓的"至微之业"。值得注意的是,他所讲的这些生产,已不是农村自然经济组成部分的副业,而是"操一金之业,可致百金之利"的商品生产、经营专业户。他们何以能做到一本百利,主要是因为他们从事的是商品生产,是通过市场为服务社会而从事的生产:"里有千金之家,嫁女娶妇,死丧生庆,疾病医祷,燕饮赍馈,鱼肉果疏椒桂之物,与之为市者众矣。缗钱锱银,市贩货之,石麦斛米,佃农货之;匹布尺帛,邻里党戚货之,所赖之者众矣。此赖一室

---

① 《养重》。
② 《富民》。

之富可为百姓养者也。"①在唐甄的著作中,还举了兖(今山东兖州)东门外的一个"鬻羊餮者"和潞(今山西长治县)西山中的铁冶户贾氏,前者雇用工人十余人,后者雇用百余人,这两者明显是资本主义性质的工场手工业主。唐甄举他们为例,目的是反映官府的"虐取"对民众经济发展的影响,但也使我们间接地了解到当时商品经济的一些发展情况。

有了市场,就一定能致富吗?市场只是致富的条件,还必须勤快能干,才能利用市场提供的条件。唐甄看到当时吴地有一些有技艺者反而贫于无艺者,他认为这是由于懒惰造成的,故专写文《惰贫》以警戒之。他举震泽严氏一家为例,指出在一般情况下,一个手艺人只要勤快工作,一定会有好的收成。但严氏夫妇空有技艺,却"桑不尽土,不剪不壅,机废不理,不畜不疏",因而"其贫甚于无艺者"②。他认为要使吴地地尽其利,必须使民勤奋,去懒惰。

商品经济发展中,会产生破坏商品经济正常秩序的行为。唐甄对这类行为也进行了无情的揭露和抨击,在《潜书》中,专写了《吴弊》一文,揭露当时商品经济发展较快的苏南一带见利忘义的丑行、陋习。例如所谓鬻墓求财就是:"发其先祖父母之尸而焚之,而鬻其地,利其藏中之物。得利之厚者,有金玉之带,珠凤之冠,千金之木,珠异之宝,盖先世之贵者也。吴中之人,视为故然,未有以为不义而众诛之者。"③又如震泽一农夫,欲诬陷自己的叔父又没有证据,乃唆使其妻告其叔奸污她,其妻不从,乃鞭挞她,几将致死,被迫从之。"乡人皆知其(叔)冈,而亦不能为之辩。"④

唐甄在揭露这些丑行后无限感慨,说吴人"凡所以求胜者,无不为也,无不忍也"。⑤唐甄不能正确认识,这种丑恶现象并不是源于哪个地区人们的劣根性,而是商品经济发展的一定阶段中出现的道德和经济之间的脱节现象。但是,他生动、具体地记录和描绘了这些现象,对研究这一问题很有帮助。

三、实现富民的途径——听民自利

唐甄把听民自利,即让市场调节看做是富民的根本途径。他认为财富的产生和增殖是一个能够自然而然进行的过程,"海内之财,无土不产,无人不生,岁月不计而自足,贫富不谋而相资"⑥,这一过程不需要国家插手,国家应该做的,

---

① 《富民》。
② 《惰贫》。
③ 《吴弊》。
④ 同上。
⑤ 同上。
⑥ 《富民》。

就是听任这一过程的自然进行,他说:"圣人无生财之术,因其自然之利而无以扰之,而财不可胜用矣。"①

这很有点像亚当·斯密让"看不见的手"充分发挥作用,而政府只充当守夜人的角色的理论。只是亚当·斯密处于资本主义手工工场向大机器工业过渡的时期,他的理论是为势力日益强大的工业资产阶级最终战胜商业资产阶级服务的,而唐甄正处于封建社会晚期资本主义萌芽在封建社会母腹里发育、生产的时期,他的理论是为刚刚成长着的市民阶级服务的,旨在免除封建政权的压迫、干扰,以免使自己被扼杀于襁褓之中。但是,因为它所代表的社会力量过于幼弱,不能迫使封建专制政权接受其要求,只是向之呼吁是无济于事的。

第三节 富民的两大主要障碍

唐甄认为:要富民必须除去富民的障碍,并且认为当时富民的障碍主要有二:一是封建官府的重赋和虐取,二是以银为币。

一、重赋和虐取——妨碍富民的弊政

唐甄把封建官府的重赋及其官吏的虐取看做是实现富民的最大障碍,认为它比盗贼的害民还要严重得多,因为"盗不尽人,寇不尽世,而民之毒于贪吏者,无所逃于天地之间"②。

唐甄生活在明清赋税最重的江南地区,不但对重赋害民有亲身见闻,而且自身就因重赋破家,因此,他对重赋之害,就不限于一般的揭露,而是饱含着辛酸和血泪进行控诉。他借一祭墓而哭的妇女的话,指出了当地农民、手工业者普遍遭受重赋之害的惨境:"昔也,吾舅织席,终身有余帛;今也,吾夫织帛,终身无完席,业过其父,命则不犹!"③

封建政权不但以重赋剥民,封建政权的各级官吏,又在公开的重赋之外,多方虐取,给百姓造成更大苦难。唐甄把从皇帝到各级官吏对百姓的虐取,比作树之蠹、体之痈。他尖锐地指出:"自天子至于县丞吏,皆食于农",然"蠹多则树枯,痈肥则体敝"④。他特别指出,这种虐取,施之于生产者,不仅使生产者本人受害,还势必连带害及于靠这种生产维持就业和生活的更多的人。他举潞之西山以冶铁成业的苗氏为例,由于官吏垂涎其富有,诬其窝藏匪徒而加以攘夺,

---

① 《富民》。
② 同上。
③ 《大命》。
④ 《富民》。

"上猎其一,下攘其十",结果,这家已经营数世的冶铁手工工场迅速陷于破产,"其冶遂废"。过去在铁冶佣工的百余人均失去生计,"流亡于漳河之上"。唐甄以此为例,说明对生产者虐取之害乃是:"取之一室,丧其百室","取之一金,丧其百金。"①

唐甄指出,朝廷的重赋和官吏的虐取,已经造成了四海困穷的局面。"清兴五十余年矣,四海之内,日益困穷,农空,工空,市空,仕空。"②同时,他又提出了一个似乎是充满着希望的"君俭官清民富"论,认为"人君能俭,则官化,庶民化之,于是官不扰民,民不伤财。人君能俭,则因生以制取,因取以制用,生十取一,取三余一……可使菽粟如水火,金钱如土壤,而天下大治"③,给封建统治者指出了一条维护统治的道路。

二、以银为币——妨碍富民的又一弊政

唐甄认为,当时民生的困难,除了朝廷重赋和官僚的虐取外,以银为币也是一个重要原因。他认为当时"无人不穷,非穷于财,穷于银也",由于"银日益少",以致市易不通,"枫桥之市,粟麦塞积,南濠之市,百货不行;良贾失业,不得旋归。万金之家,不五七年而为婺人"④。

为什么"银日益少"呢?唐甄的答案是"财之害在聚"(指人为搜刮和窖藏)。本来,商业流通用银比用钱方便,但当时的官僚大地主却利用金银的容易积聚的特点,通过巧取豪夺积聚起来,并且窖藏不出,金银失去通货的作用,致使"中产之家,尝旬日不睹一金,不见缗钱"。通货的缺乏,造成"农民冻馁,百货皆死",人民日益贫困,"而无生之乐"⑤。因此,唐甄极力主张改革货币,废银用钱,以保护农民生活和便利商贾经营。具体做法是"赋以钱配,禄以钱配",从朝廷到草野,从缎帛到布絮,出纳一律用钱。他认为这样一来,不到三年,白银就跟铜、锡一样不值钱了。唐甄把这看做是"救今之民"的要方,理由是钱重,不易窖藏,只能在市面上流通,从而有助于国计民生,"昔者一库之藏,今则百库,天府虽广,其势不可多藏也。昔者一骡之负,今则百骡,家室虽富,其势不可多藏也。有出纳皆钱之便,无聚而不散之忧,钱不流于海内,其安之乎?"⑥

唐甄的废银用钱论一定程度上反映了当时市场上的货币流通状况和工商市

---

① 《富民》。
② 《存言》。
③ 《论语·尧曰》。
④ 《更市》。
⑤ 《存言》。
⑥ 《更市》。

民加快货币流通的要求。这和当时同样主张废银用钱的思想家(如顾炎武)主要从农民缺银而反对用银的情况不同。因农民缺银而反对用银的人,主要是反对以银为赋;唐甄因货币流通缺银而主张废银,才是真正反对以银为币。不过,他的废银用钱论不论从理论上或实践上看,都是错误的、落后的和愚昧的。

这种论点把贵族、官僚及其他守财奴式的剥削分子拼命积聚和窖藏现银造成的"银少"、"银荒"归咎于银本身,这实际上是为那些掠夺群众、阻滞经济发展的腐朽社会势力开脱罪责。

认为废银用钱就可制止或大大减少对钱的窖藏,这是不符合事实的。在用银为币之前,钱早已被人大量窖藏;即使在当时主要以银为币的情况下,也仍有大量的钱被窖藏。假定废银成功(只能是假定),钱成了主要流通的货币,那只会重新使钱成为主要的窖藏货币,又何以能制止窖藏呢?

认为银便窖藏而钱则利于流通,更是荒唐的。钱的价值低,不便于搬运和流通,随着商品流通的扩大,钱作为主要货币日益不利于流通。正由于这种情况,才会在国内银量达到一定程度后出现以银为主要货币的情况,才会在银量不足时出现纸币流通的情况,才会在更早的历史时期出现帛、钱并用的情况。如果照唐甄的设想,废银用钱,那么,即使没有窖藏,或窖藏大大减少,单是钱本身价值低的缺点,也会使清初已经有了一定发展程度的商品流通,遇到比用银时更增加千百倍的周转困难。

随着商品流通的增长,货币材料由贱金属趋向于贵金属,这是商品流通的客观规律。废银用钱的理论,是同这一客观规律相反的。只有在商品经济还很不发展,人们对货币流通的认识还很不足的情况下,才会产生这种落后的、愚昧的主张。与唐甄同时的许多著名思想家,也多持有废银用钱的主张,主要是由当时的社会经济条件决定的。

不过,和同时代的人相比,唐甄的废银用钱论还有一些更为落后的地方:

第一,唐甄是从富民的高度提出废银的问题的。在他的思想中,用银为币是和封建政权的重赋、封建官吏的虐取并列为民贫的两个根本原因的,从而废银用钱也就成了他富民的两大方策。把废银用钱提到这样的战略高度,是其同时代的其他废银用钱论者所罕有的。

第二,唐甄认为,废银之后不出三年,就能使白银与铜、锡等价。这说明他完全是一个名目主义者,认为货币乃至商品的价值,都是人为确定的。明清之际的思想家,很少有人谈论价值问题,当时人们在价值方面的认识水平无疑是不高的。但是,银比铜、锡贵,而这种价值高低的差别不是人为的,对此,当时人一般还不致提出疑义。唐甄这种说法,表明他对商品、货币的价值问题的认识水平低于当时主张废银的其他思想家。

唐甄自身属于工商市民的行列，他有亲身参加商品、货币流通的经验，对商品、货币流通和市场活动的了解，应比同时代的其他有启蒙主义色彩的思想家更真切、更具体。可是，他的废银用钱论反而比别人更落后，这就只能由他个人的特点（诸如学术造诣、师友影响、思想深度、个人性格等）来解释了。

本章总结

唐甄经济思想的出发点和主要内容是"富民"。主要由以下几个部分组成：认为人的情欲是生而具有的，而财富是满足情欲的必要手段，这是唐甄富民论的理论基础；重视"末富"，这是唐甄富民思想的一个显著特点；实现富民的途径是听民自利。

唐甄认为，必须除去富民的两大障碍，一是封建官府的重赋和虐取，二是以银为币。唐甄把封建政权及其官吏的重赋和虐取看做是实现富民的最大障碍，认为它比盗贼的害民还要严重得多。除此之外，以银为币也是造成民生困难的一个重要原因。因此，唐甄极力主张改革货币，废银用钱，以保护农民生活和便利商贾经营。

唐甄的废银用钱论一定程度上反映了当时市场上的货币流通状况和工商市民加快货币流通的要求，但是违背了随着商品流通的增长，货币材料由贱金属趋向于贵金属的客观规律。这是当时商品经济很不发展，人们对货币流通的认识还很不足的现实情况的反映。

思考与练习

1. 唐甄富民思想的理论基础和显著特点有哪些？
2. 阐述唐甄的听民自利思想。
3. 唐甄对封建官府重赋和虐取政策的批判体现在哪些方面？
4. 唐甄"废银用钱"论的落后性体现在哪些方面？

第八章 颜元、李塨

本章概要

本章介绍在我国思想史上占有重要地位的颜(元)李(塨)学派的经济思想,阐述其土地思想、商品和货币思想等。

学习目标

1. 了解颜李学派的土地制度思想
2. 了解颜李学派对商品、货币经济的态度

第一节 颜元、李塨和颜李学派

颜元与李塨是我国清初著名思想家,其思想自成体系,该思想体系即为后世所称之颜李学派,在我国思想史上占有重要地位,该学派形成于清初,活跃于康熙、雍正年间,历时约半个世纪,其学术思想对中国近代哲学、政治及经济思想界均产生了深刻的影响。

颜元(公元1635—1704年),字易直,又字浑然,直隶博野(今河北省博野县)人。早年号其斋为"思古斋",自称"思古人"。35岁时悟到"思不如学,而学必以习"之理,故改"思古斋"为"习斋"。缘此,后人皆称其为"习斋先生"。颜元11岁即开始学习八股文,19岁中秀才,21岁时阅览《资治通鉴》,钻研有关国家兴衰、生民休戚之事,达到废寝忘食的地步。研读中,颜元认识到,八股、道学皆为无益于经邦济世之虚学,从此放弃举业,终身不仕。20岁时,颜父遇讼事,家道中落,颜元不得不担负起养家糊口的重担。他曾躬耕南亩,亦曾悬壶行医,还曾开塾馆为师,这些生活经历对他学术思想的形成有很大影响。颜元思想发展的轨迹颇为曲折,经历几次转折才渐趋成熟。大致而言,颜习斋的思想发展可分为三个阶段。第一阶段约在14—24岁之间,这一阶段,其思想发展的特点是由仙侠思想逐渐转向经世之学。第二时期约在24—34岁之间,此阶段其思想发展的特点是信仰理学。当时颜元与众多青年学子一样,将宋明理学视为孔孟真

传,奉为圭臬,不仅深入研读宋明理学浩如烟海的理论书籍,而且在生活中处处亲身实践着理学的"静""敬"主张。第三阶段是在颜元34岁以后。这一时期颜元思想的特点是对宋明理学从怀疑终至彻底决裂,明确树起反理学的大旗。这一时期以康熙三十年(公元1691年)为界又可分为两个阶段。此前,颜元虽已对宋明理学多有怀疑,但出于对宋明理学正统地位的顾忌,仍抱有"将就程朱"之意,其弟子在为师著书之时亦尽力遮掩其与程朱理学的分歧。但康熙三十年时,颜元游学中州(今河南省),历时八个月,途中耳闻目睹程朱理学空言心性、不务实事的理论对社会民众的蠹害,遂毅然公开宣布与程朱理学决裂,树起反理学的大旗。这一历史性转变可以从颜元对李塨说的一段话中窥知:"子纂诸儒论学,名曰《未坠集》,盖忧余《存性》、《存学》,大翻宋明理学之案,逆而难入。录其合道之言,欲使人信吾说之不谬于先儒,而教易行,意甚盛也。然余未南游时,尚有将就程朱,附之圣门支派之意。自一南游,见人人禅子,家家虚文,直是孔门敌对。必破一分程朱,方入一分孔孟,以为孔孟与程朱,判然两途,不愿作道统中乡愿矣。"①在对理学的批判中,颜元创立了以"崇实"、"致用"为最大特点的思想体系。颜元著作计有:《存学编》四卷、《存性编》二卷、《存治编》一卷、《存人编》四卷(合称《四存篇》)、《朱子语类评》一卷《礼文手钞》五卷、《四书正误》六卷、《习斋纪余》十卷、《遗著》一卷。

李塨(公元1659—1733年),字刚主,号恕谷。直隶蠡县(今河北省蠡县)人,颜元的掌门大弟子,19岁时应岁考,进县学为生员。康熙二十九年(公元1690年)赴京乡试,得中举人,但未入仕,晚年曾任通州学正,但到任不久即托病归乡。由于家道中落,李塨弱冠之年即挑起生活重担,他曾躬耕田亩且兼习医卖药,当过塾师,亦曾做过幕僚,其生活经历与其师颜元有许多相似之处。

李塨21岁时拜颜元为师,"深以六艺为是,遂放弃八股专尊正学"②。除拜师颜元外,李塨还曾师从张函白学琴,学射御于赵锡之、郭金城,问兵法于王余佑,学书于彭通,学数于刘见田,后赴浙江,又学乐于毛奇龄。此外他又自学了政法、军事、各方面诸多书籍,实可谓博学多才。

李塨非常赞赏颜元的理论主张,一生殚精竭虑于颜说的传播与实践。到晚年,更将"广布圣道,传之其人"作为自己的重大责任。为此他"数次往来京师,交接海内知名人士,辨正学术"③。李塨不惜放弃颜元要求其坚持的"不交时贵"的原则,广泛结交上层社会人士,希望通过他们使师说传于世人、付诸实施。

---

① 李塨、王源:《颜习斋先生年谱》卷下。
② 杨培之:《颜习斋与李恕谷》,湖北人民出版社,1956年,第9页。
③ 同上书,第11页。

"窃自不揣,志欲行道。如不能行,则继往开来,责难谢焉。当此去圣既远,路岔论陁,非遍质当代夙学,恐所见犹涉偏固,不足闲道。又挽世警众,必在迂衢,僻谷引吭,其谁闻之?"①

李塨在传播颜说的过程中亦提出了自己的政治、经济主张,其理论观点集中反映在其所著《瘳忘篇》、《阅史郄视》及《拟太平策》等文章中。李塨的《〈平书〉订》系为评订、商榷其同门王源的《平书》而作。书中大部分文字均为《平书》原文,李塨写了书中的大部分评语。因此,《〈平书〉订》虽列在李塨著作书目内,但只有他所写的评语,才能作为研究李塨经济思想的直接资料。这些资料,从数量上看是不多的,但它们反映李塨的经济思想却颇为明显,颇为集中。所以,《〈平书〉订》一书,对研究李塨的经济思想是一本颇为重要的文献。

颜李学派一反理学、考据之学及词章之学空虚的特点,力倡"实学"、"致用",将学以致用作为其理论体系的宗旨。颜元再三强调:"明道不在诗书章句,学不在颖悟诵读,而期如孔门博文、约礼、身实学之、身实习之,终身不懈者。"② 其弟子李塨进一步阐释了为师所言"实学"之内涵,指出,其学说中囊括礼、乐、兵、农诸多有益于经邦济世之学问。"古人之学,礼、乐、兵、农,可以修身,可以致用,经世济民,皆在于斯,是所谓学也。"③

第二节 颜元、李塨的土地制度思想

颜元、李塨以至整个颜李学派的经济思想中,最有价值也最有特色的部分,是其关于土地制度的思想。

在《存治编》中,颜元专设"井田"一章探讨土地制度问题。颜元土地思想的核心主张是"均田"。他向社会大声疾呼,"天地间田宜天地间人共享之"④。颜元认为,少数人拥有大量土地,而大多数人只拥有少量土地,甚或根本没有土地,很不合理,是统治者的失职。"……一人而数十百顷,或数十百人而不一顷,为父母者,使一子富而诸子贫,可乎?"⑤颜元对富有阶级贪婪本性作了深刻揭露,"若顺彼富民之心,即尽万人之产而给一人,所不厌也"。作为统治者必须遏制富人的贪欲,而不能顺其所好。颜元将均田视作为政之首务,声称若是自己有机会辅佐朝政的话,则必将均天下之田列为第一要务:"使予得君,第一义在均田,

---

① 冯辰、刘调赞:《李塨年谱》,中华书局,1988年,第88页。
② 颜元:《存学编·上大仓陆杆亭先生书》。
③ 李塨:《瘳忘篇》。
④ 《四存篇·存治·井田》。
⑤ 同上。

田不均则教养诸政,俱无措施处。"①

李塨则称均田为"第一仁政"②,认为治国家施仁政,就必须实行均田,使百姓"人人有恒产"而无"贫富不均"③。他们所说的均田,不是作为历史上一种特定制度的那种均田制(北魏至唐各代曾经颁行的),而是指平均土地的意思。颜、李强烈反对土地兼并,故而要求平均土地。但是,他们也并不是只从分配的角度呼吁均田,而是同时注意到平均土地对提高生产力的作用。他们都认为均田可使得到土地的劳动者更关心生产的改进,有更大积极性发展农业生产,"上粪倍精"④,从而使"地辟田治,收获自加倍蓰"⑤。

颜元、李塨都是生活比较艰苦的知识分子,而且长期生活于农村,都亲身参加过农业生产劳动,因而他们的均田主张,一定程度上反映了无地、少地农民的土地要求。这是他们土地思想的一个有特色之点。

对于如何实现天地间田天地间人共享之,颜元提出一套实施措施,我们可将这套措施概括为均田三部曲。所谓三部曲即"井田"、"均田"、"限田"。

首先,颜元认为,实现天地间田天地间人共享之的最理想办法是古已有之的"井田制"。他也认识到了,在当时的社会环境下实行井田制难度甚大。但他认为这是一劳永逸之事,虽难,但不是绝对不可行。"彭永年言井田法易扰民生乱,不如安常省事。先生曰:'古先王之井田浚沟,岂天造地设,不劳民力乎?又如大禹掘江淮河汉,岂果神怪效灵,一呼而就乎?盖古人务其费力而永安;后人幸其苟安而省力,而卒之民生不遂,外患叠乘,未有能苟安者也,故君子贵怀永图。"⑥他认为井田制能否实现的关键在于用人得当与否。颜元在对李塨谈及自己设计的井田方案时曾说过这样的话:"吾欲一月不刑一人,而均一邑之田亩,何道而可?……亦任人耳。八家为井,立井长;十井为通,有通长;十通为成,有成长。随量随授之产,不逾月可毕矣。"⑦为进一步阐明其关于井田制的设想,颜元还作了一幅井田经界图。按其图中的设想,地广人稀处每夫授田五十四亩,地狭人稠处每夫二十七亩。

若受条件所限,无法实行井田制,则退而求其次,实行均田制。他认为,"所患者沟洫之制,经界之法,不获尽传。北地土散,恒恐损沟。(意夏禹尽力沟洫,必有砖炭砌涂之法。)高低圮邑,不便均画。然因时而措,触类而通,在乎人耳。

---

① 《四存篇·存治·井田》。
② 《拟太平策》卷二。
③ 同上。
④ 《四存篇·存治·井田》。
⑤ 《〈平书〉订》卷六。
⑥ 钟錂:《颜习斋先生言行录·三代第九》。
⑦ 同上。

沟无定而主乎水,可沟则沟,不可则否;井无定而主乎地,可井则井,不可则均"①。

这里说的"均",已不是一般的平均之均,而是指历史上曾有的均田制了。

颜元受儒家传统思想影响,还是把井田制看做最理想的土地制度,认为如能实现,则"孟子所谓百姓亲睦,咸于此征焉。游顽有归,而土爱心藏。不安本分者无之,为盗贼者无之,为乞丐者无之,以富凌贫者无之。学校未兴,已养而兼教矣"②。

设若井田、均田皆行不通,则取其最下策,即限田。关于限田,颜元在他自己的著作中并未留下具体的材料。

据李塨说,颜元还曾设计过一个解决土地问题的长期过渡方案:颜先生有佃户分种之说,今思之甚妙。如一富家有田十顷,为之留一顷,而令九家佃种九顷。耕牛子种,佃户自备,无者领于官,秋收还。秋熟以田四十亩粮交地主,而以十亩代地主纳官,纳官即古什一之征也……而佃户自收五十亩,过三十年为一世,地主之享地利,终其身亦可已矣,则地全归佃户,若三十年以前,地主、田户情愿买卖者,听之。若地主子弟情愿力农者,三顷、两顷可以自种,但不得多雇佣以占地利……③

这实际上是一个特殊的限田方案:既限亩数,又限年限,并且是经一个很长的过渡时期来实现的。过渡期为三十年,三十年内,土地所有权及租佃关系基本维持不变(但变地主纳税为佃农代纳),三十年后,耕地由地主所有变为佃农所有;地主(或其子弟)将由十顷地的大地主变成只有一顷地的较小的地主,而佃农则可变成有一顷耕地的自耕农。

颜元、李塨的理想是实行耕者有田,但顾虑"今世夺富与贫,殊为艰难"④,因而设计出这样一个长期过渡的办法,这个办法,可保证地主"享地利,终其身"。他们认为三十年,对地主来说可算是终身为地主了。但是,三十年对佃户来说,同样也是"终其身"了,而且,向地主缴租四十亩粮,又代缴十亩赋税,实际剩余产品占总产品的比率基本不变,仍然是"或耕豪民之田,见税什伍"⑤。佃农的地位实际没什么改善,他们又哪里来的积极性和能力去"上粪倍精",实现"地辟田治,收获自加倍蓰"呢?

颜元、李塨都驳斥了当时的一些反对解决土地问题的主张。这种主张之一

---

① 《四存篇·存治·井田》。
② 同上。
③ 《拟太平策》卷二。
④ 同上。
⑤ 《汉书·食货志上》。

是当时人口众多,已成人多地寡之势,要想均分土地,土地是不够分配的,反而不利于生产。对此,他们驳斥说:

第一,均分土地并没有数量限制,人少每人多分,人多每人少分,并不会因人多地少而在分配上发生困难。颜元说:"虽使人余于田,即减顷而十,减十而亩……田自饶也。"①李塨也说:"……惟以天下之农,分天下之田,田无论多少,而四民上下之食皆足,断然也。"②

第二,不分田则耕者少,分田则耕者增加,决不会因分田发生民食困难。颜元说得好:"且古之民四,而农以一养其三;今之民十,而农以一养其九,未闻坠粟于天,食土于地,而民亦不饿死,岂尽人耕之,而反不足乎?"③颜元的分析是有道理的:在生产力没有变化时,土地集中决不会产生规模效益;土地均分则会增加精耕细作的程度,并使劳动者有更大积极性,从而使生产增加。

第三,当时尚有大量荒地存在,并非真的人多地少。颜元指出:"况今荒废至十之二三,垦而井之,移流离无告之民,给牛种而耕焉,田自更余耳!"④

第四,分田可提高劳动积极性,从而增加产量,民食更不忧不足。颜元关于"上粪倍精",李塨关于"收获自加倍蓰"的话,都指出了这一点。

另一种反对平均土地的意见是:夺富民之田必然遇到强烈反抗,以致"画田生乱"。颜元认为,是否会"画田生乱",一在政府态度是否坚决,二在做法是否得人心。他指出:当时清政权在京畿附近大肆圈占土地,夺民之田,未闻"谁与为乱者?",何况均分土地是为大多数人利益,"至公服人,情自辑也"⑤,怎么反会生乱呢?

但是,封建政权不可能违背大地主的意志而以坚决态度解决农民的土地问题。清政权对圈占土地很坚决,那是为了满族贵族的利益,用此事说明封建政权可在均分土地问题上采取坚决态度,是不伦不类的。颜元、李塨虽反驳"画田生乱"之说,自己显然对此也毫无信心,因而在考虑解决土地问题的具体方案时,也不得不承认:"今也夺富与贫,殊为艰难。"

李塨的土地思想尚有一个值得重视之点,即反对有田者雇用长工。他在评论王源"毋募人以代耕"的主张时说:"不使募人代耕,则兼贪者虽欲多得田,无所用之,意甚善也。但耘获之时,三五日为强以者不论,惟不得有常工为之治

---

① 《四存篇·存治·井田》。
② 《〈平书〉订》卷七。
③ 《四存篇·存治·井田》。
④ 同上。
⑤ 同上。

田耳。"①

在中国封建社会中,长工虽也是一种雇佣关系,但实际上对地主有相当严重的人身依附关系,因而这种雇佣关系与资本主义的雇佣关系有很大差别。但是,短工则是有人身自由的雇工,他们不但同雇主的关系是短暂的,而且在农忙时往往在不同村庄甚至不同地区流动。这种短工,在清初已有资本主义萌芽存在的时期,是较有可能成为资本主义性质的雇佣劳动者的。李塨反对用长工而主张用短工,这是一个有利于削弱人身依附关系的思想。

第三节 颜元、李塨对商品、货币经济的态度

如果说,生长、活动于农业地区,对农村土地状况及农民土地要求有较多了解是颜元、李塨在经济思想形成方面的一个优势,那么,农业地区,特别是北方农业地区经济发展落后,工商业不发达,自然经济占支配地位的状况更为严重,则是一个不利条件,是形成他们经济思想中的保守、落后一面的一个重要因素。

李塨把永远保持落后的自给自足的自然经济作为自己对社会经济状况的理想,主张:"今惟赋用本色,而复教民勤于树艺畜字,饮食取于宫中焉,布帛取于宫中焉,以至人情往来尽以粟布,而婚丧之需从俭从便,务取密迩所有者,尽可以粟帛货物相易,至于钱与银,特储之以备流通之具耳,不专恃以为用也。如是,不惟民业日饶,而民风亦进于古矣,顾不休哉!"②

像这样落后的自然经济面貌,即使在当时一般的北方地区也不多见。李塨要实现自己的理想,就只能设想使现实"进于古",即向更古老,更落后的状况倒退。

他也深知这种"饮食取于宫中,布帛取于宫中"的完全自给自足,根本不要商品交换的典型自然经济"固不可行于今日"③,于是,就主张厉行重本抑末的政策,包括:

第一,尽量把商业限制在狭窄的地区范围,禁限远途贸易,尤其禁止对外贸易。他说:"然即乡里交易,比省通融,尽可豫乐,何事远贩?……乃必吴、越、闽、广之纱缎、珠翠、绫锦、象箸、漆器、燕窝、荔枝、东洋、四戎之货,万里远鬻,倾囊充陈,导靡长奢,则皆商为之也。"④

第二,限制商业资本于中、小规模,以严厉手段消灭大商:"今宜拟为一百贯

---

① 《〈平书〉订》卷七。
② 《瘳忘篇》。
③ 《〈平书〉订》卷十一。
④ 同上。

452

至三百贯为下商,四百贯至六百贯为中商,七百贯至千贯为大商。……过千金者千贯(合银千两),加税一之三;过万金者没其余,贩鬻淫巧及异方珍奇难得之物者没其货"①。

第三,通过"教民"形成贱商的风气。李塨认为,要实行抑商之政,必须推行轻商之教:"然则贵布粟,贱淫技,重农民,抑商贾,以隆教养,先王之良法远虑,不可不考行也。"②

赞美自然经济,力图限制商品流通的扩大,就必然对货币持消极的态度,颜李学派的多数人都是如此。他们反对用货币,尤其反对以金银为货币。颜李学派的创始人颜元就套用货币"饥不可食,寒不可衣"的千年陈腐老调,说白金(银)无用,白金一金无用,即至万金,无用的一金乘上一万,也仍是无用的。他还以明末锦州被围时"五十金易一炉饼"的特殊事例,证明银是无用的,真正有用的乃是粮食。

颜李学派的多数成员,在对货币持消极态度方面是一致的,但对如何处理货币的问题上,则有差异。

李塨的态度是:不废银与钱,但尽可能采用"粟帛货物相易"的直接物物交易的办法,再加上商品流通仅限于狭窄地区范围,货币虽不明令废除,作用也不大了。

颜李学派的一个重要成员恽皋闻(鹤生)主张废银用钱,贬银为普通商品。他说:"用银之弊既甚,则但以制钱权轻重而行之可也……其银听如金、玉,但为器物之饰而不用(为币),则粟、布益重,而农事女工易勤矣。"③

对待货币的态度最为极端的是颜元,他把货币的出现和在文明社会中的使用看做是人类迷失本性的结果,慨叹说:"甚矣,历代之愚也。"④显然,他是根本否定货币的。既然用货币是"历代之愚",那么,去愚复智的办法就只能是废除货币。怎样废除货币?他的答案是:赋用本色,币自无用。他反驳了反对赋用本色不易搬运的论点说:"历代人皆愚,谓本色费脚价,不知王畿之贡可足朝廷宗庙之用盈世;州郡、边腹皆积仓,何地有事,何地食粮,不用解矣。"⑤

他认为,采用这种分散存粮、地区自给的办法,各地区的赋税不用上解中央,运输的困难没有了,货币就完全用不着了,就可以不废而自废了,所以他说:"但

---

① 《〈平书〉订》卷十一。
② 同上。
③ 《〈平书〉订》卷十。
④ 《颜习斋先生言行录》卷下,《王次亭第十二》。
⑤ 同上。

使民贡本色十年,金、玉何用?"①他甚至把赋用本色的主张和他的均田主张提到同样的地位:"吾人得君,必当以税本色、均田为泽民第一义。"②

颜李学派的均田思想,尽管还有着很大的弱点和局限,但却是一种具有强烈的反土地兼并的思想,达到了封建时代土地思想的较高水平;其税本色的思想,则是落后的、愚昧的,而且较同时代的其他许多同类思想还更逊一筹。

同时代的一些税本色主张(例如顾炎武),主要是从农民以银纳赋的困难出发而主张赋用本色;颜元则主要是从封建地方政权上解中央是否方便的角度考虑的,在出发点上就不如前者。

同时代的一些税本色主张,主要只是想废银为赋,并不都想废银为币,也并不是把废银为赋作为废银为币的手段;颜元则是要通过税本色来废银为币,认为废银为赋会自然而然地使银无用,而且"使金、玉如粪土"③,不但不再有价值,连使用价值也没有了。

颜李学派对经济问题的探讨主要集中在土地问题和商业、货币问题两个方面。在土地问题上,颜李学派的思想是较为激进的。清初的大多数有影响的学者,从维护私有制出发都不主张均田,而颜李学派不但强调均田,其均田思想还多少反映了农民的土地要求,这在清初的思想家中是独具特色的。可是,在对商业和货币问题上,颜李学派则受北方地区经济落后状况所局限,其观点远较南方地区的黄宗羲、顾炎武、唐甄等落后。在土地问题上激进而在商业、货币问题上落后、保守,是颜李学派经济思想的一个最引人注目的特色。

但是,这种情况也有例外。在颜李学派中地位颇为重要的一个成员王源,就提出"本宜重,末亦不可轻"④的论点,在商业、货币等问题上,表现了同本学派的大多数成员大相径庭的见解。

本章总结

颜李学派一反理学、考据之学及词章之学空虚的特点,力倡"实学"、"致用",将学以致用作为其理论体系的宗旨。

颜李学派的经济思想中,最有价值也最有特色的部分,是其关于土地制度的思想。他们的理想是实现耕者有其田,故强烈反对土地兼并,坚决要求平均土地。当然,他们也并不是只从分配的角度呼吁均田,而是同时注意到平均土地对

---

① 《颜习斋先生言行录》卷下,《王次亭第十二》。
② 同上。
③ 同上。
④ 《〈平书〉订》卷七。

提高生产力的作用。

　　生长、活动于农业地区,对农村土地状况及农民土地要求有较多了解,是颜李学派在经济思想方面的一个优势,但是农业地区,特别是北方农业地区经济发展落后,工商业不发达的状况则是形成其商品、货币思想中保守、落后一面的一个重要因素。他们把永远保持落后的自给自足的自然经济作为自己对社会经济状况的理想,主张奉行严厉的重农抑商政策,反对货币。

　　应该说,在土地问题上,颜李学派的思想是较为激进的,这在清初的思想家中是独具特色的。可是,在对商业和货币问题上,颜李学派受到北方地区经济落后状况所局限,其观点远较南方地区的黄宗羲、顾炎武、唐甄等落后。在土地问题上激进而在商业、货币问题上落后、保守,是颜李学派经济思想的一个最引人注目的特色。

思考与练习

1. 颜李学派的学术特色有哪些?
2. 阐述颜李学派的土地思想。
3. 颜李学派在商品、货币问题上的主张分别是什么?

第九章 王　源

本章概要

本章介绍颜李学派中经济思想卓异的人物王源的经济思想，阐述其土地思想、货币思想、商业思想等。

学习目标

1. 了解王源的土地思想
2. 了解王源的货币思想
3. 了解王源的商业思想

第一节　颜李学派中经济思想卓异的人物

王源（公元1648—1710年），字昆绳，别字或庵。清初顺天府大兴（今北京市大兴县）人（一说为宛平县人）。出生于明朝灭亡、清政权建立之后，康熙四十九年卒于淮上。

康熙三十九年（公元1700年）王源与李塨相识。由于他对颜元的学说深为推崇，以53岁之年坚持拜颜元为师，潜心钻研颜李学说，成了颜李学派的重要成员之一。

王源虽极服膺颜李之学，但他拜颜元为师时毕竟已年过半百，在学术思想上早已形成了自己的特点，不会因进入颜氏门墙而完全改变。同时，他的成长环境和个人经历也与颜李不同。他虽原籍大兴，同颜李生长、活动的博野、蠡县一带相去不远，但他自幼随父流转江淮等商品经济较为发达地区，晚年也主要在江淮一带活动，同颜李等长期生活在北方落后农业地区者有别，因此，王源的思想，尤其是他的经济思想，在颜李学派中是别具一格的。

王源善于为文，对当时烦琐、生涩之文风甚为反感，故而在行文上力追秦汉古朴、雄浑的格调。其著作计有：《居业堂集》四十卷、《兵论》二卷、《舆图指掌》一卷、《读易通言》五卷、《平书》十卷。其中，《平书》一书是王源对当时社会政治、经济进行深入研究之后写成的一部政论性著作,王源的政治经济主张集中反映在该书中。但此书已佚,幸好《平书》写成后曾交李塨为其删订,李塨据此作《〈平书〉订》十四卷,该书基本上保留了王源政治经济主张的原貌。

王源对明王朝灭亡的历史原因作了深刻的总结,认为明朝灭亡的根本原因在于"法"(即社会制度)之弊坏已达极点。其著《平书》志在更改累代弊坏之法,以成就"一二千年太平之业"①,《平书》者,"平天下之书"也。从该书的内容来看,其所提出的政治、经济主张中有许多与现代资产阶级的思想理论主张接近,对后世资产阶级民主革命影响颇大。从某种意义上讲,王源是近代资产阶级民主革命运动的启蒙思想家。

王源和颜元、李塨一样,也是特别重视土地问题,而且在反对土地兼并的态度方面比颜元、李塨更为激进。在对待商业和货币等问题上,则不仅同颜元、李塨的落后认识和消极态度迥然不同,也为清初的大多数思想家所不及。

第二节 "有田者必自耕"——王源的田制思想

颜李学派代表人物中,关于土地制度理论阐述最系统、最完整的是王源。在《平书》中王源专设"制田"一节来论述自己的土地制度主张。其内容从土地制度的目标、实现途径到巩固措施,形成一套完整的土地制度规划图。

"制民恒产"是王源设计土地制度蓝图时所追求的最高目标。他将制民恒产视为政府的一项基本职责,视为"王政之本","孟子以制民恒产为王政之本。然则民产不制,纵有善治,皆无本之政也。"②

怎样实现制民恒产呢? 王源认为:实现制民恒产的必要前提是把社会的全部土地都掌握在国家手中。他把土地私有看做制民恒产的根本障碍:私有的土地,国家不能支配,制民恒产的活动,就要受到限制而不能彻底。私有土地在社会上所占比例越大,制民恒产的难度也越大。

王源不赞成采用强制手段剥夺土地所有者的私有土地。那么,究竟该如何解决制民恒产与土地私有制之间的矛盾呢? 王源提出六条"收田",即将私有土地转化为国有土地的计策。"坐视之既不忍,欲养民又无策,仁者将何道以处此? 曰:吾有收田之策六,行于草昧初造固甚易,即底定之后,亦无不可行。"

其计策之一是清理现有国有土地。"一曰清官地。如卫田学田之原在官

---

① 《居业堂文集·〈平书〉序》。
② 李塨:《〈平书〉订》卷七。本节引文凡未注明出处者均同此。

者,清之使无隐"。计策之二是开垦国有荒地:"一曰辟旷土。凡地之在官而污莱者开之,不弃之无用。"第三条计策是将闲置土地收归国有:"一曰收闲田。兵燹之余,民户流亡,而田无主者收之。有归者,分田与之,不必没其全业。"第四条计策是没收贼臣豪右的土地:"一曰没贼产。凡贼臣豪右,田连阡陌者,没之入官。"

王源乐观地估计,上述四条计策的推行可将全国土地的十分之二三收归国有。此外还可配合以"献田"、"买田"两大措施。所谓"献田"即指由土地所有者自愿将土地献给国家。当然,国家不能让其白作奉献,可以用赏官赐禄作为回报;"买田"则指由国家出资收购私有土地。"愿献于官,则报以爵禄;愿卖于官,酬以资。"

王源将土地国有的希望主要寄托在"献田"、"买田"上,认为有了上述四策,再加上这两大措施的推行,将使国家拥有的土地占到土地总面积的十分之九左右。在谈及"献田"、"买田"的起算标准时,王源提出了其土地制度理论中最有价值、备受后人瞩目的思想主张,即"有田者必自耕"。王源所言"献田"与"买田"的对象是很明确的:就是有田而不亲自从事农业耕作的士、商、工以及占有大量土地的豪强地主等社会阶级及阶层。

鉴于当时的土地兼并状况,王源得出结论:制民恒产的根本出路在于消灭土地兼并现象,而彻底消灭土地兼并的最好办法则是实行"有田者必自耕"的土地政策。"……民之不得其养者,以无立锥之地。所以无立锥之地者,以豪强之兼并。今立之法,有田者必自耕。"

王源在提到"有田者必自耕"时,明确表示"有田者"指一切有田者,官僚地主也在其内:"士,士矣;商,商矣;工,工矣,不为农。不为农则无田。士、商、工且无田,况官乎?官无大小,皆不可以有田,惟农为有田耳"。

对这些不应占有土地的社会阶层目前已经拥有的土地如何处置?其出路就是献给或卖给国家。不愿献给或卖给国家者,也可以直接卖给农民。"天下之不为农而有田者,愿献于官,则报以爵禄;愿卖于官,酬以资。愿卖于农者听。但农之外无得买。"当然,为示公允,王源还规定,拥有土地的农民也不得再同时兼营工商诸业。"自耕者为农,无得更为士,为商,为工。"

在收田之后,王源设计了"疆田"制方案解决制民恒产的问题。具体方案是:"六百亩为一疆,长六十亩,广十亩……中百亩为公田,上下五百亩为私田,十家受之,各五十亩。地分上、中、下,户亦分上、中、下,受各以其等,年六十则还田……取之用助法,编之用保甲……凡私田俱无租,但户纳绢三尺,绵一两,或布六尺,麻二两。每丁岁役之三日,如唐祖庸调制。"也就是说,将国有土地以"疆"为单位进行分割。一疆为六百亩,其中间百亩为公田,其余五百亩分别授予十户农民。每户农民平均分得五十亩土地。具体分配时则须根据户等及土地等级斟酌确定每户亩数。年满六十者须将土地还给国家。公田由十户共同耕种,所获归国家;各户所耕种的私田,其收获中只需向国家交纳绢三尺、绵一两或布六尺、麻二两,余者均归农户。此外,每夫每年还须为国家服徭役三天。

王源自己认为在其所设计的疆田制下,农民的租税负担较原来私有制下农民的租税负担轻,并希冀通过对国有土地(即其所称"官田")采取租税倾斜政策来引诱百姓将其手中的私有土地(即其所称"民田")主动献给国家,最终使另外十分之一的私有土地也转化为国有土地。"其未归于官而农自种者,为民田。民田赋税徭役悉如今,不增亦不减。其重自倍于官田,彼见官田也如彼,民田如此,何苦不归之于官而更受之于官乎!如此则天下之田尽归诸官无疑矣。"

对自己所设计的这一套土地制度,王源充满信心,认为该制度的实施,定能实现"制民恒产"这一"王政之本",使国家长治久安。"噫!以二千年不可复之法,一旦而复之。使民之恒产立而王政有其本。于是通商贾以资之,修武备以强之,兴礼乐以化之。丰亨豫大,天地位而万物育焉。"

当然,王源也认识到,从土地私有制向土地国有制的转化并非易事,不可强制实行,亦不可求之速成,必须采用温和的手段,逐步推行,"诱之以术,不劫之以威;需之以久,不求之以速。"

纵观王源田制理论的内容,不难看出其中的历史痕迹以及浓重的空想色彩。其所提出的收田六策中,大部分是前人已提出过的,并且"收田"六法也难以执行。既然土地国有化无从实现,王源的疆田方案就只能是空中楼阁。虽然王源所设计的田制方案有很大的缺陷和空想性,但其中也有着很积极的内容,这就是他关于"惟农为有田"和"有田者必自耕"的论点。

中国封建时代所说的"农"是指的一种职业,因此,"惟农为有田"的含义是各种非农职业的人不能有耕地,而"农"是既包括劳动农民又包括以农为业的各种人(如各种大小不同的地主)。所以,他在宣扬"惟农为有田"的同时,又加上"有田者必自耕",并且更加强调后者。

对于"自耕",他解释说:"毋募人以代耕",意思是不得以出租或雇工的方式把生产劳动交由别人代做。这样"有田者必自耕",在性质上说是一个反映自耕农利益和要求的口号,但在一定程度上也符合无地、少地农民的土地要求。

"有田者必自耕"是一个超越历史上同类思想的反土地兼并思想,从全国范围提出了消灭私人地主剥削的主张,它显然比封建时代的一切反土地兼并思想都更为激进。

王源的"惟农为有田"的口号,也在一定程度上体现了反土地兼并的要求。商人地主也是土地兼并的一支重要势力,商不得有田,就把商人地主兼并土地的途径给否定了。更重要的是:王源的"惟农为有田"还特别提到官不得有田,官僚地主是大地主中的一个重要部分,现在,王源却公然认为官不得有田,而且是比士、工、商更不应有田,这当然是对土地兼并势力的一个重大打击。

王源的"惟农为有田"的论点,还有个特别值得注意的地方,就是他具有反对商业资本流向封建地产的意义。在封建时代,由于封建政权的抑商、贱商以及经商风险大,富商巨贾往往将商业利润用于购买土地,以利于保持自己的财富和提高自己的社会、政治地位,这就是所谓"以末致财,用本守之"。这种资本从工商业流入土地的情况,无论对农业或工商业,其作用都是消极的。一方面,大量工商业资金的涌入不仅不可能促进农业生产的发展和进步,反而进一步强化了农业中的封建关系。另一方面,由于工商业者将经营利润的大部分转入农业部门,从而导致工商业资本积累严重不足,工商业经济长期处于营养不良状态。而这一点,正是造成我国明清时期资本主义经济萌芽不能有较快发展的重要因素之一。王源的工、商不得有田的主张,是具有堵塞工、商资本向封建农业倒流的意义的,是符合于当时工商业中资本主义萌芽成长的一种积极思想。

在王源之后二百年,以孙中山为主要代表的资产阶级革命派提出了在土地国有的基础上实现平均地权的思想。资产阶级革命派所主张的土地国有是资产阶级的土地国有,与王源的封建土地国有有本质区别。资产阶级革命派对王源的"有田者必自耕"大加赞赏,而对其土地国有思想却未予重视。

第三节 公私皆利——王源的货币思想

王源对货币问题的重视程度不亚于其对土地制度问题的重视程度。在《平书》"财用"中,针对当时货币短缺、币制混乱问题,王源设计了一套颇为详细的币制改革方案,其货币思想集中体现在这套改革方案中。

王源为其币制改革所制定的宗旨是"公私皆利"。他十分强调货币的重要性,指出:"货财者上下所恃以为用,而国家不可以或无者,但货财所以权谷帛之轻重而通其穷,非为一人之私蓄也。理之不得其术,则公私皆困。苟得其术,则公私皆利。至于公私皆利,岂非圣人之道乎!"①依据这种认识,他设计了一整套以货币管理为中心的理财之术。这套理财之术,在货币的发行方面,包括以下措施:

---

① 《〈平书〉订》卷十,《财用》。本节引文除另注出处者外均同此。

第一,尽数销毁式样不一的铸币,由政府颁布新铸币的式样,各级地方政府根据所颁定的铸币式样,在全国各地铸造质地、重量及式样均一致的新铸币。"钱法今已大坏,宜用隋文开皇之制,尽销旧钱,悬新钱为式,不如式者没。"

第二,新铸币分大钱、小钱两种。大钱为母,小钱为子,母子相权。大钱、小钱均以银作为衡量自身价值的尺度。国家每铸一贯小钱,花费成本为银七钱,一贯小钱当银一两,政府从中获利三钱;一贯大钱,成本一两二钱,当银二两,国家从中获利八钱。"钱分大小,以权子母。以黄铜为小钱,每文重一钱五分,一贯九斤六两;以青铜为大钱,每文重二钱,一贯十二斤八两。小钱一贯直银一两,其铸也约费银七钱,是以七钱为一两也;大钱一贯直银二两,其铸也约费银一两二钱,是以六钱为一两也。"

第三,为保证所铸新币世代流传,铸币上不得标示年号,只铸"永宝"二字。"且夫圣人之治天下公而已,不但公之天下,且公之万世。故钱有铸无废,钱日多,用日足,而民日富。后世铸以年号,而私为一人之物,以至祖父之钱,即不用于孙子,于是销毁无时,工费日广,钱益少而私铸行。若仍古不铸年号,使永世不废。但铸'永宝'二字于其阴。"

第四,严禁私铸。其办法是官府采用精炼之铜,铸造式样华美的货币,令私人无法仿造。"钱之利如此,私铸何以禁哉?曰:禁之令固欲其严,而所以禁者,不在令之严,在制之善。铜炼欲其精,钱式欲其美。铜精而式美,则私铸自不能及而可不行。"

在新货币的使用上,王源提出以下主张:第一,在民间商品交易中禁止使用白银。可以物物交换,也可以使用铸币。第二,在官府与百姓之间的商品交换活动中,一般也只使用铸币,不得使用银两。

王源认为,除货币本身的问题外,盐法弊坏亦是货币问题产生的原因之一。欲彻底解决货币问题,必须整顿盐法。在盐制改革上,王源主张仿行唐代刘晏的盐专卖制度,辅之以常平盐法。其基本做法是:"若使大司均岁发部引于产盐州藩,州藩使其司均主之。商人纳银请引以领盐。盐场则郡节史主之,募人为盐户,使煮盐。买以官价,而按引发商,听随地以鬻。商无定所,盐无定商。而无盐处亦用常平盐法。"盐专卖收入归中央政府。"……一切商税,俱由县郡州藩除支费积贮,而后上供,此则另籍之,尽归其息于京师。"

欲解决钱荒问题,除上述改革措施外,还须在赋税收入形式上做文章。在赋税收入形式上,王源反对明正统以后所实行的正供(即田赋)征银(即所谓"折色")的做法,认为正供征银,既不利于农,亦不利于官。王源侧重分析了其不利于官之处,指出,它造成国库粮食储备空虚,一遇水旱之灾,国家拿不出赈济所需之粮米,一逢战争,政府就需从全国各地调运粮草,花费极大。"……况尽折为银,而农之害可胜道哉! 不特农也,仓廪处处空虚。一有水旱之灾,而赈济无所出矣;一有师旅之役,而转输之费百数十倍而不可省矣。纳粟劝输,一切之政,纷纷四出,而弊且流于后世矣。害可胜道哉!"有鉴于此,王源主张,正供仍旧征实。而其具体征收办法又与前文所述王源的田制主张相联系。"故吾于田制欲悉复古法。特取公田之谷,而户第纳布帛数尺,丁钱百文。"至于其他杂税,则既可交实物,也可交货币,听百姓自选。

王源设计的上述改革方案,其中心目的是从货币供应与货币需求两方面入手,解决自明代延续至清代长期得不到解决的钱荒及币制混乱的问题。

王源所设计的币制,以铜铸币作为流通中的货币,一般禁止银的流通。这种币制主张同各种各样废银为币的主张不同,它并不是废银,并不是主张货币由贵金属倒退回贱金属,而是从通行中的银、钱两币制更向前迈进了一步。虽然流通中的货币只有铜铸币,但铜币是以银计价的,铜币的银价值,高于铜铸币自身含铜量的价值,因此,这种铜铸币实际上不是货币,而只是货币的价值符号;真正的货币是并不流通或者严格限制其流通的银。这样,货币制度就由原来的银、钱平行的两币制,进到了单一的银币制。不过,这种单一银币制,是以银币的既不铸造也不流通为特点的,可称之为"虚银币制"①。

二百年前,丘浚的"三币方案",已开始具有单一银币制的倾向。王源的币制,对银的单一货币地位和铜铸币的价值符号地位,设计得更完善了,再加上他对虚银币制的设计,可以说,它代表了传统货币思想对从贵、贱金属两币制向单一贵金属货币制的发展,在理论认识上的一个新的、重要的前进。

王源是颜李学派中对工商业和货币流通接触和了解最多的人,他对货币流通的知识,在当时的思想界也是一流的。

第四节 "本宜重,末亦不可轻"——王源的重商思想

王源的经济思想同颜李学派的大多数人分歧最明显之处,是他对商业的态度。在他的"分民"、商税等主张中,都明显地体现了重商的倾向。

在《平书》中,首列《分民》一篇。王源把民分为士、农、军、商、工五者。对五民的顺序,王源一改商居民末的传统,把商置于工之上,这一方面表示他的重商倾向,另一方面也表明当时商的社会、经济地位已有所提高。

王源不仅将商置于工之前,而且将商与农相提并论。他认为:"嗟夫,重本

---

① 王源设计的单一银币制还够不上银本位制,这种以银为价值尺度、以铜铸币流通的设计,也够不上虚银本位,所以称之为"虚银币制"。

抑末之论固然,然本宜重,末亦不可轻。假令天下有农而无商,尚可以为国乎?"①将商与农同视为立国之本,充分证明王源对商业的重视程度。可以说,重商是王源经济思想的一大特色。

商既如此重要,国家理应予以扶持。王源要求国家改革现行商税制度,减轻商人商税负担,以促进其发展。王源认为,现行商税侧重于就货物征收过往关税,关税税负极重,已使商人不堪承受,应尽行革除。"今之所恃以征商者,榷关耳。税日增而无所底,百数十倍于旧而犹不足。官吏如狼虎,搜及丝忽之物而无所遗。商旅之困惫已极。其为暴不几杀越人于货哉!宜尽撤之,以苏天下而通其往来。"

王源为政府设计了一套全新的商税制度来取代不合理的旧税制。新税制的具体内容如下:

第一,对所有商人按以资本额估算的赢利额征收商税。首先,王源主张改变旧税制的按货物征税办法为按资本及相应的"息"来征收商税。李塨将王源所言之"息"诠释为扣除本钱及各种杂费之后的余额。"凡票税路费,俱作本除之,余者方为息。"据此解释,王源所言之"息"已颇类似现代社会使用的"企业利润"。其次,没有赢利者免纳税。"仅足本者则免其税"。再次,对于那些经营亏损的商人,政府不仅免征其商税,而且还应建立类似于常平仓的制度体系对其加以扶持,使其免于亏本破产。"预计其不足本者,则官如其本买之,使商无所亏其本者,便商也。贵则减价以卖,又便民也,而官又收其利也。"

第二,鼓励商人如实申报本钱的政策措施。实施按资本赢利征收商税的制度,最关键的问题是商人申报的资本是否真实、足额。对本小利薄的行商,他的办法是没收其隐漏额以为惩罚。"其有欺隐,固可按其数,没其隐而惩也。"如何使本厚利大的坐商如实申报?王源想出一个让坐商积极主动如实申报本钱的办法,此办法就是划定商人的等级地位。"至于坐商有匿其本,不以实者,奈何?曰:有道焉。使之自不肯隐,不待立法以防之也。分商为九等。"分商的具体内容是:将商人按申报资本额的大小划分为九个等级,分出尊卑贵贱。申报资本额越多者,地位越尊贵,可以享受的待遇越优厚。其待遇包括所穿衣服的面料质地、出行乘坐的坐骑、蓄养奴仆的数额以至朝廷赏给的官阶顶戴。王源认为,求胜好强是人的天性,这种制度恰好利用了商人的这种心理,使其不甘示弱而如实申报资产。"夫欲胜者,人之同情也。分之等杀而限之制,孰肯自匿其实而甘为人下哉!"除此而外,王源还提出对实纳税收超过一定数额的商人授予官阶,以示表彰。"……勿问其商之大小,但税满二千四百贯者,即授以登仕郎九品冠

---

① 《〈平书〉订》卷十一,《财用》,本节以下引王源语均同此篇,不另注。

带,以荣其身,以报其功。"王源强调,该项待遇必须按商人实际应纳税额计算,够标准者方准授予,不许靠捐纳充任。"必按票计税方许,若欲捐纳者不听。"所授官阶最高可至五品,还可将祖孙三代交纳的税额累计相加,据以授官。当然,所授官衔皆为虚衔,亦不发俸禄。依王源的看法,如此措置,国家毫无破费,商人的社会地位却大大提高,可谓官商皆利。偷漏税现象就可得到有效遏制。"夫商贾不得齿于士大夫,所从来远矣。使其可附于搢绅也,入资为郎,且求之不得,又肯故瞒其税,而不得出身以为荣哉!所谓不待立法以防其弊者此也"。

第三,对少数商品实行按物征税的制度,以抑制这些商品的消费。适用计物征收的商品包括盐、茶、烟、酒等。"且夫商税,从来论物为轻重,吾不欲其然也。然亦有论物者,盐茶酒烟而已。"

除了通过合理的税收政策来促进商业发展之外,王源还要求统治者充分重视商业的重要性,加强对商业的管理和保护。为此,他主张对政府机构进行改革,将六部中的吏部去掉,代之以专管商业的"大司均"。"……吾欲于建官之法去吏部……置大司均以备六卿。货财者,与食并重者也,乌可置之六卿之外乎!"

由此可见,在重商问题上,王源已形成从政策纲领到具体措施的完整的思想体系,这在中国经济思想史上可以说是十分罕见的。

从中国经济思想发展的历史过程看,在封建社会时期,虽然在儒家传统"重本轻末"思想的束缚下,轻商、贱商、抑商一直是经济思想发展的主流,但亦不乏重视商业、反对抑商的思想家。其代表人物远有司马迁,近有黄宗羲。司马迁视商业为社会分工的一个重要组成部分,将其与农、虞、工各业并列为百姓衣食之来源;黄宗羲则明确提出"工商皆本"的主张。但是,无论是司马迁也好,黄宗羲也好,其他持重商主张的思想家也好,其重商主张多流于口号,未见其拿出具体的扶助商业发展的有力措施。王源则不然,不仅明确提出农商并重的主张,而且为商业的发展提出了系统而又具体的实施措施,仅此一点,已足使王源重商主张的思想深度超乎前代。

在各项重商措施中,最值得肯定、最具有历史意义的是王源为发展商业而制定的那套商税制度。其所设计的以计"息"征税为主、以计物征税为辅的税制体系,与现代资本主义经济高度发达国家普遍实行的收益课税为主、商品课税为辅的税制结构已十分接近。

在评价王源的税制思想时,不能忘记他所置身的社会经济条件。当时的中国,资本主义生产尚处于极其微弱的萌芽状态,在这种历史环境下,王源能设计出这样超前性的税制,其思想深度和敏锐性尤足令人惊异。王源在主张分等征商时还提到:"分商为九等:本不足百贯者,为散商,弛其税;行商不足五十贯者亦弛其税。"这已有点类似于免税点的思想了。

王源主张在六部中去吏部而设大司均。大司均是《周礼》中的官职名称,但王源要设的大司均,绝非要复古,实际上是要打着《周礼》的旗号设立一种有利于提高商人社会地位、照顾商人利益的中央政府机构。他所说的大司均,按现代的概念就是商部或工商部。设商部的要求是在19世纪八九十年代由具有资产阶级改革要求的思想家(如陈炽等人)提出来的,其性质同王源的大司均当然不同,但王源的这种主张仍不失为近代设商部思想的先声。

本章总结

颜李学派代表人物中,关于土地制度理论阐述最系统、最完整的是王源。在《平书》中王源专设"制田"一节来论述自己的土地制度主张。其内容从土地制度的目标、实现途径到巩固措施,形成一套完整的土地制度规划图。其中,他关于"惟农为有田"和"有田者必自耕"的论点,对中国近代资产阶级革命派产生了影响。

王源对货币问题的重视程度不亚于其对土地制度问题的重视程度。在《平书》"财用"中,王源设计了一套颇为详细的币制改革方案,其中心目的是从货币供应与货币需求两方面入手,解决自明代延续至清代长期得不到解决的钱荒及币制混乱的历史问题。

王源的经济思想同颜李学派的大多数人分歧最明显之处,是他的明显的重商倾向。首先,王源在《平书》中,首列《分民》一篇,他一改传统的商居民末的传统,把商置于工之上,这充分表明了他的重商倾向。其次,王源要求国家改革现行商税制度,减轻商人商税负担,以促进其发展,并为政府设计了一套全新的商税制度来取代不合理的旧税制。最后,王源还要求统治者充分重视商业的重要性,加强对商业的管理和保护。为此,他主张对政府机构进行改革,将六部中的吏部去掉,代之以专管商业的"大司均"。可见,在重商问题上,王源已形成从政策纲领到具体措施的完整的思想体系,这在中国经济思想史上可以说是十分罕见的。

思考与练习

1. 阐述王源"有田者必自耕"的田制思想的内容。
2. 王源"公私皆利"的货币思想的内容有哪些？
3. 阐述王源的重商思想的内容。

第十章 蓝鼎元

本章概要

本章介绍清朝康熙、雍正年间主张发展对外贸易的思想家蓝鼎元的经济思想,阐述其"遂民生"论、庶民和百工"通功易事"思想、开放对外贸易思想,以及开发台湾的经济主张等。

学习目标

1. 了解蓝鼎元的"遂民生"思想
2. 了解蓝鼎元的"庶民、百工通功易事"思想
3. 了解蓝鼎元的开放对外贸易思想
4. 了解蓝鼎元开发台湾的思想主张

第一节 终沉下僚的"经世良材"蓝鼎元

蓝鼎元(公元1680—1733年),字玉霖,别字任庵,号鹿洲,福建漳浦人。他10岁丧父,家贫,好学。"日泛览诸子百家、礼乐名物、韬略行阵,究心综核不辍"①。他尤"喜经济之学"②,"留心经世,治兵、治民、农田学校之规画,山川要害、海疆万里之经营"③。17岁时,曾从厦门泛舟出海,"溯全闽岛屿,历浙洋舟山,乘风而南,沿南澳海门以归,自谓此行所得者多"④。康熙四十年(公元1701年),入邑庠读书,拔童子试第一,康熙四十五年,受聘于福州鳌峰书院,参加纂订前辈儒家著作,受到张伯行⑤赞赏,被誉为"经世良材"⑥。康熙六十年,台湾朱一贵起事,南澳总兵蓝廷珍受诏率师平台,蓝鼎元应邀随行。雍正三年(公元

---

① 《鹿洲全集·行述》。
② 同上。
③ 同上。
④ 同上。
⑤ 时任福建巡抚,亦一名儒。
⑥ 《鹿洲全集·行述》。

1725年),受命校书内廷,分修《大清一统志》。雍正五年,任广东普宁知县,七月到任所,十月又兼任潮阳县知县,任职不到二年,便因得罪上司而被诬入狱。雍正十一年(公元1733年)五月,经人代奏被诬经过,得以昭雪,并被授以广州知府,到任一月后便病殁,年仅45岁。

作为一名地方官,蓝鼎元颇著政绩。《清史稿》称其"居官有惠政,长于断狱"①。在任县令时,他"课农桑,兴学校","筹兵食、平狱讼,除强盗……","政声大振"②。

在学术方面,蓝鼎元服膺理学而又重视实学。他深受理学影响,赞赏理学讲求义利之辨及诚、敬为本的思想,强调:"身心性命,非空谈也"③,认为"正心修身,养性立命,皆实事业。存之为实体,发之为实用,内圣外王之道备矣"④。从这种认识出发,蓝鼎元重视实践,人称其学术见解"皆言之凿凿,得之阅历,非纸上空谈可比"⑤。他关心现实的国计民生问题,"讲求经世理物之宜,所过山海要害,民生区画,靡不镂心默识"⑥。由于他对事物的了解出自实际考察所得,他的议论往往能切中要害,其建议也能行之有效。这种重视实际,讲求实效的特点,在他的经济思想中也充分表现出来。

蓝鼎元考察、议论经济问题的基本观点是他的"遂民生"论。"遂民生"就是满足人民生活需要。蓝鼎元认为:"夫仁莫大于爱民,爱民莫若顺民欲而除其害。除数害以生万民,何为而不可。"⑦当雍正皇帝起用他为普宁知县时,蓝鼎元曾上书明确表示要使"邑民安生乐业"⑧。"遂民生"涉及许多经济问题,蓝鼎元自幼留心于此,对农业、工商业、垦辟、水利、漕粮、对外贸易、赈济、贮藏等都有论述。

蓝鼎元的著作有《鹿洲初集》二十卷,《东征集》六卷,《修史试笔》六卷,《女学》六卷,《棉阳学准》五卷,《鹿洲公案》二卷,《平台纪略》一卷,合辑为《鹿洲全集》传世。

第二节 庶民、百工通功易事论

怎样"遂民生"呢?蓝鼎元认为,庶民和百工是社会经济活动的两支基本力

---

① 《清史稿·列传·蓝鼎元》。
② 《棉阳学准·陈国华序》。
③ 《棉阳学准·闲存录》。
④ 同上。
⑤ 《四库全书提要·鹿洲初集》。
⑥ 《东征集·序》。
⑦ 《鹿洲初集·读西门豹传》。
⑧ 《鹿洲奏疏·履历条奏第一》。

量,要做到"遂民生",首先就必须使庶民和百工各自发挥作用,并且能够互相配合,互相协调。

"庶民"的本意是指平民,蓝鼎元则是用以指农民,即以农为业的庶民。"百工"的本意是指各个工种的手工工匠,蓝鼎元则用以指当时独立经营的工商业者(官府人身依附性很强的工匠不在内),即以工商为业的庶民。

在封建时代,自然经济占统治地位,以农立国是长期以来的基本国策,蓝鼎元生活的康雍年间,虽然工商业有了一定的恢复和发展,"盛世"将至,但面临不断增长的人口压力,遂生养民的第一要务仍是解决衣食温饱问题,故而蓝鼎元说:"必先为筹其农桑衣食之源,乃可以睹其遂生复性之效。"①面对"草野之饥寒困穷","嗷嗷待哺"之民,蓝鼎元强调"课农桑"有其积极意义。

在农业生产方面,蓝鼎元有三个观点值得注意。第一,强调保护劳动生产力。蓝鼎元说:"欲使各遂其生,岂必家赐而人益……惟保全其脂膏,宽恤其物力。劝农桑树艺畜牧,导养其山林川泽之利。"②第二,大农业观。蓝鼎元虽然强调"农桑"为"衣食之源",但并不是狭义、片面地强调粮食农业,而主张全面发展农林牧渔等业。他强调"导养山林川泽之利"③,"教之树艺、畜牧牛羊鸡豚,薯芋梨栗,竹木果蔬之利,可货可饱"④以及"鱼盐蜃蛤之利"⑤等等。先秦商君学派在诸侯并争的形势下,为统一全国,提出"农战"策略,主张农隶属于战,片面强调狭义的粮食农业。这种狭义农业观和政策只能行于战国兼并之时,秦统一后,其缺点日益明显,招致严重的后果。荀况则站在新兴的已建立起统治地位的地主阶级的立场上,主张发展大农业,极大限度地增值财富。如果说荀况的大农业观充满了乐观的展望色彩的话,那么到了封建社会末期,蓝鼎元大农业的主张则不免有些被动,是出于救"民生"之急需的考虑而发的,这与当时人口急剧增加的状况不无关系。与此相关,蓝鼎元的农业观还有其第三点内容,即强调开垦荒地,兴修水利。蓝鼎元多次强调:"听开垦以尽地利","劝民尽力开垦,勿听荒芜,可以赢余米谷"。在农田水利方面,蓝鼎元主张:"循行其地,规划地势高下,开凿沟渠,疏泉导流,以资灌溉,坦堰闸坝,以时蓄泄。"

蓝鼎元重视农业,重视农田水利,但他并不认为只重视农业就可解决"遂民生"的问题,还认为必须同时解决好工商业的问题。这在他的用语中,就是解决好"庶民"同"百工"的关系。这种关系概括说来,就是"有庶民以济百工之不

---

① 《鹿洲奏疏·凤阳民俗土田第五》。
② 《棉阳学准·闲存录》。
③ 同上。
④ 《鹿洲奏疏·凤阳民俗土田第五》。
⑤ 《鹿洲初集·饶平县图说》。

及","有百工以佐庶民之不逮"。所以他说:"有百工以佐庶民之不逮,而农无余粟,女无余布,则劝者日劝而常有以养天下之欲;有庶民以济百工之不及,而货不弃于地,力出诸己,则足者日足而常有以给天下之求。""文武之世,其得力于庶民、百工者甚溥。"①

那么,通过什么途径来做到庶民"济百工之不及"和百工"佐庶民之不逮"呢?蓝鼎元的答案是:"通功易事",即分工交换。因此,他强调:"故通工易事,明主不敢一日壅其源。"②

遂民生论是蓝鼎元谈论经济问题的基本观点,在遂民生的思想框架内,他研究了许多经济问题,其中最值得重视的是他的对外贸易思想。

第三节 开放对外贸易的思想

蓝鼎元在清王朝闭关政策确立之初即公开反对和批驳这一政策。他关于开放对外贸易的主张和论点,就是在批驳闭关政策时提出来的。

在历代封建王朝的统治下,由于自然经济在经济生活中占据主要地位,进行对外贸易不是经济生活自身的需要,所进行的对外贸易是有限的。但是,这并不意味着封建王朝需要对外实行闭关自守的政策。事实上,历史上实行闭关政策的王朝,其动因往往不是经济上的,而是政治上的,是出于防范人民、维护自身统治的需要。

一、蓝鼎元对闭关自守论的驳斥

蓝鼎元在清王朝颁布封关禁海诏令七年后(雍正二年,公元 1724 年)写了《论南洋事宜书》,依据确凿的事实,对康熙帝所列举的封关禁海的理由逐条进行了批驳。

第一,驳对外贸易招致外患说。康熙帝谕旨说禁南洋贸易是为"加意防范"。蓝鼎元认为,为患中国的是西洋诸国和日本,而不是吕宋、噶啰吧等。南洋这些国家但历史上从未进攻中国,而只是同中国"货财贸易,互通有无"③,"南洋诸番不能为害,宜大开禁网",所以,以招致外患为理由,不禁日本而禁南洋,难以自圆其说。

第二,驳卖船说。蓝鼎元指出:所谓商人借出海贸易卖船给外国,更是"从

① 《鹿洲藏稿·子庶民则财用足条》。
② 同上。
③ 《鹿洲初集》卷三,《论南洋事宜书》。本节以下引文未注出处者均同此。

来无此事"。蓝鼎元指出了三条理由,其一,中国造船成本高,没有市场。当时东南亚一带木材,如顶麻桅一条,在东南亚不过值银一二百两,而在中国值银千两,所以,"内地造一洋船,大者七八千金,小者二三千金,能卖价值几何"？其二,东南亚木质比中国木材更坚硬,"番人造船,比中国更固",因此,"即以我船赠彼,尚非所乐,况令出重价以买耶"？其三,"商家一船造起,便为致富之业,欲世世传之子孙,即他年厌倦不自出,尚岁收无穷之租赁,谁肯卖人"？

第三,驳米粮出口说。对米粮出口,蓝鼎元提出两条理由反驳,其一是"闽广产米无多,福建不敷尤甚。每岁民食,半藉台湾,或佐之以江浙",所以不可能有米粮剩余以供出口；其二是,由于运费高,"一石之位,收船租银五两",而"一石位之米,所值几何",所以,商人从求利本性出发,不会干这种蠢事。蓝鼎元还指出,不仅没有中国米粮出口南洋之事,相反,"南洋未禁之先,吕宋米时常至厦,番地出米最饶,原不待仰食中国"。

第四,驳商船被海盗劫掠说。蓝鼎元认为,海盗船小,只能近海出没,不能到大洋中行劫,"远出无益"。而且,由于商船高大,人数也多于盗船许多倍,因而"何行劫之足虑"！

蓝鼎元的这一条批驳,是针对康熙禁海谕旨中"盗贼渊薮"一语说的。但是,康熙说的"盗贼渊薮",并不指一般海盗,而是指的海外反清势力。清朝是满族统治势力建立的王朝,它最怕的是占全国人口最大多数汉族人民的反抗。在清朝对全国的统治建立前,国内早有一些人移民东南亚一带,满族征服全国的过程中,又有些反清人士逃往东南亚。由于东南密迩中国大陆,清政权最怕的是东南亚一带的反清势力同国内反清势力互相联络和呼应,以东南亚一带作为反清的"盗贼"的根据地(所谓"渊薮")。

二、蓝鼎元论开放对外贸易的利益

蓝鼎元在批驳清王朝推行闭关自守政策的种种借口的同时,也从正面论述了开放对外贸易的好处。

第一,可以遂民生。蓝鼎元指出,南洋"既禁之后,百货不通,民生日蹙"。因为"闽广人稠地狭,田园不足于耕,望海谋生十居五六",所以,清王朝的封关禁海政策给沿海人民的生活带来了很坏的影响,"沿海居民,萧索岑寂,穷困无聊","富者贫,贫者困"。

开放海外贸易不仅可以解决民生问题,使"百万生灵仰事府畜之有资",而且进而可以解决社会治安问题。蓝鼎元认为,禁南洋除导致上面说的"民生日蹙"外,还可引起几种不利后果。原来从事海上贸易的人,由于职业习惯,"不能肩担背负以博一朝之食",造成结构性失业。其结果一是为谋生所逼,有人便进行走私活动,二是"游手为盗贼",三,更为严重的是"群趋台湾,或为犯乱"。这都给社会安定及民生带来很大危害。而开禁南洋贸易便可"外通财货,内消奸宄",从根本上解决上述问题。

第二,发展沿海地区外向型经济,增加中国财富。蓝鼎元认识到,开放海禁可以以有易无,进口中国所缺的木材、粮谷,从使用价值角度满足国内民生所需。相反,实行海禁则只能使"居者苦艺能之罔用,行者叹致远之无方,故有四五千金所造之洋艘,系维朽于断港荒岸之间",造成资源闲置和浪费,给生产力带来严重破坏,窒息手工业和商业的发展。

蓝鼎元不仅从有利于手工业和商业发展角度论证开放海外贸易的利益,而且还从货币供应角度予以阐述。他认为:"闽地不生银矿,皆需番钱,日久禁密,无以为继,必将取给于楮币皮钞,以为泉府权宜之用,此其害匪甚微也。"此外,蓝鼎元还主张进口洋铜在闽省铸钱,以解决闽省无铜矿的困难,这也是依靠对外贸易来调节国内货币流通量的认识。

第三,可以增加国库收入。蓝鼎元认为,开放对外贸易不仅可以遂民生、发展经济,而且可以增加国库收入:"各处钞关,且多征税课,以足民者裕国,其利甚为不少"。这点前人已有论及,但蓝鼎元说"以足民者裕国",是把对外贸易的经济利益和财政利益联系在一起的,这与完全从财政角度来肯定对外贸易的思想相比,是一个进步。

蓝鼎元的对外贸易思想是中国封建时代最值得重视的对外贸易思想,它具有以下特点:

第一,他是从遂民生的观点出发,把对外贸易作为发展国民经济的一个重要手段来主张开放对外贸易的。

第二,蓝鼎元主张民间自由经营。从"顺民欲而除其害"①的观念出发,蓝鼎元认为,政府应该"弛商船军器之禁"②,以使商船具有自卫防御能力。这种思想已多少具有近代"以兵卫商"思想(如郑观应的商战与兵战关系论)的意味。又如,对于商船的种种查验措施宜应革除:"商船出入台湾,但有挂验陋规,此弊宜剔除之。"③

第三,蓝鼎元已有在某些地区建立依存于对外贸易的手工业、商业经济区的思想苗头。蓝鼎元指出,福建、广东等地,人多地少,不能单靠农耕维持生活,"望海谋生,十将五六",只有进行对外贸易,尤其是同南洋的互通有无,才能维

---

① 《初集》,《读西门豹传》。
② 《初集》卷一,《论海洋捕盗贼书》。
③ 《初集》卷二,《与吴观察论台湾事宜书》。

持这一带手工业者、商人、水手、船民的就业和生活,维持这一带经济的繁荣。所以,这一带不应成为自给自足的农业区,而应根据地区的特点和优势,尽可能发挥对外贸易在经济生活中的作用。

蓝鼎元没有,也不可能在全国范围中否定封建自然经济,但在封建时代,能够不仅要求开放对外贸易,而且要求在国内的个别地区,建立若干依存于对外贸易的经济区,这种思想已极其难能可贵了。

第四节 开发台湾的经济主张

蓝鼎元经济思想中另一项具有重要意义的内容是他关于发展台湾经济的主张。在《福建全省图说》中,蓝鼎元指出,闽地农业发展不足,民生有困,须借助对外贸易以遂民生,同时,他还说:"倘台湾岁岁丰熟,则泉、漳民食亦可无虞。是台湾一郡,不但为海邦之藩篱,且为边民之廒仓,经理奠安,使民番长有乐利,九州都感蒙其福矣!"①从遂民生和海防角度出发,蓝鼎元提出了"经理台湾",发展台湾经济的主张、方法。

一、蓝鼎元论述了发展台湾经济的重要战略意义

蓝鼎元是从军事与遂民生两方面论证这一点的。从军事上看:"台湾海外天险……东南风顺利,十余日可至关东,此齿唇密迩之区,未可以遐荒海岛目之。"②"台湾一去,则泉漳先为糜烂,而闽、浙、江、广四省俱各寝食不守,山左、辽阳皆有边患。"而且台湾是:"日本、荷兰素所朵颐之地","万一为盗贼所有或荷兰、日本所据,则沿海六七省皆不得安枕而卧,关系东南半壁治乱,非浅甚少矣"。清政府历来视台湾为"反叛""巢穴",在康熙六十年六月击败朱一贵起义军后,廷议以澎湖为海疆重地(两次平台,皆先驻澎湖而后取台得手),遂拟将总兵移澎湖。这是一种变相的弃台政策,其出发点就是认为台湾"患自内生",而对"患自外来"没有清醒的认识。而蓝鼎元却更着重于外患,视台湾为守卫祖国半壁江山的战略要地,所以不能任其荒芜,要发展其经济。只有发展经济,才能巩固军备,清除"内外患",同时"台湾沃野千里,粮精足食,舟楫之利通天下",加以开发可达到遂生养民、裕国用的目的:"则在台民番皆安生乐业,数年间可得良田百十万,益国赋,裕民食,沿海各省皆受皇恩于无既矣。"

---

① 《初集》卷十二,《福建全省图说》。
② 《鹿洲奏疏·经理台湾第二》。

二、在论述发展台湾经济必要性的同时,蓝鼎元对清王朝的一些背道而驰的做法进行了批驳

对于清廷之"移台镇于澎",蓝鼎元指出,"台之视澎,犹太仓外一粒耳",实在难以控制台湾局面,一旦有事,"鞭长莫及","何异欲弃台湾乎!"

清王朝素以限渡、限垦等法遏制台湾发展。镇压朱一贵起义后,清政府试图缩紧和限定台湾汉民社区,以便防范、镇压,遂有局部焚屋驱民乃至大范围的迁民划界的政策意图,这将对台湾经济发展带来极大破坏。蓝鼎元对此进行了批驳。他说:"一旦驱逐搬移,不能遍给以资生之藉,则无屋可住,无田可耕,失业流离,必为盗贼"①;徙民虚地"则是弃为贼巢"②,本意治"乱",反而更加生"乱"。

清政府还曾下令禁止内地妇女迁台,蓝鼎元对此也进行了批驳。他指出,如果要保证台湾移民安于生活,"必先使遂其有室有家之愿,盖民生各遂家室,则无轻弃走险之思",如果居民有家室,则必定有后顾之忧,勤力生产,"不得不力农负贩,计图升斗,以免妻子一日之饥寒。虽有奸豪意气,亦将销磨净尽,此不待禁令而自然驯服者也"。

三、蓝鼎元在批驳了种种限制台湾经济发展的主张和做法后,也从正面提出了系统发展台湾经济的"治台方略"

蓝鼎元的"治台方略"涉及军事、行政、经济、司法、教育等各方面,其中有关经济发展的主要有以下几点:

第一,主张大力垦田。蓝鼎元指出台湾"地多闲旷,应饬有司劝民尽力开垦,勿听荒芜"。在垦田方面,蓝鼎元谈到过几个具体问题。其一是垦地可以不加民赋而增加财政收入,"惟垦辟,使地无遗利,则赋不期加而自加矣"③。其二是垦地中的番汉民族关系问题。蓝鼎元认为可以"令各土番自行垦辟,限一年之内,尽成田园,不垦者听民垦耕……或令民贴番纳饷,易地开垦"④。其三是官府垦田。"全台文武各官,就此分地垦辟,各捐资本,自备牛种田器,结庐招佃,永为本衙门恒产。"蓝鼎元认为:"台地素腴,随垦随收,一年稻谷,可足本钱,二年三年,食用不竭。"这是"以天地之利为臣子养廉之资,又可祛番害,益国用,足民食",此"一举而数善备者也"⑤。其四是准许台民及官员移眷来台,以稳定垦民及官员的生产积极性。其五是以设立县治促进垦辟。蓝鼎元主张在彰化另设

---

① 《东征集》卷三,《与制军再论筑城书》。
② 同上。
③ 《鹿州初集》卷二,《与吴观察论治台湾事宜书》。
④ 同上。
⑤ 同上。

一县，以行政手段促进垦辟与防务。

第二，从消费角度革除台地陋习。其一是生活奢侈。蓝鼎元认为："台俗豪奢，平民宴会酒席……每设十筵八筵，则费中人一二家之产矣……家无斗米，服值千缗，饘粥弗充，槟榔不离于口，习俗相沿，饿死不变"，故应"崇奖节俭"，这是"急务也"。其二是吸食鸦片。当时鸦片"传入中国已十余年，厦门多有，而台湾特甚"[①]。对于鸦片，蓝鼎元说："闻此为狡黠岛夷，诳倾唐人财命者"，似乎已感觉到鸦片的来源及对中国人民生命与经济生活的毒害，主张禁食。其三是赌博。"台湾赌风最盛，兵民皆然，废事失业，损财招祸，争斗作非，胥由于此"，所以应"禁之"[②]。

第三，因势利导，劝民兴农桑。蓝鼎元认为"台土宽旷"，最宜树桑，"则桑麻之政不可缓也"，"妇女有蚕桑纺织之务，则勤俭成风，民可富而俗可美也"[③]。

除了上述直接发展经济举措之外，蓝鼎元还主张"均赋役、平讼狱、设义学、兴教化、奖孝弟力田之彦、行保甲民兵之法"[④]等。他说这样做的结果是："生番化为熟番，熟番化为人民"，使全台"久安长治"[⑤]。可以说，他使台湾保持长治久安的根本政策就是发展台变经济，提高台湾社会经济文明程度。这正是他的遂民生思想在开发台湾问题上的体现。

蓝鼎元开发台湾的思想，成为清代治理台湾的蓝本，直到晚清，台湾巡抚刘铭传仍研读蓝鼎元著作，作为施政参考。

本章总结

蓝鼎元考察、议论经济问题的基本观点是满足人民生活需要的"遂民生"论。蓝鼎元认为，庶民（农民）和百工是社会经济活动的两支基本力量，要做到"遂民生"，首先是必须使庶民和百工各自发挥作用，并且双方能够互相配合，互相协调，而要使庶民和百工相互协调，就必须"通功易事"，即分工交换。

蓝鼎元的关于开放对外贸易的主张和论点，是中国封建时代最值得重视的对外贸易思想：第一，从遂民生的观点出发，蓝鼎元把对外贸易作为发展国民经济的一个重要手段。第二，他主张民间自由经营，政府应减少限制和干预。第三，蓝鼎元有在人多地少，不能单靠农耕维持生活的福建、广东等地，建立依存于对外贸易的手工业、商业经济区的思想苗头。

---

① 《鹿州初集》卷二，《与吴观察论治台湾事宜书》。
② 同上。
③ 同上。
④ 《鹿州初集》卷十一，《平台纪略总论》。
⑤ 同上。

蓝鼎元经济思想中另一项具有重要意义的内容是他关于发展台湾经济的主张,主要有以下几点:第一是主张大力垦田;第二是革除台地生活奢侈、吸食鸦片、赌博等陋习;第三是因势利导,劝民兴农桑。除此之外,蓝鼎元还主张"均赋役、平讼狱、设义学、兴教化、奖孝弟力田之彦、行保甲民兵之法"等等。蓝鼎元开发台湾的思想,成为清代治理台湾的蓝本。

思考与练习

1. 阐述蓝鼎元的庶民、百工通工易事论。
2. 阐述蓝鼎元的对外贸易思想。
3. 阐述蓝鼎元的开发台湾思想。

第十一章 洪亮吉

本章概要

本章介绍产生于清代乾嘉时期的洪亮吉的人口思想,比较其与马尔萨斯人口论的异同。

学习目标

1. 了解清朝乾嘉时期人口思想活跃的政治经济社会背景
2. 了解洪亮吉的人口思想

第一节 中国封建时代人口思想的最活跃时期

清代的乾(隆)嘉(庆)时期,是中国封建时代人口思想最为活跃的时期,朝野人士普遍关心此问题,提出了各种各样的观点,这一时期的人口思想,比过去任何时代都更为丰富。

人口问题所以引起人们如此关注,是由当时的社会经济、政治条件决定的。

乾嘉时期,中国的封建制度已至末世,封建制度已彻底腐朽,日益容不下在其内部发展起来的生产力。自唐代中叶以后,游民、流民、冗民之类的问题,已日益引起一些人士的忧虑。这表明,社会生产力中的一个主要要素,尤其是封建社会中占最重要地位的生产力要素——人——已经无法在封建生产中得到充分、有效的利用,而成为经常性的过剩人口,这种情况,随着封建制度的进一步衰落而更加严重,到了封建末世,这个问题更加尖锐,更加引起有识之士的惊呼,是势所必至的。

乾嘉时期人口问题的议论所以特别活跃,更直接的原因是这一时期的经济、政治形势和人口状况,而这种形势和状况又是清朝统治建立后一个半世纪中逐渐积累起来的。

第一,清代乾嘉之际,人口迅猛增长,全国人口数量远远超过历史上的任何时代。

由于明末以来的长期战乱,清初人口比较稀少,康熙、雍正两朝逐渐恢复并持续增长。康熙年间实行的轻徭薄赋、奖励垦殖的休养生息政策,有利于人口的增长,尤其是康熙五十一年"滋生人丁,永不加赋"①的规定,把全国征收丁赋的总额固定下来,对新增人丁不再征丁赋,极大地刺激了人口的膨胀。雍正初年在全国各地推行"摊丁入亩"的政策,将丁赋摊入田亩,不按人口而按土地征税,更加速了人口增长的势头。到乾隆六年(公元1741年),全国人口达到143 411 559人。② 此后数十年间,人口不断增值,至乾隆五十五年,人口数首次突破了3亿大关,为301 487 115人③,不到五十年的时间,人口数量竟增长了一倍多。人口如此急剧、持续地膨胀,必然引起朝野上下对人口问题的特别关注。

第二,乾嘉时期,土地兼并和土地集中愈演愈烈,达到了十分惊人的程度。

随着清政权的巩固,满、汉地主阶级的土地兼并活动日益剧烈,到乾嘉之际,土地高度集中的现象更加严重。乾隆十三年湖南巡抚杨锡绂指出:"近日田之归于富户者,大约十之五六;旧时有田之人,今俱为佃耕之户。"④嘉庆朝的封疆大吏百龄所兼并的土地达五千余顷。至于占地数十顷、数百顷的大地主,全国各地比比皆是。

乾嘉之际土地兼并和土地集中的严重、剧烈,势必使大量的农民失去土地,土地和劳动者的关系越来越脱节,加上当时飞速增长的人口,所造成的后果是,农民脱离土地成为流民这种中国封建社会特殊形式的相对过剩人口越来越多,促使人们越来越重视人口问题。

第三,乾嘉之际,农民起义此伏彼起,其中白莲教、天理教的起义都形成了较大的规模。

流民问题不仅加深了清王朝的经济危机和社会危机,而且大大激化了阶级矛盾,成为农民起义的导火线,给清政权的统治造成了极大的威胁。乾隆五十一年,直隶大名县(今河北省大名县)八卦教(白莲教的另一个流派)教徒赴道署,杀死道员,占据大名、元城等县衙署,其势颇炽。⑤ 嘉庆元年(公元1796年)正月初一,乾隆皇帝因年迈而禅位与他的第十五子颙琰,是为嘉庆皇帝,当月廿五日即爆发了聂人杰等在四川、湖北发动的白莲教起义。大规模的白莲教起义被镇压后不久,嘉庆十八年又爆发了木匠李文成、药店学徒林清领导的天理教起义。

---

① 《清朝文献通考》卷十九,《户口》。
② 《清高宗实录》卷一五七。
③ 《清高宗实录》卷一及卷三六九。
④ 《皇朝经世文编》卷三十九。
⑤ 中国人民大学清史所、档案系合编:《康雍乾城乡人民反抗斗争资料》,中华书局,1979年,第701页。

这场起义发生在河南、河北、山东等省,离清王朝统治中心更近,而且以林清为首的农民起义军还一度攻入皇宫,给清王朝统治集团以沉重的打击。

由于大规模的农民起义往往是由流民数量不断增加而引发的,因此关于人口问题的议论,受农民起义的影响特别明显,在农民起义发生的前后,人口思想尤其活跃。洪亮吉的人口思想就是产生于白莲教农民起义时期。

第二节　洪亮吉在人口问题上的悲观思想

洪亮吉生于清乾隆十一年(公元1746年),卒于嘉庆十四年(公元1809年),字君直,又字稚存,号北江,晚年号更生,江苏常州阳湖(今武进县)人。他出身于一个没落的官僚士大夫家庭,5岁丧父后随母到了外祖母家,后又返回洪家原宅居住,始终过着清苦的生活。他自幼好学,才华出众,颇著声名。但科举仕途却相当坎坷,屡试不中,长期以教读、卖文和当幕僚维持生计。到乾隆五十五年,他已44岁,才考中一甲二名进士(榜眼),授职翰林院编修,充国史馆纂修官。两年后出任贵州学政,三年任满回京后派充咸安宫官学总裁,不久奉旨在上书房行走,侍教皇曾孙奕纯读书。后又派充实录馆纂修官,任内因上书批评弊政激起民变而得罪了皇帝,被革职拟斩,经赦免改为发配伊犁。未及一年,就被释放回籍,交江苏巡抚管束。还乡家居后,曾主讲安徽洋川书院,授徒著书以终。主要著作有《春秋左传诂》、《三国疆域志》、《东晋疆域志》和《洪北江诗文集》等,后人辑为《洪北江遗集》。

洪亮吉虽然做了几年的官,但他为官前后的大半生中是一个在野的知识分子,这样的经历使他不会成为大地主阶级当权势力的代言人,不可能维护他们的特权和既得利益。他指责清王朝的地方官吏、"赋外加赋,横求无艺",致使百姓"忿不思患,欲借起事以避祸"①,认为白莲教农民起义的原因是官逼民反。他抨击封建大官僚的贪污受贿,"无不取之于州县,而州县无不取之于民。钱粮漕米,前数年不过加倍,近则加倍不止。督抚藩臬及所属之道府,无不明知故纵。"②

然而,洪亮吉毕竟是一个地地道道的封建士人,他从小熟读《十三经》,学习《史记》、《汉书》及科举制义等等,受到了严格的传统封建教育;他是乾嘉之际的知名考据学者,所研究的是封建的正统学术,在经学、史学、地理学、方志学、文字学诸方面都有相当高的造诣。这样的治学生涯,决定了他尽管生活在商品货币

---

① 《洪北江遗集·卷施阁文集甲集·征邪教疏》。
② 《湖北江遗集·卷施阁文集甲集·乞假将归留别成亲王极言时政启》。

经济较为发达的江南地区,但先进的经济因素在他的著述中却没有什么反映,反正统的、异端的思想对他的影响甚少。因此,他虽然觉察到了清王朝正在由盛转衰,对当时的社会矛盾和政治、经济危机有了一定的认识,但地主阶级知识分子的地位和狭隘眼光,使他不可能正确认识陷民于水火、造成社会危机的真正原因,更不可能找到救民于倒悬的办法,而只能作悲观感叹:"浮生过眼行可叹,沿江累累石俱烂。"①

洪亮吉忧虑悲观的情绪在他的人口思想中有明显的体现。他在《意言》一书的"治平篇"和"生计篇"中提出了一套在中国封建时代最为典型的绝对人口过剩论。其主要内容是:

第一,"治平"之世的人口增长速度。洪亮吉分析说:"人未有不乐为治平之民者也,人未有不乐为治平既久之民者也。治平至百余年,可谓久矣。然言其户口,则视三十年以前增五倍焉,视六十年以前增十倍焉,视百年、百数十年以前不啻增二十倍焉。"②他推论出的如此高的人口增长速度,显然是过分夸大了。他或许是根据主观臆断而得出的结论,或许也有其客观原因。清代在乾隆六年以前的人口统计数字是人丁数,即 16 岁至 60 岁的成丁男子数,在这以后的人口统计数字是人口数。人口数要比人丁数大好几倍,如康熙五十年(公元 1711 年)的人丁数为二千四百多万,过了三十年到乾隆六年(公元 1741 年),人口数为一亿四千多万。可以看出,统计口径变化的结果,势必使人口数远远超过人丁数。洪亮吉可能是将两种不同的统计口径相混淆,从而将人丁数与人口数等同起来,认为人口增长速度是三十年增为五倍、六十年十倍、百余年二十倍。

第二,户口的迅速增长使生产和生活资料越来越不能满足需求。洪亮吉以一个家庭为例进行剖析:"试以一家计之,高、曾之时有屋十间,有田一顷,身一人,娶妇后不过二人。以二人居屋十间,食田一顷,宽然有余矣。以一人生三计之,至子之世而父子四人各娶妇,即有八人。八人即不能无佣作之助,是不下十人矣。以十人而居屋十间,食田一顷,吾知其居仅仅足,食亦仅仅足也。子又生孙,孙又娶妇,其间衰老者或有代谢,然已不下二十余人。以二十余人而居屋十间,食田一顷,即量腹而食,度足而居,吾以知其必不敷矣。又自此而曾焉,自此而元焉,视高、曾时口已不下五六十倍。是高、曾时为一户者,至曾、元时不分至十户不止。其间有户口消落之家,即有丁男繁衍之族,势亦足以相敌。"③他的这些论述只考虑到男的自然增值而不涉及女,同时又把雇工也看做是人口的增加。

---

① 《洪北江遗集·更生斋诗·燕子矶守风》。
② 《洪北江遗集·意言·治平篇》。
③ 同上。

实际上,从整个社会角度看,一个家庭因娶妇、雇工而人口增多了,则意味着其他家庭因嫁女、受佣而人口减少了,全社会的人口总量并没有变化,因此,他认为曾、元时的人口比高、曾时要增长五六十倍,是站不住脚的。

第三,即使生产资料、生活资料有所变化,但其增长速度也远远落后于户口的增长速度。洪亮吉论述道:"或者曰:高、曾之时,隙地未尽辟,闲廛未尽居也。然亦不过增一倍而止矣,或增三倍、五倍而止矣,而户口则增至十倍、二十倍。是田与屋之数常处其不足,而户与口之数,常处其有余也。"①他指出了在几代人的时间里人口增长十倍、二十倍,而生产、生活资料的增长却只是一倍、三倍至五倍,这种说法与马尔萨斯的观点有些相似。马尔萨斯在1798年初版的《人口论》中认为:"人口在无所妨碍时以几何级数率增加,人类生活资料以算术级数率增加。"②

第四,自然原因造成人口过剩,而社会原因则只是加剧了人口过剩,自然原因是主要的。洪亮吉分析说,自然繁殖已经造成了人口过剩,"增至十倍、二十倍",这是主要的原因。他也认识到,除了自然原因外,土地和财富的兼并等社会原因会加剧人口过剩,使人口过快增值与生产、生活资料愈发不足的矛盾更加尖锐,带来更加严重的后果。他说:"又况有兼并之家,一人据百人之屋,一户占百户之田。何怪乎遭风雨、霜露、饥寒、颠踣而死者之比比乎!"③

中国封建社会的相对过剩人口,正是由土地和财富兼并造成的,洪亮吉看到了这一点,并对此有所论述。他在其他篇章中还提到了吏和僧、道这两种相对过剩人口的存在形式。他说:"今州县之大者吏胥至千人,次至七八百人,至少亦一二百人,此千人至一二百人者,男不耕、女不织,其仰食于民也。"④他指出,江南地区的寺庙众多,大量的僧、道是依赖"小民用典衣损食之钱以养之"。本来江南"地狭而人众,民之无业者已多",而这些僧、道"使耕夫奉之如父母,敬之如尊长,罄其家之所有而不惜,俗安得不贫,民安得不困"⑤。这都表明他在一定程度上认识到了当时社会中的人口过剩具有相对的性质,但是,他有关相对过剩人口的论述,只是零散的、片断的,在他的人口思想体系中只起到了次要的、辅助的补充作用,居于核心、支配地位的是绝对人口过剩论。

第五,人口过剩导致民生困苦。洪亮吉列举了五十年前他祖父及父亲之世

---

① 《洪北江遗集·意言·治平篇》。
② 马尔萨斯:《人口论》,北京大学出版社,2008年,第2章。
③ 《洪北江遗集·意言·治平篇》。
④ 《洪北江遗集·意言·吏胥篇》。
⑤ 《洪北江遗集·卷施阁文甲集补遗·寺院论》。

时的收支情况:"米之以升计者,钱不过六七;布之以丈计者,钱不过三四十。"①每人每年消费布五丈,值钱二百,消费米四石,值钱二千八百。而一般人的收入,"除农本计不议外",从事士、工、商者,每人"一岁之所入,不下四十千"②,因此,"一人食力,即可以养十人。即不耕不织之家,有一人营力于外,而衣食固已宽然矣"③。

洪亮吉又指出,数十年来人口在急剧地增长,但耕地面积没有相应扩大,市场商品也没有相应地增加,士人谋生的"佣书、授徒之馆"④仍然保持原有的数量,这必然引起商品价格的上涨。"为农者十倍于前而田不加增,为商贾者十倍于前而货不加增,为士者十倍于前,而佣书、授徒之馆不加增。且昔之以升计者,钱又须三四十矣;昔之以丈计者,钱又须一二百矣。"⑤

他进一步分析说,人口过剩引起物价腾贵,"布帛粟米,又各昂其价以出市",使人们的生活开支大大增加,"所出者益广"⑥,这只是问题的一方面。另一方面,人口过多使士、农、工、商在失业的威胁之下,相互间的竞争日趋剧烈,被迫"各减其值以求售",这又造成人们的"所入者愈微"⑦。这样,物价上涨和收入下降的双重压力,使人民的生活日益贫困,虽然"终岁勤动",也不免"毕生皇皇",甚至"有沟壑之忧"⑧。

从"士、农、工、贾各减其值以求售,布帛粟米又各昂其价以出市"这句话来看,既然士、农、工、商的人数过多,人们在竞争中纷纷将自己的商品减价出售,怎么又会造成价格的上涨呢?这似乎是前后相矛盾的。其实这种"矛盾"纯然是概念混淆引起的。"减其值以求售"的是出卖劳动力,以领取工资为生的士、农、工、商,即塾师、雇农、手工业工人、商店伙计等等,他们的工资下降了,而"昂其价以出市"的是拥有土地、作坊、店铺等财产的士、农、工、商,即官僚、地主、手工业主、商人等等,他们造成了物价的上涨。由于当时中国社会中的阶级分化还不明显,资本主义关系还很不发达,洪亮吉将这两部分人混为一谈,都将他们称为士、农、工、商。

第六,人口过剩带来社会动乱。洪亮吉指出,人口的增长远比生产、生活资

---

① 《洪北江遗集·意言·生计篇》。
② 同上。
③ 同上。
④ 同上。
⑤ 同上。
⑥ 同上。
⑦ 同上。
⑧ 同上。

料的增长迅速,不仅会使"勤力有业者"的生活水平急剧下降,而且还会造成大量的无业游民,激化社会矛盾,造成社会动乱不安。他说:"户口既十倍于前,则游手好闲者,更数十倍于前。此数十倍之游手好闲者,遇有水旱、疾疫,其不能束手待毙也明矣。是又甚可虑者也。"①

第七,两种"调剂之法"只能缓解人口过剩的压力,但不能从根本上解决问题。洪亮吉认为,要抑制人口的过快增长,不外乎两种办法:一是"天地调剂之法"②,即水旱、疾疫等各种自然灾害造成的人口死亡,但所减少的人口很有限,"不过十之一二"③;二是"君相调剂之法"④,即国家通过劝督生产、移民垦荒、减轻赋税负担、禁止奢侈浪费、抑制兼并及赈济灾民等措施,来缓和人口过剩与生产、生活资料不足之间的尖锐矛盾,但这些措施也只能收效一时,仍然无法彻底解决矛盾。

洪亮吉虽然为抑制人口过剩想出了一些对策,但他自己却也没有多大信心,认为最终都是无济于事的。他悲观地认为,由于找不到解决人口问题的出路,人口只会越来越过剩,生产资料和生活资料就会越来越不足,整个社会也就不可能长治久安了。他十分忧虑地说:"要之,治平之久,天地不能不生人;而天地之所以养人者,原不过此数也。治平之久,君相亦不能使人不生,而君相之所以为民计者,亦不过前此数法也。然一家之中,有子弟十人,其不率教者常有一二。又况天下之广,其游惰不事者何能一一遵上之约束乎!一人之居,以供十人已不足,何况供百人乎!一人之食,以供十人已不足,何况供百人乎!此吾所以为治平之民虑也。"⑤

第八,人口质量越来越下降。在洪亮吉的人口思想体系中,关于人口数量的论述占主导地位,不过他对人口质量问题也有所涉及。在他看来,社会生产力的发展、技术的进步和人类生活的改善,不利于人的"形质"和"性情"。一方面他承认人类的物质生活越来越丰富了,科学技术越来越进步了,许多商品"不特古人所不及见,亦古人所不及闻矣"⑥;"今之时,天文地理之学,以迄百工技艺之巧,皆远甚于昔时"⑦。另一方面,他却认为,正因为生活水平的大大提高、科学技术的不断进步,才对人类的身心两方面都造成了严重的败坏,从而使人口的质

---

① 《洪北江遗集·意言·生计篇》。
② 《洪北江遗集·意言·治平篇》。
③ 同上。
④ 同上。
⑤ 同上。
⑥ 《洪北江遗集·意言·形质篇》。
⑦ 同上。

量越来越下降,"形质日脆"、"性情益漓"①。

洪亮吉在人口问题上论述的范围之广泛、分析之具体以及表现形式之明确集中,在中国封建社会历史上是十分罕见的。他分析了人口数量增长与生产、生活资料增长之间的矛盾运动,论述了人口与物价、就业、社会秩序之间的关系,实际上已经或多或少地指出了人口的增长应当与生产、生活资料的增长相适应,两者之间应当保持一定的比例关系,这些人口思想具有科学合理的因素。他所提出的减赋税、抑兼并、赈济灾民等办法,反映了对劳动人民贫苦生活的同情,有着一定的积极意义。但他作为生活在封建社会末世的地主阶级思想家,已经看到了清朝的统治正在走下坡路,预感到维持了百年之久的"治平"之世必将陷于动摇,却没有更深一步地探求造成"甚可虑"局面的根源所在,更无法找到挽救危机、避免动乱的出路。于是,他只能用绝对人口过剩论来解释人民的生计为何日益艰难、社会的秩序为何由治转乱,从而对人类的命运、社会的前途感到失望和悲观。

洪亮吉的人口思想出现在乾隆五十八年(公元1793年),比马尔萨斯的人口论早五年。二人都提出了绝对人口过剩论,在人口的增值速度大大快于生产、生活资料的增长速度等许多论点上很相似,因此,早在1926年,就有研究者把他们二人相提并论,认为"马洪二氏,其学说不谋而同,其时复略相当"②。后来不少人称洪亮吉为中国的马尔萨斯。

虽然二人的人口思想有许多相似之处,但两者仍然存在着明显的区别③:

其一,马尔萨斯是资本主义时代的封建贵族的代表人物,其思想极端反动。洪亮吉则是中国封建社会末期的一个一般的地主阶级知识分子,虽然他所代表的地主阶级这时已完全成为没落势力,但他的思想与地主阶级的反动思想还是有所不同的,他的思想包括他的人口思想在内,都具有二重性。他认识到土地和财富的兼并对造成人口过剩的作用,提出禁浮靡、抑兼并等调剂之法,就是这种二重性的表现。

其二,马尔萨斯仇视法国大革命,也反对任何温和、轻微的社会改良。洪亮吉站在地主阶级的立场,为镇压白莲教农民起义献计献策,但他也指出了这场起义的一个重要原因是"赋外加赋"、官逼民反,主张减轻赋税、抑制兼并等,也表明他对实行一定的社会改良持赞成态度。

---

① 《洪北江遗集·意言·形质篇》。
② 参看张荫麟:《洪亮吉及其人口论》,《东方杂志》第23卷第2期,1926年。
③ 比较部分参考赵靖:《中国经济思想史述要》下册,北京大学出版社,1998年,第547页。

其三，马尔萨斯的两种"抑制"，充满了对人类的仇恨；洪亮吉的两种"调剂之法"，并没有这种仇恨人类的反动感情。洪亮吉的"天地调剂之法"，只是客观地指出水旱疾疫对减少人口的作用，但他并不强调、赞扬这种作用。他主张救灾、赈济，就表明了他不欢迎各种天灾的调剂。他更没有像马尔萨斯那样，把残酷的战争也作为"积极抑制"人口增长的重要措施。洪亮吉的"君相调剂之法"具有改良主义的色彩，其着眼点是通过国家采取移民垦荒、减轻赋税、赈济灾民等措施，使贫苦百姓的生活状况多少有所改善，从而缓解人口与生产、生活资料之间日益严重的矛盾，这与马尔萨斯以限制穷人生育子女、主张独身不婚嫁为主要内容的"道德抑制"或"预防抑制"相比，还是有根本的不同。

本章总结

清代乾嘉时期人口迅猛增长，土地兼并和集中愈演愈烈，农民起义此起彼伏，导致当时对人口问题的议论尤其活跃。

洪亮吉作为地主阶级知识分子，对当时人口状况十分悲观，提出了中国封建时代最为典型的绝对人口过剩论，较为系统地论述了当时人口增长猛烈的原因、状况以及给社会经济和百姓生活带来的不良后果。

洪亮吉人口思想的局限性在于他没有发现人口危机产生的根本原因，因此对这种状况感到无能为力和悲观。他的思想和马尔萨斯既有相似之处又有明显区别。

思考与练习

1. 清代乾嘉时期关于人口问题的讨论特别活跃的历史背景是什么？
2. 阐述洪亮吉的绝对人口过剩论。
3. 比较洪亮吉和马尔萨斯的人口思想。

第十二章 龚自珍、包世臣

本章概要

本章首先介绍龚自珍的经济思想,阐述其"平均"论、"农宗"议和商品经济、中外通商的思想;接着介绍包世臣的经济思想,阐述其"为言利"、"富在农"、"本末皆富"等思想和改革漕运、盐政的主张以及货币、贸易的观点等。

学习目标

1. 了解龚自珍及其主要经济观点
2. 了解包世臣及其主要思想观点

第一节 鸦片战争前夕的一批有忧患意识的思想家

　　清代乾嘉之际,随着封建制度的彻底腐朽,已有某些士大夫表现出比较明显的忧患意识,洪亮吉的"为治平虑",就是典型代表。但是,在嘉庆(公元1796—1820年)前期,这种忧患意识还是个别的,未在思想界引起广泛的响应。到了嘉庆后期及道光前期,情况发生了显著变化。著书立说,表现忧患意识的已不是个别人士,而是有一批有声望、有影响的士大夫参加进来,以龚自珍、包世臣、林则徐、魏源等为主要代表。其中,龚自珍的经济思想对鸦片走私和外来资本主义侵略以及对外经济交往、货币等问题有反映,但其主要内容则是对封建社会内部危机的反映。林则徐、魏源同龚自珍是一代人,而且交往密切,在鸦片战争前早就倡言改革,并进行过一些财政经济改革活动,但他们在经济思想方面的更重大的、有历史意义的成就,则是鸦片战争期间及鸦片战争失败后的事。包世臣年纪最长、寿命也最长,鸦片战争失败后十余年,他才逝去。他的经济思想,对封建社会的内部危机以及外来侵略问题均有反映;但他论述较多、较值得注意的也是封建社会内部危机和内部改革的问题,而他对外来侵略及鸦片战争后新的问题的反映,其深度远不能和林则徐、魏源相比。从经济思想的主要内容看,他基本上也是鸦片战争前的经济思想代表人物。因此,本章探讨鸦片战争前二三十年的经济思想,主要以龚自珍、包世臣作为代表,而把林则徐、魏源作为鸦片战争后中国近代经济思想的早期代表人物,放在本书后续著作进行论述。

第二节 龚自珍

龚自珍(公元1792—1841年),又名巩祚、字璱人,号定庵,浙江仁和(今杭州)人。出身于官僚世家。道光进士。长期任官于京师,曾任内阁中书、宗人府主事。礼部主事、主客司主事等。官卑职小仕途十分不得志,"又才高动触时忌"①,道光十九年(公元1839年)五月辞官南归。1841年,任江苏丹阳云阳书院讲席,病殁。一生著述颇丰,但散佚甚多。新中国成立后,经中华书局整理、校点,辑为《龚自珍全集》。

一、一代新风的开创者

龚自珍生活的时代,处在18世纪末至19世纪40年代初,中国封建社会正日趋没落、解体,走向半殖民地半封建的黑暗历史时期。面对社会重重危机,龚自珍怀抱匡时济世的愿望,指陈时弊,倡言"更法",在当时死气沉沉的士林中,起了惊雷震耳,开一代新风的作用。对此,梁启超曾指出:"语近世思想自由之向导,必数定庵。吾见并世诸贤,其能为现今思想界放光明者,彼最初率崇拜定庵,当其始读定庵集,其脑识未有不受其刺激者也。"②"晚清思想之解放,自珍确与有功焉。"③龚自珍的生前好友张维屏也曾说:"近数十年来,士大夫诵史鉴,考掌故,慷慨论天下事,其风气实定公(自珍)开之。"④可见,对于龚自珍是一代新风的开创者这一盛誉均是充分肯定的。

龚自珍从《公羊春秋》,学习到借"微言大义"讥议时政的方式。他具有一定的朴素辩证法的思想和变易的历史观,这是他的改革主张的哲学思想基础。他认为自然界的一切事物都在变化之中,"一瓠三变,一枣三变,一枣核亦三变"⑤,从而推断社会现象亦无不处于变易之中,"自古及今,法无不改,势无不积,事例无不变迁,风气无不移易"⑥,并进而得出:"一祖之法无不弊,千夫之议无不靡","无八百年不夷之天下"⑦的结论。但是同时,他又承认"有万亿年不夷之道",

---

① 吴昌绶:《定庵先生年谱》,道光十九年。
② 梁启超:《论中国学术思想变迁之大势》,《饮冰室合集》,"文集"第三册。
③ 梁启超:《清代学术概论》,《饮冰室合集》,"专集"第九册。
④ 《龚自珍全集》,中华书局,1959年版,上册,"前言",第1页。
⑤ 《壬癸之际胎观第五》,《龚自珍全集》上册,第16页。
⑥ 《上大学士书》,《龚自珍全集》下册,第319页。
⑦ 《乙丙之际著议第七》,《龚自珍全集》上册,第5、6页。

强调在改革过程中"道",是不可更易的。由此形成的思想束缚,使他在对于社会经济的改革方案方面,往往囿于传统的思维而难有突破,正如他自己说的那样,"药方只贩古时丹"①。

尽管如此,龚自珍与那些粉饰太平、庸碌无能、因循守旧的封建士大夫之间,是有天壤之别的。他依据《公羊春秋》的"三世说",把历史分作三个阶段:治世、乱世、衰世。他认为当时的清王朝表面上"文类治世,名类治世,声音笑貌类治世"②,而实际上却是一个根株朽烂、危机四伏,大乱将临的"衰世"。官僚集团是一群鲜廉寡耻,浑浑噩噩的行尸走肉。

龚自珍在无情揭露、痛斥封建专制统治的黑暗与腐败的同时,表现出忧国忧民情怀。他一方面主张遵从"穷则变,变则通,通则久"的《易》道,寻求"更法","奋之"以"改图"③。另一方面,虑及国家疆域之安危,龚自珍主张在新疆设行省、移民垦荒,大力开发;又强烈主张查禁鸦片,并考虑到因禁烟而同英国侵略者发生冲突的可能。

龚自珍以其特有的敏锐眼光剖析并抨击了封建统治制度,文笔之犀利,见解之深刻,鞭挞之淋漓,是同时代少有的。他倡言改革,警告清统治者:"乱世竟不远矣","奈之何不思更法"④"与其赠来者以劲改革,孰若自改革?"⑤作为启蒙思想家,龚自珍大声呐喊:"九州生气恃风雷,万马齐喑究可哀。我劝天公重抖擞,不拘一格降人材。"⑥龚自珍作为一代新风的开启者在中国近代史上的地位是人们公认的。

二、"平均"论

龚自珍认为,最理想的社会应该是财富平均分配的社会:"有天下者,莫高于平之之尚也",然而这种理想的平均状态,只在人类原始时代存在过,自三代之始,已不复存在,而且,在后世也不可能再恢复。他说:"三代之极其犹水。君取盂焉,臣取勺焉,民取卮焉。降是,则勺者下侵矣,卮者上侵矣。又降,则君取一石,民亦欲得一石,故或(石而浮,或)涸而踣。石而浮,则不平甚,涸而踣,则又不平甚……大略计之,浮不足之数相去愈远,则亡愈速,去稍迟,治亦稍速。千万载治乱兴亡之数,直以是券矣。"从这种论述中,可以看出龚自珍的一个重要

---

① 《己亥杂诗》,《龚自珍全集》上册,第513页。
② 《乙丙之际著议第九》,《龚自珍全集》上册,第6页。
③ 《乙丙之际著议第七》,《龚自珍全集》上册,第5、6页。
④ 《明良论四》,《龚自珍全集》上册,第35页。
⑤ 《乙丙之际箸议第六》,《龚自珍全集》上册,第6页。
⑥ 《己亥杂侍》,《龚自珍全集》上册,第521页。

观点,即财富分配的严重不均,是社会致乱的根源。社会财富的分配状况,是关系到治乱兴亡的关键所在。

龚自珍进而指出:"小不相齐,渐至大不相齐;大不相齐,即至丧天下。"龚自珍将贫富的"不相齐"与社会的治乱兴亡直接联系在一起,明确阐明贫富的"大不相齐,即至丧天下"。当时,许多人将人民不得谋生归于天灾,或归于租税重,或归于兼并,或归于人口多等等因素,与此类观点相较,龚自珍的认识是较深刻的。但是,由于阶级的局限性,龚自珍不可能揭示造成"大不相齐"的社会制度的根源,而是从现象上归结为"人心亡,世俗坏",即贫富不均是由于人们受贪欲的驱使,肆意追求财富,不安于自身所处的等级地位和与此相称的财产份额,从而造成"大不相齐"的局面。

龚自珍所提出的"平均"与农民起义提出的"均贫富",是根本不同的。他对"大不相齐"是反对的,认为这是丧天下的主要原因,但是对于"小不相齐",他却从未加以反对。他赞赏三代之时"君取盂焉,臣取勺焉,民取卮焉"的封建等级分配制;在他后来的《农宗》篇中,更提出了一个按个人在封建宗法关系中的身份和地位来占有生产资料和产品的"小不相齐"的社会经济改革方案。

龚自珍尤其反对商业资本所进行的掠夺兼并。在《平均篇》中,他说:"然而五家之堡必有肆,十家之村必有贾,三十家之城必有商……肆有魁,贾有枭,商有贤桀,其心皆欲并十家五家之财而有之。"总之,他所主张的"平均",所谓反对"大不相齐",其具体内容就是要限制封建政权的过度聚敛,官僚吏胥的贪污中饱和商业资本的兼并掠夺。他认为,只要统治者能"操其本源,与随其时而调剂之",以保持"小不相齐",避免上下相侵,防止贫富"大不相齐",封建统治便可以长治久安了。龚自珍对此还非常自信,认为只要如此,"有天下者,不十年几于平矣"[①]。然而,事实证明,这只不过是龚自珍一厢情愿的幻想而已。

三、"农宗"议

龚自珍继《平均篇》之后,于1823年写了《农宗》篇,提出了他的社会经济改革的主要方案。他认为,当时清王朝统治下最严重的问题,是由于大地主、大商人的掠夺兼并活动造成的大量流民。这些人毫无生活来源,陷入"取诛戮,或冻馁以死"[②]的悲惨境地。解决流民问题的根本方法在于让流民重新回到土地上去,安排其参加农业生产。为了解决迫在眉睫的流民问题,他将希望寄托于中小地主身上。他认为中、小地主是发展农业生产,并在此基础上解决流民问题"为

---

① 以上引文均见《平均篇》,《龚自珍全集》上册。
② 《西域置行省议》,《龚自珍全集》上册,第106页。

天子养民"①的社会中坚力量。

《农宗》篇中所设想的合乎理想的组织农业生产的形式,实质上是中、小地主中的经营地主与富农的剥削形式。他认为:"天谷没,地谷茁,始贵智贵力,有能以尺土出谷者,以为尺土主;有能以倍尺若十尺、伯尺出谷者,以为倍尺、十尺、伯尺主。"②龚自珍显然认为,经营地主与富农是凭借个人智能才力占有财富的。与之相比较,大地主、大商人不是靠智与力,而是凭借特权进行兼并掠夺财富的活动。正因为如此,龚自珍提倡"不讳私"。"无耻言富"、"贵智贵力"等,为中小地主的占有财富方式合理性造舆论,同时,也作为抨击大地主、大商人过度贪婪的思想武器。

在《农宗》篇中,龚自珍提出的社会经济改革方案是以封建宗法关系来组织农业生产为基本内容的。他利用封建宗法关系在全国农村建立按血缘关系组成的经济结构,即按封建传统的宗法关系占有土地和组织农业生产,并进行分配。这种宗法式的农业生产经济组织称之为"农宗"。他将农宗中的全体社会成员按宗法关系分为大宗、小宗、群宗、闲民四个等级,又将小宗、群宗称为余夫。具体成员如下:

大宗——开始立宗时的长子为大宗,以后各代大宗的长子也世为大宗。大宗受田百亩。

余夫——包括小宗和群宗:立宗一代的次子、大宗的次子都是小宗,小宗的长子世为小宗;立宗一代的第三、四子和小宗的次子为群宗。余夫受田各二十五亩。

闲民——余夫以外的子孙,即大宗的第五子以下,小宗第三子以下,群宗的次子以下,均为闲民,不能受田,只可受雇于大宗和余夫。

龚自珍设计了按封建宗法关系占有土地的方案,进而设想了如下雇工办法:"百亩之田,不能以独治,役佃五;余夫二十五亩,亦不能以独治,役佃一。"③产品分配的办法是:大宗以十亩土地所产付给所雇的闲民,作为他们的必要生活资料,这些闲民首先必须是从同族中的闲民找到的,不足时,方可雇用外姓的。以三十亩地的产品供大宗本人及家属的粮食需要;以十亩地生产"桑苎、木棉、竹漆、果蓏"等一类消费品;另有十亩作为大宗的住宅兼农产品加工和副业生产场地;三十亩地的产品作为商品出售,以便交换生产资料和家具等;所余十亩地的产品作为赋税上交。在余夫的二十五亩土地上,产品分配办法则是:"余夫家五

---

① 《农宗》,《龚自珍全集》上册,第50页。
② 同上书,第49页。
③ 同上书,第50页。

口,宅五亩,实食十亩,以二亩半税,以二亩半食佃,以二亩半治蔬苎,以二亩半枲。自实食之外,宅、税、圃、枲、佃五者,毋或一废。"①龚自珍所设想的大宗和余夫两种大小规模不同的生产单位,基本上是一种在封建宗法关系下的自给自足的农业经济,而且存在着封建等级制下的人身依附关系。

龚自珍的《农宗》改革方案,并不是在农村中发展资本主义生产关系,恰恰相反,他要借助封建宗法制度来加强封建剥削关系,维护现存的土地占有关系,从而控制和安置流民,使其"无田亦不饥为盗",从而能使封建统治秩序得以稳定。他改革社会经济的方案相当保守,甚至是倒退的。

四、关于商品经济与中外通商的观点

龚自珍关于商品货币经济的观点,有一个转变的过程。在 19 世纪 30 年代之前,他对商品货币经济基本上抱着消极,甚至敌视的态度。由于受中国传统经济教条"重本抑末"思想影响较深,他的《平均篇》、《乙丙之际塾议第十六》等著述,便具有浓厚的重农抑商观点。他极力攻击那些同封建政权相勾结的封建垄断性大商业,认为他们是进行财富兼并活动、造成贫富悬殊和社会动乱的主要因素,因而主张用抑商政策,限制其活动,使其弃商归农、"退而役南亩"②。他没有认识到商业在社会经济中的巨大作用,反而将商业活动看成是导致贫富"大不相齐"的根源,甚至将商业视为破坏人心道德和自然经济淳朴生活的有害部门。

与此相联系,龚自珍也贬低货币的作用。在货币的各种职能中,他所认可的只有流通手段一种,在他看来,货币饥不能食,寒不能衣,对于人民生计并无多大作用,因而强调应重"食"而不应重"货"。他尤其反对货币资本的积累,认为在商品流通中使用货币,只是便于"以有易无","裁取流通而已","皆不得以澹泉货"③。

鸦片战争前夕,龚自珍的商品货币思想有所改变,逐步从抑商转向较重视商品经济。与此同时,他对于通过商业活动积累货币财富的看法,也有所改变。如他对于阐明"货殖之利,工商是营"的司马迁的《货殖列传》,给予高度评价,认为此文可以"配《禹贡》,续《周礼》"④,表现出与他以前轻视商业迥然不同的思想。另外,随着鸦片战争前夕"银荒"的日益严重,龚自珍对于货币也逐渐重视起来,并针对银贵钱贱、外国银币在中国溢价流通等问题提出一些对策。在 1838 年赠

---

① 《农宗》,《龚自珍全集》上册,第 50 页。
② 《乙丙之际塾议第十六》,《龚自珍全集》上册,第 8 页。
③ 《农宗》,《龚自珍全集》上册,第 50 页。
④ 《陆彦若所著书序》,《龚自珍全集》上册,第 197 页。

别林则徐的序文中,他提出了:"食固第一,货即第二"①的观点。

对外贸易方面,龚自珍积极主张禁止鸦片贸易,同时禁止奢侈品的进口。他反对"闭关锁国"、"绝夷舶"的保守主张,提倡同外国进行有限度的贸易。由于他主要是从保护自给自足自然经济的立场看待贸易问题,所以提出"夫中国与夷人互市,大利在利其米,此外皆末也"②。为此,他对外国进口呢、羽、钟表、玻璃等均加以反对。这些主张,一方面固然有保护国内手工业,防止白银外溢的考虑,但另一方面,更主要是受自然经济狭隘眼光的束缚。加之,他对世界与国际贸易的实情知之甚少,因而很难突破传统观念,提出具有实质性内容和实践意义的政策主张。

龚自珍作为中国近代著名的启蒙思想家,是当之无愧的一代新风的开创者;但由于他在改革方面坚持"药方只贩古时丹",所以与当时主张改革的一些士大夫人物相比较,其社会经济的改革方案具有较为浓厚的保守色彩。

第三节 包世臣

包世臣(公元1775—1855年),字慎伯,晚年自号倦翁,安徽径县人。父族是破落地主,母族是商人家庭。年少时因父病家贫,曾租种蔬菜瓜果,出售养家。他自称:"予性最肮脏,与菜情相得"。18岁外出做塾师,或充当幕僚。嘉庆十三年(公元1809年),考中举人,长期担任刑名(法律)、钱粮(财政)方面的幕僚。60多岁才谋得江西新喻知县,为时仅一年,遭排挤而弃官。包世臣的主要著作辑为《安吴四种》。

一、"好言利"、"富在农"的思想

包世臣向来以儒家自称,却蔑视"罕言利"的儒家教条,公然声称:"好言利,似是鄙人一病,然所学大半在此,如节工费、裁陋规、兴屯田、尽地力,件件皆言利也。"还说:言利"绝无为己之意介其间,似与历来言利者有差别矣","鄙人凡民生之朘削已甚,而国计亦日虚,其病皆由奸人之中饱,故生平所学,主于收奸人之利,三归于国,七归于民,以期多助而止奸。"③这就是说,限制或制止权贵势豪、贪官污吏、垄断商人等"奸人"的朘削、兼并活动,实行改革,增加国库收入和减轻人民负担,是作为包世臣生平"好言利"的目的。

---

① 《送钦差大臣侯官林公序》,《龚自珍全集》上册,第170页。
② 同上。
③ 《答族子孟开书》,《安吴四种》卷26。

包世臣从传统的"民食为本"观点出发,十分重视农业。他认为:"握金珠,枕钱布,餐之而不能饱也,衣之而不能温也,然则天下之富在农而已。"①因此主张"明农之教"、"修法劝农",认为这是"使国富而主德尊"的根本前提。对于封建士大夫"高者谈性命,卑者矜词章"而"鄙夷田事"的态度,包世臣很看不惯,屡屡加以谴责。

包世臣很重视人的劳动对发展农业生产的作用。为了驳斥"人多致贫"的观点,他提出"庶为富基"的观点;对"生齿日繁,地之所产不敷口食"的看法,针锋相对地提出"天下之土,养天下之人,至给也"的观点。显然,包世臣的这一认识既有合理的成分,也有错误的成分。人口问题离不开一定的社会制度和科学技术水平。抽象地论证人口数量多少是好事还是坏事,是很难说清问题的。"庶为富基"的论断,包含了人是劳动者能生产财富的正确一面,然而人生下来首先是消费者,笼统地说"庶为富基"忽视了人首先是作为消费者出现的一面,因而是不科学的。

二、"本末皆富"及漕运和盐政改革

"本末皆富"是包世臣的一个基本经济观点,也是其各种经济改革主张的出发点。包世臣强调"天下之富在农",但不像正统的封建思想代表所主张的"重本抑末"。他认为:"无农则无食,无工则无用,无商则不给,三者缺一,则人莫能生也。"②他主张"本末皆富",认为这样可以使"家给人足,猝遇水旱,不能为灾",并将"本末皆富"誉之为"此千古治法之宗,而子孙万世之计也"③。他将"近世人心趋末富",视为"其权加本富之上,则制币以通民财,使公私交裕,实治道之宜急者"④,这是以"治道"顺应"趋末富"趋势的主张,把"末"看做是"本"的补充,但在"宜急"之需时,末富可"权加本富之上"的观点。"本末皆富"的观点,是包世臣对传统的"重本抑末"论的挑战,是冲破封建传统教条的一大进步。

从"本末皆富"观点出发的包世臣的经济改革主张,一方面把封建的农业生产放在首位,另一方面在漕运、盐政等具体的经济、财政改革中注意发挥商业和货币因素的作用,重视私商的活动。这反映了自由工商业发展的进步趋势,代表了一部分兼营商业和手工业地主的利益和要求。包世臣不仅具有这方面的丰富经验,而且对于自己的主张充满了信心。"苟有用我","虽三代之盛,不可妄期,

---

① 《说储上篇前序》,《安吴四种》卷七下。
② 同上。
③ 《麦匠杂著二》,《安吴四种》卷二十六。
④ 《齐民四术目录叙》,《安吴四种》卷二十五。

汉唐二宗,必复见于今日也"①。

包世臣在游幕生涯中,曾长期参与漕运和盐政的改革。有患莫大于漕,漕运是当时清政权下积弊最多的"大政"之一。包世臣改革漕运的主张,是雇用商船由海道运漕粮,即称"海运南漕"。具体地说,是雇用往来于上海到东北海道的商船,把漕粮由海道运至北方。改革的要点在于改河运为海运,以船商代替官府。当有些人非难"海运南漕"这一改革主张时,包世臣理直气壮地说:"是雇船未尝非政体也","取其便适无他患,何必官艘哉?"②包世臣改革盐政的主张是废除"纲盐",改行"票盐",也就是以普通商贩的自由运销代替"纲商"对盐的垄断特权。

"海运南漕"和"票盐"的改革主张,均不是包世臣的创见。唐刘晏已实行了类似票盐制的主张;元、明都曾实行过漕粮海运。包世臣的改革主张,并无多少超越前人的地方,但是,他的改革主张具体地表现了他的"本末皆富"这一基本的经济观点,在理论上比前人有所前进。

三、货币和贸易观点

包世臣对货币的议论很多。他对"天下之苦银荒久矣!"③"烟毒遂遍天下","夷以烟土入,华以银出,以致银价踊贵,公私交病"④的局面,十分焦虑。因此,他除了主张"漏卮之塞,必在厉禁烟土"⑤之外,还试图从货币制度方面作些改革,以克服或减轻由货币危机引起的后果。包世臣的货币改革主张是:以制钱为计算单位,发行纸币而且是大额钱钞以"夺银之权"。也就是说,包世臣幻想改变"以钱从银"为"使银从钱",以此阻止"银荒"所造成的银兑钱比价的日趋上涨。

对外贸易方面,包世臣基本上是以自然经济的眼光观察问题。他对于资本主义国家争夺市场,对外侵略扩张的目的不甚了了,认为西方资本主义之所以与中国贸易,是为了买本国不能生产的某些必要消费品。他自认为外国不过是处在"蛮荒之地"、"瘴疠之乡"、"各夷非大黄、茶叶不生",因而"西洋夷民所必须者,内地之茶叶、大黄",这表明包世臣仍以"天朝"对"四夷"的老眼光看问题,陶醉于自给自足自然经济的局限来分析中外贸易。鸦片战争失败以后的几年,包世臣对外国资本主义势力入侵,破坏中国社会经济和主权的活动所造成的后果,

---

① 《说储上篇前序》,《安吴四种》卷七下。
② 《海运南槽议》,《安吴四种》卷一。
③ 《银荒小补说》,《安吴四种》卷二十六。
④ 《致广东按察使姚中丞书》,《安吴四种》卷三十五。
⑤ 《复桂苏州第二书》,《安吴四种》卷七下。

逐渐有了敏锐的觉察并感到了严重的不安。他指出,洋布倾销,对上海等地手工纺织业起着严重的破坏作用。

在鸦片战争时期,包世臣反抗外来侵略的态度相当坚决,对鸦片走私及由此引起的一些问题如银荒及白银外流,也深为关心;对鸦片战争后的一些新问题如外国的经济侵略及其后果,他的认识更有过于同时的人士。但是,他的这些认识多限于具体问题方面,而没能像林则徐、魏源那样从形势变化及战略高度观察新时期面临的新问题。他虽然晚于林则徐、魏源逝世,却未能像林、魏等人跨越传统经济思想的门槛,成为中国近代经济思想的报春者。

本章总结

龚自珍、包世臣是鸦片战争前二三十年经济思想的代表人物。

龚自珍以其特有的敏锐眼光剖析和抨击了封建统治制度,无情揭露、痛斥其黑暗和腐败,表现出忧国忧民的情怀,龚自珍作为一代新风的开启者是为人所公认的。他的"平均"论认为财富分配的严重不均是社会致乱的根源,提出要限制封建政权的过度聚敛、官僚的贪污中饱和商业资本的兼并掠夺活动,但其在《农宗》中提出的改革社会经济的方案则相当保守,甚至倒退。在19世纪30年代以前,他对商品货币经济的态度是很消极的,到鸦片战争前夕才有所改变,比较重视商品经济。对外贸易方面,他积极主张禁止鸦片贸易、禁止奢侈品的进口。

包世臣从"好言利"、"富在农"出发,十分重视农业和人的劳动对发展农业生产的作用。"本末皆富"是他的一个基本经济观点,也是他从事漕运、盐政改革的出发点。在货币问题上,他主张将"以钱从银"改为"使银从钱"。对外贸易方面,他基本上是以自然经济的眼光观察问题,直至鸦片战争后才渐有改变。

思考与练习

1. 阐述龚自珍的"平均"论和"农宗"议。
2. 龚自珍关于商品经济和中外通商的思想观点分别是什么?
3. 阐述包世臣的"本末皆富"思想及漕运、盐政改革的主张。

第十三章 王鎏、许楣等

本章概要

本章介绍王鎏、许楣的经济思想。王鎏的《钱币刍言》一书主张以大量发行不兑换纸币及铸造大钱来充实国库,在道光时期的思想界、舆论界引起轩然大波,许楣、许楗等以专书形式对其进行了全面批判。

学习目标

1. 了解王鎏的《钱币刍言》中的主要观点
2. 了解许楣、许楗的货币观点及对王鎏的批驳

第一节 王 鎏

王鎏(公元 1786—1843 年),原名仲鎏,字子兼、亮生,晚年号荷盘山人,江苏吴县人,他本是一个曾累应乡试而不第的秀才,以从事教书或幕僚等为职业。著有《乡党正义》、《四书地理考》、《毛诗多织编》、《鋆舟园文稿》、《钱币刍言》(原名《钞币刍言》)等,但使他受到人们注意,在当时思想界、舆论界引起轩然大波的,只有《钞币刍言》一书。

王鎏热衷功名却屡试不第,在科举、仕途无望的情况下,自认为怀才不遇的王鎏为猎取名利,便选择了献书投机的"捷径"。他看到清朝廷因白莲教、天理教农民起义以及外来鸦片走私猖獗、白银外溢,导致国库空虚、财政拮据,急需罗掘财源,以救燃眉之急,于是就挖空心思,写了《钞币刍言》一书,提出以大量发行不兑换纸币及铸造大钱来充实国库。

在王鎏以前,嘉庆十年(公元 1805 年)许画山已建议铸造不足值的大钱,嘉庆十九年(公元 1814 年),蔡之定又奏请行钞,清朝廷顾虑朝野人士反对,未敢采行。王鎏看到在道光时期清朝的财政困难更甚,同时他又自信能比许画山、蔡之定等更能言善辩,于是,就在 1828 年写成了《钞币刍言》一书,呈送给清朝廷的一些官僚,并得到其中一些人的支持于 1831 年刊印。几年之后,当鸦片走私

的猖獗已引起人们的强烈注意、禁烟运动已将掀起时,王鎏于1837年(即道光十七年)将《钞币刍言》修改再版为《钱币刍言》,分送给一些朝官和社会名流(例如包世臣等),并明确表示,希望"在位之臣"能为他"入奏九重"①。

王鎏的《钱币刍言》共分四部分:第一部分《钱钞议》,主要是王鎏对其主张所作的一些理论论证;第二部分《拟钱钞条目》,是他所拟定的发行纸币和铸造大钱的具体措施;第三部分《先正名言》,是他汇集的过去历史上主张发钞的言论;第四部分《友朋赠答》是他为推行自己的主张,向当时的一些势要人物和知名人物发出的信件,以及其中某些人的复信。

事实上,王鎏《钱币刍言》的内容,主要是由以下几方面构成的:

一、发钞理论

王鎏虽然把发钞和铸大钱作为"足君"、"足国用"的手段,但主要是想倚靠发钞解决问题,因而其理论也主要是放在为发钞辩护上,为此,他提出了以下三个理论论点:

第一个论点:"足君尤先"论。孔丘弟子有若"百姓足君孰与不足"的名言,在封建时代历来被奉为圣贤名训,理财的金科玉律。封建统治者及"言利"之臣尽管在实际上想尽办法搜括百姓,把这一圣训置之脑后,但在理论上却从来没有人敢否认,没有人敢于公开对它进行挑战。王鎏这个一向读圣贤书的秀才,为了给自己发钞的主张制造理论根据,公然出来同这一圣训唱反调了。在《钱钞议》中,他提出这样一个论点:

> "三代以上,君民相通,但有足民之事,更无足君之事,必民足而后君足,犹子孙富而父母未有贫焉。此有子所言,天下共知也。三代以下,君民相隔,既有足君之事,又有足民之事,且必君足而后民足,犹父母富而子孙亦免于贫焉。此昔人所未及言,而天下或未知也。夫欲足民,莫如重农务穑,欲足君莫如操钱币之权。苟不能操钱币之权,则欲减赋而绌于用,欲开垦而无其资,何以劝民之重农务穑哉?故足君尤先。"②

这就是说:有若的"百姓足君孰与不足",是只适用于"三代以上"的过了时的理论,在"三代以下",必须抛弃,而以"足君尤先"的理论来代替它。

第二个论点:"操不涸之财源"论。王鎏认为:铸造不足值大钱,实行铸币贬值,虽然也可以"足君",但作用是有限的。因为铸币总要有一定金属,因此,铸

---

① 《钱币刍言·自序》,《钱币刍言》(包括《钱币刍言续刻》、《再续》),艺海堂藏版,下引此书均为此版。

② 《钱币刍言·钱钞议一》。

币贬值总还是有个限界的；要想不受任何限制地实行货币贬值，只有发行纸币一途。所以他说："凡以他物为币皆有尽，惟钞无尽，造百万即百万，造千万即千万，则操不涸之财源。"①当然，王鎏说"惟钞无尽"，也不是说要漫无限制地印造任何数量的纸币，而只是从"足君"即充分满足财政需要的角度说的。所以他说："钞虽取之不尽，而国家制钞，但求足用而止，自可为之限量。"②

但是，怎样算是"足用"呢？王鎏书中有三种不同的说法：

其一是"尽易天下百姓之银而止"③，即用发行纸币来将民间所有的银尽数收入国库。

其二是发钞数大大超过流通中的银，例如超出一倍或更多。王鎏说："以天下论，银之行用本虑其少，则以银易钞，适如其数，虽倍加之，尚未至于多而轻也。"④

其三是完全从"国用"出发，不考虑流通中货币的需要量："若论国用，则当如《王制》'以三十年之通制国用'，使国家常有三十年之蓄可也。"⑤

《王制》所谓"以三十年之通制国用"的"通"，是指平均的意思，即以过去三十年支出的平均数为依据来制订下年度的财政支出计划。如果王鎏指的"国用"是这个意思，那么，发钞事实上对足国用是没有什么意义的。因为，这样的国用，已有以赋税为主的正常财政收入保证了，完全不需要再用发行纸币增加财政收入。

王鎏说的"足国用"绝不会是此意。他说"使国家常有三十年之蓄可也"，明明是说，发行纸币的数量限制并不是三十年之"通"，而是三十年之和，即发行一次纸币，要能满足三十年国家财政支出的总和，或国家一年财政支出的三十倍。这一句话就把王鎏滥发纸币搜括民财的无底欲壑和盘托出了。

第三个论点：银、钞无别论。王鎏说："至谓钞虚而银实，则甚不然。言乎银有形质，则钞亦有形质；言乎其饥不可食，寒不可衣，则银钞皆同。"⑥

"钞虚银实"，是就价值而言的，有价值为实，无价值为虚。自宋朝开始使用纸币以来，这个论点已流行了数百年，其含义王鎏当然明白。有无形质、是否可衣可食，这是就使用价值及自然属性而言的。他在这里避而不答纸币有无价值的问题，而故意把"虚"、"实"说成某种特定使用价值或自然属性的有无，显然是

---

① 《钱币刍言·钱钞议一》。
② 《与包慎伯明府论钞币书》，见《钱币刍言续刻》。
③ 同上。
④ 《钱币刍言·钞币答问三十》。
⑤ 《与包慎伯明府论钞币书》。
⑥ 同上。

在以混淆问题的手法把水搅混,正像乌贼在遇到危险时放出墨汁掩护自己脱身一样。

二、行用钱、钞措施

王鎏在《拟钱、钞条目》部分,为发钞、铸大钱规定了许多具体措施,主要为:

其一,钞分大、中、小共七等,大钞为五百贯、一千贯[1],中钞为五十贯、一百贯,小钞为一贯、三贯、五贯。最大钞一尺高,二三丈阔,成手卷形。最小钞一尺见方,裱糊行用。造钞必特选佳纸。还需书写格言于上。税收一律收钞,一贯以下征钱。用匣藏钞,依贫富不等的经济条件,或用黄金,或用木、石,或用皮、绢素等为匣。行钞分省流通,他省之钞,需验明后准其换本省钞方可行用。

其二,钱分当百、当十、当一的大、中、小三等。铸当百的大钱须用白铜,当十、当一的中小钱则用黄铜、红铜。当百钱约费工本九十余文,当十钱约费工本九文,当一钱适与工本相当。大钱由京师监铸;中、小钱颁以定式,外省亦铸。

其三,设立收铜之局和官铜铺。禁止民间铜器买卖。用钞倍价收民间铜器铸钱;由官铜铺打造乐器、锁等出售,严禁民间打造铜器之铺。

其四,以钞与大钱发与钱庄,禁止钱庄再私出会票、钱票。令钱庄凭钞缴银,以一分之利给钱庄。百姓在一年之内交银易钞者给以一分之利,二年内交银易钞者给以五厘之利,二年之外者,则照时价不加利。百姓用钞纳税的,每钞一贯可作一贯一百文使用。五年或十年后钞法盛行,则禁银为币,但可以当做商品买卖。十年或二十年之后,银既毕收于上,则许商人以钞易银,或打造银器,只作半价用,不准为币。民间尚有遗留藏银,或作器皿,或仅能以半价以银易钞。

其五,行钞之初,内外官俸各加一倍。原俸暂予以银,加俸悉给以钞。俟钞法通行后,官俸各加数倍,一律以钞。

其六,对外贸易只准以货易货,不许用银。如彼国以银来,令其先以银易钞,而后准其买货。

从上述王鎏拟定的行钞办法中不难看出,其核心部分是国家强制以钞易银,禁银为私以纸币代银代钱,凭借权势令天下人认可"银钞皆同",以银易钞,就范于行钞之法。

为了提高纸币在人们心目中的地位,他试图在"精工制造"上下工夫,如主张制钞要特选佳纸,装裱精美,制成手卷用特制的匣收藏,大钞须精选天下善书法者,书先正格言真草隶篆俱备,由十人承担;十贯以下小钞,用铜版楼刻精书小楷如《程子四箴》、《朱氏家训》之类,由五六人承担,然后嘉墨精工刷印。此外,

---

[1] 《钞币刍言》原拟大钞最高面额为五千贯。

还以官府掌握的金、玉、水晶、银、铜镌为五印,大钞用大印,中钞用中印,小钞用小印。"监造及书钞者又各以己印记之,印色用极佳者","若钞既选善书者,则传之千百年后岂不奉为墨宝乎"①。

王鎏的这些奇谈怪论,令人不禁想起了王莽。王莽是热衷于以货币贬值来掠夺百姓的人,他对货币谈了很多,也干了很多,但谈的多是无常识之言,干的尽是殃民之事。王鎏未能实现他献书投机,平步青云的美梦,未能发挥他的祸国殃民的才能,然而他的议论,已足可使王莽不得专"美"于前了。

三、王鎏对自己主张进行的其他辩解

王鎏宣扬造钞有二十二大利,在《先正名言》与《友朋赠答》中,也针对前人及同时代人提出的观点进行了一些说明和回答,为自己的发钞主张进行吹嘘和辩解。对他的这些吹嘘和辩解,不需一一胪列,选择一些较能反映王鎏思想特点的展示于下:

其一,为什么宋代以前无纸币?王鎏认为纸币优于一切金属货币:"凡以他物为币皆有尽,惟钞无尽。"既然如此,为什么到宋代才有纸币,而以前都是流行金属货币呢?王鎏的解答是:宋代以前的古人用铜铸钱,是因为当时没有纸。纸币是宋代才有的,但纸却在宋朝以前差不多一千年就有了。这点历史知识,不能说王鎏不具备。那么,对他的解答就只能以强词夺理来说明了。

其二,为什么前代行钞总是弊害无穷,民与国交受其弊?王鎏的确对历史上的行钞情况作过研究,对历史上行钞的弊害,他自是知晓的。但是,他自己主张发钞的动机,使他不敢正视前人因解决财政困难而发钞的事实,于是就把前人行钞失败的原因都归结为技术方面的问题,并提出了一些改进的措施,如行钞办法必须明确、稳定,不可含混和随意更改;国家在赋税和其他官项上必须接受钞币,不能自己拒收钞币,失信于民;必须允许用旧钞向国家换取新钞,不应拒换或要求贴水等。

其三,发钞与鸦片走私、白银外流问题。当时,货币问题所以引起人们的广泛注意和关切,主要是由英国鸦片走私导致的白银外流、银荒以及银贵钱贱问题引发的。王鎏主张发钞以解决货币和财政问题,也必须把它的发钞主张同这一热门话题联系起来,否则,他的主张不可能引起人们的注意,献书投机也就谈不上了。

他是怎样把这两个风马牛不相及的问题联系起来的呢?主要是通过以下两个论点:

---

① 《钱币刍言·拟钱钞条目》。

第一个论点是：发钞而鸦片走私不禁自绝。王鎏把"除鸦片之贻祸"作为行钞二十二大利之一。他认为，外国以鸦片入中国，是为了易银，如中国行钞废银，外国无银可易，也就不会输入鸦片了。"海船载鸦片烟土，每岁私易中国银累千万以去。若用钞，则彼将无所利而自止，则除鸦片之贻祸。"① "今若欲使外洋之人，无所取利，则惟有行钞耳。行钞则民间之银皆以易钞，外洋虽载烟来，易我钞去，而不为彼国所用，则彼将不禁而自止……此行钞又为去鸦片烟之第一妙法也。"②

第二个论点是：发钞则白银外流将变为白银内流。王鎏认为，行钞废银后，白银无从外流，而外国购买中国商品，只能用银，中国不用银，外国必须先以银易钞，这样，中国的白银外流就将变成白银内流。他甚至荒谬地断言：从此，中国外流的将不再是白银，而是纸币。"外洋欲市中国之货，必先以银易钞，彼之银有尽，而吾之钞无穷，则外洋之银且入于中国，而中国之钞，且行于外洋，岂虑银之入外洋哉！"③

第二节　许楣、许梿等对王鎏的驳斥

王鎏的《钱币刍言》出笼后，正中清政府中急于搜括民财、主张大搞通货膨胀人物的下怀，据载，当时"学士大夫往往主藏其书"，而"朝中言事之臣"也"颇采君书以进"④。但是，它也遭到了许多人士的批评，包世臣、魏源等人，都曾指名批评了王鎏的主张和论点。

王鎏在写出《钱币刍言》后，曾送给包世臣，希图得到这一颇有声名的人物的支持。包世臣读过《钱币刍言》后，在写给王鎏的《再答王亮生书》⑤中，切中要害地指出诸谬误，表示："未敢附和也。"魏源的驳斥则更为直接、鲜明。他坚决反对发行不兑换纸币的主张，指出："以百十钱之楮，而易人千万钱之物，而后利归于上。利归于上者，害必归下。犹无田宅之契，无主之券，无盐之引，无钱之票，初行则奸伪朋生，久行则不堪覆瓿，故不旋踵而废。"认为"虽以帝王之力，终不能强人情之不愿"⑥。

鸦片战争后，许楣、许梿等更以专书的形式，对王鎏的《钱币刍言》进行了全

---

① 《钱币刍言·钱钞议》。
② 《钱币刍言·除鸦片烟仪寄张亨甫》。
③ 《钱币刍言·附钞币问答三十》。
④ 张履：《王君亮生传》，见《续碑传集》卷七十七。
⑤ 《安吴四种》卷二十六。
⑥ 《圣武记·军储篇三》。

面的抨击。

许楣（公元1797—1870年），字金门，号辛木，浙江省海宁县人。道光癸巳（公元1833年）进士，曾任户部贵州司主事，三年后因病退职告归，"益肆力于学"①，"督课子侄"，并"殚心著述"②。咸丰十年（公元1860年）在通州敦善书院任讲席。著有《真意斋诗集》、《真意斋文集》、《真意斋随笔》，以及《钞币论》等，其中以《钞币论》一书影响较大。

许楗（公元1787—1862年），初名映涟，字叔夏，号珊林，许楣的胞兄，也是道光癸巳进士。历任山东平度州知州、江苏徐州、镇江知府、道台等官职，"服官垂三十年"③。通文字学和中医学。著有《洗冤录详义》、《刑部比照加减成案》、《古均阁遗著》等。

许楣所著的《钞币论》刊行于1846年，专为批判王鎏的《钱币刍言》而作。许楗为该书写序，并于多处加了按语，认为"其见地多与余合"。许氏兄弟的好友陈其泰，为该书作跋，称其"信而有征"，"非武断也"④。程畹评述《钞币论》对王鎏的《钱币刍言》"逐条驳正，陈说利害，洞若观火，数年之后，推行窒碍，皆如所议"⑤。以后，有关经济、货币问题的文选、汇编之类的书，也多选刊许楣的这一著作。

许氏兄弟的货币观点倾向于货币金属主义，他们坚持货币本身必须是有价值的商品。鉴于历代封建王朝发行纸币总是导致通货膨胀，因而对发行不兑现纸币采取根本否定的态度。

许楣的著作，从时间上说，已超出了鸦片战争前经济思想研究的界线。但是，它是王鎏货币思想最主要的对立面，在研究当时这场思想的争论中不容割裂，而且，许楣在货币思想理论方面仍然属于传统货币思想的范畴，并没有超出此范围的新内容，因此，把它作为鸦片战争前后货币思想争论的一方，以全面反映这次争论，是必要的。

《钞币论》的主要内容，分通论、钞利条论、造钞条论、行钞条论、禁铜与铸大钱条论，以及杂论等诸多部分。这些部分内容的展开，均是与王鎏《钱币刍言》的观点针锋相对的，而且是针对工书"逐条驳止，陈说利害"，对王鎏著作的批驳，要点如下：

---

① 《海宁州志稿》卷二十九。
② 程畹：《许先生家传》，《啸云轩文集》卷六。
③ 谭献：《许府君家传》，转引自许楗《古均阁遗著》。
④ 陈其泰：《钞币论跋》，见许楣《钞币论》，古均阁刊版（下同）。
⑤ 程畹：《许先生家传》，《啸云轩文集》卷六。

一、论"以纸取钱"与"以纸代钱"

许氏兄弟把发行不兑换纸币斥为"神仙点金之术",而把纸币称作点金之石。许楗在为许楣书所写序文中指出:"自宋行交子,世以为神仙点金之术无以逾此。然近或数年,远或二三十年,悉化为石矣。"王鎏的《钱币刍言》是这种神仙点金术的最恶劣的代表。

许楣在《钞币论》开篇的《通论一》中首先指出:"钞者,纸而已矣,以纸取钱,非以纸代钱也。以纸代钱,此宋、金、元沿流之弊。"他进一步揭露王鎏:"今有创议者焉,取其弊法,奉为良法","以纸代钱,而至欲尽易天下百姓之财。"①很显然,许楣将"以纸代钱",即发行不兑现钞币的主张,与"欲易民财"的企图紧密联系,指出以纸代钱是掠夺民众的罪恶手段。然而,纸虚银实的事实是尽人皆知的,"以纸代钱"必不能得逞。他说:"夫自用银以来,虽三尺童子,莫不知银之为贵矣。""夫纸之与银,其贵贱之相去也远矣。人之爱银与其爱纸,其相去也又远矣。千万之纸而易以一星之银,则笑而不与,千万之银而易以一束之纸,则欣然与之,岂其明于爱纸而昧于爱银耶?不知爱银之甚于爱纸,而欲以其所甚贱,易其所甚贵,且欲以其贱而少者,易其贵而多者,乃曰:如是则天下皆争以银来易钞,呜呼,吾不知其何以来易也!"②

这段话把许楣的货币理论观点表达得十分清晰:流通中的货币,必须是有价值的东西,而且是有十足价值的,银虽然有价值,但也只能以足量价值流通,以"一星之银",易"千万之纸",也是不可能的。

许氏兄弟反对以纸代钱,但认可"以纸取钱",认为"纳钱于此",换取一纸票据,可凭之"取钱于彼"③,"千金之票,欲金而得金"④。由于信用卓著,这种"千金之票"虽然也不过是"一星之纸",但和"以纸代钱"的情况是根本不同的。许氏兄弟说的"以纸取钱"的纸,指的是凭信用流通的银行券,前代的货币金属主义者早有这种观点,许氏兄弟只不过表现得更强烈而已。

能否推行"以纸代钱",成为许氏兄弟与王鎏争论的焦点。许楣明确指出:"钞以代钱之用,此著书者(指王鎏)之症结。"⑤"不以取钱而以代钱,其欺民也久",是"罔民之政"⑥。许楗也指出:"盖以纸为必可代银,则事事见为利;以纸

---

① 许楗:《钞币论序》。
② 《钞币论·通论一》。
③ 《钞币论·通论二》。
④ 《钞币论·造钞条论三》。
⑤ 许楣:《造钞条论一》。
⑥ 许楣:《通论三》。

为必不可代银,则事事见为弊也。"①这正是王瑬所自鸣得意兜售"点石为金"骗术的要害所在。

二、对王瑬行钞"大利"的逐条驳斥

王瑬的《钱币刍言》不厌其烦地列举出行钞的"二十二"大利,及其他不可胜数的好处。对此,许氏兄弟则逐条给予揭露与抨击。

总其要者,可列举如下若干:

其一,对王瑬"惟钞无尽","则操不涸之财源","则尊国家之体统"之所谓"大利",许氏兄弟指出:钞法之弊,"正以钞无尽之故","造纸以为钞,印其文曰一贯,独可以当钱乎"? 如果可以操不涸之财源,能造纸之前代,就该获其"大利"了,何须等到当今? 况且,骤增则"钞必愈贱","果能救财源之涸否"? 说到"尊国家之体统",许氏兄弟义正词严地质问说:"绝天下之利源,而垄断于上,何体统之有?"②

其二,对王瑬"洋钱不禁自废"、"则除鸦片之贻祸"的所谓"大利",许楣驳斥说:"用钞而废银,则银为中国无用之物,载鸦片以易中国无用之物,中国之民,有不推以与之者乎?"许梿按曰:"此所谓驱银出洋矣。"因为行钞废银,银的所有者如果乐于吸食鸦片,宁愿去换鸦片,也不会乐于去以银易钞,岂不是"驱银出洋"?

其三,对王瑬鼓吹"行钞则绝钱庄之亏空",及"百姓苦用银之重滞,故乐于用票,易之以钞,则顺民心之所欲"等所谓"大利",许楣揭露说:"民间闻钞法将行,惟恐钱票化为废纸。必争就钱庄取钱,旬日之间,远近麇至",钱庄"不亏空何待?""迫钱庄之亏空者,钞也"。许梿按曰:"钱庄之失业,犹可言也,贫民抱空票而妇子愁叹,不可言矣。"许楣指出:"今以无银之钞,而易有银之票,百姓之不乐甚矣,民心之不顺甚矣。"

其四,对王瑬所谓"富家间以土窖藏银,历久不用,一闻变法,悉出易钞,则去壅滞之恶习",又云"货物壅滞之处,以钞收之,物价必平,则致百物之流通"的"大利",许楣反驳说:"天下之银,半已出洋,西北窖银吾不知,东南则无矣。设果有之,则历久不用之银,彼方以不用为用,又何为而易钞?"许梿按曰:"非特不易而已,又将并其不窖者窖之",因为用银取利息于钱庄,担心丢了银子,换成"空票",用银以"居货",又担心官吏"强以钞币",左右无奈之时,岂不促其"不窖者窖之"呢? 至于所谓行钞可"价平物通",许氏兄弟指出,历观行钞之世,物

---

① 许梿按语,见《钞币论》,第20—21页。
② 《钞币论》"钞利条论"一及二。

重钞轻,但闻钞滞,不闻物滞。

其五,对王鎏所谓"大小钞皆书印格言","则寓教民之微意"等"大利",许楣论道:"吾游京师,见钱票多有取《陋室铭》、《朱柏卢家训》作细楷,刻印其上者。尝试举以问车夫,则皆瞠目不知何语。"这把王鎏说法的愚蠢,作了极其生动的刻画。

其六,对王鎏大言不惭地吹嘘:"则除万事之积弊","则行千载之仁政"等所谓不胜待言种种"大利",许楣说:"吾方论钞法之必不可行,则此皆不足论,故存其目而以不论论之"①,表现出了不屑一顾的态度。

综上所述,不难看出,许氏兄弟对王鎏所谓的行钞"大利"的逐条驳正,对王鎏方案的反动实质和理论上的谬误,揭露得淋漓尽致。

三、王鎏方案在财政上的危害

许氏兄弟不但指出王鎏凭借国家权力只能规定纸币的票面的、名目的价值,绝不能规定它实际所代表的价值,"造百万"、"造千万"的滥发纸币会必然引起物价腾贵,危害人民,还进一步指出,仅从财政上看,这一方案也只会是饮鸩止渴,贻害无穷。

许楣分析说:"宋、金、元之钞,未尝不欲足用而止也,而卒至增造无艺者,能足天下之用,而不能足国家之用故也。"为了"足君"、"足国用","势不得不于常赋之外,诛求于民,而行钞之世,则诛求之外,惟以增钞为事,然不增则国用不足,增之则天下之钞,固已足用,而多出则钞轻,而国用仍不足。宋、金、元之未流,弊皆坐此"②。

分析虽较简略,但已把"为增加财政收入而发钞→钞币贬值→财政困难加重→再增发钞币→通货膨胀……"必然造成的恶性循环揭示出来了。

许氏兄弟比较有力地揭露和批驳了王鎏的主张。但当时的货币问题,如何解决呢?对此,他们也是感到茫然的。当时,针对银贵钱贱的情况,有人主张以"废银"或"疏通钱法"来解决问题,许楣兄弟以及他们的好友陈其泰,都认为是无补于事的。他们反对废银,指出:"钱重难致远,势不得不趋于银……如欲尽废天下之银,是唯无银,有则虽废于上,必不能废于下也。"③采用银"至明而日盛,至我朝乾隆、嘉庆之间盛极矣。银之流布于天下者,已足天下之用,而民间地丁皆征钱,官为易银上库,无如亭林所言目银之害。向使无漏卮之耗,虽长此不

---

① 以上引文均见"钞利条论"一至十八。
② 《钞币论·造钞条论七》。
③ 《钞币论·通论六》。

废可也"①。

许楣对疏通钱法以区分"钱贱银贵"和"银贵钱贱"的不同情况来加以说明。他认为如果是钱贱引发银贵,可以"疏通钱法平之";如果是银贵而钱贱的局面,钱法平之则"虽暂平犹当益贵也"。为了说明清朝当时在"漏卮无极,以万以亿,而钱不加多,是谓银贵而钱贱"的情形下,疏通钱法难以奏效,许楣举如下例子:"如蓄水然,均是瓮也,一溢一浅,挹其溢以注之浅,则平矣。均是瓮也,一漏一不漏,挹其不漏者以注之漏者,则几何其能平也?"②

滥发纸币危害人民,财政上也将自食其果;废银用钱是倒退;疏通钱法也只能是徒劳无益……许楣等对解决当时的货币危机,感到智穷力竭了。中国封建时代的货币制度,也同封建制度本身一样,已到了山穷水尽、无可救药的地步。他们说的"深惟救弊之法而不可得",在客观上正是封建制度及其货币制度已陷入绝境的征象。

本章总结

在清朝廷因农民起义及外来鸦片走私猖獗、白银外溢,导致国库空虚、财政拮据,急需罗掘财源,以救燃眉之急的情况下,王瑬挖空心思,写了《钱币刍言》一书,主张以大量发行不兑换纸币及铸造大钱来充实国库。《钱币刍言》共分四部分:发钞理论,行用钱、钞措施,及王瑬对自己主张进行的其他辩解。

包世臣、魏源等都曾点名批评王瑬的主张和观点。鸦片战争后,许楣、许梿等更以专书《钞币论》对《钱币刍言》进行了全面抨击。许氏兄弟的货币观点倾向货币金属主义,他们坚持货币本身必须是具有价值的商品。鉴于历代封建王朝发行纸币总是导致通货膨胀,因而对发行不兑现纸币采取根本否定的态度。《钞币论》分流通、钞利条论、造钞条论、行钞条论、禁铜与铸大钱条论,以及杂论等部分,均与《钱币刍言》针锋相对,逐条驳斥。

思考与练习

1. 王瑬《钱币刍言》的主要内容有哪些?
2. 许楣、许梿等对王瑬的批判集中于哪些方面?

---

① 《钞币论·通论七》。
② 《钞币论·通论八》。

第十四章

明清时期的地主治生之学

本章概要

本章介绍明清时期地主的治生之学,阐述其治生之道、治生之理和治生之策。

学习目标

1. 了解明清家训中的地主治生之学
2. 了解张履祥"稼穑为先"的治生之道、治生之理和治生之策
3. 了解张英以"保田产"为核心内容的治生之学
4. 理解地主治生之学的没落

第一节 明代家训中的地主治生之学

在地主治生之学的演变进程中,历代家训占有重要的地位。封建家训作为地主阶级尤其是士大夫们教育子孙后代的家庭教科书,有关伦理道德、礼仪规范、处世治家的论述占有较大的比重,而对经济问题的探讨则比较少。不过,由于在封建地主的家庭生活中,必然包含有家庭经济活动的内容,势必要处理各种家庭经济事务、协调和维系各方面的家庭经济关系,因此,在相当一部分的封建家训中,对家庭的经济管理问题即地主的治生之学,也进行了较多的研究和论述,例如,宋代叶梦得的《石林治生家训要略》、南宋袁采的《袁氏世范》、元代郑文融的《郑氏规范》等,都有较大篇幅记载、阐述了地主治生之学的一些指导原则和具体主张。

到了明代,管理家庭经济的问题引起人们更多的关注和重视,地主治生之学有了较大的发展,在一些家训中更为集中、更为明显地反映出来了。较具代表性的有霍韬的《霍渭崖家训》、许相卿的《许云村贻谋》和庞尚鹏的《庞氏家训》;此外,在姚舜牧的《药言》、温以介的《温氏母训》等等书中,对地主的治生问题也提出了一些见解。

霍韬(公元1487—1540年),字渭先,始号兀崖,后更号渭崖,广东南海人,明武宗正德八年进士。世宗嘉靖元年任职方主事,后累官至礼部尚书,卒谥"文敏"。著作有《霍文敏公文集》等。

许相卿,生卒年不详,字伯台,号云村,浙江海宁人,明武宗正德十二年进士。世宗初,授兵科给事中,以直谏闻名,上疏论政令不当者数事,皆不被采纳,以病辞归。家居三十余年,屡诏不起,潜心著述,著作有《云村文集》等。

庞尚鹏(？—1581年),字少南,广东南海人,明世宗嘉靖三十二年进士。先授江西乐平知县,后任御史,出按各省,嘉靖四十年(公元1561年)任浙江巡抚时创一条鞭法,隆庆二年(公元1568年)升右佥都御史,万历四年(公元1576年)巡抚福建时推行一条鞭法,后又升左副都御史。万历六年(公元1578年)因得罪张居正,而被罢官回籍,卒谥"惠敏"。著作有《百可亭摘稿》等。

霍韬、许相卿、庞尚鹏等人都把治生之道即家庭经济活动的对象或途径问题,作为封建家教的重要内容。在他们的家训中,都认为经营工商业也是治生的正常途径之一,没有将其排除在治生正道之外。霍韬指出:"居家生理,食货为急。"他主张不仅要从事农业的管理,还要通过"窑冶"、"炭铁"、"木植"等方面的经营,"入利市","可以便民同利"。他说:"盖本可以兼末,事末不可废本。"①许相卿在"教子正是要渠做好人"时,认为除了"农桑本务"之外,"商贾末业"也是治生的"常业","可食力资身",他还说:"人有常业财富不暇为非,贫不至失节。"②

庞尚鹏出身于木商家庭,他关于治生之道的论述,更为强调经营工商业的重要性,更加肯定工商业在治生活动中的作用。他把工商业同农业并列为治生的正常途径,认为都可以使私人发财致富。他说:"民家常业,不出农商。通查男妇仆几人,某堪稼穑,某堪商贾……各考其勤能果否相称,如商贾无厚利,而妄意强为,必至尽亏资本,不如力田。"③这里实际上提出了以是否"厚利"为衡量标准,选择、确定经商或务农来作为家庭经营的对象或途径。庞尚鹏还论述道:"士农工商,各居一艺。士为贵,农次之,工商又次之。量力勉图,各审所尚,皆存乎其人耳。予家训首著士行,次多食货农商语,皆就人家日用之常,而开示涂辙,使各有所执循。"④在这段话中,他一方面在"厚利"的标准之外,又提出要"量力"、"审所尚"即根据各人的能力和兴趣,来选择家庭经营的对象或途径,另一方面,他公然宣称自己的家庭教育"多食货农商语",对从事农业或者经营工

---

① 霍韬:《霍渭崖家训》。
② 许相卿:《许云村贻谋》。
③ 庞尚鹏:《庞氏家训》。
④ 同上。

商业都提出了"有所执循"的治生训示。

　　明代家训中所阐述的治生之道,在家庭经营管理的对象或途径的问题上,与贾思勰"治生之道,不仕则农"的观点相比,有所发展、有所突破。但是,在重农贱商的传统偏见影响下,他们首先推崇、最为重视的也仍然是务农、力田,即在治生活动中仍是把农业摆在最优先的位置上。即使在庞尚鹏的家训中,也是将工商放在士农后头的"又次之"的地位,花费最多笔墨大力宣扬的仍是经营农业。可以看出,明代家训中关于治生之道的思想观点,并没有摆脱重本抑末传统教条的束缚和限制,他们在经营对象或途径选择问题上的论述,仍然属于地主治生之学的范畴。

　　明代家训中提出的治生之道、所选择的经营对象或途径,只是一些概括性、原则性的主张或观点,并没有从理论上进行解释和论证。不仅如此,霍、许、庞等人对治生之理的探讨,即关于家庭经营管理的一些原理和规律的研究,也是很不够的。基本上没有什么理论分析和阐发。不过,他们对治生之策即家庭经营管理的具体措施、方法所展开的论述和说明却是比较多的。

　　在明代家训所提出的治生之策中,勤和俭处在核心地位。霍、许、庞等人都强调指出,勤俭对家庭的兴衰成败具有关键性的影响,对家庭经营管理的具体措施、方法起着决定性的指导作用。霍韬说:"守家惟勤与俭,由为庶人、为士、为大夫卿佐,道则不同,本诸勤俭一也。"① 许相卿强调:"须勤俭资身以免求人。"② 庞尚鹏指出:"勤俭……最为立身第一义,必真知力行。"③ 姚舜牧论述道:"一生之计在于勤,起家的人,未有不始于勤而后渐流于荒惰……起家的人,未有不成于俭而后渐废于侈靡……居家切要在勤俭二字。"④ 具体地说,他们反复申论的勤与俭,主要包括以下两方面的内容:

一、勤于农作

　　霍韬再三强调:"务农力本……本家子侄兄弟入社学,耻力田……初犯责二十,再犯责三十,三犯斥出,不许入社学。"⑤ 庞尚鹏认为,必须教育子弟"亲农事",才能使其"思祖宗之勤苦,知稼穑之艰难,必不甘为人下矣"⑥。他们所得出的"力农"、"亲农事"等治生之策,并不是主张地主家庭的主人或子弟要亲自参

---

① 霍韬:《霍渭崖家训》。
② 许相卿:《许云村贻谋》。
③ 庞尚鹏:《庞氏家训》。
④ 姚舜牧:《药言》。
⑤ 霍韬:《霍渭崖家训》。
⑥ 庞尚鹏:《庞氏家训》。

加农业劳动,而是要求他们必须亲自从事农业的经营管理,以"守家"、"起家"。在他们的家训中,已形成了一套"力农"、"亲农事"的具体措施和方法。

第一,重视管理、职责分明。许相卿强调管佃、收租等各种家庭经济事务,"须主人亲自细检"、"亲自查算","须主人心目一一经历酌量,延访处置"①。

第二,督促考核、赏勤罚懒。庞尚鹏在家训中多次说到:"各考其成,某人种某处,某人种某物。随时加察,以验勤惰。"②

第三,合理安排、精耕细作。除了耕田的管理外,庞尚鹏对养鱼、种菜、植果树、用柴草等等也很重视,费心筹划和经营。他说:"池塘养鱼,须要供粪草,筑塘墙;桃李荔枝,培泥铲草。"菜蔬各于园内栽种,分畦浇灌。③

许相卿在合理安排农业生产的基础上,提出了精耕细作的要求:"风土气候必乘,种性异宜必审,种植耕耨必深,沃瘠培灌必称,芟草去虫必数,壅溉修剪必当必时。"④

第四,关心田产、抚恤其人。在明代,地主土地私有制有了更为充分的发展。霍、许、庞等人认识到了拥有自己田产的重要性。许相卿强调指出,在治生活动中对"家传田地山林界限",务必要"总立户簿"⑤,亲自掌管,以做到心中有数。庞尚鹏把"亲身踏勘"土地田产列为家庭经济管理的一项重要内容;他还极力反对家庭成员分割、变卖土地等财产,"有故违者,声大义攻之,摈斥不许入祠堂"⑥。

田产和佃户是地主家庭经营管理所要涉及的必不可少的两大方面。在明代家训所提出的治生之策中,抚恤其人是一个较为重要的内容。庞尚鹏主张:"雇工人及僮仆,除狡猾顽惰斥退外,其余堪用者,必须时其饮食,察其饥寒,均其劳逸。"⑦许相卿也持同样的主张,他说:"一应臧获亦人子也,宜常恤其饥寒,节其劳苦,疗其疾痛,时其配偶,情通如父子,势应如臂指。"⑧他们的目的不约而同,即更有效、更巧妙地压榨和剥削劳动者,"欲得人死力,先结其欢心"⑨。

---

① 许相卿:《许云村贻谋》。
② 庞尚鹏:《庞氏家训》。
③ 同上。
④ 许相卿:《许云村贻谋》。
⑤ 同上。
⑥ 庞尚鹏:《庞氏家训》。
⑦ 同上。
⑧ 许相卿:《许云村贻谋》。
⑨ 庞尚鹏:《庞氏家训》。

二、俭以持家

在明代家训中,有关节俭的训示很多。霍韬分析了"末俗尚浮,以侈相高"[①]的家庭生活所带来的"败身"、"灭族"的后果。许相卿说:"苦身节用,稍存赢余,然后家可长久。"[②]如何在家庭经营管理中坚持"节俭"这一基本原则呢?明代家训提出了一些治生之策。

第一,统筹规则、量入为出。霍韬在家训中规定,应将农业生产收入分别存入各仓,分门别类地用于各项支出。"凡纲领田事者,岁验耕获,储之一仓,以给家众口食"。"凡佃人租入,储之一仓,以供赋役。又储一仓,以备凶荒赈给。又储一仓,以供籴粜,供祭祀。"[③]并且对这些开支要作出具体规划:"凡租入,预计税粮岁需几何,民壮岁需几何,水夫岁需几何,均平徭役十年之需,一年几何,皆预储以备。"[④]

第二,用之有节、精打细算。许相卿主张在日常生活中要厉行节俭:"早晚菜粥、午食一肴。非宾祭老病不举酒、不重肉。少未成业,酒毋入唇,丝毋挂身";"器用但取坚整,舟舆鞍辔但致远重,勿竞雕巧绚丽,以乘素风。"[⑤]

庞尚鹏在精打细算上做文章,以尽量节省日常生活费用。例如,他要求以稻草为柴,认为"若用银买柴,必立见困乏,岂能常给乎?"[⑥]

第三,强调积贮、注意簿记。霍韬在家训中规定,"凡佃人租入百石,别储二十石备凶荒"[⑦]。许相卿主张:"留三分为水旱不虞,专存米谷,逐年增仓……所谓存十之三分者不能则存二分,不能则存一分……不然一旦不虞,必遂破家矣。"[⑧]

无论是对积贮的管理,还是对日常生活收支情况的稽查,一些明代家训都比较注意簿记的作用。《温氏母训》中指出:"懒记账籍,亦是一病。奴仆因缘为奸,子孙猜疑成隙,皆繇于此。"[⑨]许相卿主张,对租债、杂货、积贮等收入,既要"总立家储簿",又要各项分立账簿;同时对宾师、婚丧、修造等支出,也要"每年立家用簿"[⑩]。

---

① 霍韬:《霍渭崖家训》。
② 许相卿:《许云村贻谋》。
③ 霍韬:《霍渭崖家训》。
④ 同上。
⑤ 许相卿:《许云村贻谋》。
⑥ 庞尚鹏:《庞氏家训》。
⑦ 霍韬:《霍渭崖家训》。
⑧ 许相卿:《许云村贻谋》。
⑨ 温以介:《温氏母训》。
⑩ 许相卿:《许云村贻谋》。

上面已经提到，霍、许、庞等人有关治生之道的论述，说明他们的治生之学仍然是地主的治生之学。这一点在他们提出的治生之策中更为突出、更为明显地表现出来了。在明代家训所论述的一系列家庭经营管理的具体措施和方法中，基本上都是以农治生的内容，对如何经营工商业却没有什么分析和阐述，这进一步说明了其性质是地主的治生之学。

第二节　张履祥"稼穑为先"的治生之道

张履祥，字考夫，别号念芝，明末清初著名的理学家、农学家和教育家，生于明万历三十九年（公元1611年），卒于清康熙十三年（公元1674年）。他是浙江嘉兴府桐乡人，世居卢镇杨园村，故人称为"杨园先生"。他出身于没落地主家庭，刚9岁时父亲就去世了，"家故贫窭"①，在母亲勤俭持家、惨淡经营下，他四处求学，攻读经书。在23岁时学业成就，从此开始了他的教学生涯。明朝灭亡后，他拒绝投顺清王朝，息影田园，淡泊自守，一面教读，一面经营农业生产，靠数量有限的学费及地租收入以维持生活。在学术渊源上，他主要是继承程朱理学，但又没有完全囿于程朱思想体系的限制，而是主张"毋专习制义，当务经济之学"②。他紧密结合自己家庭以及亲友的经营管理活动，对微观的农业经济管理思想，作了较多探讨和论述，成为治生之学历史发展中的一个重要人物。其著作汇编为《张杨园先生全集》，其中《赁耕末议》、《补农书》、《备忘》等著作以及不少书信主要是论述治生问题的，而《赁耕末议》尤其是一部关于地主治生之学的专书。

贾思勰在《齐民要术》中所论述的地主治生之学由治生之道、治生之理和治生之策这三大部分组成。从张履祥关于地主家庭经济管理的思想主张看，他是沿着贾思勰所开启的方向进行探索和研究的，其治生之学的理论框架也是由治生之道、治生之理、治生之策构筑而成的。

治生之道是家庭经营对象或经营途径的选择及与此有关的理论说明，贾思勰在这个问题上的主要理论观点是："夫治生之道，不仕则农。"③从而把经营工商业从治生之道中排除出去了。张履祥对此加以继承，提出了"治生唯稼穑"的经营管理方针，认为农业是治生活动中的唯一的经营对象或途径，只能在农业范围内探讨家庭经济管理问题，他说："治生以稼穑为先，舍稼穑无可为治生者。"④

---

① 苏惇元：《张杨园先生年谱》。
② 同上。
③ 贾思勰：《齐民要术·杂说》。
④ 《张杨园先生全集·初学备忘上》，下引此书只注篇名。

在他看来,商贾"逐蝇头之利,工市侩之术"①,是有害的、不可取的治生手段。因此,他反复强调稼穑就是治生、治生只能稼穑,只有农业才是家庭经营管理的唯一对象或途径,除此之外,没有其他选择,"治生无它道,只务本而节用一语尽之"②。围绕"治生唯稼穑"这个基本论点,张履祥又提出了以下三个论点,对自己所主张的治生之道进行说明和论证。

一、"农桑长久"论

明末清初,封建地主土地私有制有了更加充分的发展,伴随而来的是土地集中的日益加剧。在这种形势下,张履祥讲求治生之道,侧重点不是论述如何发财致富,更多的是强调在愈演愈烈的土地兼并中守财保富、维持长远。他认为在各行各业中,只有农业才持久安全,"耕则无游惰之患,无饥寒之忧,无外慕失足之虞,无骄侈黠诈之习……保世承家之本也。"③针对"农桑无近功"的说法,他指出:"唯无近功,所以可长久。"④而工商虽有"近功",赚钱快、获利多,但风险很大,"市井富室易兴易败"⑤。做官与经商一样,也是盛衰无常,"仕宦而入厚禄,商贾而拥丰资,非但子孙再世将不可问,身命之不保者,众矣"⑥。因此,他提出了"万般到底不如农"⑦的口号,用"农桑长久"论补充、加强了"治生唯稼穑"论。

二、"家、国无二理"论

治生唯稼穑,实际上就是在微观的家庭经济管理中贯彻"重本抑末"原则。"重本抑末"最早是先秦法家代表人物商鞅、韩非从宏观角度即从"富国之学"的角度提出来的,为把它纳入微观的"治生之学"范围中来,张履祥提出了"家、国无二"理论作为过渡桥梁。他强调指出,治理国家和管理私家经济具有一些共同的规律和原理,"立国有立国之规模,立家有立家之规模,兴衰隆替,其理一之"⑧。他认为国民经济管理中的一些方针、政策和方法,同样适用于家庭经营管理,"家、国无二理,治家与治国亦无二道。"⑨于是,通过"家、国无二理"这个中间环节,张履祥把宏观的"重本抑末"论改造成为微观的"治生唯稼穑"论,更

---

① 《张杨园先生全集·初学备忘上》,下引此书只注篇名。
② 《备忘二》。
③ 《训子语上》。
④ 《训门人语一》。
⑤ 《补农书上》。
⑥ 《训子语上》。
⑦ 《补农书上》。
⑧ 《初学备忘下》。
⑨ 《备忘一》。

彻底地将经营工商业从治生之道中排斥掉了。他说："治生一事……只有务本节用而已，天下国家之计以是，一身一家之计亦以是，外此即商贾技术之智，儒者羞为。"①

三、"耕读相兼"论

张履祥十分重视耕读结合。他指出："读书兼力农，此风可为师法也。"②耕是读的必要前提，只有经营农业，具备了一定的物质生活条件，才能谈得上治学读书，"劝农桑"使"衣食足矣"，就可以"为之设师儒，敦庠序，绚木铎"③。同时，务农还为治学提供了充裕的时间条件，只要"专勤农桑"，"绝妄为"，那么到了农闲日子，"开卷诵习，讲求义理"的时间就多了，"必逸日休，诚莫过此"④。更重要的，务农对读书知礼具有重要作用，"夫能稼穑则无求于人，可无求于人则能立廉耻；知稼穑之艰则不妄求于人，不求于人则能兴礼让"⑤。经营工商业却是与礼义等道德规范相违背的，"贸易之事""足以害心"⑥。因此，他强调说："择术不可不慎，除耕读二事，无一可为者，商贾近利，易坏心术，工技役于人近贱，医卜之类又下工商一等，下此益贱，更无可言者矣。"⑦我们知道，"耕读相兼"论在元代许衡的言论中就已露端倪了，但许衡没有因此而否定经商也是生活的正当手段，他认为"士君子"在一定条件下也可以通过经商以治生。而张履祥的"耕读相兼"论则大大后退了，它是与"治生唯稼穑"论紧密联系在一起的，深受贱视工商技艺的传统观念的影响。

第三节 张履祥的治生之理和治生之策

一、把对待佃户、雇工的管理放在首位的治生之理

贾思勰在《齐民要术》中首先对地主的治生之理进行了研究和论述，主要有两方面的内容：一是对农业生产领域中的一些带有规律性的现象进行了理论概括。二是对佃户、雇工的管理问题，提出了一些重要原则，并加以理论论证。张履祥关于地主治生之理的探讨和阐述，也是由这两方面组成的。但是，与贾思勰

---

① 《答张佩葱书》。
② 苏惇元：《张杨园先生年谱》。
③ 《赁耕末议》。
④ 《补农书下》。
⑤ 《初学备忘上》。
⑥ 《答陆孝垂书》。
⑦ 《训子语上》。

不同的是,《齐民要术》中占有更大比重的是对农业生产经营管理的一些原理或规律性的认识,而张履祥则是把对佃户、雇工的管理放在更为重要的位置上,进行了更多的理论总结和说明。

第一,"惟善为宝"、"无求备于一人"①。张履祥特别强调要审慎地选择佃户或雇工,认为"种田无良农,犹授职无良士也"②。在他看来,选用良农的最重要标准是"惟善为宝",老老实实地甘受剥削,俯首帖耳地易于支配,这是必须坚持的首要前提条件。

他又感到,在地主与农民的矛盾日趋尖锐的情况下,"近来农人朴心亦少"③。所以,对佃农和雇工的要求不能过高,"无求备于一人"④,要全面衡量,灵活考虑,掌握适当的条件,"不可便说无人可用,人无全好,亦无全不好"⑤。

第二,"务以仁义固贫户"⑥。张履祥不赞成对待佃户及雇工过于残暴、苛虐,反对地主任意敲诈勒索的做法,认为这样会引来佃户不满而恶化租佃关系,"劳苦不知恤,疾痛不相关,最是失人心之处"⑦。他强调指出,在地主的治生活动中,"务以仁义固贫户",对佃农要怀柔、笼络,这样租佃关系搞好了,"多费心力以抚御之,使其感惠而不忍耕他人之土,则永久无患矣"⑧。

第三,"用天之道,资人之力,兴地之利"⑨。张履祥认识到因时、因地来合理安排农业生产的重要性,指出:"急于赴时,同此工力、肥壅,而迟早相去数日,其收成悬绝者,及时不及时之别也。"⑩他还说:"土壤不同,事力各异。"⑪从以上认识出发,他提出了农业生产管理的一条重要原则:"农桑之务,用天之道,资人之力,兴地之利。"⑫

二、以选择、抚御佃户、雇工为重点的治生之策

与地主的治生之理相适应,张履祥提出了以选择、"抚御"佃户和雇工为主要内容的治生之策,即一些具体的管理措施和方法。

---

① 《补农书下》。
② 同上。
③ 《与何商隐书》。
④ 《补农书下》。
⑤ 同上。
⑥ 《凭耕末议》。
⑦ 《补农书下》。
⑧ 《与徐敬可书》。
⑨ 《补农书下》。
⑩ 同上。
⑪ 同上。
⑫ 同上。

第一，制定选择佃户和雇工的等级标准。在坚持"惟善为宝"为总标准的前提下，张履祥又将标准归纳为四个等次："力勤而愿者为上，多艺而敏者次之，无能而朴者又次之，巧诈而好欺、多言而嗜懒者为下。"①主张对那些出力肯干而又头脑简单、驯服听话的农民要优先考虑、多加选拔，而对那些敢于并善于以各种形式（如消极怠工、言语冲撞等）进行反抗的农民尽量少用或不用。

第二，对佃农要"以至诚恻怛之意待之"②。在佃户遇到自然灾害、疾病死丧、水火盗贼时，要减免田租；佃户中丧父母而无所依靠的年幼者，加以收养；丧失劳动力而年老失所者，为田主干些杂活，"养之终其身"③等等。总之，通过种种小恩小惠、假仁假义来笼络佃户感情，"教其不知而恤其不及，须令情谊相关如一家之人"④。

第三，不可轻易退佃、换佃。张履祥认为，用退佃、换佃手段来加强对农民的剥削和压制农民的反抗，不但不能缓和矛盾，反而使矛盾尖锐化、扩大化。因此，他一再说："无大过恶，切不可轻于进退。"⑤但是，对少数富有反抗精神的佃户，他仍然毫不留情，坚决主张退佃、换佃，"犯上作非……不务本业者，租课虽不亏欠，其田亦行别授"⑥。

三、关于农业生产的经营管理方面的治生之策

张履祥还有较多的关于农业生产经营管理的治生之策贯穿于专门的农业生产技术研究和经营实践的论述之中，最值得重视的有下列几条：

第一，制定综合生产规划，发展多种经营。张履祥很注意生产的计划性，认为："艺谷、栽桑、育蚕、畜牧诸事，俱有法度。"⑦他主张根据节令的先后、需要的缓急、天气的阴晴，"授时赴功"⑧，全面安排农事生产、日常交易和家庭消费品的加工等，有计划地支配人力、物力和财力。在他所制定的生产规划中，重视多种经济的综合经营。农、桑、畜、副、渔并举，稻、麦、桑、麻、植瓜、豆、果、蔬、养猪、羊、鸡、鸭，还有养鱼、酿酒、腌菜、作腊等等，精心筹划，灵活多样。

第二，重视经济核算，讲求经济效益。张履祥的治生之策有一个鲜明的特点，就是通过实际数据，对众多农产品的生产经营过程进行分析和比较，计算其

---

① 《补农书下》。
② 《与何商隐书》。
③ 《赁耕末议》。
④ 《补农书下》。
⑤ 同上。
⑥ 《赁耕末议》。
⑦ 《补农书上》。
⑧ 同上。

投入和产品的盈亏,以期耗费较少的人力、物力、财力,取得较大的经济效益。例如,他运用数字资料进行分析对比,认为养绵羊没什么赢利,不过可以得到一些肥料,节省了一些肥料费用;而养山羊,"可抵前本而有余"[①],并且也有肥料收入。他对种稻、养蚕、植树、养猪牛鸡鸭等生产项目中的劳动耗费和劳动成果,也作了经济核算,认为都可以带来一定的经济效益。

第三,强调集约经营、精耕细作。张履祥总结了一整套集约经营、精耕细作的管理制度和措施。对水稻种植,他提出首先要抓春耕,"得春气,备三时也","三时气足则收成厚"[②],还要抓好深耕通晒、施足基肥、选用良种,合理密植、精锄勤耘、重视追肥等一系列环节。此外,他对农具的使用、麦子的栽培、蚕桑的管理、瓜果的种植、六畜的饲养以及轮作、复种、间作、套作的合理安排和不同耕作制度的品种搭配等,都提出了一些很有价值的见解。

在中国封建时代,由于儒家正统思想的长期统治和影响,"学稼"、"学圃"等经济工作被视为小人之事,无人问津。张履祥作为著名的理学家,其治生之理和治生之策能够置儒家的传统教条于不顾,从生产劳动实践中提炼、综合出较为系统、较为科学的农业生产经营管理的思想和知识,这是难能可贵的。这对促使知识同经济管理工作相结合,也有一定的积极作用。

第四节 张英以"保田产"为核心内容的治生之学

张英(公元1637—1708年,一说为公元1638—1707年),字敦复,号乐圃,安徽桐城县人。康熙十六年(公元1677年)中进士后,逐渐受到清康熙皇帝的信任和重用,入值南书房(康熙帝办公处),掌握机要,康熙三十八年(公元1699年)被封为文华殿大学士,正式担任宰相职务。其子张廷玉在雍正帝时也位居宰相。张氏家族可说是清初的一个累代显贵的大官僚地主家族。

高官厚禄的张英走的是封建士君子所羡慕、推崇的"谋道不谋食"的正途,他的职责是为政、治民,从事宏观的国家管理活动,根本无须亲自经理家计,治生之学的探讨按理本不会引起他的多大兴趣。然而,他对治生问题即微观的家庭经济管理却是颇为关心的,作了较多的理论阐述,并且写了研究地主治生之学的专著——《恒产琐言》。这本书中关于治生之道、治生之理和治生之策的论证、发挥,比张履祥的著作更明显、更突出地表现了封建社会晚期的治生之学的特点。

---

① 《补农书上》。
② 同上。

上面刚谈过,张履祥认为农业才是治生的唯一正道,将工商业等经营对象或途径都从治生之道中排除出去了。张英所主张的治生之道,同样也是持这种思想观点,并且更加绝对化了。在他心目中,地主家庭经济管理的主要内容和根本目标就是占有、保持自己的田产,因而在经营对象或途径的问题上,他把以农治生与保田产混同起来了。他对治生之道的论述,在表达形式上更"简单"、更"纯粹"了,即"保田产";其理论内容也是围绕着"保田产"这个总纲而展开探讨和说明的。

孟轲的恒产论是张英"保田产"论的理论基础。孟轲的"恒产"之意是恒久不变地为私人所有或为私人固定支配的财产。张英利用"亚圣"孟轲的权威,把孟轲的恒产论作为自己阐述治生之道的理论依据。他强调说,《孟子》一书,"言病虽多端,用药只一味,曰:'有恒产者有恒心'而已,曰:'五亩之宅,百亩之田'而已"①。为了充分表明对恒产问题的重视,张英把自己关于治生之学的著作命名为《恒产琐言》,并在书中反复申论,占有和保持恒产是地主家庭经营管理的基础和前提,讲求治生之道必须把解决恒产问题作为关键的、决定性的内容。

孟轲的恒产论是从封建国家如何"制民之产"的角度考虑问题的,是一种以国家为本位的宏观经济管理思想。而张英提出恒产问题,则是着眼于地主家庭如何"保田产",是为建立私人地主的居家治生之学服务的,是一种以个人为本位的微观经济管理思想。两者属于不同的范畴,要把孟轲的宏观"恒产论"直接引进到治生之学中来,确实存在着困难,这必须补上一个中间环节,才能符合逻辑、不带牵强地为微观"保田产"论提供理论武器。

张英提出了"田制变更"论。以解决这个矛盾。他认为,三代(夏、商、周)田在官而不在民,所以需要由国家"制民之产"以做到使百姓有恒产。三代之后,田不在官而在民,"有田者必思保之"。这样,张英通过这一中间环节,就把恒产论的内容由封建国家的"制民之产"转换为私人地主的"保己之产",把恒产论从宏观的经济管理思想移植到微观的经济管理思想领域中来。

张履祥以"家、国无二理"为过渡桥梁,把宏观的"重本抑末"论转变成微观的"治牛啡稼穑"论。张英对孟轲"恒产"论的改造,其做法也颇有相似之处。这不是偶然的,一方面反映了中国古代治生之学的发展远远落后于富国之学,无论是理论的论证和发挥,还是原理、范畴的提出和运用都是很薄弱的;另一方面,也说明明清之际是地主治生之学较为流行的时期,一些研究治生之学的知名人物,开始认识到,宏、微观经济管理除了各自有特殊的规律外,也具有某些共性,他们对两者之间的理论移植和转化进行了初步的探索,这是有一定意义的。

---

① 张英:《笃素堂文集·恒产琐言》。以下有关张英言论的引文均出此书,不再注。

对自己的"保田产"论，张英使出浑身解数加以解释和说明。

张英首先论证了封建地产的重要性。其一，地产持久、常新。他指出："天下之物有新则必有故，屋久而颓，衣久而敝，臧获（奴仆）牛马服役久而老且死"，只有田产最持久、最不容易损坏，并且具有"常新"的活力。如果耕种太久了造成肥力减退，或者农事不勤而导致荒芜，"一经垦辟"、"一经粪溉"就又新了。因此，在一切财产中只有田产才是最可宝贵的，"独田之为物，虽百千年而常新"。

其二，地产不畏天灾人祸。与其他财产相比，土地既不怕为水火所破坏，又不惧为盗贼所劫夺，"可以值万金之产，不劳一人守护"。如果土地所有者因战乱、天灾而逃亡外乡，即使其他财产都荡然无存，土地所有权却不会丧失，返乡后仍然可以凭契据认产收回，"张姓者仍属张，李姓者仍属李"。

封建地主的土地所有权，是通过收取地租这种经济形式来实现的。所以，张英又论证了地租收入的优越性。第一，地租收入稳定、牢靠——"持以久远"论。他分析说，经营商业。开当铺"生息速而饶"，但风险大、容易发生亏损破产，相比之下，"唯田产、房屋二者可持以久远"。地租收入比起经商赚钱来，是"生息微而缓"，但"月计不足，岁计有余；岁计不足，世计有余"，是最少风险、最稳妥可靠的。在地租、房租两者之间，前者又更优于后者。因为，房产多在城市，房客又不像佃农那样愚懦可欺，房东索讨房租往往会引起争吵诉讼，甚至"别生祸殃"。如果房东较为懦弱，有时连房租也收不上来。而佃农"皆愿民，与市廛商贾之狡健者不同"，向他们收租容易得多，阻力也少，即使派遣仆人上门，佃户也不会拖欠。

第二，地租收入"正当"、安全——"取财于天地"论。张英宣扬说，靠经营典当、贸易取得的利息和商业利润是"取财于人"即剥削别人，这样会使人"怨于心"，容易招灾惹祸。地租收入是"取财于天地"即不是剥削，因而更正当、安全，不会招致人们怨恨、不满和反抗。这是把农业生产和封建主义的生产方式相混淆，其实只有劳动农民进行农业生产才是"取财于天地"，地主收租则是名副其实的"取财于人"，而且比工商业的"取财于人"更野蛮、更落后。

第三，地租收入舒适、愉快——"为善之乐"论。张英把从事家庭经营管理活动以榨取地租看成是人间最"可乐"之事。他引《诗经·七月》宣扬地主田园之乐，说什么"有祖父遗产，正可循陇观稼，策蹇课耕"，是"流风余韵，有为善之乐"，"雅颂之景，如在目前"。张英的这些言论，把地主豪绅在榨取广大农民血汗脂膏的基础上所获得的赏心乐事，刻画得可谓淋漓尽致！

既然，张英把田产看做一切财产中最好的财产，把地租视为一切收入中最可靠的收入，从而把保田产作为唯一的治生正道。那么，他理所当然地要以此为出

发点,在治生之理中竭力探讨和寻求如何有效、长久地"保田产"。他提出了三条重要原则:

原则之一:"防鬻产。"张英认识到,保田产的最大威胁来自因负债而被迫卖田,"其根源则必在乎债负"。于是,他再三强调"鬻产之害",有针对性地把"防鬻产"作为地主治生之理的最重要的一项原则提了出来。

原则之二:"择庄佃。"张英认为:"欲无鬻产,当思保产,欲保产,当使尽地利。""尽地利"包括两方面的内容:"一在择庄佃,一在兴水利。"对"兴水利",张英谈得很笼统,只是泛泛提到,没有什么具体内容。他是把注意力放在"择庄佃"上,其选择良佃的标准与张履祥基本一样:"家必殷实"、性必"梗直朴野"、"饮食必节俭"等。

原则之三:"善经理。"张英很重视地主亲自从事家庭经营管理活动以保田产。他说:"守之有道,不可不讲,不善经理,付之僮仆……田瘠而亩不减,人少而赋不轻……田本为善生之物,变而为累身之物。"在这里,张英指出了"不善经理"而只依靠管家、僮仆等人来管理田务的危害性,强调了加强、改善地主的经营管理对于保田产的重要意义。

张英提出的治生之策,以上述治生之理为指导,大致可以归纳为以下几方面:

首先,从节约支出入手。他认识到,"鬻产"现象的大量发生,是负债造成的,因此"欲除鬻产之根,则绝自经费始"。他主张,平时家庭生活方面要"简要",并从"小处节俭"做起。只有这样,才能防止因入不敷出而负债卖田,"凡有费用,尽从吝啬,千辛万苦,以保先业"。

其次,对突发的非例行管理活动要有心计。这类活动不是经常发生的,就不能用平时例行的方法来处理。如在灾年时,不仅要防止负债卖田,还应做"有心计之人",采取特殊的家庭经营管理手段兼并、扩充土地,趁灾年地价低贱时购买田产,是最容易发财致富的,"其益宏多"。同时,不要与人争购良田,而要去购买人们不愿意买的劣田。张英认为,良田之价数倍于劣田,水旱之年,良田也要减收,丰收之年,劣田也能增产。另外,劣田只要善于经营,"则下田可使之为中田,中田可使之为上田,虽不能大变,能高一筹"。

最后,教育子弟积极参与治生活动。张英提出,在地主通过收租、粜谷等进行剥削时,要让自己的子弟在旁"持筹握算",亲自参加剥削活动,以养成他们贪婪、刻毒的习性,防止子弟因不善于经理家计和任意挥霍而卖田败家。

第五节 地主治生之学的没落

明清时期的治生之学,从治生之道、治生之理、治生之策三方面来看,主要是地主的治生之学,这种治生之学的形成、发展及其特点,是当时社会经济关系在思想领域中的反映。

封建制度是一种以生产使用价值为目的、自给自足的自然经济占主要地位而商品交换不起决定作用的制度,把自己的命运与封建制度紧紧捆绑在一起的地主治生之学必然会有维护自然经济、敌视商品货币因素的特点。到了中国封建社会的晚期,这个特点表现得更加突出。在清代关于治生之道的思想主张中,除了农业之外,其他任何治生途径都被堵塞了、任何经营对象都被否定了;以往治生之学中的商品货币因素完全消失不见了,取而代之的是维护自然经济、反对商品经济的张履祥的"治生唯稼穑"论和张英的"保田产"论。这正是中国封建社会晚期,商品货币经济的增长受到了严重的压制和阻碍而进展缓慢,中国的社会经济陷于停滞、僵化的明显表现。

中国封建社会占支配地位的土地制度形式是地主土地私有制,而不是封建土地国有制。在土地私有制发展的过程中,地主的治生之学也有了进一步的发展,并且有关田产的论述越来越多。从清代的治生之学尤其能够清楚地看出:它正是从维护、扩展地主私人田产的需要而形成的。张履祥就强调:"井田不复,世禄不行,治生之道,决所宜讲。"[①]意即,在土地国有的井田制废坏之后,地主再也不能像商、周奴隶主贵族那样依靠奴隶制国家所赏赐的井田、世禄过生活,而必须也只能利用自己的私有土地来治家人生业了。张英则更直截了当地提出治生之道的主要内容就是占有、保持自己的田产,他有关治生之理、治生之策的论述也都是为"保田产"服务的。

土地私有制越发展,土地兼并和土地集中越加剧。这种情况在地主治生之学中也很明显地反映出来。明清之际的张履祥作为一般地主的代表,由于自身土地不多又因是前朝遗民而在政治上处于不利的地位,因此害怕被兼并而再三强调"守业"、"保产"。张英父子两代拜相,声势显赫,是大地主阶级的当然代表,他们尽管一方面力图利用天灾人祸廉价买田,疯狂兼并别人土地,但另一方面也在担心自己的子弟因经营不善、奢侈挥霍而负债卖田,土地被别人兼并。所以,张英在《恒产琐言》中所论述的治生之理,把"防鬻产"作为最重要的原则。这些内容都反映了土地兼并、土地集中的严重和剧烈。

---

① 《张杨园先生全集·答吴仲木》。

封建地主土地所有制决定了以租约形式建立的地租剥削关系，成了地主和农民关系的基本形式。地主要保持、发展自己的田产和地租收入，自然要讲求处理租佃关系的问题。因为这个问题最直接涉及地主和农民的不同利害，与地主阶级的切身利益紧紧相联。所以，张履祥、张英把选择佃户和"抚御"佃户作为治生之理、治生之策的主要内容。尤其是张履祥对此反复论证、不厌其详，他的论治生之学的代表作取名《赁耕末议》，就充分表现了他对租佃剥削关系的强调和关注。

封建社会晚期，封建生产关系越来越不适应社会生产力发展的要求，封建的政治、经济制度已日益衰落，各种矛盾更加尖锐。在这种形势下，地主治生之学就日益演变成为地主阶级的保守、反动的家庭经济管理思想。从它的治生之道、治生之理、治生之策这三个组成部分看，其主要内容和基本倾向是一味美化、赞扬封建地产、封建土地兼并和地租剥削，把保持、扩大封建地产和地租收入看做治生的唯一正道，不但反对经营工商业，甚至连房产和房租收入也认为是不可靠的财产和收入。"这就是排斥了有利于增加社会财富的任何活动，排斥了有利于发展社会生产和流通的任何途径，是封建制度和地主阶级的腐朽性、寄生性已达到极顶的表现。"①这也充分证明，地主的治生之学已伴随封建制度本身的衰竭而彻底没落了。

本章总结

在地主治生之学的演变过程中，历代家训占有重要的地位。明代对管理家庭经济问题的重视使地主治生之学有了较大发展，在一些家训中有较为集中、明显的反映。

明末清初的张履祥对地主治生之学作了较多的探讨和论述，其理论框架由治生之道、治生之理、治生之策三大部分构筑而成。他的治生之道提出"治生唯稼穑"的论点，其治生之理把对待佃户、雇工的管理放在首位，治生之策以选择、抚御佃户、雇工为重点，并且重视农业生产的经营管理。

清初张英的《恒产琐言》突出表现了封建社会晚期地主治生之学的特点，其以"保田产"为核心内容，论证了封建地产的重要性，提出保田产的三个原则："防鬻产"、"择庄佃"、"善经理"。

封建社会晚期，政治、经济制度日益衰落，各种矛盾更加尖锐，地主治生之学日益演变成为地主阶级的保守、反动的家庭经济管理思想。

---

① 参看赵靖：《中国古代经济思想史讲话》，人民出版社，1986年，第597页。

思考与练习

1. 阐述张履祥"稼穑为先"的治生之道。
2. 张履祥的治生之理和治生之策有哪些内容?
3. 阐述张英的"保田产"思想。

后 记

本书是以北京大学经济学院中国经济思想史专业在长期教学和科研中积累、形成的成果作为基础,从教学的需要出发,组织力量经过反复讨论和研究撰写出来的。赵靖教授生前对此书的写作给予了热情指导,并提供了自己的研究成果。

在撰书的过程中,我们所贯穿的指导思想是:

一、本书不仅要包括中国古代经济思想史的基本内容,而且应突出各时期最有特色、最为典型的代表人物和思想。同时要避免过分详尽,要对有关内容进行适当集中、浓缩,撰写一部内容较为完整、篇幅大小适合教学需要并能使学生容易领会和掌握的教材。

二、本书的内容应能形成一个有系统的、有逻辑性的体系。只有严密的系统和强有力的逻辑,才能适应教学的实际需要。也只有这样,教材才具有指导性和启发性,通过揭示特点、探求规律,使学生不仅能掌握本学科的基本内容,更重要的是能提高科研能力,激发起进一步学习和研究的兴趣。

三、本书的撰稿力求有所突破、有所创新。既要对已有的研究成果加以继承、总结和借鉴,又要以此为基础,进行新的探索、新的开拓、新的发展。我们在撰写这部教程时为自己提出的基本要求是,无论是全书体系、章节内容的布局,还是学习目标、思考题目的设计;无论是文献资料的分析,还是理论观点的提出,都不能炒冷饭、吃老本,而必须以新的研究为出发点,力求本教程具有新成果、写出新水平、达到新高度。

本书各章的撰写人是:

导论:石世奇、郑学益、聂志红。第一编:第一至八章,石世奇。第二编:第一至五章,石世奇。第三编:第一章,郑学益;第二章,赵靖、裴倜;第三章,石世奇、张守军;第四章,陈为民;第五章,赵靖;第六章,郑学益。第四编:第一章,郑学益;第二章,赵靖;第三章,张劲涛;第四章,赵靖、张守军;第五章,郑学益。第五编:第一、二章,郑学益;第三章,赵靖;第四章,张守军、吴丽红;第五章,张劲涛;第六章,裴倜;第七章,郑学益;第八章,赵靖、郑学益;第九章,赵靖、陈为民。第六编:第一章,周建波;第二章,郑学益;第三章,石世奇;第四章,赵靖、周建波;第五章,赵靖、裴倜、周建波;第六章,裴倜、周建波;第七章,周建波;第八章,赵靖、张劲涛、周建波;第九章,张劲涛、周建波;第十章,刘灵群、周建波;第十一章,郑学益;第十二章,陈为民、周建波;第十三章,陈为民、周建波;第十四章,郑学益。